DR. OETKER
TORTEN VON A–Z

DR. OETKER TORTEN VON A–Z

Dr. Oetker Verlag

Vorwort A B C D E F G H I J K L M

Abkürzungen

EL	=	Esslöffel
TL	=	Teelöffel
Msp.	=	Messerspitze
Pck.	=	Packung/Päckchen
g	=	Gramm
kg	=	Kilogramm
ml	=	Milliliter
l	=	Liter
evtl.	=	eventuell
geh.	=	gehäuft
gestr.	=	gestrichen
TK	=	Tiefkühlprodukt
°C	=	Grad Celsius
Ø	=	Durchmesser

Kalorien-/Nährwertangaben

E	=	Eiweiß
F	=	Fett
Kh	=	Kohlenhydrate
kcal	=	Kilokalorie
kJ	=	Kilojoule

Symbole

🍶	=	mit Alkohol
❄	=	gefriergeeignet

Hinweise zu den Rezepten

Lesen Sie bitte vor der Zubereitung – besser noch vor dem Einkaufen – das Rezept einmal vollständig durch. Oft werden Arbeitsabläufe oder -zusammenhänge dann klarer.

Zutatenliste

Die Zutaten sind in der Reihenfolge ihrer Verarbeitung aufgeführt.

Arbeitsschritte

Die Arbeitsschritte sind einzeln hervorgehoben, in der Reihenfolge, in der wir sie ausprobiert haben.

Backofeneinstellung

Die in den Rezepten angegebenen Gar- bzw. Backtemperaturen und -zeiten sind Richtwerte, die je nach individueller Hitzeleistung des Backofens über- oder unterschritten werden können. Bitte beachten Sie deshalb bei der Einstellung des Backofens die Gebrauchsanweisung des Herstellers und machen Sie bei Beendigung der angegebenen Backzeit eine Garprobe.
Backbleche und Fettfangschalen werden im Allgemeinen in der Mitte des Backofens eingeschoben.

Zubereitungszeit

Die Zubereitungszeit beinhaltet nur die Zeit für die eigentliche Zubereitung. Die Backzeiten sind in der Regel gesondert ausgewiesen. Längere Wartezeiten wie z. B. Kühlzeiten sind ebenfalls nicht mit einbezogen und gehen aus dem Text hervor.

N O P Q R S T U V W X Y Z **Vorwort**

Vorwort

Torten von A–Z ist das umfangreiche Nachschlagewerk für Torten zu jeder Gelegenheit.

Das ideale Buch für alle Tortenbäcker, die immer auf der Suche nach neuen Rezepten sind. Hier haben Sie einen riesigen Vorrat an neuen Rezeptideen, die Lust auf's Ausprobieren machen.
Was gibt es Schöneres als eine leckere Torte auf dem Kaffeetisch?
Für Feiern, zum Verschenken, für Gäste oder für die Familie – hier finden Sie zu jedem Anlass die passende Torte.
Die Rezepte sind einfach und gut nachvollziehbar Schritt für Schritt beschrieben. Jede Torte ist abgebildet, so dass Sie sich schon vorher auf das Ergebnis freuen können.
Tipps und Abwandlungen ergänzen die Rezepte.
Alle Rezepte enthalten Nährwertangaben sowie Angaben zur Zubereitungszeit.

Sie finden alle Rezepte im Themenregister am Ende des Buches nach folgenden Kategorien sortiert:
Fruchtige Torten, Motivtorten & Torten für Kinder, schnelle Torten, Modetorten, kalte Torten, Klassiker & festliche Torten.

Adventstorte

Für Gäste – ohne zu backen

Insgesamt:
E: 128 g, F: 288 g, Kh: 384 g,
kJ: 20000, kcal: 4768

Für den Boden:
200 g Gewürzspekulatius
oder Nussplätzchen
100 g Butter

Für die Creme:
6 Blatt weiße Gelatine
200 ml Schlagsahne
250 g Mascarpone (ital. Frischkäse)
500 g Magerquark
2 EL flüssiger Honig
1 Pck. Dr. Oetker Vanillin-Zucker
2 gestr. TL gemahlener Zimt
75 g Zucker

Für den Belag:
2 Orangen
2 kleine Birnen
60 ml (5 EL) Cointreau (Orangenlikör)
300 ml Orangensaft
140 ml Wasser
2 Pck. Tortenguss, klar
4 EL Zucker

Nach Belieben zum Garnieren:
25 g weiße Kuvertüre

Zubereitungszeit: 40 Minuten, ohne Kühlzeit

Adventstorte

1. Für den Boden einen Springformrand (Ø 26 cm) auf eine mit Tortenspitze oder Backpapier belegte Tortenplatte stellen. Spekulatius oder Nussplätzchen in einen Gefrierbeutel geben und den Beutel fest verschließen. Die Plätzchen mit einer Teigrolle fein zerbröseln. Butter in einem kleinen Topf zerlassen, die Brösel hinzugeben und gut verrühren. Die Masse in den Springformrand füllen und mit einem Löffel gleichmäßig zu einem Boden andrücken. Den Boden kalt stellen.

2. Für die Creme Gelatine nach Packungsanleitung einweichen. Sahne steif schlagen. Mascarpone mit Quark, Honig, Vanillin-Zucker, Zimt und Zucker verrühren. Gelatine leicht ausdrücken und in einem kleinen Topf bei schwacher Hitze unter Rühren auflösen (nicht kochen). Erst etwa 4 Esslöffel von der Mascarpone-Quark-Masse mit Hilfe eines Schneebesens mit der aufgelösten Gelatine verrühren, dann die Mischung mit der restlichen Masse verrühren. Die Sahne unterheben. Die Creme auf den Boden geben und glatt streichen. Die Torte 2-3 Stunden kalt stellen.

3. Für den Belag Orangen mit einem scharfen Messer so schälen, dass die weiße Haut mit entfernt wird, und die Orangen filetieren. Birnen waschen, vierteln, entkernen und in Spalten schneiden. Das Obst dekorativ auf der Creme verteilen. Cointreau mit Orangensaft und Wasser mischen. Beide Päckchen Tortenguss mit Zucker in einem Kochtopf vermischen und nach und nach mit der Flüssigkeit sorgfältig anrühren.
Das Ganze unter Rühren zum Kochen bringen, dann mit einem Esslöffel über das Obst verteilen und fest werden lassen.

4. Den Springformrand lösen und entfernen. Nach Belieben die Torte mit geschabter Kuvertüre garnieren.

After-Eight-Torte

Raffiniert

Insgesamt:
E: 104 g, F: 540 g, Kh: 467 g,
kJ: 30275, kcal: 7234

Zum Vorbereiten für die Minzsahne:
2 Pck. (je 200 g) After Eight® (Minztäfelchen)
700 ml Schlagsahne

Für den Teig:
100 g Zartbitterschokolade
80 g weiche Butter oder Margarine
80 g Zucker, 5 Eigelb (Größe M)
1 EL brauner Rum
200 g abgezogene, gemahlene Mandeln
1 gestr. TL Dr. Oetker Backin
5 Eiweiß (Größe M)

Außerdem:
2 Pck. Dr. Oetker Sahnesteif

Zum Verzieren:
100 ml Schlagsahne

Zubereitungszeit: 75 Minuten, ohne Kühlzeit

1. Für die Minzsahne die Minztäfelchen (8 Stück zum Garnieren zurücklassen) mit der Sahne unter Rühren aufkochen lassen und zugedeckt über Nacht kalt stellen.
2. Für den Teig Schokolade grob reiben oder fein hacken. Butter oder Margarine und Zucker mit Handrührgerät mit Rührbesen schaumig rühren. Eigelb nach und nach unterrühren. Den Rum unterrühren.
3. Schokolade mit Mandeln und Backpulver mischen und kurz unterrühren. Eiweiß steif schlagen und in 2 Portionen locker unterheben.
4. Den Teig in eine Springform (Ø 28 cm, Boden gefettet, mit Backpapier belegt) streichen und die Form auf dem Rost in den Backofen schieben.

Ober-/Unterhitze: etwa 180 °C (vorgeheizt)
Heißluft: etwa 160 °C (vorgeheizt)
Gas: Stufe 2–3 (vorgeheizt)
Backzeit: etwa 25 Minuten.

5. Den Tortenboden aus der Form lösen, auf einen mit Backpapier belegten Kuchenrost stürzen und erkalten lassen. Anschließend mitgebackenes Backpapier abziehen.
6. Die Minzsahne in 2 Portionen mit je 1 Päckchen Sahnesteif steif schlagen. Die Creme leicht kuppelförmig auf den Tortenboden streichen.
7. Zum Verzieren Sahne steif schlagen, in einen Spritzbeutel mit Sterntülle füllen und die Torte mit Sahneschleifen verzieren. Die Torte mit den zurückgelassenen Minztäfelchen garnieren und gut gekühlt servieren.

Tipp:
Wenn Kinder mitessen, den Rum durch Orangensaft ersetzen.

Abwandlung:
Den Tortenboden vor dem Bestreichen mit Minzsahne mit 3 Esslöffeln Preiselbeerkonfitüre bestreichen.

® Société des Produits Nestlé S.A.

After-Eight-Torte

Aida-Torte

Beliebt

Insgesamt:
E: 91 g, F: 319 g, Kh: 676 g,
kJ: 24977, kcal: 5978

Für die Füllung:
125 ml (¹/₈ l) Schlagsahne
300 g Zartbitterschokolade
1 Pck. Dr. Oetker Vanillin-Zucker
2 EL Orangenlikör

Für den Nuss-Biskuitteig:
2 Eier (Größe M)
2 EL heißes Wasser
75 g Zucker
1 Pck. Dr. Oetker Vanillin-Zucker
50 g Weizenmehl
50 g Speisestärke
¹/₂ gestr. TL Dr. Oetker Backin
25 g gemahlene Haselnusskerne

Für den Schoko-Biskuitteig:
2 Eier (Größe M)
2 EL heißes Wasser
75 g Zucker
1 Pck. Dr. Oetker Vanillin-Zucker
50 g Weizenmehl
50 g Speisestärke
¹/₂ gestr. TL Dr. Oetker Backin
30 g Zartbitterschokolade

Für den Guss:
200 g Zartbitterschokolade
1 EL Speiseöl

Zum Garnieren:
je 50 g Vollmilch-, Zartbitter-
und weiße Schokolade

**Zubereitungszeit: 60 Minuten,
ohne Kühlzeit**

1. Für die Füllung Sahne in einem Topf erhitzen. Schokolade zerkleinern und unter Rühren darin auflösen. Vanillin-Zucker und Orangenlikör unterrühren. So lange rühren, bis eine cremige Masse entstanden ist. Die Creme in eine Rührschüssel füllen und einige Stunden (am besten über Nacht) kalt stellen.
2. Für den Nuss-Biskuitteig Eier und Wasser mit Handrührgerät mit Rührbesen auf höchster Stufe in 1 Minute schaumig schlagen. Zucker mit Vanillin-Zucker mischen, in 1 Minute einstreuen, dann noch 2 Minuten weiterschlagen. Mehl mit Speisestärke und Backpulver mischen, auf die Eiercreme sieben und kurz auf niedrigster Stufe unterrühren. Zuletzt Haselnusskerne kurz unterrühren.
3. Den Teig in eine Springform (Ø 26 cm, Boden gefettet, mit Backpapier belegt) füllen und glatt streichen. Die Form auf dem Rost in den Backofen schieben.
   Ober-/Unterhitze: etwa 180 °C (vorgeheizt)
   Heißluft: etwa 160 °C (vorgeheizt)
   Gas: Stufe 2–3 (vorgeheizt)
   Backzeit: etwa 25 Minuten.
4. Den Schoko-Biskuitteig ebenso zubereiten, jedoch statt Haselnusskerne zuletzt Schokolade unterrühren und **den Boden ebenso bei gleicher Backofeneinstellung etwa 25 Minuten backen.** Die Böden sofort nach dem Backen aus der Form lösen, auf mit Backpapier belegte Kuchenroste stürzen und erkalten lassen. Anschließend mitgebackenes Backpapier abziehen und jeden Boden einmal waagerecht durchschneiden.
5. Die kalt gestellte Schokocreme cremig aufschlagen. Den unteren Nussboden auf eine Tortenplatte legen, mit einem Drittel der Creme bestreichen und mit dem unteren Schokoboden bedecken. Die Hälfte der restlichen Creme aufstreichen, mit dem oberen Nussboden bedecken, mit der restlichen Creme bestreichen, den oberen Schokoboden darauf legen und leicht andrücken. Die Torte kurz kalt stellen.
6. Für den Guss Schokolade in Stücke brechen und mit dem Speiseöl in einem Topf im Wasserbad bei schwacher Hitze geschmeidig rühren. Die Torte damit überziehen und den Guss fest werden lassen.
7. Zum Garnieren die Schokoladensorten voneinander getrennt auflösen, getrennt auf Backpapier streichen und fest werden lassen (nicht kalt stellen). Mit einem Spachtel breite Locken abschaben und vor dem Servieren die Torte mit den Locken garnieren.

Tipp:
Für eine alkoholfreie Variante können Sie den Orangenlikör ersatzlos weglassen.

Aida-Torte

Ali-Baba-Torte ❄

Für Kinder

Insgesamt:
E: 80 g, F: 193 g, Kh: 519 g,
kJ: 17303, kcal: 4129

Für den Hefeteig:
125 ml (1/8 l) Milch
25 g Butter
300 g Weizenmehl
1 Pck. Dr. Oetker Trockenbackhefe
50 g Zucker
1 Pck. Dr. Oetker Vanillin-Zucker
1 Prise Salz
1 Ei (Größe M)

Für den Belag:
50 g Butter
40 g Zucker
1 Pck. Dr. Oetker Vanillin-Zucker
1 TL Honig
2 EL Schlagsahne
75 g Sesamsamen

Für die Füllung:
4 frische Feigen
1 Pck. Gala Pudding-Pulver Bourbon-Vanille
50 g Zucker
300 ml Milch
180 ml Schlagsahne
1 Pck. Dr. Oetker Sahnesteif

Zum Garnieren:
2 frische Feigen
1 EL helle Konfitüre,
z. B. Aprikosenkonfitüre

Zubereitungszeit: 60 Minuten, ohne Teiggeh- und Kühlzeit

Ali-Baba-Torte

1. Für den Teig Milch erwärmen und Butter darin zerlassen. Mehl in eine Rührschüssel sieben und mit Trockenbackhefe sorgfältig vermischen. Zucker, Vanillin-Zucker, Salz, Ei und Milch-Butter-Flüssigkeit hinzufügen.

2. Die Zutaten mit Handrührgerät mit Knethaken zunächst auf niedrigster, dann auf höchster Stufe in etwa 5 Minuten zu einem glatten Teig verarbeiten. Den Teig zugedeckt so lange an einem warmen Ort stehen lassen, bis er sich sichtbar vergrößert hat.

3. Für den Belag Butter mit Zucker, Vanillin-Zucker, Honig und Sahne in einem kleinen Topf unter Rühren langsam erhitzen und etwa 1 Minute gut kochen lassen. Sesamsamen unterrühren. Die Masse etwas abkühlen lassen, dabei gelegentlich umrühren.

4. Den Teig auf der leicht bemehlten Arbeitsfläche noch einmal gut durchkneten und auf dem gefetteten Boden einer Springform (Ø 26 cm) ausrollen. Den Springformrand darumstellen und den Teig mit einer Gabel mehrfach einstechen. Den Belag gleichmäßig auf dem Teig verteilen und verstreichen, dabei am Rand etwa 1 cm frei lassen. Teig zugedeckt noch einmal etwa 20 Minuten gehen lassen und anschließend die Form auf dem Rost in den Backofen schieben.

Ober-/Unterhitze: etwa 200 °C (vorgeheizt)
Heißluft: etwa 180 °C (vorgeheizt)
Gas: Stufe 3–4 (vorgeheizt)
Backzeit: etwa 25 Minuten.

5. Den Boden vorsichtig aus der Springform lösen und auf einem mit Backpapier belegten Kuchenrost erkalten lassen.

6. Für die Füllung Feigen waschen, abtropfen lassen, entstielen und in kleine Würfel schneiden. Aus Pudding-Pulver, Zucker und Milch nach Packungsanleitung, aber mit nur 300 ml Milch einen Pudding zubereiten. Den Pudding in eine Schüssel geben, Frischhaltefolie direkt auf die heiße Puddingoberfläche legen, damit sich keine Haut bildet, und den Pudding erkalten lassen.

7. Den Boden einmal waagerecht durchschneiden und den oberen Sesamboden in 12 Stücke schneiden. Den unteren Boden auf eine Tortenplatte legen und mit den Feigenwürfeln belegen. Sahne mit Sahnesteif steif schlagen und 3-4 Esslöffel davon in einen Spritzbeutel mit großer Lochtülle füllen.

8. Pudding mit Handrührgerät mit Rührbesen cremig rühren, dann die Sahne vorsichtig unterheben und auf den Feigen verstreichen. Die Stücke des Sesambodens auf die Füllung legen und dekorativ einen Sahnetuff auf jedes Stück spritzen.

9. Zum Garnieren Feigen waschen, trockentupfen und jede in 6 Spalten schneiden. Konfitüre durch ein Sieb streichen, die Feigenstücke mit Hilfe eines Backpinsels mit der Konfitüre bestreichen und jeden Tuff mit einer Feigenspalte belegen.

Tipp:
Sie können statt der frischen Feigen auch 1 Dose Feigen (Abtropfgewicht 210 g) zum Füllen und Garnieren verwenden, diese vorher in einem Sieb gut abtropfen lassen.

Amaretti-Eierpflaumen-Torte

Für Gäste – ohne zu backen

Insgesamt:
E: 62 g, F: 267 g, Kh: 380 g,
kJ: 18097, kcal: 4324

Für den Boden:
50 g Amaretti (ital. Mandelmakronen)
100 g Löffelbiskuits
125 g Butter

Für die Joghurt-Frischkäse-Creme:
5 Blatt weiße Gelatine
300 g Vanillejoghurt
200 g Doppelrahm-Frischkäse
Saft von 1 Zitrone
50 g Zucker
1 Pck. Dr. Oetker Bourbon-Vanille-Zucker
250 ml ($^1/_4$ l) Schlagsahne

Für den Belag:
750 g Eierpflaumen
2 Pck. Tortenguss, klar
250 ml ($^1/_4$ l) Apfelsaft
250 ml ($^1/_4$ l) Wasser
30 g Zucker

Zum Bestreuen und Garnieren:
25 g Amaretti
nach Belieben frische Minze

Zubereitungszeit: 50 Minuten, ohne Kühlzeit

1. Für den Boden einen Springformrand (Ø 26 cm) auf eine mit Backpapier oder Tortenspitze belegte Tortenplatte stellen. Amaretti und Löffelbiskuits in einen Gefrierbeutel geben und ihn verschließen. Das Gebäck mit einer Teigrolle fein zerbröseln und in eine Schüssel füllen. Butter in einem Topf zerlassen, Brösel dazugeben und alles gut vermischen. Die Masse in den Springformrand füllen und mit einem Löffel gut zu einem Boden andrücken. Den Boden kurz kalt stellen.

2. Für die Joghurt-Frischkäse-Creme Gelatine nach Packungsanleitung einweichen. Joghurt mit Frischkäse, Zitronensaft, Zucker und Vanille-Zucker in einer Schüssel verrühren. Gelatine leicht ausdrücken und in einem kleinen Topf bei schwacher Hitze unter Rühren auflösen (nicht kochen). Gelatine zunächst mit etwas von der Joghurtmasse verrühren, dann die Mischung unter die restliche Joghurtmasse rühren. Sahne steif schlagen und unterheben. Creme auf dem Boden verteilen, glatt streichen und die Torte 2–3 Stunden kalt stellen.

3. Für den Belag die Pflaumen waschen, entsteinen und vierteln. Pflaumen kuppelförmig auf der Tortenoberfläche verteilen. Tortenguss nach Packungsanleitung mit Flüssigkeit und Zucker zubereiten und auf den Pflaumen verteilen. Pflaumen mit leicht zerbröselten Amaretti bestreuen und den Guss fest werden lassen. Die Torte nach Belieben mit frischer Minze garnieren.

Tipp:
Die Torte schmeckt frisch am besten. Soll die Joghurtmasse noch fruchtiger werden, so können 150 g entsteinte Eierpflaumen püriert und unter die Joghurtmasse gerührt werden. Dann benötigt man allerdings statt 5 Blatt 7 Blatt weiße Gelatine.

Amicelli-Kirsch-Torte

Für Kinder

Insgesamt:
E: 80 g, F: 355 g, Kh: 400 g,
kJ: 21619, kcal: 5166

Für den All-in-Teig:
100 g Weizenmehl
3 gestr. TL Dr. Oetker Backin
100 g gemahlene Haselnusskerne
100 g Zucker
1 Pck. Dr. Oetker Bourbon-Vanille-Zucker
3 Eier (Größe M)
100 g Butter oder Margarine

Für den Belag:
250 g frische Sauerkirschen
3 Blatt weiße Gelatine
1 Pck. (200 g) Amicelli® (Schoko-Gebäckröllchen)
300 g Vanillejoghurt
400 ml Schlagsahne

Zubereitungszeit: 40 Minuten, ohne Kühlzeit

1. Für den Teig Mehl mit Backpulver mischen und in eine Rührschüssel sieben. Restliche Zutaten hinzufügen und alles mit Handrührgerät mit Rührbesen auf höchster Stufe in etwa 2 Minuten zu einem Teig verarbeiten. Teig in eine Springform (Ø 26 cm, Boden gefettet, mit Backpapier belegt) füllen und glatt streichen. Die Form auf dem Rost in den Backofen schieben.
Ober-/Unterhitze: etwa 180 °C (vorgeheizt)
Heißluft: etwa 160 °C (vorgeheizt)
Gas: Stufe 2–3 (vorgeheizt)
Backzeit: etwa 25 Minuten.
2. Den Boden aus der Form lösen, auf einen mit Backpapier belegten Kuchenrost stürzen und erkalten lassen. Anschließend mitgebackenes Backpapier abziehen.
3. Für den Belag Sauerkirschen waschen, abtropfen lassen, entstielen und entsteinen. Den Boden auf eine Tortenplatte legen, einen Tortenring darumstellen und die Kirschen auf dem Boden verteilen (einige zum Garnieren zurücklassen).
4. Gelatine nach Packungsanleitung einweichen, 10 Röllchen Amicelli® kurz in das Gefrierfach legen, dann mit einem Messer zerkleinern. Gelatine leicht ausdrücken und in einem kleinen Topf bei schwacher Hitze unter Rühren auflösen (nicht kochen). Gelatine mit etwas von dem Joghurt verrühren, dann die Mischung unter den restlichen Joghurt rühren und kalt stellen.
5. Sahne steif schlagen, 3 Esslöffel davon abnehmen und in einen Spritzbeutel mit Sterntülle füllen. Restliche Sahne unter die Joghurtmasse rühren und die zerkleinerten Amicelli® unterheben. Sahne-Joghurt-Creme glatt auf den Kirschen verstreichen. Die Torte 2–3 Stunden kalt stellen.
6. Den Tortenring lösen, die Oberfläche der Torte mit der Sahne aus dem Spritzbeutel verzieren und mit den restlichen Amicelli® (6 Stück) und Früchten garnieren. Die Torte bis zum Verzehr kalt stellen.

Tipp:
Anstelle von frischen Kirschen können auch Kirschen aus dem Glas (Abtropfgewicht 225 g) verwendet werden.
Die Torte kann bereits am Vortag zubereitet werden.
Anstelle der Kirschen schmecken auch Preiselbeeren oder Orangenfilets.

® Registered trademark of Masterfoods

Amicelli-Kirsch-Torte

Ananas-Baiser-Torte

Raffiniert – fruchtig

Insgesamt:
E: 67 g, F: 244 g, Kh: 544 g,
kJ: 19416, kcal: 4634

Für den Rührteig:
125 g Butter oder Margarine
100 g Zucker
1 Pck. Dr. Oetker Vanillin-Zucker
1 Msp. Salz, 1 Eigelb (Größe M)
150 g Weizenmehl
1/2 gestr. TL Dr. Oetker Backin

Für die Eiweißmasse:
4 Eiweiß (Größe M)
1 TL Zitronensaft
80 g Zucker, 80 g gesiebter Puderzucker
50 g abgezogene, gestiftelte Mandeln

Für die Füllung:
1 Pck. Dr. Oetker Pudding-Pulver
Sahne-Geschmack
70 g Zucker
400 g Schmand (Sauerrahm)
3 Eigelb (Größe M)
5 Ananasscheiben aus der Dose

Zubereitungszeit: 45 Minuten,
ohne Abkühlzeit

1. Für den Teig Butter oder Margarine mit Handrührgerät mit Rührbesen auf höchster Stufe geschmeidig rühren. Nach und nach Zucker, Vanillin-Zucker und Salz unterrühren. So lange rühren, bis eine gebundene Masse entstanden ist. Eigelb unterrühren.
2. Mehl mit Backpulver mischen, sieben und in 2 Portionen kurz auf mittlerer Stufe unterrühren. Jeweils die Hälfte des Teiges auf einem gefetteten Springformboden (Ø 26 cm) verstreichen, dabei darauf achten, dass der Teig am Rand nicht zu dünn ist.
3. Für die Eiweißmasse Eiweiß und Zitronensaft mit Handrührgerät mit Rührbesen auf höchster Stufe so steif schlagen, dass ein Messerschnitt sichtbar bleibt. Zucker unterschlagen und Puderzucker kurz unterrühren.
4. Jeweils die Hälfte der Eiweißmasse auf den Rührteig geben, glatt streichen und mit Mandeln bestreuen. Die Böden nacheinander (bei Heißluft zusammen) auf dem Rost in den Backofen schieben.
   Ober-/Unterhitze: etwa 180 °C (vorgeheizt)
   Heißluft: etwa 160 °C (vorgeheizt)
   Gas: Stufe 2-3 (vorgeheizt)
   Backzeit: etwa 20 Minuten je Boden.
5. Die Gebäckböden sofort nach dem Backen vorsichtig vom Springformboden lösen und auf je einem mit Backpapier belegten Kuchenrost erkalten lassen.
6. Für die Füllung Pudding-Pulver mit Zucker und Schmand mit einem Schneebesen in einem Kochtopf verrühren. Eigelb unterrühren. Die Zutaten mit einem Schneebesen unter ständigem Rühren zum Kochen bringen (Vorsicht – brennt schnell an!). Die angedickte Creme in eine Schüssel umfüllen, sofort Frischhaltefolie direkt darauf legen und erkalten lassen.
7. Ananasscheiben in einem Sieb abtropfen lassen und in kleine Stücke schneiden. Einen Gebäckboden auf eine Platte legen. Die Creme gut durchrühren, dann darauf verteilen und mit Ananasstücken belegen. Den zweiten Gebäckboden darauf legen und leicht andrücken. Torte servieren.

Ananas-Baiser-Torte

Ananascremetorte

Beliebt

Insgesamt:
E: 68 g, F: 289 g, Kh: 495 g,
kJ: 20860, kcal: 4977

Für den Biskuitteig:
4 Eier (Größe M)
4 EL heißes Wasser
150 g Zucker
1 Pck. Dr. Oetker Vanillin-Zucker
150 g Weizenmehl
1 gestr. TL Dr. Oetker Backin
100 g abgezogene, gemahlene Mandeln

Für die Füllung:
1 Dose Ananasstücke
(Abtropfgewicht 490 g)
450 ml Ananassaft aus der Dose
(mit Wasser ergänzt)
1 Pck. Dr. Oetker Pudding-Pulver
Vanille-Geschmack
50 g Zucker, 250 g weiche Butter

Zum Tränken nach Belieben:
4 EL weißer Rum

Zum Garnieren:
50 g abgezogene, gehobelte Mandeln

Zubereitungszeit: 60 Minuten, ohne Kühlzeit

Ananascremetorte

1. Für den Teig Eier und Wasser mit Handrührgerät mit Rührbesen auf höchster Stufe in 1 Minute schaumig schlagen. Zucker und Vanillin-Zucker mischen, in 1 Minute einstreuen, dann noch 2 Minuten weiterschlagen. Mehl mit Backpulver mischen, auf die Eiercreme sieben und kurz auf niedrigster Stufe unterrühren. Zuletzt die Mandeln kurz unterrühren. Den Teig in eine Springform (Ø 26 cm, Boden gefettet, mit Backpapier belegt) geben, glatt streichen und die Form auf dem Rost in den Backofen schieben.

Ober-/Unterhitze: etwa 180 °C (vorgeheizt)
Heißluft: etwa 160 °C (vorgeheizt)
Gas: Stufe 2–3 (vorgeheizt)
Backzeit: etwa 30 Minuten.

2. Den Boden auf einen mit Backpapier belegten Kuchenrost stürzen und erkalten lassen. Anschließend mitgebackenes Backpapier abziehen und den Boden zweimal waagerecht durchschneiden.

3. Für die Füllung Ananas in einem Sieb abtropfen lassen, Saft dabei auffangen und mit Wasser auf 450 ml ergänzen. Aus der Saftmischung, Pudding-Pulver und Zucker nach Packungsanleitung einen Pudding zubereiten. Pudding erkalten lassen (nicht kalt stellen), dabei gelegentlich umrühren oder Frischhaltefolie direkt auf den Pudding legen. Anschließend Butter mit Handrührgerät mit Rührbesen schaumig rühren. Pudding nach und nach unterrühren, dabei darauf achten, dass Butter und Pudding Zimmertemperatur haben, da die Creme sonst gerinnt. 5–6 Ananasstücke zum Garnieren beiseite legen, restliche Ananasstücke kleiner schneiden.

4. Den unteren Boden auf eine Tortenplatte legen und die Hälfte der Ananasstücke darauf verteilen. Ein Drittel der Buttercreme darauf verstreichen. Den zweiten Boden auflegen, mit etwas Rum tränken, die restlichen Ananasstücke darauf verteilen und die Hälfte der restlichen Buttercreme aufstreichen. Oberen Boden auflegen, nach Belieben wieder mit Rum tränken und die Torte rundherum mit der restlichen Buttercreme bestreichen. Die Oberfläche mit einem Tortengarnierkamm verzieren und die Torte bis zum Servieren kalt stellen. Mandeln in einer Pfanne ohne Fett leicht bräunen und auf einem Teller erkalten lassen.

5. Kurz vor dem Servieren den Tortenrand mit Mandeln bestreuen und leicht andrücken. Die Tortenoberfläche mit den restlichen Ananasstücken garnieren, diese evtl. etwas kleiner schneiden.

Ananas-Frischkäse-Torte

Einfach

Insgesamt:
E: 104 g, F: 420 g, Kh: 465 g,
kJ: 26100, kcal: 6236

Für den All-in-Teig:
100 g Weizenmehl
25 g Speisestärke
3 gestr. TL Dr. Oetker Backin
125 g Zucker
1 Pck. Dr. Oetker Vanillin-Zucker
1 Prise Salz, 3 Eier (Größe M)
125 g Butter oder Margarine

Für den Belag:
6 Blatt weiße Gelatine
400 g Doppelrahm-Frischkäse
150 g Zucker
1–2 Pck. Dr. Oetker Finesse Geriebene Zitronenschale
2 EL Zitronensaft
1 Dose geraspelte Ananas (Einwaage 430 g)
500 ml (1/2 l) Schlagsahne

Zum Garnieren:
40 g Kokosraspel
evtl. Ananasstücke

Ananas-Frischkäse-Torte

Zubereitungszeit: 40 Minuten, ohne Kühlzeit

1. Für den Teig Mehl mit Speisestärke und Backpulver mischen und in eine Rührschüssel sieben. Zucker, Vanillin-Zucker, Salz, Eier und Butter oder Margarine dazugeben. Die Zutaten mit Handrührgerät mit Rührbesen erst kurz auf niedrigster, dann auf höchster Stufe in etwa 2 Minuten zu einem Teig verarbeiten.
2. Den Teig in eine Springform (Ø 26 cm, Boden gefettet, mit Backpapier belegt) füllen, glatt streichen und die Form auf dem Rost in den Backofen schieben.

Ober-/Unterhitze: etwa 180 °C (vorgeheizt)
Heißluft: etwa 160 °C (vorgeheizt)
Gas: Stufe 2–3 (vorgeheizt)
Backzeit: 25–30 Minuten.

3. Den Boden aus der Form lösen, auf einen mit Backpapier belegten Kuchenrost stürzen und erkalten lassen. Anschließend mitgebackenes Backpapier entfernen.
4. Für den Belag Gelatine nach Packungsanleitung einweichen. Frischkäse mit Zucker, Zitronenschale und Zitronensaft verrühren. Ananasraspel mit dem Saft aus der Dose unterrühren.
5. Gelatine leicht ausdrücken und in einem kleinen Topf bei schwacher Hitze unter Rühren auflösen (nicht kochen). Etwas Frischkäsemasse unter die Gelatine rühren, dann die Mischung mit der restlichen Frischkäsemasse verrühren. Masse kurz kalt stellen. Sahne steif schlagen und unterheben.
6. Den Boden auf eine Tortenplatte legen und einen Tortenring darumstellen. Den Belag auf den Boden geben und glatt streichen. Die Torte etwa 3 Stunden kalt stellen.
7. Zum Garnieren Kokosraspel in einer Pfanne ohne Fett unter gelegentlichem Rühren leicht bräunen und erkalten lassen. Den Tortenring vorsichtig lösen und entfernen. Die Torte mit Kokosraspeln und nach Belieben mit Ananasstückchen garnieren.

Ananas-Kirsch-Torte

Fruchtig

Insgesamt:
E: 53 g, F: 218 g, Kh: 516 g,
kJ: 17879, kcal: 4267

Zum Vorbereiten:
1 Glas Sauerkirschen
(Abtropfgewicht 370 g)
150 g kandierte Ananasstücke

Für den All-in-Teig:
170 g Weizenmehl
2 gestr. TL Dr. Oetker Backin
120 g brauner Zucker
3 Eier (Größe M)
100 g weiches Butterschmalz
einige Tropfen Bittermandel-Aroma
2–3 EL Milch

Für den Guss:
1 Pck. Tortenguss, rot
250 ml ($^1/_4$ l) Sauerkirschsaft
aus dem Glas
1 EL Zitronensaft, 2 EL Zucker

Zum Verzieren und Garnieren:
300 ml Schlagsahne
1 Pck. Dr. Oetker Sahnesteif
2 gestr. EL gesiebter Puderzucker
50 g kandierte Ananasstücke

Zubereitungszeit: 45 Minuten, ohne Abkühlzeit

1. Zum Vorbereiten Sauerkirschen abtropfen lassen, Saft dabei auffangen und 250 ml ($^1/_4$ l) davon abmessen. Ananasstücke in kleine Stücke schneiden. Sauerkirschen mit den Ananasstückchen mischen und in einer Springform (Ø 26 cm, gefettet, mit Backpapier belegt) gleichmäßig verteilen.
2. Für den Teig Mehl mit Backpulver mischen und in eine Rührschüssel sieben. Restliche Zutaten hinzufügen und mit Handrührgerät mit Rührbesen zunächst kurz auf niedrigster, dann auf höchster Stufe in etwa 2 Minuten zu einem Teig verarbeiten. Den Teig esslöffelweise auf der Sauerkirsch-Ananas-Mischung verteilen und glatt streichen. Die Form auf dem Rost in den Backofen schieben.
   Ober-/Unterhitze: etwa 200 °C (vorgeheizt)
   Heißluft: etwa 180 °C (nicht vorgeheizt)
   Gas: Stufe 3–4 (nicht vorgeheizt)
   Backzeit: 35–40 Minuten.
3. Gebäck nach dem Backen etwa 15 Minuten in der Form stehen lassen, dann aus der Form lösen und auf einen mit Backpapier belegten Kuchenrost stürzen. Gebäck erkalten lassen, dann mitgebackenes Backpapier abziehen, Gebäck auf eine Platte legen und einen Tortenring darumstellen.
4. Für den Guss aus Tortengusspulver, Sauerkirschsaft, Zitronensaft und Zucker nach Packungsanleitung, aber mit den hier angegebenen Zutaten einen Guss zubereiten. Den Guss auf dem Kuchen verteilen und fest werden lassen.
5. Tortenring lösen und entfernen. Sahne mit Sahnesteif und Puderzucker steif schlagen und in einen Spritzbeutel mit großer Lochtülle füllen. Zwei Drittel der Sahne in Streifen von unten nach oben auf den Tortenrand spritzen. Restliche Sahne als kleine Tupfen auf die Oberfläche spritzen und mit Ananasstücken garnieren.

Ananas-Kirsch-Torte

Ananas-Kokos-Charlotte

Raffiniert

Insgesamt:
E: 77 g, F: 333 g, Kh: 449 g,
kJ: 21365, kcal: 5097

Für den Biskuitteig:
3 Eier (Größe M), 1 Eigelb (Größe M)
100 g Zucker
1 Pck. Dr. Oetker Vanillin-Zucker
100 g Weizenmehl
10 g Kakaopulver
1 gestr. TL Dr. Oetker Backin

Für den Boden:
150 g Zartbitterschokolade

Für die Füllung:
2 kleine Dosen Ananasscheiben
(Abtropfgewicht je 140 g)
600 ml Schlagsahne
2 Pck. Dr. Oetker Sahnesteif
2 Pck. Saucenpulver Vanille-Geschmack,
ohne Kochen
7 Kokoskonfektkugeln

Zum Garnieren und Verzieren:
5 Kokoskonfektkugeln
25 g Zartbitterschokolade

**Zubereitungszeit: 50 Minuten,
ohne Kühlzeit**

1. Für den Teig Eier und Eigelb mit Handrührgerät mit Rührbesen auf höchster Stufe in 1 Minute schaumig schlagen. Zucker und Vanillin-Zucker mischen, in 1 Minute einstreuen, dann noch 2 Minuten weiterschlagen.
2. Mehl mit Kakaopulver und Backpulver mischen, auf die Eiercreme sieben und kurz auf niedrigster Stufe unterrühren. Den Teig auf ein Backblech (30 x 40 cm, gefettet, mit Backpapier belegt) streichen. Backblech sofort in den Backofen schieben.

Ober-/Unterhitze: etwa 200 °C (vorgeheizt)
Heißluft: etwa 180 °C (vorgeheizt)
Gas: Stufe 3-4 (vorgeheizt)
Backzeit: etwa 10 Minuten.

3. Den Biskuit sofort vom Rand lösen und auf die Arbeitsfläche stürzen, damit sich beim Aufrollen die braune Backhaut löst. Gebäck mit Backpapier erkalten lassen.
4. Für den Boden Schokolade grob zerkleinern und in einem kleinen Topf im Wasserbad bei schwacher Hitze geschmeidig rühren. Flüssige Schokolade in eine Springform (Ø 26 cm, Boden gefettet, mit Backpapier belegt) gießen und zu einem Boden verteilen.
5. Für die Füllung Ananas in einem Sieb abtropfen lassen. Sahne mit Sahnesteif und Saucenpulver steif schlagen. Backpapier von der Biskuitplatte abziehen, Platte von der Arbeitsfläche abziehen, so dass die braune Backhaut mitentfernt wird und dünn mit 5-6 Esslöffeln Sahnemasse bestreichen. Anschließend die Platte von der längeren Seite aus fest aufrollen und in 20 etwa 2 cm dicke Scheiben schneiden.
6. Den Rand der Springform und den noch nicht fest gewordenen Schokoladenboden damit dicht belegen. Ananasscheiben auf dem Biskuitrollenboden verteilen, evtl. die Scheiben etwas zurecht schneiden (1-2 Scheiben zum Garnieren zurücklassen). Die 7 Konfektkugeln hacken und unter die restliche Sahnemasse heben. Sahnemasse in die Springform geben und glatt streichen. Die Torte 1-2 Stunde kalt stellen.
7. Beim Umsetzen der Torte auf eine Tortenplatte das Backpapier unter der Schokolade entfernen. Zum Garnieren die zurückgelassenen Ananasscheiben klein schneiden und an den Rand auf die Torte legen. Die Konfektkugeln vorsichtig halbieren und davor legen. Schokolade in Stücke brechen, in einen kleinen Gefrierbeutel geben und im warmen Wasserbad auflösen. Beutel herausnehmen, trockentupfen, etwas durchkneten und eine kleine Ecke abschneiden. Tortenrand mit Schokolade verzieren.

Ananas-Kokos-Charlotte

Ananas-Müsli-Torte

Ananas-Müsli-Torte

Gut vorzubereiten – ohne zu backen

Insgesamt:
E: 43 g, F: 157 g, Kh: 275 g,
kJ: 11312, kcal: 2672

Für den Boden:
100 g Butter
200 g Früchtemüsli (ungezuckert)
50 g flüssiger Honig

Für den Belag:
1 mittelgroße Dose Ananasscheiben
(Abtropfgewicht 360 g)
10 Blatt weiße Gelatine
250 g Magerquark
500 g fettarme Dickmilch
100 g Zucker
2–3 EL Zitronensaft
1 TL Dr. Oetker Finesse Geriebene Zitronenschale
200 ml Schlagsahne

Zubereitungszeit: 40 Minuten, ohne Kühlzeit

1. Für den Boden Butter zerlassen. Müsli evtl. etwas zerkleinern, in einer Pfanne ohne Fett unter Rühren kurz rösten. Butter und Honig unterrühren. Einen Springformrand (Ø 26 cm) auf eine mit Backpapier oder Tortenspitze belegte Tortenplatte stellen. Die Müslimasse in den Springformrand geben und mit Hilfe eines Esslöffels zu einem Boden andrücken.
2. Für den Belag Ananas in einem Sieb abtropfen lassen, Saft dabei auffangen. Gelatine nach Packungsanleitung einweichen.
3. Quark mit Dickmilch, Zucker, Zitronensaft und -schale gut verrühren. Ananasscheiben in kleine Stücke schneiden (einige Stücke zum Garnieren beiseite legen) und unter die Quarkmasse heben.
4. 6 Esslöffel Ananassaft in einem Topf erwärmen (nicht kochen). Gelatine leicht ausdrücken und unter Rühren in dem Ananassaft vollständig auflösen. 3 Esslöffel von der Ananas-Quark-Masse mit der Gelatine verrühren, dann mit der restlichen Ananas-Quark-Masse verrühren. Sahne steif schlagen und unterheben.
5. Die Ananascreme auf den Müsliboden geben und glatt streichen. Die Torte etwa 3 Stunden kalt stellen, dann den Springformrand vorsichtig lösen und entfernen.
6. Die Tortenoberfläche mit den beiseite gelegten Ananasstücken garnieren und nach Belieben mit Müsli bestreuen.

Apfel-Amaretto-Torte

Für Gäste

Insgesamt:
E: 101 g, F: 368 g, Kh: 511 g,
kJ: 24565, kcal: 5866

Für den Rührteig:
100 g Butter oder Margarine
100 g Zucker
1 Pck. Dr. Oetker Vanillin-Zucker
1 Prise Salz
2 Eier (Größe M)
1 TL gemahlener Zimt
2–3 EL Amaretto (ital. Mandellikör)
150 g Weizenmehl
1 gestr. TL Dr. Oetker Backin
30 g abgezogene, gemahlene Mandeln

Für den Belag:
2 Äpfel (400 g), z. B. Boskop

Für die Makronenmasse:
4 Eiweiß (Größe M)
200 g gesiebter Puderzucker
2 EL Amaretto
2 TL gemahlener Zimt
200 g abgezogene, gemahlene Mandeln

Zum Verzieren und Garnieren:
400 ml Schlagsahne
1 Pck. Dr. Oetker Sahnesteif
1 Pck. Dr. Oetker Bourbon-Vanille-Zucker
1 TL Zucker
1 TL gemahlener Zimt
Zuckerperlen nach Belieben

Zubereitungszeit: 40 Minuten, ohne Abkühlzeit

Apfel-Amaretto-Torte

1. Für den Teig Butter oder Margarine mit Handrührgerät mit Rührbesen auf höchster Stufe geschmeidig rühren. Nach und nach Zucker, Vanillin-Zucker und Salz unterrühren. So lange rühren, bis eine gebundene Masse entstanden ist.
2. Eier nach und nach unterrühren (jedes Ei etwa 1/2 Minute), Zimt und Amaretto unterrühren. Mehl mit Backpulver mischen, sieben und in 2 Portionen kurz auf mittlerer Stufe unterrühren. Einen Springformboden (Ø 26 cm, Boden gefettet) mit Mandeln bestreuen und den Springformrand darumlegen. Den Teig hineingeben geben und glatt streichen.
3. Für den Belag Äpfel schälen, vierteln, entkernen, achteln und auf den Teig legen.
4. Für die Makronenmasse Eiweiß sehr steif schlagen. Puderzucker kurz unterschlagen. Amaretto, Zimt und Mandeln vorsichtig unterrühren. Die Eischnee-Mandel-Masse auf den Apfelstücken verteilen. Die Form mit Alufolie zudecken (glänzende Seite nach innen) und auf dem Rost in den Backofen schieben.

Ober-/Unterhitze: etwa 180 °C (vorgeheizt)
Heißluft: etwa 160 °C (nicht vorgeheizt)
Gas: Stufe 2–3 (nicht vorgeheizt)
Backzeit: etwa 70 Minuten (nach etwa 45 Minuten Backzeit die Folie entfernen).

5. Die Torte aus der Form lösen und auf einem Kuchenrost erkalten lassen.
6. Zum Verzieren Sahne mit Sahnesteif, Vanille-Zucker und Zucker steif schlagen. Tortenoberfläche und -rand damit bestreichen. Die Oberfläche mit einem Löffel und mit einer Gabel wellenförmig verzieren. Torte kalt stellen.
7. Die Torte vor dem Servieren mit Zimt bestreuen und nach Belieben mit Zuckerperlen garnieren.

Apfel-Brombeer-Torte

Raffiniert

Insgesamt:
E: 87 g, F: 334 g, Kh: 561 g,
kJ: 23788, kcal: 5683

Zum Vorbereiten:
4 Äpfel (etwa 750 g)
100 ml Cidre (Apfelwein) oder Apfelsaft
25 g Zucker
1 Pck. Dr. Oetker Vanillin-Zucker

Für den Knetteig:
125 g Weizenmehl
1 Msp. Dr. Oetker Backin
50 g Zucker
1 Pck. Dr. Oetker Vanillin-Zucker
70 g Butter oder Margarine
1 EL kaltes Wasser

Für den Biskuitteig:
3 Eier (Größe M)
125 g Zucker
1 Pck. Dr. Oetker Bourbon-Vanille-Zucker
25 g Weizenmehl
1 gestr. TL Dr. Oetker Backin
175 g gemahlene Haselnusskerne

Zum Bestreichen:
75 g Brombeerkonfitüre

Für die Brombeermasse:
300 g Brombeeren
1 Pck. Tortenguss, rot
2 gestr. EL (30 g) Zucker
200 ml Cidre oder Apfelsaft

Für die Apfelsahne:
6 Blatt weiße Gelatine
400 ml Schlagsahne

Außerdem:
25 g gemahlene Haselnusskerne
einige Brombeeren

Zubereitungszeit: 70 Minuten, ohne Kühlzeit

1. Zum Vorbereiten Äpfel schälen, achteln, entkernen, quer in Spalten schneiden und mit Cidre oder Apfelsaft, Zucker und Vanillin-Zucker etwa 5 Minuten dünsten. Etwa 20 Spalten zum Garnieren abnehmen und auf Küchenpapier legen. Übrige Äpfel in einem Sieb abtropfen lassen, Sud dabei auffangen und bis zum Weiterverarbeiten (erst nach der Brombeermasse) erkalten lassen.

2. Für den Knetteig Mehl mit Backpulver mischen und in eine Rührschüssel sieben. Zucker, Vanillin-Zucker, Butter oder Margarine und Wasser hinzufügen. Die Zutaten mit Handrührgerät mit Knethaken zunächst kurz auf niedrigster, dann auf höchster Stufe gut durcharbeiten.

3. Anschließend den Teig auf der bemehlten Arbeitsfläche kurz verkneten, auf einem Springformboden (Ø 26 cm, gefettet) ausrollen und mehrfach mit einer Gabel einstechen. Springformrand darumlegen und die Form auf dem Rost in den Backofen schieben.
Ober-/Unterhitze: 180–200 °C (vorgeheizt)
Heißluft: 160–180 °C (vorgeheizt)
Gas: etwa Stufe 3 (vorgeheizt)
Backzeit: etwa 12 Minuten.

4. Nach dem Backen Springformrand entfernen, Gebäck vom Springformboden lösen, aber darauf auf einem Kuchenrost erkalten lassen.

5. Für den Biskuitteig Eier mit Handrührgerät mit Rührbesen auf höchster Stufe in 1 Minute schaumig schlagen. Zucker und Vanille-Zucker mischen, in 1 Minute einstreuen, dann noch 2 Minuten weiterschlagen. Mehl mit Backpulver mischen, auf die Eiercreme sieben und kurz auf niedrigster Stufe unterrühren, anschließend die Haselnusskerne unterheben. Teig in eine Springform (Ø 26 cm, Boden gefettet, mit Backpapier belegt) füllen, glatt streichen und **bei gleicher Backofeneinstellung etwa 25 Minuten backen.**

6. Nach dem Backen Boden aus der Form lösen, auf einen mit Backpapier belegten Kuchenrost stürzen und erkalten lassen. Anschließend mitgebackenes Backpapier abziehen und den Boden einmal waagerecht durchschneiden. Knetteigboden auf eine Tortenplatte legen, mit Konfitüre bestreichen und einen Tortenring darumstellen. Unteren Biskuitboden mit der Schnittfläche nach oben auflegen und leicht andrücken.

7. Für die Brombeermasse Brombeeren verlesen. Tortenguss mit Zucker und Cidre oder Apfelsaft nach Packungsanleitung zubereiten und Brombeeren unterheben. Masse auf den unteren Biskuitboden streichen, dabei etwa 1 cm Rand frei lassen.

8. Für die Apfelsahne Gelatine nach Packungsanleitung einweichen. Anschließend Gelatine leicht ausdrücken und in einem kleinen Topf bei schwacher Hitze unter Rühren auflösen (nicht kochen). Apfelsud nach und nach in die aufgelöste Gelatine rühren und abkühlen lassen. Sahne steif schlagen und die Gelatine-Apfelsud-Lösung unter die Sahne rühren. Anschließend die vorbereiteten Apfelstücke unterheben.

9. Gut die Hälfte der Apfelsahne auf die Brombeermasse streichen. Oberen Boden auflegen und leicht andrücken. Übrige Apfelsahne auf die Oberfläche streichen und mit der runden Seite eines angefeuchteten Teelöffels Spitzen hochziehen. Die Torte mit den übrigen Apfelspalten belegen und 2-3 Stunden kalt stellen.

10. Vor dem Servieren Tortenring lösen und entfernen, Haselnusskerne an den Rand geben. Die Torte mit Brombeeren garnieren.

Apfel-Milchreis-Torte

Für Kinder

Insgesamt:
E: 131 g, F: 425 g, Kh: 532 g,
kJ: 28035, kcal: 6696

Für den Rührteig:
75 g Halbbitter-Kuvertüre
250 g weiche Butter oder Margarine
125 g Zucker
1 Pck. Dr. Oetker Bourbon-Vanille-Zucker
5 Eier (Größe M)
175 g Weizenmehl
25 g Speisestärke
2 gestr. TL Dr. Oetker Backin

Für die Füllung:
3 Äpfel, z. B. Elstar (etwa 450 g)
500 ml ($^1/_2$ l) Milch
1 Prise Salz, 50 g Zucker
1 Pck. Dr. Oetker Finesse Geriebene Zitronenschale
75 g Milchreis
3 Blatt weiße Gelatine
350 ml Schlagsahne
1 Msp. gemahlener Zimt

Zum Verzieren und Garnieren:
etwa 150 ml Schlagsahne
50 g Halbbitter-Kuvertüre
1 Apfel, z. B. Elstar
1 EL Zitronensaft

Zubereitungszeit: 50 Minuten, ohne Quell- und Kühlzeit

1. Für den Teig Kuvertüre grob hacken und in einem Topf im Wasserbad bei schwacher Hitze geschmeidig rühren. Butter mit Handrührgerät mit Rührbesen auf höchster Stufe geschmeidig rühren. Nach und nach Zucker und Vanille-Zucker unterrühren. So lange rühren, bis eine gebundene Masse entstanden ist. Eier nach und nach unterrühren (jedes Ei etwa $^1/_2$ Minute).

2. Mehl mit Speisestärke und Backpulver mischen, sieben und in 2 Portionen auf mittlerer Stufe unterrühren. Die aufgelöste Kuvertüre hinzufügen und unterrühren. Einen Backrahmen (27 x 27 cm) auf ein mit Backpapier belegtes Backblech stellen, den Teig einfüllen und glatt streichen. Das Backblech in den Backofen schieben.
Ober-/Unterhitze: etwa 180 °C (vorgeheizt)
Heißluft: etwa 160 °C (vorgeheizt)
Gas: Stufe 2–3 (vorgeheizt)
Backzeit: 15–20 Minuten.

3. Den Backrahmen lösen und entfernen, das Gebäck mit dem Backpapier auf einen Kuchenrost ziehen und erkalten lassen. Anschließend Backpapier entfernen und den Boden einmal waagerecht durchschneiden. Den gesäuberten Rahmen wieder um den unteren Boden stellen.

4. Für die Füllung Äpfel schälen, vierteln, entkernen, in Spalten schneiden und in etwas Wasser kurz bissfest dünsten. Die Äpfel erkalten lassen. Milch mit Salz, Zucker und Zitronenschale zum Kochen bringen. Milchreis unter Rühren einstreuen, kurz aufkochen lassen und 35–40 Minuten zugedeckt bei schwacher Hitze ausquellen lassen. Gelatine nach Packungsanleitung einweichen, dann leicht ausdrücken und unter Rühren in dem heißen Milchreis auflösen. Die Masse erkalten lassen.

5. Sahne steif schlagen und mit Zimt und den gedünsteten Apfelspalten unter die Milchreismasse heben. Die Hälfte der Creme auf dem unteren Boden glatt streichen, den oberen Boden darauf legen und die restliche Creme darauf glatt streichen. Die Torte etwa 2 Stunden kalt stellen. Dann den Backrahmen lösen und entfernen.

6. Sahne steif schlagen und Tortenrand und -oberfläche damit bestreichen. Kuvertüre auflösen. Apfel waschen, vierteln, entkernen, in Spalten schneiden und mit Zitronensaft bestreichen. Die Apfelspalten auf ein Stück Backpapier legen, mit Kuvertüre besprenkeln, fest werden lassen und die Apfelspalten auf die Torte legen.

Tipp:
Schneller geht es statt mit 75 g Milchreis mit 1 Päckchen Süße Mahlzeit Milchreis klassisch mit 500 ml ($^1/_2$ l) Milch zubereitet. Dann Zucker und Salz weglassen.

Apfel-Milchreis-Torte

Apfel-Mohn-Torte

Raffiniert – gut vorzubereiten

Insgesamt:
E: 74 g, F: 333 g, Kh: 420 g,
kJ: 20848, kcal: 4976

Für den Rührteig:
150 g Butter oder Margarine
100 g Zucker
1 Pck. Dr. Oetker Vanillin-Zucker
1 Pck. Dr. Oetker Finesse Geriebene Zitronenschale
3 Eier (Größe M)
150 g Weizenmehl
2 gestr. TL Dr. Oetker Backin
75 g Mohnsamen

Für die Füllung:
400 g Äpfel, z. B. Cox Orange oder Boskop
375 ml (3/8 l) Apfelsaft
30 g Zucker
1 Pck. Dr. Oetker Pudding-Pulver Vanille-Geschmack

Für Belag und Verzierung:
400 ml Schlagsahne
2 Pck. Dr. Oetker Vanillin-Zucker
1 Pck. Dr. Oetker Sahnesteif

Zum Garnieren:
einige Chocolat Pavot von Storck (Mohn-Marc-de-Champagne-Pralinen)
Mohn

Zubereitungszeit: 50 Minuten, ohne Kühlzeit

Apfel-Mohn-Torte

1. Für den Teig Butter oder Margarine mit Handrührgerät mit Rührbesen auf höchster Stufe geschmeidig rühren. Nach und nach Zucker, Vanillin-Zucker und Zitronenschale unterrühren. So lange rühren, bis eine gebundene Masse entstanden ist.
2. Eier nach und nach unterrühren (jedes Ei etwa 1/2 Minute). Mehl mit Backpulver mischen, sieben und in 2 Portionen abwechselnd mit dem Mohn auf mittlerer Stufe unterrühren. Den Teig in eine Springform (Ø 26 cm, Boden gefettet, mit Backpapier belegt) füllen, glatt streichen und die Form auf dem Rost in den Backofen schieben.

Ober-/Unterhitze: etwa 180 °C (vorgeheizt)
Heißluft: etwa 160 °C (vorgeheizt)
Gas: Stufe 2–3 (vorgeheizt)
Backzeit: etwa 25 Minuten.

3. Den Boden aus der Form lösen und auf einem mit Backpapier belegten Kuchenrost erkalten lassen. Anschließend mitgebackenes Backpapier abziehen, den Boden auf eine Tortenplatte legen und den gesäuberten Springformrand oder einen Tortenring darumstellen.
4. Für die Füllung Äpfel schälen, vierteln, entkernen und in feine Würfel schneiden. Aus Apfelsaft, Zucker und Pudding-Pulver nach Packungsanleitung, aber mit den hier angegebenen Zutaten einen Pudding kochen. Apfelwürfel dazugeben, unter Rühren mit aufkochen lassen und den Apfelpudding auf den Boden in die Form geben. Die Masse glatt streichen und erkalten lassen.
5. Für Belag und Verzierung Sahne mit Vanillin-Zucker und Sahnesteif steif schlagen und zwei Drittel davon auf der erkalteten Apfelmasse verstreichen. Restliche Sahne in einen Spritzbeutel mit großer Sterntülle geben und große Tuffs auf die Tortenoberfläche spritzen. Die Torte bis zum Servieren kalt stellen.
6. Zum Garnieren Springformrand oder Tortenring vorsichtig lösen und entfernen. Die Tortenoberfläche mit Pralinen und Mohn garnieren.

Apfel-Quark-Charlotte

Raffiniert – für Gäste

Insgesamt:
E: 78 g, F: 91 g, Kh: 510 g,
kJ: 13440, kcal: 3200

Für den Biskuitteig:
3 Eier (Größe M), 1 Eigelb (Größe M)
60 g Zucker
1 Pck. Dr. Oetker Vanillin-Zucker
80 g Weizenmehl
½ gestr. TL Dr. Oetker Backin
200 g Apfelgelee

Für die Apfelgrütze:
200 g Äpfel (1–2 Stück), z. B. Elstar
1 Pck. Rote-Grütze-Pulver
300 ml Apfelsaft, 70 g Zucker

Für die Quarkcreme:
4 Blatt weiße Gelatine
200 ml Schlagsahne
250 g Magerquark, 50 g Zucker
1 Pck. Dr. Oetker Finesse Geriebene Zitronenschale
Saft von ½ Zitrone

Zum Garnieren
1 kleiner Apfel, Saft von ½ Zitrone

Zubereitungszeit: 90 Minuten, ohne Kühlzeit

1. Für den Teig Eier und Eigelb mit Handrührgerät mit Rührbesen auf höchster Stufe in 1 Minute schaumig schlagen. Zucker und Vanillin-Zucker mischen, in 1 Minute einstreuen, dann etwa 2 Minuten weiterschlagen.
2. Mehl mit Backpulver mischen, auf die Eiercreme sieben und kurz auf niedrigster Stufe unterrühren. Den Teig auf ein Backblech (30 x 40 cm, gefettet, mit Backpapier belegt) geben und glatt streichen. Das Backblech in den Backofen schieben.

Ober-/Unterhitze: etwa 200 °C (vorgeheizt, mittlere Einschubleiste)
Heißluft: etwa 180 °C (vorgeheizt)
Gas: Stufe 3–4 (vorgeheizt, mittlere Einschubleiste)
Backzeit: etwa 8 Minuten.

3. Biskuitplatte vom Rand lösen und auf ein mit Zucker bestreutes Backpapier stürzen. Biskuitplatte erkalten lassen und anschließend vorsichtig das mitgebackene Backpapier abziehen.
4. Biskuitplatte mit der Hälfte des Gelees bestreichen und von der längeren Seite aus fest aufrollen. Eine Schüssel (1,75 l Inhalt) mit Frischhaltefolie auslegen. Biskuitrolle in gut ½ cm dicke Scheiben schneiden. Schüssel mit zwei Dritteln der Biskuitscheiben dicht auslegen.
5. Für die Apfelgrütze Äpfel schälen, vierteln, entkernen und fein würfeln. Rote Grütze nach Packungsanleitung, aber nur mit 300 ml Apfelsaft und 70 g Zucker zubereiten. Apfelwürfel unterheben. Masse erkalten lassen, dabei ab und zu umrühren.
6. Für die Quarkcreme Gelatine nach Packungsanleitung einweichen. Sahne steif schlagen. Quark mit Zucker, Zitronenschale und -saft verrühren. Gelatine leicht ausdrücken und in einem kleinen Topf bei schwacher Hitze unter Rühren auflösen (nicht kochen). Gelatine zuerst mit 3 Esslöffeln von der Quarkmasse verrühren, dann die Mischung unter die restliche Quarkmasse rühren und Sahne unterheben.
7. Quarkcreme und Apfelgrütze abwechselnd auf die Biskuitscheiben in die Schüssel schichten und mit einer Gabel etwas marmorieren. Restliche Biskuitscheiben darauf verteilen. Charlotte mindestens 3 Stunden kalt stellen.
8. Die Charlotte auf eine Tortenplatte stürzen, Schüssel abnehmen und Folie entfernen. Restliches Gelee unter Rühren aufkochen lassen und die Charlotte damit bestreichen.
9. Zum Garnieren Apfel waschen, abtrocknen, vierteln, entkernen und in sehr dünne Spalten schneiden. Apfelspalten mit Zitronensaft beträufeln und vor dem Servieren dekorativ an den unteren Tortenrand legen.

Apfel-Quark-Charlotte

Apfelschorle-Torte

Erfrischend

Insgesamt:
E: 61 g, F: 317 g, Kh: 486 g,
kJ: 21749, kcal: 5195

Für den All-in-Teig:
150 g Weizenmehl
3 gestr. TL Dr. Oetker Backin
150 g Zucker
1 Pck. Dr. Oetker Vanillin-Zucker
3 Eier (Größe M)
150 g Butter oder Margarine

Für die Apfelschorlecreme:
750 g Äpfel, z. B. Elstar
100 ml Mineralwasser
50 g Zucker
1 Pck. Dr. Oetker Finesse Geriebene Zitronenschale
6 Blatt weiße Gelatine
250 g Schmand
200 ml Schlagsahne
1 Pck. Dr. Oetker Vanillin-Zucker

Zum Bestreichen:
2 EL Apfelgelee
1 EL Wasser

Für den Guss:
1 Pck. Tortenguss, klar
250 ml (¼ l) Apfelsaft
1 EL Zucker

Zum Verzieren und Garnieren:
100 ml Schlagsahne
1 Pck. Dr. Oetker Vanillin-Zucker
1 Apfel mit roter Schale
etwas Zitronensaft

Zubereitungszeit: 40 Minuten, ohne Kühlzeit

Apfelschorle-Torte

1. Für den Teig Mehl mit Backpulver mischen und in eine Rührschüssel sieben. Restliche Zutaten hinzufügen und alles mit Handrührgerät mit Rührbesen auf höchster Stufe in etwa 2 Minuten zu einem Teig verarbeiten. Den Teig in eine Springform (Ø 26 cm, Boden gefettet, mit Backpapier belegt) füllen und glatt streichen. Die Form auf dem Rost in den Backofen schieben.
Ober-/Unterhitze: etwa 180 °C (vorgeheizt)
Heißluft: etwa 160 °C (vorgeheizt)
Gas: Stufe 2–3 (vorgeheizt)
Backzeit: etwa 25 Minuten.

2. Boden aus der Form lösen, auf einen mit Backpapier belegten Kuchenrost stürzen und den Boden erkalten lassen. Anschließend mitgebackenes Backpapier abziehen.

3. Für die Apfelschorlecreme Äpfel schälen, vierteln, entkernen und in sehr kleine Stücke schneiden. Apfelstücke mit Mineralwasser, Zucker und Zitronenschale aufkochen lassen. Gelatine nach Packungsanleitung einweichen, dann leicht ausdrücken, unter die heiße Apfelmasse rühren und kalt stellen. Schmand unter die kalte Masse rühren, Sahne mit Vanillin-Zucker steif schlagen und unterheben.

4. Den Boden einmal waagerecht durchschneiden. Den unteren Tortenboden auf eine Tortenplatte legen und einen Tortenring darumstellen. Die Apfelmasse einfüllen und glatt streichen. Masse mit dem zweiten Boden bedecken und die Torte etwa 2 Stunden kalt stellen.

5. Zum Bestreichen Apfelgelee mit Wasser aufkochen lassen und die Tortenoberfläche damit bestreichen. Für den Guss aus Tortenguss, Apfelsaft und Zucker nach Packungsanleitung einen Guss zubereiten, auf der Torte verteilen und fest werden lassen.

6. Den Tortenring lösen und entfernen. Sahne und Vanillin-Zucker steif schlagen, in einen Spritzbeutel mit Sterntülle füllen und die Oberfläche der Torte damit verzieren. Den Apfel waschen, abtrocknen und Kerngehäuse ausstechen. Apfel in Scheiben schneiden, mit Zitronensaft bestreichen und auf die Sahnetupfen legen.

Tipp:
Anstelle von Schmand kann auch Vanillejoghurt verwendet werden.

Apfel-Wein-Torte

Für Gäste

Insgesamt:
E: 49 g, F: 210 g, Kh: 552 g,
kJ: 19506, kcal: 4658

Für den Knetteig:
225 g Weizenmehl
1 gestr. TL Dr. Oetker Backin
75 g Zucker
1 Pck. Dr. Oetker Vanillin-Zucker
1 Prise Salz
1 Ei, 75 g weiche Butter

Für die Füllung:
1 kg Äpfel
2 Pck. Dr. Oetker Pudding-Pulver Vanille-Geschmack
100 g Zucker
2 Pck. Dr. Oetker Vanillin-Zucker
375 ml ($^3/_8$ l) Weißwein
375 ml ($^3/_8$ l) klarer Apfelsaft

Zum Verzieren und Garnieren:
400 ml Schlagsahne
2 Pck. Dr. Oetker Sahnesteif
2 Pck. Dr. Oetker Vanillin-Zucker
gehackte Pistazienkerne

Zubereitungszeit: 45 Minuten, ohne Kühlzeit

Apfel-Wein-Torte

1. Für den Teig Mehl mit Backpulver mischen und in eine Rührschüssel sieben. Zucker, Vanillin-Zucker, Salz, Ei und Butter hinzufügen. Die Zutaten mit Handrührgerät mit Knethaken zunächst kurz auf niedrigster, dann auf höchster Stufe gut durcharbeiten.
2. Anschließend den Teig auf der bemehlten Arbeitsfläche kurz verkneten und etwa $^1/_2$ Stunde kalt stellen.
3. Zwei Drittel des Teiges auf einem gefetteten Springformboden (Ø 26 cm) ausrollen. Den restlichen Teig zu einer Rolle formen, als Rand auf den Boden legen und so an die Form drücken, dass ein 3 cm hoher Rand entsteht.
4. Für die Füllung Äpfel schälen, vierteln, entkernen und in feine Würfel schneiden. Aus Pudding-Pulver, Zucker, Vanillin-Zucker, Wein und Apfelsaft nach Packungsanleitung einen Pudding zubereiten. Die Apfelwürfel sofort unterrühren und die Masse auf den Teig geben. Die Form auf dem Rost in den Backofen schieben.
Ober-/Unterhitze: etwa 180 °C (vorgeheizt)
Heißluft: etwa 160 °C (nicht vorgeheizt)
Gas: Stufe 2–3 (nicht vorgeheizt)
Backzeit: 50–60 Minuten.
5. Die Torte in der Form auf einen Kuchenrost stellen, etwa 20 Minuten abkühlen lassen, dann den Springformrand lösen und entfernen. Den Kuchen 3–4 Stunden kalt stellen.
6. Zum Verzieren und Garnieren Sahne mit Sahnesteif und Vanillin-Zucker steif schlagen, in einen Spritzbeutel mit Sterntülle füllen und den Tortenrand damit verzieren. Torte mit Pistazienkernen garnieren.

Abwandlung:
Den Pudding statt mit der Weißwein-Apfelsaft-Mischung mit 750 ml ($^3/_4$ l) Apfelsaft kochen.

Aprikosen-Joghurt-Torte

Fruchtig

Insgesamt:
E: 38 g, F: 166 g, Kh: 258 g,
kJ: 11468, kcal: 2743

Für den Teig:
300 g TK-Blätterteigplatten

Für die Füllung:
1 Dose Aprikosen (Abtropfgewicht 240 g)
6 Blatt weiße Gelatine
300 g Naturjoghurt, 50 g Zucker
1 Pck. Dr. Oetker Vanillin-Zucker
5–6 EL Aprikosensaft, 2 EL Zitronensaft
1 Pck. Saucenpulver Vanille-Geschmack, ohne Kochen
250 ml ($1/4$ l) Schlagsahne

Zum Bestäuben:
etwas Puderzucker

Zubereitungszeit: 50 Minuten, ohne Auftau- und Kühlzeit

1. Für den Teig Blätterteigplatten nebeneinander zugedeckt nach Packungsanleitung auftauen lassen. Die Platten aufeinander legen, zu einem Rechteck (25 x 45 cm) ausrollen und daraus zwei runde Platten (Ø je 22 cm) ausstechen oder ausschneiden.
2. Den restlichen Teig wieder übereinander legen (nicht verkneten), zu einer Platte (Ø 22 cm) ausrollen und diese in zwölf Stücke schneiden. Stücke und Platten auf mit kaltem Wasser besprenkelte Backbleche legen. Die Platten mehrmals mit einer Gabel einstechen und 30 Minuten ruhen lassen. Anschließend die Backbleche nacheinander (bei Heißluft zusammen) in den Backofen schieben.
   Ober-/Unterhitze: 200–220 °C (vorgeheizt)
   Heißluft: 180–200 °C (vorgeheizt)
   Gas: etwa Stufe 4 (vorgeheizt)
   Backzeit: etwa 15 Minuten je Backblech.
3. Sofort nach dem Backen die Böden und Stücke von den Backblechen nehmen und auf Kuchenrosten erkalten lassen.
4. Für die Füllung in der Zwischenzeit Aprikosen zum Abtropfen in ein Sieb geben, etwas Saft dabei auffangen.
5. Gelatine nach Packungsanleitung einweichen. Joghurt mit Zucker, Vanillin-Zucker, Aprikosensaft und Zitronensaft gut verrühren.
6. Die eingeweichte Gelatine leicht ausdrücken, in einem kleinen Topf bei schwacher Hitze auflösen (nicht kochen), unter etwas von der Joghurtmasse rühren, dann die Mischung unter die restliche Joghurtmasse rühren und kalt stellen.
7. Aprikosen (drei Hälften zum Garnieren zurückbehalten) pürieren, mit Saucenpulver verrühren und die beiden erkalteten Böden damit bestreichen.
8. Wenn die Joghurtmasse anfängt dicklich zu werden, Sahne steif schlagen und unter die Joghurtmasse heben. Zwei Drittel davon in einen Spritzbeutel mit Sterntülle füllen und auf die Ränder der bestrichenen Böden spritzen. Die restliche Creme in die Mitte der Böden geben (etwas zum Garnieren zurückbehalten) und die Böden zu einer Torte zusammensetzen. Die Stücke fächerartig auf die Torte legen und mit Puderzucker bestäuben.
9. Die Torte mit der restlichen Creme aus dem Spritzbeutel und den zurückbehaltenen, in Spalten geschnittenen Aprikosenhälften garnieren.

Tipp:
Die Torte lässt sich am besten mit einem elektrischen Messer oder einem Sägemesser schneiden.

Aprikosen-Joghurt-Torte

Aprikosen-Kokoskonfekt-Torte

Für Gäste

Insgesamt:
E: 134 g, F: 733 g, Kh: 558 g,
kJ: 39156, kcal: 9350

Für den Rührteig:
200 g gemahlene Haselnusskerne
350 g Butter oder Margarine
200 g Zucker
5 Eier (Größe M)
250 g Weizenmehl
2 gestr. TL Dr. Oetker Backin

Zum Bestreichen:
2 EL Aprikosenkonfitüre

Für die Füllung:
7 Blatt weiße Gelatine
1 Dose Aprikosenhälften
(Abtropfgewicht 240 g)
1 Dose Mandarinen
(Abtropfgewicht 175 g)
100 ml Obstsaft aus der Dose
250 ml ($^1/_4$ l) Schlagsahne

Zum Bestreichen:
3 Blatt weiße Gelatine
400 ml Schlagsahne
1 EL Zucker

Zum Bestreuen und Garnieren:
75 g Kokosraspel
einige Kokoskonfektkugeln

Zubereitungszeit: 70 Minuten, ohne Kühlzeit

1. Für den Teig Haselnusskerne in eine Pfanne ohne Fett leicht bräunen und auf einem Teller erkalten lassen. Butter oder Margarine mit Handrührgerät mit Rührbesen auf höchster Stufe geschmeidig rühren. Nach und nach Zucker unterrühren. So lange rühren, bis eine gebundene Masse entstanden ist. Eier nach und nach unterrühren (jedes Ei etwa $^1/_2$ Minute).

2. Mehl mit Backpulver mischen, sieben und in 2 Portionen auf mittlerer Stufe unterrühren. Zuletzt die Haselnusskerne unterrühren. Den Teig in eine Springform (Ø 26 cm, Boden gefettet) füllen und glatt streichen. Die Form auf dem Rost in den Backofen schieben.
Ober-/Unterhitze: etwa 180 °C (vorgeheizt)
Heißluft: etwa 160 °C (nicht vorgeheizt)
Gas: Stufe 2–3 (nicht vorgeheizt)
Backzeit: etwa 45 Minuten.

3. Den Boden aus der Springform lösen und auf einem mit Backpapier belegten Kuchenrost erkalten lassen. Anschließend den Boden einmal waagerecht durchschneiden und den unteren Boden mit Aprikosenkonfitüre bestreichen. Aus dem oberen Boden einen Kreis von gut 20 cm Durchmesser ausschneiden und beiseite legen. Den Rand auf den bestrichenen Boden legen.

4. Für die Füllung Gelatine nach Packungsanleitung einweichen. Aprikosen und Mandarinen gut abtropfen lassen, den Saft dabei auffangen und das Obst pürieren. Die Püreemasse mit 100 ml von dem Obstsaft verrühren. Gelatine leicht ausdrücken und in einem kleinen Topf bei schwacher Hitze unter Rühren auflösen (nicht kochen). Gelatine mit etwas von dem Fruchtpüree verrühren, dann die Mischung unter das restliche Püree rühren und kalt stellen.

5. Sahne steif schlagen und unter das etwas dickliche Fruchtpüree heben. 3 Esslöffel Fruchtcreme abnehmen und beiseite stellen, die restliche Fruchtcreme in den ausgeschnittenen Rand füllen, glatt streichen und kalt stellen. Den inneren Kreis des oberen Bodens einmal waagerecht durchschneiden und den unteren Teil davon mit der restlichen Fruchtmasse bestreichen. Den oberen Teil des Kreises darauf legen und kalt stellen.

6. Zum Bestreichen Gelatine nach Packungsanleitung einweichen, Sahne mit Zucker steif schlagen. Gelatine wie in Punkt 4 auflösen, mit etwas von der Sahne verrühren, dann unter die restliche Sahne rühren. Dann 4 Esslöffel Sahne in einen Spritzbeutel mit Sterntülle füllen.

7. Die große Torte bis zum Ring und die kleine Torte (Ø 20 cm) ganz mit der Sahne einstreichen. Die kleine Torte auf die große Torte setzen und mit Kokosraspeln bestreuen. Die Torte mit der restlichen Sahne verzieren, mit Kokoskonfekt garnieren und bis zum Servieren kalt stellen.

Aprikosen-Kokoskonfekt-Torte

Aprikosennektar-Torte

Beliebt

Insgesamt:
E: 76 g, F: 160 g, Kh: 514 g,
kJ: 16386, kcal: 3913

Für den Biskuitteig:
4 Eier (Größe M)
3 EL heißes Wasser
150 g Zucker
1 Pck. Dr. Oetker Vanillin-Zucker
100 g Weizenmehl
100 g Speisestärke
2 gestr. TL Dr. Oetker Backin

Für die Füllung:
8 Blatt weiße Gelatine
500 g Naturjoghurt
200 ml Aprikosen- oder Pfirsichnektar
60 g Zucker
400 ml Schlagsahne

Für den Guss:
2 Pck. Tortenguss, klar
375 ml (3/8 l) Aprikosen- oder Pfirsichnektar
125 ml (1/8 l) Wasser

Zum Bestäuben:
etwas Puderzucker

Zubereitungszeit: 45 Minuten, ohne Kühlzeit

Aprikosennektar-Torte

1. Für den Teig Eier und Wasser mit Handrührgerät mit Rührbesen auf höchster Stufe in 1 Minute schaumig schlagen. Zucker und Vanillin-Zucker mischen, in 1 Minute einstreuen, dann noch 2 Minuten weiterschlagen. Mehl mit Speisestärke und Backpulver mischen, die Hälfte davon auf die Eiercreme sieben und kurz auf niedrigster Stufe unterrühren. Den Rest des Mehlgemisches auf die gleiche Weise unterarbeiten. Den Teig in eine Springform (Ø 26 cm, Boden gefettet, mit Backpapier belegt) füllen, glatt streichen und die Form auf dem Rost in den Backofen schieben.
Ober-/Unterhitze: etwa 180 °C (vorgeheizt)
Heißluft: etwa 160 °C (vorgeheizt)
Gas: Stufe 2–3 (vorgeheizt)
Backzeit: etwa 25 Minuten.

2. Den Boden nach dem Backen auf einen mit Backpapier belegten Kuchenrost stürzen, mitgebackenes Backpapier abziehen und den Boden erkalten lassen.

3. Für die Füllung Gelatine nach Packungsanleitung einweichen. Joghurt mit Nektar und Zucker verrühren. Gelatine leicht ausdrücken und in einem kleinen Topf bei schwacher Hitze auflösen (nicht kochen). Aufgelöste Gelatine mit etwas von der Joghurtmasse verrühren, dann unter die restliche Joghurtmasse rühren.

4. Biskuitboden zweimal waagerecht durchschneiden, den unteren Boden auf eine Tortenplatte legen und einen Tortenring oder den gesäuberten Springformrand darumlegen.

5. Wenn die Joghurtmasse beginnt dicklich zu werden, Sahne steif schlagen und unterheben. Die Joghurtsahne in den Tortenring geben und glatt streichen. Den oberen Boden zum Garnieren beiseite legen, den mittleren Boden auf die Joghurtsahne legen, leicht andrücken und die Torte 2–3 Stunden kalt stellen.

6. Für den Guss aus Tortengusspulver, Nektar und Wasser, aber ohne Zucker nach Packungsanleitung einen Guss zubereiten und auf dem Boden in der Form verteilen. Torte nochmals kurz kalt stellen, bis der Guss fest geworden ist.

7. Vor dem Servieren Springformrand oder Tortenring mit einem Messer lösen und entfernen. Aus der beiseite gelegten Biskuitlage beliebige Motive (z. B. Herzen) ausstechen, mit etwas Puderzucker bestäuben und auf die Tortenoberfläche legen.

Aprikosentorte mit Schwips

Fruchtig

Insgesamt:
E: 67 g, F: 361 g, Kh: 473 g,
kJ: 23836, kcal: 5688

Für den Rührteig:
100 g weiche Butter oder Margarine
75 g Zucker
1 Pck. Dr. Oetker Bourbon-Vanille-Zucker
2 Eier (Größe M)
75 g Weizenmehl
1 gestr. TL Dr. Oetker Backin
2–3 EL Aprikosenlikör

Zum Bestreichen:
1 EL Aprikosenkonfitüre
2 EL Aprikosenlikör

Für den Belag:
1 Dose Aprikosenhälften
(Abtropfgewicht 240 g)
1 EL Aprikosenkonfitüre
1 Pck. Dr. Oetker Pudding-Pulver
Vanille-Geschmack
75 ml Aprikosenlikör
1 EL Zucker
250 g Schmand oder Crème fraîche
180 g Haselnuss-Gebäck-Kugeln
400 ml Schlagsahne
1 EL Puderzucker
2 Pck. Dr. Oetker Sahnesteif

Außerdem:
2 EL Aprikosenkonfitüre
1 EL Aprikosenlikör

Zubereitungszeit: 50 Minuten, ohne Kühlzeit

1. Für den Teig Butter oder Margarine mit Handrührgerät mit Rührbesen auf höchster Stufe geschmeidig rühren. Nach und nach Zucker und Vanille-Zucker unterrühren. So lange rühren, bis eine gebundene Masse entstanden ist.

2. Eier nach und nach unterrühren (jedes Ei etwa 1/2 Minute). Mehl mit Backpulver mischen, sieben und mit dem Likör unterrühren. Den Teig in eine Springform (Ø 26 cm, Boden gefettet, mit Backpapier belegt) geben und glatt streichen. Form auf dem Rost in den Backofen schieben.
Ober-/Unterhitze: etwa 180 °C (vorgeheizt)
Heißluft: etwa 160 °C (vorgeheizt)
Gas: Stufe 2–3 (vorgeheizt)
Backzeit: 20–25 Minuten.

3. Nach dem Backen den Boden aus der Form lösen und auf einen Kuchenrost stürzen. Mitgebackenes Backpapier abziehen und den Boden erkalten lassen.

4. Zum Bestreichen Konfitüre mit Likör verrühren. Den Boden damit bestreichen und einen Tortenring darumstellen.

5. Für den Belag Aprikosen mit dem Saft aus der Dose und der Konfitüre pürieren und in einen Topf füllen. Pudding-Pulver mit Likör und Zucker verrühren und unter das Aprikosenpüree rühren. Aprikosenmasse unter Rühren einmal aufkochen und anschließend etwas abkühlen lassen. Schmand oder Crème fraîche unterrühren und die Masse auf dem Boden verstreichen. Die Torte etwa 2 Stunden kalt stellen.

6. Tortenring lösen und entfernen. 6 Gebäckkugeln zum Garnieren beiseite legen. Den Rest zerdrücken oder hacken. Sahne mit Puderzucker und Sahnesteif steif schlagen und die zerkleinerten Gebäckkugeln unterheben. Creme kuppelförmig auf der Fruchtmasse aufstreichen und die Torte 1–2 Stunden kalt stellen.

7. Vor dem Servieren beiseite gelegte Gebäckkugeln halbieren und die Torte damit belegen. Konfitüre mit Likör verrühren und die Tortenoberfläche damit besprenkeln.

Aprikosentorte mit Schwips

Aprikosen-Zwieback-Torte

Aprikosen-Zwieback-Torte

Gut vorzubereiten – fettarm

Insgesamt:
E: 77 g, F: 86 g, Kh: 420 g,
kJ: 11952, kcal: 2844

Zum Vorbereiten:
750 g frische Aprikosen oder 1 Dose Aprikosenhälften (Abtropfgewicht 480 g)

Zum Tränken:
125 ml (1/8 l) frisch gepresster Orangensaft
2 EL Ahornsirup

Für den Boden:
150 g Zwieback

Für den Belag:
10 Blatt weiße Gelatine
500 g Creme-Quark (0,2 % Fett, aus dem Kühlregal)
100 g Zucker
1 Pck. Dr. Oetker Vanillin-Zucker
125 ml (1/8 l) frisch gepresster Orangensaft
1 EL Ahornsirup
200 ml Schlagsahne

Zum Bestreuen:
2 EL geröstete Kokosraspel

Zubereitungszeit: 50 Minuten, ohne Kühlzeit

1. Zum Vorbereiten Aprikosen enthäuten, dazu die Aprikosen in kochendes Wasser legen, kurz stehen lassen, herausnehmen, enthäuten, halbieren und entsteinen. Aprikosenhälften aus der Dose in einem Sieb gut abtropfen lassen. 6 Aprikosenhälften zum Garnieren beiseite legen, die restlichen Aprikosenhälften klein schneiden.

2. Zum Tränken Orangensaft mit Ahornsirup gut verrühren. Für den Boden Zwieback grob zerkleinern und mit der Orangensaftmischung verrühren. Eine Tortenspitze auf eine Tortenplatte legen und einen Springformrand (Ø 26 cm) darauf stellen. Gut die Hälfte der Zwiebackmasse in den Springformrand geben und mit Hilfe eines Esslöffels zu einem Boden andrücken.

3. Für den Belag Gelatine nach Packungsanleitung einweichen. Quark mit Zucker, Vanillin-Zucker, Orangensaft und Ahornsirup gut verrühren. Gelatine leicht ausdrücken und in einem kleinen Topf bei schwacher Hitze unter Rühren auflösen (nicht kochen). Gelatine mit 2–3 Esslöffeln von der Quarkmasse verrühren, dann mit der restlichen Quarkcreme verrühren. Sahne steif schlagen und zusammen mit den Aprikosenstücken unterheben.

4. Die Hälfte der Quark-Aprikosen-Creme auf den Zwiebackboden geben, dann die Form einige Male leicht auf die Arbeitsfläche aufschlagen, damit die Creme in die Zwieback-Zwischenräume fließen kann. Die restliche Zwiebackmasse darauf verteilen und mit der restlichen Quark-Aprikosen-Creme bestreichen. Die Torte etwa 3 Stunden kalt stellen. Den Springformrand mit einem Messer lösen und entfernen.

5. Die beiseite gestellten Aprikosenhälften in Spalten schneiden. Die Torte mit den Aprikosenspalten garnieren und mit Kokosraspeln bestreuen.

Tipp:
Die Torte schmeckt am besten, wenn sie einen Tag durchgezogen ist.

Aranca-Marmortorte

Für Gäste

Insgesamt:
E: 63 g, F: 271 g, Kh: 519 g,
kJ: 20521, kcal: 4892

Für den All-in-Teig:
125 g Weizenmehl
3 gestr. TL Dr. Oetker Backin
125 g Zucker, 2 Eier (Größe M)
1 Pck. Dr. Oetker Vanillin-Zucker
125 g Butter oder Margarine
50 ml Orangensaft
1 Pck. (125 g) Griesson Soft Cake Minis

Für den Belag:
1 Pck. Aranca Aprikose-Maracuja-Geschmack (Dessertpulver)
150 ml Wasser
300 g Himbeerjoghurt
1 Pck. Aranca Zitronen-Geschmack (Dessertpulver)
150 ml Wasser
150 g Naturjoghurt
200 ml Schlagsahne

Zum Bestreichen und Verzieren:
200 ml Schlagsahne
1 Pck. Dr. Oetker Vanillin-Zucker

Zubereitungszeit: 40 Minuten, ohne Kühlzeit

1. Für den Teig Mehl mit Backpulver mischen und in eine Rührschüssel sieben. Restliche Zutaten bis auf die Kekse hinzufügen und alles mit Handrührgerät mit Rührbesen auf höchster Stufe in etwa 2 Minuten zu einem Teig verarbeiten. Teig in eine Springform (Ø 26 cm, Boden gefettet) füllen und glatt streichen. 12 Soft Cake Minis mit der Schokoladenseite nach unten auf die Teigoberfläche legen (restliche Soft Cake Minis zum Garnieren zurücklegen). Die Form auf dem Rost in den Backofen schieben.

Ober-/Unterhitze: etwa 180 °C (vorgeheizt)
Heißluft: etwa 160 °C (vorgeheizt)
Gas: Stufe 2–3 (vorgeheizt)
Backzeit: etwa 25 Minuten.

2. Boden aus der Springform lösen und auf einem mit Backpapier belegten Kuchenrost erkalten lassen.

3. Für den Belag Dessertpulver Aprikose-Maracuja mit 150 ml Wasser nach Packungsanleitung zubereiten, Himbeerjoghurt unterrühren. Dessertpulver Zitrone ebenfalls mit 150 ml Wasser nach Packungsanleitung zubereiten, Naturjoghurt und steif geschlagene Sahne unterheben.

4. Boden auf eine Tortenplatte legen und einen Tortenring darumstellen. Zwei Drittel der Zitronencreme auf den Boden streichen, Aprikosen-Himbeer-Creme darauf verteilen und mit der restlichen Zitronenmasse bestreichen. Mit einer Gabel durch die Schichten ziehen, damit ein Marmormuster entsteht. Torte mindestens 2 Stunden kalt stellen.

5. Zum Bestreichen und Verzieren Sahne mit Vanillin-Zucker steif schlagen, 3 Esslöffel davon in einen Spritzbeutel mit Sterntülle füllen. Torte aus dem Tortenring lösen, Tortenoberfläche und Rand mit der restlichen Sahne bestreichen. Mit der Sahne aus dem Spritzbeutel 12 Tuffs aufsetzen und die Torte mit den restlichen Soft Cake Minis garnieren.

Tipp:
Wenn die Farbe des Himbeerjoghurts nicht intensiv genug ist, kann etwas rote Speisefarbe hinzugefügt werden, um einen stärkere Marmorierung zu bekommen.

Aranca-Marmortorte

Azora-Johannisbeer-Torte

Azora-Johannisbeer-Torte

Fruchtig – ohne zu backen

Insgesamt:
E: 135 g, F: 265 g, Kh: 388 g,
kJ: 19376, kcal: 4630

Für den Boden:
1 Pck. (125 g) Azora Kekse (Orangen-Mürbeplätzchen von Bahlsen)
70 g Zwieback
125 g Butter

Für den Belag:
10 Blatt weiße Gelatine
750 g rote Johannisbeeren
300 g Naturjoghurt
175 g Zucker
1 Pck. Dr. Oetker Vanillin-Zucker
400 ml Schlagsahne

Zubereitungszeit: 30 Minuten, ohne Kühlzeit

1. Für den Boden Kekse und Zwieback in einen Gefrierbeutel geben (19 Kekse für den Rand beiseite legen), den Beutel verschließen, Kekse und Zwieback mit einer Teigrolle fein zerdrücken und in eine Schüssel geben. Butter zerlassen und mit den Bröseln vermengen.

2. Einen Springformrand (Ø 26 cm) auf eine mit Backpapier oder Tortenspitze belegte Tortenplatte stellen. Die Masse in den Springformrand füllen, mit einem Löffel gut zu einem Boden andrücken und den Boden kalt stellen.

3. Für den Belag Gelatine nach Packungsanleitung einweichen. Johannisbeeren waschen, trockentupfen und mit einer Gabel von den Stielen streifen (einige Rispen zum Garnieren zurücklassen).

4. Die Hälfte der Johannisbeeren pürieren, durch ein Sieb streichen und mit Joghurt, Zucker und Vanillin-Zucker verrühren.

5. Gelatine leicht ausdrücken und in einem kleinen Topf bei schwacher Hitze unter Rühren auflösen (nicht kochen). Flüssige Gelatine erst mit etwas von der Johannisbeer-Joghurt-Masse verrühren, dann unter die restliche Johannisbeer-Joghurt-Masse rühren und kalt stellen. Die Sahne steif schlagen und unterheben. Die restlichen Johannisbeeren unterheben.

6. Die zurückgelassenen Kekse auf den Krümelboden an den Formenrand stellen (die gewölbte Seite nach außen). Die Creme vorsichtig in die Springform füllen und glatt streichen. Die Torte kalt stellen.

7. Springformrand mit einem Messer lösen und entfernen. Die Torte und mit den zurückgelassenen Johannisbeerrispen garnieren.

Backgammon-Torte

Zum Verschenken

Insgesamt:
E: 142 g, F: 443 g, Kh: 1008 g,
kJ: 37961, kcal: 9065

Für den Teig:
200 g Zucker
1 Pck. Dr. Oetker Vanillin-Zucker
4 Eier (Größe M), 125 ml ($^1/_8$ l) Speiseöl
150 ml Orangenlimonade
250 g Weizenmehl
3 gestr. TL Dr. Oetker Backin

Für den Belag:
5 Blatt weiße Gelatine
400 g Doppelrahm-Frischkäse
200 ml Orangenlimonade, 50 g Zucker

Zum Verzieren und Garnieren:
etwa 75 g weiße Kuvertüre
50 Mikado (Schoko-Gebäck-Stäbchen, etwa 2 Packungen)
einige Würfel Schokolade
etwa 75 g Schokostreusel

Zum Bestreichen:
etwa 2 EL Aprikosenkonfitüre
einige Pfefferminztaler (15–20 Stück)
etwas Puderzucker

Zubereitungszeit: 45 Minuten

1. Für den Teig Zucker, Vanillin-Zucker und Eier in eine Schüssel geben und mit Handrührgerät mit Rührbesen auf höchster Stufe 1 Minute verrühren. Öl und Orangenlimonade unterrühren.
2. Mehl mit Backpulver mischen, sieben und in 2 Portionen auf mittlerer Stufe unterrühren. Einen Backrahmen (24 x 37 cm) auf ein gefettetes, mit Backpapier belegtes Backblech stellen, den Teig einfüllen, glatt streichen und das Backblech in den Backofen schieben.

Ober-/Unterhitze: etwa 180 °C (vorgeheizt)
Heißluft: etwa 160 °C (vorgeheizt)
Gas: Stufe 2–3 (vorgeheizt)
Backzeit: etwa 25 Minuten.

3. Backrahmen lösen und entfernen, Boden auf einen mit Backpapier belegten Kuchenrost stürzen und den Kuchen erkalten lassen. Anschließend das mitgebackene Backpapier entfernen und den Boden auf eine Platte legen.
4. Für den Belag Gelatine nach Packungsanleitung einweichen. Frischkäse mit Orangenlimonade und Zucker verrühren. Gelatine leicht ausdrücken, in einem kleinen Topf bei schwacher Hitze unter Rühren auflösen (nicht kochen), mit 1–2 Esslöffeln von der Frischkäsemasse verrühren und dann unter die restliche Frischkäsemasse rühren. Die Frischkäsemasse auf dem Boden verteilen und verstreichen.
5. Zum Verzieren und Garnieren 50 g der Kuvertüre in einem kleinen Topf im Wasserbad bei schwacher Hitze geschmeidig rühren. 24 Schokostäbchen auf ein Stück Backpapier legen und dicht mit der Kuvertüre besprenkeln sowie einige Schokowürfel als „Würfel" mit Punkten verzieren. Die restliche Kuvertüre fein raspeln.
6. Von den 24 hell besprenkelten und weiteren 24 dunklen Schokostäbchen alle nicht schokolierten Teile abschneiden. Die hellen und dunklen Stäbchen im Wechsel so auf die Kuchenoberfläche legen, dass 24 spitze Dreiecke entstehen. Zwei ganze Stäbchen als Unterteilung des Spielbretts in die Mitte der Torte legen.
7. In die dunklen Dreiecke etwas Schokostreusel streuen, helle Dreiecke mit weißen Kuvertüreraspeln ausstreuen.
8. Den Rand der Torte mit glatt gerührter Aprikosenkonfitüre bestreichen und mit den restlichen Schokostreuseln bestreuen. Torte mit den Schokowürfeln garnieren. Die Hälfte der Pfefferminztaler mit Puderzucker bestäuben und alle Taler als Spielsteine auf die Torte legen.

Backgammon-Torte

Baileys-Torte

Beliebt

Insgesamt:
E: 96 g, F: 354 g, Kh: 400 g,
kJ: 24023, kcal: 5739

Für den Biskuitteig:
50 g Zartbitterschokolade
4 Eier (Größe M)
150 g Zucker
1 Pck. Dr. Oetker Vanillin-Zucker
100 g Weizenmehl
1 gestr. TL Dr. Oetker Backin
150 g gemahlene Haselnusskerne

Für die Füllung:
1 Pck. gemahlene Gelatine, weiß
4 EL kaltes Wasser
200 ml Baileys (Irish Cream Likör)
600 ml Schlagsahne
20 g Zucker
1 Pck. Dr. Oetker Vanillin-Zucker
50–75 ml Baileys
50 g gehackte, geröstete Haselnusskerne

Zubereitungszeit: 45 Minuten

1. Für den Teig Schokolade grob reiben oder fein hacken. Eier mit Handrührgerät mit Rührbesen auf höchster Stufe in 1 Minute schaumig schlagen. Zucker mit Vanillin-Zucker mischen, in 1 Minute einstreuen, dann noch 2 Minuten weiterschlagen.
2. Mehl und Backpulver mischen, auf die Eiercreme sieben und kurz auf niedrigster Stufe unterrühren. Zuletzt Nüsse und Schokolade unterheben.
3. Den Teig in eine Springform (Ø etwa 26 cm, Boden gefettet, mit Backpapier belegt) füllen und die Form auf dem Rost in den Backofen schieben.
   Ober-/Unterhitze: etwa 180 °C (vorgeheizt)
   Heißluft: etwa 160 °C (nicht vorgeheizt)
   Gas: Stufe 2–3 (nicht vorgeheizt)
   Backzeit: etwa 35 Minuten.
4. Den Boden aus der Form lösen, auf einen mit Backpapier belegten Kuchenrost stürzen und erkalten lassen. Anschließend mitgebackenes Backpapier abziehen und den Boden zweimal waagerecht durchschneiden.
5. Für die Füllung Gelatine mit Wasser in einem kleinen Topf nach Packungsanleitung anrühren und quellen lassen. Dann Gelatine unter Rühren bei schwacher Hitze auflösen (nicht kochen) und mit dem Likör verrühren.
6. Sahne mit Zucker und Vanillin-Zucker steif schlagen und die Gelatinemischung unterrühren. Ein Drittel der Creme auf den unteren Boden streichen und mit dem mittleren Boden bedecken. Den Boden mit Likör tränken, mit der Hälfte der restlichen Creme bestreichen und mit dem oberen Boden bedecken.
7. Tortenrand und -oberfläche mit der restlichen Creme bestreichen. Den Tortenrand mit Nüssen bestreuen und die Oberfläche damit garnieren.

Baileys-Torte

Ballermann-Torte

Etwas aufwändiger

Insgesamt:
E: 72 g, F: 182 g, Kh: 483 g,
kJ: 17140, kcal: 4095

Für den Biskuitteig:
3 Eier (Größe M)
1 Eigelb (Größe M)
3 EL Orangensaft
150 g Zucker
1 Pck. Dr. Oetker Vanillin-Zucker
100 g Weizenmehl
50 g Speisestärke
1 gestr. TL Dr. Oetker Backin

Für die Sangria-Frucht-Füllung:
6 Blatt rote Gelatine
3 Orangen
2 Pfirsiche
300 g vorbereitete Honigmelone
200 ml Rotwein oder roter Traubensaft
200 ml Orangensaft
50 g Zucker

Für die Saure-Sahne-Füllung:
4 Blatt weiße Gelatine
300 g saure Sahne
50 g Zucker
200 ml Schlagsahne

Zum Verzieren und Garnieren:
200 ml Schlagsahne
einige bunte Strohhalme

Zubereitungszeit: 50 Minuten, ohne Kühlzeit

Ballermann-Torte

1. Für den Teig Eier, Eigelb und Saft in eine Rührschüssel geben und mit Handrührgerät mit Rührbesen auf höchster Stufe in 1 Minute schaumig schlagen. Zucker und Vanillin-Zucker mischen, in 1 Minute einstreuen und noch 2 Minuten weiterschlagen. Mehl mit Speisestärke und Backpulver mischen, auf die Eiercreme sieben und auf niedrigster Stufe kurz unterrühren. Teig auf ein mit Backpapier belegtes Backblech (30 x 40 cm) streichen. Das Backblech in den Backofen schieben.
Ober-/Unterhitze: 200–220 °C (vorgeheizt)
Heißluft: 180–200 °C (vorgeheizt)
Gas: etwa Stufe 4 (vorgeheizt)
Backzeit: etwa 10 Minuten.

2. Die Biskuitplatte nach dem Backen vom Rand lösen, auf ein Stück Backpapier stürzen und erkalten lassen. Dann mitgebackenes Backpapier vorsichtig abziehen. Die Platte so halbieren, dass 2 Platten von jeweils 20 x 30 cm entstehen, von jeder Platte 10 cm abschneiden, so dass 2 Platten von jeweils 20 x 20 cm und 2 Platten von jeweils 10 x 20 cm entstehen. Eine große Platte auf eine Tortenplatte legen und einen Backrahmen darumstellen.

3. Für die Sangria-Frucht-Füllung Gelatine nach Packungsanleitung einweichen. Früchte vorbereiten, würfeln und mischen, 4–5 Esslöffel davon abnehmen, zudecken und zum Garnieren beiseite stellen. Rotwein und Orangensaft mit Zucker in einer Schüssel verrühren. Gelatine leicht ausdrücken und in einem kleinen Topf bei schwacher Hitze unter Rühren auflösen (nicht kochen). Flüssige Gelatine zunächst mit etwas Rotweinflüssigkeit verrühren, dann zur restlichen Flüssigkeit geben und verrühren. 3–4 Esslöffel davon in eine kleine Schüssel füllen und zum Garnieren beiseite stellen (nicht kalt stellen). Sobald die große Menge beginnt dicklich zu werden, klein geschnittene Früchte unterheben und Masse auf dem Boden verstreichen. Die kleinen Gebäckplatten darauf zu einem Boden zusammensetzen. Den Kuchen etwa 1 Stunde kalt stellen.

4. Für die Saure-Sahne-Füllung Gelatine nach Packungsanleitung einweichen. Saure Sahne und Zucker in einer Schüssel verrühren, Gelatine ausdrücken und auflösen, zunächst mit etwas von der sauren Sahne verrühren und dann unter die restliche Masse rühren. Sahne steif schlagen und unterheben. Die Creme vorsichtig auf dem Boden verstreichen und mit der letzten Platte bedecken.

5. Zum Verzieren und Garnieren Sahne steif schlagen, die Hälfte davon auf der Kuchenoberfläche verstreichen. Restliche Sahne in einen Spritzbeutel mit kleiner Lochtülle füllen und Umrisse eines Eimers auf die Oberfläche spritzen, dabei darauf achten, dass der Sahneumriss vollständig geschlossen ist. Restliche Früchte darin verteilen, restliche Sangria-Flüssigkeit vorsichtig darüber gießen und Strohhalme anlegen. Torte nochmals etwa 1 Stunde kalt stellen.

Banana-Split-Torte

Für Kinder – einfach

Insgesamt:
E: 101 g, F: 388 g, Kh: 478 g,
kJ: 25059, kcal: 5989

Für den All-in-Teig:
100 g Weizenmehl
2 gestr. TL Dr. Oetker Backin
100 g gemahlene Haselnusskerne
150 g Zucker
1 Pck. Dr. Oetker Vanillin-Zucker
4 Eier (Größe M)
150 g Butter oder Margarine

Für den Belag:
6 Blatt weiße Gelatine
300 ml Bananen-Milchmischgetränk
2 Bananen
500 ml (1/2 l) Schlagsahne
1 Pck. Dr. Oetker Vanillin-Zucker
50 g Raspelschokolade (Zartbitter)

Zum Garnieren:
Gelee-Bananen

Zubereitungszeit: 30 Minuten, ohne Kühlzeit

1. Für den Teig Mehl mit Backpulver mischen und in eine Rührschüssel sieben. Restliche Zutaten hinzufügen und alles mit Handrührgerät mit Rührbesen auf höchster Stufe in etwa 2 Minuten zu einem Teig verarbeiten. Teig in eine Springform (Ø 26 cm, Boden gefettet) füllen und glatt streichen. Die Form auf dem Rost in den Backofen schieben.
   Ober-/Unterhitze: etwa 180 °C (vorgeheizt)
   Heißluft: etwa 160 °C (vorgeheizt)
   Gas: Stufe 2–3 (vorgeheizt)
   Backzeit: etwa 25 Minuten.
2. Boden aus der Springform lösen und auf einem mit Backpapier belegtem Kuchenrost erkalten lassen.
3. Für den Belag Gelatine nach Packungsanleitung einweichen. Den Boden auf eine Tortenplatte legen und einen Tortenring darumstellen. Bananen schälen, in etwa 1 cm dicke Scheiben schneiden und auf dem Tortenboden verteilen, den Rand dabei frei lassen.
4. Gelatine leicht ausdrücken, in einem kleinen Topf bei schwacher Hitze unter Rühren auflösen (nicht kochen) und nach und nach mit dem Milchmischgetränk verrühren. Sahne mit Vanillin-Zucker steif schlagen. Ein Viertel davon in einen Spritzbeutel mit Lochtülle füllen, die restliche Sahne mit der Raspelschokolade unter die Bananenmilch-Gelatine-Mischung heben. Sahnemasse auf die Bananen geben und glatt streichen.
5. Die Oberfläche der Torte mit der Sahne aus dem Spritzbeutel verzieren und die Torte mindestens 2 Stunden kalt stellen. Kurz vor dem Servieren die Torte mit Gelee-Bananen garnieren.

Banana-Split-Torte

Bananen-Makronen-Kuppel

Für Kinder

Insgesamt:
E: 77 g, F: 318 g, Kh: 450 g,
kJ: 20813, kcal: 4962

Für die Makronenmasse:
200 g Kokosraspel
4 Eiweiß (Größe M)
200 g feinkörniger Zucker
1 Msp. gemahlener Zimt
2 Tropfen Bittermandel-Aroma

Für den Belag:
100 g Zartbitterschokolade
2 Pck. gemahlene Gelatine, weiß
140 ml Wasser
400 ml Schlagsahne
2 Pck. Dr. Oetker Vanillin-Zucker
2 Pck. Paradiescreme Bananen-Geschmack (Dessertpulver)
400 ml Milch
2 Bananen

Zubereitungszeit: 50 Minuten, ohne Kühlzeit

Bananen-Makronen-Kuppel

1. Für die Makronenmasse Kokosraspel in einer beschichteten Pfanne ohne Fett goldgelb rösten und auf einem Teller erkalten lassen. Einen Kreis (Ø 26 cm) auf einen Bogen Backpapier zeichnen und das Backpapier auf ein leicht gefettetes Backblech legen.
2. Eiweiß in einer Rührschüssel so steif schlagen, dass ein Messerschnitt sichtbar bleibt. Zucker, Zimt und Bittermandel-Aroma auf höchster Stufe kurz unterschlagen. Erkaltete Kokosraspel vorsichtig unter den Eischnee heben (nicht rühren). Masse in einen Spritzbeutel mit Sterntülle (Ø etwa 11 mm) geben und etwa drei Viertel der Masse spiralförmig zu einem Boden auf die Kreisfläche aufspritzen. Das Backblech in den Backofen schieben.

Ober-/Unterhitze: etwa 140 °C (vorgeheizt)
Heißluft: etwa 120 °C (vorgeheizt)
Gas: etwa Stufe 1 (vorgeheizt)
Backzeit: etwa 25 Minuten.

3. Den Boden mit Backpapier auf einen Kuchenrost ziehen und erkalten lassen. Restliche Makronenmasse als einzelne kleine Makronen auf ein weiteres Backpapier spritzen und auf das Backblech ziehen. Das Backblech in den Backofen schieben und **bei gleicher Backofeneinstellung etwa 20 Minuten backen.**
4. Die Makronen mit dem Backpapier vom Backblech ziehen und auf einem Kuchenrost erkalten lassen. Den Boden ohne Backpapier auf eine Tortenplatte legen.
5. Für den Belag Schokolade grob zerkleinern, in einem Topf im Wasserbad bei schwacher Hitze geschmeidig rühren, etwas abkühlen lassen und den Boden mit etwa zwei Drittel davon mit einem Backpinsel bestreichen. Die einzelnen Makronen mit der restlichen Schokolade besprenkeln. Die Schokolade fest werden lassen.
6. Gelatine mit Wasser nach Packungsanleitung quellen lassen. Sahne mit Vanillin-Zucker steif schlagen. Beide Dessertpulver zusammen nach Packungsanleitung, aber nur mit insgesamt 400 ml Milch aufschlagen. Gelatine in einem kleinen Topf bei schwacher Hitze unter Rühren auflösen (nicht kochen). Erst etwa 3 Esslöffel der steif geschlagenen Sahne mit der aufgelösten Gelatine verrühren, dann die Mischung unter Rühren in die übrige Sahne geben. Die vorbereitete Dessertcreme unter die Sahne heben.
7. Eine dünne Schicht Bananencreme auf den Boden streichen. Bananen schälen, längs halbieren, mit der flachen Seite auf die Creme legen, dabei etwa 3 cm Rand frei lassen und die Bananen leicht andrücken. Restliche Creme als Kuppel aufstreichen und die Torte etwa 3 Stunden kalt stellen.
8. Vor dem Servieren die Makronen dekorativ auf der Tortenoberfläche verteilen.

Tipp:
Statt Bittermandel-Aroma Butter-Vanille-Aroma verwenden.
Dieses Rezept eignet sich gut zur Eiweißverwertung.

Bananentorte „Florida" 🍾 ❄

Für Gäste

Insgesamt:
E: 114 g, F: 519 g, Kh: 601 g,
kJ: 31608, kcal: 7546

Zum Vorbereiten:
200 g Kokosraspel

Für den Rührteig:
200 g Butter oder Margarine
200 g Zucker, 7 Eier (Größe M)
1 Pck. Dr. Oetker Finesse Geriebene Zitronenschale
50 g Weizenmehl
1 gestr. TL Dr. Oetker Backin
1 gestr. TL gemahlener Zimt
1 Pck. Dr. Oetker Pudding-Pulver Schokoladen-Geschmack
1 EL Rum
100 g abgezogene, gemahlene Mandeln
100 g Vollmilch-Raspelschokolade
3 kleine Bananen
2 EL Zitronensaft

Zum Bestreichen:
200 g Ananaskonfitüre

Zum Garnieren und Verzieren:
kleine Florentiner Plätzchen
etwas aufgelöste Schokoladenglasur
200 ml Schlagsahne
Schokoladenstäbchen
oder Borkenschokolade

Zubereitungszeit: 60 Minuten, ohne Abkühlzeit

1. Zum Vorbereiten Kokosraspel in einer Pfanne ohne Fett unter Rühren leicht bräunen und auf einem Teller abkühlen lassen.

2. Für den Teig Butter oder Margarine mit Handrührgerät mit Rührbesen auf höchster Stufe geschmeidig rühren. Nach und nach Zucker unterrühren. So lange rühren, bis eine gebundene Masse entstanden ist.

3. Eier nach und nach unterrühren (jedes Ei etwa $1/2$ Minute). Zitronenschale hinzufügen. Mehl mit Backpulver, Zimt und Pudding-Pulver mischen, sieben und mit Rum kurz auf mittlerer Stufe unterrühren. Mandeln und Raspelschokolade hinzugeben. Bananen schälen, in kleine Würfel schneiden, mit Zitronensaft beträufeln, zusammen mit den Kokosraspeln (3 Esslöffel davon beiseite stellen) unter den Teig heben.

4. Den Teig in eine Springform (Ø 26 cm, Boden gefettet, mit Backpapier belegt) geben und glatt streichen. Die Form auf dem Rost in den Backofen schieben.
Ober-/Unterhitze: etwa 180 °C (vorgeheizt)
Heißluft: etwa 160 °C (nicht vorgeheizt)
Gas: Stufe 2–3 (nicht vorgeheizt)
Backzeit: etwa 50 Minuten.

5. Den Tortenboden aus der Form lösen und auf einen mit Backpapier belegten Kuchenrost stürzen. Tortenboden erkalten lassen, dann mitgebackenes Backpapier abziehen und den Boden zweimal waagerecht durchschneiden.

6. Unteren und mittleren Boden mit Konfitüre bestreichen und die 3 Böden zu einer Torte zusammensetzen.

7. Zum Garnieren und Verzieren die Florentiner Plätzchen mit Schokoladenglasur am Tortenrand festkleben. Sahne steif schlagen und in einen Spritzbeutel mit kleiner Lochtülle geben. Die Tortenoberfläche damit verzieren, mit den beiseite gelegten Kokosraspeln bestreuen und mit Schokoladenstäbchen oder Borkenschokolade garnieren.

Tipp:
Die Torte 1–2 Tage vor dem Verzehr backen und füllen, dann ist sie gut durchgezogen und besonders saftig.

Bananentorte „Florida"

Batida-Kirsch-Torte

Beliebt

Insgesamt:
E: 86 g, F: 361 g, Kh: 550 g,
kJ: 26476, kcal: 6324

Für den All-in-Teig:
150 g Weizenmehl, 15 g Kakaopulver
2 gestr. TL Dr. Oetker Backin
125 g Zucker
1 Pck. Dr. Oetker Vanillin-Zucker
3 Eier (Größe M)
150 g Butter oder Margarine
75 ml Batida de Côco (Kokoslikör)
75 g Kokosraspel

Für die Füllung:
1 Glas Sauerkirschen (Abtropfgewicht 370 g)
150 ml Kirschsaft aus dem Glas
100 ml Wasser
30 g Zucker, 1 Pck. Tortenguss, rot

Für den Belag:
10 Blatt weiße Gelatine
150 ml Batida de Côco
50 g Zucker
600 ml Schlagsahne
50 ml Kirschsaft aus dem Glas

Zum Verzieren und Garnieren:
gut 100 ml Kirschsaft aus dem Glas
1 Pck. Saucenpulver Vanille-Geschmack, ohne Kochen
einige Kirschen mit Stiel
nach Belieben etwas Zitronenmelisse

Zubereitungszeit: 70 Minuten, ohne Kühlzeit

1. Für den Teig Mehl mit Kakao und Backpulver mischen und in eine Rührschüssel sieben. Restliche Zutaten hinzufügen und alles mit Handrührgerät mit Rührbesen auf höchster Stufe in etwa 2 Minuten zu einem Teig verarbeiten.

2. Teig in eine Springform (Ø 26 cm, Boden gefettet, mit Backpapier belegt) füllen und glatt streichen. Die Form auf dem Rost in den Backofen schieben.
   Ober-/Unterhitze: etwa 180 °C (vorgeheizt)
   Heißluft: etwa 160 °C (vorgeheizt)
   Gas: Stufe 2–3 (vorgeheizt)
   Backzeit: etwa 30 Minuten.

3. Den Boden aus der Form lösen, auf einen mit Backpapier belegten Kuchenrost stürzen und erkalten lassen. Anschließend mitgebackenes Backpapier abziehen, den Boden auf eine Tortenplatte legen und einen Tortenring oder den gesäuberten Springformrand darumstellen.

4. Für die Füllung Kirschen in einem Sieb abtropfen lassen, den Saft dabei auffangen. Aus 150 ml von dem Saft, Wasser, Zucker und Tortenguss nach Packungsanleitung einen Guss zubereiten. Kirschen unterheben, auf den Tortenboden streichen und erkalten lassen.

5. Für den Belag Gelatine nach Packungsanleitung einweichen, anschließend leicht ausdrücken und in einem kleinen Topf bei schwacher Hitze unter Rühren auflösen (nicht kochen). Batida de Côco unter Rühren nach und nach hinzufügen und Zucker unterrühren. Sahne steif schlagen und die Likörmischung vorsichtig unterrühren. 50 ml Kirschsaft unter knapp die Hälfte der Creme rühren.

6. Zuerst die Kirschsaftcreme auf den Kirschen glatt streichen, dann die weiße Creme darauf streichen. Eine Gabel durch die Kirschsaftcreme ziehen, so dass die Schichten leicht marmorieren. Die Oberfläche mit der Gabel noch etwas aufrauen und die Torte etwa 3 Stunden kalt stellen.

7. Zum Verzieren und Garnieren den Tortenring oder Springformrand mit Hilfe eines Messers lösen und entfernen. Kirschsaft mit Saucenpulver nach Packungsanleitung verrühren, die dickflüssige Sauce in einen Gefrierbeutel geben, eine Ecke abschneiden und die Torte rundherum damit besprenkeln. Die Torte mit Kirschen und nach Belieben mit Zitronenmelisse garnieren.

Tipp:
Für eine alkoholfreie Variante Batida de Côco durch Bananensaft ersetzen.

Batida-Kirsch-Torte

Baumkuchentorte mit Pistazienmarzipan

Für Gäste

Insgesamt:
E: 135 g, F: 502 g, Kh: 766 g,
kJ: 34604, kcal: 8274

Zum Vorbereiten:
400 g Marzipan-Rohmasse
50 g gemahlene Pistazienkerne
50 g Puderzucker

Für den Rührteig:
250 g Butter oder Margarine
250 g Zucker
1 Pck. Dr. Oetker Vanillin-Zucker
1 Prise Salz
2 Eier (Größe M)
4 Eigelb (Größe M)
75 ml Cognac
150 g Weizenmehl
100 g Speisestärke
3 gestr. TL Dr. Oetker Backin
4 Eiweiß (Größe M)

Für Guss und Garnierung:
200 g Halbbitter-Kuvertüre
1 EL Speiseöl
grob gehackte Pistazienkerne

Zubereitungszeit: 90 Minuten

Baumkuchentorte mit Pistazienmarzipan

1. Zum Vorbereiten Marzipan mit Pistazien und Puderzucker gut verkneten. Marzipan in 4 gleich große Stücke teilen. 3 Stücke zu je einer Kugel formen und zwischen Folie zu runden Platten von etwa 24 cm Durchmesser ausrollen, in Folie einschlagen und zur Seite legen. Restliches Marzipanstück ebenfalls in Folie verpackt beiseite legen.

2. Für den Teig Butter oder Margarine mit Handrührgerät mit Rührbesen auf höchster Stufe geschmeidig rühren. Nach und nach Zucker, Vanillin-Zucker und Salz unterrühren. So lange rühren, bis eine gebundene Masse entstanden ist. Eier und Eigelb nach und nach unterrühren (jedes Ei etwa $1/2$ Minute). Cognac kurz unterrühren. Mehl mit Speisestärke und Backpulver mischen, sieben und in 2 Portionen auf mittlerer Stufe unterrühren. Eiweiß steif schlagen und unterheben.

3. 2 Esslöffel des Teiges in eine Springform (Ø 26 cm, Boden gefettet, mit Backpapier belegt) geben, mit einem Tortenheber glatt streichen und unter dem vorgeheizten Grill des Backofens hellbraun backen. Wieder 2 Esslöffel darauf streichen und unter dem Grill hellbraun backen. Die dritte Schicht ebenso backen, dann eine Marzipanplatte auf die Gebäckschicht legen, mit 2 Esslöffeln Teig bestreichen und wie oben beschrieben backen. Nach der sechsten und neunten Teigschicht jeweils wieder eine Marzipanplatte auflegen. Auf diese Weise den ganzen Teig verarbeiten. Anschließend die Torte aus der Form lösen und erkalten lassen.

4. Für den Guss Kuvertüre mit Öl auflösen. Die Torte damit überziehen und restliche Kuvertüre in eine Schüssel geben. Restliches Marzipan ausrollen, einige Kreise (Ø 4–6 cm) ausstechen, die Kreise einschneiden und zu kleinen Tüten formen. Die Tüten teilweise in Kuvertüre tauchen oder damit besprenkeln und auf der Torte im noch leicht feuchten Guss verteilen. Die Torte mit Pistazien garnieren und den Guss fest werden lassen.

Beeriger Maulwurfshügel ❄

Für Kinder

Insgesamt:
E: 80 g, F: 287 g, Kh: 425 g,
kJ: 19801, kcal: 4733

Für den Rührteig:
150 g Butter oder Margarine
150 g Zucker, 1 Prise Salz
1 Pck. Dr. Oetker Vanillin-Zucker
3 Eier (Größe M)
125 g Weizenmehl, 25 g Speisestärke
1 gestr. TL Dr. Oetker Backin

Für den Belag:
10 Blatt weiße Gelatine
500 ml (1/2 l) Trinkjoghurt (Erdbeer- oder Himbeergeschmack)
30 g Zucker
400 ml Schlagsahne
250 g vorbereitete Beerenfrüchte, z. B. rote Johannis-, Heidel- oder Brombeeren

Zum Bestäuben und Garnieren:
Kakaopulver
nach Belieben einige Johannisbeerrispen

Zubereitungszeit: 40 Minuten, ohne Kühlzeit

1. Für den Teig Butter oder Margarine mit Handrührgerät mit Rührbesen auf höchster Stufe geschmeidig rühren. Nach und nach Zucker, Vanillin-Zucker und Salz unterrühren. So lange rühren, bis eine gebundene Masse entstanden ist. Eier nach und nach unterrühren (jedes Ei etwa 1/2 Minute).
2. Mehl, Speisestärke und Backpulver mischen, sieben und in 2 Portionen kurz auf mittlerer Stufe unterrühren. Teig in eine Springform (Ø 26 cm, Boden gefettet) füllen, glatt streichen und auf dem Rost in den Backofen schieben.

Ober-/Unterhitze: etwa 180 °C (vorgeheizt)
Heißluft: etwa 160 °C (vorgeheizt)
Gas: Stufe 2–3 (vorgeheizt)
Backzeit: etwa 25 Minuten.

3. Boden aus der Form lösen und auf einem mit Backpapier belegten Kuchenrost erkalten lassen.
4. Für den Belag Gelatine nach Packungsanleitung einweichen. Trinkjoghurt mit Zucker verrühren. Gelatine leicht ausdrücken und in einem kleinen Topf bei schwacher Hitze unter Rühren auflösen (nicht kochen). Flüssige Gelatine zunächst mit etwas Trinkjoghurt verrühren, dann mit dem restlichen Trinkjoghurt verrühren. Sahne steif schlagen und mit den vorbereiteten Früchten unter den Trinkjoghurt heben.
5. Tortenboden auf eine Platte legen, mit Hilfe eines Esslöffels etwa 2 cm tief aushöhlen, dabei einen etwa 1 cm breiten Rand stehen lassen. Joghurtcreme kuppelförmig auf den ausgehöhlten Boden streichen.
6. Gebäckreste fein zerbröseln, die Torte rundherum damit bestreuen und etwa 2 Stunden kalt stellen.
7. Vor dem Servieren die Torte mit etwas Kakaopulver bestäuben und nach Belieben mit Johannisbeerrispen garnieren.

Tipp:
Der Maulwurfshügel kann bereits am Vortag zubereitet werden.
Die Torte ist ohne Kakaopulver gefriergeeignet. Anstelle des Erdbeer- oder Himbeertrinkjoghurts kann jede andere fruchtige Geschmacksrichtung (z. B. Aprikose) verwendet und die Torte dann mit der entsprechenden Obstsorte zubereitet werden.

Beeriger Maulwurfshügel

Bellini-Knuspertorte

Raffiniert

Insgesamt:
E: 99 g, F: 411 g, Kh: 715 g,
kJ: 30581, kcal: 7296

Für den Rührteig:
200 g Butter oder Margarine
200 g Zucker
1 Pck. Dr. Oetker Bourbon-Vanille-Zucker
4 Eigelb (Größe M)
200 g Weizenmehl
2 gestr. TL Dr. Oetker Backin

Für den Belag:
4 Eiweiß (Größe M)
30 g Zucker
150 g gehobelte Haselnusskerne
30 g Zucker zum Bestreuen

Für die Füllung:
1 Dose Pfirsichhälften (Abtropfgewicht 480 g)
2 Pck. Aranca Aprikose-Maracuja-Geschmack (Dessertpulver)
200 ml Sekt oder Champagner
400 ml Schlagsahne

Zum Bestäuben und Garnieren:
etwas Puderzucker
einige Cocktailkirschen
2 Papier-Eisschirmchen

Zubereitungszeit: 60 Minuten, ohne Kühlzeit

1. Für den Teig Butter oder Margarine mit Handrührgerät mit Rührbesen geschmeidig rühren. Nach und nach Zucker und Vanille-Zucker unterrühren. So lange rühren, bis eine gebundene Masse entstanden ist. Eigelb nach und nach unterrühren. Mehl mit Backpulver mischen, sieben und in 2 Portionen kurz auf mittlerer Stufe unterrühren.

2. Aus dem Teig 3 Böden backen, dazu jeweils ein Drittel des Teiges auf einen Springformboden (Ø 26 cm, gefettet, mit Backpapier belegt) streichen. Dabei darauf achten, dass die Teiglage am Rand nicht zu dünn ist, damit der Rand beim Backen nicht zu dunkel wird.

3. Für den Belag Eiweiß mit Zucker steif schlagen, ein Drittel davon auf jeden Teigboden streichen und mit Haselnusskernen und Zucker bestreuen. Die Böden ohne Springformrand auf dem Rost in den Backofen schieben und nacheinander backen.
   Ober-/Unterhitze: etwa 180 °C (vorgeheizt)
   Heißluft: etwa 160 °C (vorgeheizt)
   Gas: Stufe 2–3 (vorgeheizt)
   Backzeit: etwa 25 Minuten je Boden.

4. Die Böden vom Springformboden lösen und auf einem Kuchenrost erkalten lassen.

5. Für die Füllung Pfirsiche in einem Sieb abtropfen lassen und anschließend in Spalten oder feine Würfel schneiden (einige Spalten zum Garnieren zurücklassen). Dessertpulver mit Sekt oder Champagner, aber ohne Joghurt nach Packungsanleitung zubereiten, Sahne steif schlagen und unterheben.

6. Einen Boden auf eine Tortenplatte legen und einen Tortenring darumstellen. Die Hälfte der Pfirsiche auf dem Boden verteilen, die Hälfte der Creme darauf streichen und den zweiten Boden darauf legen. Die restlichen Pfirsiche darauf verteilen, die restliche Creme darauf verstreichen und mit dem dritten Boden bedecken. Böden leicht andrücken und die Torte etwa 2 Stunden kalt stellen.

7. Den Tortenring lösen und entfernen und die Torte mit Puderzucker bestäuben. Cocktailkirschen und zurückgelassene Pfirsichspalten auf die Eisschirmchen spießen und die Torte damit garnieren.

Tipp:
Die Torte schmeckt frisch am besten. Die Böden können jedoch am Vortag gebacken werden.
Die Torte schmeckt auch mit Aranca Zitronen-Geschmack und Johannisbeeren.

Bellini-Knuspertorte

Bienenstichtorte, schnell

Bienenstichtorte, schnell

Einfach – gut vorzubereiten

Insgesamt:
E: 84 g, F: 260 g, Kh: 333 g,
kJ: 16672, kcal: 3978

Für den Biskuitteig:
4 Eier (Größe M)
150 g Zucker
1 Pck. Dr. Oetker Vanillin-Zucker
125 g Weizenmehl
2 gestr. TL Dr. Oetker Backin
50 g abgezogene, gemahlene Mandeln

Zum Bestreuen:
100 g abgezogene, gehobelte Mandeln
15 g Zucker

Außerdem:
25 g Butter

Für die Füllung:
1 Pck. Paradiescreme Vanille-Geschmack
(Dessertpulver)
400 ml Schlagsahne

Zubereitungszeit: 30 Minuten

1. Für den Teig Eier mit Handrührgerät mit Rührbesen auf höchster Stufe in 1 Minute schaumig schlagen. Zucker und Vanillin-Zucker mischen, in 1 Minute einstreuen, dann noch 2 Minuten weiterschlagen.
2. Mehl mit Backpulver mischen, auf die Eiercreme sieben und kurz auf niedrigster Stufe unterrühren. Zuletzt die Mandeln unterrühren. Den Teig in eine Springform (Ø 26 cm, Boden gefettet, mit Backpapier belegt) geben, die gehobelten Mandeln darauf verteilen und mit Zucker bestreuen. Die Form auf dem Rost in den Backofen schieben.
Ober-/Unterhitze: etwa 180 °C (vorgeheizt)
Heißluft: etwa 160 °C (vorgeheizt)
Gas: Stufe 2-3 (vorgeheizt)
Backzeit: etwa 30 Minuten.
3. Den Boden aus der Form lösen und auf einen mit Backpapier belegten Kuchenrost legen. Butter zerlassen, auf dem heißen Boden verteilen und den Boden erkalten lassen. Anschließend mitgebackenes Backpapier abziehen und den Boden einmal waagerecht durchschneiden.
4. Für die Füllung Dessertpulver und Sahne mit Handrührgerät mit Rührbesen in etwa 3 Minuten cremig schlagen. Die Creme auf den unteren Boden streichen, den oberen Boden darauf legen und die Torte bis zum Servieren kalt stellen.

Tipp:
Der Boden kann auch in Alufolie verpackt und eingefroren werden.
Probieren Sie die Füllung statt mit Paradiescreme Vanille-Geschmack mit Paradiescreme Schokoladen- oder Karamell-Geschmack.
Die schnelle Bienenstichtorte kann am Vortag komplett fertig gestellt werden. Sie zieht dann im Kühlschrank etwas durch.

Birnen-Baiser-Torte

Schnell

Insgesamt:
E: 58 g, F: 120 g, Kh: 400 g,
kJ: 12483, kcal: 2969

Für den Teig:
1 Pck. (250 g) Grundmischung Obstkuchenteig
100 g weiche Butter oder Margarine
2 Eier (Größe M)

Für den Belag:
1 Dose Birnenhälften (Abtropfgewicht 460 g)
1 Pck. Dr. Oetker Pudding-Pulver Schokoladen-Geschmack
1 EL Zucker, 2 Eigelb (Größe M)
200 ml Birnensaft aus der Dose
300 ml Milch

Für den Baiser:
2 Eiweiß (Größe M)
100 g gesiebter Puderzucker

Zubereitungszeit: 20 Minuten, ohne Kühlzeit

1. Den Teig nach Packungsanleitung mit Butter oder Margarine und Eiern zubereiten. Teig in eine Springform (Ø 26 cm, Boden gefettet) geben, glatt streichen und die Form auf dem Rost in den Backofen schieben.
   Ober-/Unterhitze: etwa 180 °C (vorgeheizt)
   Heißluft: etwa 160 °C (vorgeheizt)
   Gas: Stufe 2–3 (vorgeheizt)
   Backzeit: etwa 30 Minuten.
2. Den Boden in der Form lassen und auf einen Kuchenrost stellen.
3. Für den Belag Birnen in einem Sieb gut abtropfen lassen, Saft dabei auffangen. Birnenhälften auf den warmen Boden legen.
4. Pudding-Pulver mit Zucker mischen, mit Eigelb und 200 ml Birnensaft anrühren. Milch zum Kochen bringen, angerührtes Pudding-Pulver einrühren und unter Rühren aufkochen lassen. Pudding noch heiß auf die Birnen geben und erkalten lassen.
5. Für den Baiser Eiweiß steif schlagen und Puderzucker unterrühren. Eiweißmasse in einen Spritzbeutel mit Lochtülle füllen und breite Tuffs auf den Pudding setzen, bis dieser völlig bedeckt ist. Die Torte auf dem Rost in den Backofen schieben.
   Ober-/Unterhitze: etwa 220 °C (vorgeheizt)
   Heißluft: etwa 200 °C (vorgeheizt)
   Gas: Stufe 4–5 (vorgeheizt)
   Backzeit: etwa 8 Minuten.

Abwandlung:
Sie können statt der Grundmischung die Zutaten für den Obstboden auch selbst zusammenstellen. Mischen und sieben Sie dann 100 g Weizenmehl mit 2 gestrichenen Teelöffeln Backpulver in eine Schüssel. Geben Sie 100 g Zucker, 2 Päckchen Vanillin-Zucker, 2 Eier (Größe M) und 100 g Butter oder Margarine dazu. Alle Zutaten mit Handrührgerät mit Rührbesen erst kurz auf niedrigster, dann etwa 2 Minuten auf höchster Stufe verrühren und wie oben angegeben verarbeiten und backen.

Tipp:
Man kann den Baiser auch wellenartig mit einem Löffel auf dem Pudding verteilen.
2–3 Esslöffel Kokosraspel anrösten und an den Rand der Torte drücken.
Torte am Vortag zubereiten, vor dem Servieren Baiser frisch aufspritzen und überbacken.

Birnen-Baiser-Torte

Birnen-Karamell-Torte

Einfach

Insgesamt:
E: 109 g, F: 592 g, Kh: 674 g,
kJ: 35405, kcal: 8456

Für den Rührteig:
275 g Butter oder Margarine
200 g Zucker
1 Pck. Dr. Oetker Vanillin-Zucker
1–2 Msp. gemahlener Zimt
6 Eier (Größe M)
200 g Weizenmehl
50 g Speisestärke
25 g Kakaopulver
3 gestr. TL Dr. Oetker Backin

Für die Füllung:
8 Blatt weiße Gelatine
150 g Zucker
1 l Schlagsahne
1 Dose Birnenhälften (Abtropfgewicht 460 g)

Zubereitungszeit: 50 Minuten, ohne Kühlzeit

1. Für den Teig Butter oder Margarine mit Handrührgerät mit Rührbesen auf höchster Stufe geschmeidig rühren. Nach und nach Zucker, Vanillin-Zucker und Zimt unterrühren. So lange rühren, bis eine gebundene Masse entstanden ist.

2. Eier nach und nach unterrühren (jedes Ei etwa $1/2$ Minute). Mehl mit Speisestärke, Kakaopulver und Backpulver mischen, sieben und in 2 Portionen auf mittlerer Stufe unterrühren. Einen Backrahmen (28 x 28 cm) auf ein mit Backpapier belegtes Backblech stellen, den Teig einfüllen und darin glatt streichen. Das Backblech in den Backofen schieben.
Ober-/Unterhitze: etwa 180 °C (vorgeheizt)
Heißluft: etwa 160 °C (vorgeheizt)
Gas: Stufe 2–3 (vorgeheizt)
Backzeit: etwa 30 Minuten.

3. Backrahmen lösen und entfernen, den Boden auf einen mit Backpapier belegten Kuchenrost stürzen und erkalten lassen. Mitgebackenes Backpapier abziehen und den Boden zweimal waagerecht durchschneiden.

4. Für die Füllung Gelatine nach Packungsanleitung einweichen. Zucker in einem Topf leicht karamellisieren (bräunen). Anschließend 200 ml von der Sahne dazugießen und bei schwacher Hitze rühren, bis sich der Zucker wieder gelöst hat. Topf von der Kochstelle nehmen, Gelatine leicht ausdrücken und unter Rühren in der Karamellsahne auflösen. Die Flüssigkeit erkalten lassen und kalt stellen.

5. 800 ml Sahne in 2 Portionen steif schlagen, unter die erkaltete Karamellsahne heben und die Creme kalt stellen. Den unteren Boden auf eine Kuchenplatte legen. Birnen in einem Sieb abtropfen lassen, in dünne Spalten schneiden und die Hälfte davon auf dem Boden verteilen.

6. Ein Drittel der Karamellcreme darauf verstreichen und den zweiten Boden auflegen. Restliche Birnen darauf verteilen und mit der Hälfte der restlichen Creme bestreichen. Oberen Boden auflegen und leicht andrücken.

7. Von der restlichen Creme 2-3 Esslöffel abnehmen und in einen Spritzbeutel mit kleiner Lochtülle geben. Die Torte mit der übrigen Creme rundherum einstreichen. Die Tortenoberfläche mit der Creme aus dem Spritzbeutel nach Belieben mit Quadraten verzieren. Die Torte bis zum Servieren kalt stellen.

Tipp:
Zum Servieren die Torte nach Belieben mit etwas Kakaopulver und Zimt bestäuben oder eine Birnenhälfte beim Füllen zurücklassen und die Tortenoberfläche mit ein paar Birnenwürfeln garnieren (Foto).

Birnen-Karamell-Torte

Blätterteig-Aprikosen-Joghurt-Torte

Fruchtig

Insgesamt:
E: 54 g, F: 217 g, Kh: 417 g,
kJ: 16411, kcal: 3923

Für die Böden:
450 g (10 Scheiben) TK-Blätterteig

Für die Füllung:
1 Dose Aprikosenhälften
(Abtropfgewicht 480 g)
1 Pck. Saucenpulver Vanille-Geschmack, ohne Kochen
8 Blatt weiße Gelatine
400 ml Trinkjoghurt Aprikose- oder Pfirsichgeschmack
1 Pck. Dr. Oetker Vanillin-Zucker
4 EL Aprikosensaft
1 EL Zitronensaft
250 ml ($^1/_4$ l) Schlagsahne

Für den Läuterzucker:
50 g Zucker
75 ml Wasser

Zubereitungszeit: 60 Minuten, ohne Auftau-, Ruhe- und Kühlzeit

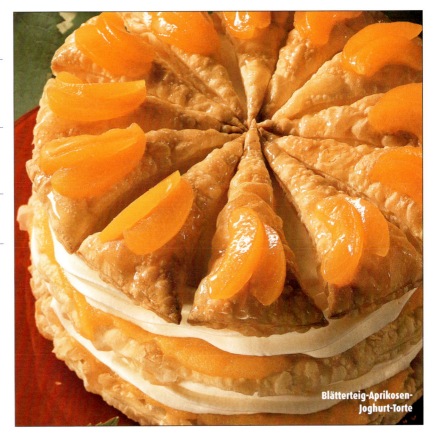

Blätterteig-Aprikosen-Joghurt-Torte

1. Für die Böden Blätterteigplatten nebeneinander zugedeckt bei Zimmertemperatur auftauen lassen. Jeweils 3–4 Platten aufeinander legen, ausrollen und mit Hilfe eines scharfen Messers insgesamt 3 runde Platten (Ø 26 cm) ausschneiden.
2. Eine der Platten in 12 Stücke schneiden. Blätterteigplatten und -stücke auf mit Backpapier belegte Backbleche legen. Die Stücke und Platten mehrmals mit einer Gabel einstechen und etwa 30 Minuten ruhen lassen, damit sie beim Backen die Form behalten. Die Backbleche dann nacheinander (bei Heißluft zusammen) in den Backofen schieben.

Ober-/Unterhitze: 200–220 °C (vorgeheizt)
Heißluft: 180–200 °C (vorgeheizt)
Gas: etwa Stufe 4 (vorgeheizt)
Backzeit: etwa 15 Minuten je Backblech.

3. Blätterteigböden und -stücke vom Backblech nehmen und auf Kuchenrosten erkalten lassen.
4. Für die Füllung Aprikosen in einem Sieb abtropfen lassen, dabei den Saft auffangen und 4 Esslöffel abmessen. Aprikosen (4 Hälften zum Garnieren zurückbehalten) pürieren, mit Saucenpulver verrühren und die Böden damit bestreichen.
5. Gelatine nach Packungsanleitung einweichen. Trinkjoghurt mit Vanillin-Zucker, Aprikosensaft und Zitronensaft gut verrühren. Gelatine leicht ausdrücken, in einem kleinen Topf unter Rühren erwärmen (nicht kochen) und unter die Joghurtmasse rühren. Die Masse kalt stellen.
6. Sahne steif schlagen und unterheben. Gut die Hälfte der Joghurtsahne in einen Spritzbeutel mit Sterntülle füllen und als Rand auf die bestrichenen Böden spritzen.
7. Die restliche Joghurtsahne in die Mitte der beiden Böden geben und glatt streichen. Die Böden zu einer Torte zusammensetzen. Die Blätterteigstücke fächerartig auf die Torte legen. Die zurückgelassenen Aprikosenhälften in Spalten schneiden und die Torte damit garnieren.
8. Für den Läuterzucker Zucker und Wasser in einem Topf zum Kochen bringen und 1–2 Minuten sprudelnd einkochen lassen. Dann Blätterteigstücke und Aprikosenspalten damit bestreichen. Die Torte 1–2 Stunden kalt stellen.

Vorbereitungstipp:
Sie können die Böden bereits am Vortag backen und gut verpackt aufbewahren. Die Torte aber erst am Serviertag zusammensetzen, da die Böden sonst durchweichen.

Blätterteig-Schichttorte, zart

Beliebt

Insgesamt:
E: 79 g, F: 358 g, Kh: 379 g,
kJ: 21105, kcal: 5063

Für die Böden:
450 g (10 Platten) TK-Blätterteig
100 g abgezogene, gehobelte Mandeln
50 g Zucker

Für die Creme:
2 Blatt weiße Gelatine
1 Pck. Gala Pudding-Pulver Bourbon-Vanille
80 g Zucker
2 Eigelb (Größe M)
375 ml (3/8 l) Milch
1/2 Pck. Dr. Oetker Bourbon-Vanille-Zucker
2 Becher (je 125 g) Crème double
250 g verlesene Brombeeren

Zum Verzieren und Garnieren:
1 Becher (125 g) Crème double
1/2 Pck. Dr. Oetker Bourbon-Vanille-Zucker
einige Brombeeren
Zitronenmelisse
Puderzucker

Zubereitungszeit: 40 Minuten, ohne Auftau-, Ruhe- und Kühlzeit

Blätterteig-Schichttorte, zart

1. Für die Böden Teigplatten nebeneinander zugedeckt nach Packungsanleitung auftauen lassen. Anschließend nacheinander je 2 Teigplatten aufeinander legen, auf einem Springformboden (Ø 26 cm, dünn gefettet) rund ausrollen, mehrmals mit einer Gabel einstechen und etwa 20 Minuten ruhen lassen. Anschließend die Böden mit Mandeln und Zucker bestreuen, den Springformrand darumstellen und die Form auf dem Rost in den Backofen schieben.

Ober-/Unterhitze: etwa 200 °C (vorgeheizt)
Heißluft: etwa 180 °C (vorgeheizt)
Gas: Stufe 3-4 (vorgeheizt)
Backzeit: etwa 10 Minuten je Boden.

2. Die Böden sofort nach dem Backen aus der Form lösen und jeweils auf einem Kuchenrost erkalten lassen.

3. Für die Creme Gelatine nach Packungsanleitung einweichen. Pudding-Pulver mit Zucker, Eigelb und etwas Milch verrühren. Restliche Milch zum Kochen bringen, angerührtes Pulver einrühren, unter Rühren aufkochen lassen und von der Kochstelle nehmen. Ausgedrückte Gelatine unter Rühren im heißen Pudding auflösen. Pudding erkalten lassen, dabei gelegentlich umrühren.

4. Unter die erkaltete Creme Vanille-Zucker und Crème double rühren und die Creme kalt stellen, bis sie etwas fester wird.

Anschließend die Creme nochmals kurz durchrühren und vier der Böden mit je einem Viertel der Creme bestreichen, mit Brombeeren belegen (große Beeren halbieren) und die Böden zu einer Torte zusammensetzen. Zuletzt den unbestrichenen fünften Boden auflegen und die Torte etwa 30 Minuten kalt stellen.

5. Vor dem Servieren Crème double mit Bourbon-Vanille-Zucker glatt rühren, in Häufchen auf die Torte geben, mit einigen Brombeeren und Zitronenmelisse garnieren und die Torte mit Puderzucker bestäuben.

Tipp:
Die Böden erst 1 Stunde vor dem Servieren zusammensetzen, sonst werden sie weich.
Torte mit einem elektrischen Messer schneiden.
Crème double durch Mascarpone ersetzen.

Blaue-Grütze-Torte

Einfach

Insgesamt:
E: 60 g, F: 195 g, Kh: 461 g,
kJ: 16580, kcal: 3963

Für den Schüttelteig:
100 g Butter oder Margarine
200 g Weizenmehl
3 gestr. TL Dr. Oetker Backin
100 g Zucker
2 Pck. Dr. Oetker Vanillin-Zucker
3 Eier (Größe M), 100 ml Milch

Für die Füllung:
2 geh. EL Heidelbeerkonfitüre

Für den Belag:
150 g Mascarpone (ital. Frischkäse)
1 Pck. Dr. Oetker Vanillin-Zucker
2 Pck. Tortenguss, klar
350 ml Apfelsaft
50 g Zucker
300 g verlesene Heidelbeeren

Zum Verzieren:
50 g Mascarpone
1 TL Zucker, 1 EL Milch

Zubereitungszeit: 30 Minuten, ohne Kühlzeit

1. Für den Teig Butter oder Margarine zerlassen und abkühlen lassen. Mehl mit Backpulver mischen, in eine verschließbare Schüssel (etwa 3 l) sieben und mit Zucker und Vanillin-Zucker vermengen. Eier, Butter oder Margarine und Milch hinzufügen. Schüssel mit dem Deckel fest verschließen.
2. Schüssel mehrmals (insgesamt 15–30 Sekunden) kräftig schütteln, so dass alle Zutaten gut vermischt sind. Alles mit einem Schneebesen oder Rührlöffel nochmals sorgfältig durchrühren, damit trockene Zutaten vom Rand mit untergerührt werden.
3. Den Teig in eine Springform (Ø 26 cm, Boden gefettet) füllen und glatt streichen. Die Form auf dem Rost in den Backofen schieben.
   Ober-/Unterhitze: etwa 180 °C (vorgeheizt)
   Heißluft: etwa 160 °C (vorgeheizt)
   Gas: Stufe 2–3 (vorgeheizt)
   Backzeit: etwa 25 Minuten.
4. Den Gebäckboden aus der Form lösen und auf einem mit Backpapier belegten Kuchenrost erkalten lassen. Dann den Boden einmal waagerecht durchschneiden. Den unteren Boden auf eine Tortenplatte legen und mit Konfitüre bestreichen. Den oberen Boden darauf legen und leicht andrücken.
5. Für den Belag Mascarpone mit Vanillin-Zucker verrühren. Die Creme bergartig auf den Boden streichen, dabei etwa 1 cm am Rand frei lassen. Einen Tortenring oder den gesäuberten Springformrand darumstellen.
6. Aus Tortengusspulver, Apfelsaft und Zucker nach Packungsanleitung, aber nur mit 350 ml Apfelsaft einen Guss zubereiten. Heidelbeeren vorsichtig unterheben. Die Heidelbeermasse auf die Mascarponecreme geben, glatt streichen und fest werden lassen.
7. Zum Verzieren Mascarpone mit Zucker und Milch verrühren. Die Tortenoberfläche damit verzieren. Torte etwa 2 Stunden kalt stellen. Vor dem Servieren Tortenring oder Springformrand lösen und entfernen.

Blaue-Grütze-Torte

Blau-weiße Streifentorte

Raffiniert – fruchtig

Insgesamt:
E: 101 g, F: 398 g, Kh: 409 g,
kJ: 23722, kcal: 5665

Für den Rührteig:
150 g Butter oder Margarine
150 g Zucker
1 Pck. Dr. Oetker Vanillin-Zucker
3 Eier (Größe M)
100 g Weizenmehl
3 gestr. TL Dr. Oetker Backin
100 g abgezogene, gemahlene Mandeln

Für die Füllung:
8 Blatt weiße Gelatine
500 g Kefir, 100 g Zucker
Saft von 1 Zitrone
2 Blatt weiße Gelatine
150 g Heidelbeeren
400 ml Schlagsahne

Zum Verzieren und Garnieren:
200 ml Schlagsahne
1 Pck. Dr. Oetker Vanillin-Zucker
150 g Heidelbeeren

Zubereitungszeit: 60 Minuten, ohne Kühlzeit

1. Für den Teig Butter oder Margarine mit Handrührgerät mit Rührbesen auf höchster Stufe geschmeidig rühren. Nach und nach Zucker und Vanillin-Zucker unterrühren. So lange rühren, bis eine gebundene Masse entstanden ist.
2. Eier nach und nach unterrühren (jedes Ei etwa $\frac{1}{2}$ Minute). Mehl mit Backpulver mischen, sieben und in 2 Portionen abwechselnd mit den Mandeln auf mittlerer Stufe unterrühren. Teig in eine Springform (Ø 26 cm, Boden gefettet, mit Backpapier belegt) füllen, glatt streichen und die Form auf dem Rost in den Backofen schieben.

Ober-/Unterhitze: etwa 180 °C (vorgeheizt)
Heißluft: etwa 160 °C (nicht vorgeheizt)
Gas: Stufe 2–3 (nicht vorgeheizt)
Backzeit: etwa 35 Minuten.

3. Den Boden auf einen mit Backpapier belegten Kuchenrost stürzen und erkalten lassen. Anschließend mitgebackenes Backpapier abziehen und den Boden einmal waagerecht durchschneiden.
4. Für die Füllung Gelatine nach Packungsanleitung einweichen. Kefir mit Zucker und Zitronensaft verrühren. Gelatine leicht ausdrücken, in einem kleinen Topf bei schwacher Hitze unter Rühren auflösen (nicht kochen) und mit etwas Kefirmasse verrühren, dann die Mischung unter die restliche Kefirmasse rühren und kalt stellen.
5. Restliche 2 Blatt Gelatine einweichen. Heidelbeeren verlesen, abspülen, trockentupfen und pürieren. Gelatine leicht ausdrücken, auflösen und mit dem Heidelbeerpüree verrühren. Sobald die Kefirmasse dicklich wird, Sahne steif schlagen und unterheben. Knapp die Hälfte der Creme in eine andere Schüssel geben und das Heidelbeerpüree darunter heben.
6. Den unteren Gebäckboden auf eine Tortenplatte legen. Die Cremes getrennt in Spritzbeutel mit großer Lochtülle füllen und mit der weißen Creme beginnend abwechselnd helle und dunkle Ringe auf den unteren Boden spritzen, bis die Cremes verbraucht sind. Den oberen Boden darauf legen und leicht andrücken. Die Torte 2–3 Stunden kalt stellen.
7. Zum Verzieren und Garnieren Sahne mit Vanillin-Zucker steif schlagen und die Torte am Rand und auf der Oberfläche damit bestreichen. Heidelbeeren verlesen, abspülen und trockentupfen. Knapp die Hälfte davon pürieren, in einen Gefrierbeutel geben und eine kleine Ecke abschneiden. Die Torte damit verzieren und mit den restlichen Heidelbeeren garnieren.

Tipp:
Die Torte kann auch mit Sahne verziert und mit Heidelbeeren und Zitronenmelisse garniert werden.
Anstelle von Heidelbeeren schmecken auch Brombeeren oder Himbeeren.

Blau-weiße Streifentorte

Bounty-Torte

Für Kinder

Insgesamt:
E: 93 g, F: 546 g, Kh: 916 g,
kJ: 37717, kcal: 9015

Für den Rührteig:
175 g weiche Butter oder Margarine
150 g Zucker
1 Pck. Dr. Oetker Vanillin-Zucker
3 Eier (Größe M)
300 g Weizenmehl
2 gestr. TL Dr. Oetker Backin
20–25 Riegel Bounty® (je etwa 30 g)

Zum Tränken:
4 EL Ananassaft

Für den Belag:
400 ml Schlagsahne
3 Pck. Dr. Oetker Sahnesteif, 4 EL Zucker
2 Pck. Dr. Oetker Vanillin-Zucker
250 g Schmand oder Crème fraîche
3–5 Riegel Bounty® (je etwa 30 g)

Zubereitungszeit: 40 Minuten

1. Für den Rührteig Butter oder Margarine mit Handrührgerät mit Rührbesen auf höchster Stufe geschmeidig rühren. Nach und nach Zucker und Vanillin-Zucker unterrühren. So lange rühren, bis eine gebundene Masse entstanden ist. Eier nach und nach unterrühren (jedes Ei etwa $1/2$ Minute).
2. Mehl mit Backpulver mischen, sieben und in 2 Portionen auf mittlerer Stufe unterrühren. Zwei Drittel des Teiges in eine Springform (Ø 26 cm, Boden gefettet) füllen. Die Bounty®-Riegel kranzförmig auf dem Teig verteilen und den Rest des Teiges darauf geben. Die Form auf dem Rost in den Backofen schieben.
Ober-/Unterhitze: etwa 180 °C (vorgeheizt)
Heißluft: etwa 160 °C (nicht vorgeheizt)
Gas: Stufe 2–3 (nicht vorgeheizt)
Backzeit: etwa 40 Minuten.
3. Gebäck aus der Form lösen und auf einem mit Backpapier belegten Kuchenrost erkalten lassen. Das kalte Gebäck mit Ananassaft tränken.
4. Für den Belag Sahne mit Sahnesteif, Zucker und Vanillin-Zucker steif schlagen. Schmand oder Crème fraîche kurz unterrühren und die Creme portionsweise in einen Spritzbeutel füllen. Die Tortenoberfläche damit verzieren und die Torte etwa 1 Stunde kalt stellen.
5. Die Torte vor dem Servieren mit geschnittenen Bounty®-Riegeln garnieren.

Tipp:
Statt mit Ananassaft kann der Tortenboden auch mit Orangensaft getränkt werden. Sie können auch Tortenoberfläche und -rand mit einem Teil der Sahne-Schmand-Creme bestreichen und die Oberfläche mit der restlichen Creme und den Bounty®-Riegeln verzieren und garnieren.

® Registered trademark of Masterfoods

Brandteig-Obsttorte

Fruchtig

Insgesamt:
E: 48 g, F: 180 g, Kh: 229 g,
kJ: 11541, kcal: 2754

Für den Brandteig:
125 ml (1/8 l) Wasser
25 g Butter oder Margarine
75 g Weizenmehl
15 g Speisestärke
2–3 Eier (Größe M)
1/2 gestr. TL Dr. Oetker Backin

Für die Füllung:
1 kg vorbereitete, gemischte gelbe Früchte (z. B. Pfirsiche, Nektarinen, Eierpflaumen, Aprikosen, Mango oder Kapstachelbeeren)
400 ml Schlagsahne
1 Pck. Dr. Oetker Sahnesteif
2 Pck. Dr. Oetker Bourbon-Vanille-Zucker

Zum Bestäuben:
Puderzucker
etwas Apfelgelee nach Belieben
gehackte Pistazienkerne

Zubereitungszeit: 40 Minuten, ohne Abkühlzeit

1. Für den Teig Wasser mit Butter oder Margarine am besten in einem Stieltopf zum Kochen bringen.
2. Mehl mit Speisestärke mischen, sieben, auf einmal in die von der Kochstelle genommene Flüssigkeit schütten, zu einem glatten Kloß rühren und unter Rühren etwa 1 Minute erhitzen.
3. Den heißen Kloß sofort in eine Rührschüssel geben. Nach und nach Eier mit Handrührgerät mit Knethaken auf höchster Stufe unterarbeiten. Die Eiermenge hängt von der Beschaffenheit des Teiges ab, er muss stark glänzen und so von einem Löffel abreißen, dass lange Spitzen hängen bleiben. Backpulver in den erkalteten Teig arbeiten.
4. Aus dem Teig 3 Böden backen. Dazu jeweils ein Drittel des Teiges auf je einen Springformboden (Ø 26 cm, gefettet, gemehlt) streichen und dabei darauf achten, dass der Teig am Rand nicht zu dünn wird. Jeden Boden ohne Springformrand backen. Die Böden nacheinander (bei Heißluft 2 Böden zusammen) auf dem Rost in den Backofen schieben.
   Ober-/Unterhitze: etwa 200 °C (vorgeheizt)
   Heißluft: etwa 180 °C (vorgeheizt)
   Gas: Stufe 3–4 (vorgeheizt)
   Backzeit: 20–25 Minuten je Boden.
5. Die Gebäckböden sofort nach dem Backen von den Springformböden lösen und einzeln auf je einem Kuchenrost erkalten lassen.
6. Für die Füllung Früchte in Spalten oder Scheiben schneiden. Einige Früchte zum Garnieren beiseite legen.
7. Sahne mit Sahnesteif und Vanille-Zucker steif schlagen, in einen Spritzbeutel mit Sterntülle füllen. Einen Gebäckboden mit der Hälfte der Früchte belegen und die Hälfte der Sahne darauf spritzen. Den zweiten Gebäckboden darauf legen. Restliche Früchte darauf verteilen und restliche Sahne darauf spritzen. Dritten Gebäckboden auflegen und dick mit Puderzucker bestäuben.
8. Beiseite gelegte Früchte in Scheiben schneiden (nach Belieben mit Apfelgelee bestreichen). Die Tortenoberfläche damit garnieren und mit Pistazienkernen bestreuen.

Brandteig-Obsttorte

Brausepulvertorte

Für Kinder

Insgesamt:
E: 105 g, F: 371 g, Kh: 570 g,
kJ: 26086, kcal: 6233

Zum Vorbereiten:
1 Becher (150 g) Naturjoghurt

Für den All-in-Teig:
1 Pck. (250 g) Butter oder Margarine
3 Becher (330 g) Weizenmehl
3 gestr. TL Dr. Oetker Backin
1 ½ Becher (225 g) Zucker
4 Eier (Größe M)
knapp 1 Becher (125 ml) Milch
1 Pck. Brausepulver
(10 Portionsbeutel)
Speisefarbe

Für die Füllung:
1 Pck. (200 g) Doppelrahm-Frischkäse
1 EL Zucker
1 EL Zitronensaft
1 Becher (200 ml) Schlagsahne
2 Pck. Dr. Oetker Sahnesteif

Zubereitungszeit: 45 Minuten, ohne Abkühlzeit

Brausepulvertorte

1. Zum Vorbereiten Joghurt in eine Rührschüssel geben und zugedeckt kalt stellen. Den Becher auswaschen, abtrocknen und zum Abmessen verwenden.
2. Für den Teig Butter oder Margarine zerlassen und abkühlen lassen. Mehl mit Backpulver mischen und in eine Rührschüssel sieben. Zucker, Eier, flüssige Butter oder Margarine und Milch hinzufügen. Die Zutaten mit Handrührgerät mit Rührbesen erst kurz auf niedrigster, dann auf höchster Stufe in etwa 2 Minuten zu einem Teig verarbeiten.
3. Den Teig vierteln. Jeweils ein Teigviertel mit 2 Portionsbeuteln einer Sorte Brausepulver verrühren (evtl. zusätzlich die entsprechende Speisefarbe mit unterrühren). Die Teige mit einem Esslöffel ringförmig von außen nach innen in eine Springform (Ø 26 cm, Boden gefettet) füllen, dabei den Teig immer wieder zum Rand schieben. Die Form auf dem Rost in den Backofen schieben.

Ober-/Unterhitze: etwa 180 °C (vorgeheizt)
Heißluft: etwa 160 °C (nicht vorgeheizt)
Gas: Stufe 2–3 (nicht vorgeheizt)
Backzeit: etwa 35 Minuten.

4. Den Boden in der Form auf einem Kuchenrost etwas abkühlen lassen, dann aus der Form lösen und auf einem mit Backpapier belegten Kuchenrost erkalten lassen. Boden anschließend einmal waagerecht durchschneiden.
5. Für die Füllung den kalt gestellten Joghurt mit Frischkäse, Zucker und Zitronensaft zu einer geschmeidigen Masse verrühren. Sahne mit Sahnesteif steif schlagen und unterheben. Den unteren Boden auf eine Platte legen. Drei Viertel der Käse-Sahne-Creme darauf streichen, mit dem oberen Boden bedecken und leicht andrücken. Restliche Käse-Sahne-Creme in einen Spritzbeutel mit großer Lochtülle füllen. Tupfen auf die Tortenoberfläche spritzen und mit dem restlichen Brausepulver bestreuen. Torte kalt stellen.

Brombeer-Makronen-Torte

Dauert etwas länger

Insgesamt:
E: 104 g, F: 202 g, Kh: 239 g,
kJ: 13389, kcal: 3198

Für die Baisermasse:
2 Eiweiß (Größe M)
150 g gesiebter Puderzucker
250 g abgezogene, gemahlene Mandeln

Für die Füllung:
4 Blatt weiße Gelatine
250 g Brombeeren, 250 g Magerquark
100 ml Buttermilch Zitronen-Geschmack
30 g Zucker
1 Pck. Dr. Oetker Bourbon-Vanille-Zucker
200 ml Schlagsahne

Zum Bestäuben:
2 EL Puderzucker

Zubereitungszeit: 70 Minuten, ohne Kühlzeit

1. Für die Baisermasse Eiweiß mit Handrührgerät mit Rührbesen auf höchster Stufe so steif schlagen, dass ein Messerschnitt sichtbar bleibt. Puderzucker unterrühren. Zuletzt Mandeln unterheben.
2. Aus der Baisermasse 3 Böden backen. Dazu auf drei Stück Backpapier mit Hilfe eines Springformrandes jeweils einen Kreis (Ø 26 cm) aufzeichnen. Je ein Drittel der Baisermasse innerhalb des Kreises verstreichen, Backpapier auf Backbleche ziehen und die Böden nacheinander (bei Heißluft zusammen) in den Backofen schieben.
   Ober-/Unterhitze: etwa 120 °C (vorgeheizt)
   Heißluft: etwa 100 °C (vorgeheizt)
   Gas: etwa Stufe 1 (vorgeheizt)
   Backzeit: etwa 70 Minuten je Boden.
3. Baiserböden mit Backpapier vom Backblech auf Kuchenroste ziehen, erkalten lassen.
4. Für die Füllung Gelatine nach Packungsanleitung einweichen. Brombeeren verlesen, evtl. abspülen und trockentupfen. Größere Beeren klein schneiden. Gelatine leicht ausdrücken und in einem kleinen Topf bei schwacher Hitze unter Rühren auflösen (nicht kochen).
5. Quark mit Buttermilch, Zucker und Vanille-Zucker verrühren. Etwas von der Quarkmasse mit der aufgelösten Gelatine verrühren, dann mit der restlichen Quarkmasse verrühren. Sahne steif schlagen und mit den Brombeeren unter die Quarkmasse heben. Die Füllung so lange kalt stellen, bis sie beginnt dicklich zu werden.
6. Zwei der Böden mit jeweils der Hälfte der Füllung bestreichen, mit dem dritten Boden zur Torte zusammensetzen und die Torte 1-2 Stunden kalt stellen.
7. Die Torte mit Puderzucker bestäuben und sofort servieren. Evtl. die Torte mit einem elektrischen Messer in Stücke schneiden.

Tipp:
Baiserböden können schon einige Tage vor Tortenzubereitung gebacken werden, die Böden dann gut abgekühlt in Alufolie verpackt aufbewahren.
Statt Brombeeren können auch Himbeeren oder Erdbeeren verwendet werden.
Buttermilch Zitronen-Geschmack kann auch durch Buttermilch natur ersetzt werden. Dann jedoch 50 g statt 30 g Zucker für die Füllung verwenden.
Die Baiserböden erst 2 Stunden vor dem Servieren mit der Füllung bestreichen, da die Böden schnell weich werden.

Brombeer-Makronen-Torte

Brombeer-Mascarpone-Torte

Brombeer-Mascarpone-Torte

Für Gäste

Insgesamt:
E: 125 g, F: 452 g, Kh: 525 g,
kJ: 29395, kcal: 7023

Zum Vorbereiten:
500 g TK-Brombeeren

Für den Biskuitteig:
4 Eier (Größe M)
1 Pck. Dr. Oetker Bourbon-Vanille-Zucker
100 g Zucker
70 g Weizenmehl
2 gestr. TL Dr. Oetker Backin
100 g abgezogene, gehackte Mandeln
100 g abgezogene, gemahlene Mandeln
2 EL Amaretto (Mandellikör)

Zum Bestreichen:
5 EL Brombeerkonfitüre

Für die Füllung:
2 Eigelb (Größe M)
100 g Zucker
1 Pck. Dr. Oetker Bourbon-Vanille-Zucker
500 g Mascarpone (ital. Frischkäse)
etwas gemahlener Zimt
2 Pck. Dr. Oetker Sahnesteif
250 ml (¼ l) Schlagsahne

Für den Rand:
30 g Raspelschokolade

Zum Garnieren:
einige Minzeblättchen
Raspelschokolade

Zubereitungszeit: 45 Minuten, ohne Auftau- und Kühlzeit

1. Zum Vorbereiten Brombeeren auftauen lassen. Für den Teig in der Zwischenzeit Eier mit Handrührgerät mit Rührbesen auf höchster Stufe in 1 Minute schaumig schlagen. Zucker mit Vanille-Zucker mischen, in 1 Minute einstreuen, dann noch 2 Minuten weiterschlagen.
2. Mehl mit Backpulver mischen, auf die Eiercreme sieben und kurz auf niedrigster Stufe unterrühren. Mandeln und Amaretto unterheben. Den Teig in eine Springform (Ø 26 cm, Boden gefettet, mit Backpapier belegt) füllen. Die Form auf dem Rost in den Backofen schieben.
Ober-/Unterhitze: etwa 180 °C (vorgeheizt)
Heißluft: etwa 160 °C (vorgeheizt)
Gas: Stufe 2–3 (vorgeheizt)
Backzeit: etwa 25 Minuten.
3. Den Boden aus der Form lösen, auf einen mit Backpapier belegten Kuchenrost stürzen und erkalten lassen. Anschließend mitgebackenes Backpapier entfernen und den Boden zweimal waagerecht durchschneiden.
4. Die Konfitüre auf dem unteren und mittleren Boden verteilen und verstreichen.
5. Für die Füllung Brombeeren zum Abtropfen in ein Sieb geben. Eigelb mit Zucker und Vanille-Zucker in einer Schüssel im heißen Wasserbad mit Handrührgerät mit Rührbesen etwa 5 Minuten aufschlagen. Dann Schüssel aus dem Wasserbad nehmen, Mascarpone verrühren, portionsweise unterrühren und die Creme mit etwas Zimt abschmecken. Zuletzt Sahne mit Sahnesteif steif schlagen und unterheben.
6. Ein Drittel der Creme zum Bestreichen und Verzieren abnehmen. Unter die restliche Creme zwei Drittel der Brombeeren heben, auf den unteren und mittleren Boden verteilen und die Böden zu einer Torte zusammensetzen. Den Rand und die obere Seite der Torte dünn mit der Hälfte der zurückgelassenen Creme bestreichen.
7. Den Tortenrand mit Raspelschokolade bestreuen. Restliche Creme in einen Spritzbeutel mit großer Lochtülle füllen. Die Torte damit verzieren, mit den restlichen Brombeeren, Minzeblättchen und der Raspelschokolade garnieren und bis zum Servieren kalt stellen.

Buchweizentorte mit Karamellcreme

Raffiniert – fruchtig

Insgesamt:
E: 95 g, F: 283 g, Kh: 556 g,
kJ: 22232, kcal: 5311

Für den Schüttelteig:
125 g Butter oder Margarine
150 g Weizenmehl
3 gestr. TL Dr. Oetker Backin
100 g Zucker
4 Eier (Größe M)
100 g Buchweizengrütze

Für den Belag:
6 Blatt weiße Gelatine
150 g Zucker, 10 g Butter
500 ml (½ l) Milch
1 Pck. Dr. Oetker Pudding-Pulver Vanille-Geschmack
250 g frische Johannisbeeren oder TK-Johannisbeeren
400 ml Schlagsahne

Zum Garnieren:
einige Johannisbeerrispen
Minzezweige

Zubereitungszeit: 70 Minuten, ohne Kühlzeit

1. Für den Teig Butter oder Margarine zerlassen und abkühlen lassen. Mehl mit Backpulver mischen, in eine verschließbare Schüssel (etwa 3 l) sieben und mit Zucker mischen. Eier, Butter oder Margarine und Buchweizengrütze hinzufügen. Die Schüssel mit dem Deckel fest verschließen. Schüssel mehrmals (insgesamt 15–30 Sekunden) kräftig schütteln, so dass alle Zutaten gut vermischt sind. Alles mit einem Schneebesen oder Rührlöffel nochmals sorgfältig durchrühren, damit trockene Zutaten vom Rand mit untergerührt werden.

2. Den Teig in eine Springform (Ø 26 cm, Boden gefettet, mit Backpapier belegt) geben und glatt streichen. Die Form auf dem Rost in den Backofen schieben.
   Ober-/Unterhitze: etwa 180 °C (vorgeheizt)
   Heißluft: etwa 160 °C (vorgeheizt)
   Gas: Stufe 2–3 (vorgeheizt)
   Backzeit: etwa 30 Minuten.

3. Den Tortenboden aus der Form lösen, auf einen mit Backpapier belegten Kuchenrost stürzen und den Boden erkalten lassen. Anschließend mitgebackenes Backpapier abziehen und den Boden einmal waagerecht durchschneiden.

4. Für den Belag Gelatine nach Packungsanleitung einweichen. Zucker in einem kleinen Topf unter Rühren karamellisieren (bräunen). Butter hinzufügen. Pudding-Pulver mit etwas von der Milch anrühren. Restliche Milch zur Karamellmasse geben. Die Karamellmasse bei schwacher Hitze darin unter Rühren auflösen.

5. Karamellmilch zum Kochen bringen. Angerührtes Pudding-Pulver in die von der Kochstelle genommene Karamellmilch geben und unter Rühren nochmals kurz aufkochen lassen. Topf von der Kochstelle nehmen. Gelatine leicht ausdrücken und unter Rühren in dem Karamellpudding auflösen. Pudding erkalten lassen, dabei ab und zu umrühren.

6. Johannisbeeren waschen, abtropfen lassen und entstielen. Sahne steif schlagen. Johannisbeeren und Sahne vorsichtig unter den durchgerührten Karamellpudding heben.

7. Den unteren Tortenboden auf eine Platte legen. Einen Tortenring oder den gesäuberten Springformrand darumstellen. Die Hälfte der Karamell-Pudding-Creme darauf verteilen. Den oberen Tortenboden darauf legen und leicht andrücken. Restliche Karamell-Pudding-Creme darauf geben und glatt streichen. Torte 2–3 Stunden kalt stellen.

8. Zum Garnieren Johannisbeerrispen waschen und abtropfen lassen. Minze abspülen und trockentupfen. Tortenring oder Springformrand lösen und entfernen. Die Torte vor dem Servieren mit Johannisbeerrispen und Minze garnieren.

Buchweizentorte mit Karamellcreme

Buttercreme-Wickeltorte

Etwas aufwändiger

Insgesamt:
E: 87 g, F: 385 g, Kh: 581 g,
kJ: 26044, kcal: 6217

Für den Knetteig:
125 g Weizenmehl
1 Msp. Dr. Oetker Backin
50 g Zucker
1 Pck. Dr. Oetker Vanillin-Zucker
75 g Butter
1 EL Wasser

Für den Biskuitteig:
4 Eier (Größe M)
1 Eigelb (Größe M)
50 g Zucker
1 Pck. Dr. Oetker Vanillin-Zucker
80 g Weizenmehl

Zum Bestreichen:
150 g Aprikosenkonfitüre

Für die Buttercreme:
1 Pck. Dr. Oetker Pudding-Pulver Vanille-Geschmack
75–100 g Zucker
500 ml (1/2 l) Milch
250 g weiche Butter
30 g Kokosfett
3 EL Orangenlikör

Zum Garnieren:
50 g abgezogene, gehobelte Mandeln
500 g frische, vorbereitete Früchte (z.B. Kiwi, Karambole, Orange, Apfel, Birne)

Zubereitungszeit: 90 Minuten, ohne Kühlzeit

1. Für den Knetteig Mehl in eine Rührschüssel sieben. Restliche Zutaten hinzugeben und mit Handrührgerät mit Knethaken gut durcharbeiten. Anschließend den Teig auf der bemehlten Arbeitsfläche kurz verkneten und in Folie gewickelt etwa 20 Minuten kalt stellen. Teig auf dem Boden einer Springform (Ø 26 cm, gefettet) ausrollen und mit einer Gabel mehrmals einstechen. Den Springformrand darumstellen und die Form auf dem Rost in den Backofen stellen.
   Ober-/Unterhitze: etwa 200 °C (vorgeheizt)
   Heißluft: etwa 180 °C (vorgeheizt)
   Gas: Stufe 3-4 (vorgeheizt)
   Backzeit: etwa 15 Minuten.

2. Den Boden sofort vom Springformboden lösen, aber darauf auf einem Kuchenrost erkalten lassen.

3. Für den Biskuitteig Eier und Eigelb mit Handrührgerät mit Rührbesen schaumig schlagen. Zucker und Vanillin-Zucker mischen, in 1 Minute einstreuen, dann noch 2 Minuten weiterschlagen. Mehl auf die Eiercreme sieben und kurz auf niedrigster Stufe unterrühren. Den Teig auf ein Backblech (30 x 40 cm, gefettet, mit Backpapier belegt) streichen und das Backblech in den Backofen schieben. **Den Teig bei der oben angegebenen Backofeneinstellung 10–12 Minuten backen.**

4. Die Biskuitplatte sofort vom Backblechrand lösen, auf ein mit Zucker bestreutes Backpapier stürzen und erkalten lassen. Knetteigboden auf eine Tortenplatte legen und mit 1 Esslöffel Aprikosenkonfitüre bestreichen. Backpapier abziehen und die Biskuitplatte mit der übrigen Konfitüre bestreichen.

5. Für die Buttercreme aus Pudding-Pulver, Zucker und Milch nach Packungsanleitung einen Pudding zubereiten und bei Zimmertemperatur erkalten lassen (nicht kalt stellen), dabei gelegentlich durchrühren, damit sich keine Haut bildet. Butter mit Handrührgerät mit Rührbesen geschmeidig rühren und den abgekühlten Pudding esslöffelweise unterrühren, dabei darauf achten, dass Butter und Pudding Zimmertemperatur haben, da die Creme sonst gerinnt. Kokosfett zerlassen und nach und nach unterschlagen. Zuletzt Orangenlikör nach und nach unterrühren.

6. Biskuitplatte gleichmäßig mit zwei Dritteln der Creme bestreichen und von der kurzen Seite aus in 10 etwa 3 cm breite Streifen schneiden. Einen Streifen zur Schnecke aufrollen und in die Mitte des Knetteigbodens legen. Die übrigen Streifen dicht darumwickeln. Die Torte vollständig mit der restlichen Buttercreme bestreichen und 1-2 Stunden kalt stellen.

7. Zum Garnieren Mandeln in einer Pfanne ohne Fett leicht bräunen und auf einem Teller erkalten lassen. Den Rand der Torte damit bestreuen. Die Oberfläche der Torte mit Früchten belegen.

Buttercreme-Wickeltorte

Caipirinha-Torte

Beliebt

Insgesamt:
E: 73 g, F: 392 g, Kh: 418 g,
kJ: 24697, kcal: 5901

Für den All-in-Teig:
130 g Weizenmehl
2 gestr. EL Kakaopulver
3 gestr. TL Dr. Oetker Backin
130 g brauner Zucker
1 Pck. Dr. Oetker Bourbon-Vanille-Zucker
3 Eier (Größe M)
2 EL Cachaça (Zuckerrohrschnaps)
130 g Butter oder Margarine

Für die Füllung:
6 Blatt weiße Gelatine
125 ml ($^1/_8$ l) Limettensaft
75 ml Cachaça
50 g brauner Zucker
250 g Mascarpone
500 ml ($^1/_2$ l) Schlagsahne

Zum Garnieren und Bestreuen:
25–50 g Baiser
1 Limette in Scheiben
1 Cocktailkirsche
etwas Minze
einige Strohhalme
etwas brauner Zucker

Zubereitungzeit: 40 Minuten, ohne Kühlzeit

1. Für den Teig Mehl mit Kakao und Backpulver mischen und in eine Rührschüssel sieben. Restliche Zutaten hinzufügen und alles mit Handrührgerät mit Rührbesen auf höchster Stufe in etwa 2 Minuten zu einem Teig verarbeiten. Teig in eine Springform (Ø 26 cm, Boden gefettet, mit Backpapier belegt) füllen, glatt streichen und die Form auf dem Rost in den Backofen schieben.

Ober-/Unterhitze: etwa 180 °C (vorgeheizt)
Heißluft: etwa 160 °C (vorgeheizt)
Gas: Stufe 2–3 (vorgeheizt)
Backzeit: 20–25 Minuten.

2. Den Boden auf einen mit Backpapier belegten Kuchenrost stürzen und erkalten lassen. Anschließend mitgebackenes Backpapier abziehen.
3. Für die Füllung Gelatine nach Packungsanleitung einweichen. 2–3 Esslöffel von dem Limettensaft in einem kleinen Topf erwärmen, die Gelatine leicht ausdrücken und darin auflösen. Die Mischung mit dem restlichen Limettensaft verrühren, dann mit Cachaça und Zucker unter den Mascarpone rühren. Die Mascarponemasse kalt stellen. Wenn die Masse beginnt dicklich zu werden, Sahne steif schlagen und unterheben.
4. Den Boden einmal waagerecht durchschneiden und den unteren Boden auf eine Tortenplatte legen. Die Hälfte der Creme auf dem Boden verstreichen, dabei die Creme leicht trichterförmig streichen, so dass der Rand höher ist als die Mitte.
5. Oberen Boden vierteln, die Viertel in den Trichter legen und leicht andrücken. Mit der restlichen Creme den Rand und die trichterförmige Oberfläche bestreichen. Torte etwa 2 Stunden kalt stellen.
6. Zum Garnieren den Baiser zerbröseln, als zerstoßenes Eis in den Trichter (Caipirinhaglas) füllen und die Torte mit Limettenscheiben, der Cocktailkirsche, Minze und Strohhalmen garnieren. Tortenrand vor dem Servieren mit braunem Zucker bestreuen.

Tipp:
Statt Cachaça weißen Rum verwenden.

Caipirinha-Torte

Campari-Orange-Torte ❄

Für Gäste – raffiniert

Insgesamt:
E: 83 g, F: 333 g, Kh: 669 g,
kJ: 27147, kcal: 6489

Für den Knetteig:
300 g Weizenmehl
1 Msp. Dr. Oetker Backin
100 g Zucker, 3 EL Orangensaft
175 g Butter oder Margarine
100 g gehobelte Mandeln

Zum Bestreichen und Bestreuen:
1 Eigelb, 1 EL Milch
30 g Hagelzucker

Für die Füllung:
3 Orangen
4 Blatt weiße Gelatine
etwa 500 ml (1/2 l) Orangensaft
2 Pck. Dr. Oetker Pudding-Pulver
Sahne-Geschmack
100 g Zucker, 2 EL Campari (Bitteraperitif)

Außerdem:
1 Blatt weiße Gelatine, 75 ml Campari
25 g Zucker, 400 ml Schlagsahne

Zum Garnieren:
5–6 Physalis (Kapstachelbeeren)
2–3 Orangenscheiben

Zubereitungszeit: 60 Minuten

1. Für den Teig Mehl mit Backpulver mischen und in eine Rührschüssel sieben. Zucker, Saft, Butter oder Margarine und Mandeln hinzufügen. Die Zutaten mit Handrührgerät mit Knethaken zunächst kurz auf niedrigster, dann auf höchster Stufe gut durcharbeiten. Teig auf der leicht bemehlten Arbeitsfläche kurz verkneten. Den Teig dritteln.

2. Jeweils ein Teigdrittel auf einem Springformboden (Ø 26 cm, Boden gefettet) ausrollen und mehrmals mit einer Gabel einstechen. Eigelb und Milch verquirlen und die Böden damit bestreichen. Einen der Böden mit Hagelzucker bestreuen. Springformrand darumstellen, die Form auf dem Rost in den Backofen schieben und die Böden nacheinander backen.
   Ober-/Unterhitze: etwa 200 °C (vorgeheizt)
   Heißluft: etwa 180 °C (vorgeheizt)
   Gas: Stufe 3-4 (vorgeheizt)
   Backzeit: 12-15 Minuten je Boden.

3. Die Gebäcke sofort nach dem Backen vom Springformboden lösen und erkalten lassen. Den mit Hagelzucker bestreuten Boden noch warm mit einem Sägemesser in 12 Stücke schneiden.

4. Für die Füllung Orangen so schälen, dass die weiße Haut mit entfernt wird. Orangen filetieren, Saft dabei auffangen. Gelatine nach Packungsanleitung einweichen. Aufgefangenen Saft mit Orangensaft auf insgesamt 600 ml auffüllen. Aus Pudding-Pulver, Zucker, Saft und Campari nach Packungsanleitung, aber mit den hier angegebenen Zutaten einen Pudding kochen. Gelatine ausdrücken und im heißen Pudding unter Rühren auflösen. Pudding erkalten lassen, dabei gelegentlich umrühren.

5. Inzwischen Gelatine einweichen, ausdrücken, auflösen und Campari langsam unterrühren. Zucker unterrühren und die Flüssigkeit kalt stellen. Sobald sie beginnt dicklich zu werden, durchrühren, in einen kleinen Gefrierbeutel füllen und eine kleine Ecke abschneiden. Sahne steif schlagen.

6. Erkalteten Pudding kurz durchrühren und die Sahne unterheben. Die Creme portionsweise in einen Spritzbeutel mit großer Sterntülle füllen und die Hälfte davon auf den unteren Boden spritzen. Creme mit den Orangenfilets belegen und mit der Hälfte der Campari-Masse besprenkeln. Zweiten Boden auflegen, leicht andrücken, mit der restlichen Creme bespritzen und mit der restlichen Campari-Masse besprenkeln. Torte mit Gebäcktortenstücken belegen, bis zum Servieren kalt stellen und vor dem Servieren mit Physalis und geviertelten Orangenscheiben garnieren.

Tipp:
Für eine alkoholfreie Variante kann Campari in der Füllung ersatzlos gestrichen werden. Zum Besprenkeln dann glatt gerührtes rotes Johannisbeergelee ohne Gelatine und ohne Zucker verwenden.
Die Böden können 1-2 Tage vor dem Verzehr gebacken werden.

Campari-Orange-Torte

Cappuccino-Paradies-Torte

Dauert etwas länger

Insgesamt:
E: 91 g, F: 325 g, Kh: 496 g,
kJ: 22185, kcal: 5290

Für den Teig:
50 g Amarettini (ital. Mandelmakronen)
50 g Butter
75 g Weizenmehl
1 Msp. Dr. Oetker Backin
50 g Haselnusskrokant
50 g Instant-Cappuccinopulver
4 Eiweiß (Größe M)
150 g Zucker
50 g Marzipan-Rohmasse
4 Eigelb (Größe M)
1 Pck. Dr. Oetker Vanillin-Zucker
1 Prise Salz

Für die Füllung:
100 g zweifarbige Cappuccinoschokolade (keine gefüllte Schokolade verwenden)
1 Pck. Paradiescreme Sahne-Karamell-Geschmack (Dessertpulver)
100 ml Milch
100 ml Schlagsahne
2 EL Kaffeelikör oder kalter Kaffee

Zum Verzieren und Garnieren:
400 ml Schlagsahne
1 Pck. Dr. Oetker Sahnesteif
1 Pck. Dr. Oetker Vanillin-Zucker
50 g abgezogene, gehobelte Mandeln
Kakaopulver

Zubereitungszeit: 80 Minuten, ohne Kühlzeit

1. Für den Teig Amarettini in einen Gefrierbeutel geben, ihn verschließen und die Amarettini mit einer Teigrolle zerbröseln. Butter in einem Topf zerlassen und abkühlen lassen. Mehl mit Backpulver mischen, sieben und mit Bröseln, Krokant und Cappuccinopulver vermischen. Eiweiß in einer Rührschüssel mit Handrührgerät mit Rührbesen so steif schlagen, dass ein Messerschnitt sichtbar bleibt. 100 g von dem Zucker nach und nach auf höchster Stufe unterschlagen.

2. Marzipan sehr klein schneiden und nach und nach mit Eigelb, restlichem Zucker, Vanillin-Zucker und Salz mit Handrührgerät mit Rührbesen schaumig schlagen. Eischnee unter die schaumige Eigelbmasse heben. Das Mehl-Brösel-Gemisch kurz unterheben. Zuletzt die zerlassene Butter kurz unterrühren.

3. Jeweils einen Kreis (Ø 26 cm) auf 3 Bögen Backpapier zeichnen und einen Bogen auf ein Backblech legen. Jeweils ein Drittel des Teiges so auf der vorgezeichneten runden Fläche verstreichen, dass am Rand 1 cm frei bleibt. Das Backblech in den Backofen schieben.
Ober-/Unterhitze: etwa 180 °C (vorgeheizt)
Heißluft: etwa 160 °C (vorgeheizt)
Gas: Stufe 2–3 (vorgeheizt)
Backzeit: etwa 12 Minuten je Boden.

4. Den Boden mit dem Backpapier vom Backblech auf einen Kuchenrost ziehen und erkalten lassen. Die 2 weiteren Böden ebenso backen und erkalten lassen.

5. Für die Füllung Cappuccinoschokolade mit einem Sparschäler von der schmalen Seite aus so abschaben, dass die Schokolocken hell und dunkel sind. Dessertpulver nach Packungsanleitung, aber mit nur 100 ml Milch und 100 ml Sahne zubereiten. Zum Schluss Kaffeelikör oder Kaffee kurz unterrühren.

6. Einen Tortenring oder Springformrand um den ersten Boden stellen, mit einem Drittel der Creme bestreichen und mit einem Drittel der Schokolocken bestreuen. Den zweiten Boden darauf legen, leicht andrücken und wieder ein Drittel der Creme und ein weiteres Drittel der Schokolocken darauf geben. Dritten Boden auflegen, leicht andrücken und die restliche Creme darauf verstreichen. Torte kurz kalt stellen.

7. Zum Bestreichen und Verzieren Sahne mit Sahnesteif und Vanillin-Zucker steif schlagen. Tortenring oder Springformrand vorsichtig lösen und entfernen und den Rand der Torte mit etwa der Hälfte der Sahne bestreichen. Restliche Sahne in einen Spritzbeutel mit großer Sterntülle füllen, die Tortenoberfläche in 16 Stücke einteilen und mit der Sahne verzieren.

8. Zum Garnieren Mandeln in einer Pfanne ohne Fett leicht bräunen und auf einem Teller erkalten lassen. Die restlichen Schokolocken auf die Torte streuen und den Rand mit den gerösteten Mandeln garnieren. Für eine Schablone ein Herz (etwa 7 cm) aus Pappe ausschneiden. Kurz vor dem Servieren die Herzumrandung vorsichtig auflegen, Torte mit etwas Kakao bestäuben und wieder vorsichtig entfernen.

Cappuccino-Paradies-Torte

Cappuccino-Sahne-Torte

Klassisch – für Gäste

Insgesamt:
E: 64 g, F: 272 g, Kh: 464 g,
kJ: 19120, kcal: 4560

Für den Biskuitteig:
3 Eier (Größe M), 3 EL heißes Wasser
150 g Zucker
1 Pck. Dr. Oetker Vanillin-Zucker
100 g Weizenmehl
3 gestr. TL Dr. Oetker Backin
100 g Speisestärke

Für die Füllung:
8 Blatt weiße Gelatine
2 Portionsbeutel (6 geh. TL) Instant-Cappuccinopulver, ungesüßt
100 ml lauwarmes Wasser
50 g Zucker
800 ml Schlagsahne
2 Pck. Dr. Oetker Vanillin-Zucker
gut 1 EL Orangenlikör
2 EL Aprikosenkonfitüre

Zum Garnieren und Bestäuben:
50 g Halbbitter-Kuvertüre
etwas Kakaopulver

Zubereitungszeit: 45 Minuten, ohne Kühlzeit

1. Für den Teig Eier mit heißem Wasser in einer Rührschüssel mit Handrührgerät mit Rührbesen in 1 Minute schaumig schlagen. Zucker mit Vanillin-Zucker mischen, in 1 Minute unter Rühren einstreuen und die Masse weitere 2 Minuten schlagen. Mehl mit Backpulver und Speisestärke mischen, sieben und kurz auf niedrigster Stufe unterrühren. Den Teig in eine Springform (Ø 28 cm, Boden gefettet, mit Backpapier belegt) geben, glatt streichen und die Form auf dem Rost in den Backofen schieben.

   Ober-/Unterhitze: etwa 180 °C (vorgeheizt)
   Heißluft: etwa 160 °C (vorgeheizt)
   Gas: Stufe 2–3 (vorgeheizt)
   Backzeit: etwa 25 Minuten.

2. Den Biskuitboden aus der Form lösen, auf einen mit Backpapier belegten Kuchenrost stürzen und erkalten lassen. Anschließend das mitgebackene Backpapier abziehen. Den Biskuitboden einmal waagerecht durchschneiden.

3. Für die Füllung Gelatine nach Packungsanleitung einweichen. Cappuccinopulver im lauwarmen Wasser auflösen und mit Zucker und Vanillin-Zucker verrühren. Schlagsahne steif schlagen. Gelatine leicht ausdrücken und in einem kleinen Topf bei schwacher Hitze auflösen (nicht kochen). Aufgelöste Gelatine mit der Cappuccinolösung verrühren und dann mit 2–3 Esslöffeln von der geschlagenen Sahne verrühren. Die Mischung dann unter die restliche Sahne heben.

4. Den unteren Biskuitboden auf eine Tortenplatte legen, mit Orangenlikör beträufeln und mit Aprikosenkonfitüre bestreichen. Zwei Drittel der Sahnecreme kuppelförmig darauf streichen, den oberen Boden auf die Sahnemasse legen und leicht andrücken. Die Torte mit der restlichen Sahnemasse bestreichen und mit Hilfe eines Esslöffels Vertiefungen in die Sahneoberfläche eindrücken. Die Torte 2–3 Stunden kalt stellen.

5. Zum Garnieren Kuvertüre grob hacken, in einem Topf im Wasserbad bei schwacher Hitze geschmeidig rühren und in ein Papierspritztütchen oder einen kleinen Gefrierbeutel füllen. Eine kleine Ecke abschneiden und Motive auf Backpapier spritzen. Die Motive fest werden lassen, die Torte damit garnieren und mit Kakaopulver bestäuben.

Cappuccino-Wickeltorte

Etwas aufwändiger

Insgesamt:
E: 101 g, F: 404 g, Kh: 639 g,
kJ: 27643, kcal: 6604

Für den Biskuitteig:
4 Eier (Größe M)
1 Eigelb (Größe M)
3 EL heißes Wasser
125 g Zucker
1 Pck. Dr. Oetker Vanillin-Zucker
100 g Weizenmehl
20 g Kakaopulver
1 Msp. Dr. Oetker Backin

Für den Knetteig:
150 g Weizenmehl
50 g Zucker
100 g Butter oder Margarine

Cappuccino-Wickeltorte

Für die Füllung:
3 Blatt weiße Gelatine
400 ml Schlagsahne
75 g Zucker
1 Pck. Dr. Oetker Vanillin-Zucker
2 Portionsbeutel (je 10 g)
Instant-Cappuccinopulver
1 kleine Dose Aprikosenhälften
(Abtropfgewicht 240 g)

Zum Bestreichen:
1 EL Aprikosenkonfitüre

Zum Garnieren und Verzieren:
100 g Halbbitter-Kuvertüre
1 EL Speiseöl
300 ml Schlagsahne
1 Pck. Dr. Oetker Vanillin-Zucker
50 g Raspelschokolade

Zubereitungszeit: 75 Minuten, ohne Kühlzeit

1. Für den Biskuitteig Eier, Eigelb und Wasser mit Handrührgerät mit Rührbesen auf höchster Stufe in 1 Minute schaumig schlagen. Zucker und Vanillin-Zucker mischen, in 1 Minute einstreuen, dann noch 2 Minuten weiterschlagen. Mehl mit Kakao und Backpulver mischen, auf die Eiercreme sieben und kurz auf niedrigster Stufe unterrühren. Den Teig auf ein Backblech (30 x 40 cm, gefettet, mit Backpapier belegt) geben, verstreichen und das Backblech in den Backofen schieben.
Ober-/Unterhitze: etwa 200 °C (vorgeheizt)
Heißluft: etwa 180 °C (vorgeheizt)
Gas: Stufe 3-4 (vorgeheizt)
Backzeit: etwa 12 Minuten.

2. Die Biskuitplatte sofort vom Backblechrand lösen, auf eine Arbeitsfläche stürzen und mit dem Backpapier erkalten lassen.

3. Für den Knetteig Mehl in eine Rührschüssel sieben. Restliche Zutaten hinzufügen und mit Handrührgerät mit Knethaken zunächst kurz auf niedrigster, dann auf höchster Stufe gut durcharbeiten. Anschließend den Teig auf der leicht bemehlten Arbeitsfläche kurz verkneten. Teig auf einem Springformboden (Ø 26 cm, gefettet) ausrollen, mehrfach mit einer Gabel einstechen, Springformrand darumstellen und **bei gleicher Backofeneinstellung etwa 15 Minuten backen**. Das Gebäck vom Springformboden lösen, aber darauf auf einem Kuchenrost erkalten lassen.

4. Für die Füllung Gelatine einweichen, anschließend ausdrücken und auflösen. Sahne mit Zucker und Vanillin-Zucker fast steif schlagen, flüssige Gelatine unter Rühren dazugeben und Sahne steif schlagen. Cappuccinopulver unterrühren. Aprikosen in einem Sieb abtropfen lassen und fein würfeln. Mitgebackenes Backpapier vorsichtig von der Biskuitplatte abziehen, die Biskuitplatte mit der Cappuccinosahne bestreichen und von der langen Seite aus in etwa 4,5 cm breite Streifen schneiden, Aprikosenwürfel auf der Creme verteilen und leicht andrücken, Creme evtl. etwas dicklich werden lassen. Knetteigboden auf eine Tortenplatte legen und mit Konfitüre bestreichen. Einen Biskuitstreifen zur Schnecke aufrollen und in die Mitte des Knetteigbodens stellen. Restliche Streifen anlegen und darumwickeln. Die Tortenoberfläche glatt streichen und die Torte etwa 2 Stunden kalt stellen.

5. Zum Garnieren und Verzieren Kuvertüre grob hacken und mit dem Speiseöl in einem Topf im Wasserbad bei schwacher Hitze geschmeidig rühren. 2 Tropfen Wasser hinzufügen, die Masse geschmeidig rühren und in ein Papiertütchen oder einen kleinen Gefrierbeutel füllen. Eine kleine Ecke abschneiden, kleine Ovale auf Backpapier spritzen, diese mit feineren Schokofäden durchziehen und die Ornamente fest werden lassen. Sahne mit Vanillin-Zucker steif schlagen, 4 Esslöffel davon abnehmen und in einen Spritzbeutel geben. Die Torte vollständig mit der restlichen Sahne einstreichen und den Rand mit Raspelschokolade bestreuen. Die Oberfläche mit der Sahne aus dem Spritzbeutel verzieren und die Ornamente anlegen.

Caribbean-Night-Torte

Caribbean-Night-Torte

Raffinert

Insgesamt:
E: 101 g, F: 282 g, Kh: 560 g,
kJ: 23025, kcal: 5502

Für den Biskuitteig:
3 Eier (Größe M)
50 ml brauner Rum
150 g Zucker
1 Pck. Dr. Oetker Vanillin-Zucker
175 g Weizenmehl
25 g Kakaopulver
1 gestr. TL Dr. Oetker Backin
50 g Kokosraspel

Für die Füllung:
10 Blatt weiße Gelatine
500 ml (1/2 l) Multivitamin-Buttermilch
50 ml brauner Rum
75 g Zucker
400 ml Schlagsahne

250 g vorbereitete exotische Früchte,
z. B. Papaya, Mango, Physalis
(Kapstachelbeeren)

Zum Garnieren und Verzieren:
50 g Kokosraspel, 200 ml Schlagsahne
200 g vorbereitete exotische Früchte,
z.B. Papaya, Mango, Physalis
2 Schoko-Gebäckstäbchen

**Zubereitungszeit: 60 Minuten,
ohne Kühlzeit**

1. Für den Teig Eier und Rum mit Handrührgerät mit Rührbesen auf höchster Stufe in 1 Minute schaumig schlagen. Zucker und Vanillin-Zucker mischen, in 1 Minute einstreuen, dann noch 2 Minuten weiterschlagen.
2. Mehl mit Kakao und Backpulver mischen, die Hälfte davon auf die Eiercreme sieben und kurz auf niedrigster Stufe unterrühren. Den Rest des Mehlgemisches auf die gleiche Weise unterarbeiten. Zuletzt Kokosraspel kurz unterrühren.
3. Den Teig in eine Springform (Ø 26 cm, Boden gefettet, mit Backpapier belegt) füllen, glatt streichen und die Form auf dem Rost in den Backofen schieben.
   Ober-/Unterhitze: etwa 180 °C (vorgeheizt)
   Heißluft: etwa 160 °C (vorgeheizt)
   Gas: Stufe 2–3 (vorgeheizt)
   Backzeit: etwa 30 Minuten.
4. Den Boden aus der Form lösen und auf einem mit Backpapier belegten Kuchenrost erkalten lassen. Anschließend mitgebackenes Backpapier abziehen und den Boden einmal waagerecht durchschneiden.
5. Für die Füllung Gelatine nach Packungsanleitung einweichen. Buttermilch mit Rum und Zucker verrühren. Gelatine leicht ausdrücken, in einem kleinen Topf bei schwacher Hitze auflösen (nicht kochen), zunächst mit etwas Rum-Milch verrühren, dann zur restlichen Rum-Milch geben, evtl. kalt stellen. Sobald die Masse beginnt dicklich zu werden, Sahne steif schlagen und unterheben.
6. Unteren Boden auf eine Tortenplatte legen, mit einem Drittel der Creme bestreichen, mit den Früchten belegen und mit der Hälfte der restlichen Creme bestreichen. Den oberen Boden auflegen und leicht andrücken. Die Torte rundherum mit der restlichen Creme bestreichen und etwa 3 Stunden kalt stellen.
7. Zum Garnieren Kokosraspel an den Tortenrand streuen. Zum Verzieren Sahne steif schlagen und in einen Spritzbeutel mit großer Lochtülle füllen. Die Tortenoberfläche großzügig mit der Sahne verzieren und die Früchte dekorativ an den Rand legen. Die Schoko-Gebäckstäbchen mit Physalishüllen als „Palmen" in die Torte stecken.

Tipp:
Die Torte kann am Vortag zubereitet werden. Bräunen Sie die Kokosraspel in einer Pfanne ohne Fett leicht, dann ist der Geschmack intensiver.
Für eine alkoholfreie Variante kann der Rum durch Orangensaft ersetzt werden.

Caribic-Torte

Caribic-Torte

Für Gäste – fettarm

Insgesamt:
E: 56 g, F: 21 g, Kh: 326 g,
kJ: 7328, kcal: 1744

Für den Biskuitteig:
2 Eier (Größe M)
50 g Zucker
1 Pck. Dr. Oetker Vanillin-Zucker
50 g Weizenmehl
1 EL Speisestärke
1 gestr. TL Dr. Oetker Backin

Für die Füllung:
1 Dose Ananasraspel
(Abtropfgewicht 278 g)
10 Blatt weiße Gelatine
500 g Dickmilch
250 ml (1/4 l) Maracujanektar
100 g Zucker
1 Pck. Dr. Oetker Vanillin-Zucker
Zitronenmelisseblättchen

Zubereitungszeit: 30 Minuten, ohne Kühlzeit

1. Für den Teig Eier mit Handrührgerät mit Rührbesen auf höchster Stufe in 1 Minute schaumig schlagen. Zucker und Vanillin-Zucker mischen, in 1 Minute einstreuen, dann noch 2 Minuten weiterschlagen.
2. Mehl mit Speisestärke und Backpulver mischen, auf die Eiercreme sieben und kurz auf niedrigster Stufe unterrühren. Den Teig in eine Springform (Ø 24 cm, Boden gefettet, mit Backpapier belegt) geben und glatt streichen. Die Form auf dem Rost in den Backofen schieben.
Ober-/Unterhitze: etwa 180 °C (vorgeheizt, unteres Drittel)
Heißluft: etwa 160 °C (vorgeheizt)
Gas: Stufe 2–3 (vorgeheizt, unteres Drittel)
Backzeit: etwa 15 Minuten.
3. Den Biskuitboden aus der Form lösen, auf einen mit Backpapier belegten Kuchenrost stürzen und erkalten lassen. Anschließend Backpapier vorsichtig abziehen, Boden auf eine Tortenplatte legen und einen Tortenring eng darumstellen.
4. Für die Füllung Ananasraspel in einem Sieb gut abtropfen lassen. Gelatine nach Packungsanleitung einweichen. Dickmilch mit Nektar, Zucker und Vanillin-Zucker gut verrühren.
5. Gelatine leicht ausdrücken und in einem kleinen Topf bei schwacher Hitze unter Rühren auflösen (nicht kochen). Gelatine mit 2–3 Esslöffeln von der Dickmilchmasse verrühren, dann mit der restlichen Dickmilchmasse verrühren. Ananasraspel unterrühren. Die Creme auf den Biskuitboden geben und glatt streichen. Die Torte 2–3 Stunden kalt stellen.
6. Tortenring lösen und entfernen. Die Torte vor dem Servieren mit Zitronenmelisseblättchen garnieren.

Tipp:
Wenn Sie keine Ananasraspel bekommen, können Sie gut abgetropfte Ananasscheiben auch in einer Küchenmaschine raspeln oder die Scheiben fein schneiden.

Cassis-Fruchtgrütze-Torte

Für Gäste

Insgesamt:
E: 56 g, F: 223 g, Kh: 485 g,
kJ: 18789, kcal: 4480

Für den Biskuitteig:
3 Eier (Größe M), 3 EL heißes Wasser
100 g Zucker
1 Pck. Dr. Oetker Vanillin-Zucker
100 g Weizenmehl
25 g Speisestärke
1 gestr. TL Dr. Oetker Backin
1 TL Dr. Oetker Finesse Geriebene Zitronenschale

Für die Fruchtgrütze:
1 Pck. Rote-Grütze-Pulver Himbeer-Geschmack
75 ml Apfelsaft
75 g Zucker
150 ml Johannisbeerlikör (15 Vol.-%), z. B. Crème de Cassis
1 Teebeutel Glühweingewürz
oder
½ Zimtstange, 2 Gewürznelken und 1 Sternanis
600 g gemischte TK-Beeren
250 ml (¼ l) Schlagsahne
1 Pck. Dr. Oetker Sahnesteif
1 Pck. Dr. Oetker Vanillin-Zucker
½ gestr. TL gemahlener Zimt

Zum Verzieren und Garnieren:
350 ml Schlagsahne
2 Pck. Dr. Oetker Vanillin-Zucker
1 Pck. Dr. Oetker Sahnesteif
1 gestr. TL gemahlener Zimt
etwa 12 hauchdünne Schokotäfelchen
1 TL Kakaopulver

Zubereitungszeit: 75 Minuten, ohne Kühlzeit

1. Für den Teig Eier und Wasser mit Handrührgerät mit Rührbesen auf höchster Stufe in 1 Minute schaumig schlagen. Zucker mit Vanillin-Zucker mischen, in 1 Minute einstreuen, dann noch 2 Minuten weiterschlagen.

2. Mehl mit Speisestärke und Backpulver mischen, auf die Eiercreme sieben und kurz auf niedrigster Stufe unterrühren. Zuletzt Zitronenschale kurz unterarbeiten. Den Teig in einer Springform (Ø 26 cm, Boden gefettet, mit Backpapier belegt) verstreichen. Die Form auf dem Rost in den Backofen schieben.
Ober-/Unterhitze: etwa 180 °C (vorgeheizt)
Heißluft: etwa 160 °C (vorgeheizt)
Gas: Stufe 2–3 (vorgeheizt)
Backzeit: etwa 25 Minuten.

3. Biskuitboden aus der Form lösen, auf einen mit Backpapier belegten Kuchenrost stürzen und erkalten lassen. Dann mitgebackenes Backpapier abziehen, Boden einmal waagerecht durchschneiden und den unteren Boden auf eine Platte legen. Einen Tortenring darumstellen.

4. Für die Fruchtgrütze Rote-Grütze-Pulver mit 6 Esslöffeln vom Apfelsaft verrühren. Restlichen Apfelsaft, Zucker, Likör und Gewürzbeutel oder Gewürze in einem Topf aufkochen lassen. Gewürzbeutel oder Gewürze entfernen. Angerührtes Grütze-Pulver einrühren und kurz unter Rühren aufkochen lassen. Topf von der Kochstelle nehmen und Früchte unterrühren. Grütze auf dem Boden verstreichen und den Boden kalt stellen.

5. Sahne mit Sahnesteif, Vanillin-Zucker und Zimt steif schlagen. Sahne auf der Fruchtgrütze verstreichen, den zweiten Boden darauf legen und etwas andrücken. Tortenring lösen und entfernen.

6. Zum Verzieren und Garnieren Sahne mit Vanillin-Zucker, Sahnesteif und Zimt steif schlagen. Etwa ein Drittel der Sahne in einen Spritzbeutel mit Sterntülle füllen. Torte mit der restlichen Sahne einstreichen und Sahnetuffs auf die Torte spritzen. Torte kalt stellen.

7. Zum Servieren die Schokotäfelchen diagonal halbieren und auf die Torte stecken. Torte mit Kakaopulver bestäuben.

Cassis-Fruchtgrütze-Torte

Choco-Crossies-Torte ❄

Für Kinder

Insgesamt:
E: 73 g, F: 267 g, Kh: 388 g,
kJ: 18325, kcal: 4379

Für den Biskuitteig:
2 Eier (Größe M)
2 EL heißes Wasser
80 g Zucker
1 Pck. Dr. Oetker Vanillin-Zucker
80 g Weizenmehl
½ gestr. TL Dr. Oetker Backin

Für den Rührteig:
50 g weiche Butter oder Margarine
50 g Zucker
1 Pck. Dr. Oetker Vanillin-Zucker
2 Eier (Größe M)
70 g Weizenmehl
1 Msp. Dr. Oetker Backin

Für den Belag:
50 g Choco Crossies® Classic
(Knusperpralinen)
20 g Cornflakes

Für die Füllung:
500 ml (½ l) Schlagsahne
2 Pck. Dr. Oetker Sahnesteif
1 Pck. Dr. Oetker Vanillin-Zucker
80 g Choco Crossies® Classic

Zum Garnieren:
12 Choco Crossies® Classic

Zubereitungszeit: 30 Minuten

1. Für den Biskuitteig Eier und Wasser mit Handrührgerät mit Rührbesen auf höchster Stufe in 1 Minute schaumig schlagen. Zucker mit Vanillin-Zucker mischen, in 1 Minute einstreuen, dann noch 2 Minuten weiterschlagen.

2. Mehl und Backpulver mischen, auf die Eiercreme sieben und kurz auf niedrigster Stufe unterrühren. Den Teig in eine Springform (Ø 26 cm, Boden gefettet, mit Backpapier belegt) füllen, glatt streichen und die Form auf dem Rost in den Backofen schieben.
   Ober-/Unterhitze: 180–200 °C (vorgeheizt)
   Heißluft: 160–180 °C (vorgeheizt)
   Gas: etwa Stufe 3 (vorgeheizt)
   Backzeit: etwa 25 Minuten.

3. Den Boden aus der Form lösen, auf einen mit Backpapier belegten Kuchenrost stürzen und erkalten lassen. Dann mitgebackenes Backpapier entfernen.

4. Für den Rührteig Butter oder Margarine mit Handrührgerät mit Rührbesen auf höchster Stufe geschmeidig rühren. Nach und nach Zucker und Vanillin-Zucker unterrühren. So lange rühren, bis eine gebundene Masse entstanden ist. Eier nach und nach unterrühren (jedes Ei etwa ½ Minute).

5. Mehl mit Backpulver mischen, sieben und in 2 Portionen auf mittlerer Stufe unterrühren. Den Teig in eine Springform (Ø 26 cm, Boden gefettet) füllen und glatt streichen.

6. Für den Belag Knusperpralinen grob zerstoßen, mit den Cornflakes mischen und auf den Teig streuen. Die Form auf dem Rost in den Backofen schieben. **Den Boden bei gleicher Backofeneinstellung etwa 25 Minuten backen.**

7. Den Boden aus der Form lösen, sofort in 12 Tortenstücke schneiden und erkalten lassen.

8. Für die Füllung Sahne mit Sahnesteif und Vanillin-Zucker steif schlagen. Knusperpralinen fein zerstoßen und unterheben. Gut 2 Esslöffel von der Sahnemasse in einen Spritzbeutel mit großer Lochtülle füllen, die restliche Sahnemasse auf den Biskuitboden streichen und mit den Rührteigstücken belegen.

9. Die Torte mit der restlichen Sahne verzieren und mit den Knusperpralinen garnieren.

®Société des Produits Nestlé S.A.

Choco-Crossies®-Torte

Cinderella-Torte ❄

Fruchtig – für Kinder

Insgesamt:
E: 88 g, F: 344 g, Kh: 461 g,
kJ: 22696, kcal: 5424

Für den Rührteig:
175 g Butter oder Margarine
150 g Zucker
1 Pck. Dr. Oetker Vanillin-Zucker
3 Eier (Größe M)
2 EL Orangensaft
175 g Weizenmehl
1/2 gestr. TL Dr. Oetker Backin

Zum Bestreuen:
60 g Kokosraspel

Für die Füllung:
8 Blatt weiße Gelatine
500 ml (1/2 l) Himbeermilch
(z. B. Müllermilch Himbeer)
25 g Zucker
200 ml Schlagsahne

Zum Verzieren und Garnieren:
200 ml Schlagsahne
1 Pck. Dr. Oetker Vanillin-Zucker
150 g Himbeeren, etwas Puderzucker

Zubereitungszeit: 75 Minuten, ohne Kühlzeit

Cinderella-Torte

1. Für den Teig Butter oder Margarine in einer Rührschüssel mit Handrührgerät mit Rührbesen auf höchster Stufe geschmeidig rühren. Zucker mit Vanillin-Zucker mischen und nach und nach unterrühren. So lange rühren, bis eine gebundene Masse entstanden ist.

2. Eier unterrühren (jedes Ei etwa 1/2 Minute). Saft dazugeben und verrühren. Mehl mit Backpulver mischen, sieben und in 2 Portionen unterrühren.

3. Auf 4 Backpapierbögen jeweils einen Kreis (Ø 26 cm) zeichnen, auf jedem Kreis ein Viertel des Teiges verstreichen und mit den Kokosraspeln bestreuen. Die Backpapierbögen auf Backbleche ziehen und nacheinander (bei Heißluft je 2 zusammen) in den Backofen schieben.
Ober-/Unterhitze: etwa 180 °C (vorgeheizt)
Heißluft: etwa 160 °C (vorgeheizt)
Gas: Stufe 2–3 (vorgeheizt)
Backzeit: etwa 15 Minuten je Backblech.

4. Einen Boden sofort nach dem Backen in 12 Tortenstücke schneiden, diese nochmals vorsichtig, aber schnell halbieren. Alle Böden mit dem Backpapier auf dem Backblech auf Kuchenrosten erkalten lassen.

5. Für die Füllung Gelatine nach Packungsanleitung einweichen. Himbeermilch mit Zucker verrühren. Gelatine ausdrücken, auflösen, mit etwas von der Himbeermilch verrühren, dann unter die restliche Milch rühren. Sobald die Masse beginnt dicklich zu werden, Sahne steif schlagen und unterheben.

6. Einen Boden auf eine Tortenplatte legen, die Hälfte der Himbeercreme darauf streichen und den zweiten Boden auflegen, restliche Creme darauf streichen und den dritten Boden auflegen. Die Torte etwa 30 Minuten kalt stellen.

7. Zum Verzieren und Garnieren Sahne mit Vanillin-Zucker steif schlagen und in einen Spritzbeutel mit großer Stern- oder Lochtülle füllen. 12 längliche Tupfen an den Rand der Tortenoberfläche spritzen und je 2 vorgeschnittene halbe Tortenstücke über einem Tupfen zusammensetzen. Die Torte bis zum Servieren kalt stellen.

8. Kurz vor dem Servieren die Torte mit verlesenen Himbeeren garnieren und mit Puderzucker bestäuben.

Tipp:
Die Torte kann auch mit anderen Fruchtmilchsorten zubereitet werden.

Clowntorte

Für Kinder – ohne zu backen

Insgesamt:
E: 55 g, F: 120 g, Kh: 396 g,
kJ: 13135, kcal: 3138

Für den Boden:
1 Pck. (200 g) Schoko-Knusperreis-Quadrate
30 g bunter Knusper-Puffreis

Für die Füllung:
1 kleine Dose Ananas in Scheiben (Abtropfgewicht 140 g)
1 kleine Dose Fruchtcocktail (Abtropfgewicht 250 g)
8 Blatt weiße Gelatine
250 ml (1/4 l) Schlagsahne
500 g Ananasjoghurt
75 ml Ananas-Fruchtcocktail-Saftmischung
150 g Birnen- oder Apfelmus

Zum Garnieren:
1 Nektarine
Saft von 1/2 Zitrone
20 Mandarinenfilets aus der Dose
2 Schokoladen-Dekortaler
rote Fruchtgummischnüre
einige rote Kaiserkirschen ohne Stein
2 rote, runde Pflaumen

Zubereitungszeit: 40 Minuten, ohne Kühlzeit

Clowntorte

1. Für den Boden Knusperreis in Stücke brechen (1 Quadrat zum Garnieren beiseite legen) und in einem Topf im Wasserbad unter Rühren schmelzen lassen. Einen Springformrand (Ø 26 cm) auf eine mit Backpapier oder Tortenspitze belegte Tortenplatte legen. Die Knusperreismasse darin verteilen und verstreichen, mit buntem Puffreis bestreuen und leicht andrücken. Masse im Springformrand kalt stellen.

2. Für die Füllung Ananasscheiben und Fruchtcocktail in einem Sieb abtropfen lassen, den Saft dabei auffangen und 75 ml davon abmessen. Zwei Ananasscheiben zum Garnieren beiseite legen, die restlichen Scheiben klein schneiden.

3. Gelatine nach Packungsanleitung einweichen. Sahne steif schlagen. Joghurt mit Saft und Birnen- oder Apfelmus mit dem Schneebesen gut verrühren. Gelatine ausdrücken, in einem kleinen Topf bei schwacher Hitze auflösen (nicht kochen) und unterrühren, Sahne und Früchte unterheben. Die Creme auf den fest gewordenen Reisboden geben, glatt streichen und die Torte 2-3 Stunden kalt stellen.

4. Zum Garnieren die Torte mit Hilfe eines Messers aus dem Springformrand lösen. Nektarine waschen, abtrocknen, halbieren, entsteinen und in feine Spalten schneiden. Spalten mit Zitronensaft beträufeln und als Haare auf die Torte legen. Beiseite gelegtes Knusperreis-Quadrat zerbröseln und darüber streuen.

5. Die beiseite gelegten Ananasscheiben als Augen und die Mandarinen als Mund auf die Torte legen. Auf die „Augen" die Dekortaler legen, darauf die zurecht geschnittenen Fruchtgummischnüre legen. Die gut abgetropften Kirschen auf den „Mund" legen. Pflaumen waschen, abtrocknen und eine Pflaume als Nase auf die Torte legen. Die zweite Pflaume halbieren, entsteinen und die Hälften als Ohren an den Tortenrand legen.

Tipp:
Einen Clownhut und eine große bunte Kreppapierschleife an die Torte gelegt macht den Clown komplett.
Statt Fruchtgummischnüre können Sie für die Augen auch rote Zuckerschrift verwenden.

Coca-Cola-Torte*

Beliebt

Insgesamt:
E: 75 g, F: 324 g, Kh: 873 g,
kJ: 28275, kcal: 6758

Für den Schüttelteig:
250 g Butter oder Margarine
80 g Marshmallows (Schaumzuckerware)
300 g Weizenmehl
3 gestr. TL Kakaopulver
2 gestr. TL Dr. Oetker Backin
300 g Zucker
1 Pck. Dr. Oetker Vanillin-Zucker
2 Eier (Größe M)
125 ml (1/8 l) Buttermilch
125 ml (1/8 l) Coca-Cola

Für den Guss:
250 g Puderzucker
50 g Butter, 3 EL Kakaopulver
knapp 100 ml Coca-Cola

Zum Bestreuen:
75 g Walnusskerne

Zubereitungszeit: 30 Minuten, ohne Kühlzeit

1. Für den Teig Butter oder Margarine zerlassen und abkühlen lassen. Marshmallows klein schneiden. Mehl mit Kakao und Backpulver mischen, in eine verschließbare Schüssel (etwa 3 l) sieben und mit Zucker und Vanillin-Zucker mischen. Eier, Butter oder Margarine, Buttermilch und Coca-Cola hinzufügen. Die Schüssel mit dem Deckel fest verschließen.
2. Schüssel mehrmals (insgesamt 15–30 Sekunden) kräftig schütteln, so dass alle Zutaten gut vermischt sind. Marshmallows hinzugeben. Alles mit einem Schneebesen oder Rührlöffel nochmals sorgfältig durchrühren, damit trockene Zutaten vom Rand mit untergerührt werden.
3. Den Teig in eine Springform (Ø 26 cm, Boden gefettet) füllen (der Teig ist sehr flüssig, die Marshmallows schwimmen obenauf). Die Form auf dem Rost in den Backofen schieben.
   Ober-/Unterhitze: etwa 180 °C (vorgeheizt)
   Heißluft: etwa 160 °C (nicht vorgeheizt)
   Gas: Stufe 2–3 (nicht vorgeheizt)
   Backzeit: etwa 55 Minuten.
4. Den Boden aus der Form lösen und den Kuchen auf einem Kuchenrost etwas abkühlen lassen.
5. Für den Guss Puderzucker in eine Schüssel sieben. Butter mit Kakao und Coca-Cola in einem kleinen Topf unter Rühren kurz aufkochen lassen, in die Schüssel geben und mit dem Puderzucker zu einem Guss verrühren. Den Guss über den noch leicht warmen Kuchen geben.
6. Zum Bestreuen Walnusskerne grob hacken und auf den noch feuchten Guss streuen. Die Torte bis zum Servieren kalt stellen.

* Rezept nicht durch Coca-Cola autorisiert.

Coca-Cola-Torte

Cocktailtorte

Fettarm – fruchtig

Insgesamt:
E: 113 g, F: 18 g, Kh: 417 g,
kJ: 10467, kcal: 2500

Zum Vorbereiten:
1 Dose Fruchtcocktail
(Abtropfgewicht 500 g)

Für den Biskuitteig:
2 Eier (Größe M)
1–2 EL heißes Wasser
50 g Zucker
1 Pck. Dr. Oetker Vanillin-Zucker
75 g Weizenmehl
1 gestr. TL Dr. Oetker Backin

Für die Füllung:
500 g Magerquark
150 g Naturjoghurt
175 g Zucker
1 Pck. Dr. Oetker Vanillin-Zucker
200 ml trockener Sekt
1 Beutel aus 1 Pck. Götterspeise Zitronen-Geschmack
75 ml (6 EL) Wasser
2 Blatt weiße Gelatine

Für den Belag:
1 Pck. Tortenguss, rot
2 gestr. EL Zucker
125 ml ($^1/_8$ l) Fruchtsaft aus der Dose
125 ml ($^1/_8$ l) Wasser

Zubereitungszeit: 50 Minuten, ohne Kühlzeit

1. Zum Vorbereiten Fruchtcocktail in einem Sieb abtropfen lassen, den Saft dabei auffangen und 125 ml ($^1/_8$ l) davon abmessen.

2. Für den Teig Eier und Wasser mit Handrührgerät mit Rührbesen auf höchster Stufe in 1 Minute schaumig schlagen. Zucker mit Vanillin-Zucker mischen, in 1 Minute einstreuen, dann noch 2 Minuten weiterschlagen.

3. Mehl mit Backpulver mischen, auf die Eiercreme sieben und kurz auf niedrigster Stufe unterrühren. Den Teig in eine Springform (Ø 26 cm, Boden gefettet, mit Backpapier belegt) geben und glatt streichen. Die Form auf dem Rost in den Backofen schieben.

Ober-/Unterhitze: etwa 180 °C
(vorgeheizt, untere Einschubleiste)
Heißluft: etwa 160 °C (vorgeheizt)
Gas: Stufe 2–3
(vorgeheizt, untere Einschubleiste)
Backzeit: etwa 20 Minuten.

4. Boden aus der Form lösen, auf einen mit Backpapier belegten Kuchenrost stürzen und erkalten lassen. Anschließend Backpapier abziehen, Boden auf eine Tortenplatte legen und einen Tortenring darumstellen.

5. Für die Füllung Quark mit Joghurt, Zucker, Vanillin-Zucker und Sekt glatt rühren. Götterspeise mit nur 75 ml kaltem Wasser (ohne Zucker) nach Packungsanleitung quellen lassen und auflösen. Zuerst 4 Esslöffel der Quarkmasse unter die Götterspeise rühren, dann die Masse mit der restlichen Quarkmasse verrühren.

6. Gelatine nach Packungsanleitung einweichen, dann leicht ausdrücken und in einem kleinen Topf bei schwacher Hitze unter Rühren auflösen (nicht kochen). Gelatine unter die etwas dicklich gewordene Quarkmasse rühren, Masse auf den Biskuitboden geben und glatt streichen. Die Torte etwa 2 Stunden kalt stellen.

7. Für den Belag Fruchtcocktail auf der Quarkmasse verteilen. Einen Guss aus Tortengusspulver, Zucker, Saft und Wasser nach Packungsanleitung zubereiten. Den Guss auf dem Fruchtcocktail verteilen. Torte nochmals etwa 2 Stunden kalt stellen, dann den Tortenring mit einem Messer lösen und entfernen.

Cocktailtorte

Cognac-Cremetorte

Cognac-Cremetorte

Für Gäste

Insgesamt:
E: 97 g, F: 518 g, Kh: 644 g,
kJ: 32491, kcal: 7769

Für den All-in-Teig:
150 g Weizenmehl
20 g Kakaopulver
3 gestr. TL Dr. Oetker Backin
150 g Zucker
1 Pck. Dr. Oetker Bourbon-Vanille-Zucker
4 Eier (Größe M)
50 g Zartbitter-Raspelschokolade

Für die helle Canache-Creme:
200 g weiße Kuvertüre
200 ml Schlagsahne
50 g weiche Butter
2 EL Cognac

Für die dunkle Canache-Creme:
200 g Halbbitter-Kuvertüre
400 ml Schlagsahne, 100 g weiche Butter
3 EL Cognac

Zum Bestreichen:
200 g Wild-Preiselbeeren

Zum Verzieren:
50 g weiße Kuvertüre

**Zubereitungszeit: 60 Minuten,
ohne Kühlzeit**

1. Für den Teig Mehl mit Kakao und Backpulver mischen und in eine Rührschüssel sieben. Restliche Zutaten hinzufügen und alles mit Handrührgerät mit Rührbesen auf höchster Stufe in 2 Minuten zu einem Teig verarbeiten.
2. Den Teig in eine Springform (Ø 26 cm, Boden gefettet, mit Backpapier belegt) füllen, glatt streichen und die Form auf dem Rost in den Backofen schieben.

Ober-/Unterhitze: etwa 180 °C (vorgeheizt)
Heißluft: etwa 160 °C (vorgeheizt)
Gas: Stufe 2–3 (vorgeheizt)
Backzeit: etwa 30 Minuten.

3. Das Gebäck aus der Form lösen, auf einen mit Backpapier belegten Kuchenrost stürzen und erkalten lassen. Anschließend Backpapier abziehen und den Boden einmal waagerecht durchschneiden.
4. Für die helle Canache-Creme Kuvertüre hacken. Sahne in einem Topf zum Kochen bringen und von der Kochstelle nehmen, Kuvertüre darin unter Rühren auflösen und Butter und Cognac unterrühren. Die Masse in eine Rührschüssel füllen und kalt stellen. Die dunkle Canache-Creme ebenso mit den angegebenen Zutaten zubereiten und kalt stellen.
5. Die erkalteten Canache-Cremes jeweils mit Handrührgerät mit Rührbesen cremig aufschlagen. Den unteren Boden auf eine Tortenplatte legen und mit den Preiselbeeren bestreichen, dabei rundherum etwa 1 cm Rand frei lassen.
6. Helle Canache-Creme vorsichtig aufstreichen. Die Hälfte der dunklen Canache-Creme vorsichtig darauf verstreichen, den oberen Boden auflegen und leicht andrücken. Die Torte rundherum mit der restlichen dunklen Canache-Creme bestreichen und kalt stellen.
7. Vor dem Servieren Kuvertüre auflösen, in eine Papierspritztüte füllen und die Oberfläche in Wellen damit verzieren.

Tipp:
Die Torte kann 1–2 Tage vor dem Verzehr zubereitet werden.
Die Böden können vor dem Füllen zusätzlich mit 1–2 Esslöffeln Cognac beträufelt werden.
Die Oberfläche kann nach Belieben statt mit Kuvertüre mit Puderzucker verziert werden. Dazu Schablonen aus Papier ausschneiden, auf die Tortenoberfläche legen und mit Puderzucker bestäuben. Papierschablonen vorsichtig abnehmen und die Torte servieren.

Cognac-Karamell-Torte

Fettarm

Insgesamt:
E: 59 g, F: 64 g, Kh: 435 g,
kJ: 11349, kcal: 2710

Zum Vorbereiten:
1 Dose Birnenhälften
(Abtropfgewicht 470 g)

Für den All-in-Teig:
125 g Weizenmehl
25 g Speisestärke
1 EL Kakaopulver
2 TL Dr. Oetker Backin
75 g Zucker
1 Pck. Dr. Oetker Vanillin-Zucker
3 Eier (Größe M)
20 g weiche Joghurtbutter
2 EL Cognac
50 g Birnenpüree von den abgetropften Birnenhälften

Für den Belag:
3 Blatt weiße Gelatine
450 ml Milch
2 Pck. Paradiescreme Sahne-Karamell-Geschmack (Dessertpulver)
1–2 EL Cognac

Außerdem:
2 EL Karamellsauce

Zubereitungszeit: 40 Minuten, ohne Kühlzeit

1. Zum Vorbereiten Birnenhälften in einem Sieb gut abtropfen lassen. Für den Teig 50 g der Birnenhälften mit einem Mixstab pürieren. Restliche Birnenhälften für den Belag beiseite legen.
2. Für den Teig Mehl mit Speisestärke, Kakao und Backpulver mischen und in eine Rührschüssel sieben. Zucker, Vanillin-Zucker, Eier, Butter, Cognac und Birnenpüree hinzufügen. Die Zutaten mit Handrührgerät mit Rührbesen zunächst kurz auf niedrigster, dann auf höchster Stufe in etwa 2 Minuten zu einem Teig verarbeiten.
3. Den Teig in eine Springform (Ø 26 cm, Boden gefettet, mit Backpapier belegt) geben und glatt streichen. Die Form auf dem Rost in den Backofen schieben.
   Ober-/Unterhitze: etwa 180 °C (vorgeheizt, unteres Drittel)
   Heißluft: etwa 160 °C (vorgeheizt)
   Gas: Stufe 2–3 (vorgeheizt, unteres Drittel)
   Backzeit: etwa 20 Minuten.
4. Den Gebäckboden aus der Form lösen, auf einen mit Backpapier belegten Kuchenrost stürzen und mitgebackenes Backpapier abziehen. Gebäckboden erkalten lassen, anschließend auf eine Tortenplatte legen und einen Tortenring darumstellen.
5. Für den Belag Gelatine nach Packungsanleitung einweichen. Beiseite gelegte Birnenhälften in jeweils 4 Spalten schneiden. Den Gebäckboden damit belegen, dabei am Rand 2–3 cm frei lassen.
6. Milch in eine Rührschüssel geben, beide Päckchen Paradiescreme hinzufügen und 3 Minuten mit Handrührgerät mit Rührbesen aufschlagen. Zuletzt Cognac unterrühren.
7. Gelatine leicht ausdrücken und in einem kleinen Topf bei schwacher Hitze unter Rühren auflösen (nicht kochen). Gelatine mit etwa 2 Esslöffeln von der Karamellcreme verrühren, dann mit der restlichen Karamellcreme verrühren.
8. Die Creme auf den Birnenspalten verteilen und gleichmäßig mit einem Teigschaber verstreichen. Kleine Vertiefungen mit Hilfe eines Teelöffels in die Creme drücken. Den Kuchen 2–3 Stunden kalt stellen.
9. Tortenring vorsichtig lösen und entfernen. Die Tortenoberfläche mit der Karamellsauce besprenkeln und die Torte servieren.

Cognac-Karamell-Torte

Cornflakes-Beeren-Torte

Für Kinder – einfach

Insgesamt:
E: 67 g, F: 205 g, Kh: 301 g,
kJ: 14431, kcal: 3451

Für den Boden:
100 g Cornflakes
75 g Löffelbiskuits
50 g abgezogene, gehobelte Mandeln
125 g Butter

Für den Belag:
8 Blatt weiße Gelatine
500 g Naturjoghurt
75 g Zucker
50 ml Zitronensaft
200 ml Schlagsahne
250 g gemischte Beerenfrüchte
(z. B. Himbeeren, Brombeeren und Heidelbeeren)

Zum Garnieren:
150 g gemischte Beerenfrüchte
30 g Cornflakes
nach Belieben etwas Puderzucker

Zubereitungszeit: 35 Minuten, ohne Kühlzeit

Cornflakes-Beeren-Torten

1. Für den Boden Cornflakes in eine Rührschüssel geben und etwas zerdrücken. Löffelbiskuits in einen Gefrierbeutel geben, Beutel verschließen und mit einer Teigrolle fein zerdrücken. Brösel zusammen mit den Mandeln zu den Cornflakes geben. Butter zerlassen, etwas abkühlen lassen, hinzufügen und gut vermischen.
2. Einen Springformrand (Ø 26 cm) auf eine mit Tortenspitze oder Backpapier belegte Tortenplatte stellen. Mischung darin verteilen, gut zu einem Boden andrücken und kalt stellen.
3. Für den Belag Gelatine nach Packungsanleitung einweichen. Joghurt mit Zucker und Zitronensaft verrühren. Gelatine leicht ausdrücken und in einem kleinen Topf bei schwacher Hitze unter Rühren auflösen (nicht kochen). Aufgelöste Gelatine zunächst mit etwas von der Joghurtmasse verrühren, dann unter die restliche Joghurtmasse rühren.
4. Sobald die Masse beginnt dicklich zu werden, Sahne steif schlagen und unterheben. Beerenfrüchte verlesen und ebenfalls unterheben. Beerensahne auf den Cornflakesboden geben und glatt streichen. Die Torte etwa 2 Stunden kalt stellen.
5. Zum Garnieren Springformrand lösen, die Tortenoberfläche mit verlesenen Beeren und Cornflakes garnieren und nach Belieben mit etwas Puderzucker bestäuben.

Tipp:
Die Torte schmeckt auch mit Waldfruchtjoghurt. Sie können auch nur eine Beerensorte verwenden, z. B. Himbeeren. Der Mandelgeschmack im Boden wird intensiver, wenn die Mandeln kurz in einer Pfanne ohne Fett gebräunt werden. Die Mandeln können auch durch Löffelbiskuitbrösel ersetzt werden.

Corvey-Spezial-Torte

Für Gäste

Insgesamt:
E: 96 g, F: 730 g, Kh: 992 g,
kJ: 46235, kcal: 11049

Zum Beträufeln:
125 ml (⅛ l) Wasser
60 g Zucker, 4 EL Kirschwasser

Für den Knetteig:
175 g Weizenmehl
1 gestr. TL Dr. Oetker Backin
50 g Zucker
2 Pck. Dr. Oetker Vanillin-Zucker
125 g Butter oder Margarine

Für den Biskuitteig:
200 g Butter
4 Eier (Größe M)
150 g Zucker
1 Pck. Dr. Oetker Vanillin-Zucker
75 g Weizenmehl, 75 g Speisestärke
4 gestr. TL Dr. Oetker Backin

Für die Buttercreme:
400 g weiche Butter
1 Pck. Dr. Oetker Finesse Bourbon-Vanille-Aroma
3 frische Eier (Größe M), 150 g Zucker

Zum Bestreichen und für den Guss:
6 EL Preiselbeerkonfitüre
200 g Halbbitter-Kuvertüre, 1 EL Speiseöl

Zum Garnieren:
Preiselbeerkonfitüre

Zubereitungszeit: 60 Minuten, ohne Kühlzeit

1. Zum Beträufeln Wasser mit Zucker unter Rühren erhitzen, bis der Zucker gelöst ist. Kirschwasser hinzufügen und alles erkalten lassen.

2. Für den Knetteig Mehl mit Backpulver mischen und in eine Rührschüssel sieben. Zucker, Vanillin-Zucker und Butter oder Margarine hinzufügen. Die Zutaten mit Handrührgerät mit Knethaken zunächst kurz auf niedrigster, dann auf höchster Stufe gut durcharbeiten. Anschließend den Teig auf der leicht bemehlten Arbeitsfläche kurz verkneten. Den Teig auf dem Boden einer Springform (Ø 26 cm, gefettet) ausrollen. Den Springformrand darumlegen und die Form auf dem Rost in den Backofen schieben.
Ober-/Unterhitze: etwa 200 °C (vorgeheizt)
Heißluft: etwa 180 °C (vorgeheizt)
Gas: Stufe 3-4 (vorgeheizt)
Backzeit: etwa 15 Minuten.

3. Den Boden vom Springformboden lösen, aber darauf auf einem Kuchenrost erkalten lassen.

4. Für den Biskuitteig Butter zerlassen und abkühlen lassen. Eier mit Handrührgerät mit Rührbesen auf höchster Stufe in 1 Minute schaumig schlagen. Zucker mit Vanillin-Zucker mischen, in 1 Minute einstreuen, dann noch 2 Minuten weiterschlagen. Mehl mit Speisestärke und Backpulver mischen, auf die Eiercreme sieben und kurz auf niedrigster Stufe unterrühren. Butter nach und nach kurz unterrühren.

5. Den Teig auf ein Backblech (gefettet, mit Backpapier belegt) streichen. Das Backblech in den Backofen schieben und **bei gleicher Backofeneinstellung etwa 12 Minuten backen.**
Sofort nach dem Backen den Biskuit auf ein mit Zucker bestreutes Backpapier stürzen. Mitgebackenes Backpapier mit Wasser bestreichen und vorsichtig abziehen.

6. Für die Buttercreme Butter geschmeidig rühren. Aroma hinzufügen. Eier mit Zucker in einer Schüssel im heißen Wasserbad mit Handrührgerät mit Rührbesen zu einer schaumigen Masse schlagen (etwa 5 Minuten). Schüssel aus dem Wasserbad nehmen, Masse wieder kalt schlagen und dann unter die Butter rühren. Etwas von der Creme zum Verzieren in einen Spritzbeutel füllen.

7. Den Knetteigboden auf eine Tortenplatte legen und mit 2 Esslöffeln Preiselbeerkonfitüre bestreichen. Biskuitplatte mit der Kirschwassermischung beträufeln, erst mit zwei Dritteln der Buttercreme, dann mit 4 Esslöffeln Preiselbeerkonfitüre bestreichen. Die Platte der Länge nach in 6 etwa 5 cm breite Streifen schneiden. Den ersten Streifen schneckenförmig aufrollen und in die Mitte des Knetteigbodens stellen. Die übrigen Streifen quer in Hälften schneiden und nacheinander um die Schnecke legen, so dass eine Torte entsteht. Rand und Oberfläche der Torte mit der restlichen Buttercreme bestreichen und die Torte etwa 2 Stunden kalt stellen.

8. Für den Guss Kuvertüre grob hacken und mit dem Speiseöl in einem Topf im Wasserbad bei schwacher Hitze geschmeidig rühren. Die Torte damit überziehen und den Guss fest werden lassen. Die Torte mit der zurückgelassenen Creme verzieren und mit Preiselbeerkonfitüre garnieren.

Tipp:
Für die französische Buttercreme nur ganz frische Eier verwenden, die nicht älter als 5 Tage sind (Legedatum beachten).
Die Torte im Kühlschrank aufbewahren und innerhalb von 24 Stunden verzehren.

Corvey-Spezial-Torte

Crème-fraîche-Torte

Einfach – schnell zubereitet

Insgesamt:
E: 51 g, F: 238 g, Kh: 277 g,
kJ: 14648, kcal: 3505

Für den Knusperboden:
200 g Löffelbiskuits
oder Vitalis Knusper Flakes
125 g Butter

Für den Belag:
2 Pck. Mousse à la Vanille
400 ml Milch
2 Becher (je 150 g) Crème fraîche
etwa 150 g vorbereitete Früchte,
z. B. Erdbeeren, Weintrauben, Aprikosen

Zubereitungszeit: 30 Minuten

1. Für den Knusperboden Löffelbiskuits oder Knusper Flakes in einen Gefrierbeutel geben, ihn verschließen und Biskuits oder Knusper Flakes mit einer Teigrolle fein zerbröseln. Butter zerlassen und die Brösel unterrühren.
2. Einen Springformrand (Ø 26 cm) auf eine mit Backpapier oder Tortenspitze belegte Tortenplatte stellen, die Masse darin verteilen, mit einem Esslöffel zu einem glatten Boden andrücken und kalt stellen.
3. Für den Belag beide Päckchen Mousse nach Packungsanleitung, aber nur mit insgesamt 400 ml Milch zubereiten. Crème fraîche unterrühren und die Mousse auf dem Knusperboden glatt streichen. Mit der runden Seite eines Teelöffels Vertiefungen eindrücken und die Torte mit den vorbereiteten Früchten garnieren.
4. Die Torte mindestens 2 Stunden kalt stellen. Dann den Springformrand lösen, entfernen und die Torte servieren.

Tipp:
Die Torte schmeckt frisch zubereitet am besten.
Statt frischer Früchte eignen sich auch z. B. abgetropfte Kirschen aus dem Glas oder abgetropfte Mandarinen aus der Dose.

Crème-fraîche-Torte

Creolen-Torte

Raffiniert – einfach

Insgesamt:
E: 69 g, F: 232 g, Kh: 225 g,
kJ: 14817, kcal: 3539

Für den Boden und zum Einschichten:
etwa 200 g Löffelbiskuits
40 g Butter

Für die Creme I:
100 g weiche Butter
50 g feine Erdnusscreme
oder Nuss-Nougat-Creme
3 EL Ahornsirup

Für die Creme II:
2 Blatt weiße Gelatine
250 g Speisequark oder 200 g Frischkäse
2 EL flüssiger Honig
200 ml Schlagsahne

Für den Belag:
1 Dose Ananasscheiben
(Abtropfgewicht 340 g)
1 Pck. Tortenguss, klar
180 ml Ananassaft
70 ml Wasser

Zum Bestreuen:
fein gehackte Pistazienkerne

Zubereitungszeit: 45 Minuten, ohne Kühlzeit

Creolen-Torte

1. Von den Löffelbiskuits 70 g (etwa 10 Stück) in einen Gefrierbeutel geben, ihn verschließen und die Biskuits mit einer Teigrolle fein zerbröseln. Butter zerlassen und mit den Löffelbiskuitbröseln vermengen. Einen kleinen Springformrand (Ø 18 cm) auf eine mit Tortenspitze oder Backpapier belegte Tortenplatte stellen. Die Mischung darin verteilen und gut andrücken. Den Boden kalt stellen.

2. Für die Creme I Butter mit Erdnusscreme oder Nuss-Nougat-Creme und Ahornsirup schaumig rühren. Den Löffelbiskuitboden dünn mit der Creme bestreichen, mit einer Schicht Löffelbiskuits belegen und den Vorgang so oft wiederholen, bis Creme und Löffelbiskuits aufgebraucht sind. Dabei sollte die oberste Schicht aus Löffelbiskuits bestehen (ergibt 2–3 Schichten).

3. Für die Creme II Gelatine nach Packungsanleitung einweichen. Quark oder Frischkäse mit Honig gut verrühren. Gelatine leicht ausdrücken, in einem kleinen Topf bei schwacher Hitze auflösen (nicht kochen) und mit etwas von der Quarkmasse verrühren, dann unter die restliche Quarkmasse rühren. Sahne steif schlagen, unter die Quarkmasse heben und die Creme vorsichtig auf den Löffelbiskuits verstreichen. Die Torte kurz kalt stellen.

4. Für den Belag Ananas in einem Sieb gut abtropfen lassen, Saft dabei auffangen. Die Ringe evtl. halbieren und die Torte mit Ananas belegen. Tortenguss nach Packungsanleitung mit Zucker, Ananassaft und Wasser zubereiten, vorsichtig auf den Ananasscheiben verteilen, dabei evtl. nicht den ganzen Guss verwenden. Die Torte 1–2 Stunden kalt stellen.

5. Den Springformrand mit Hilfe eines Messers lösen und entfernen. Die Torte mit Pistazien bestreuen.

Tipp:
Am besten schmeckt die Torte, wenn sie am Vortag zubereitet wurde; dann lässt sie sich auch gut schneiden.

Cuba-Libre-Torte*

Für Gäste – einfach

Insgesamt:
E: 59 g, F: 291 g, Kh: 719 g,
kJ: 25493, kcal: 6090

Für den All-in-Teig:
175 g Weizenmehl
1 EL Kakaopulver
3 gestr. TL Dr. Oetker Backin
225 g Zucker
3 Eier (Größe M)
175 g Butter oder Margarine
150 ml Coca-Cola

Für die Füllung:
3 Blatt weiße Gelatine
75 g Zucker
50 ml weißer Rum
400 ml Schlagsahne

Für den hellen Guss:
200 g Puderzucker
3–4 EL weißer Rum

Für den dunklen Guss:
50 g Puderzucker
1 EL Coca-Cola

Zum Garnieren:
einige Fruchtgummi-Colafläschchen

Zubereitungszeit: 50 Minuten

1. Für den Teig Mehl mit Kakao und Backpulver mischen und in eine Rührschüssel sieben. Restliche Zutaten hinzufügen und mit Handrührgerät mit Rührbesen kurz auf niedrigster, dann auf höchster Stufe in etwa 2 Minuten zu einem Teig verarbeiten.
2. Den Teig in eine Springform (Ø 26 cm, Boden gefettet, mit Backpapier belegt) füllen. Die Form auf dem Rost in den Backofen schieben.

Ober-/Unterhitze: etwa 180 °C (vorgeheizt)
Heißluft: etwa 160 °C (vorgeheizt)
Gas: Stufe 2–3 (vorgeheizt)
Backzeit: etwa 25 Minuten.

3. Den Boden aus der Form lösen, auf einen mit Backpapier belegten Kuchenrost legen und erkalten lassen. Anschließend mitgebackenes Backpapier abziehen und den Boden zweimal waagerecht durchschneiden.
4. Für die Füllung Gelatine einweichen. Zucker mit Rum verrühren, Gelatine ausdrücken, in einem kleinen Topf bei schwacher Hitze auflösen (nicht kochen) und nach und nach den Rum unterrühren. Sahne fast steif schlagen, Rum-Gelatine unterrühren und die Sahne vollkommen steif schlagen.
5. Den unteren Boden auf eine Tortenplatte legen, mit der Hälfte der Rumcreme bestreichen und den mittleren Boden auflegen. Restliche Creme darauf streichen, oberen Boden auflegen und leicht andrücken. Die Torte etwa 3 Stunden kalt stellen.
6. Für den hellen Guss Puderzucker mit so viel Rum verrühren, dass ein dickflüssiger Guss entsteht. Die Torte damit überziehen, so dass der Guss in dicken Nasen an der Seite herunterläuft.
7. Für den dunklen Guss Puderzucker mit Cola verrühren und in eine Papierspritztüte oder einen kleinen Gefrierbeutel füllen. Eine kleine Ecke abschneiden, den dunklen Guss sofort in Streifen auf den noch feuchten hellen Guss spritzen und mit einem Holzspieß durch den weißen Guss ziehen. Die Torte mit Colafläschchen garnieren und den Guss fest werden lassen.

Tipp:
Die Torte kann am Vortag zubereitet werden. Für eine alkoholfreie Variante kann der Rum durch Zitronensaft ersetzt werden.

*Rezept nicht durch Coca-Cola autorisiert.

Cuba-Libre-Torte

Dachziegeltorte

Für Kinder

Insgesamt:
E: 83 g, F: 314 g, Kh: 596 g,
kJ: 24695, kcal: 5897

Für den All-in-Teig:
150 g Weizenmehl
3 gestr. TL Dr. Oetker Backin
150 g Zucker
1 Pck. Dr. Oetker Vanillin-Zucker
3 Eier (Größe M)
150 g Butter oder Margarine

Für die Füllung:
500 g frische Sauerkirschen
1 Beutel aus 1 Pck. Götterspeise Kirsch-Geschmack
200 ml Kirschsaft
75 g Zucker
300 g saure Sahne
400 ml Schlagsahne

Zum Garnieren:
300 g Griesson Soft Cake Kirsch

Zubereitungszeit: 35 Minuten

1. Für den Teig Mehl mit Backpulver mischen und in eine Rührschüssel sieben. Restliche Zutaten hinzufügen und alles mit Handrührgerät mit Rührbesen auf höchster Stufe in etwa 2 Minuten zu einem Teig verarbeiten. Teig auf ein mit Backpapier belegtes Backblech mit Backrahmen (22 x 24 cm) geben und glatt streichen. Das Backblech in den Backofen schieben.
   Ober-/Unterhitze: etwa 180 °C (vorgeheizt)
   Heißluft: etwa 160 °C (vorgeheizt)
   Gas: Stufe 2–3 (vorgeheizt)
   Backzeit: etwa 25 Minuten.

2. Den Boden auf einen mit Backpapier belegten Kuchenrost stürzen und erkalten lassen. Anschließend mitgebackenes Backpapier abziehen und den Boden einmal waagerecht durchschneiden.

3. Für die Füllung Kirschen waschen und entsteinen. Götterspeise mit Kirschsaft nach Packungsanleitung anrühren, mit Zucker erwärmen, auflösen und etwas abkühlen lassen. Saure Sahne in eine Schüssel geben und Götterspeiseflüssigkeit unterrühren. Masse kalt stellen. Sobald die Masse beginnt dicklich zu werden, Sahne steif schlagen und unterheben.

4. Den unteren Boden auf eine Tortenplatte legen und den gesäuberten Backrahmen darumstellen. Kirschen auf dem Boden verteilen (einige Kirschen zum Garnieren beiseite stellen), dabei etwa 1 cm Rand frei lassen. Zwei Drittel der Saure-Sahne-Creme darauf verstreichen. Oberen Boden auflegen und restliche Saure-Sahne-Creme darauf verstreichen.

5. Auf die noch weiche Creme die halbierten Soft Cakes legen, die Torte mit den zurückgelassenen Kirschen garnieren (evtl. halbieren) und die Torte 2–3 Stunden kalt stellen.

Tipp:
Den Boden können Sie auch in einer Springform (Ø 26 cm) backen.

Dachziegeltorte

Doppeldecker-Torte mit Himbeeren

Für Gäste – einfach

Insgesamt:
E: 66 g, F: 152 g, Kh: 318 g,
kJ: 12555, kcal: 2999

Für den Schüttelteig:
100 g Butter oder Margarine
120 g Weizenmehl
1 gestr. TL Dr. Oetker Backin
80 g Zucker
40 g fein gehackte Blockschokolade
2 Eier (Größe M), 3 EL Milch

Für die Quarkmasse:
70 g Zucker
etwas geriebene Zitronenschale (unbehandelt)
30 g Hartweizengrieß
4 EL Schlagsahne
250 g Sahnequark (40 % Fett)

Zum Belegen:
100 g TK-Himbeeren

Zum Bestreuen:
Puder- oder Hagelzucker

Zubereitungszeit: 40 Minuten

Doppeldecker-Torte mit Himbeeren

1. Für den Teig Butter oder Margarine zerlassen und abkühlen lassen. Mehl mit Backpulver mischen, in eine verschließbare Schüssel (etwa 3 l) sieben und mit Zucker und Schokolade mischen. Eier, Butter oder Margarine und Milch hinzufügen und die Schüssel mit dem Deckel fest verschließen.
2. Die Schüssel mehrmals (insgesamt 15–30 Sekunden) kräftig schütteln, so dass alle Zutaten gut vermischt sind. Alles mit einem Schneebesen oder Rührlöffel nochmals sorgfältig durchrühren, damit trockene Zutaten vom Rand mit untergerührt werden.
3. Teig in eine Springform (Ø 20 cm, Boden gefettet) füllen. Die Form auf dem Rost in den Backofen schieben und vorbacken.
Ober-/Unterhitze: etwa 180 °C (vorgeheizt)
Heißluft: etwa 160 °C (vorgeheizt)
Gas: Stufe 2–3 (vorgeheizt)
Backzeit: 20–25 Minuten.
4. Für die Quarkmasse in der Zwischenzeit Zucker mit Zitronenschale, Grieß, Sahne und Quark in Schüssel geben und die Zutaten mit einem Schneebesen verrühren.
5. Torte auf einen Kuchenrost stellen und die Quarkmasse auf den vorgebackenen Kuchen geben. Himbeeren darauf legen und leicht andrücken. Torte wieder auf dem Rost in den Backofen schieben und **bei gleicher Backofeneinstellung in etwa 25 Minuten fertig backen.**
6. Die Torte etwa 10 Minuten in der Form stehen lassen, dann aus der Form lösen und auf einem Kuchenrost erkalten lassen. Anschließend die Torte mit Puder- oder Hagelzucker bestreuen.

Dornfelder Kirschtorte

Raffiniert

Insgesamt:
E: 43 g, F: 231 g, Kh: 614 g,
kJ: 21968, kcal: 5248

Für den Knetteig:
180 g Weizenmehl
1 gestr. TL Dr. Oetker Backin
80 g Zucker
1 Pck. Dr. Oetker Vanillin-Zucker
1 Prise Salz
1 Ei (Größe M)
80 g Butter oder Margarine

Für die Füllung:
2 Gläser Sauerkirschen
(Abtropfgewicht je 360 g)
2 Pck. Dr. Oetker Pudding-Pulver
Schokoladen-Geschmack
200 g Zucker
750 ml ($^3/_4$ l) Dornfelder Rotwein

Für den Belag:
500 ml ($^1/_2$ l) Schlagsahne
1 gestr. TL Zucker
1 Pck. Dr. Oetker Sahnesteif

Zum Bestäuben:
$^1/_2$ gestr. TL gemahlener Zimt

Zubereitungszeit: 60 Minuten, ohne Kühlzeit

1. Für den Teig Mehl mit Backpulver mischen und in eine Rührschüssel sieben. Zucker, Vanillin-Zucker, Salz, Ei und Butter oder Margarine hinzufügen und mit Handrührgerät mit Knethaken zunächst kurz auf niedrigster, dann auf höchster Stufe gut durcharbeiten. Anschließend den Teig auf einer bemehlten Arbeitsfläche kurz verkneten. Sollte er kleben, ihn kurz kalt stellen.
2. Zwei Drittel des Teiges auf einem Springformboden (Ø 26 cm, gefettet) ausrollen. Den Springformrand um den Boden stellen, Form auf dem Rost in den Backofen schieben und den Boden vorbacken.
Ober-/Unterhitze: etwa 180 °C (vorgeheizt)
Heißluft: etwa 160 °C (vorgeheizt)
Gas: Stufe 2–3 (vorgeheizt)
Backzeit: etwa 12 Minuten.
3. Den vorgebackenen Boden in der Form auf einem Kuchenrost abkühlen lassen. Den übrigen Teig zu einer Rolle formen, als Rand auf den Boden legen und so an die Form drücken, dass ein etwa 3 cm hoher Rand entsteht.
4. Für die Füllung Kirschen gut abtropfen lassen. Pudding-Pulver nach Packungsanleitung, aber mit Zucker und Rotwein zubereiten. Die Kirschen unterheben und die Füllung auf dem Boden verteilen. Die Form auf dem Rost in den Backofen schieben und **die Torte bei gleicher Backofeneinstellung in etwa 45 Minuten fertig backen.**
5. Das Gebäck in der Form auf einem Kuchenrost erkalten lassen, anschließend aus der Form lösen und etwa 1 Stunde kalt stellen.
6. Für den Belag Sahne mit Zucker und Sahnesteif steif schlagen und in einen Spritzbeutel mit großer Lochtülle füllen. Tupfen auf die Torte spritzen und die Torte vor dem Servieren mit Zimt bestäuben.

Tipp:
Sahne auf die Füllung streichen und mit einem Löffel kleine Vertiefungen eindrücken. Sie können 250 ml ($^1/_4$ l) des Rotweins durch Kirschsaft aus den Gläsern ersetzen.

Dornfelder Kirschtorte

Drei-Tage-Orangentorte

Für Gäste

Insgesamt:
E: 86 g, F: 322 g, Kh: 385 g,
kJ: 20834, kcal: 4981

Für den Teig:
125 g Halbbitter-Kuvertüre
5 Eiweiß (Größe M)
25 g Zucker
5 Eigelb (Größe M)
50 g Zucker
1 Pck. Dr. Oetker Bourbon-Vanille-Zucker
50 g abgezogene, gemahlene Mandeln

Zum Bestreichen I:
150 g weiche Butter
75 g Puderzucker
4 cl brauner Rum

Zum Belegen:
15 Löffelbiskuits (etwa 130 g)

Zum Tränken:
150 ml Orangensaft
4 cl brauner Rum

Zum Bestreichen II:
4 Blatt weiße Gelatine
125 ml (1/8 l) Orangensaft
20 g Puderzucker
250 ml (1/4 l) Schlagsahne

Zum Garnieren:
einige Orangenfilets
Raspelschokolade

Zubereitungszeit: 60 Minuten

3-Tage-Orangentorte

Erster Tag:

1. Für den Teig Kuvertüre in Stücke hacken und in einem Topf im Wasserbad bei schwacher Hitze geschmeidig rühren. Kuvertüre abkühlen lassen. Eiweiß mit Zucker steif schlagen. In einer anderen Schüssel Eigelb mit Zucker und Vanille-Zucker mit Handrührgerät mit Rührbesen schaumig schlagen und aufgelöste Kuvertüre unterrühren. Mandeln und Eischnee nach und nach unterheben.

2. Den Teig in eine Springform (Ø 26 cm, Boden gefettet, mit Backpapier belegt) füllen und glatt streichen. Die Form auf dem Rost in den Backofen schieben.
Ober-/Unterhitze: etwa 180 °C (vorgeheizt)
Heißluft: etwa 160 °C (vorgeheizt)
Gas: Stufe 2–3 (vorgeheizt)
Backzeit: etwa 30 Minuten.

3. Boden aus der Form lösen, mitgebackenes Backpapier entfernen, Boden auf einem Kuchenrost erkalten und über Nacht zugedeckt ruhen lassen.

Zweiter Tag:

4. Zum Bestreichen I den Boden einmal waagerecht durchschneiden und den unteren Boden auf eine Tortenplatte legen. Butter mit Puderzucker und Rum cremig aufschlagen, die Hälfte von der Creme auf den unteren Boden streichen und mit dem zweiten Boden bedecken. Restliche Creme darauf verstreichen, einen Tortenring um den Boden stellen und die Oberfläche mit Löffelbiskuits (Zuckerseite nach unten) belegen. Orangensaft mit Rum verrühren und die Löffelbiskuits damit tränken. Die Torte zugedeckt bis zum nächsten Tag kalt stellen.

Dritter Tag:

5. Zum Bestreichen II Gelatine nach Packungsanleitung einweichen. Orangensaft mit Puderzucker verrühren. Gelatine leicht ausdrücken, in einem kleinen Topf bei schwacher Hitze unter Rühren auflösen (nicht kochen) und mit dem Orangensaft verrühren. Flüssigkeit kalt stellen. Sahne steif schlagen und unterheben. Die Orangensahne auf die Löffelbiskuits geben und glatt streichen. Die Tortenoberfläche mit einem Tortenkamm verzieren und mit Orangenfilets und Raspelschokolade garnieren. Die Torte 1–2 Stunden kalt stellen, anschließend Tortenring lösen und entfernen.

Eierlikör-Trüffel-Torte

Für Gäste – schnell zubereitet

Insgesamt:
E: 56 g, F: 252 g, Kh: 351 g,
kJ: 17022, kcal: 4068

Zum Vorbereiten für die Trüffelcreme:
200 g weiße Kuvertüre
250 ml (¼ l) Schlagsahne
1 ½ Pck. Dr. Oetker Sahnesteif

1 heller Biskuitboden
(Ø 26 cm, vom Bäcker)

Zum Verzieren:
250 ml (¼ l) Schlagsahne
½ Pck. Dr. Oetker Sahnesteif
7 EL Eierlikör
30 g weiße Kuvertüre

Zubereitungszeit: 30 Minuten, ohne Kühlzeit

1. Für die Trüffelcreme Kuvertüre grob zerkleinern und in der Sahne in einem Topf unter Rühren auflösen. Die Masse in eine Rührschüssel füllen und 3-4 Stunden kalt stellen (am besten über Nacht).
2. Den Boden einmal waagerecht durchschneiden und den unteren Boden auf eine Tortenplatte legen. Die Kuvertüre-Sahne mit Handrührgerät mit Rührbesen mit Sahnesteif steif schlagen und gut die Hälfte davon auf den unteren Boden streichen. Den oberen Boden darauf legen und die Oberfläche mit der restlichen Trüffelcreme bestreichen.
3. Zum Verzieren Sahne mit Sahnesteif steif schlagen. Tortenrand und -oberfläche damit bestreichen und mit Hilfe eines Teelöffels kleine Vertiefungen in die Oberfläche drücken. Den Eierlikör darin verteilen. Mit einer Gabel Muster in den Tortenrand ziehen. Torte kalt stellen.
4. Kuvertüre in einem Topf im Wasserbad bei schwacher Hitze geschmeidig rühren, auf eine Platte streichen und fest werden lassen. Kuvertüre mit einem Spachtel zu Locken schaben. Die Torte damit garnieren.

Tipp:
Backen Sie den Boden selbst nach dem Biskuitrezept von Seite 59.

Abwandlung:
Für eine Mozart-Trüffel-Torte anstelle des hellen einen dunklen Biskuitboden (evtl. beim Bäcker vorbestellen) verwenden. Die Trüffelcreme dann mit Vollmilch- oder Zartbitter-Kuvertüre zubereiten und den Eierlikör gegen Mozartlikör oder einen anderen Schokoladenlikör austauschen. Die Torte mit halbierten Mozartkugeln garnieren.

Eierlikör-Trüffel-Torte

Eiskaffee-Sahnetorte

Schnell zubereitet

Insgesamt:
E: 77 g, F: 325 g, Kh: 431 g,
kJ: 20821, kcal: 4969

Für den Biskuitteig:
4 Eier (Größe M)
4 EL heißes Wasser
150 g Zucker
1 Pck. Dr. Oetker Vanillin-Zucker
1 EL Amaretto-Likör
120 g Weizenmehl
2 gestr. TL Dr. Oetker Backin
1 Pck. Dr. Oetker Pudding-Pulver-Mandel-Geschmack
50 g abgezogene, gemahlene Mandeln
100 g Raspelschokolade

Für die Füllung:
750 ml (³/₄ l) Schlagsahne
2 Pck. Dr. Oetker Sahnesteif
2 Pck. (je 20 g) Eiskaffeepulver

Zum Bestreuen und Garnieren:
Kakaopulver
einige Konfektkugeln

Zubereitungszeit: 30 Minuten, ohne Abkühlzeit

Eiskaffee-Sahnetorte

1. Für den Teig Eier und Wasser mit Handrührgerät mit Rührbesen auf höchster Stufe in 1 Minute schaumig schlagen. Zucker und Vanillin-Zucker mischen, in 1 Minute einstreuen, dann noch 2 Minuten weiterschlagen, Likör kurz unterrühren.

2. Mehl mit Backpulver und Pudding-Pulver mischen, die Hälfte davon auf die Eiercreme sieben und kurz auf niedrigster Stufe unterrühren. Restliches Mehlgemisch auf die gleiche Weise unterarbeiten, Mandeln und Raspelschokolade unterheben. Den Teig in eine Springform (Ø 26 cm, Boden gefettet, mit Backpapier belegt) füllen, glatt streichen und die Form auf dem Rost in den Backofen schieben.
   Ober-/Unterhitze: etwa 180 °C (vorgeheizt)
   Heißluft: etwa 160 °C (vorgeheizt)
   Gas: Stufe 2–3 (vorgeheizt)
   Backzeit: etwa 30 Minuten.

3. Den Biskuitboden aus der Form lösen und auf einen Kuchenrost stürzen. Biskuitboden erkalten lassen, anschließend mitgebackenes Backpapier abziehen und den Boden einmal waagerecht durchschneiden.

4. Für die Füllung Sahne mit Sahnesteif und Eiskaffeepulver steif schlagen. 2–3 Esslöffel der Eiskaffeesahne in einen Spritzbeutel mit Lochtülle füllen.

5. Den unteren Boden auf eine Platte legen. Gut die Hälfte der Eiskaffeesahne darauf streichen. Den oberen Boden darauf legen und leicht andrücken. Tortenoberfläche und -rand gleichmäßig mit der restlichen Eiskaffeesahne bestreichen.

6. Die Tortenoberfläche gitterförmig mit der Eiskaffeesahne aus dem Spritzbeutel verzieren und die Torte bis zum Servieren kalt stellen. Kurz vor dem Servieren die Tortenoberfläche mit Kakaopulver bestäuben und nach Belieben mit einigen Konfektkugeln garnieren.

Tipp:
Anstelle von 1 Päckchen Pudding-Pulver Mandel-Geschmack 1 Päckchen Pudding-Pulver Vanille-Geschmack verwenden.
Die Torte kann am Vortag zubereitet werden. Für eine fruchtige Eiskaffee-Torte den unteren Boden mit etwa 350 g Aprikosen- oder Pfirsichwürfeln oder Himbeeren belegen und dann die Creme aufstreichen.

Eisschokoladentorte

Gut vorzubereiten

Insgesamt:
E: 51 g, F: 302 g, Kh: 290 g,
kJ: 17118, kcal: 4089

Für den Biskuitteig:
2 Eier (Größe M)
60 g Zucker
50 g Weizenmehl
½ gestr. TL Dr. Oetker Backin

Zum Bestreichen:
50 g Halbbitter-Kuvertüre

Für den Belag:
250 ml (¼ l) Schlagsahne
1 Portionsbeutel (10 g) Instant-Cappuccinopulver
15 g Kakaogetränkepulver
1 TL Kakaopulver, 50 g Baiser
50 g Schoko-Waffelröllchen
250 ml (¼ l) Schlagsahne
1 Pck. Dr. Oetker Bourbon-Vanille-Zucker

Zum Verzieren und Garnieren:
250 ml (¼ l) Schlagsahne
1 Pck. Dr. Oetker Sahnesteif
1 Pck. Dr. Oetker Vanillin-Zucker
50 g Schoko-Waffelröllchen
etwas Kakaopulver

Zubereitungszeit: 45 Minuten, ohne Gefrierzeit

1. Für den Teig Eier in eine Rührschüssel geben und mit Handrührgerät mit Rührbesen auf höchster Stufe in 1 Minute schaumig schlagen. Zucker in 1 Minute einstreuen und noch 2 Minuten weiterschlagen. Mehl mit Backpulver mischen, auf die Eiercreme sieben und auf niedrigster Stufe kurz unterrühren. Den Teig in eine Springform (Ø 26 cm, Boden gefettet, mit Backpapier belegt) füllen und auf dem Rost in den Backofen schieben.

Eisschokoladentorte

Ober-/Unterhitze: etwa 180 °C (vorgeheizt)
Heißluft: etwa 160 °C (vorgeheizt)
Gas: Stufe 2–3 (vorgeheizt)
Backzeit: etwa 15 Minuten.

2. Den Boden aus der Form lösen und auf einem Kuchenrost erkalten lassen. Anschließend mitgebackenes Backpapier abziehen. Zum Bestreichen Kuvertüre grob hacken und in einem Topf im Wasserbad bei schwacher Hitze geschmeidig rühren. Boden auf eine Tortenplatte legen, mit der Kuvertüre bestreichen und einen Tortenring darumstellen.

3. Für den Belag Sahne steif schlagen, Cappuccinopulver, Kakaogetränkepulver und Kakao unterrühren und die Masse auf dem Boden glatt streichen. Baiser und Waffeln etwas zerbröseln und auf der Sahnemasse verteilen. Sahne und Vanille-Zucker steif schlagen und vorsichtig auf den Bröseln glatt streichen. Die Torte über Nacht in das Gefrierfach stellen.

4. Die Torte aus dem Gefrierfach nehmen und den Tortenring mit einem heißen Messer lösen und entfernen. Sahne mit Sahnesteif und Vanillin-Zucker steif schlagen, mit der Hälfte davon den Tortenrand dünn bestreichen, die restliche Sahne in einen Spritzbeutel mit Sterntülle füllen und die Tortenoberfläche damit verzieren. Die Torte mit Waffeln garnieren und nach Belieben mit etwas Kakao bestäuben.

Tipp:
Die Torte mindestens 1 Stunde vor dem Servieren aus dem Gefrierfach nehmen.

Eistorte mit Zitroneneis

Erfrischend – gut vorzubereiten

Insgesamt:
E: 82 g, F: 295 g, Kh: 677 g,
kJ: 23857, kcal: 5706

Für den Baiserboden:
6 Eiweiß (Größe M)
225 g Zucker
125 g Puderzucker
25 g Speisestärke

Zum Bestreichen:
150 g Halbbitter-Kuvertüre

Für die Füllung:
1000 ml (1 l) Zitroneneiscreme
400 ml Schlagsahne

Zum Garnieren:
einige Zitronenscheiben (unbehandelt, ungewachst)
etwas Zitronenschale in Streifen (unbehandelt, ungewachst)

Zubereitungszeit: 25 Minuten, ohne Trockenzeit für den Baiserboden

1. Für den Baiserboden Eiweiß mit Handrührgerät mit Rührbesen steif schlagen. Zucker nach und nach unter Rühren hinzugeben. Puderzucker mit Speisestärke sieben und unter den Eischnee ziehen. Die Hälfte davon in einen Spritzbeutel mit mittelgroßer Lochtülle füllen und spiralförmig auf den Boden einer Springform (Ø 24 cm, Boden und Rand gefettet, mit Backpapier begelegt) spritzen, bis der Boden ganz bedeckt ist, dabei in der Mitte beginnen. Dann drei Ringe als Rand übereinander spritzen.
2. Aus Backpapier einen Kreis (Ø 24 cm) ausschneiden, in 10–12 Tortenstücke schneiden. Diese mit etwas Abstand auf ein gefettetes Backblech legen. Die restliche Baisermasse in einen Spritzbeutel füllen und wellenförmig auf die Dreiecke spritzen. Die Springform auf dem Rost und das Backblech ohne Rost in den Backofen schieben und die Baisermasse trocknen lassen, dabei bei Ober-/Unterhitze gelegentlich die Einschubhöhe wechseln.
Ober-/Unterhitze: etwa 100 °C (vorgeheizt)
Heißluft: etwa 80 °C (nicht vorgeheizt)
Trockenzeit: etwa 2 1/2 Stunden.
3. Baiser im ausgeschalteten Ofen erkalten lassen, dann aus der Form lösen und das Backpapier abziehen. Kuvertüre hacken und in einem kleinen Topf im Wasserbad bei schwacher Hitze geschmeidig rühren. Baiserboden und inneren Rand damit bestreichen und fest werden lassen.
4. Für die Füllung Zitroneneiscreme leicht antauen lassen und geschmeidig rühren. Sahne sehr steif schlagen, mit der Eiscreme vermengen und die Masse kuppelförmig auf den Boden streichen. Torte bis zum Servieren einfrieren.
5. Am Serviertag die Torte etwa 1 Stunde vor dem Servieren aus dem Gefrierfach nehmen und etwas antauen lassen. Kurz vor dem Servieren die Torte mit den Baisertortenstücken belegen und mit Zitronenscheiben und -schale garnieren.

Tipp:
Angetaute und wieder eingefrorene Eiscreme sollten Sie nicht nochmals einfrieren und möglichst innerhalb eines Tages verzehren.
Den Baiserboden können Sie einige Tage vor dem Zubereiten backen und gut verpackt aufbewahren. Statt den Baiserboden selbst zu backen, kann auch ein fertiger Baiserboden vom Bäcker verwendet werden.
Die Torte schmeckt auch mit Erdbeereis, dann die Torte mit Erdbeeren garnieren.

Eistorte mit Zitroneneis

Engadiner Nusstorte ❄

Klassisch

Insgesamt:
E: 77 g, F: 386 g, Kh: 569 g,
kJ: 25261, kcal: 6032

Für den Knetteig:
275 g Weizenmehl
1 gestr. TL Dr. Oetker Backin
100 g Zucker, 1 Prise Salz
1 Pck. Dr. Oetker Vanillin-Zucker
1 Ei (Größe M)
150 g Butter oder Margarine

Für die Füllung:
250 g Pekannusskerne
225 g Zucker
200 ml Schlagsahne
1–2 EL flüssiger Honig
1 Eiweiß (Größe M)

Zum Bestreichen:
1 Eigelb (Größe M)
1 EL Wasser

Engadiner Nusstorte

**Zubereitungszeit: 50 Minuten,
ohne Kühl- und Durchziehzeit**

1. Für den Teig Mehl mit Backpulver mischen und in eine Rührschüssel sieben. Zucker, Vanillin-Zucker, Salz, Ei und Butter oder Margarine hinzufügen. Die Zutaten mit Handrührgerät mit Knethaken zuerst kurz auf niedrigster, dann auf höchster Stufe zu einem Teig verarbeiten. Anschließend den Teig auf der leicht bemehlten Arbeitsfläche kurz verkneten und in Frischhaltefolie gewickelt kalt stellen.
2. Für die Füllung die Pekannusskerne grob hacken. Zucker in eine Pfanne geben und bei mittlerer Hitze erhitzen (nicht umrühren, da sich sonst Klümpchen bilden). Wenn sich der Zucker gelöst hat, die Pfanne von der Kochstelle nehmen und nach und nach die Pekannusskerne unterrühren. Sahne hinzufügen und die Masse unter Rühren etwas einkochen lassen. Honig unterrühren und die Masse etwas abkühlen lassen. Dann das Eiweiß unterrühren.
3. Die Hälfte des Teiges auf dem gefetteten Boden einer Springform (Ø 26 cm) ausrollen. Den Springformrand darumstellen. Zwei Drittel des übrigen Teiges zwischen Frischhaltefolie zu einer runden Platte in Größe der Springform ausrollen. Den restlichen Teig zu einer Rolle formen, als Rand auf den Boden legen und so an die Form drücken, dass ein etwa 2 cm hoher Rand entsteht.
4. Die Füllung gleichmäßig auf den Teigboden streichen. Die Teigplatte darauf legen, am Rand festdrücken und die Oberfläche mehrmals mit einer Gabel einstechen. Eigelb mit Wasser verquirlen und die Teigplatte damit bestreichen. Die Form auf dem Rost in den Backofen schieben.

Ober-/Unterhitze: etwa 180 °C (vorgeheizt)
Heißluft: etwa 160 °C (nicht vorgeheizt)
Gas: Stufe 2–3 (nicht vorgeheizt)
Backzeit: etwa 45 Minuten.

5. Die Torte aus der Form lösen, auf einem Kuchenrost erkalten und in Alufolie verpackt 1–2 Tag durchziehen lassen.

Tipp:
Die Engadiner Nusstorte wird im Original mit Walnusskernen gemacht, die aber schnell bitter schmecken. Sie können die Pekannusskerne jedoch auch gegen die gleiche Menge Walnusskerne austauschen.
Nach Belieben aus Teigresten vom Ausrollen Ornamente ausstechen, diese auf die obere Teigplatte legen und mit verquirltem Eigelb bestreichen (Foto).

Erdbeer-Cappuccino-Torte

Raffiniert

Insgesamt:
E: 56 g, F: 360 g, Kh: 303 g,
kJ: 19854, kcal: 4739

Für den Boden:
150 g Löffelbiskuits
125 g Butter

Für die Creme:
250 g Erdbeeren, 4 Blatt weiße Gelatine
250 g Mascarpone (ital. Frischkäse)
2 Beutel (je 10 g) Instant-Cappuccinopulver
50 g Zucker
1 Pck. Dr. Oetker Vanillin-Zucker
400 ml Schlagsahne

Zum Garnieren:
500 g Erdbeeren
1 Pck. Tortenguss, klar
250 ml ($^1/_4$ l) Apfelsaft oder Wasser
30 g Zucker
nach Belieben etwas weiße Kuvertüre

Zubereitungszeit: 40 Minuten, ohne Kühlzeit

1. Für den Boden Löffelbiskuits in einen Gefrierbeutel geben, ihn verschließen und die Biskuits mit einer Teigrolle fein zerdrücken. Die Brösel in eine Schüssel geben. Butter zerlassen und mit den Biskuitbröseln gut vermengen. Einen Springformrand (Ø 26 cm) auf eine mit Tortenspitze oder Backpapier belegte Tortenplatte stellen, die Masse gleichmäßig darin verteilen und mit einem Löffel gut zu einem Boden andrücken.

2. Für die Creme Erdbeeren waschen, abtropfen lassen, putzen und in sehr kleine Stücke schneiden. Gelatine nach Packungsanleitung einweichen. Mascarpone mit Cappuccinopulver, Zucker und Vanillin-Zucker in einer Schüssel verrühren. Gelatine leicht ausdrücken, in einem kleinen Topf bei schwacher Hitze auflösen (nicht kochen) und zunächst mit etwas von der Mascarponemasse verrühren, dann unter die restliche Mascarponemasse rühren.

3. Sahne steif schlagen und unterheben. Erdbeeren zuletzt unterheben. Die Creme auf dem Boden in der Springform verstreichen und die Torte 2–3 Stunden kalt stellen.

4. Zum Garnieren Erdbeeren waschen, abtropfen lassen, putzen und in Scheiben schneiden. Die Scheiben dachziegelartig auf die Oberfläche der Torte legen. Aus Tortengusspulver, Saft oder Wasser und Zucker einen Guss zubereiten und mit einem Pinsel über den Erdbeeren verteilen. Den Guss fest werden lassen. Den Springformrand lösen und entfernen. Nach Belieben Kuvertüre mit einem Messer vom Block schaben und die Späne an den Rand andrücken.

Tipp:
Die Torte schmeckt frisch am besten.

Erdbeer-Cappuccino-Torte

Erdbeer-Dickmilch-Torte

Fruchtig

Insgesamt:
E: 84 g, F: 250 g, Kh: 481 g,
kJ: 19492, kcal: 4649

Für den Knetteig:
125 g Weizenmehl
1 Msp. Dr. Oetker Backin
50 g Puderzucker
1 Pck. Dr. Oetker Vanillin-Zucker
1 Prise Salz, 1 Eigelb (Größe M)
80 g weiche Butter oder Margarine

Für den Biskuitteig:
1 Ei (Größe M)
1 Eiweiß (Größe M)
2 EL heißes Wasser
50 g gesiebter Puderzucker
1 Pck. Dr. Oetker Vanillin-Zucker
1/2 Pck. Dr. Oetker Finesse Geriebene Zitronenschale
50 g Weizenmehl
1 gestr. TL Dr. Oetker Backin

Zum Bestreichen:
2 EL Erdbeerkonfitüre

Für die Erdbeercreme:
220 g Erdbeeren
400 ml Schlagsahne
1 Pck. Käse-Sahne Tortencreme (Tortencremepulver)
1/2 Pck. Dr. Oetker Finesse Geriebene Zitronenschale
400 g Dickmilch

Zum Verzieren und Garnieren:
100 ml Schlagsahne
200 g vorbereitete Erdbeeren
nach Belieben einige gehackte Pistazienkerne

Zubereitungszeit: 50 Minuten, ohne Kühlzeit

Erdbeer-Dickmilch-Torte

1. Für den Knetteig Mehl mit Backpulver und Puderzucker mischen und in eine Rührschüssel sieben. Vanillin-Zucker, Salz, Eigelb und Butter hinzufügen. Die Zutaten mit Handrührgerät mit Knethaken zunächst kurz auf niedrigster, dann auf höchster Stufe gut durcharbeiten.
2. Anschließend den Teig auf der leicht bemehlten Arbeitsfläche kurz verkneten. Sollte er kleben, ihn in Folie gewickelt eine Zeit lang kalt stellen.
3. Den Teig auf dem Boden einer Springform (Ø 26 cm, Boden gefettet) ausrollen und mehrmals mit einer Gabel einstechen. Springformrand darumstellen und die Form auf dem Rost in den Backofen schieben.
Ober-/Unterhitze: etwa 200 °C (vorgeheizt)
Heißluft: etwa 180 °C (vorgeheizt)
Gas: Stufe 3-4 (vorgeheizt)
Backzeit: 10-12 Minuten.
4. Den Boden sofort nach dem Backen vom Springformboden lösen, jedoch darauf auf einem Kuchenrost erkalten lassen.
5. Für den Biskuitteig Ei mit Eiweiß und Wasser mit Handrührgerät mit Rührbesen auf höchster Stufe in 1 Minute schaumig schlagen. Puderzucker mit Vanillin-Zucker und Zitronenschale mischen, in 1 Minute einstreuen, dann noch 2 Minuten weiterschlagen.
6. Mehl mit Backpulver mischen, auf die Eiercreme sieben und kurz auf niedrigster Stufe unterrühren. Den Teig in eine Springform (Ø 26 cm, Boden gefettet, mit Backpapier belegt) füllen und glatt streichen. Die Form auf dem Rost in den Backofen schieben und **den Boden bei gleicher Backofeneinstellung 8-10 Minuten backen.**
7. Den Boden aus der Form lösen, auf einen mit Backpapier belegten Kuchenrost stürzen und erkalten lassen. Anschließend mitgebackenes Backpapier abziehen.
8. Zum Bestreichen den Knetteigboden auf eine Tortenplatte legen, mit Konfitüre bestreichen und den Biskuitboden darauf legen. Den gesäuberten Springformrand oder einen Tortenring darumlegen.
9. Für die Erdbeercreme Erdbeeren abspülen, trockentupfen, putzen und pürieren. Sahne steif schlagen. Das Erdbeerpüree mit dem Dekorzucker aus der Tortencreme-Packung verrühren. Die Tortencreme nach Packungsanleitung, aber mit Erdbeerpüree anstelle von Wasser zubereiten. Zitronenschale und Dickmilch unterrühren und Sahne unterheben.
10. Die Erdbeercreme auf den Boden in die Springform geben, glatt streichen und die Torte 2-3 Stunden kalt stellen.
11. Zum Verzieren und Garnieren den Springformrand vorsichtig lösen und entfernen. Sahne steif schlagen, in einen Spritzbeutel mit Sterntülle füllen und die Tortenoberfläche damit verzieren. Erdbeeren evtl. halbieren und darauf verteilen. Nach Belieben einige Pistazienkerne darüber streuen.

Tipp:
Die Dickmilch kann durch Naturjoghurt ersetzt werden.

Erdbeer-Erfrischungstorte

Beliebt

Insgesamt:
E: 122 g, F: 354 g, Kh: 634 g,
kJ: 26256, kcal: 6266

Für den Biskuitteig:
3 Eier (Größe M), 1 Eigelb (Größe M)
125 g Zucker
1 Pck. Dr. Oetker Vanillin-Zucker
70 g Weizenmehl
1 Pck. Dr. Oetker Pudding-Pulver
Sahne-Geschmack
1/2 gestr. TL Dr. Oetker Backin
25 g gemahlene Pistazienkerne

Für den Boden:
150 g Löffelbiskuits
20 g gemahlene Pistazienkerne
60 g Butter

Für die Füllung:
10 Blatt weiße Gelatine
500 g Dickmilch
250 g Zitronenjoghurt
75 g Zucker
1 Pck. Dr. Oetker Finesse Geriebene Zitronenschale
250 ml (1/4 l) Schlagsahne
100 g Erfrischungsstäbchen
250 g Erdbeeren

Zum Bestreichen und Garnieren:
350 ml Schlagsahne
2 Pck. Dr. Oetker Sahnesteif
2 EL gehackte Pistazienkerne
100 g Erdbeeren
50 g Erfrischungsstäbchen

Zubereitungszeit: 60 Minuten, ohne Kühlzeit

1. Für den Teig Eier und Eigelb mit Handrührgerät mit Rührbesen auf höchster Stufe in 1 Minute schaumig schlagen. Zucker und Vanillin-Zucker mischen, in 1 Minute einstreuen, dann noch 2 Minuten weiterschlagen.
2. Mehl mit Pudding-Pulver und Backpulver mischen, auf die Eiercreme sieben und kurz auf niedrigster Stufe unterrühren. Zuletzt kurz die Pistazien unterrühren. Teig auf ein Backblech (30 x 40 cm, gefettet, mit Backpapier belegt) geben, glatt streichen und das Backblech in den Backofen schieben.
Ober-/Unterhitze: etwa 200 °C (vorgeheizt)
Heißluft: etwa 180 °C (vorgeheizt)
Gas: Stufe 3–4 (vorgeheizt)
Backzeit: 10–12 Minuten.
3. Den Biskuit sofort nach dem Backen vom Rand lösen, auf ein mit Zucker bestreutes Backpapier stürzen, mitgebackenes Backpapier vorsichtig abziehen und den Biskuit erkalten lassen.
4. Für den Boden Löffelbiskuits in einen Gefrierbeutel geben, ihn verschließen, die Löffelbiskuits mit einer Teigrolle fein zerdrücken und mit den Pistazien in eine Schüssel geben. Butter zerlassen und mit den Bröseln gut vermengen. Einen Springformrand (Ø 26 cm) auf eine mit Tortenspitze oder Backpapier belegte Tortenplatte stellen. Die Masse darin verteilen, mit einem Löffel gut zu einem Boden andrücken und den Boden kalt stellen.
5. Für die Füllung Gelatine nach Packungsanleitung einweichen. Dickmilch mit Joghurt, Zucker und Zitronenschale verrühren. Gelatine leicht ausdrücken und in einem kleinen Topf bei schwacher Hitze unter Rühren auflösen (nicht kochen). Etwas von der Dickmilchmasse mit der Gelatine verrühren, dann die Masse mit der restlichen Dickmilchmasse verrühren und kalt stellen.
6. Wenn die Masse beginnt dicklich zu werden, Sahne steif schlagen und unterheben. Erfrischungsstäbchen grob hacken und mit der Flüssigkeit unterheben. Die Creme auf die Gebäckplatte streichen, etwas anziehen lassen und die Gebäckplatte von der langen Seite aus in 6 Streifen (je gut 6 cm breit) schneiden. Erdbeeren waschen, abtropfen lassen, putzen und vierteln oder würfeln. Die Erdbeerstücke auf der Creme verteilen und leicht eindrücken.
7. Den Springformrand vom Bröselboden lösen und entfernen. Einen Gebäckstreifen zur Schnecke aufrollen, in die Mitte des Bröselbodens setzen und die anderen Streifen darumwickeln. Den Springformrand wieder darumstellen und die Torte 2–3 Stunden kalt stellen.
8. Vor dem Servieren Springformrand lösen und entfernen. Sahne mit Sahnesteif steif schlagen und die Torte vollständig damit bestreichen. Die Torte mit Pistazien, Erdbeerhälften und Erfrischungsstäbchen garnieren.

Erdbeer-Erfrischungstorte

Erdbeer-Joghurtriegel-Torte

Für Kinder

Insgesamt:
E: 35 g, F: 244 g, Kh: 316 g,
kJ: 15668, kcal: 3746

Zum Vorbereiten für die Füllung:
400 ml Schlagsahne
200 g Erdbeer-Joghurt-Schokoriegel
250 g frische Erdbeeren
2 Pck. Dr. Oetker Sahnesteif
150 g Naturjoghurt
30 g weiße Schokolade

Für die Böden:
300 g TK-Blätterteig

Zubereitungszeit: 30 Minuten, ohne Kühl- und Auftauzeit

1. Für die Füllung Sahne in einem Topf zum Kochen bringen. Schokoriegel (3 Stück zum Verzieren zurücklassen und in den Kühlschrank legen) grob hacken und in der Sahne unter Rühren auflösen. Die Masse in eine Rührschüssel füllen und mehrere Stunden (am besten über Nacht) kalt stellen.

2. Für die Böden die Blätterteigplatten nach Packungsanleitung zugedeckt nebeneinander auftauen lassen. Die Platten aufeinander legen und ausrollen und 2 Böden (Ø 24 cm) daraus schneiden. Böden auf ein mit Backpapier belegtes Backblech legen und mehrmals mit einer Gabel einstechen.

3. Restlichen Teig zusammenlegen (nicht verkneten), zu einer runden Platte (Ø 20 cm) ausrollen und in 8 Tortenstücke schneiden. Stücke ebenfalls auf ein mit Backpapier belegtes Backblech legen und mehrmals mit einer Gabel einstechen. Die Böden 10–15 Minuten ruhen lassen. Die Backbleche nacheinander (bei Heißluft zusammen) in den Backofen schieben.

Ober-/Unterhitze: etwa 200 °C (vorgeheizt)
Heißluft: etwa 180 °C (vorgeheizt)
Gas: Stufe 3–4 (vorgeheizt)
Backzeit: etwa 12 Minuten je Backblech.

4. Böden und Tortenstücke mit dem Backpapier auf einen Kuchenrost ziehen und erkalten lassen. Erdbeeren waschen, putzen und halbieren.

5. Einen Blätterteigboden auf eine Tortenplatte legen. Die erkaltete Schokosahne und Sahnesteif mit Handrührgerät mit Rührbesen steif schlagen, anschließend Joghurt kurz unterrühren.

6. Die Hälfte der Creme auf dem Blätterteigboden verstreichen und mit zwei Dritteln der Erdbeeren belegen, dabei die Früchte leicht in die Creme drücken. Zweiten Boden auflegen und vorsichtig andrücken. Restliche Creme auf den Boden streichen, restliche Erdbeeren an den Rand des Bodens auf die Creme legen. Torte etwa 2 Stunden kalt stellen.

7. Die drei Riegel aus dem Kühlschrank fein hacken. Weiße Schokolade in einem kleinen Topf im Wasserbad bei schwacher Hitze geschmeidig rühren, über die Mini-Tortenstücke sprenkeln und diese sofort mit den gehackten Riegeln bestreuen. Schokolade fest werden lassen und die Torte mit den Tortenstücken belegen.

Tipp:
Die Torte schmeckt frisch am besten.
Sie lässt sich gut mit einem elektrischen Messer schneiden.

Erdbeer-Joghurtriegel-Torte

Erdbeer-Käfer-Torte

Für Kinder

Insgesamt:
E: 75 g, F: 347 g, Kh: 338 g,
kJ: 20712, kcal: 4948

Für den Schüttelteig:
150 g Butter oder Margarine
150 g Weizenmehl
3 gestr. TL Dr. Oetker Backin
1 Pck. Saucen-Pulver Vanille-Geschmack
100 g Zucker
4 Eier (Größe M)

Für den Belag:
250 g frische oder TK-Erdbeeren
1 EL Zucker
1 Pck. Tortenguss, rot

Für die Mohnsahne:
500 ml (½ l) Schlagsahne
1 Pck. Dr. Oetker Sahnesteif
1 Pck. Dr. Oetker Finesse Bourbon-Vanille-Aroma
2 TL gesiebter Puderzucker
2–3 EL Mohnsamen

Zum Garnieren und Verzieren:
250 g frische Erdbeeren
50 g Halbbitter-Kuvertüre

Zubereitungszeit: 60 Minuten, ohne Kühlzeit

Erdbeer-Käfer-Torte

1. Für den Teig Butter oder Margarine zerlassen und abkühlen lassen. Mehl mit Backpulver und Saucen-Pulver mischen, in eine verschließbare Schüssel (etwa 3 l) sieben und mit Zucker vermengen. Eier und Butter oder Margarine hinzufügen. Die Schüssel mit dem Deckel fest verschließen.
2. Schüssel mehrmals (insgesamt 15–30 Sekunden) kräftig schütteln, so dass alle Zutaten gut vermischt sind. Alles mit einem Schneebesen oder Rührlöffel nochmals sorgfältig durchrühren, damit trockene Zutaten vom Rand mit untergerührt werden.
3. Den Teig in eine Springform (Ø 26 cm, Boden gefettet, mit Backpapier belegt) füllen und glatt streichen. Die Form auf dem Rost in den Backofen schieben.
   Ober-/Unterhitze: etwa 180 °C (vorgeheizt)
   Heißluft: etwa 160 °C (vorgeheizt)
   Gas: Stufe 2–3 (vorgeheizt)
   Backzeit: etwa 30 Minuten.
4. Den Tortenboden aus der Form lösen und auf einem Kuchenrost erkalten lassen. Anschließend mitgebackenes Backpapier abziehen.
5. Für den Belag Erdbeeren waschen, abtropfen lassen, entstielen (TK-Erdbeeren auftauen lassen) und pürieren. Erdbeerpüree in einen Topf geben und mit Zucker und Tortengusspulver verrühren. Mischung unter Rühren einmal aufkochen lassen. Die Erdbeermasse auf dem Tortenboden verteilen und kalt stellen.
6. Für die Mohnsahne Sahne mit Sahnesteif, Aroma und Puderzucker steif schlagen. Mohnsamen unterheben. Die Mohn-Sahne-Masse in einen Spritzbeutel mit Lochtülle füllen. Sahnetuffs auf die Erdbeermasse spritzen.
7. Zum Garnieren Erdbeeren waschen, abtropfen lassen und entstielen. Große Erdbeeren halbieren. Zum Verzieren Kuvertüre in kleine Stücke hacken, in einem kleinen Topf im Wasserbad bei schwacher Hitze geschmeidig rühren, in einen kleinen Gefrierbeutel füllen und eine kleine Ecke abschneiden. Augen und Flügel auf die Erdbeerhälften spritzen. Diese „Käfer" auf die Sahnetuffs setzen.

Erdbeer-Knuspertorte

Schnell zubereitet

Insgesamt:
E: 49 g, F: 208 g, Kh: 253 g,
kJ: 13091, kcal: 3126

Für den Tortenboden:
200 g weiße Kuvertüre
100 g Cornflakes
100 g abgezogene, gehobelte Mandeln

Für den Belag:
750 g Erdbeeren
250 ml ($^1/_4$ l) Schlagsahne
1 Pck. Dr. Oetker Sahnesteif
1 Pck. Dr. Oetker Vanillin-Zucker

Zubereitungszeit: 30 Minuten

1. Für den Tortenboden die Kuvertüre in einem kleinen Topf im Wasserbad bei schwacher Hitze geschmeidig rühren. Cornflakes und Mandeln unterrühren.
2. Einen Springformrand (Ø 26 cm) auf eine mit Tortenspitze oder Backpapier belegte Tortenplatte stellen. Drei Viertel der Masse darin verteilen und mit einem Löffel gut zu einem Boden andrücken. Die restliche Masse in 12 Häufchen auf Backpapier setzen, beides kalt stellen und fest werden lassen.
3. Für den Belag Erdbeeren (einige Erdbeeren zum Garnieren zurücklassen) waschen, trockentupfen, putzen und halbieren. Die Erdbeeren auf dem Boden verteilen, den Springformrand lösen und entfernen.
4. Sahne mit Sahnesteif und Vanillin-Zucker steif schlagen und auf den Erdbeeren verteilen. Die Torte mit den zurückgelassenen Erdbeeren und den Cornflakeshäufchen garnieren.

Tipp:
Anstelle der Erdbeeren Himbeeren oder Brombeeren verwenden.

Erdbeer-Knuspertorte

Erdbeer-Kokos-Torte

Fruchtig – für Gäste

Insgesamt:
E: 62 g, F: 323 g, Kh: 369 g,
kJ: 19922, kcal: 4759

Für den Rührteig:
150 g Butter oder Margarine
125 g Zucker
1 Pck. Dr. Oetker Vanillin-Zucker
6 Tropfen Butter-Vanille-Aroma
3 Eier (Größe M)
125 g Weizenmehl
25 g Speisestärke
1 Msp. Dr. Oetker Backin

Zum Bestreuen:
25 g Kokosraspel, 25 g Zucker

Für die Füllung:
50 g Kokosraspel
25 g gesiebter Puderzucker
300 g Erdbeeren
150 g Naturjoghurt
1 Pck. Dr. Oetker Vanillin-Zucker
400 ml Schlagsahne
2 Pck. Dr. Oetker Sahnesteif
2 Pck. Dr. Oetker Vanillin-Zucker

Zum Garnieren:
200 g vorbereitete Erdbeeren
Puderzucker zum Bestäuben

Zubereitungszeit: 40 Minuten

Erdbeer-Kokos-Torte

1. Für den Teig Butter oder Margarine mit Handrührgerät mit Rührbesen auf höchster Stufe geschmeidig rühren. Nach und nach Zucker, Vanillin-Zucker und Aroma unterrühren. So lange rühren, bis eine gebundene Masse entstanden ist. Eier nach und nach unterrühren (jedes Ei etwa $1/2$ Minute). Mehl mit Speisestärke und Backpulver mischen, sieben und auf mittlerer Stufe unterrühren.

2. Ein Backblech mit Backpapier belegen. Darauf einen Kreis (Ø 24 cm) vorzeichnen und ein Viertel des Teiges darauf streichen, Kreis mit Kokosraspeln und Zucker bestreuen und in den Backofen schieben. So alle Böden nacheinander (bei Heißluft 2 x 2 Backbleche zusammen) backen.
Ober-/Unterhitze: etwa 180 °C (vorgeheizt)
Heißluft: etwa 160 °C (vorgeheizt)
Gas: Stufe 2–3 (vorgeheizt)
Backzeit: etwa 15 Minuten je Boden.

3. Einen der Böden sofort nach dem Backen in 8 Stücke schneiden. Die übrigen Böden mit dem Backpapier auf Kuchenroste ziehen und erkalten lassen.

4. Für die Füllung Kokosraspel mit Puderzucker in einer Pfanne ohne Fett goldbraun rösten und auf einem Teller abkühlen lassen. Erdbeeren waschen, abtropfen lassen, putzen und in kleine Stücke schneiden. Joghurt mit Vanillin-Zucker in einer Schüssel verrühren. Sahne mit Sahnesteif und Vanillin-Zucker steif schlagen. Joghurt, Kokosraspel und Erdbeeren vorsichtig unter die Sahne heben.

5. Einen Boden auf eine Tortenplatte legen und ein Drittel der Füllung darauf verstreichen. Den zweiten Boden auflegen, darauf die Hälfte der restlichen Füllung verstreichen und den dritten Boden auflegen. Auf den dritten Boden die restliche Füllung in 4 Häufchen setzen, die Stücke des geschnittenen Bodens über die Cremehäufchen stellen.

6. Die Torte bis zum Servieren kalt stellen. Vor dem Servieren die Torte mit Erdbeeren garnieren und mit Puderzucker bestäuben.

Tipp:
Die Böden können 2–3 Tage vor dem Servieren zubereitet und in Alufolie verpackt gelagert werden.

Erdbeer-Quarkcreme-Torte

Einfach

Insgesamt:
E: 51 g, F: 294 g, Kh: 394 g,
kJ: 19161, kcal: 4577

Für den Schüttelteig:
125 g Weizenmehl
2 gestr. TL Dr. Oetker Backin
100 g Zucker
1 Pck. Dr. Oetker Vanillin-Zucker
2 Eier (Größe M), 6 EL Speiseöl

Für den Belag:
500 g frische Erdbeeren, 25 g Zucker
500 ml (½ l) Schlagsahne
1 Pck. Quarkfein Erdbeer-Geschmack (Dessertpulver)

Zum Verzieren:
200 ml Schlagsahne
1 Pck. Dr. Oetker Sahnesteif

Zum Garnieren:
250 g frische Erdbeeren
evtl. etwas Raspelschokolade

Zubereitungszeit: 40 Minuten, ohne Kühlzeit

Erdbeer-Quarkcreme-Torte

1. Für den Teig Mehl mit Backpulver mischen, in eine verschließbare Schüssel (etwa 3 l) sieben und mit Zucker und Vanillin-Zucker mischen. Eier und Speiseöl hinzufügen.
2. Schüssel mit dem Deckel fest verschließen und mehrmals (insgesamt 15–30 Sekunden) kräftig schütteln, so dass alle Zutaten gut vermischt sind. Alles mit einem Schneebesen oder Rührlöffel nochmals sorgfältig durchrühren, damit trockene Zutaten vom Rand mit untergerührt werden.
3. Den Teig in eine Springform (Ø 26 cm, Boden gefettet, mit Backpapier belegt) geben und glatt streichen. Die Form auf dem Rost in den Backofen schieben.
   Ober-/Unterhitze: etwa 180 °C (vorgeheizt)
   Heißluft: etwa 160 °C (vorgeheizt)
   Gas: Stufe 2–3 (vorgeheizt)
   Backzeit: etwa 20 Minuten.
4. Den Tortenboden aus der Form lösen, auf einen mit Backpapier belegten Kuchenrost stürzen und erkalten lassen. Anschließend mitgebackenes Backpapier abziehen und den Boden auf eine Tortenplatte legen. Einen Tortenring oder den gesäuberten Springformrand darumstellen.
5. Für den Belag Erdbeeren waschen, abtropfen lassen, putzen und in Stücke schneiden. Erdbeerstücke mit Zucker mischen.
6. Sahne etwa ½ Minute schlagen, dann das Dessertpulver unter Rühren hinzufügen. Sahne ganz steif schlagen. Die Hälfte der Quark-Sahne-Creme auf den Tortenboden streichen. Erdbeerstücke darauf verteilen. Restliche Quark-Sahne-Creme darauf verteilen. Die Torte etwa 2 Stunden kalt stellen.
7. Zum Verzieren Sahne mit Sahnesteif steif schlagen. Die Tortenoberfläche mit der Sahne verzieren.
8. Zum Garnieren Erdbeeren waschen und gut abtropfen lassen. Die Torte mit den Erdbeeren mit Grün garnieren. Den Tortenring oder Springformrand entfernen. Evtl. die Torte mit Raspelschokolade bestreuen.

Erdbeer-Quark-Torte mit Honigpops

Schnell zubereitet

Insgesamt:
E: 72 g, F: 125 g, Kh: 329 g,
kJ: 11893, kcal: 2831

200 g Honigpops
6 Blatt weiße Gelatine
250 g Speisequark, 500 g Naturjoghurt
125 g Zucker
250 ml ($1/4$ l) Schlagsahne
500 g Erdbeeren

Zubereitungszeit: 30 Minuten, ohne Kühlzeit

1. Einen Tortenring (Ø 22 cm) auf eine Tortenplatte stellen und ein Drittel der Honigpops darin verteilen.
2. Gelatine nach Packungsanleitung einweichen. Quark mit Joghurt und Zucker verrühren. Gelatine in einem kleinen Topf bei schwacher Hitze auflösen (nicht kochen), mit etwas von der Masse verrühren und dann unter die restliche Quark-Joghurt-Masse rühren.
3. Sahne steif schlagen und unterheben. Erdbeeren waschen, gut abtropfen lassen und putzen. Große Erdbeeren halbieren (einige schöne Erdbeeren mit Grün zum Garnieren beiseite legen).
4. Die Hälfte der Quarkcreme vorsichtig auf die Honigpops geben, darauf die Hälfte der Erdbeeren verteilen, dann die Hälfte der restlichen Honigpops darauf geben.
5. Die restliche Quarkcreme vorsichtig darauf verstreichen und den Rest der Erdbeeren darauf legen.
6. Die Oberfläche mit dem Rest der Honigpops bestreuen und mit den zurückgelassenen Erdbeeren mit Grün garnieren.
7. Die Torte 2–3 Stunden kalt stellen. Dann den Tortenring vorsichtig mit Hilfe eines Messers lösen, entfernen und die Torte in Stücke schneiden.

Erdbeer-Quark-Torte mit Hongpops

Erdbeer-Reis-Torte

Schnell zubereitet

Insgesamt:
E: 82 g, F: 281 g, Kh: 611 g,
kJ: 22936, kcal: 5469

1 Knetteig-Obstboden (Ø 26 cm)
150 g Erdbeerkonfitüre

Für die Füllung:
2 Pck. Süße Mahlzeit Milchreis Vanille-Geschmack (Milchreisgericht)
{oder Milchreis klassisch und 1 Pck. Finesse Bourbon-Vanille-Aroma}
750 ml (³/₄ l) Milch, 6 Blatt weiße Gelatine
abgeriebene Schale und Saft von 1 Bio-Zitrone (unbehandelt, ungewachst)
350 ml Schlagsahne

Für den Belag:
750 g Erdbeeren
1 Pck. Tortenguss, rot oder mit Erdbeer-Geschmack
20 g Zucker
250 ml (¹/₄ l) Wasser

Zum Verzieren und Bestreuen:
150 ml Schlagsahne
1 Pck. Dr. Oetker Sahnesteif
2 EL gehackte Pistazienkerne

Zubereitungszeit: 40 Minuten, ohne Kühlzeit

1. Den Obstboden auf eine Tortenplatte legen. Erdbeerkonfitüre in einem Topf kurz aufkochen lassen und den Boden damit bestreichen. Einen Tortenring darumstellen.
2. Für die Füllung Milchreis nach Packungsanleitung, aber nur mit insgesamt 750 ml Milch zubereiten. Gelatine nach Packungsanleitung einweichen. Saft und Schale der Zitrone unterrühren, dann Gelatine leicht ausdrücken und unter Rühren in dem heißen Milchreis auflösen.
3. Milchreis abkühlen lassen, dabei gelegentlich umrühren. Sahne steif schlagen und unter den Reis heben. Die Masse sofort auf den Tortenboden streichen. Die Torte etwa 3 Stunden kalt stellen.
4. Für den Belag Erdbeeren waschen, abtropfen lassen, entstielen, halbieren und kreisförmig auf dem Reis verteilen. Aus Tortenguss, Zucker und Wasser nach Packungsanleitung einen Guss zubereiten und über den Erdbeeren verteilen. Die Torte nochmals etwa 1 Stunde kalt stellen, bis der Guss fest ist.
5. Den Tortenring lösen und entfernen. Sahne steif schlagen und etwa die Hälfte davon in einen Spritzbeutel mit Sterntülle füllen. Den Tortenrand mit der restlichen Sahne bestreichen und kleine Tuffs auf den Tortenrand spritzen. Den Tortenrand mit Pistazien bestreuen.

Tipp:

Anstelle von Erdbeeren können auch andere Früchte, z. B. Himbeeren, Heidelbeeren, Brombeeren oder Aprikosenspalten verwendet werden.

Erdbeer-Reis-Torte

Erdbeer-Sahne-Torte

Klassisch

Insgesamt:
E: 79 g, F: 279 g, Kh: 530 g,
kJ: 20878, kcal: 4980

Für den Biskuitteig:
4 Eier (Größe M), 4 EL heißes Wasser
150 g Zucker, 1 Prise Salz
1 Pck. Dr. Oetker Vanillin-Zucker
150 g Weizenmehl
50 g Speisestärke
1 gestr. TL Dr. Oetker Backin

Für die Füllung:
750 g Erdbeeren
1 Pck. Tortenguss, rot
2–3 EL Erdbeerkonfitüre
350 ml kalte Milch
500 ml (½ l) Schlagsahne
1 Pck. Galetta Vanille-Geschmack
(Pudding-Pulver ohne Kochen)

Zum Bestreichen:
250 ml (¼ l) Schlagsahne
1 Pck. Dr. Oetker Sahnesteif
1 TL Zucker

Zubereitungszeit: etwa 1 Stunde, ohne Kühlzeit

1. Für den Teig Eier und Wasser mit Handrührgerät mit Rührbesen auf höchster Stufe in 1 Minute schaumig schlagen. Zucker mit Vanillin-Zucker und Salz mischen, in 1 Minute einstreuen und weitere 2 Minuten schlagen.

2. Mehl mit Speisestärke und Backpulver mischen. Die Hälfte davon auf die Eiercreme sieben und kurz auf niedrigster Stufe unterrühren. Restliches Mehlgemisch auf die gleiche Weise unterarbeiten.

3. Den Teig in eine Springform (Ø 26 cm, Boden gefettet, mit Backpapier belegt) füllen und glatt streichen. Die Form auf dem Rost in den Backofen schieben.
   Ober-/Unterhitze: etwa 180 °C (vorgeheizt)
   Heißluft: etwa 160 °C (vorgeheizt)
   Gas: Stufe 2–3 (vorgeheizt)
   Backzeit: etwa 25 Minuten.

4. Den Biskuitboden aus der Form lösen, auf einen mit Backpapier belegten Kuchenrost stürzen und erkalten lassen. Anschließend mitgebackenes Backpapier abziehen und den Boden zweimal waagerecht durchschneiden. Den unteren Biskuitboden auf eine Tortenplatte legen.

5. Für die Füllung Erdbeeren abspülen, abtropfen lassen, putzen (etwa 150 g nicht putzen und zum Garnieren beiseite legen). 300 g der geputzten Erdbeeren mit Tortengusspulver und Konfitüre in einem Topf mischen und pürieren. Die Masse unter Rühren aufkochen und abkühlen lassen. Erdbeermasse lauwarm auf den unteren Biskuitboden streichen. 300 g der restlichen Erdbeeren halbieren oder vierteln, auf der Erdbeermasse verteilen und diese erkalten lassen.

6. Milch mit Sahne in eine Rührschüssel geben. Pudding-Pulver hinzufügen und mit Handrührgerät mit Rührbesen auf niedrigster Stufe kurz verrühren, dann 1 Minute auf höchster Stufe cremig rühren. Die Hälfte der Puddingcreme auf der Erdbeermasse verteilen. Den zweiten Biskuitboden darauf legen und mit der restlichen Creme bestreichen. Creme mit dem oberen Biskuitboden belegen.

7. Zum Bestreichen Sahne mit Sahnesteif und Zucker steif schlagen. Tortenrand und -oberfläche damit bestreichen und mit den beiseite gelegten Erdbeeren (evtl. halbieren) garnieren. Torte 1–2 Stunden kalt stellen.

Erdbeer-Schmand-Torte

Schnell zubereitet

Insgesamt:
E: 57 g, F: 186 g, Kh: 329 g,
kJ: 13976, kcal: 3341

Für den Schüttelteig:
80 g Butter oder Margarine
170 g Weizenmehl
2 gestr. TL Dr. Oetker Backin
80 g Zucker
2 Eier (Größe M)
6 EL Buttermilch

Für den Belag:
500 g Schmand (24 % Fett)
1 Pck. Dr. Oetker Bourbon-Vanille-Zucker
1 EL Zucker, 500 g Erdbeeren

Für den Guss:
1 Pck. Tortenguss, klar
250 ml (¹/₄ l) Maracujanektar
oder Orangensaft
2 EL Zucker

**Zubereitungszeit: 30 Minuten,
ohne Abkühlzeit**

1. Für den Teig Butter oder Margarine zerlassen und abkühlen lassen. Mehl mit Backpulver mischen, in eine verschließbare Schüssel (etwa 3 l) sieben und mit Zucker vermengen. Eier, Butter oder Margarine und Buttermilch hinzufügen. Schüssel mit dem Deckel fest verschließen.
2. Schüssel mehrmals (insgesamt 15–30 Sekunden) kräftig schütteln, so dass alle Zutaten gut vermischt sind. Alles mit einem Schneebesen oder Rührlöffel nochmals sorgfältig durchrühren, damit trockene Zutaten vom Rand mit untergerührt werden.
3. Den Teig in eine Springform (Ø 26 cm, Boden gefettet, mit Backpapier belegt) geben und glatt streichen. Die Form auf dem Rost in den Backofen schieben.

Erdbeer-Schmand-Torte

Ober-/Unterhitze: etwa 180 °C (vorgeheizt)
Heißluft: etwa 160 °C (vorgeheizt)
Gas: Stufe 2–3 (vorgeheizt)
Backzeit: etwa 25 Minuten.

4. Den Gebäckboden aus der Form lösen, auf einen Kuchenrost legen und etwas abkühlen lassen. Mitgebackenes Backpapier abziehen.
5. Für den Belag Schmand mit Vanille-Zucker und Zucker verrühren. Den Gebäckboden damit bestreichen und vollständig erkalten lassen.
6. Erdbeeren waschen, abtropfen lassen, putzen und in Scheiben schneiden. Erdbeerscheiben dachziegelartig auf den Schmandbelag legen.
7. Für den Guss Tortengusspulver mit Maracujanektar oder Orangensaft und Zucker nach Packungsanleitung zubereiten. Den Guss von der Mitte aus auf den Erdbeerscheiben verteilen. Die Torte etwa 1 Stunde kalt stellen.

Tipp:
Schmand können Sie durch Crème fraîche ersetzen.

Erdbeer-Sekt-Torte

Für Gäste

Insgesamt:
E: 64 g, F: 272 g, Kh: 352 g,
kJ: 18048, kcal: 4304

Für den Rührteig:
100 g weiche Butter oder Margarine
75 g Zucker
1 Pck. Dr. Oetker Vanillin-Zucker
2 Eier (Größe M)
100 g Weizenmehl
½ gestr. TL Dr. Oetker Backin

Für den Belag:
500 g Erdbeeren

Für die rote Creme:
6 Blatt rote Gelatine
90 g Puderzucker
100 ml Sekt
250 ml (¼ l) Schlagsahne

Für die helle Creme:
60 g Puderzucker
100 ml Sekt
4 Blatt weiße Gelatine
350 ml Schlagsahne

Zubereitungszeit: 45 Minuten, ohne Kühlzeit

1. Für den Teig Butter oder Margarine mit Handrührgerät mit Rührbesen auf höchster Stufe geschmeidig rühren. Nach und nach Zucker und Vanillin-Zucker unterrühren. So lange rühren, bis eine gebundene Masse entstanden ist.

2. Eier nach und nach unterrühren (jedes Ei etwa ½ Minute). Mehl mit Backpulver mischen, sieben und auf mittlerer Stufe unterrühren. Teig in eine Springform (Ø 26 cm, Boden gefettet, mit Backpapier belegt) füllen, glatt streichen und die Form auf dem Rost in den Backofen schieben.
   Ober-/Unterhitze: etwa 180 °C (vorgeheizt)
   Heißluft: etwa 160 °C (vorgeheizt)
   Gas: Stufe 2–3 (vorgeheizt)
   Backzeit: etwa 20 Minuten.

3. Den Boden aus der Form lösen, auf einen mit Backpapier belegten Kuchenrost stürzen und erkalten lassen. Anschließend mitgebackenes Backpapier abziehen, den Boden auf eine Tortenplatte legen und einen Tortenring darumstellen.

4. Für den Belag Erdbeeren waschen, gut abtropfen lassen und putzen. Einige große Erdbeeren in dünne Scheiben schneiden und rundherum innen an den Tortenring stellen. 150 g Erdbeeren klein würfeln und auf dem Boden verteilen.

5. Für die rote Creme übrige Erdbeeren pürieren. Gelatine nach Packungsanleitung einweichen. Puderzucker sieben und mit dem Sekt unter das Püree rühren. Gelatine ausdrücken und in einem kleinen Topf bei schwacher Hitze auflösen (nicht kochen). Zunächst 2 Esslöffel Erdbeerpüree mit der aufgelösten Gelatine mit einem Schneebesen verrühren, dann die Mischung mit dem restlichen Püree verrühren. Sahne steif schlagen und unterheben.

6. Für die helle Creme Puderzucker sieben und mit dem Sekt verrühren. Gelatine nach Packungsanleitung einweichen. Sahne steif schlagen. Gelatine ausdrücken und wie oben beschrieben auflösen. Zunächst 2 Esslöffel des Sekts mit einem Schneebesen unter die aufgelöste Gelatine rühren, dann die Mischung unter den restlichen Sekt rühren und sofort die Sahne unterheben.

7. Zuerst die rote Creme auf dem Boden verstreichen, dann die helle Creme darauf geben und eine Gabel spiralförmig durch beide Schichten ziehen, so dass ein Marmormuster entsteht. Die Torte etwa 3 Stunden kalt stellen. Vor dem Servieren den Tortenring mit Hilfe eines Messers lösen und entfernen.

Erdbeer-Sekt-Torte

Erdbeer-Tiramisu-Torte

Erdbeer-Tiramisu-Torte

Einfach

Insgesamt:
E: 73 g, F: 354 g, Kh: 256 g,
kJ: 19266, kcal: 4597

Für den Boden:
150 g Cantuccini mit Schokolade
100 g Butter

Für den Belag:
250 g Mascarpone
250 g Magerquark
50 g Zucker
1 Pck. Dr. Oetker Vanillin-Zucker
250 ml ($1/4$ l) Schlagsahne
1 Pck. Dr. Oetker Sahnesteif
250 g Erdbeeren
50 g Cantuccini mit Schokolade

Zum Verzieren und Garnieren:
150 ml Schlagsahne
einige Erdbeeren mit Grün
Zitronenmelisse
30 g Cantuccini

Zubereitungszeit: 35 Minuten

1. Für den Boden Cantuccini in einen Gefrierbeutel geben, ihn verschließen und die Cantuccini mit einer Teigrolle fein zerdrücken. Butter zerlassen und mit den Bröseln vermengen.
2. Einen Springformrand (Ø 24 cm) auf eine mit Tortenspitze oder Backpapier belegte Tortenplatte stellen und die Bröselmasse darin verteilen. Die Masse mit einem Löffel gut zu einem Boden andrücken und kalt stellen.
3. Für den Belag Mascarpone mit Quark, Zucker und Vanillin-Zucker verrühren. Sahne mit Sahnesteif steif schlagen und unterheben. Ein Viertel der Creme auf den Boden geben und glatt streichen.
4. Erdbeeren waschen, abtropfen lassen, putzen, evtl. halbieren (3 große Erdbeeren zurücklegen) und darauf verteilen.
5. Cantuccini zerkleinern, auf die Erdbeeren streuen, restliche Creme darüber streichen und mit einem Teelöffel Vertiefungen eindrücken.
6. Zurückgelegte Erdbeeren pürieren, in einen kleinen Gefrierbeutel füllen, eine kleine Ecke abschneiden und die Tortenoberfläche fein mit Püree besprenkeln.
7. Zum Verzieren und Garnieren Sahne steif schlagen, einen Ring aus Tuffs auf die Torte spritzen und mit halbierten Erdbeeren (mit Grün), Zitronenmelisse und Cantuccinibröseln bestreuen. Die Torte bis zum Servieren kalt stellen.

Erdbeertorte mit Ricotta

Erfrischend

Insgesamt:
E: 128 g, F: 160 g, Kh: 464 g,
kJ: 16048, kcal: 3824

Für den All-in-Teig:
30 g Weizenmehl
1 gestr. TL Dr. Oetker Backin
100 g Zucker
100 g gemahlene Haselnusskerne
3 Eier (Größe M)

Für den Belag:
400 g Erdbeeren
1 Bio-Limette (unbehandelt, ungewachst)
4 Blatt weiße Gelatine
100 g Puderzucker
500 g Ricotta (Molkeneiweißkäse)

Zum Garnieren:
100 g Erdbeeren

Zubereitungszeit: 40 Minuten, ohne Kühlzeit

1. Für den Teig Mehl mit Backpulver mischen und in eine Rührschüssel sieben. Übrige Zutaten für den Teig hinzufügen und alles mit Handrührgerät mit Rührbesen kurz auf niedrigster, dann auf höchster Stufe in etwa 2 Minuten zu einem Teig verarbeiten.
2. Den Teig in eine Springform (Ø 26 cm, Boden gefettet, mit Backpapier belegt) geben und glatt streichen. Die Form auf dem Rost in den Backofen schieben.
   Ober-/Unterhitze: etwa 180 °C (vorgeheizt)
   Heißluft: etwa 160 °C (vorgeheizt)
   Gas: Stufe 2-3 (vorgeheizt)
   Backzeit: etwa 25 Minuten.
3. Den Springformrand mit Hilfe eines Messers lösen und entfernen, Boden auf einen mit Backpapier belegten Kuchenrost stürzen, Springformboden entfernen und das Gebäck mit dem Backpapier erkalten lassen. Anschließend mitgebackenes Backpapier abziehen und den Boden auf eine Tortenplatte legen. Tortenring oder gesäuberten Springformrand darumstellen.
4. Für den Belag Erdbeeren waschen, abtropfen lassen, entstielen und Erdbeeren in kleine Stücke schneiden. Limette heiß waschen und trockenreiben. Die Limettenschale mit einer Küchenreibe abreiben und die Limette auspressen. Gelatine nach Packungsanleitung einweichen. Limettensaft in einem kleinen Topf erhitzen (nicht kochen lassen). Die Gelatine leicht ausdrücken und unter Rühren darin auflösen.
5. Puderzucker sieben und mit Ricotta und Limettenschale gut verrühren. Erst etwa 4 Esslöffel der Ricotta-Masse mit Hilfe eines Schneebesens mit der lauwarmen, aufgelösten Gelatine verrühren, dann mit der übrigen Ricotta-Masse verrühren. Erdbeerstücke unterheben. Die Ricotta-Erdbeer-Masse auf den Tortenboden geben und glatt streichen. Die Torte etwa 2 Stunden kalt stellen.
6. Zum Garnieren Erdbeeren waschen, abtropfen lassen, halbieren oder vierteln und die Torte mit den Erdbeeren garnieren.

Tipp:
Statt Ricotta können Sie Sahnequark oder Doppelrahm-Frischkäse verwenden.

Erdbeertorte mit Ricotta

Erdbeer-Überraschungs-Torte

Etwas aufwändiger

Insgesamt:
E: 94 g, F: 610 g, Kh: 411 g,
kJ: 31712, kcal: 7571

Für den Rührteig:
150 g Butter oder Margarine
125 g Zucker
1 Pck. Dr. Oetker Vanillin-Zucker
3 Eier (Größe M)
150 g Weizenmehl
2 gestr. TL Dr. Oetker Backin

Für die Erdbeercreme:
3 Blatt rote Gelatine
150 g pürierte Erdbeeren
1–2 TL Zitronensaft
200 g Mascarpone (ital. Frischkäse)
30 g Zucker, 100 ml Schlagsahne

Für die Mascarponecreme:
3 Blatt weiße Gelatine, 300 g Mascarpone
400 ml Schlagsahne, 50 g Zucker

Für das Erdbeerpüree:
2 Blatt weiße Gelatine
150 ml pürierte Erdbeeren

Zum Garnieren und Verzieren:
300 ml Schlagsahne, 20 g Zucker
75 g pürierte Erdbeeren
einige Erdbeeren mit Grün

Zubereitungszeit: 90 Minuten, ohne Kühlzeit

Erdbeer-Überraschungs-Torte

1. Für den Teig Butter oder Margarine mit Handrührgerät mit Rührbesen auf höchster Stufe geschmeidig rühren. Nach und nach Zucker und Vanillin-Zucker unterrühren. So lange rühren, bis eine gebundene Masse entstanden ist. Eier nach und nach unterrühren (jedes Ei etwa $1/2$ Minute).

2. Mehl mit Backpulver mischen, sieben und in 2 Portionen unterrühren. Teig in eine Springform (Ø 26 cm, Boden gefettet, mit Backpapier belegt) füllen und glatt streichen. Die Form auf dem Rost in den Backofen schieben.
Ober-/Unterhitze: etwa 180 °C (vorgeheizt)
Heißluft: etwa 160 °C (vorgeheizt)
Gas: Stufe 2–3 (vorgeheizt)
Backzeit: etwa 30 Minuten.

3. Den Boden aus der Form lösen, auf einen mit Backpapier belegten Kuchenrost stürzen und erkalten lassen. Anschließend mitgebackenes Backpapier abziehen und den Boden einmal waagerecht durchschneiden.

4. Für die Erdbeercreme Gelatine nach Packungsanleitung einweichen, dann leicht ausdrücken und in einem kleinen Topf bei schwacher Hitze unter Rühren auflösen (nicht kochen). Pürierte Erdbeeren und Zitronensaft unterrühren. Knapp die Hälfte davon abnehmen und beiseite stellen, unter die größere Menge Mascarpone und Zucker rühren. Sahne steif schlagen und unter die Masse heben. Eine kleine Schüssel (etwa $1/2$ l Inhalt) mit Frischhaltefolie auslegen und die Creme einfüllen. Zurückgelassenes Erdbeerpüree durchrühren, in einen Gefrierbeutel geben, eine Ecke abschneiden und in die Mitte der Creme spritzen. Die Schüssel etwa 1 Stunde kalt stellen.

5. Für die Mascarponecreme Gelatine einweichen, dann ausdrücken, auflösen und zunächst mit etwas Mascarpone verrühren, dann restlichen Mascarpone unterrühren. Schlagsahne mit Zucker steif schlagen und unterheben. Für das Erdbeerpüree Gelatine einweichen, ausdrücken, auflösen und die pürierten Erdbeeren nach und nach unterrühren.

6. Unteren Tortenboden auf eine Platte legen. Die Erdbeercreme aus der Schüssel in die Mitte des Bodens stürzen, Schüssel und Frischhaltefolie entfernen und einen Tortenring um den Boden legen. Eine dünne Schicht Erdbeerpüree auf den Boden um die Kuppel streichen, ein Drittel der Mascarponecreme waagerecht aufstreichen, wieder etwas Erdbeerpüree aufstreichen, die Hälfte der restlichen Creme aufstreichen, restliches Püree und dann restliche Creme aufstreichen. Oberen Boden auflegen und andrücken. Die Torte etwa 2 Stunden kalt stellen.

7. Zum Garnieren und Verzieren Sahne mit Zucker steif schlagen und die Torte rundherum dünn bestreichen. Restliche Sahne in einen Spritzbeutel mit kleiner Lochtülle füllen. An den Rand der Tortenoberfläche einen Ring spritzen und etwa 3 cm weiter innen einen zweiten Ring spritzen. Den Zwischenraum der Ringe vor dem Servieren mit pürierten Erdbeeren ausfüllen und die weiße Oberfläche mit Erdbeerhälften garnieren.

Erdbeer-Weincreme-Torte

Für Gäste

Insgesamt:
E: 66 g, F: 309 g, Kh: 524 g,
kJ: 23127, kcal: 5529

Für den Rührteig:
125 g weiche Butter oder Margarine
125 g Zucker
1 Pck. Dr. Oetker Vanillin-Zucker
3 Eier (Größe M)
100 g Weizenmehl, 25 g Speisestärke
2 gestr. TL Dr. Oetker Backin

Für die Form:
50 g abgezogene, gehobelte Mandeln

Für den Belag:
750 g Erdbeeren

Für die Weincreme:
4 Blatt weiße Gelatine
1 Pck. Dr. Oetker Pudding-Pulver Vanille-Geschmack
200 g Zucker
375 ml (³/₈ l) trockener Weißwein
500 ml (¹/₂ l) Schlagsahne

Außerdem:
Puderzucker

Zubereitungszeit: 50 Minuten, ohne Kühlzeit

1. Für den Teig Butter oder Margarine mit Handrührgerät mit Rührbesen auf höchster Stufe geschmeidig rühren. Nach und nach Zucker und Vanillin-Zucker unterrühren. So lange rühren, bis eine gebundene Masse entstanden ist.
2. Eier nach und nach unterrühren (jedes Ei etwa ¹/₂ Minute). Mehl mit Speisestärke und Backpulver mischen, sieben und in 2 Portionen auf mittlerer Stufe unterrühren.
3. Die Hälfte des Teiges in eine Springform (Ø 26 cm, Boden gefettet, nach Belieben mit der Hälfte der Mandeln bestreut) füllen und glatt streichen. Die Form auf dem Rost in den Backofen schieben.
   Ober-/Unterhitze: etwa 180 °C (vorgeheizt)
   Heißluft: etwa 160 °C (vorgeheizt)
   Gas: Stufe 2–3 (vorgeheizt)
   Backzeit: etwa 25 Minuten je Boden.
4. Den Boden nach dem Backen aus der Form lösen und auf einem mit Backpapier belegten Kuchenrost erkalten lassen. Aus dem restlichen Teig wie oben angegeben einen zweiten Boden backen und erkalten lassen.
5. Für den Belag Erdbeeren vorsichtig waschen und gut abtropfen lassen. 6 schöne große Früchte zum Garnieren beiseite legen, die restlichen putzen und halbieren.
6. Für die Weincreme Gelatine nach Packungsanleitung einweichen. Aus Pudding-Pulver, Zucker und Wein nach Packungsanleitung, aber mit den hier angegebenen Zutaten einen Pudding kochen. Den Topf von der Kochstelle nehmen, Gelatine leicht ausdrücken und unter Rühren in dem heißen Pudding auflösen. Den Pudding direkt mit Frischhaltefolie bedecken, damit sich keine Haut bildet, und erkalten lassen.
7. Sahne steif schlagen und ein Viertel davon in einen Spritzbeutel mit Sterntülle füllen. Den Pudding in eine Rührschüssel geben und mit Handrührgerät mit Rührbesen gut durchrühren. Die restliche Sahne unterheben.
8. Einen Boden auf eine Tortenplatte legen und einen Tortenring darumstellen. Die halbierten Erdbeeren auf dem Boden verteilen, dabei am Rand 1 cm frei lassen. Weincreme darauf verteilen und glatt streichen. Die Torte etwa 3 Stunden kalt stellen.
9. Den Tortenring vorsichtig lösen und entfernen. Mit der Sahne aus dem Spritzbeutel 12 Tupfen auf der Oberfläche an den Rand spritzen. Den zweiten Boden gleichmäßig in 12 Stücke schneiden und schräg auf die Sahnetupfen legen. Die zurückgelassenen Erdbeeren halbieren und die Torte damit garnieren. Die Torte direkt vor dem Servieren mit Puderzucker bestäuben.

Erdbeer-Weincreme-Torte

Erdnuss-Schichttorte mit Preiselbeeren

Gut vorzubereiten

Insgesamt:
E: 177 g, F: 436 g, Kh: 696 g,
kJ: 31365, kcal: 7489

Für den Rührteig:
1 Glas (etwa 350 g) Erdnussmus
(Reformhaus)
175 g brauner Zucker
1 Pck. Dr. Oetker Bourbon-Vanille-Zucker
1 Pck. Dr. Oetker Finesse Orangenfrucht
4 Eier (Größe)
200 g Weizenmehl
50 g Speisestärke
2 gestr. TL Dr. Oetker Backin
5 EL Orangensaft
100 g ungesalzene Erdnusskerne

Für die Füllung:
600 ml Schlagsahne
1 Pck. Galetta Vanille-Geschmack
(Pudding-Pulver ohne Kochen)
1 Glas Preiselbeeren
(Einwaage etwa 400 g)

Zubereitungszeit: 60 Minuten, ohne Kühlzeit

1. Für den Teig Erdnussmus mit Handrührgerät mit Rührbesen auf höchster Stufe geschmeidig rühren. Nach und nach Zucker, Vanille-Zucker und Orangenfrucht unterrühren. So lange rühren, bis eine gebundene Masse entstanden ist. Eier nach und nach unterrühren (jedes Ei etwa $1/2$ Minute). Mehl mit Speisestärke und Backpulver mischen, sieben und mit Orangensaft in 2 Portionen kurz auf mittlerer Stufe unterrühren.

2. Den Teig in 5 Portionen teilen. Jeweils eine Teigportion in eine Springform (Ø 26 cm, mit Backpapier belegt) geben, glatt streichen und mit Erdnusskernen bestreuen. Die Formen nacheinander auf dem Rost in den Backofen schieben.
Ober-/Unterhitze: etwa 180 °C (vorgeheizt)
Heißluft: etwa 160 °C (vorgeheizt)
Gas: Stufe 2–3 (vorgeheizt)
Backzeit: etwa 15 Minuten je Boden.

3. Die Gebäckböden aus den Formen lösen, auf mit Backpapier belegte Kuchenroste stürzen und Böden erkalten lassen. Anschließend mitgebackenes Backpapier abziehen.

4. Für die Füllung Sahne und Pudding-Pulver mit Handrührgerät mit Rührbesen nach Packungsanleitung, aber mit den hier angegebenen Zutaten aufschlagen.

5. Einen Gebäckboden auf eine Tortenplatte legen, mit der Hälfte der Preiselbeeren bestreichen. Den zweiten Gebäckboden darauf legen, mit gut einem Drittel der Vanillecreme bestreichen. Den dritten Gebäckboden darauf legen. Restliche Preiselbeeren (einige Preiselbeeren beiseite legen) darauf verteilen. Vierten Gebäckboden auflegen und gut die Hälfte der Vanillecreme darauf streichen. Den letzten Gebäckboden darauf legen und leicht andrücken.

6. Restliche Vanillecreme in einen Spritzbeutel mit Sterntülle geben. Tortenoberfläche mit der Creme verzieren und mit den beiseite gelegten Preiselbeeren garnieren. Torte kalt gestellt 1–2 Tage durchziehen lassen.

Erdnuss-Schichttorte mit Preiselbeeren

Erfrischungsstäbchen-Torte

Für Kinder

Insgesamt:
E: 140 g, F: 272 g, Kh: 550 g,
kJ: 23077, kcal: 5514

Zum Vorbereiten:
1 Pck. (75 g) Erfrischungsstäbchen mit
Zitronen- und Orangengeschmack
100 g Butter oder Margarine

Für den Schüttelteig:
150 g Weizenmehl
30 g Kakaopulver
3 gestr. TL Dr. Oetker Backin
150 g Zucker
3 Eier (Größe M)

Für Füllung und Belag:
4 Blatt weiße Gelatine
250 g Zitronenjoghurt
500 g Magerquark
50 g Zucker
200 ml Schlagsahne
2 Pck. (je 75 g) Erfrischungsstäbchen mit
Zitronen- und Orangengeschmack

Zum Verzieren und Garnieren:
250 ml (¼ l) Schlagsahne
½ Zitrone
einige Mandarinenfilets

**Zubereitungszeit: 50 Minuten,
ohne Kühlzeit**

Erfrischungsstäbchen-Torte

1. Zum Vorbereiten Erfrischungsstäbchen fein hacken. Butter oder Margarine zerlassen und abkühlen lassen.

2. Für den Teig Mehl mit Kakao und Backpulver mischen und in eine verschließbare Schüssel (etwa 3 l) sieben. Restliche Zutaten, Butter und gehackte Erfrischungsstäbchen hinzufügen. Schüssel mit einem Deckel fest verschließen und mehrmals kräftig schütteln, so dass alle Zutaten gut vermischt sind.

3. Alles mit einem Schneebesen oder Rührlöffel sorgfältig durchrühren, damit trockene Zutaten vom Rand mit untergerührt werden. Teig auf ein mit Backpapier belegtes Backblech (30 x 40 cm) geben und glatt streichen. Das Backblech in den Backofen schieben.
Ober-/Unterhitze: etwa 180 °C (vorgeheizt)
Heißluft: etwa 160 °C (vorgeheizt)
Gas: Stufe 2–3 (vorgeheizt)
Backzeit: etwa 15 Minuten.

4. Gebäckplatte sofort nach dem Backen vom Rand lösen, auf die Arbeitsfläche stürzen, mitgebackenes Backpapier abziehen und die Gebäckplatte erkalten lassen.

5. Für Füllung und Belag Gelatine nach Packungsanleitung einweichen. Joghurt mit Quark und Zucker verrühren. Gelatine leicht ausdrücken und in einem kleinen Topf bei schwacher Hitze auflösen (nicht kochen). Gelatine zunächst mit etwas von der Joghurt-Quark-Masse verrühren, dann die Mischung unter die restliche Masse rühren und kalt stellen. Sobald die Masse beginnt dicklich zu werden, Sahne steif schlagen und unterheben. Erfrischungsstäbchen (einige zum Garnieren beiseite legen) fein hacken und ebenfalls unterheben.

6. Gebäckplatte halbieren, so dass zwei Rechtecke (20 x 30 cm) entstehen. Einen Boden auf eine Tortenplatte legen und einen Backrahmen darumstellen. Gut die Hälfte der Creme auf den Boden streichen, zweiten Boden darauf legen und leicht andrücken. Restliche Creme auf der Tortenoberfläche glatt streichen und die Torte 1–2 Stunden kalt stellen.

7. Zum Verzieren und Garnieren Backrahmen lösen und entfernen. Sahne steif schlagen, in einen Spritzbeutel mit Sterntülle füllen und Tuffs auf die Oberfläche spritzen. Restliche Sahne dünn am Rand verstreichen.

8. Zitronenhälfte mit einem Messer so schälen, dass die weiße Haut mit entfernt wird, in dünne Scheiben schneiden, vierteln und mit Mandarinenfilets und den zurückgelassenen Erfrischungsstäbchen dekorativ auf die Tuffs legen.

Erntedank-Torte

Zum Verschenken

Insgesamt:
E: 81 g, F: 246 g, Kh: 625 g,
kJ: 22028, kcal: 5267

Für den Biskuitteig:
6 Eier (Größe M)
3 EL Apfelsaft
125 g flüssiger Honig
1 Pck. Dr. Oetker Finesse Geriebene Zitronenschale
225 g Buchweizenmehl

Für die Füllung:
1 Pck. Dr. Oetker Pudding-Pulver Vanille-Geschmack
30 g Zucker, 500 ml (1/2 l) Apfelsaft
200 g weiche Butter
150 g Pflaumenmus
1 Glas (360 g) Apfelkompott

Für den Belag:
1–2 mittelgroße rote Äpfel
Saft von 1 Zitrone
300–400 g Obst (z. B. Weintrauben, Kiwis, Heidelbeeren, Himbeeren, Physalis)

Für den Guss:
1 Pck. Tortenguss, klar
250 ml (1/4 l) Apfelsaft
1 EL Zucker

Zum Bestreuen:
60 g abgezogene, gehackte, gebräunte Mandeln

Zum Garnieren:
Schokoladen-Dekor-Blätter
evtl. einige Ähren, Minze

Zubereitungszeit: 50 Minuten, ohne Kühlzeit

1. Für den Teig Eier und Apfelsaft mit Handrührgerät mit Rührbesen auf höchster Stufe 1 Minute schaumig schlagen. Honig nach und nach in 5 Minuten unterschlagen, Zitronenschale hinzufügen und unterrühren.
2. Ein Drittel des Buchweizenmehls auf die Eiercreme geben, kurz unterrühren, dann den Rest auf die gleiche Weise unterarbeiten.
3. Teig in eine Springform (Ø 28 cm, Boden gefettet, mit Backpapier belegt) füllen und glatt streichen. Die Form auf dem Rost in den Backofen schieben.
   Ober-/Unterhitze: etwa 180 °C (vorgeheizt)
   Heißluft: etwa 160 °C (vorgeheizt)
   Gas: Stufe 2–3 (vorgeheizt)
   Backzeit: 25–30 Minuten.
4. Boden aus der Form lösen, auf einen mit Backpapier belegten Kuchenrost stürzen und erkalten lassen. Anschließend mitgebackenes Backpapier entfernen.
5. Für die Füllung Pudding nach Packungsanleitung, aber mit Apfelsaft zubereiten. Pudding direkt mit Frischhaltefolie belegen, damit sich keine Haut bildet, und bei Zimmertemperatur erkalten lassen. Butter schaumig rühren und nach und nach Pudding unterrühren (dabei darauf achten, dass Pudding und Butter Zimmertemperatur haben, da die Creme sonst gerinnt).
6. Den Boden zweimal waagerecht durchschneiden. Den unteren Boden auf eine Tortenplatte legen und mit der Hälfte des Pflaumenmuses bestreichen. Apfelkompott darauf verteilen und mit dem zweiten Boden bedecken. Das restliche Pflaumenmus darauf geben und verstreichen. Gut die Hälfte der Buttercreme darauf verstreichen und den letzten Boden auflegen. Torte rundherum mit der restlichen Buttercreme bestreichen und etwa 30 Minuten kalt stellen.
7. Für den Belag Äpfel waschen, vierteln, Kerngehäuse entfernen, in dünne Spalten schneiden, mit Zitronensaft bestreichen und als „Korb" auf die Torte legen. Restliches Obst waschen, gut abtropfen lassen und auf dem „Korb" anrichten.
8. Den Guss nach Packungsanleitung mit Tortengusspulver, Apfelsaft und Zucker zubereiten. Mit Hilfe eines Pinsels das Obst damit bestreichen, den Guss mit Hilfe eines Löffels auf die gesamte Tortenoberfläche auftragen und fest werden lassen.
9. Den Rand der Torte mit Mandeln bestreuen und Torte kalt stellen. Die Torte vor dem Servieren mit Schokoblättern, evtl. Ähren und Minze garnieren.

Erntedank-Torte

Espresso-Torte

Für Gäste

Insgesamt:
E: 125 g, F: 297 g, Kh: 332 g,
kJ: 19661, kcal: 4698

Für den Boden:
300 g Löffelbiskuits
125 g Butter

Für die Espressocreme:
6 Blatt weiße Gelatine
100 ml Espresso oder starker Kaffee
500 g Ricotta-Käse (Molkeneiweißkäse)
250 g Sahnequark
100 g Zucker
1 Pck. Dr. Oetker Bourbon-Vanille-Zucker
250 ml ($^1/_4$ l) Schlagsahne

Zum Garnieren:
75 g Vollmilch-Kuvertüre
etwas Kakaopulver
einige Schokostäbchen

Zubereitungszeit: 35 Minuten, ohne Kühlzeit

Espresso-Torte

1. Für den Boden von etwa 200 g der Löffelbiskuits mit einem Sägemesser 5 cm lange Stücke abschneiden und beiseite legen. Die Reste und die restlichen ganzen Löffelbiskuits in einen Gefrierbeutel geben, ihn verschließen und die Biskuits mit einer Teigrolle fein zerbröseln. Die Brösel in eine Rührschüssel geben. Butter zerlassen und gut mit den Löffelbiskuitbröseln vermischen.

2. Einen Springformrand (Ø 26 cm) auf eine mit Tortenspitze oder Backpapier belegte Tortenplatte stellen, die Bröselmasse hineingeben und mit einem Löffel gut zu einem Boden andrücken. Löffelbiskuitstücke mit der Rundung nach oben dicht nebeneinander an den Springformrand stellen.

3. Für die Espressocreme Gelatine nach Packungsanleitung einweichen. Espresso oder starken Kaffee mit Ricotta, Quark, Zucker und Vanille-Zucker verrühren. Gelatine leicht ausdrücken und in einem kleinen Topf bei schwacher Hitze auflösen (nicht kochen). Gelatine zunächst mit etwas Ricottamasse verrühren, dann zur restlichen Ricottamasse geben. Sahne steif schlagen und unterheben.

4. Creme auf den Boden geben, dabei darauf achten, dass die Löffelbiskuits aufrecht stehen bleiben. Creme verstreichen und mit Hilfe eines Teelöffels Vertiefungen in die Oberfläche drücken. Torte etwa 2 Stunden kalt stellen.

5. Zum Garnieren Kuvertüre in einem kleinen Topf im Wasserbad bei schwacher Hitze geschmeidig rühren, auf eine Platte gießen und wieder fest werden lassen. Mit einem Spachtel breite Schokoladenlocken abschaben. Torte vor dem Servieren mit Kakaopulver bestäuben und mit den Schokoladenlocken und Schokostäbchen garnieren.

Tipp:
Die Torte kann bereits am Vortag zubereitet werden.
Soll die Torte fruchtiger sein, kann auf den Boden erst eine Schicht gut abgetropfter Kirschen verteilt werden. Dann die Torte auch mit Kirschen garnieren.

Espresso-Torte mit Baisersahne

Raffiniert

Insgesamt:
E: 67 g, F: 293 g, Kh: 472 g,
kJ: 20321, kcal: 4851

Für den Schüttelteig:
125 g Butter oder Margarine
200 g Weizenmehl
50 g Speisestärke
3 gestr. TL Dr. Oetker Backin
150 g Zucker
1 Pck. Dr. Oetker Bourbon-Vanille-Zucker
2 gestr. EL Instant-Espressopulver
3 Eier (Größe M)
125 ml (1/8 l) Milch

Für die Baisersahne:
1 Pck. Schoko-Baiser-Törtchen
(75 g, 6 Stück)
2–3 EL Orangenlikör
500 ml (1/2 l) Schlagsahne
1 EL gesiebter Puderzucker
2 Pck. Dr. Oetker Sahnesteif

Zum Bestäuben:
1 EL Kakaopulver
1 EL Instant-Espressopulver

Zubereitungszeit: 50 Minuten, ohne Kühlzeit

Espresso-Torte mit Baisersahne

1. Für den Teig Butter oder Margarine zerlassen und abkühlen lassen. Mehl mit Speisestärke und Backpulver mischen, in eine verschließbare Schüssel (etwa 3 l) sieben und mit Zucker, Vanille-Zucker und Espressopulver mischen. Eier, flüssige Butter oder Margarine und Milch hinzufügen. Schüssel mit dem Deckel fest verschließen.
2. Schüssel mehrmals (insgesamt 15–30 Sekunden) kräftig schütteln, so dass alle Zutaten gut vermischt sind. Alles mit einem Schneebesen oder Rührlöffel nochmals sorgfältig durchrühren, damit trockene Zutaten vom Rand mit untergerührt werden.
3. Den Teig in eine Springform (Ø 26 cm, Boden gefettet) geben und glatt streichen. Die Form auf dem Rost in den Backofen schieben.
   Ober-/Unterhitze: etwa 180 °C (vorgeheizt)
   Heißluft: etwa 160 °C (nicht vorgeheizt)
   Gas: Stufe 2–3 (nicht vorgeheizt)
   Backzeit: 35–40 Minuten.
4. Die Form auf einen Kuchenrost stellen. Den Gebäckboden in der Form erkalten lassen.
5. Für die Baisersahne Baisertörtchen mit einem Messer fein hacken und mit Orangenlikör beträufeln. Sahne mit Puderzucker und Sahnesteif steif schlagen und die Baiserstückchen unterheben.
6. Den Gebäckboden aus der Form lösen und auf eine Tortenplatte legen. Die Baisersahne kuppelartig auf dem Gebäckboden verteilen.
7. Zum Bestäuben Kakao mit Espressopulver mischen. Die Torte damit bestäuben und etwa 2 Stunden kalt stellen.

Exotik-Torte

Für Gäste

Insgesamt:
E: 62 g, F: 309 g, Kh: 604 g,
kJ: 23020, kcal: 5496

Für den All-In-Teig:
100 g Weizenmehl
2 gestr. TL Dr. Oetker Backin
100 g Zucker
1 Pck. Dr. Oetker Vanillin-Zucker
3 Eier (Größe M)
100 g weiche Butter

Für die Buttercreme:
200 g weiche Butter
375 g Vanille-Sahne-Pudding aus dem Kühlregal (Zimmertemperatur)

Für den Belag:
1 Mango
10 Litschis
1 Karambole (Sternfrucht)
1 reife Tamarillo (Baumtomate)
2 kleine Bananen
Zitronensaft
100 g Physalis (Kapstachelbeeren)
1 Clementine
5 Datteln
2 Baby-Ananas
1 Papaya
2 Feigen
1/2 Granatapfel
2 Pck. Tortenguss, klar
500 ml (1/2 l) heller Traubensaft

Zubereitungszeit: 60 Minuten, ohne Kühlzeit

1. Für den Teig Mehl mit Backpulver mischen und in eine Rührschüssel sieben. Restliche Zutaten hinzufügen und mit Handrührgerät mit Rührbesen zunächst kurz auf niedrigster, dann auf höchster Stufe in etwa 2 Minuten zu einem Teig verarbeiten. Den Teig in eine Springform (Ø 26 cm, Boden gefettet, mit Backpapier belegt) füllen. Die Form auf dem Rost in den Backofen schieben.

Ober-/Unterhitze: etwa 180 °C (vorgeheizt)
Heißluft: etwa 160 °C (vorgeheizt)
Gas: Stufe 2-3 (vorgeheizt)
Backzeit: 20–25 Minuten.

2. Den Gebäckboden aus der Form lösen, auf einen mit Backpapier belegten Kuchenrost stürzen und erkalten lassen. Anschließend mitgebackenes Backpapier abziehen.

3. Für die Buttercreme Butter geschmeidig rühren. Pudding esslöffelweise unterrühren, dabei darauf achten, dass Butter und Pudding Zimmertemperatur haben, da die Creme sonst gerinnt. Die Buttercreme auf den Gebäckboden geben, glatt streichen und kalt stellen.

4. Für den Belag Mango halbieren, entkernen, schälen und das Fruchtfleisch in dünne Scheiben schneiden. Litschis aus den Schalen lösen und entkernen. Karambole und Tamarillo waschen, trockentupfen und in Scheiben schneiden. Bananen schälen, in Scheiben schneiden und sofort mit Zitronensaft beträufeln. Physalis aus ihren Pergamenthäutchen lösen und halbieren. Clementine schälen und in Scheiben schneiden. Datteln halbieren und entsteinen. Baby-Ananas schälen, vierteln und in kleine Stücke schneiden. Papaya längs halbieren, die Kerne entfernen, die Hälften schälen und in Scheiben schneiden. Die Feigen schälen und der Länge nach in Scheiben schneiden. Granatapfelhälfte durchschneiden und die Schale nach hinten biegen, bis alle Kerne herausfallen, bzw. Kerne herauslösen.

5. Einen Tortenring um den Gebäckboden stellen. Die vorbereiteten Früchte mischen und kuppelartig auf die Buttercreme geben. Aus Tortengusspulver und Saft nach Packungsanleitung, aber ohne Zucker einen Guss zubereiten und ihn gleichmäßig auf den Früchten verteilen. Guss fest werden lassen, dann den Tortenring lösen und entfernen.

Exotic-Torte

Fahrradtorte

Für Kinder – einfach

Insgesamt:
E: 98 g, F: 336 g, Kh: 537 g,
kJ: 23908, kcal: 5713

Für den Rührteig:
1 Pck. (480 g) Backmischung Schoko-Kuchen
150 g weiche Butter oder Margarine
3 Eier (Größe M)
60 ml (4 EL) Milch
1 Portionsbeutel (10 g) Instant-Cappuccinopulver
1 Pck. Schokoladenstückchen
(ist in der Backmischung enthalten)

Für den Belag:
2 Pck. Mousse à la Vanille (Dessertpulver)
200 ml Milch
400 ml Schlagsahne
2 Portionsbeutel (je 10 g) Instant-Cappuccinopulver

Zum Verzieren:
1 Pck. kakaohaltige Fettglasur
(ist in der Backmischung enthalten)

Zum Garnieren:
grüne Fruchtgummischnüre
Zuckerblumen
50 g Marzipan-Rohmasse
blaue Speisefarbe
evtl. blauer Dekorzucker
1 Pck. Cappuccino-Schokostäbchen

Zubereitungszeit: 45 Minuten, ohne Kühlzeit

Fahrradtorte

1. Für den Teig die Backmischung nach Packungsanleitung mit den hier angegebenen Zutaten zubereiten und zuletzt das Cappuccinopulver und die Schokoladenstückchen unterrühren.

2. Einen Backrahmen (24 x 27 cm) auf ein gefettetes, mit Backpapier belegtes Backblech stellen. Den Teig einfüllen und glatt streichen. Das Backblech in den Backofen schieben.
Ober-/Unterhitze: etwa 180 °C (vorgeheizt)
Heißluft: etwa 160 °C (nicht vorgeheizt)
Gas: Stufe 2–3 (nicht vorgeheizt)
Backzeit: etwa 35 Minuten.

3. Backrahmen lösen und den Boden auf einem Kuchenrost erkalten lassen. Anschließend Backpapier entfernen.

4. Für den Belag die Mousse nach Packungsanleitung, aber mit den hier angegebenen Zutaten zubereiten. Cappuccinopulver zuletzt unterrühren. Den Boden auf eine Platte legen und einen Backrahmen darumstellen. Die Cappuccinocreme auf dem Boden verteilen und glatt streichen.

5. Mit einem Teelöffel im oberen Drittel der Torte waagerecht Vertiefungen als Wolken eindrücken. Mit einem Tortengarnierkamm Wellen auf das untere Drittel streichen. Torte etwa 1 Stunde kalt stellen.

6. Zum Verzieren die Fettglasur nach Packungsanleitung auflösen. Auf Backpapier ein Fahrrad mit Hilfe der Schablone vormalen. Fettglasur-Beutel abtrocknen, etwas durchkneten, eine kleine Ecke des Beutels abschneiden und ein Fahrrad aufspritzen. Fettglasur fest werden lassen.

7. Zum Garnieren Backrahmen lösen und entfernen. Fruchtgummischnüre als Wiese auf das untere Drittel der Torte legen. Zuckerblumen darauf legen. Marzipan mit Speisefarbe verkneten, ausrollen und mit einem Messer Wolken ausschneiden. Den Himmel evtl. mit blauem Dekorzucker und den Wolken garnieren. Um den unteren Rand der Torte Schokostäbchen als Zaun andrücken. Fahrrad vorsichtig vom Backpapier lösen und auf die Torte legen.

Fanta-Limetten-Torte*

Erfrischend

Insgesamt
E: 56 g, F: 100 g, Kh: 479 g,
kJ: 12891, kcal: 3080

Für den Puddingbelag:
4 Bio-Limetten (unbehandelt, ungewachst)
1 Pck. Dr. Oetker Pudding-Pulver Vanille-Geschmack
100 g Zucker
250 ml (1/4 l) Fanta Limette (Limonade)
100 ml Wasser

Für den All-in-Teig:
125 g Weizenmehl
2 gestr. TL Dr. Oetker Backin
80 g Zucker
1 Pck. Dr. Oetker Vanillin-Zucker
1 Pck. Dr. Oetker Finesse Geriebene Zitronenschale
2 Eier (Größe M)
60 ml Speiseöl, z. B. Sonnenblumenöl
60 ml Fanta Limette

Für den Dickmilchbelag:
6 Blatt weiße Gelatine
500 g Dickmilch, 100 g Zucker
1 Pck. Dr. Oetker Vanillin-Zucker

Zubereitungszeit: 70 Minuten, ohne Kühlzeit

1. Für den Puddingbelag 1 Limette heiß waschen, trockenreiben, mit einem Zestenreißer schälen (oder mit einem scharfen Messer dünn schälen und die Schale in sehr feine Streifen schneiden) und Schale beiseite stellen. Die geschälte Limette in dünne Scheiben schneiden und für die Garnierung beiseite stellen.
2. Die übrigen 3 Limetten mit einem scharfen Messer so schälen, dass die weiße Haut mit entfernt wird und die Filets herausschneiden. Pudding-Pulver nach Packungsanleitung, aber mit 100 g Zucker, 250 ml Fanta und 100 ml Wasser zubereiten. Pudding in eine Rührschüssel geben, Limettenfilets unterheben und den Pudding etwa 2 Stunden kalt stellen.
3. Für den Teig Mehl mit Backpulver mischen und in eine Rührschüssel sieben. Restliche Zutaten hinzufügen und alles mit Handrührgerät mit Rührbesen auf höchster Stufe in etwa 2 Minuten zu einem Teig verarbeiten. Teig in eine Springform (Ø 26 cm, Boden gefettet, mit Backpapier belegt) füllen, glatt streichen und die Form auf dem Rost in den Backofen schieben.
   Ober-/Unterhitze: etwa 180 °C (vorgeheizt)
   Heißluft: etwa 160 °C (vorgeheizt)
   Gas: Stufe 2-3 (vorgeheizt)
   Backzeit: etwa 15 Minuten.
4. Boden aus der Form lösen, auf einen mit Backpapier belegten Kuchenrost stürzen und das Gebäck erkalten lassen. Anschließend mitgebackenes Backpapier abziehen.
5. Für den Dickmilchbelag Gelatine nach Packungsanleitung einweichen. Dickmilch mit Zucker und Vanillin-Zucker mit einem Schneebesen verrühren. Gelatine leicht ausdrücken und in einem kleinen Topf bei schwacher Hitze unter Rühren auflösen (nicht kochen). Erst 3 Esslöffel der Dickmilchmasse mit der aufgelösten Gelatine verrühren, dann mit der übrigen Dickmilchmasse verrühren. Die Dickmilchmasse kalt stellen.
6. Den erkalteten Boden auf eine Tortenplatte legen und den gesäuberten Springformrand oder einen Tortenring darumstellen. Den erkalteten Pudding durchrühren, in einen Gefrierbeutel füllen, diesen verschließen und eine Ecke abschneiden. Den Pudding spiralförmig auf den Boden spritzen, dabei am Rand gut 1 cm frei lassen.
7. Wenn die Dickmilchmasse beginnt dicklich zu werden, die Creme vorsichtig über die Puddingspiralen gießen und bis zum Rand verteilen. Torte mit Limettenzesten und -scheiben garnieren und etwa 3 Stunden kalt stellen. Anschließend Springformrand oder Tortenring lösen und entfernen.

Tipp:
Den Pudding-Belag können Sie gut am Vortag zubereiten und kalt stellen. Auch der Boden kann am Vortag gebacken und gut verpackt aufbewahrt werden.

*Rezept nicht durch Coca-Cola autorisiert.

Fanta-Limetten-Torte

Fanta-Torte*

Für Kinder

Insgesamt:
E: 95 g, F: 291 g, Kh: 483 g,
kJ: 21256, kcal: 5079

Für den Knetteig:
125 g Weizenmehl
50 g Zucker
1 Pck. Dr. Oetker Vanillin-Zucker
2 EL Fanta Orange (Limonade)
100 g Butter

Für den Biskuitteig:
75 g Butter
3 Eier (Größe M)
125 g Zucker
1 Pck. Dr. Oetker Vanillin-Zucker
100 g Weizenmehl
1 gestr. TL Dr. Oetker Backin
4 Tropfen Butter-Vanille-Aroma
50 g abgezogene, gemahlene Mandeln

2 EL Johannisbeergelee

Für die Füllung:
5 Blatt weiße Gelatine
3 Eier (Größe M), 50 g Zucker
250 ml (¼ l) Fanta Orange
1 Pck. Dr. Oetker Finesse Orangenfrucht
250 ml (¼ l) Schlagsahne

Für den Guss:
4 Blatt weiße Gelatine
250 ml (¼ l) Fanta Orange

Zubereitungszeit: 50 Minuten, ohne Kühlzeit

Fanta-Torte

1. Für den Knetteig Mehl in eine Rührschüssel sieben. Zucker, Vanillin-Zucker, Limonade und Butter hinzufügen. Die Zutaten mit Handrührgerät mit Knethaken zunächst kurz auf niedrigster, dann auf höchster Stufe gut durcharbeiten.

2. Anschließend den Teig auf der leicht bemehlten Arbeitsfläche kurz verkneten. Den Teig auf einem gefetteten Springformboden (Ø 26 cm) ausrollen und mehrmals mit einer Gabel einstechen. Den Springformrand um den Boden legen. Die Form auf dem Rost in den Backofen schieben.
Ober-/Unterhitze: etwa 180 °C (vorgeheizt)
Heißluft: etwa 160 °C (vorgeheizt)
Gas: Stufe 3–4 (vorgeheizt)
Backzeit: etwa 15 Minuten.

3. Boden vom Springformboden lösen, aber darauf auf einem Kuchenrost erkalten lassen.

4. Für den Biskuitteig Butter zerlassen und abkühlen lassen. Eier mit Handrührgerät mit Rührbesen auf höchster Stufe in 1 Minute schaumig schlagen. Zucker mit Vanillin-Zucker mischen, in 1 Minute einstreuen, dann noch 2 Minuten weiterschlagen.

5. Mehl mit Backpulver mischen, auf die Eiercreme sieben und kurz auf niedrigster Stufe unterrühren. Butter-Vanille-Aroma, Mandeln und Butter unterrühren. Den Teig in eine Springform (Ø 26 cm, Boden gefettet, mit Backpapier belegt) geben und glatt streichen. Die Form auf dem Rost in den Backofen schieben und **den Boden bei gleicher Backofeneinstellung etwa 25 Minuten backen.**

6. Den Boden aus der Form lösen, auf einen Kuchenrost stürzen und erkalten lassen. Anschließend mitgebackenes Backpapier entfernen.

7. Den Knetteigboden auf eine Tortenplatte legen und mit dem Gelee bestreichen. Den Biskuitboden darauf legen und etwas andrücken. Einen Tortenring darumlegen.

8. Für die Füllung Gelatine nach Packungsanleitung einweichen. Eier mit Zucker in einer Schüssel im heißen Wasserbad etwa 5 Minuten schaumig schlagen. Gelatine leicht ausdrücken und in der heißen Eiercreme unter Rühren auflösen. Limonade und Orangenfrucht hinzugeben und kurz unterrühren. Die Schüssel mit der Eiercreme aus dem Wasserbad nehmen und etwa 5 Minuten kalt schlagen, evtl. kurz kalt stellen.

9. Sobald die Eiercreme beginnt dicklich zu werden, Sahne steif schlagen und unterheben. Die Füllung auf den Biskuitboden streichen. Die Torte etwa 2 Stunden kalt stellen.

10. Für den Guss Gelatine nach Packungsanleitung einweichen. Die Hälfte der Limonade in einem kleinen Topf erwärmen (nicht kochen), Gelatine leicht ausdrücken und darin unter Rühren auflösen. Restliche kalte Limonade dazugießen und verrühren. Flüssigkeit vorsichtig auf die Creme gießen und nochmals 1–2 Stunden kalt stellen, bis der Guss fest ist.

Tipp:
Nach Belieben die Orangenfilets mit aufgelöster Schokolade verzieren und die Torte damit garnieren (Foto).

*Rezept nicht durch Coca-Cola autorisiert.

Feigen-Dickmilch-Torte

Fruchtig

Insgesamt:
E: 51 g, F: 219 g, Kh: 307 g,
kJ: 15405, kcal: 3679

Für den Boden:
150 g Butter
200 g Löffelbiskuits

Für den Belag:
8 Blatt weiße Gelatine
Saft von 1 Orange oder Zitrone
75 g Zucker
1 Pck. Dr. Oetker Finesse Geriebene Zitronenschale
500 g Dickmilch
250 ml (¼ l) Schlagsahne
6 frische Feigen

Für den Guss:
1 Pck. Tortenguss, klar
2 gestr. EL Zucker
250 ml (¼ l) Weißwein oder Apfelsaft

etwas Zitronenmelisse

Zubereitungszeit: 30 Minuten, ohne Kühlzeit

1. Für den Boden Butter zerlassen. Löffelbiskuits in einen Gefrierbeutel geben, ihn verschließen und die Biskuits mit einer Teigrolle fein zerbröseln. Biskuitbrösel mit der Butter gut verrühren.
2. Einen Springformrand (Ø 26 cm) auf eine mit Tortenspitze oder Backpapier belegte Tortenplatte stellen. Die Bröselmasse hineingeben und mit einem Löffel zu einem Boden andrücken.
3. Für den Belag Gelatine nach Packungsanleitung einweichen, dann leicht ausdrücken, in einem kleinen Topf bei schwacher Hitze auflösen (nicht kochen) und mit dem Orangen- oder Zitronensaft verrühren.
4. Zucker mit Zitronenschale und Dickmilch verrühren und die Gelatine-Saft-Mischung unterrühren. Sahne steif schlagen und unterheben. Die Dickmilchcreme auf dem Boden verteilen und 2–3 Stunden kalt stellen.
5. Feigen waschen, abtrocknen, in Scheiben oder Spalten schneiden und auf der Torte verteilen.
6. Für den Guss Tortenguss nach Packungsanleitung zubereiten, vorsichtig auf der Torte verteilen und fest werden lassen. Die Torte mit Zitronenmelisse garnieren.

Tipp:
Die Torte schmeckt frisch am besten.

Feigen-Dickmilch-Torte

Festtorte

Für Gäste

Insgesamt:
E: 147 g, F: 934 g, Kh: 1507 g,
kJ: 63883, kcal: 15264

Für den großen Biskuitboden (Ø 28 cm):
75 g Butter, 3 Eigelb (Größe M)
3 EL heißes Wasser, 150 g Zucker
1 Pck. Dr. Oetker Vanillin-Zucker
100 g Weizenmehl, 100 g Speisestärke
3 gestr. TL Dr. Oetker Backin
3 Eiweiß (Größe M)

Für den mittleren (Ø 20 cm) und kleinen (Ø 16 cm) Biskuitboden:
125 g Butter, 5 Eigelb (Größe M)
5 EL heißes Wasser, 250 g Zucker
2 Pck. Dr. Oetker Vanillin-Zucker
170 g Weizenmehl, 170 g Speisestärke
4 gestr. TL Dr. Oetker Backin
5 Eiweiß (Größe M)

Für die helle Buttercreme:
2 Pck. Dr. Oetker Pudding-Pulver
Vanille-Geschmack
200 g Zucker, 1 l Milch
500 g weiche Butter

Für die dunkle Buttercreme:
1 Pck. Dr. Oetker Pudding-Pulver
Schokoladen-Geschmack
100 g Zucker, 500 ml (1/2 l) Milch
250 g weiche Butter

Zum Bestreichen:
150 g Sauerkirschkonfitüre
75 g Aprikosenkonfitüre

Zum Bestreuen und Garnieren:
75 g abgezogene, gehobelte Mandeln
kandierte Kirschen
Schokostreusel

Zubereitungszeit: 100 Minuten

1. Für den großen Boden Butter zerlassen und abkühlen lassen. Eigelb und Wasser mit Handrührgerät mit Rührbesen auf höchster Stufe in 1 Minute schaumig schlagen. Zucker und Vanillin-Zucker mischen, in 1 Minute einstreuen und 2 Minuten weiterschlagen. Mehl mit Speisestärke und Backpulver mischen, auf die Eigelbcreme sieben und kurz auf niedrigster Stufe unterrühren. Eiweiß steif schlagen und unterheben. Butter kurz unterrühren. Teig in eine Springform (Ø 28 cm, Boden gefettet, mit Backpapier belegt) füllen und glatt streichen. Die Form auf dem Rost in den Backofen schieben.
Ober-/Unterhitze: etwa 180 °C (vorgeheizt)
Heißluft: ewa 160 °C (vorgeheizt)
Gas: Stufe 2–3 (vorgeheizt)
Backzeit: etwa 30 Minuten.

2. Biskuitboden aus der Form lösen, auf einen mit Backpapier belegten Kuchenrost stürzen und erkalten lassen. Anschließend mitgebackenes Backpapier abziehen und den Boden zweimal waagerecht durchschneiden.

3. Für den mittleren und kleinen Boden den Teig ebenso zubereiten und gleich hoch in zwei Springformen (Ø 20 cm und 16 cm, Böden gefettet, mit Backpapier belegt) füllen. Die Springformen nebeneinander auf dem Rost in den Backofen schieben und **bei gleicher Backofeneinstellung 20–25 Minuten backen.** Anschließend die Böden ebenso auf Kuchenrosten erkalten lassen und jeden Boden zweimal waagerecht durchschneiden.

4. Für die helle Buttercreme aus Pudding-Pulver, Zucker und Milch nach Packungsanleitung einen Pudding zubereiten. Sofort Frischhaltefolie direkt auf den heißen Pudding geben und erkalten lassen (nicht kalt stellen). Anschließend Butter mit Handrührgerät mit Rührbesen auf höchster Stufe geschmeidig rühren. Pudding nach und nach darunter geben, dabei darauf achten, dass Pudding und Butter Zimmertemperatur haben, da die Creme sonst gerinnt. Die dunkle Buttercreme ebenso mit den angegebenen Zutaten zubereiten.

5. Unteren großen Boden (Ø 28 cm) mit gut der Hälfte der Kirschkonfitüre bestreichen und mittleren Boden auflegen. Zwei Drittel der hellen Creme abnehmen, restliche helle Creme für den kleinen Boden beiseite stellen. Mit gut der Hälfte der großen Menge Creme mittleren großen Boden bestreichen, oberen Boden auflegen und andrücken. Tortenrand und -oberfläche mit der restlichen hellen Creme bestreichen.

6. Den unteren mittelgroßen Biskuitboden (Ø 20 cm) mit Aprikosenkonfitüre bestreichen, mittleren Boden auflegen, mit der Hälfte der dunklen Buttercreme bestreichen, oberen Boden auflegen und Tortenoberfläche und -rand mit der restlichen Buttercreme (etwas zum Verzieren in einen Spritzbeutel mit Lochtülle geben und beiseite legen) bestreichen.

7. Unteren kleinen Boden (Ø 16 cm) mit der restlichen Kirschkonfitüre bestreichen, mittleren Boden auflegen, mit gut der Hälfte der zurückgestellten hellen Creme bestreichen und oberen Boden auflegen. Torte rundherum mit der restlichen Creme bestreichen und kalt stellen.

8. Mandeln in einer Pfanne ohne Fett leicht bräunen, auf einem Teller erkalten lassen und die Tortenränder damit bestreuen. Die Torten aufeinander setzen und die obere Tortenfläche und die Abstufungen der Torte mit der zurückgelassenen dunklen Creme verzieren. Die Torte mit halbierten kandierten Kirschen und Schokostreuseln garnieren.

Festtorte

Feuerwehrtorte

Beliebt

Insgesamt:
E: 74 g, F: 376 g, Kh: 594 g,
kJ: 26199, kcal: 6258

Für den Knetteig:
250 g Weizenmehl
1/2 TL Dr. Oetker Backin
75 g Zucker
1 Prise Salz
1 Ei (Größe M)
125 g Butter

Für den Belag:
1 Glas Sauerkirschen
(Abtropfgewicht 370 g)
1 Pck. Dr. Oetker Pudding-Pulver
Vanille-Geschmack
2 EL Zucker
250 ml (1/4 l) Milch

Für die Streusel:
75 g Weizenmehl
75 g Zucker
1 Pck. Dr. Oetker Vanillin-Zucker
75 g gemahlene Haselnusskerne
100 g weiche Butter

Zum Verzieren und Garnieren:
400 ml Schlagsahne
2 Pck. Dr. Oetker Sahnesteif
geschabte Schokolade

Zubereitungszeit: 30 Minuten

1. Für den Knetteig Mehl mit Backpulver mischen und in eine Rührschüssel sieben. Zucker, Salz, Ei und Butter hinzufügen. Die Zutaten mit Handrührgerät mit Knethaken zunächst kurz auf niedrigster, dann auf höchster Stufe gut durcharbeiten.
2. Anschließend den Teig kurz auf der bemehlten Arbeitsfläche verkneten. Sollte er kleben, ihn eine Zeit lang kalt stellen. Den Teig auf einem gefetteten Springformboden (Ø 28 cm) ausrollen und mehrmals mit einer Gabel einstechen. Den Springformrand um den Boden legen.
3. Für den Belag Kirschen in einem Sieb gut abtropfen lassen. Aus Pudding-Pulver, Zucker und Milch nach Packungsanleitung, aber nur mit 250 ml (1/4 l) Milch einen Pudding zubereiten. Die Kirschen unter den Pudding heben und die Masse auf dem Teig verteilen.
4. Für die Streusel Mehl in eine Rührschüssel sieben, mit Zucker, Vanillin-Zucker und Haselnusskernen mischen und Butter hinzufügen.
5. Alle Zutaten mit Handrührgerät mit Rührbesen zu Streuseln von gewünschter Größe verarbeiten und gleichmäßig auf der Kirsch-Pudding-Masse verteilen. Die Form auf dem Rost in den Backofen schieben.

Ober-/Unterhitze: etwa 180 °C (vorgeheizt)
Heißluft: etwa 160 °C (nicht vorgeheizt)
Gas: Stufe 2–3 (nicht vorgeheizt)
Backzeit: etwa 45 Minuten.

6. Die Torte noch etwa 15 Minuten in der Form auf einem Kuchenrost stehen lassen, dann Springformrand lösen und entfernen. Springformboden lösen, aber die Torte darauf erkalten lassen.
7. Sahne mit Sahnesteif steif schlagen, mit einem Esslöffel auf die Torte klecksen und mit Schokolade garnieren.

Tipp:
Die Torte nach Belieben mit Kakao bestäuben.

Feuerwehrtorte

Flickentorte mit Marzipan

Zum Verschenken

Insgesamt:
E: 107 g, F: 327 g, Kh: 812 g,
kJ: 27812, kcal: 6642

Für den Biskuitteig:
100 g Marzipan-Rohmasse
4 Eier (Größe M), 4 EL heißes Wasser
150 g Zucker
1 Pck. Dr. Oetker Vanillin-Zucker
1 Prise Salz, 100 g Weizenmehl
50 g Speisestärke
2 gestr. TL Dr. Oetker Backin

Für die Füllung:
2 Becher (je 150 g) Schokoladen-Sahne-Pudding aus dem Kühlregal
250 g Mascarpone (ital. Frischkäse)
3 EL gesiebter Puderzucker
1 gestr. EL gesiebtes Kakaopulver
1 Pck. (250 g) Blätterteiggebäck (Schweineöhrchen)
1 Glas Wild-Preiselbeeren (Einwaage 220 g)

Zum Bestreichen:
3 EL Aprikosenkonfitüre

Zum Garnieren:
150 g Marzipan-Rohmasse
50 g gesiebter Puderzucker
Speisefarbe nach Belieben
etwas aufgelöste Zartbitterschokolade

Zubereitungszeit: 80 Minuten, ohne Kühlzeit

1. Für den Teig Marzipan auf einer Haushaltsreibe grob raspeln. Eier und Wasser mit Handrührgerät mit Rührbesen auf höchster Stufe in 1 Minute schaumig schlagen. Zucker, Vanillin-Zucker und Salz mischen, mit den Marzipanraspeln in 1 Minute einstreuen, dann noch 2 Minuten weiterschlagen.

2. Mehl mit Speisestärke und Backpulver mischen, auf die Eiercreme sieben und kurz auf niedrigster Stufe unterrühren. Den Teig in eine Springform (Ø 26 cm, Boden mit Backpapier belegt) geben und glatt streichen. Die Form auf dem Rost in den Backofen schieben.
Ober-/Unterhitze: etwa 180 °C (vorgeheizt)
Heißluft: etwa 160 °C (nicht vorgeheizt)
Gas: Stufe 2–3 (nicht vorgeheizt)
Backzeit: 30–35 Minuten.

3. Den Boden aus der Form lösen, auf einen mit Backpapier belegten Kuchenrost stürzen und erkalten lassen. Anschließend mitgebackenes Backpapier vorsichtig abziehen und den Boden zweimal waagerecht durchschneiden.

4. Für die Füllung Pudding mit Mascarpone verrühren. Puderzucker mit Kakao mischen, hinzufügen und alles mit Handrührgerät mit Rührbesen auf höchster Stufe zu einer dicklichen Creme aufschlagen. Ein Viertel von der Schokocreme für den Rand abnehmen und kalt stellen.

5. Den unteren Biskuitboden auf eine Tortenplatte legen und einen Tortenring darumstellen. Eine Hälfte der restlichen Schokocreme auf den Biskuitboden geben und glatt streichen. Die Hälfte des Blätterteiggebäcks darauf legen und mit der Hälfte der Preiselbeeren bestreichen. Den mittleren Biskuitboden darauf legen und leicht andrücken. Restliche Schokocreme darauf verteilen. Restliches Blätterteiggebäck darauf geben und mit den restlichen Preiselbeeren bestreichen. Oberen Biskuitboden darauf legen und mit Konfitüre bestreichen. Die Torte 2 Stunden kalt stellen.

6. Zum Garnieren Marzipan mit Puderzucker verkneten. Nach Belieben Marzipan in mehreren Portionen mit Speisefarbe bunt einfärben. Die Marzipanmasse auf einer mit Puderzucker bestäubten Arbeitsfläche oder zwischen zwei Lagen Frischhaltefolie dünn ausrollen. Mit einem Teigrädchen unterschiedlich große Flicken ausschneiden.

7. Tortenring lösen und entfernen. Tortenrand mit der kalt gestellten Schokocreme bestreichen. Marzipanflicken auf die Tortenoberfläche legen, dabei sollten die Flicken aneinander leicht überlappen und über den Rand ragen.

8. Gegenüber liegende Flicken am Rand mit einem Holzstäbchen mehrfach einstechen (wie Nadelstiche beim Nähen). Aufgelöste Schokolade in einen kleinen Gefrierbeutel geben und eine kleine Ecke abschneiden. Die Löcher der Flicken mit der Schokolade verbinden, als wären die Flicken zusammengenäht.

Flickentorte mit Marzipan

Fliegenpilz-Torte

Fliegenpilz-Torte

Für Kinder

Insgesamt:
E: 129 g, F: 231 g, Kh: 433 g,
kJ: 18695, kcal: 4465

Für den All-in-Teig:
100 g Weizenmehl
2 gestr. TL Dr. Oetker Backin
100 g Zucker
1 Pck. Dr. Oetker Vanillin-Zucker
2 Eier (Größe M)
100 g Butter oder Margarine

Für die Beerencreme:
8 Blatt rote Gelatine
250 g Himbeerjoghurt
500 g Magerquark
50 g Zucker
1 Pck. Dr. Oetker Vanillin-Zucker
300 ml Schlagsahne
300 g vorbereitete Beerenfrüchte (Himbeeren, Brombeeren und Heidelbeeren)

Für den Guss:
125 ml ($1/8$ l) dunkelroter Himbeersirup
125 ml ($1/8$ l) Wasser
1 Pck. Tortenguss, rot

Zum Verzieren:
100 ml Schlagsahne

Zubereitungszeit: 50 Minuten, ohne Kühlzeit

1. Für den Teig Mehl und Backpulver mischen und in eine Rührschüssel sieben. Restliche Zutaten hinzufügen und alles mit Handrührgerät mit Rührbesen auf höchster Stufe in etwa 2 Minuten zu einem Teig verarbeiten.

2. Teig in eine Springform (Ø 26 cm, Boden gefettet, mit Backpapier belegt) füllen und glatt streichen. Die Form auf dem Rost in den Backofen schieben.
Ober-/Unterhitze: etwa 180 °C (vorgeheizt)
Heißluft: etwa 160 °C (vorgeheizt)
Gas: Stufe 2–3 (vorgeheizt)
Backzeit: etwa 25 Minuten.

3. Boden aus der Form lösen, auf einen Kuchenrost legen und erkalten lassen. Anschließend mitgebackenes Backpapier abziehen.

4. Für die Beerencreme eine Schüssel (etwa 3 l, oberer Ø etwa 26 cm) mit Frischhaltefolie auslegen. Gelatine nach Packungsanleitung einweichen. Joghurt mit Quark, Zucker und Vanillin-Zucker in einer Rührschüssel verrühren. Gelatine ausdrücken, auflösen und zunächst mit etwas von der Joghurt-Quark-Masse verrühren, dann mit der restlichen Masse verrühren.

5. Sahne steif schlagen und unterheben. Beerenfrüchte unterheben und die Masse in die vorbereitete Schüssel füllen. Masse mit dem Boden (evtl. etwas zurecht schneiden) belegen, Boden andrücken und die Schüssel etwa 3 Stunden kalt stellen.

6. Torte aus der Schüssel lösen, auf eine Tortenplatte stürzen und die Frischhaltefolie entfernen.

7. Für den Guss aus Himbeersirup, Wasser und Tortengusspulver nach Packungsanleitung, aber ohne Zucker einen Guss zubereiten, etwas abkühlen lassen und dann gleichmäßig über die Torte geben. Den Guss fest werden lassen.

8. Zum Verzieren Sahne steif schlagen, in einen Spritzbeutel mit großer Lochtülle füllen und einige flache Tupfen auf die Tortenoberfläche spritzen.

Tipp:
Sie können den Guss mit etwas Speisefarbe kräftiger rot färben.

Florentiner Nusstorte „Spezial"

Raffiniert – Gut vorzubereiten

Insgesamt:
E: 135 g, F: 509 g, Kh: 834 g,
kJ: 35969, kcal: 8595

Für den Biskuitteig:
75 g Butter
6 Eigelb (Größe M)
3 EL heißes Wasser
5 Tropfen Zitronen-Aroma
125 g Zucker
1 Pck. Dr. Oetker Vanillin-Zucker
100 g Marzipan-Rohmasse
100 g Weizenmehl
2 gestr. TL Dr. Oetker Backin
100 g gemahlene Haselnusskerne
6 Eiweiß (Größe M)

Für den Knetteig:
250 g Weizenmehl
1 gestr. TL Dr. Oetker Backin
100 g Zucker
175 g Butter oder Margarine

Für den Belag:
40 g Butter
40 g Zucker
40 ml Schlagsahne
10 g Honig
40 g abgezogene, gehobelte Mandeln

Zum Tränken:
60 g Zucker
1 1/2 EL Wasser
6 EL (gut 70 ml) Rum oder Orangensaft

Zum Bestreichen und Bestreuen:
100 g Halbbitter-Kuvertüre
200 g Nuss-Nougat
gehobelte, gebräunte Haselnusskerne

Zubereitungszeit: 60 Minuten, ohne Abkühlzeit

1. Für den Biskuitteig Butter zerlassen und abkühlen lassen. Eigelb mit Wasser und Aroma mit Handrührgerät mit Rührbesen auf höchster Stufe schaumig schlagen. Zucker und Vanillin-Zucker mischen, einstreuen und gut verrühren, bis sich der Zucker gelöst hat. Marzipan in sehr kleine Würfel schneiden und so lange unterrühren, bis eine gebundene Masse entstanden.

2. Mehl und Backpulver mischen, sieben und zusammen mit den Haselnusskernen kurz auf niedrigster Stufe unterrühren. Butter ebenfalls kurz unterrühren. Eiweiß sehr steif schlagen und vorsichtig unterheben. Den Teig in eine Springform (Ø 26 cm, Boden gefettet, mit Backpapier belegt) füllen. Die Form auf dem Rost in den Backofen schieben.
Ober-/Unterhitze: etwa 180 °C (vorgeheizt)
Heißluft: etwa 160 °C (nicht vorgeheizt)
Gas: Stufe 2–3 (nicht vorgeheizt)
Backzeit: etwa 40 Minuten.

3. Den Biskuitboden aus der Form lösen, auf einen mit Backpapier belegten Kuchenrost stürzen und erkalten lassen. Anschließend Backpapier abziehen.

4. Für den Knetteig Mehl mit Backpulver mischen und in eine Rührschüssel sieben. Zucker und Butter oder Margarine hinzufügen. Die Zutaten mit Handrührgerät mit Knethaken zunächst kurz auf niedrigster, dann auf höchster Stufe gut durcharbeiten. Anschließend den Teig auf der leicht bemehlten Arbeitsfläche kurz verkneten. Sollte er kleben, ihn in Folie gewickelt eine Zeit lang kalt stellen.

5. Aus dem Teig 2 Böden zubereiten. Dafür jeweils die Hälfte des Teiges auf dem Boden einer Springform (Ø 26 cm, Boden gefettet) ausrollen, mehrmals mit einer Gabel einstechen und einen Springformrand darumstellen.

6. Für den Belag Butter mit Zucker, Sahne und Honig in einem Topf unter Rühren gut aufkochen lassen. Mandeln unterrühren und die Masse gleichmäßig auf einen der Knetteigböden streichen. Die Formen nacheinander (bei Heißluft zusammen) auf dem Rost in den Backofen schieben.
Ober-/Unterhitze: etwa 200 °C (vorgeheizt)
Heißluft: etwa 180 °C (vorgeheizt)
Gas: Stufe 3-4 (vorgeheizt)
Backzeit: 12-15 Minuten je Boden.

7. Die Böden sofort vom Springformboden lösen. Den Mandelboden sofort in 16 Stücke schneiden und die Böden auf dem Springformboden erkalten lassen. Zum Tränken Zucker und Wasser in einem kleinen Topf unter Rühren erhitzen, bis der Zucker gelöst ist. Rum unterrühren. Den Biskuitboden von der Unter- und Oberseite damit tränken.

8. Zum Bestreichen Schokolade in kleine Stücke brechen und in einem kleinen Topf im Wasserbad bei schwacher Hitze geschmeidig rühren. Den Knetteigboden damit bestreichen und den Biskuitboden darauf legen. Nuss-Nougat nach Packungsanleitung auflösen, Tortenoberfläche und -rand damit bestreichen und den in Stücke geschnittenen Mandelboden darauf legen. Den Tortenrand mit Haselnusskernen bestreuen und die Torte in Alufolie verpackt 1-2 Tage an einem kühlen, trockenen Ort durchziehen lassen.

Florentiner Nusstorte „Spezial"

Frau-Holle-Torte

Beliebt

Insgesamt:
E: 52 g, F: 160 g, Kh: 391 g,
kJ: 13961, kcal: 3335

Für den Knetteig:
200 g Weizenmehl
1 gestr. TL Dr. Oetker Backin
100 g Zucker
1 Pck. Dr. Oetker Vanillin-Zucker
1 Eigelb (Größe M)
1 Ei (Größe M)
100 g Butter
1 EL Weizenmehl

Für den Belag:
500 g Apfelmus
100 g gemahlene Haselnusskerne
75 g abgetropfte Preiselbeeren
(aus dem Glas)

Für die Wölkchen:
1 Eiweiß (Größe M)
50 g gesiebter Puderzucker

Zubereitungszeit: 35 Minuten

1. Für den Teig Mehl mit Backpulver mischen und in eine Rührschüssel sieben. Zucker, Vanillin-Zucker, Eigelb, Ei und Butter hinzufügen. Die Zutaten mit Handrührgerät mit Knethaken zunächst kurz auf niedrigster, dann auf höchster Stufe gut durcharbeiten.
2. Anschließend den Teig auf der bemehlten Arbeitsfläche kurz verkneten. Sollte er kleben, ihn eine Zeit lang kalt stellen. Zwei Drittel des Teiges auf einem gefetteten Springformboden (Ø 26 cm) ausrollen und mit einer Gabel mehrmals einstechen. Den Springformrand darumlegen. Die Form auf dem Rost in den Backofen schieben und den Boden vorbacken.

Ober-/Unterhitze: etwa 200 °C (vorgeheizt)
Heißluft: etwa 180 °C (vorgeheizt)
Gas: Stufe 3–4 (vorgeheizt)
Backzeit: etwa 15 Minuten.

3. Den Boden in der Form abkühlen lassen. Unter den restlichen Teig den Esslöffel Mehl kneten, Teig zu einer Rolle formen und diese als Rand auf den Teigboden legen. Die Rolle so an die Form drücken, dass ein etwa 3 cm hoher Rand entsteht.
4. Für den Belag Apfelmus, Haselnusskerne und Preiselbeeren vermischen und gleichmäßig auf den Teigboden streichen.
5. Für die Wölkchen Eiweiß steif schlagen, Puderzucker nach und nach unterschlagen. Eischnee in einen Spritzbeutel mit kleiner Lochtülle füllen und als kleine Wölkchen auf den Belag spritzen. Torte wieder in den Backofen schieben.

Ober-/Unterhitze: etwa 160 °C (vorgeheizt)
Heißluft: etwa 140 °C (vorgeheizt)
Gas: Stufe 2–3 (vorgeheizt)
Backzeit: etwa 25 Minuten.

6. Die Torte in der Form auf einem Kuchenrost leicht abkühlen lassen, dann aus der Form lösen und vollständig erkalten lassen.

Frau-Holle-Torte

Frischkäsetorte mit Kirschen

Einfach zuzubereiten

Insgesamt:
E: 64 g, F: 257 g, Kh: 435 g,
kJ: 18631, kcal: 4450

Für den Tortenboden:
175 g Löffelbiskuits
100 g Butter

Für die Füllung:
1 Glas Sauerkirschen
(Abtropfgewicht 370 g)
150 ml Kirschsaft
50 g Zucker
25 g Speisestärke

Für den Belag:
4 Blatt weiße Gelatine
200 g Doppelrahm-Frischkäse
75 g Zucker
50 ml Milch
200 ml Schlagsahne

Für den Guss:
2 Blatt weiße Gelatine
100 ml Kirschsaft
1 EL Kirschwasser
50 g Zucker

Zum Verzieren:
100 ml Schlagsahne
1 EL Kirschwasser

Zubereitungszeit: 40 Minuten, ohne Kühlzeit

Frischkäsetorte mit Kirschen

1. Für den Boden Löffelbiskuits in einen Gefrierbeutel geben, den Beutel verschließen, Biskuits mit einer Teigrolle fein zerdrücken und in eine Schüssel geben.
2. Butter zerlassen, zu den Bröseln geben und gut verrühren. Einen Springformrand (Ø 26 cm) auf eine mit Tortenspitze oder Backpapier belegte Tortenplatte stellen. Die Masse gleichmäßig darin verteilen und mit Hilfe eines Löffels gut zu einem Boden andrücken.
3. Für die Füllung Sauerkirschen in einem Sieb abtropfen lassen, dabei den Saft auffangen und 150 ml für die Füllung und 100 ml für den Guss abmessen.
4. Den Kirschsaft für die Füllung (150 ml) mit Kirschwasser und Zucker mischen. 3 Esslöffel davon abnehmen und die Speisestärke damit anrühren, den restlichen Saft zum Kochen bringen. Die angerührte Speisestärke unterrühren und einmal aufkochen lassen. Die Kirschen unterrühren, die Masse auf den Boden geben und glatt streichen.
5. Für den Belag die Gelatine nach Packungsanleitung einweichen. Frischkäse mit Zucker und Milch verrühren. Gelatine leicht ausdrücken, in einem kleinen Topf bei schwacher Hitze auflösen (nicht kochen) und unterrühren. Sahne steif schlagen und unterheben. Die Frischkäsecreme auf die Kirschmasse geben und glatt streichen. Die Torte etwa 2 Stunden kalt stellen.
6. Für den Guss Gelatine nach Packungsanleitung einweichen, dann ausdrücken und auflösen. Gelatine mit Kirschsaft (100 ml), Kirschwasser und Zucker verrühren und vorsichtig auf den Belag geben. Die Torte etwa 1 Stunde kalt stellen.
7. Vor dem Servieren Springformrand lösen und entfernen. Sahne steif schlagen, Kirschwasser unterrühren, in einen Spritzbeutel mit kleiner Lochtülle füllen und die Torte damit verzieren.

Tipp:
Für eine Torte ohne Alkohol kann das Kirschwasser ersatzlos weggelassen werden.

Frischkäse-Zitronen-Torte

Beliebt

Insgesamt:
E: 43 g, F: 140 g, Kh: 127 g,
kJ: 8392, kcal: 2004

Für den Boden:
100 g Löffelbiskuits
50 g Butter

Für die Füllung:
1 Beutel aus 1 Pck. Götterspeise
Zitronen-Geschmack
300 ml Wasser
65 g Zucker
100 g Doppelrahm-Frischkäse
1 EL Zitronensaft
200 ml Schlagsahne

**Zubereitungszeit: 40 Minuten,
ohne Kühlzeit**

Frischkäse-Zitronen-Torte

1. Für den Boden Löffelbiskuits in einen Gefrierbeutel geben, den Beutel verschließen, die Löffelbiskuits mit einer Teigrolle zerdrücken und in eine Schüssel geben. Butter zerlassen, zu den Löffelbiskuits geben und gut verrühren.
2. Einen kleinen Springformrand (Ø 18 cm) auf eine kleine, mit Tortenspitze oder Backpapier belegte Tortenplatte stellen. Die Löffelbiskuitmasse gleichmäßig darin verteilen (2 Esslöffel davon zum Garnieren zurücklassen) und mit einem Löffel gut zu einem Boden andrücken. Boden kalt stellen.
3. Für die Füllung Götterspeise mit den hier angegebenen Mengen Wasser und Zucker nach Packungsanleitung anrühren. Götterspeise unter Rühren erhitzen, bis sie gelöst ist (nicht kochen lassen). Ein Drittel der Götterspeise in einen flachen Suppenteller gießen und kalt stellen.
4. Frischkäse mit Zitronensaft verrühren, die restlichen zwei Drittel Götterspeise unterrühren und kalt stellen. Sobald die Masse beginnt dicklich zu werden, Sahne steif schlagen und unterheben. Die Creme auf den Boden geben und glatt streichen. Die Torte 2–3 Stunden kalt stellen.
5. Die Torte mit Hilfe eines Messers vom Springformrand lösen und entfernen. Die Götterspeise auf dem Teller in Würfel schneiden und die Tortenoberfläche damit garnieren. Den Rand der Torte mit Hilfe eines Messers mit der zurückgelassenen Löffelbiskuitmasse garnieren.

Tipp:
Die Torte nach Belieben mit Melisseblättchen oder Erdbeeren garnieren.

Früchte-Joghurt-Torte

Für Gäste

Insgesamt:
E: 61 g, F: 124 g, Kh: 185 g,
kJ: 9081, kcal: 2172

Für den Boden:
100 g Löffelbiskuit, 50 g Butter

Für die Füllung:
4 Blatt weiße Gelatine
150 g Naturjoghurt, 50 g Zucker
1 Pck. Dr. Oetker Vanillin-Zucker
1 EL Zitronensaft
200 ml Schlagsahne

Für den Belag:
400 g vorbereitetes, frisches Obst,
z. B. Erdbeeren, Nektarinen, Pfirsiche
$^1/_2$ Pck. gezuckerter Tortenguss, klar
125 ml ($^1/_8$ l) Apfelsaft

**Zubereitungszeit: 40 Minuten,
ohne Kühlzeit**

1. Für den Boden Löffelbiskuits in einen Gefrierbeutel geben, den Beutel verschließen, die Löffelbiskuits mit einer Teigrolle zerdrücken und in eine Schüssel geben.
2. Butter zerlassen, zu den Löffelbiskuits geben und gut verrühren. Einen kleinen Springformrand (Ø 20 cm) auf eine kleine, mit Tortenspitze oder Backpapier belegte Tortenplatte stellen. Die Löffelbiskuitmasse gleichmäßig darin verteilen und mit einem Löffel gut zu einem Boden andrücken. Boden kalt stellen.
3. Für die Füllung Gelatine nach Packungsanleitung einweichen. Joghurt mit Zucker, Vanillin-Zucker und Zitronensaft verrühren. Gelatine leicht ausdrücken, in einem kleinen Topf bei schwacher Hitze auflösen (nicht kochen) und mit etwas von der Joghurtmasse verrühren, dann unter die restliche Joghurtmasse rühren.
4. Wenn die Creme beginnt dicklich zu werden, Sahne steif schlagen und unterheben. Die Creme auf den Boden geben und glatt streichen. Die Torte 2–3 Stunden kalt stellen.
5. Für den Belag die Torte mit dem vorbereiteten Obst belegen. Aus Tortenguss und Apfelsaft nach Packungsanleitung einen Guss zubereiten und auf dem Obst verteilen. Die Torte kalt stellen und den Guss fest werden lassen. Vor dem Servieren den Springformrand lösen und entfernen.

Tipp:
Torte gut gekühlt servieren.

Früchte-Joghurt-Torte

Fruchtkleckstorte

Für Kinder - dauert etwas länger

Insgesamt:
E: 128 g, F: 397 g, Kh: 634 g,
kJ: 27823, kcal: 6642

Für den Biskuitteig:
100 g Butter
4 Eier (Größe M)
3 EL heißes Wasser
150 g Zucker
1 Pck. Dr. Oetker Vanillin-Zucker
100 g Weizenmehl
50 g Speisestärke
3 gestr. TL Dr. Oetker Backin
100 g abgezogene, gemahlene Mandeln

Für den Knetteig:
150 g Weizenmehl
50 g Zucker
3 Tropfen Bittermandel-Aroma
100 g Butter oder Margarine

Für die Fruchtmassen:
6 Blatt weiße Gelatine
1 Dose Pfirsichhälften
(Abtropfgewicht 340 g)
300 g Erdbeeren
evtl. Zucker

Für die Füllung:
6 Blatt weiße Gelatine
500 g Naturjoghurt
1 Pck. Dr. Oetker Finesse Geriebene Zitronenschale
75 g Zucker
1 Pck. Dr. Oetker Vanillin-Zucker
400 ml Schlagsahne

Zum Garnieren:
Zitronenmelisse

Zubereitungszeit: 90 Minuten, ohne Kühlzeit

1. Für den Biskuitteig Butter zerlassen und abkühlen lassen. Eier und Wasser mit Handrührgerät mit Rührbesen auf höchster Stufe in 1 Minute schaumig schlagen. Zucker und Vanillin-Zucker mischen, in 1 Minute einstreuen, dann noch 2 Minuten weiterschlagen. Mehl mit Speisestärke und Backpulver mischen, auf die Eiercreme sieben und kurz auf niedrigster Stufe unterrühren. Zuletzt Mandeln und flüssige Butter kurz unterrühren. Den Teig in eine Springform (Ø 26 cm, Boden gefettet, mit Backpapier belegt) füllen, glatt streichen und die Form auf dem Rost in den Backofen schieben.
Ober-/Unterhitze: etwa 180 °C (vorgeheizt)
Heißluft: etwa 160 °C (vorgeheizt)
Gas: Stufe 2–3 (vorgeheizt)
Backzeit: etwa 30 Minuten.

2. Den Boden aus der Form lösen und auf einem Kuchenrost erkalten lassen. Anschließend mitgebackenes Backpapier abziehen und den Boden einmal waagerecht durchschneiden.

3. Für den Knetteig Mehl in eine Rührschüssel sieben. Restliche Zutaten hinzufügen und mit Handrührgerät mit Knethaken zunächst kurz auf niedrigster, dann auf höchster Stufe zu einem Teig verarbeiten. Den Teig auf einem Springformboden (Ø 26 cm, Boden gefettet) ausrollen, mehrfach mit einer Gabel einstechen, den Springformrand darumstellen und **den Boden bei gleicher Backofeneinstellung etwa 20 Minuten backen.** Anschließend den Boden vom Springformboden lösen, aber darauf auf einem Kuchenrost erkalten lassen.

4. Für die Fruchtmassen Gelatine einweichen. Pfirsiche gut abtropfen lassen. Erdbeeren waschen, putzen und die Früchte getrennt voneinander pürieren. Gelatine leicht ausdrücken, in einem kleinen Topf bei schwacher Hitze auflösen und jeweils die Hälfte davon mit einem Fruchtpüree verrühren. Erdbeerpüree evtl. mit etwas Zucker abschmecken.

5. Für die Füllung Gelatine einweichen. Joghurt mit Zitronenschale, Zucker und Vanillin-Zucker verrühren. Gelatine auflösen und zunächst mit etwas Joghurtmasse verrühren, dann unter die restliche Joghurtmasse rühren und kalt stellen. Sobald die Masse beginnt dicklich zu werden, Sahne steif schlagen und unterheben.

6. Knetteigboden auf eine Tortenplatte legen, mit etwas Pfirsichpüree bestreichen und einen Biskuitboden darauf legen. Tortenring oder gesäuberten Springformrand darumstellen. Gut zwei Drittel der Joghurtmasse auf den Boden streichen. Fruchtpürees nochmals durchrühren und jeweils gut die Hälfte davon getrennt in Gefrierbeutel füllen. Je eine Ecke abschneiden und viele Püreenester in die Joghurtcreme spritzen.

7. Den oberen Boden auflegen, andrücken und mit der restlichen Joghurtcreme bestreichen. Mit gut der Hälfte der restlichen Pürees die Oberfläche mit runden Püreeflächen verzieren, dazu mit einer runden Ausstechform Kreise markieren und diese mit Fruchtpüree ausfüllen. Die Torte 2–3 Stunden kalt stellen.

8. Tortenring oder Springformrand lösen und entfernen. Restliches Püree durchrühren und den Tortenrand damit besprenkeln. Torte mit Zitronenmelisse garnieren und bis zum Servieren kalt stellen.

Tipp:
Für die Fruchtpürees eignen sich auch andere Fruchtsorten.

Fruchtkleckstorte

Fruchtkuppel, geschichtet

Fruchtkuppel, geschichtet

Raffiniert

Insgesamt:
E: 111 g, F: 344 g, Kh: 508 g,
kJ: 24195, kcal: 5782

Für den All-in-Teig:
150 g Weizenmehl
3 gestr. TL Dr. Oetker Backin
150 g Zucker
1 Pck. Dr. Oetker Vanillin-Zucker
3 Eier (Größe M)
150 g Butter oder Margarine

Für die Füllung:
1 Papaya (etwa 400 g)
1 große Mango (etwa 400 g)
2 Sharonfrüchte (Kakis)
2 Karambolen (Sternfrucht)
1 Dose Ananas in Scheiben
(Abtropfgewicht 245 g)
8 Blatt weiße Gelatine
500 g Ricotta-Käse

50 ml Zitronensaft
75 g Zucker
400 ml Schlagsahne

Für den Guss:
1 Pck. Tortenguss, klar
250 ml ($^1/_4$ l) Flüssigkeit (Saft und Wasser)
30 g Zucker

Zubereitungszeit: 50 Minuten

1. Für den Teig Mehl und Backpulver mischen und in eine Rührschüssel sieben. Restliche Zutaten hinzufügen und alles mit Handrührgerät mit Rührbesen auf höchster Stufe in etwa 2 Minuten zu einem Teig verarbeiten. Teig in eine Springform (Ø 26 cm, Boden gefettet, mit Backpapier belegt) füllen und glatt streichen. Form auf dem Rost in den Backofen schieben.
   Ober-/Unterhitze: etwa 180 °C (vorgeheizt)
   Heißluft: etwa 160 °C (vorgeheizt)
   Gas: Stufe 2–3 (vorgeheizt)
   Backzeit: etwa 25 Minuten.
2. Den Boden auf einen mit Backpapier belegten Kuchenrost stürzen und erkalten lassen. Anschließend mitgebackenes Backpapier abziehen. Eine runde Schüssel (etwa 3 l, Ø etwa 26 cm) mit Frischhaltefolie auslegen.
3. Für die Füllung Papaya und Mango vorbereiten, beide Früchte in Spalten schneiden. Sharonfrüchte schälen und mit Karambolen in Scheiben schneiden. Ananasscheiben in einem Sieb abtropfen lassen, den Saft dabei auffangen. Mit einem Teil der Früchte die Schüsselwand vollständig auslegen, die restlichen Früchte würfeln. Den Boden einmal waagerecht durchschneiden.
4. Gelatine nach Packungsanleitung einweichen. Ricotta mit Zitronensaft und Zucker in einer Schüssel verrühren. Gelatine leicht ausdrücken, in einem kleinen Topf bei schwacher Hitze auflösen (nicht kochen). Gelatine zunächst mit etwas Ricotta-Masse verrühren, dann unter die restliche Masse rühren. Sobald die Masse beginnt dicklich zu werden, Sahne steif schlagen und unterheben.
5. Die Creme vierteln, eine Portion davon auf die Früchte in der Schüssel geben und die Fruchtfläche vorsichtig damit bestreichen. Den oberen Boden bis zur Mitte einschneiden und vorsichtig flächig auf die Creme legen, dabei den Anschnitt übereinander klappen und den Boden andrücken. Eine weitere Portion Creme in die Schüssel füllen und waagerecht glatt streichen.
6. Restliche Fruchtwürfel halbieren, eine Hälfte davon auf der Cremeschicht verteilen und mit der dritten Portion Creme bedecken. Die zweite Fruchthälfte darauf verteilen und mit der vierten Portion Creme bestreichen. Den zweiten Boden darauf legen und gut andrücken. Die Kuppel etwa 3 Stunden kalt stellen.
7. Kuppel auf eine Tortenplatte stürzen und Frischhaltefolie abziehen. Tortenguss nach Packungsanleitung mit Ananassaft, Wasser und Zucker zubereiten, die Kuppel mit einem Pinsel damit bestreichen und fest werden lassen. Kuppel nach Belieben mit steif geschlagener Sahne verzieren und mit Obst garnieren.

Frühlingstraum

Fruchtig

Insgesamt:
E: 63 g, F: 218 g, Kh: 357 g,
kJ: 15711, kcal: 3752

Für den Boden:
200 g Löffelbiskuits
100 g Butter

Für die Füllung:
750 g Rhabarber
100 g Zucker
250 g Erdbeeren
50–60 g Speisestärke

Für den Belag:
250 ml (¼ l) Schlagsahne
1 Pck. Dr. Oetker Sahnesteif
250 g Sahnequark
2 Pck. Dr. Oetker Vanillin-Zucker
Saft von 1 Zitrone

Zum Garnieren:
1 EL gesiebter Puderzucker
1 TL gehackte Minzeblätter
1–2 EL geröstete, gehobelte Mandeln

Zubereitungszeit: 60 Minuten, ohne Kühlzeit

1. Für den Boden Löffelbiskuits in einen Gefrierbeutel geben, ihn verschließen und die Biskuits mit einer Teigrolle zerbröseln.
2. Butter zerlassen, zu den Bröseln geben und gut vermengen. Einen Springformrand (Ø 26 cm) auf eine mit Tortenspitze oder Backpapier belegte Tortenplatte stellen. Die Bröselmasse darin verteilen und mit einem Löffel gleichmäßig zu einem Boden andrücken.
3. Für die Füllung Rhabarber putzen, evtl. abziehen, in Stücke schneiden, in einem Topf mit dem Zucker mischen und etwa 15 Minuten durchziehen lassen. Erdbeeren waschen, gut abtropfen lassen, putzen und vierteln (einige Erdbeeren zum Garnieren beiseite legen). Rhabarber mit dem entstandenen Saft in einem Topf einige Minuten weich dünsten.
4. Speisestärke mit wenig Wasser anrühren, zum Rhabarber geben und alles unter Rühren kurz aufkochen lassen. Erdbeeren hinzufügen, die Masse mit Zucker abschmecken und das Kompott auf dem Bröselboden verteilen. Die Torte kalt stellen.
5. Für den Belag Springformrand lösen und entfernen. Sahne mit Sahnesteif steif schlagen. Quark mit Vanillin-Zucker und Zitronensaft verrühren und die Sahne unterheben. Creme auf das erkaltete Kompott geben und mit einem Löffel wellenförmig verteilen.
6. Restliche Erdbeeren in Scheiben schneiden, mit Puderzucker und gehackten Minzeblättern vermengen und auf der Torte verteilen. Den Rand der Torte mit Mandeln bestreuen.

Frühlingstraum

Führerscheintorte

Zum Verschenken

Insgesamt:
E: 97 g, F: 460 g, Kh: 534 g,
kJ: 28614, kcal: 6838

Für den Schüttelteig:
125 g Butter
200 g Weizenmehl
1 Pck. Dr. Oetker Backin
175 g Zucker
1 Pck. Dr. Oetker Vanillin-Zucker
100 g Kokosraspel
50 g Hartweizengrieß
3 Eier (Größe M)
100 ml Speiseöl

Für die Fruchtcreme:
300 g TK-Himbeeren
300 g TK-Heidelbeeren
10 Blatt rote oder weiße Gelatine
300 g Himbeer-Sahnejoghurt
300 ml Schlagsahne
40 g Zucker

Zum Bestreichen und Verzieren:
150 ml Schlagsahne
1 geh. TL Dr. Oetker Sahnesteif
evtl. 1 EL Kokoslikör

Zubereitungszeit: 40 Minuten, ohne Kühlzeit

Führerscheintorte

1. Für den Teig Butter zerlassen und abkühlen lassen. Mehl und Backpulver mischen, mit den restlichen Zutaten in einen Schüttelbecher (etwa 2 l) oder eine verschließbare Schüssel geben und mehrmals kräftig schütteln (insgesamt 15–30 Sekunden), so dass alle Zutaten gut vermischt sind.
2. Teig nochmals kurz mit einem Rührlöffel oder Teigschaber durchrühren, damit die trockenen Zutaten vom Rand mit untergerührt werden. Teig in eine Springform (Ø 26 cm, Boden gefettet) füllen und glatt streichen. Die Form auf dem Rost in den Backofen schieben.
   Ober-/Unterhitze: etwa 180 °C (vorgeheizt)
   Heißluft: etwa 160 °C (nicht vorgeheizt)
   Gas: Stufe 2–3 (nicht vorgeheizt)
   Backzeit: etwa 35 Minuten.
3. Den Boden vom Springfomrand lösen, aber auf dem Springformboden erkalten lassen. Anschließend den Boden einmal waagerecht durchschneiden, unteren Boden auf eine Tortenplatte legen und einen Tortenring oder den gesäuberten Springformrand darumstellen.
4. Für die Fruchtcreme Himbeeren und Heidelbeeren auftauen lassen und durch ein Sieb streichen. Gelatine nach Packungsanleitung einweichen.
5. Joghurt mit dem Fruchtpüree in eine Schüssel geben, Gelatine leicht ausdrücken, in einem kleinen Topf bei schwacher Hitze auflösen (nicht kochen), mit etwas von dem Fruchtpüree verrühren und dann unter das restliche Püree rühren. Sahne mit Zucker steif schlagen, unterheben und die Fruchtcreme kalt stellen.
6. Wenn die Fruchtcreme beginnt dicklich zu werden, die Hälfte davon auf den Boden geben und glatt streichen. Den oberen Boden auflegen, leicht andrücken und die zweite Hälfte der Fruchtcreme einfüllen. Fruchtcreme glatt streichen und die Torte 2–3 Stunden kalt stellen.
7. Zum Bestreichen und Verzieren Sahne mit Sahnesteif steif schlagen und nach Belieben Likör unterrühren. Die Hälfte der Sahne in einen Spritzbeutel mit kleiner Lochtülle füllen. Tortenring oder Springformrand lösen und entfernen und Rand der Torte mit der restlichen Sahne bestreichen. Mit der Sahne aus dem Spritzbeutel die Torte als Stoppschild verzieren. Die Torte bis zum Servieren kalt stellen.

Fürsten-Käsetorte

Für Gäste

Insgesamt:
E: 222 g, F: 296 g, Kh: 663 g,
kJ: 27006, kcal: 6448

Für den Knetteig:
200 g Weizenmehl
1 gestr. TL Dr. Oetker Backin
100 g Butter
50 g gesiebter Puderzucker
1 Pck. Dr. Oetker Vanillin-Zucker
50 g Marzipan-Rohmasse
1 Prise Salz

2 EL Aprikosenkonfitüre
1 heller Wiener Boden (etwa 1 cm hoch)

Für die Quarkmasse:
100 g Butter, 1 kg Magerquark
180 g Zucker
45 g Speisestärke
3 gestr. TL Dr. Oetker Backin
3 Eier (Größe M)
Saft und abgeriebene Schale von 1 Bio-Zitrone (unbehandelt, ungewachst)
200 ml Milch oder Schlagsahne

Für die Mandelmasse:
50 g Butter
70 g Zucker
1 Ei (Größe M)
50 g abgezogene, gehobelte Mandeln

Zubereitungszeit: 45 Minuten, ohne Abkühlzeit

1. Für den Knetteig Mehl mit Backpulver mischen und in eine Rührschüssel sieben. Die anderen Zutaten hinzufügen und mit Handrührgerät mit Knethaken zunächst auf niedrigster, dann auf höchster Stufe gut durcharbeiten. Teig anschließend auf der leicht bemehlten Arbeitsfläche kurz verkneten.

2. Die Hälfte des Teiges auf dem Boden einer Springform (Ø 28 cm, Boden gefettet) ausrollen, mehrmals mit einer Gabel einstechen und den Springformrand darumlegen. Die Form auf dem Rost in den Backofen schieben und den Boden vorbacken.
   Ober-/Unterhitze: etwa 200 °C (vorgeheizt)
   Heißluft: etwa 180 °C (vorgeheizt)
   Gas: Stufe 3–4 (vorgeheizt)
   Backzeit: etwa 12 Minuten.

3. Die Form auf einen Kuchenrost stellen und etwas abkühlen lassen. Die übrige Teighälfte zu einer Rolle formen, sie als Rand auf den vorgebackenen, leicht abgekühlten Boden legen und etwa 3 cm am Springformrand hochdrücken. Dann den Boden mit Konfitüre bestreichen und mit dem Wiener Boden belegen.

4. Für die Quarkmasse Butter zerlassen und abkühlen lassen. Butter mit den restlichen Zutaten in einer Schüssel glatt rühren und auf dem Boden in der Form glatt streichen.

5. Für die Mandelmasse Butter zerlassen und abkühlen lassen. Butter mit Zucker und Ei verrühren und die Mandeln unterrühren.

6. Die Masse gleichmäßig auf der Quarkmasse verteilen und die Form auf dem Rost in den Backofen schieben.
   Ober-/Unterhitze: etwa 180 °C (vorgeheizt)
   Heißluft: etwa 160 °C (nicht vorgeheizt)
   Gas: Stufe 2–3 (nicht vorgeheizt)
   Backzeit: etwa 60 Minuten.

7. Torte in der Form auf einem Kuchenrost erkalten lassen

Tipp:
Anstelle des gekauften Wiener Bodens können Sie selbst einen Wiener Boden (Biskuitteig) aus 1 Ei, 1 Esslöffel heißem Wasser, 40 g Zucker, 1 Päckchen Vanillin-Zucker, 50 g Weizenmehl, 25 g Speisestärke, $1/2$ Teelöffel Backpulver und 25 g zerlassener Butter zubereiten, in einer Springform (Ø 28 cm, gefettet, mit Backpapier belegt) bei Ober-/Unterhitze: etwa 180 °C (vorgeheizt)/Heißluft: etwa 160 °C (vorgeheizt)/Gas: Stufe 2–3 (vorgeheizt) etwa 20 Minuten backen.

Fürsten-Käsetorte

Fürst-Pückler-Eistorte

Einfach

Insgesamt:
E: 75 g, F: 216 g, Kh: 621 g,
kJ: 20760, kcal: 4961

Für den Boden:
1 Pck. (100 g) Blätterteig-Brezeln
50 g Zartbitterschokolade

Für die Füllung:
1 Pck. (750 ml) Vanille-Eiscreme
1 Pck. (750 ml) Schokoladen-Eiscreme
1 Pck. (750 ml) Erdbeer-Eiscreme

Zum Garnieren und Verzieren:
250 g Erdbeeren
50 g weiße Kuvertüre
20 g Kokosfett
250 ml ($^1/_4$ l) Schlagsahne

Zubereitungszeit: 30 Minuten, ohne Gefrierzeit

1. Für den Boden einen Springformrand (Ø 26 cm) auf eine mit Tortenspitze oder Backpapier belegte Tortenplatte stellen und dicht mit den Blätterteigbrezeln auslegen. Die Schokolade in einem kleinen Topf im Wasserbad bei schwacher Hitze geschmeidig rühren und die Brezeln damit besprenkeln. Den Boden einfrieren.
2. Für die Füllung alle Eiscremesorten leicht antauen lassen und getrennt in Schüsseln cremig rühren. Jede Sorte in einen Spritzbeutel mit großer Sterntülle füllen und abwechselnd von außen nach innen je einen Ring pro Sorte auf den Gebäckboden spritzen. Den Vorgang bis zur Tortenmitte wiederholen.
3. Bei der zweiten Lage mit einer anderen Sorte außen anfangen. Den Vorgang so lange wiederholen, bis die Eiscremes verbraucht sind. Die Torte einige Stunden gefrieren lassen.
4. Zum Garnieren und Verzieren Erdbeeren waschen und abtropfen lassen. Kuvertüre mit Kokosfett in einem kleinen Topf im Wasserbad bei schwacher Hitze geschmeidig rühren. Die Erdbeeren etwa zur Hälfte eintauchen und die Kuvertüre fest werden lassen.
5. Den Tortenring oder Springformrand entfernen, Sahne steif schlagen, in einen Spritzbeutel mit großer Sterntülle füllen und in Ringen auf die Torte spritzen. Die Eistorte mit den Erdbeeren garnieren.

Tipp:
Um die Eiscremeringe zügig spritzen zu können, können auch Einmal-Spritztüten für jede Eiscreme-Sorte verwendet werden.

Abwandlung:
Statt der Blätterteig-Brezeln Löffelbiskuits (nicht zerbröselt) für den Boden verwenden.

Hinweis:
Angetaute und wieder eingefrorene Eiscreme nach dem Servieren nicht nochmals einfrieren.

Fürst-Pückler-Eistorte

Fürst-Pückler-Torte, fruchtig

Klassisch

Insgesamt:
E: 171 g, F: 386 g, Kh: 609 g,
kJ: 27761, kcal: 6628

Für den Rührteig:
125 g Butter oder Margarine
125 g Zucker
1 Pck. Dr. Oetker Vanillin-Zucker
1 Pck. Dr. Oetker Finesse Orangenfrucht
3 Eier (Größe M)
200 g Weizenmehl
1 gestr. TL Dr. Oetker Backin

Außerdem:
1 geh. TL Kakaopulver
1 TL Zucker
1 EL Milch

Für die Füllungen:
1 kleine Dose Mandarinen
(Abtropfgewicht 235 g)
1 EL Zitronensaft
400 g Erdbeeren
50 g Zucker
1 EL Zitronensaft
12 Blatt weiße Gelatine
500 g Ricotta-Käse
250 g Speisequark (20 % Fett)
50 g Zucker
2 Pck. Dr. Oetker Vanillin-Zucker
400 ml Schlagsahne

Für den Belag:
125 g Marzipan-Rohmasse
25 g Puderzucker

Zum Bestreichen:
2 EL rotes Johannisbeergelee

Zubereitungszeit: 60 Minuten, ohne Kühlzeit

Fürst-Pückler-Torte, fruchtig

1. Für den Teig Butter oder Margarine mit Handrührgerät mit Rührbesen auf höchster Stufe geschmeidig rühren. Nach und nach Zucker, Vanillin-Zucker und Orangenfrucht unterrühren. So lange rühren, bis eine gebundene Masse entstanden ist. Eier nach und nach unterrühren (jedes Ei etwa $1/2$ Minute). Mehl mit Backpulver mischen, sieben und in 2 Portionen auf mittlerer Stufe unterrühren. Den Teig halbieren, eine Hälfte in eine Springform (Ø 26 cm, Boden gefettet, mit Backpapier belegt) geben und glatt streichen. Die Form auf dem Rost in den Backofen schieben.
Ober-/Unterhitze: etwa 180 °C (vorgeheizt)
Heißluft: etwa 160 °C (vorgeheizt)
Gas: Stufe 2–3 (vorgeheizt)
Backzeit: etwa 25 Minuten.
2. Boden aus der Form lösen, auf einen mit Backpapier belegten Kuchenrost stürzen und erkalten lassen, anschließend mitgebackenes Backpapier abziehen.
3. In der Zwischenzeit die zweite Teighälfte mit Kakao, Zucker und Milch verrühren. Die Springform säubern, Boden fetten, mit Backpapier belegen und den dunklen Teig einfüllen. Form auf dem Rost in den Backofen schieben und **bei gleicher Backofeneinstellung ebenfalls etwa 25 Minuten backen.** Anschließend den dunklen Boden ebenfalls auf einen mit Backpapier belegten Kuchenrost stürzen und erkalten lassen, dann mitgebackenes Backpapier abziehen.
4. Für die Füllungen Mandarinen abtropfen lassen, etwas Saft dabei auffangen und 12 schöne Stücke darin bis zum Servieren kalt stellen. Restliche Mandarinen mit Zitronensaft fein pürieren. 6 kleine Erdbeeren zum Garnieren beiseite legen. Restliche Erdbeeren waschen, abtropfen lassen, putzen, pürieren, durch ein Sieb streichen und mit Zucker und Zitronensaft verrühren.
5. Gelatine nach Packungsanleitung einweichen. Ricotta mit Quark, Zucker und Vanillin-Zucker verrühren. Gelatine leicht ausdrücken und in einem kleinen Topf bei schwacher Hitze unter Rühren auflösen (nicht kochen). Aufgelöste Gelatine mit etwas von der Ricottamasse verrühren, dann unter die restliche Ricottamasse rühren. Sahne steif schlagen und unterheben. Die Creme halbieren. Unter eine Hälfte Mandarinenpüree, unter die andere Hälfte Erdbeerpüree heben.
6. Den dunklen Boden auf eine Tortenplatte legen und einen Springformrand oder Tortenring darumstellen. Mandarinencreme einfüllen, glatt streichen und etwa 30 Minuten kalt stellen. Anschließend Erdbeercreme vorsichtig darauf streichen, den hellen Boden auflegen, andrücken und die Torte bis zum Servieren kalt stellen.
7. Für den Belag Marzipan mit Puderzucker verkneten, auf der mit Puderzucker bestäubten Arbeitsfläche zu einer Platte (Ø 24 cm) ausrollen und mit einem Teigrädchen in 12 Stücke teilen.
8. Springformrand oder Tortenring lösen und entfernen. Tortenoberfläche mit glatt gerührtem Gelee bestreichen und mit den Marzipanstücken belegen. Die Tortenstücke mit den zurückgestellten Mandarinen und halbierten Erdbeeren garnieren.

Gänsefüßchen-Torte

Für Kinder

Insgesamt:
E: 80 g, F: 313 g, Kh: 486 g,
kJ: 21344, kcal: 5094

**Zum Vorbereiten
für die Schokoladensahne:**
150 g Zartbitterschokolade
500 ml (1/2 l) Schlagsahne
2 Pck. Dr. Oetker Vanillin-Zucker

Für den Biskuitteig:
30 g Butter
4 Eier (Größe M)
150 g Zucker
1 Pck. Dr. Oetker Vanillin-Zucker
150 g Weizenmehl
25 g Speisestärke
1 gestr. TL Dr. Oetker Backin
20 g Kakaopulver

Für die Füllung:
1 Glas Sauerkirschen
(Abtropfgewicht 350 g)
4–6 EL Kirschsaft aus dem Glas
zum Tränken

Zum Verzieren:
50 g Zartbitterschokolade
100 ml Schlagsahne

Zubereitungszeit: 40 Minuten

Gänsefüßchen-Torte

1. Zum Vorbereiten für die Schokoladensahne Schokolade grob hacken. Sahne mit Vanillin-Zucker aufkochen lassen, von der Kochstelle nehmen und Schokolade darin unter Rühren auflösen. Schokosahne in eine Rührschüssel füllen und zugedeckt über Nacht kalt stellen.

2. Für den Teig Butter zerlassen und abkühlen lassen. Eier mit Handrührgerät mit Rührbesen auf höchster Stufe in 1 Minute schaumig schlagen. Zucker und Vanillin-Zucker mischen, in 1 Minute einstreuen, dann noch 2 Minuten weiterschlagen. Mehl mit Speisestärke, Backpulver und Kakao mischen, die Hälfte davon auf die Eiercreme sieben und kurz auf niedrigster Stufe unterrühren. Restliches Mehlgemisch auf die gleiche Weise unterarbeiten. Zuletzt die Butter kurz unterrühren.

3. Den Teig in eine Springform (Ø 26 cm, Boden gefettet, mit Backpapier belegt) füllen, glatt streichen und die Form sofort auf dem Rost in den Backofen schieben.
Ober-/Unterhitze: etwa 180 °C (vorgeheizt)
Heißluft: etwa 160 °C (vorgeheizt)
Gas: Stufe 2–3 (vorgeheizt)
Backzeit: etwa 25 Minuten.

4. Boden nach dem Backen auf einen mit Backpapier belegten Kuchenrost stürzen und erkalten lassen. Anschließend mitgebackenes Backpapier abziehen und den Boden einmal waagerecht durchschneiden.

5. Für die Füllung Kirschen in einem Sieb gut abtropfen lassen, den Saft dabei auffangen. Unteren Boden auf eine Tortenplatte legen und mit 2–3 Esslöffeln von dem Saft tränken. Schokoladensahne mit Handrührgerät mit Rührbesen steif schlagen. 3–4 Esslöffel der Sahne auf den getränkten Boden streichen und die Kirschen darauf verteilen, dabei am Rand 1 cm frei lassen.

6. Oberen Boden auflegen, leicht andrücken und mit 2–3 Esslöffeln von dem Kirschsaft tränken. Die Torte rundherum mit der restlichen Schokoladensahne einstreichen.

7. Zum Verzieren Schokolade grob hacken, in einem Topf im Wasserbad bei schwacher Hitze geschmeidig rühren und in ein Papiertütchen oder einen kleinen Gefrierbeutel füllen. Eine kleine Ecke abschneiden und die Schokolade über die Torte sprenkeln. Sahne steif schlagen, in einen Spritzbeutel mit kleiner Lochtülle füllen und „Gänsefüßchen" dekorativ auf die Torte spritzen. Die Torte mindestens 1 Stunde kalt stellen.

Tipp:
Sie können den Biskuit schon am Vortag backen, so lässt er sich am nächsten Tag besonders gut durchschneiden.

Geburtstagstorte

Zum Verschenken – gut vorzubereiten

Insgesamt:
E: 103 g, F: 476 g, Kh: 961 g,
kJ: 35961, kcal: 8604

All-in-Teig für den runden Boden:
175 g Weizenmehl
3 gestr. TL Dr. Oetker Backin
175 g Zucker
1 Pck. Dr. Oetker Vanillin-Zucker
3 Eier (Größe M)
50 ml Orangensaft oder Cointreau (Orangenlikör)
175 g Butter oder Margarine

All-in-Teig für den eckigen Boden:
125 g Weizenmehl
20 g Kakaopulver
2 gestr. TL Dr. Oetker Backin
125 g Zucker
1 Pck. Dr. Oetker Vanillin-Zucker
2 Eier (Größe M)
50 ml Kirschsaft oder Cola-Getränk oder Kirschwasser
150 g Butter oder Margarine

Zum Füllen:
200 g Nuss-Nougat
125 g Kirschkonfitüre

Für den Guss:
300 g Vollmilch-Kuvertüre
2 EL Speiseöl

Zum Verzieren:
50 g weiße Kuvertüre

Zubereitungszeit: 50 Minuten, ohne Abkühlzeit

1. Für den runden Boden Mehl mit Backpulver mischen und in eine Rührschüssel sieben. Restliche Zutaten hinzufügen und alles mit Handrührgerät mit Rührbesen auf höchster Stufe in etwa 2 Minuten zu einem Teig verarbeiten. Den Teig in eine Springform (Ø 26 cm, Boden gefettet, mit Backpapier belegt) füllen, glatt streichen und die Form auf dem Rost in den Backofen schieben.
Ober-/Unterhitze: etwa 180 °C (vorgeheizt)
Heißluft: etwa 160 °C (vorgeheizt)
Gas: Stufe 2–3 (vorgeheizt)
Backzeit: etwa 30 Minuten.

2. Den Boden aus der Form lösen, auf einen mit Backpapier belegten Kuchenrost stürzen und erkalten lassen. Anschließend mitgebackenes Backpapier abziehen und den Boden einmal waagerecht durchschneiden.

3. Für den eckigen Boden Mehl mit Kakaopulver und Backpulver mischen und in eine Rührschüssel sieben. Restliche Zutaten hinzufügen und alles mit Handrührgerät mit Rührbesen auf höchster Stufe in etwa 2 Minuten zu einem Teig verarbeiten. Ein Backblech mit Backpapier belegen. Einen Backrahmen (20 x 30 cm) darauf stellen und den Teig darin gleichmäßig glatt streichen. Das Backblech in den Backofen schieben.
Ober-/Unterhitze: etwa 200 °C (vorgeheizt)
Heißluft: etwa 180 °C (vorgeheizt)
Gas: Stufe 3–4 (vorgeheizt)
Backzeit: etwa 15 Minuten.

4. Den Boden aus dem Backrahmen lösen, auf einen mit Backpapier belegten Kuchenrost stürzen und erkalten lassen. Anschließend das Backpapier abziehen und die Kuchenplatte senkrecht halbieren, so dass zwei Hälften (je 20 x 15 cm) entstehen.

5. Zum Füllen Nougat in einem kleinen Topf im Wasserbad bei schwacher Hitze geschmeidig rühren und auf den unteren runden Boden streichen. Den oberen runden Boden darauf legen und gut andrücken. Eine rechteckige Kuchenhälfte mit der Kirschkonfitüre bestreichen, mit der anderen Kuchenhälfte bedecken und gut andrücken.

6. Für den Guss Kuvertüre grob hacken, mit dem Öl in einem Topf im Wasserbad bei schwacher Hitze geschmeidig rühren und die beiden Kuchen damit überziehen. Wenn die Kuvertüre etwas fest geworden ist, den eckigen auf den runden Kuchen setzen.

7. Zum Verzieren die weiße Kuvertüre in einem kleinen Topf im Wasserbad bei schwacher Hitze geschmeidig rühren, in ein Papiertütchen oder einen Gefrierbeutel füllen und eine kleine Ecke abschneiden. Die eckige Torte damit umranden und die Oberfläche damit beschriften. Die Verzierung fest werden lassen und die Torte bis zum Servieren in Alufolie verpackt an einem kühlen, trockenen Ort lagern.

Tipp:
Nach Belieben Marzipan-Rohmasse mit etwas Puderzucker verkneten, mit verschiedenen Speisefarben einfärben, Figuren daraus formen und die Torte damit garnieren (Foto). Tränken Sie die unteren Böden vor dem Füllen mit jeweils 2–3 Esslöffeln Orangensaft oder Cointreau.
Die Torte ist ohne Guss gefriergeeignet.

Geburtstagstorte

Gelati-Torte

Gut vorzubereiten

Insgesamt:
E: 54 g, F: 318 g, Kh: 631 g,
kJ: 24632, kcal: 5886

Für die Füllung:
750 ml (³/₄ l) Schokoladen-Eiscreme
mit Schokostückchen
100 g Amarenakirschen
500 ml (¹/₂ l) Schlagsahne
1 Pck. Dr. Oetker Sahnesteif
125 g Zucker
100 g Krokant
2 EL Amarenalikör

Für den Boden:
250 g Waffeltaler

Zum Verzieren:
125 ml (¹/₈ l) Schlagsahne
50 g Schokolade

Zubereitungszeit: 30 Minuten, ohne Gefrierzeit

1. Boden und Rand einer Springform (Ø 26 cm) mit Pergament- oder Backpapier auslegen und in das Gefrierfach stellen.
2. Für die Füllung Schokoladen-Eiscreme leicht antauen lassen und cremig rühren. Mit der Eismasse Boden und Rand der eiskalten Springform gleichmäßig ausstreichen und wieder gefrieren lassen.
3. Die Amarenakirschen grob hacken. Sahne mit Sahnesteif und Zucker steif schlagen. Kirschstücke, Krokant und Amarenalikör unterheben. Die Sahnemasse in die Form füllen und glatt streichen. Für den Boden die Waffeltaler auf die Sahnemasse legen und leicht andrücken. Die Torte einige Stunden gefrieren lassen.
4. Die Torte aus der Form lösen, auf eine Tortenplatte stürzen und das Papier abziehen. Zum Verzieren Sahne steif schlagen, in einen Spritzbeutel mit Lochtülle füllen und Tupfen auf die Torte spritzen. Schokolade in einem kleinen Topf im Wasserbad bei schwacher Hitze geschmeidig rühren und in ein Papiertütchen oder einen Gefrierbeutel füllen. Eine kleine Ecke abschneiden und die Sahnetupfen mit der Schokolade besprenkeln.

Hinweis:
Angetaute und wieder eingefrorene Eiscreme sollten Sie nach dem Servieren nicht nochmals einfrieren, sondern innerhalb des Tages verzehren.

Gelati-Torte

Geleeblüte

Einfach

Insgesamt:
E: 60 g, F: 329 g, Kh: 318 g,
kJ: 19521, kcal: 4665

Für den Schüttelteig:
150 g Butter oder Margarine
50 g Weizenmehl
3 gestr. TL Dr. Oetker Backin
125 g Zucker
1/2 TL gemahlener Zimt
1 Ei (Größe M)
125 g abgezogene, gemahlene Mandeln

Für den Belag:
50 g Raspelschokolade
400 ml Schlagsahne
2 Pck. Dr. Oetker Sahnesteif

Zum Garnieren:
100 g Geleefrüchte (nimm2 Lachgummi)
7 halbierte Ananasscheiben (aus der Dose)

Zubereitungszeit: 40 Minuten

1. Für den Teig Butter oder Margarine zerlassen und abkühlen lassen. Mehl mit Backpulver mischen, in eine verschließbare Schüssel (etwa 3 l) sieben und mit Zucker und Zimt vermengen. Ei, Butter oder Margarine und Mandeln hinzufügen. Die Schüssel mit dem Deckel fest verschließen.
2. Schüssel mehrmals (15–30 Sekunden) kräftig schütteln, so dass alle Zutaten gut vermischt sind. Alles mit einem Schneebesen oder Rührlöffel nochmals sorgfältig durchrühren, damit trockene Zutaten vom Rand mit untergerührt werden.
3. Den Teig in eine Springform (Ø 28 cm, Boden gefettet) füllen. Die Form auf dem Rost in den Backofen schieben.

Ober-/Unterhitze: etwa 180 °C (vorgeheizt)
Heißluft: etwa 160 °C (vorgeheizt)
Gas: Stufe 2–3 (vorgeheizt)
Backzeit: 25–30 Minuten.

4. Den Gebäckboden aus der Form lösen und auf einem mit Backpapier belegten Kuchenrost erkalten lassen, evtl. zugedeckt über Nacht stehen lassen, damit er sich besser schneiden lässt.
5. Den Gebäckboden rundherum so ausschneiden, dass eine Blüte entsteht. Die abgeschnittenen Gebäckreste fein zerbröseln.
6. Für den Belag drei Viertel der Gebäckbrösel mit drei Vierteln der Raspelschokolade vermischen. Sahne mit Sahnesteif steif schlagen und unterheben. Halbe Ananasringe als Begrenzung der Blütenblätter auf die Teigblüte legen. Die Füllung auf dem Blütenboden gleichmäßig verteilen.
7. Torte wie eine Blüte mit Geleefrüchten, restlichen Teigbröseln und restlicher Raspelschokolade garnieren.

Geleeblüte

Geschenktorte

Für Gäste

Insgesamt:
E: 125 g, F: 520 g, Kh: 746 g,
kJ: 35262, kcal: 8416

Für den All-in-Teig:
275 g Weizenmehl
2 gestr. TL Dr. Oetker Backin
150 g brauner Zucker
2 Pck. Dr. Oetker Vanillin-Zucker
3 Eier (Größe M)
150 ml Speiseöl
125 ml ($^1/_8$ l) Schlagsahne

Zum Bestreuen:
20 g Kokosraspel
25 g abgezogene, gehobelte Mandeln

Für den dunklen Teig:
2 gestr. TL Kakaopulver
50 g Vollmilch-Raspelschokolade
1 EL Milch

Für die Füllung:
1 Pck. Erdbeer-Sahne Tortencreme (Tortencremepulver)
600 ml Schlagsahne, 200 ml Wasser

Für den Belag:
250 g Marzipan-Rohmasse
75 g gesiebter Puderzucker
rote Speisefarbe

Zubereitungszeit: 50 Minuten, ohne Kühlzeit

Geschenktorte

1. Für den Teig Mehl mit Backpulver mischen und in eine Rührschüssel sieben. Übrige Zutaten hinzufügen und alles mit Handrührgerät mit Rührbesen zunächst auf niedrigster, dann auf höchster Stufe in etwa 2 Minuten zu einem Teig verrühren.
2. Ein Backblech (30 x 40 cm, gefettet, mit Backpapier belegt) mit einem mehrfach gefalteten Streifen Alufolie waagerecht in zwei lange Streifen (je 15 x 40 cm) einteilen. Teig halbieren, eine Portion auf eine Hälfte streichen und mit Kokosraspeln und gehobelten Mandeln bestreuen.
3. Unter die zweite Teigportion Kakao, Raspelschokolade und Milch rühren. Teig auf die andere Hälfte des Backblechs streichen, einen Alustreifen vor den Teig an den Backblechrand legen und das Backblech in den Backofen schieben.
   Ober-/Unterhitze: etwa 180 °C (vorgeheizt)
   Heißluft: etwa 160 °C (vorgeheizt)
   Gas: Stufe 2–3 (vorgeheizt)
   Backzeit: etwa 25 Minuten.
4. Gebäckplatten auf dem Backblech auf einem Kuchenrost erkalten lassen. Dann hellen und dunklen Gebäckstreifen vom Backpapier lösen und jeweils so halbieren, dass 2 helle und 2 dunkle Gebäckplatten von 20 x 15 cm entstehen.
5. Für die Füllung Tortencremepulver nach Packungsanleitung mit Schlagsahne und Wasser zubereiten. 4-5 Esslöffel davon zum Garnieren abnehmen und beiseite stellen. Restliche Tortencreme in drei Portionen teilen.
6. Eine helle Gebäckplatte auf eine Tortenplatte legen und mit einer Portion der Tortencreme bestreichen. Dunkle Platte auflegen und ebenfalls mit einer Portion der Creme bestreichen. Zweite helle Platte auflegen und mit der letzten Portion bestreichen. Letzten dunklen Boden auflegen, die Torte mit der beiseite gestellten Tortencreme bestreichen und etwa 2 Stunden kalt stellen.
7. Für den Belag Marzipan mit Puderzucker verkneten, halbieren und unter eine Hälfte rote Speisefarbe kneten. Aus einem Viertel des hellen und einem Viertel des roten Marzipans lange Bänder rollen und beiseite legen.
8. Seiten und Oberfläche abmessen, restliches helles und rotes Marzipan passend ausrollen. Eine beliebige Anzahl an kleinen Herzen mit einem Plätzchenausstecher aus den Marzipandecken ausstechen und beiseite legen. Torte mit dem ausgerollten Marzipan einkleiden.
9. Geschenktorte mit den beiseite gelegten Bändern und Herzen garnieren und bis zum Servieren an einen kühlen Ort stellen (nicht mehr in den Kühlschrank stellen).

Gewittertorte

Für Kinder

Insgesamt:
E: 71 g, F: 338 g, Kh: 564 g,
kJ: 23700, kcal: 5654

Für den Biskuitteig:
3 Eier (Größe M)
150 g Zucker
1 Pck. Dr. Oetker Vanillin-Zucker
200 g gemahlene Haselnusskerne
1 gestr. TL Dr. Oetker Backin

Für die Füllung:
3 Bananen
1–2 EL Zitronensaft
1 Glas Sauerkirschen
(Abtropfgewicht 370 g)
1 Pck. Dr. Oetker Pudding-Pulver
Sahne-Geschmack
75 g Zucker
400 ml Kirschsaft aus dem Glas,
mit Wasser aufgefüllt

Für den Belag:
600 ml Schlagsahne
3 Pck. Dr. Oetker Sahnesteif
30 g Puderzucker
2 EL Kakaogetränkepulver

Zum Verzieren:
3 EL fertige Vanillesauce
Kakaopulver

**Zubereitungszeit: 50 Minuten,
ohne Kühlzeit**

Gewittertorte

1. Für den Teig Eier mit Handrührgerät mit Rührbesen auf höchster Stufe in 1 Minute schaumig schlagen. Zucker und Vanillin-Zucker mischen, in 1 Minute einstreuen, dann noch 2 Minuten weiterschlagen. Nusskerne mit Backpulver mischen, die Hälfte davon auf die Eiercreme geben und kurz auf niedrigster Stufe unterrühren. Den Rest des Nussgemisches auf die gleiche Weise unterarbeiten. Einen Backrahmen (25 x 25 cm) auf ein mit Backpapier belegtes Backblech stellen, den Teig hineingeben und glatt streichen. Das Backblech in den Backofen schieben.

   Ober-/Unterhitze: etwa 180 °C (vorgeheizt)
   Heißluft: etwa 160 °C (vorgeheizt)
   Gas: Stufe 2–3 (vorgeheizt)
   Backzeit: etwa 20 Minuten.

2. Den Boden aus dem Backrahmen lösen, auf einen mit Backpapier belegten Kuchenrost stürzen und erkalten lassen. Anschließend mitgebackenes Backpapier abziehen.

3. Für die Füllung Bananen schälen, in dünne Scheiben schneiden, auf den Tortenboden legen, mit Zitronensaft bestreichen und den gesäuberten Backrahmen um den Boden stellen.

4. Sauerkirschen zum Abtropfen in ein Sieb geben, Saft dabei auffangen und 400 ml abmessen, evtl. mit Wasser auffüllen. Aus Pudding-Pulver, Zucker und dem Saft nach Packungsanleitung einen Pudding kochen und die Kirschen unterheben. Die Masse auf die Bananen geben und glatt streichen. Die Torte etwa 1 Stunde kalt stellen.

5. Für den Belag Sahne mit Sahnesteif und Puderzucker steif schlagen und knapp ein Drittel davon in einen Spritzbeutel mit Sterntülle füllen. Die Hälfte der restlichen Sahne auf den Kirschen verstreichen, die andere Hälfte mit Kakaogetränkepulver verrühren und mit einem Esslöffel als Wolken auf die Oberfläche setzen. Sahne aus dem Spritzbeutel als „Blitze" in die Zwischenräume spritzen. Die Torte etwa 1 Stunde kalt stellen.

6. Zum Verzieren Vanillesauce auf den „Blitzen" verteilen und die „Wolken" mit etwas Kakaopulver bestäuben.

Tipp:
Für Erwachsene können Sie statt Vanillesauce auch Eierlikör verwenden.
Das Kakaopulver kann auch durch Raspelschokolade ersetzt werden.

Gewürz-Mandel-Torte

Einfach

Insgesamt:
E: 88 g, F: 151 g, Kh: 557 g,
kJ: 17237, kcal: 4118

Für den Biskuitteig:
4 Eiweiß (Größe M)
4 Eigelb (Größe M)
1 Ei (Größe M)
200 g Zucker
1 Msp. gemahlene Nelken
$1/2$ gestr. TL gemahlener Zimt
1 Pck. Dr. Oetker Finesse Geriebene Zitronenschale
150 g abgezogene, gemahlene Mandeln
250 g Weizenmehl
50 g fein gehacktes Orangeat
50 g fein gehacktes Zitronat (Sukkade)

Zum Bestreichen:
100 g Vollmilch- oder Zartbitter-Kuvertüre

Zum Garnieren:
je 25 g Orangeat und Zitronat (Sukkade)

Zubereitungszeit: 40 Minuten, ohne Abkühlzeit

1. Für den Teig Eiweiß mit Handrührgerät mit Rührbesen so steif schlagen, dass ein Messerschnitt sichtbar bleibt. In einer anderen Schüssel Eigelb und Ei auf höchster Stufe in 1 Minute schaumig schlagen, Zucker in 1 Minute einstreuen, dann noch 2 Minuten weiterschlagen.

2. Gewürze hinzufügen, Mandeln und Mehl in 2 Portionen unterrühren. Eiweiß vorsichtig mit den Früchten unterheben. Teig in eine Rosetten- oder Blütenbackform (Ø 26 cm, gefettet, gemehlt) füllen. Form auf dem Rost in den Backofen schieben.
   Ober-/Unterhitze: etwa 180 °C (vorgeheizt)
   Heißluft: etwa 160 °C (nicht vorgeheizt)
   Gas: Stufe 2–3 (nicht vorgeheizt)
   Backzeit: etwa 45 Minuten.

3. Den Kuchen aus der Form lösen, auf einen mit Backpapier belegten Kuchenrost stürzen und erkalten lassen.

4. Zum Bestreichen Kuvertüre grob hacken und in einem kleinen Topf im Wasserbad bei schwacher Hitze geschmeidig rühren. Das Gebäck damit bestreichen.

5. Zum Garnieren die Kuchenoberfläche mit Orangeat und Zitronat bestreuen und den Guss fest werden lassen.

Gewürz-Mandel-Torte

Gloria-Torte

Beliebt

Insgesamt:
E: 84 g, F: 304 g, Kh: 497 g,
kJ: 22076, kcal: 5276

Für den Biskuitteig:
4 Eier (Größe M)
4 EL heißes Wasser
200 g Zucker
1 Pck. Dr. Oetker Vanillin-Zucker
200 g Weizenmehl
1 gestr. TL Dr. Oetker Backin

Für die Füllung:
4 Blatt weiße Gelatine
750 ml (3/4 l) Schlagsahne
50 g Zucker
2 Pck. Dr. Oetker Vanillin-Zucker
2 TL Instant-Kaffeepulver
2 EL Rum
100 g Zartbitter-Raspelschokolade
1 EL Kakaopulver

Zum Verzieren:
20 g Zartbitter-Kuvertüre

Zubereitungszeit: 50 Minuten

1. Für den Teig Eier und Wasser mit Handrührgerät mit Rührbesen auf höchster Stufe in 1 Minute schaumig schlagen. Zucker mit Vanillin-Zucker mischen, in 1 Minute einstreuen, dann noch 2 Minuten weiterschlagen.
2. Mehl und Backpulver mischen, die Hälfte davon auf die Eiercreme sieben und kurz auf niedrigster Stufe unterrühren. Restliches Mehlgemisch auf die gleiche Weise unterarbeiten.
3. Den Teig auf ein Backblech (30 x 40 cm, gefettet, mit Backpapier belegt) streichen und das Backblech in den Backofen schieben.

Ober-/Unterhitze: etwa 200 °C (vorgeheizt)
Heißluft: etwa 180 °C (vorgeheizt)
Gas: Stufe 3–4 (vorgeheizt)
Backzeit: 12–15 Minuten.

4. Die Biskuitplatte sofort nach dem Backen vom Rand lösen, auf ein mit Zucker bestreutes Stück Backpapier stürzen und die Platte erkalten lassen. Anschließend das mitgebackene Backpapier abziehen.
5. Für die Füllung Gelatine nach Packungsanleitung einweichen. Sahne mit Zucker und Vanillin-Zucker steif schlagen. Kaffeepulver im Rum auflösen und mit Raspelschokolade und Kakao unter die Sahne heben.
6. Gelatine leicht ausdrücken und in einem kleinen Topf bei schwacher Hitze auflösen (nicht kochen). Flüssige Gelatine mit etwas von der Sahnecreme verrühren, dann unter die restliche Sahnecreme rühren.
7. Zwei Drittel der Creme auf die Biskuitplatte streichen und die Platte der Länge nach in etwa 5 cm breite Streifen schneiden. Einen Streifen zur Schnecke aufrollen und in die Mitte einer Tortenplatte setzen. Die nächsten Streifen daran legen, bis die Torte gleichmäßig rund ist. Tortenoberfläche und Rand mit der restlichen Sahnecreme bestreichen.
8. Zum Verzieren Kuvertüre mit einem Messer oder Sparschäler in Locken abschaben und auf die Oberfläche streuen.

Variante:
Die Biskuitplatte vor dem Bestreichen mit der Sahnecreme zusätzlich mit 2 Esslöffeln Preiselbeer- oder Aprikosenkonfitüre bestreichen.

Tipp:
Einen Knetteigboden unter den Biskuit legen, dazu 150 g Weizenmehl, 75 g Zucker, 1 Päckchen Vanillin-Zucker und 100 g Butter zum Teig verarbeiten und auf dem Boden einer gefetteten Springform (Ø 26 cm) bei 200 °C (Heißluft 180 °C, Gas Stufe 3-4) 10–12 Minuten backen. Den Boden mit etwas Konfitüre oder aufgelöster Schokolade bestreichen.

Gloria-Torte

Götter-Ufo

Für Kinder

Insgesamt:
E: 90 g, F: 270 g, Kh: 468 g,
kJ: 19608, kcal: 4676

Für den All-in-Teig:
125 g Weizenmehl
3 gestr. TL Dr. Oetker Backin
125 g Zucker
1 Pck. Dr. Oetker Vanillin-Zucker
3 Eier (Größe M)
125 g Butter oder Margarine

Für die Creme:
9 Blatt weiße Gelatine

300 g Himbeeren
500 ml (1/2 l) Joghurt-Drink Himbeer-Geschmack (aus dem Kühlregal)
75 g Zucker
200 ml Schlagsahne

Zum Bestreichen und Garnieren:
200 ml Schlagsahne
1 Pck. Dr. Oetker Vanillin-Zucker
3 Becher (je 150 g) Götterspeise Himbeer-Geschmack (aus dem Kühlregal)

Zubereitungszeit: 45 Minuten, ohne Kühlzeit

1. Für den Teig Mehl mit Backpulver mischen und in eine Rührschüssel sieben. Restliche Zutaten hinzufügen und alles mit Handrührgerät mit Rührbesen auf höchster Stufe in etwa 2 Minuten zu einem Teig verarbeiten. Teig in eine Obstbodenform (Ø 26 cm, gefettet, gemehlt) füllen und verstreichen. Die Form auf dem Rost in den Backofen schieben.
Ober-/Unterhitze: etwa 180 °C (vorgeheizt)
Heißluft: etwa 160 °C (vorgeheizt)
Gas: Stufe 2–3 (vorgeheizt)
Backzeit: etwa 20 Minuten.

2. Den Boden aus der Form lösen, auf einen mit Backpapier belegten Kuchenrost stürzen und erkalten lassen. Anschließend den Boden auf eine Tortenplatte legen.

3. Für die Creme Gelatine nach Packungsanleitung einweichen. Himbeeren verlesen (nicht waschen) und die Hälfte davon pürieren. Das Püree mit dem Joghurt-Drink und Zucker verrühren. Gelatine leicht ausdrücken, auflösen und zunächst mit etwas von der Püree-Drink-Mischung verrühren, dann unter die restliche Mischung rühren.

4. Sobald die Masse beginnt dicklich zu werden, Sahne steif schlagen und unterheben. Restliche Himbeeren ebenfalls kurz unterheben. Die Himbeercreme evtl. kurz kalt stellen, dann leicht kuppelförmig auf dem Boden verstreichen. Die Torte etwa 2 Stunden kalt stellen.

5. Zum Bestreichen Sahne und Vanillin-Zucker steif schlagen und die Kuppel rundherum damit bestreichen. Zum Garnieren die Götterspeise aus den Bechern stürzen, in kleine Würfel schneiden und auf der Kuppel verteilen, dabei leicht andrücken. Die Torte bis zum Servieren kalt stellen.

Tipp:
Der Teig kann auch in einer Springform (Ø 26 cm) gebacken werden.
Das Ufo kann gut am Vortag zubereitet werden. Die Kuppel jedoch erst am Serviertag mit Sahne bestreichen und mit Götterspeise garnieren.
Das Ufo schmeckt auch mit einem Zitronen-Drink und Zitronen-Götterspeise, dann zusätzlich etwas klein geschnittene Zitronenmelisse in die Creme geben.

Grand-Marnier-Torte

Schnell zubereitet

Insgesamt:
E: 150 g, F: 175 g, Kh: 536 g,
kJ: 19798, kcal: 4731

Für den Boden:
150 g Zwieback
200 g Nuss-Nougat
etwa 10 Tropfen Bittermandel-Aroma

Für die Füllung:
12 Blatt weiße Gelatine
750 g Magerquark
150 g Zucker
250 ml (¼ l) Orangensaft
(nach Belieben frisch gepresst)
Saft von 1 Zitrone
125 ml (⅛ l) Grand Marnier
Mark von 1 Vanilleschote
5 EL Weißwein
400 ml Schlagsahne

etwa 2 Orangen
8 Maraschino-Kirschen

Zubereitungszeit: 30 Minuten, ohne Kühlzeit

1. Für den Boden Zwieback in einen Gefrierbeutel geben, Beutel verschließen, Zwieback mit einer Teigrolle fein zerdrücken und in eine Schüssel geben.
2. Nuss-Nougat nach Packungsanleitung auflösen und Bittermandel-Aroma unterrühren. Einen Springformrand (Ø 26 cm) auf eine mit Tortenspitze oder Backpapier belegte Tortenplatte stellen. Die Nougatmasse mit den Zwiebackbröseln mischen, die Masse im Springformrand verteilen und mit Hilfe eines Löffels gut zu einem Boden andrücken.
3. Für die Füllung Gelatine nach Packungsanleitung einweichen. Quark mit Zucker, Orangensaft, Zitronensaft, Grand Marnier und Vanillemark verrühren.
4. Weißwein erwärmen. Gelatine leicht ausdrücken, unter Rühren in dem Wein auflösen und alles unter die Quarkmasse rühren. Sahne steif schlagen und unterheben. Die Quarkcreme auf den Boden geben und glatt streichen. Die Torte 2–3 Stunden kalt stellen.
5. Vor dem Servieren Springformrand vorsichtig lösen und entfernen. Die Orangen mit einem scharfen Messer so schälen, dass die weiße Haut vollständig entfernt ist, Orangen filetieren oder in dünne Scheiben schneiden. Die Torte mit Orangenfilets oder -scheiben und Maraschino-Kirschen garnieren.

Grapefruit-Ringel-Torte

Fettarm

Insgesamt:
E: 45 g, F: 85 g, Kh: 331g,
kJ: 10018, kcal: 2395

Für den All-in-Teig:
70 g Weizenmehl
1 EL Speisestärke
2 gestr. TL Dr. Oetker Backin
60 g Zucker
1 Pck. Dr. Oetker Vanillin-Zucker
1 Pck. Dr. Oetker Finesse Geriebene Zitronenschale
2 Eier (Größe M)

Für den Grapefruit-Pudding:
2 Pink Grapefruits
200–250 ml Grapefruit-Limonade
40 g Speisestärke
2 EL Zucker

Für die Joghurtcreme:
1 Pck. gemahlene Gelatine, weiß
6 EL Wasser, 300 g Naturjoghurt
50 g Zucker
1 Pck. Dr. Oetker Finesse Geriebene Zitronenschale
200 ml Schlagsahne

Zubereitungszeit: 50 Minuten

1. Für den Teig Mehl mit Speisestärke und Backpulver mischen und in eine Rührschüssel sieben. Restliche Zutaten hinzufügen und mit Handrührgerät mit Rührbesen auf höchster Stufe in etwa 2 Minuten zu einem Teig verarbeiten. Den Teig in eine Springform (Ø 26 cm, Boden gefettet, mit Backpapier belegt) geben und glatt streichen. Die Form auf dem Rost in den Backofen schieben.
   Ober-/Unterhitze: etwa 180 °C (vorgeheizt)
   Heißluft: etwa 160 °C (vorgeheizt)
   Gas: Stufe 2–3 (vorgeheizt)
   Backzeit: etwa 12 Minuten.

2. Den Boden aus der Form lösen, auf einen mit Backpapier belegten Kuchenrost stürzen und erkalten lassen. Anschließend mitgebackenes Backpapier abziehen, den Boden auf eine Tortenplatte legen und einen Tortenring darumstellen.

3. Für den Pudding Grapefruits mit einem scharfen Messer so schälen, dass die weiße Haut vollständig mit entfernt wird. Filets herausschneiden und klein schneiden, den Saft dabei auffangen. Den Saft mit Limonade auf 300 ml auffüllen. Speisestärke mit 5 Esslöffeln des Safts verrühren. Restlichen Saft mit Zucker zum Kochen bringen. Angerührte Speisestärke in den von der Kochstelle genommenen Saft einrühren, wieder auf die Kochstelle geben und unter Rühren etwa 1 Minute kochen lassen. Die Puddingmasse in eine Schüssel geben und Grapefruitstückchen (einige zum Garnieren beiseite legen) unterheben. Puddingmasse erkalten lassen, dabei ab und zu umrühren.

4. Für die Joghurtcreme Gelatine in einem kleinen Topf mit kaltem Wasser anrühren, 5 Minuten quellen lassen und anschließend bei schwacher Hitze unter Rühren auflösen (nicht kochen). Joghurt mit Zucker und Zitronenschale verrühren. Gelatine mit 3 Esslöffeln von der Joghurtmasse verrühren, dann unter die restliche Masse rühren. Sahne steif schlagen und unterheben. Die Creme auf dem Gebäckboden verteilen und glatt streichen.

5. Den Grapefruit-Pudding in einen Spritzbeutel mit großer Lochtülle geben und in Ringen in die noch weiche Creme spritzen. Beiseite gelegte Grapefruitstückchen dekorativ darauf legen. Die Torte 2–3 Stunden kalt stellen, dann Tortenring lösen und entfernen. Die Torte servieren.

Tipp:
Anstelle von Grapefruit-Limonade können Sie den Saft von einer Grapefruit verwenden und ihn mit Zitronenlimonade auffüllen.

Grapefruit-Ringel-Torte

Grasshopper-Torte

Für Gäste

Insgesamt:
E: 85 g, F: 328 g, Kh: 589 g,
kJ: 25903, kcal: 6187

Für den All-in-Teig:
100 g Butter oder Margarine
200 g Weizenmehl
20 g Kakaopulver
3 gestr. TL Dr. Oetker Backin
125 g Zucker
1 Pck. Dr. Oetker Vanillin-Zucker
4 Eier (Größe M)
100 ml Milch

Für die Füllung:
2 Blatt weiße Gelatine
300 ml Schlagsahne
30 g Zucker
150 g After Eight® (Minztäfelchen)

Zum Garnieren und Verzieren:
4 Blatt weiße Gelatine
125 ml (1/8 l) Pfefferminzlikör
30 g Zucker
300 ml Schlagsahne
50 g After Eight®

Zubereitungszeit: 70 Minuten

1. Für den Teig Butter oder Margarine zerlassen und abkühlen lassen. Mehl mit Kakao und Backpulver mischen und in eine Rührschüssel sieben. Restliche Zutaten hinzugen und alles mit Handrührgerät mit Rührbesen zunächst auf niedrigster, dann auf höchster Stufe in etwa 2 Minuten zu einem Teig verarbeiten. Den Teig in eine Springform (Ø 26 cm, Boden gefettet, mit Backpapier belegt) füllen und glatt streichen. Die Form auf dem Rost in den Backofen schieben.
Ober-/Unterhitze: etwa 180 °C (vorgeheizt)
Heißluft: etwa 160 °C (vorgeheizt)
Gas: Stufe 2–3 (vorgeheizt)
Backzeit: etwa 25 Minuten.

2. Den Boden aus der Form lösen und auf einem Kuchenrost erkalten lassen, anschließend mitgebackenes Backpapier abziehen und den Boden einmal waagerecht durchschneiden.

3. Für die Füllung Gelatine nach Packungsanleitung einweichen, leicht ausdrücken und in einem kleinen Topf bei schwacher Hitze auflösen (nicht kochen). Sahne mit Zucker fast steif schlagen, die lauwarme Gelatineflüssigkeit unter Rühren hinzufügen und die Sahne vollständig steif schlagen. Die Minztäfelchen fein hacken und unterheben. Den unteren Boden auf eine Tortenplatte legen, Sahnemasse aufstreichen und den oberen Boden auflegen.

4. Zum Garnieren und Verzieren Gelatine nach Packungsanleitung einweichen, ausdrücken, auflösen und mit Likör und Zucker verrühren. Sahne steif schlagen und etwa 2 Esslöffel davon in einen Spritzbeutel mit Sterntülle füllen. Die restliche Sahne unter die Likör-Gelatine-Mischung heben und die Torte rundherum damit bestreichen.

5. Mit der Sahne aus dem Spritzbeutel Tuffs oder Stäbchen auf die Oberfläche spritzen und diagonal halbierte Minztäfelchen anlegen. Torte bis zum Servieren kalt stellen.

Tipp:
Die Torte kann einen Tag vorher zubereitet werden und schmeckt am besten gut gekühlt.
Die Minztäfelchen lassen sich gut hacken, wenn sie vorher im Kühlschrank lagen.

® Société des Produits Nestlé S.A.

Grasshopper-Torte

Guaven-Joghurt-Torte

Exotisch

Insgesamt:
E: 96 g, F: 418 g, Kh: 513 g,
kJ: 26648, kcal: 6370

Zum Vorbereiten:
1 Becher (250 ml [¼ l]) Schlagsahne

Für den Rührteig:
½ Pck. (125 g) weiche Butter
½ Becher (110 g) Zucker
1 Pck. Dr. Oetker Vanillin-Zucker
1 Prise Salz
3 Eier (Größe M)
1 Becher (150 g) Weizenmehl
2 gestr. TL Dr. Oetker Backin
4 EL (40 g) abgezogene, gemahlene Mandeln
4 EL Raspelschokolade

Für die Füllung:
10 Blatt weiße Gelatine
1 großer Becher (500 g) Naturjoghurt
2 Becher (500 ml [½ l]) Guaven-Fruchtsaftgetränk
½ Becher (110 g) Zucker

Für den Guss:
5 EL Guaven-Fruchtsaftgetränk
1 TL Speisestärke

Zum Verzieren:
2 Becher (500 ml [½ l]) Schlagsahne
2 Pck. Dr. Oetker Sahnesteif

Zum Bestreuen:
2 EL Raspelschokolade

Zubereitungszeit: 60 Minuten, ohne Kühlzeit

1. Zum Vorbereiten die Sahne für die Füllung in einen hohen Rührbecher geben und zugedeckt kalt stellen. Den Becher auswaschen, abtrocknen und zum Abmessen verwenden.

2. Für den Teig Butter mit Handrührgerät mit Rührbesen auf höchster Stufe geschmeidig rühren. Nach und nach Zucker, Vanillin-Zucker und Salz unterrühren. So lange rühren, bis eine gebundene Masse entstanden ist. Eier nach und nach unterrühren (jedes Ei etwa ½ Minute).

3. Mehl mit Backpulver mischen, sieben und in 2 Portionen auf mittlerer Stufe unterrühren. Mandeln und Raspelschokolade unterrühren. Teig in eine Springform (Ø 26 cm, Boden gefettet, mit Backpapier belegt) geben und glatt streichen. Die Form auf dem Rost in den Backofen schieben.

Ober-/Unterhitze: etwa 180 °C (vorgeheizt)
Heißluft: etwa 160 °C (vorgeheizt)
Gas: Stufe 2–3 (vorgeheizt)
Backzeit: etwa 30 Minuten.

4. Den Tortenboden in der Form etwas abkühlen lassen. Dann den Boden aus der Form lösen und auf einem mit Backpapier belegten Kuchenrost erkalten lassen. Anschließend mitgebackenes Backpapier abziehen und den Boden einmal waagerecht durchschneiden.

5. Für die Füllung Gelatine nach Packungsanleitung einweichen. Joghurt mit dem Fruchtsaftgetränk und Zucker gut verrühren. Gelatine leicht ausdrücken, in einem kleinen Topf unter Rühren erwärmen (nicht kochen). 3 Esslöffel der Joghurtmasse mit der Gelatine verrühren. Dann die Masse zur restlichen Joghurtmasse geben, gut verrühren und kurz kalt stellen.

6. Die kalt gestellte Sahne steif schlagen. Wenn die Joghurtmasse beginnt dicklich zu werden, Sahne unterheben. Den unteren Tortenboden auf eine Tortenplatte legen. Einen Tortenring oder den gesäuberten Springformrand darumstellen. Die Joghurtcreme auf den Tortenboden geben und glatt streichen. Den oberen Boden darauf legen. Die Torte etwa 3 Stunden kalt stellen.

7. Für den Guss Fruchtsaftgetränk mit Speisestärke in einem kleinen Topf gut verrühren und unter Rühren kurz aufkochen lassen. Guss erkalten lassen, dabei ab und zu umrühren.

8. Zum Verzieren Sahne mit Sahnesteif steif schlagen. Sahne in einen Spritzbeutel mit großer Lochtülle geben. Den Tortenring oder Springformrand lösen und entfernen. Die Tortenoberfläche mit der Sahne verzieren und mit dem Guss besprenkeln. Den Tortenrand mit Raspelschokolade bestreuen.

Tipp:
Guaven-Fruchtsaftgetränk kann auch durch Maracujasaft ersetzt werden.

Gute-Besserung-Torte

Zum Verschenken

Insgesamt:
E: 62 g, F: 272 g, Kh: 430 g,
kJ: 18932, kcal: 4521

Für die Buttercreme:
250 g weiche Butter
1 Becher (500 g) Sahne-Pudding Bourbon-Vanille-Geschmack (Zimmertemperatur)

3 Lagen von 1 hellen Wiener Boden
(Ø 26 cm)

Zum Bestreichen:
100 g Himbeerkonfitüre

Zum Garnieren:
100 g Marzipan-Rohmasse
1 EL gesiebter Puderzucker
gelbe, grüne, rote und blaue Speisefarbe
etwas Kakaopulver
Fruchtgummiringe
Schaumzuckerbananen

Zubereitungszeit: 45 Minuten

1. Für die Buttercreme Butter (Zimmertemperatur) in eine Rührschüssel geben und mit Handrührgerät mit Rührbesen auf höchster Stufe geschmeidig rühren. Dann den Pudding (Zimmertemperatur) esslöffelweise nach und nach unterrühren. Fertige Buttercreme nicht kalt stellen!

2. Zwei Drittel der Buttercreme auf einer Lage des Wiener Bodens verstreichen. Die zweite Lage auflegen, Himbeerkonfitüre glatt rühren, auf der Lage verstreichen und die obere Lage auflegen.

3. Oberfläche und Rand der Torte mit der restlichen Buttercreme bestreichen, mit Hilfe eines Tortengarnierkamms den Rand verzieren und die Torte kalt stellen.

4. Zum Garnieren Marzipan mit Puderzucker verkneten und halbieren. Aus einer Hälfte 2 kleine Kugeln (Köpfe) und eine größere Kugel (Körper des Patienten) formen. Die andere Hälfte des Marzipans in 5 unterschiedlich große Portionen teilen und diese mit gelber, grüner, roter und blauer Speisefarbe und mit Kakao verkneten.

5. Marzipan zum Teil ausrollen und zu Krankenbett, Decke und Verband ausschneiden sowie Häubchen und Arme der Krankenschwester und kleine Garnierungen formen.

Alle Teile auf die Tortenmitte legen und den Tortenrand mit Fruchtgummiringen und Schaumzuckerbananen oder nach Belieben mit anderen Süßigkeiten garnieren.

Tipp:
Den Boden können Sie auch selbst zubereiten, dazu einen Biskuitteig wie auf Seite 95 zubereiten, backen, erkalten lassen und zweimal waagerecht durchschneiden.

Gute-Besserung-Torte

Happy-Banana-Torte

Für Kinder

Insgesamt:
E: 102 g, F: 341 g, Kh: 568 g,
kJ: 24730, kcal: 5910

Für den All-in-Teig:
50 g getrocknete Bananenchips
200 g Weizenmehl
3 gestr. TL Dr. Oetker Backin
25 g Kakaopulver
200 g Zucker
1 Pck. Dr. Oetker Vanillin-Zucker
4 Eier (Größe M)
200 g Butter oder Margarine

Für Füllung und Belag:
8 Blatt weiße Gelatine
500 ml (1/2 l) Bananenmilch
25 g Zucker
1 Pck. Dr. Oetker Vanillin-Zucker
400 ml Schlagsahne

Zum Garnieren:
30 g Bananenchips
und gelbe Schaumzuckerbananen
oder Geleebananen
nach Belieben etwas gesiebtes
Kakaopulver

**Zubereitungszeit: 50 Minuten,
ohne Kühlzeit**

1. Für den Teig Bananenchips fein hacken. Mehl mit Backpulver und Kakaopulver mischen und in eine Rührschüssel sieben. Restliche Zutaten und Bananenchips hinzufügen und alles mit Handrührgerät mit Rührbesen auf höchster Stufe in etwa 2 Minuten zu einem Teig verarbeiten.
2. Einen Backrahmen (26 x 26 cm) auf ein mit Backpapier belegtes Backblech stellen, den Teig einfüllen, glatt streichen und das Backblech in den Backofen schieben.

Ober-/Unterhitze: etwa 180 °C (vorgeheizt)
Heißluft: etwa 160 °C (vorgeheizt)
Gas: Stufe 2–3 (vorgeheizt)
Backzeit: etwa 25 Minuten.

3. Den Backrahmen lösen und entfernen. Den Boden auf einen mit Backpapier belegten Kuchenrost stürzen und erkalten lassen. Anschließend mitgebackenes Backpapier abziehen.
4. Für Füllung und Belag Gelatine nach Packungsanleitung einweichen. Bananenmilch mit Zucker und Vanillin-Zucker in einer Schüssel verrühren. Gelatine leicht ausdrücken, in einem kleinen Topf bei schwacher Hitze auflösen (nicht kochen), mit etwas von der Bananenmilch verrühren, dann unter die restliche Bananenmilch rühren und kalt stellen. Wenn die Flüssigkeit beginnt dicklich zu werden, Sahne steif schlagen, unterheben und die Creme kalt stellen.
5. Boden einmal waagerecht durchschneiden, dann noch einmal diagonal durchschneiden, so dass 4 Dreiecke entstehen. Die beiden oberen Dreiecke auf einer Platte zu einem großen Dreieck zusammenlegen.
6. Die Hälfte der Bananencreme auf das große Dreieck streichen, die beiden restlichen Dreiecke darauf legen und leicht andrücken. Restliche Bananencreme wellenförmig darauf streichen. Die Torte etwa 2 Stunden kalt stellen.
7. Die Torte mit Bananenchips oder Schaumzuckerbananen oder Geleebananen garnieren. Den Rand vor dem Servieren nach Belieben mit Kakaopulver bestäuben.

Tipp:
Die Torte kann am Vortag zubereitet werden. Sie schmeckt auch mit anderen Sorten Fruchtmilch (z. B. Erdbeere), dann die entsprechende Fruchtgarnierung verwenden.

Happy-Banana-Torte

Harlekin-Torte

Für Kinder – dauert etwas länger

Insgesamt:
E: 148 g, F: 530 g, Kh: 691 g,
kJ: 33950, kcal: 8103

Für den Biskuitteig:
6 Eier (Größe M)
150 ml warmes Wasser
300 g Zucker
1 Pck. Dr. Oetker Vanillin-Zucker
350 g Weizenmehl
1 Pck. Dr. Oetker Backin
300 ml Speiseöl
je 1 Beutel aus 1 Pck. Götterspeise Himbeer-, Waldmeister- und Zitronen-Geschmack

Für die Füllung:
4 Blatt weiße Gelatine
600 ml Schlagsahne
1 Pck. Dr. Oetker Vanillin-Zucker

Zum Bestreichen:
150 g Aprikosenkonfitüre

Zubereitungszeit: 70 Minuten

Harlekin-Torte

1. Für den Teig Eier und Wasser mit Handrührgerät mit Rührbesen auf höchster Stufe in 1 Minute schaumig schlagen. Zucker und Vanillin-Zucker mischen, in 1 Minute einstreuen, dann noch weitere 2 Minuten schlagen.
2. Mehl mit Backpulver mischen, die Hälfte davon auf die Eiercreme sieben und kurz auf niedrigster Stufe unterrühren. Den Rest des Mehlgemischs auf die gleiche Weise unterarbeiten. Öl kurz unterrühren. Teig in 3 Portionen teilen und mit je einem Beutel Götterspeise verrühren.
3. In die Mitte einer Springform (Ø 28 cm, Boden gefettet, mit Backpapier belegt) 3 Esslöffel vom Himbeerteig einfüllen (nicht verstreichen). Genau in die Mitte des Himbeerteiges 3 Esslöffel Waldmeisterteig geben und in dessen Mitte 3 Esslöffel Zitronenteig. Die 3 Teigsorten wie beschrieben weiter übereinander füllen und nicht verstreichen, so dass im Wechsel bunte Ringe entstehen. Die Form auf dem Rost in den Backofen schieben.
Ober-/Unterhitze: etwa 180 °C (vorgeheizt)
Heißluft: etwa 160 °C (nicht vorgeheizt)
Gas: Stufe 2–3 (nicht vorgeheizt)
Backzeit: etwa 45 Minuten.
4. Boden aus der Form lösen, auf einen mit Backpapier belegten Kuchenrost stürzen und erkalten lassen. Anschließend mitgebackenes Backpapier abziehen, den Boden einmal waagerecht durchschneiden und den unteren Boden auf eine Platte legen.
5. Für die Füllung Gelatine nach Packungsanleitung einweichen. Sahne mit Vanillin-Zucker steif schlagen. Gelatine leicht ausdrücken, in einem kleinen Topf bei schwacher Hitze unter Rühren auflösen (nicht kochen) und mit 3 Esslöffeln von der Sahne verrühren, dann unter die restliche Sahne rühren.
6. Unteren Boden mit gut der Hälfte der Sahne bestreichen, oberen Boden mit der Schnittfläche nach oben auflegen und leicht andrücken. Zum Bestreichen Aprikosenkonfitüre durch ein Sieb streichen, in einem Topf aufkochen lassen und die obere Seite der Torte mit Hilfe eines Löffelrückens bestreichen, damit sich dabei keine Krümel lösen.
7. Etwa 2 Esslöffel der übrigen Sahne in einen Spritzbeutel mit Lochtülle füllen. Mit der restlichen Sahne den Rand der Torte bestreichen und mit einem Tortenkamm verzieren. Zuletzt mit der Sahne im Spritzbeutel einen Sahnering auf den oberen Tortenrand spritzen.

Haselnuss-Sahne-Torte

Einfach – für Gäste

Insgesamt:
E: 84 g, F: 338 g, Kh: 420 g,
kJ: 21850, kcal: 5220

Für den Biskuitteig:
4 Eier (Größe M)
3–4 EL heißes Wasser
175 g Zucker
1 Pck. Dr. Oetker Vanillin-Zucker

100 g Weizenmehl
100 g Speisestärke
2 gestr. TL Dr. Oetker Backin

Für den Belag:
3 Pck. gefüllte Haselnuss-Gebäckkugeln (je 10 Stück)
600 ml Schlagsahne
3 Pck. Dr. Oetker Sahnesteif
2–3 Pck. Dr. Oetker Vanillin-Zucker

50 g gehackte Haselnusskerne

Zubereitungszeit: 40 Minuten

1. Für den Teig Eier und Wasser mit Handrührgerät mit Rührbesen auf höchster Stufe in 1 Minute schaumig schlagen. Zucker mit Vanillin-Zucker mischen, in 1 Minute einstreuen, dann noch 2 Minuten weiterschlagen.

2. Mehl mit Speisestärke und Backpulver mischen, die Hälfte davon auf die Eiercreme sieben und kurz auf niedrigster Stufe unterrühren. Den Rest des Mehlgemischs auf die gleiche Weise unterarbeiten.

3. Den Teig in eine Springform (Ø 26 cm, Boden gefettet, mit Backpapier belegt) füllen und glatt streichen. Die Form auf dem Rost in den Backofen schieben.
   Ober-/Unterhitze: etwa 180 °C (vorgeheizt)
   Heißluft: etwa 160 °C (vorgeheizt)
   Gas: Stufe 2–3 (vorgeheizt)
   Backzeit: etwa 30 Minuten.

4. Den Biskuitboden aus der Form lösen, auf einen mit Backpapier belegten Kuchenrost stürzen und erkalten lassen. Anschließend das mitgebackene Backpapier abziehen und den Boden zweimal waagerecht durchschneiden.

5. Für den Belag 12 Gebäckkugeln zum Garnieren zurücklassen, den Rest (18 Stück) sehr fein hacken. Sahne mit Sahnesteif und Vanillin-Zucker steif schlagen. 3 Esslöffel von der Sahne in einen Spritzbeutel mit abgeflachter Tülle geben. Die zerkleinerten Gebäckkugeln unter die restliche Sahne heben.

6. Den unteren Biskuitboden auf eine Tortenplatte legen, mit etwa einem Drittel der Creme bestreichen und den mittleren Boden darauf legen. Die Hälfte der restlichen Creme darauf streichen und mit dem oberen Boden belegen. Tortenrand und -oberfläche mit der restlichen Creme bestreichen.

7. Den Tortenrand mit Haselnusskernen bestreuen. Die Tortenoberfläche mit der Sahne aus dem Spritzbeutel verzieren und mit den zurückgelassenen Gebäckkugeln garnieren.

Haselnuss-Schokoladen-Torte

Einfach

Insgesamt:
E: 74 g, F: 267 g, Kh: 392 g,
kJ: 19132, kcal: 4570

Für den Schüttelteig:
100 g Butter oder Margarine
150 g Weizenmehl
3 gestr. TL Dr. Oetker Backin
100 g Zucker
3 Eier (Größe M)
5 EL Rum
100 g grob gehackte Haselnusskerne
100 g geriebene Vollmilchschokolade

Für die Füllung:
1 Pck. Dr. Oetker Pudding-Pulver Vanille-Geschmack
200 ml Schlagsahne
200 ml Milch
50 g Zucker
150 g verlesene Himbeeren

Zum Bestäuben:
1 EL Puderzucker

Zum Garnieren:
50 g verlesene Himbeeren
Zitronenmelisse

Zubereitungszeit: 40 Minuten, ohne Kühlzeit

Haselnuss-Schokoladen-Torte

1. Für den Teig Butter oder Margarine zerlassen und abkühlen lassen. Mehl mit Backpulver mischen, in eine verschließbare Schüssel (etwa 3 l) sieben und mit Zucker mischen. Eier, Butter oder Margarine und Rum hinzufügen. Schüssel mit dem Deckel fest verschließen.

2. Die Schüssel mehrmals (insgesamt 15–30 Sekunden) kräftig schütteln, so dass alle Zutaten gut vermischt sind. Haselnusskerne und Schokolade hinzugeben und alles mit einem Schneebesen oder Rührlöffel nochmals sorgfältig durchrühren, damit trockene Zutaten vom Rand mit untergerührt werden.

3. Den Teig in eine Springform (Ø 26 cm, Boden gefettet) geben und glatt streichen. Die Form auf dem Rost in den Backofen schieben.
Ober/Unterhitze: etwa 180 °C (vorgeheizt)
Heißluft: etwa 160 °C (vorgeheizt)
Gas: Stufe 2–3 (vorgeheizt)
Backzeit: etwa 30 Minuten.

4. Den Tortenboden etwa 10 Minuten in der Form stehen lassen, dann aus der Form lösen und auf einem mit Backpapier belegten Kuchenrost erkalten lassen. Anschließend den Tortenboden einmal waagerecht durchschneiden, den unteren Boden auf eine Tortenplatte legen und den oberen in 8–12 Stücke schneiden.

5. Für die Füllung aus Pudding-Pulver, Sahne, Milch und Zucker nach Packungsanleitung, aber mit den hier angegebenen Zutaten einen Pudding zubereiten. Himbeeren vorsichtig unter den heißen Pudding heben.

6. Die noch warme Himbeer-Pudding-Creme auf den unteren Tortenboden geben und glatt streichen. Die Tortenstücke fächerartig darauf legen. Torte 2–3 Stunden kalt stellen.

7. Die Torte vor dem Servieren mit Puderzucker bestäuben und mit Himbeeren und Zitronenmelisse garnieren.

Tipp:
Der Teig kann auch wie folgt als All-in-Teig zubereitet werden: Mehl mit Backpulver mischen und in eine Rührschüssel sieben. Zucker, Eier, flüssige Butter oder Margarine und Rum hinzufügen. Die Zutaten mit Handrührgerät mit Rührbesen auf höchster Stufe etwa 1 Minute verrühren. Dann Haselnusskerne und Schokolade kurz unterrühren.

Heidelbeer-Buchweizen-Torte

Fruchtig

Insgesamt:
E: 63 g, F: 194 g, Kh: 364 g,
kJ: 14916, kcal: 3565

Für den Biskuitteig:
3 Eier (Größe M)
2 EL heißes Wasser
90 g flüssiger Honig
1 Prise Salz
100 g Buchweizenmehl
50 g Weizenmehl Type 1050
1 gestr. TL Dr. Oetker Backin

Für die Füllung:
6 Blatt weiße Gelatine
250 g aufgetaute TK-Heidelbeeren
500 ml (1/2 l) Schlagsahne
80 g flüssiger Honig
1 Pck. Dr. Oetker Bourbon-Vanille-Zucker
1 EL Zitronensaft

Zum Garnieren:
30 g gemahlene Pistazienkerne
50 g Heidelbeeren

Zubereitungszeit: 35 Minuten

Heidelbeer-Buchweizen-Torte

1. Für den Teig Eier mit Wasser, Honig und Salz mit Handrührgerät mit Rührbesen auf höchster Stufe in 2 Minuten schaumig schlagen.
2. Mehle mit Backpulver mischen, auf die Eiercreme geben und kurz auf niedrigster Stufe unterrühren. Teig in eine Springform (Ø 26 cm, Boden gefettet, mit Backpapier belegt) geben und glatt streichen. Die Form auf dem Rost in den Backofen schieben.
Ober-/Unterhitze: etwa 180 °C (vorgeheizt)
Heißluft: etwa 160 °C (vorgeheizt)
Gas: Stufe 2–3 (vorgeheizt)
Backzeit: 25–30 Minuten.
3. Den Boden aus der Form lösen, auf einen mit Backpapier belegten Kuchenrost stürzen und erkalten lassen. Anschließend mitgebackenes Backpapier entfernen und den Boden einmal waagerecht durchschneiden. Den unteren Boden auf eine Tortenplatte legen.
4. Für die Füllung Gelatine nach Packungsanleitung einweichen. Heidelbeeren pürieren. Gelatine leicht ausdrücken, in einem kleinen Topf bei schwacher Hitze auflösen (nicht kochen) und mit 1–2 Esslöffeln von dem Heidelbeerpüree verrühren, dann unter das restliche Heidelbeerpüree rühren. Die Masse kalt stellen.
5. Sahne mit Honig, Vanille-Zucker und Zitronensaft steif schlagen, die Hälfte der Sahne unter drei Viertel der Heidelbeermasse ziehen. Die Heidelbeersahne auf dem unteren Boden glatt streichen, mit dem oberen Boden bedecken und leicht andrücken.
6. Die restliche Sahne unter die übrige Heidelbeermasse ziehen, die Oberfläche dick und den Rand dünn damit bestreichen und mit Pistazienkernen und Heidelbeeren garnieren. Die Torte etwa 2 Stunden kalt stellen.

Heidelbeer-Ricotta-Torte

Einfach

Insgesamt:
E: 53 g, F: 282 g, Kh: 228 g,
kJ: 15929, kcal: 3808

Für den Boden:
100 g Zwieback
100 g Butter
1 Pck. Dr. Oetker Finesse Geriebene Zitronenschale

Für die Füllung:
6 Blatt weiße Gelatine
250 g Ricotta (ital. Frischkäse)
250 g Heidelbeeren
75 g Zucker
1 Msp. geriebene Muskatnuss
200 ml Schlagsahne

Zum Bestreichen:
300 ml Schlagsahne
1 Pck. Dr. Oetker Sahnesteif
1 TL Zucker

Zum Bestäuben:
etwas geriebene Muskatnuss

Zubereitungszeit: 30 Minuten, ohne Kühlzeit

1. Für den Boden Zwieback in einen Gefrierbeutel geben, ihn verschließen und Zwieback mit einer Teigrolle fein zerbröseln.
2. Butter zerlassen und Zitronenschale und Zwiebackbrösel unterrühren. Einen kleinen Springformrand (Ø 20 cm) auf eine mit Tortenspitze oder Backpapier belegte Tortenplatte stellen. Die Bröselmasse darin verteilen, mit Hilfe eines Löffels zu einem Boden andrücken und kalt stellen.
3. Für die Füllung Gelatine nach Packungsanleitung einweichen. Ricotta mit Heidelbeeren pürieren und Zucker und Muskat unterrühren. Gelatine leicht ausdrücken, in einem kleinen Topf bei schwacher Hitze auflösen (nicht kochen) und mit etwas von der Ricottamasse verrühren, dann unter die restliche Ricottamasse rühren und kalt stellen. Sahne steif schlagen, unterheben, alles in die Springform füllen und glatt streichen. Die Torte 2–3 Stunden kalt stellen.
4. Zum Bestreichen die Sahne mit Sahnesteif und Zucker steif schlagen, 2 Esslöffel Sahne zum Verzieren zurücklassen. Springformrand lösen und entfernen und Rand und Oberfläche der Torte mit Sahne einstreichen. Die zurückgelassene Sahne mit der runden Seite eines Teelöffels wellenförmig auf der Torte verteilen und mit etwas Muskat bestäubt servieren.

Heidelbeer-Ricotta-Torte

Heidelbeertorte mit Weincreme

Einfach

Insgesamt:
E: 32 g, F: 114 g, Kh: 478 g,
kJ: 14296, kcal: 3412

Für den Boden:
150 g Zwieback
200 g Nuss-Nougat

Für die Weincreme:
1 Pck. Dr. Oetker Pudding-Pulver
Sahne-Geschmack
60 g Zucker
400 ml Weißwein

Für den Fruchtbelag:
2 Gläser Heidelbeeren (Einwaage je 225 g)
250 ml (¹/₄ l) Heidelbeersaft aus dem Glas
1 Pck. Tortenguss, klar
1 EL Zucker

Außerdem:
200 ml Schlagsahne
1 Pck. Dr. Oetker Sahnesteif
etwas Puderzucker

Zubereitungszeit: 40 Minuten, ohne Kühlzeit

1. Für den Boden Zwieback in einen Gefrierbeutel geben, ihn verschließen und den Zwieback mit einer Teigrolle sehr fein zerbröseln. Brösel mit aufgelöstem Nuss-Nougat vermengen. Einen Springformrand (Ø 26 cm) auf eine mit Tortenspitze oder Backpapier belegte Tortenplatte stellen. Die Bröselmasse darin verteilen, mit Hilfe eines Löffels gut zu einem Boden andrükken und den Boden kalt stellen.
2. Für die Weincreme in der Zwischenzeit Pudding aus Pudding-Pulver nach Packungsanleitung, aber mit Zucker und Wein zubereiten. Weinpudding in eine Schüssel geben, Frischhaltefolie direkt darauf legen, damit sich keine Haut bildet, und den Pudding erkalten lassen.
3. Für den Belag Heidelbeeren in einem Sieb abtropfen lassen, den Saft dabei auffangen. 250 ml (¹/₄ l) des Saftes abmessen und daraus mit Tortengusspulver und Zucker nach Packungsanleitung einen Guss zubereiten. Die Heidelbeeren (einige zum Garnieren zurückbehalten) unterheben und die Masse abkühlen lassen.
4. Sahne mit Sahnesteif steif schlagen und unter den durchgerührten Weinpudding heben. Erst die Heidelbeermasse auf dem Tortenboden verstreichen, dann die Weincreme darauf streichen und die Torte etwa 2 Stunden kalt stellen.
5. Vor dem Servieren den Springformrand lösen und entfernen, die Torte mit den zurückgelassenen Heidelbeeren garnieren und leicht mit Puderzucker bestäuben.

Heidelbeertorte mit Weincreme

Heinzelmännchen-Torte

Für Kinder

Insgesamt:
E: 86 g, F: 325 g, Kh: 427 g,
kJ: 20869, kcal: 4977

Für den Biskuitteig:
30 g Butter, 5 Eier (Größe M)
3 EL heißes Wasser
150 g Zucker
1 Pck. Dr. Oetker Vanillin-Zucker
150 g Weizenmehl, 30 g Kakaopulver
2 gestr. TL Dr. Oetker Backin

Für die Füllung:
1 Becher (150 g) Götterspeise
Waldmeister-Geschmack
1 Becher (150 g) Götterspeise Himbeer-Geschmack
600 ml Schlagsahne
2 Pck. Dr. Oetker Sahnesteif
1 Pck. Saucenpulver Schokoladen-Geschmack, ohne Kochen

Zum Bestreichen:
200 ml Schlagsahne
1 Pck. Dr. Oetker Vanillin-Zucker
1 Pck. Dr. Oetker Sahnesteif

Zum Bestäuben und Verzieren:
25 g Kakaopulver
Puderzucker
einige Fruchtgummis

Zubereitungszeit: 50 Minuten, ohne Kühlzeit

1. Für den Teig Butter zerlassen und abkühlen lassen. Eier und Wasser mit Handrührgerät mit Rührbesen auf höchster Stufe in 1 Minute schaumig schlagen. Zucker und Vanillin-Zucker mischen, in 1 Minute einstreuen, dann noch 2 Minuten weiterschlagen.

2. Mehl mit Kakaopulver und Backpulver mischen, die Hälfte davon auf die Eiercreme sieben und kurz auf niedrigster Stufe unterrühren. Den Rest des Mehlgemisches auf die gleiche Weise unterarbeiten. Zuletzt die flüssige Butter kurz unterrühren. Den Teig in eine Springform (Ø 26 cm, Boden gefettet, mit Backpapier belegt) füllen, glatt streichen und die Form auf dem Rost in den Backofen schieben.
   Ober-/Unterhitze: etwa 180 °C (vorgeheizt)
   Heißluft: etwa 160 °C (nicht vorgeheizt)
   Gas: Stufe 2–3 (nicht vorgeheizt)
   Backzeit: 35–40 Minuten.

3. Den Boden aus der Form lösen, auf einen mit Backpapier belegten Kuchenrost stürzen und erkalten lassen. Anschließend mitgebackenes Backpapier abziehen und den Boden zweimal waagerecht durchschneiden.

4. Für die Füllung Götterspeise aus den Bechern stürzen und in feine Würfel schneiden. Schlagsahne mit Sahnesteif und Saucenpulver steif schlagen und die Götterspeisewürfel unterheben. Den unteren Boden auf eine Tortenplatte legen, mit der Hälfte der Creme bestreichen und den zweiten Boden auflegen. Restliche Creme darauf verstreichen, den oberen Boden auflegen und leicht andrücken.

5. Zum Bestreichen Schlagsahne mit Vanillin-Zucker und Sahnesteif steif schlagen. Den Rand und die Oberfläche der Torte damit bestreichen. Die Torte etwa 1 Stunde kalt stellen.

6. Vor dem Servieren die Torte mit Kakaopulver bestäuben. Eine Papierschablone mit Fußabdrücken ausschneiden, vorsichtig auf die Oberfläche legen und leicht mit Puderzucker bestäuben. Die Schablone vorsichtig entfernen und die Torte mit Fruchtgummis garnieren.

Herrentorte, fruchtig

Raffiniert – dauert etwas länger

Insgesamt:
E: 92 g, F: 245 g, Kh: 795 g,
kJ: 25222, kcal: 6017

Für den Knetteig:
125 g Weizenmehl
1 Msp. Dr. Oetker Backin
50 g Zucker
50 g weiche Butter oder Margarine
1 Ei (Größe M)

Für den Biskuitteig:
100 g Butter, 6 Eiweiß (Größe M)
100 g Zucker, 4 Eigelb (Größe M)
50 g Zucker
1 Pck. Dr. Oetker Pudding-Pulver Vanille-Geschmack
50 g Speisestärke

Für die Füllung:
2 Pck. Dr. Oetker Pudding-Pulver Vanille-Geschmack
100 g Zucker, 500 ml (1/2 l) Apfelsaft
300 ml Weißwein, 2 Eigelb (Größe M)
100 g Marzipan-Rohmasse
1 Pck. Dr. Oetker Finesse Geriebene Zitronenschale
1 rotschaliger Apfel, 1 grünschaliger Apfel

Zum Garnieren:
100 g Marzipan-Rohmasse
50 g Puderzucker

Für den Guss:
1 Pck. Tortenguss, klar, 2 EL Zucker
125 ml (1/8 l) Weißwein oder Apfelsaft
125 ml (1/8 l) Wasser

Zubereitungszeit: 70 Minuten, ohne Kühlzeit

1. Für den Knetteig Mehl mit Backpulver mischen und in eine Rührschüssel sieben. Restliche Zutaten hinzufügen und mit Handrührgerät mit Knethaken zunächst kurz auf niedrigster, dann auf höchster Stufe gut durcharbeiten. Anschließend den Teig auf einer bemehlten Arbeitsfläche kurz verkneten. Teig in Frischhaltefolie gewickelt etwa 30 Minuten kalt stellen.
2. Anschließend den Teig auf einem Springformboden (Ø 26 cm, gefettet) ausrollen und mit einer Gabel mehrfach einstechen. Springformrand darumstellen und die Form auf dem Rost in den Backofen schieben.
   Ober-/Unterhitze: etwa 200 °C (vorgeheizt)
   Heißluft: etwa 180 °C (vorgeheizt)
   Gas: Stufe 3–4 (vorgeheizt)
   Backzeit: 12–15 Minuten.
3. Springformrand entfernen, Gebäck vom Springformboden lösen, aber darauf auf einem Kuchenrost erkalten lassen.
4. Für den Biskuitteig Butter zerlassen und abkühlen lassen. Auf 5 Bögen Backpapier je einen Kreis (Ø 26 cm) zeichnen und einen Bogen auf ein Backblech legen. Eiweiß in einer Rührschüssel so steif schlagen, dass ein Messerschnitt sichtbar bleibt. 100 g Zucker nach und nach kurz unterschlagen.
5. Eigelb mit 50 g Zucker schaumig schlagen und mit einem Teigschaber unter den Eischnee heben. Pudding-Pulver mit Speisestärke mischen, sieben, ebenfalls unterheben und zuletzt die flüssige Butter kurz unterrühren. Aus dem Teig 5 Böden backen. Dazu je ein Fünftel des Teiges auf die aufgezeichnete Kreisfläche streichen, dabei am Rand etwa 1 cm frei lassen und das Backblech in den Backofen schieben. **Die Böden bei gleicher Backofeneinstellung jeweils 5–8 Minuten backen.**
6. Die Böden mit Backpapier auf Kuchenroste ziehen und erkalten lassen. Anschließend mitgebackenes Backpapier abziehen.
7. Für die Füllung einen Pudding aus Pudding-Pulver, Zucker, Apfelsaft, Weißwein und Eigelb nach Packungsanleitung, aber mit den hier angegebenen Zutaten zubereiten. Marzipan klein schneiden und mit Zitronenschale in eine Rührschüssel geben. Den heißen Apfelpudding mit Handrührgerät mit Rührbesen nach und nach mit dem Marzipan und der Zitronenschale verrühren. Die Creme in 5 Portionen teilen.
8. Äpfel waschen, halbieren und je 1 rote und grüne Hälfte in Frischhaltefolie verpackt zum Garnieren beiseite legen. Restliche Hälften schälen, entkernen und in dünne Spalten schneiden. Den Knetteigboden auf eine Tortenplatte legen und einen Tortenring oder den gesäuberten Springformrand darumstellen. Eine Portion der Creme auf dem Knetteigboden verstreichen. Einen Biskuitboden darauf legen und leicht andrücken. Eine Portion der Creme darauf streichen und Apfelspalten darauf verteilen. Nächsten Boden auflegen und die Torte weiter so füllen. Die Torte etwa 2 Stunden kalt stellen.
9. Zum Garnieren Marzipan mit Puderzucker verkneten und zwischen Frischhaltefolie ausrollen. Daraus einen Streifen in Umfang und Höhe der Torte (+ 1 cm höher) ausschneiden. Tortenring lösen und entfernen, den Marzipanstreifen um die Torte legen und leicht andrücken. Beiseite gelegte Apfelhälften entkernen, in sehr dünne Spalten schneiden und auf die Torte legen.
10. Für den Guss Tortengusspulver mit Zucker, Weißwein oder Saft und Wasser nach Packungsanleitung zubereiten und mit Hilfe eines Backpinsels über die Früchte verteilen. Guss fest werden lassen und die Torte bis zum Servieren kalt stellen.

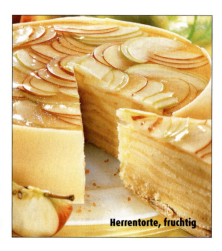

Herrentorte, fruchtig

Herrentorte mit Eierlikör

Beliebt

Insgesamt:
E: 65 g, F: 316 g, Kh: 341 g,
kJ: 20811, kcal: 4971

Für den Schüttelteig:
100 g Butter oder Margarine
50 g Weizenmehl
2 gestr. TL Dr. Oetker Backin
25 g Kakaopulver
100 g Zucker
1 Pck. Dr. Oetker Vanillin-Zucker

2 Eier (Größe M)
125 g gemahlene Haselnusskerne

Für den Belag:
250 g Preiselbeer-Auslese
400 ml Schlagsahne
1 Pck. Dr. Oetker Vanillin-Zucker
2 Pck. Dr. Oetker Sahnesteif
250 ml (¼ l) Eierlikör

Zubereitungszeit: 50 Minuten, ohne Abkühlzeit

1. Für den Teig Butter oder Margarine zerlassen und abkühlen lassen. Mehl mit Backpulver und Kakao mischen, in eine verschließbare Schüssel (etwa 3 l) sieben und mit Zucker und Vanillin-Zucker mischen. Eier und Butter oder Margarine hinzufügen. Die Schüssel mit dem Deckel fest verschließen.

2. Schüssel mehrmals (insgesamt 15–30 Sekunden) kräftig schütteln, so dass alle Zutaten gut vermischt sind. Haselnusskerne hinzugeben und alles mit einem Schneebesen oder Rührlöffel nochmals sorgfältig durchrühren, damit trockene Zutaten vom Rand mit untergerührt werden.

3. Den Teig in eine Springform (Ø 26 cm, Boden gefettet, mit Backpapier belegt) geben und glatt streichen. Die Form auf dem Rost in den Backofen schieben.
Ober-/Unterhitze: etwa 180 °C (vorgeheizt)
Heißluft: etwa 160 °C (vorgeheizt)
Gas: Stufe 2–3 (vorgeheizt)
Backzeit: etwa 25 Minuten.

4. Den Tortenboden etwa 5 Minuten in der Form stehen lassen, dann aus der Form lösen, auf einen mit Backpapier belegten Kuchenrost stürzen und erkalten lassen. Anschließend mitgebackenes Backpapier abziehen und den Boden auf eine Tortenplatte legen.

5. Für den Belag Preiselbeeren auf dem Tortenboden verstreichen. Sahne mit Vanillin-Zucker und Sahnesteif steif schlagen und in einen Spritzbeutel mit Sterntülle füllen. Den Tortenrand dick mit der Sahne verzieren und die Torte bis zum Servieren kalt stellen.

6. Vor dem Servieren den Tortenboden in 12 Stücke schneiden. Die Tortenstückoberflächen mit dem Eierlikör begießen.

Tipp:
Der Tortenboden hält in Alufolie verpackt 1–2 Tage frisch. Er lässt sich auch sehr gut einfrieren.
Sehr lecker schmeckt die Torte, wenn sie den fertig gebackenen Tortenboden mit Weinbrand tränken. Dafür 4 Esslöffel Weinbrand mit 2 Esslöffeln Wasser und 1 Esslöffel Zucker verrühren.

Herrentorte mit Eierlikör

Himbeer-Charlotte

Für Gäste – schnell zubereitet

Insgesamt:
E: 49 g, F: 274 g, Kh: 270 g,
kJ: 16230, kcal: 3883

2 helle Biskuitrollen mit Himbeer-Creme-Füllung (fertig gekauft)

Für die Füllung:
8 Blatt weiße Gelatine
300 g Naturjoghurt
75 g gesiebter Puderzucker
50 ml Zitronensaft
500 ml (½ l) Schlagsahne
2 Dosen Himbeeren
(Abtropfgewicht je 145 g)

Zum Verzieren:
200 ml Schlagsahne, 1 TL Zucker
etwas Himbeerkonfitüre

Zubereitungszeit: etwa 25 Minuten, ohne Kühlzeit

1. Biskuitrollen in etwa 1 cm dicke Scheiben schneiden. Eine runde, kuppelförmige Schüssel (etwa 3 l, mit Frischhaltefolie ausgelegt) mit etwa zwei Dritteln der Biskuitrollenscheiben auslegen.
2. Für die Füllung Gelatine nach Packungsanleitung einweichen. Joghurt mit Puderzucker und Zitronensaft in einer Schüssel verrühren. Gelatine leicht ausdrücken, in einem kleinen Topf bei schwacher Hitze auflösen (nicht kochen) und mit etwas von der Joghurtmasse verrühren. Dann die Gelatinemischung unter die restliche Joghurtmasse rühren. Sahne steif schlagen und unterheben. Zuletzt die gut abgetropften Himbeeren vorsichtig unterheben.
3. Die Creme in die mit Biskuitrollenscheiben ausgelegte Schüssel füllen, glatt streichen, mit den restlichen Biskuitrollenscheiben belegen und andrücken. Die Schüssel 2–3 Stunden kalt stellen.
4. Die Kuppel auf eine Tortenplatte stürzen und die Folie abziehen. Zum Verzieren Sahne mit Zucker steif schlagen, in einen Spritzbeutel mit Lochtülle füllen und Spiralen an den unteren Tortenrand spritzen.
5. Himbeerkonfitüre durch ein Sieb streichen, in einen Gefrierbeutel füllen, eine kleine Ecke abschneiden und die Sahnespiralen mit der Konfitüre besprenkeln. Die Torte bis zum Servieren kalt stellen.

Tipp:
Die Kuppel rundherum mit Sahne, frischen Himbeeren und Zitronenmelisse verzieren. Anstelle der Dosenfrüchte können auch 300 g frische oder TK-Himbeeren verwendet werden.
Die Creme kann statt mit Zitronensaft auch mit Himbeergeist zubereitet werden.

Himbeer-Charlotte

Himbeer-Dickmilch-Torte

Einfach

Insgesamt:
E: 99 g, F: 337 g, Kh: 514 g,
kJ: 23576, kcal: 5630

Für den Teig:
4 Eier (Größe M)
170 g Puderzucker
1 Pck. Dr. Oetker Vanillin-Zucker
125 ml (1/8 l) Eierlikör
125 ml (1/8 l) Speiseöl
180 g Weizenmehl
1 gestr. TL Dr. Oetker Backin

Für die Creme:
8 Blatt weiße Gelatine
500 g Dickmilch, 100 g Puderzucker
Saft und Schale von 1 Bio-Zitrone
(unbehandelt, ungewachst)
250 ml (1/4 l) Schlagsahne
300 g TK-Himbeeren

Zum Bestreichen:
250 ml (1/4 l) Schlagsahne
1 Pck. Dr. Oetker Vanillin-Zucker
1 Pck. Dr. Oetker Sahnesteif

Zum Bestäuben:
Kakaopulver

Zubereitungszeit: 35 Minuten

1. Für den Teig Eier mit Puderzucker und Vanillin-Zucker mit Handrührgerät mit Rührbesen in 1 Minute schaumig schlagen und Eierlikör und Öl unterrühren. Mehl mit Backpulver mischen, darüber sieben und unterrühren. Den Teig in eine Springform (Ø 26 cm, Boden gefettet, mit Backpapier belegt) füllen und die Form auf dem Rost in den Backofen schieben.
   Ober-/Unterhitze: etwa 180 °C (vorgeheizt)
   Heißluft: etwa 160 °C (nicht vorgeheizt)
   Gas: Stufe 2–3 (nicht vorgeheizt)
   Backzeit: etwa 40 Minuten.

2. Den Boden aus der Form lösen, auf einen mit Backpapier belegten Kuchenrost stürzen und erkalten lassen. Anschließend mitgebackenes Backpapier abziehen und den Boden einmal waagerecht durchschneiden.

3. Für die Creme Gelatine nach Packungsanleitung einweichen. Dickmilch mit Puderzucker, Zitronensaft und -schale verrühren. Gelatine leicht ausdrücken, in einem kleinen Topf bei schwacher Hitze unter Rühren auflösen (nicht kochen) und mit etwas von der Dickmilchmasse verrühren, dann unter die restliche Dickmilchmasse rühren.

4. Die Masse kalt stellen und wenn sie beginnt dicklich zu werden, Sahne steif schlagen und unterheben. Zuletzt die gefrorenen Himbeeren unterheben.

5. Den unteren Boden auf eine Tortenplatte legen und einen Tortenring oder den gesäuberten Springformrand darumstellen. Die Himbeercreme einfüllen, glatt streichen und den oberen Boden auflegen. Die Torte etwa 3 Stunden kalt stellen.

6. Zum Bestreichen Sahne mit Vanillin-Zucker und Sahnesteif steif schlagen. Den Tortenring oder Springformrand vorsichtig lösen und entfernen und die Torte vollständig mit der Sahne bestreichen.

7. Zum Bestäuben kurz vor dem Servieren Papierstreifen mit etwas Abstand auf die Tortenoberfläche legen und die Oberfläche mit Kakaopulver bestäuben. Papierstreifen vorsichtig entfernen.

Himbeer-Dickmilch-Torte

Himbeer-Grieß-Torte

Raffiniert – fettarm

Insgesamt:
E: 66 g, F: 77 g, Kh: 459 g,
kJ: 12307, kcal: 2929

Für den Rührteig:
40 g Butter
75 g Puderzucker
1 Pck. Dr. Oetker Vanillin-Zucker
2 Eier (Größe M)
100 g Weizenmehl
2 gestr. TL Dr. Oetker Backin
20 g Kakaopulver
3 EL Milch

Zum Bestreichen:
2 EL Himbeerkonfitüre

Für den Belag:
2 Pck. Süße Mahlzeit Grießbrei nach klassischer Art
600 ml Milch
150 g Naturjoghurt
500 g Himbeeren

Für den Guss:
1 Pck. Tortenguss, rot
2 EL Zucker
100 ml Saft, z. B. heller Traubensaft
150 ml Wasser

Zubereitungszeit: 45 Minuten, ohne Kühlzeit

1. Für den Teig Butter mit Handrührgerät mit Rührbesen auf höchster Stufe geschmeidig rühren. Nach und nach Puderzucker und Vanillin-Zucker unterrühren. So lange rühren, bis eine gebundene Masse entstanden ist.
2. Eier nach und nach unterrühren (jedes Ei etwa $1/2$ Minute). Mehl mit Backpulver und Kakao mischen, sieben und in 2 Portionen auf mittlerer Stufe unterrühren.
3. Den Teig in eine Springform (Ø 26 cm, Boden gefettet, mit Backpapier belegt) geben und glatt streichen. Die Form auf dem Rost in den Backofen schieben.
   Ober-/Unterhitze: etwa 180 °C (vorgeheizt)
   Heißluft: etwa 160 °C (vorgeheizt)
   Gas: Stufe 2–3 (vorgeheizt)
   Backzeit: etwa 20 Minuten.
4. Den Gebäckboden aus der Form lösen, auf einen mit Backpapier belegten Kuchenrost stürzen und erkalten lassen. Anschließend mitgebackenes Backpapier abziehen.
5. Boden auf eine Tortenplatte legen, einen Tortenring oder den gesäuberten Springformrand darumstellen und den Boden mit Konfitüre bestreichen.
6. Für den Belag 2 Päckchen Grießbrei nach Packungsanleitung, aber nur mit insgesamt 600 ml Milch zubereiten. Grießbrei etwa 5 Minuten stehen lassen, dann Joghurt mit einem Schneebesen unterrühren. Die Grießmasse auf den Gebäckboden geben und glatt streichen. Den Kuchen etwa 2 Stunden kalt stellen.
7. Himbeeren verlesen und auf der Grießmasse verteilen. Für den Guss aus Tortengusspulver, Zucker, Saft und Wasser nach Packungsanleitung einen Guss zubereiten und mit Hilfe eines Esslöffels auf den Himbeeren verteilen. Die Torte etwa 1 Stunde kalt stellen, dann Tortenring oder Springformrand lösen und entfernen.

Himbeer-Grieß-Torte

Himbeer-Nektarinen-Torte

Himbeer-Nektarinen-Torte

Fruchtig

Insgesamt:
E: 91 g, F: 325 g, Kh: 491 g,
kJ: 22180, kcal: 5295

Für den Biskuitteig:
4 Eier (Größe M)
4 EL heißes Wasser
150 g Zucker
1 Pck. Dr. Oetker Vanillin-Zucker
75 g Weizenmehl
100 g Buchweizenmehl
½ gestr. TL Dr. Oetker Backin

Für die Füllung:
150 g frische Himbeeren
1 Nektarine
8 Blatt weiße Gelatine
600 g saure Sahne
100 g Zucker
1 Pck. Dr. Oetker Finesse Geriebene Zitronenschale
400 ml Schlagsahne

Zum Bestreichen und Verzieren:
200 ml Schlagsahne
1 Pck. Dr. Oetker Sahnesteif
1 Pck. Dr. Oetker Vanillin-Zucker

Zum Garnieren:
1 Nektarine
100 g Himbeeren

Zubereitungszeit: 60 Minuten, ohne Kühlzeit

1. Für den Teig Eier und Wasser mit Handrührgerät mit Rührbesen auf höchster Stufe in 1 Minute schaumig schlagen. Zucker und Vanillin-Zucker mischen, in 1 Minute einstreuen, dann noch 2 Minuten weiterschlagen.

2. Mehle mit Backpulver mischen, die Hälfte davon auf die Eiercreme geben und kurz auf niedrigster Stufe unterrühren. Das restliche Mehlgemisch auf die gleiche Weise unterarbeiten. Den Teig in eine Springform (Ø 26 cm, Boden gefettet, mit Backpapier belegt) füllen und glatt streichen. Die Form auf dem Rost in den Backofen schieben.
Ober-/Unterhitze: etwa 180 °C (vorgeheizt)
Heißluft: etwa 160 °C (nicht vorgeheizt)
Gas: Stufe 2–3 (nicht vorgeheizt)
Backzeit: etwa 35 Minuten.

3. Gebäckboden aus der Form lösen, auf einen mit Backpapier belegten Kuchenrost stürzen und erkalten lassen. Anschließend mitgebackenes Backpapier entfernen und den Boden zweimal waagerecht durchschneiden.

4. Für die Füllung Himbeeren verlesen und pürieren. Nektarine waschen, trockentupfen, halbieren und entsteinen. Fruchtfleisch in sehr kleine Würfel schneiden. Gelatine nach Packungsanleitung einweichen. Saure Sahne mit Zucker verrühren. Gelatine in einem kleinen Topf bei schwacher Hitze auflösen (nicht kochen) und zunächst mit 2 Esslöffeln von der Saure-Sahne-Masse verrühren, dann unter die restliche Masse rühren.

5. Die Masse halbieren. Unter eine Hälfte das Himbeerpüree, unter die andere Hälfte die Nektarinenwürfel und Zitronenschale rühren. Himbeer- und Nektarinenmasse kalt stellen. Sahne steif schlagen und je die Hälfte der Sahne unter die Fruchtmassen heben.

6. Den unteren Gebäckboden auf eine Platte legen. Einen Tortenring oder den gesäuberten Springformrand darumstellen. Die Nektarinenmasse auf dem Boden verteilen. Den mittleren Gebäckboden darauf legen und leicht andrücken. Die Himbeermasse darauf verteilen und mit dem oberen Gebäckboden bedecken. Die Torte 2–3 Stunden kalt stellen.

7. Zum Bestreichen und Verzieren Tortenring oder Springformrand mit einem Messer lösen und entfernen. Sahne mit Sahnesteif und Vanillin-Zucker steif schlagen. Die Tortenoberfläche mit der Hälfte der Sahne bestreichen. Die restliche Sahne in einen Spritzbeutel mit Sterntülle füllen und Tuffs auf die Torte spritzen.

8. Zum Garnieren kurz vor dem Servieren Nektarine waschen, trockentupfen, halbieren, entsteinen und in feine Spalten schneiden. Himbeeren verlesen. Die Torte mit Himbeeren und Nektarinenspalten garnieren.

Himbeer-Schokoladen-Torte

Himbeer-Schokoladen-Torte

Für Gäste – raffiniert

Insgesamt:
E: 72 g, F: 287 g, Kh: 477 g,
kJ: 20681, kcal: 4943

Für den Schüttelteig:
100 g Butter oder Margarine
200 g Weizenmehl
3 gestr. TL Dr. Oetker Backin
125 g Zucker
1 Pck. Dr. Oetker Vanillin-Zucker
3 Eier (Größe M)
100 ml Schlagsahne

Für die Füllung:
300 g frische Himbeeren
1 Pck. Tortenguss, klar
50 g Zucker
250 ml (¹/₄ l) Himbeersaft

Für den Belag:
150 g Zartbitterschokolade
300 ml Schlagsahne
1 Pck. Dr. Oetker Sahnesteif

Zum Bestreuen:
25 g weiße, geschabte Kuvertüre oder Schokolade

Zum Garnieren:
einige Himbeeren

Zubereitungszeit: 30 Minuten, ohne Kühlzeit

1. Für den Teig Butter oder Margarine zerlassen und abkühlen lassen. Mehl mit Backpulver mischen, in eine verschließbare Schüssel (etwa 3 l) sieben und mit Zucker und Vanillin-Zucker mischen. Eier, Butter oder Margarine und Sahne hinzufügen. Die Schüssel mit dem Deckel fest verschließen.

2. Schüssel mehrmals (insgesamt 15–30 Sekunden) kräftig schütteln, so dass alle Zutaten gut vermischt sind. Alles mit einem Schneebesen oder Rührlöffel nochmals sorgfältig durchrühren, damit trockene Zutaten vom Rand mit untergerührt werden.

3. Den Teig in eine Springform (Ø 26 cm, Boden gefettet) geben und glatt streichen. Die Form auf dem Rost in den Backofen schieben.
Ober-/Unterhitze: etwa 180 °C (vorgeheizt)
Heißluft: etwa 160 °C (vorgeheizt)
Gas: Stufe 2–3 (vorgeheizt)
Backzeit: etwa 25 Minuten.

4. Den Tortenboden aus der Form lösen und auf einen mit Backpapier belegten Kuchenrost stürzen. Tortenboden erkalten lassen und anschließend einmal waagerecht durchschneiden. Den unteren Tortenboden auf eine Kuchenplatte legen.

5. Für die Füllung Himbeeren verlesen. Einen Guss aus Tortengusspulver, Zucker und Himbeersaft nach Packungsanleitung zubereiten. Himbeeren vorsichtig unterheben.

6. Die Himbeermasse sofort auf dem unteren Tortenboden verteilen. Den oberen Tortenboden darauf legen und leicht andrücken. Die Torte etwa 30 Minuten kalt stellen.

7. Für den Belag Schokolade grob zerkleinern, in einem Topf im Wasserbad geschmeidig rühren und abkühlen lassen. Sahne mit Sahnesteif steif schlagen. Schokolade vorsichtig unterrühren. Die Schokoladensahne auf die Tortenoberfläche geben und mit einem Löffel wellenförmig verteilen. Die Torte nochmals etwa 30 Minuten kalt stellen und kurz vor dem Servieren Kuvertüre oder Schokolade darauf streuen und die Torte mit Himbeeren garnieren.

Tipp:
Anstelle von frischen Himbeeren können auch aufgetaute TK-Himbeeren verwendet werden.

Himbeer-Sommertorte

Fruchtig

Insgesamt:
E: 106 g, F: 185 g, Kh: 555 g,
kJ: 18374, kcal: 4384

Zum Vorbereiten:
1 Beutel aus 1 Pck. Götterspeise Himbeer-Geschmack
375 ml (3/8 l) Wasser oder roter Fruchtsaft
75 g Zucker

Für den Boden:
200 g Cornflakes
150 g weiße Kuvertüre

Für den Belag:
250 g frische Himbeeren
1 Beutel aus 1 Pck. Götterspeise Himbeer-Geschmack
375 ml (3/8 l) Wasser
180 g Zucker
400 ml Schlagsahne
250 g Magerquark

Zum Garnieren:
100 g frische Himbeeren

Zubereitungszeit: 45 Minuten, ohne Kühlzeit

1. Zum Vorbereiten Götterspeise mit Wasser oder Fruchtsaft und Zucker nach Packungsanleitung, aber nur mit 375 ml Flüssigkeit zubereiten, in einer flachen Form kalt stellen und fest werden lassen.
2. Für den Boden Cornflakes in einen Gefrierbeutel geben und den Beutel fest verschließen. Cornflakes mit einer Teigrolle fein zerbröseln und in eine Schüssel geben. Kuvertüre in kleine Stücke hacken, in einem kleinen Topf im Wasserbad bei schwacher Hitze geschmeidig rühren und mit den Cornflakesbröseln vermengen. Einen Springformboden (Ø 26 cm) auf eine mit Tortenspitze oder Backpapier belegte Tortenplatte stellen, die Masse darin verteilen und mit einem Löffel gut zu einem Boden andrücken. Boden kalt stellen.
3. Für den Belag Himbeeren verlesen und beiseite stellen. Die Götterspeise mit Wasser und Zucker nach Packungsanleitung, aber nur mit 375 ml Wasser zubereiten und kalt stellen.
4. Sahne steif schlagen. Sobald die Götterspeise für den Belag beginnt dicklich zu werden, Quark unterrühren und die steif geschlagene Sahne unterheben. Ein Drittel der Creme auf den Boden geben und glatt streichen. Himbeeren darauf verteilen, mit restlicher Creme bedecken und glatt streichen. Die Torte 2–3 Stunden kalt stellen.
5. Zum Garnieren den Springformrand mit Hilfe eines Messers lösen und entfernen. Die vorbereitete, fest gewordene Götterspeise stürzen, würfeln oder verschiedene Motive ausstechen oder ausschneiden. Die Torte mit den Würfeln oder Motiven und Himbeeren garnieren.

Tipp:
Die Torte schmeckt frisch am besten.
Sie lässt sich am besten mit einem elektrischen Messer schneiden.
Für den Belag anstelle der Himbeeren blaue und grüne kernlose Weintrauben verwenden sowie Waldmeister-Götterspeise mit Traubensaft zubereiten.

Himbeer-Sommertorte

Himbeer-Wickeltorte im Schokomantel

Dauert etwas länger

Insgesamt:
E: 116 g, F: 420 g, Kh: 657 g,
kJ: 28803, kcal: 6878

Für den Biskuitteig:
4 Eier (Größe M)
1 Eigelb (Größe M)
3 EL heißes Wasser
125 g Zucker
1 Pck. Dr. Oetker Vanillin-Zucker
125 g Weizenmehl
1 Msp. Dr. Oetker Backin
30 g Kokosraspel

Für den Knetteig:
150 g Weizenmehl
50 g Zucker
100 g Butter oder Margarine

Für die Füllung:
6 Blatt weiße Gelatine
300 g Himbeerjoghurt
75 g Zucker
1 Pck. Dr. Oetker Vanillin-Zucker
400 ml Schlagsahne
200 g Himbeeren

Für den Schokomantel:
200 g weiße Kuvertüre
1 EL Speiseöl

Zum Bestreichen und Garnieren:
200 ml Schlagsahne
einige Himbeeren
nach Belieben Zitronenmelisse

Zubereitungszeit: 100 Minuten, ohne Kühlzeit

1. Für den Biskuitteig Eier, Eigelb und Wasser mit Handrührgerät mit Rührbesen auf höchster Stufe in 1 Minute schaumig schlagen. Zucker und Vanillin-Zucker mischen, in 1 Minute einstreuen und noch 2 Minuten weiterschlagen. Mehl mit Backpulver mischen, auf die Eiercreme sieben und auf niedrigster Stufe kurz unterrühren. Kokosraspel kurz unterheben. Teig auf einem Backblech (30 x 40 cm, gefettet, mit Backpapier belegt) verteilen, glatt streichen und das Backblech in den Backofen schieben.
   Ober-/Unterhitze: etwa 200 °C (vorgeheizt)
   Heißluft: etwa 180 °C (vorgeheizt)
   Gas: Stufe 3-4 (vorgeheizt)
   Backzeit: etwa 12 Minuten.

2. Die Biskuitplatte sofort vom Rand lösen, auf die Arbeitsfläche stürzen und mit dem Backpapier erkalten lassen. Anschließend Backpapier vorsichtig abziehen.

3. Für den Knetteig Mehl in eine Rührschüssel sieben. Restliche Zutaten hinzufügen und mit Handrührgerät mit Knethaken zunächst kurz auf niedrigster, dann auf höchster Stufe gut durcharbeiten. Anschließend den Teig auf der leicht bemehlten Arbeitsfläche kurz verkneten. Den Teig auf einem Springformboden (Ø 26 cm, gefettet) ausrollen, mehrfach mit einer Gabel einstechen, den Springformrand darumstellen und **den Boden bei gleicher Backofeneinstellung etwa 15 Minuten backen.** Dann den Knetteigboden vom Springformboden lösen, aber darauf auf einem Kuchenrost erkalten lassen.

4. Für die Füllung Gelatine einweichen. Himbeerjoghurt mit Zucker und Vanillin-Zucker verrühren. Gelatine in einem kleinen Topf bei schwacher Hitze auflösen (nicht kochen) und zunächst mit etwas von der Joghurtmasse verrühren, dann unter die restliche Masse rühren und die Masse kalt stellen. Sahne steif schlagen und unterheben.

5. Joghurtcreme gleichmäßig auf der Biskuitplatte verstreichen, Platte von der kurzen Seite aus in 5 cm breite Streifen schneiden, Himbeeren darauf verteilen und leicht andrücken. Knetteigboden auf eine Tortenplatte legen. Einen Biskuitstreifen vorsichtig zur Schnecke aufrollen und in die Mitte des Knetteigbodens stellen. Restliche Streifen darumlegen, leicht andrücken und einen Tortenring darumstellen. Die herausgedrückte Sahne auf der Oberfläche verstreichen und die Torte etwa 1 Stunde kalt stellen.

6. Für den Schokomantel weiße Kuvertüre mit Öl auflösen, etwa 6 cm hoch dünn auf einen Streifen Backpapier (Länge = Umfang der Torte) verstreichen und fast ganz fest werden lassen (nicht kalt stellen). Tortenring lösen und entfernen, Sahne steif schlagen und Oberfläche und Rand damit bestreichen. Schokomantel mit dem Backpapier um die Torte stellen, leicht andrücken und kalt stellen. Wenn die Kuvertüre vollständig erstarrt ist, Backpapier vorsichtig abziehen. Vor dem Servieren die Tortenoberfläche mit frischen Himbeeren und nach Belieben mit Zitronenmelisse garnieren.

Himbeer-Wickeltorte im Schokomantel

Himmel-und-Hölle-Torte

Beliebt

Insgesamt:
E: 78 g, F: 309 g, Kh: 704 g,
kJ: 26192, kcal: 6258

Für den Knetteig:
125 g Weizenmehl
1 Msp. Dr. Oetker Backin
50 g Zucker
1 Pck. Dr. Oetker Vanillin-Zucker
5 Tropfen Zitronen-Aroma
1 Prise Salz, 1 Ei (Größe M)
75 g Butter

Für den Biskuitteig:
3 Eier (Größe M), 100 g Zucker
1 Pck. Dr. Oetker Vanillin-Zucker
100 g Weizenmehl
25 g Speisestärke
1 gestr. TL Dr. Oetker Backin

Für Füllung I:
1 Glas Sauerkirschen
(Abtropfgewicht 370 g)
370 ml Kirschsaft aus dem Glas,
mit Wasser ergänzt
1 Pck. Dr. Oetker Pudding-Pulver
Vanille-Geschmack
30 g Zucker, 2 cl Kirschlikör

Für Füllung II:
475 ml Schlagsahne
1 Pck. Aranca Aprikose-Maracuja-
Geschmack (Dessertpulver)
200 ml heller Sekt

Außerdem:
125 ml (1/8 l) Schlagsahne
1 TL Zucker
75 g geraspelte weiße Schokolade
100 g rotes Gelee,
z. B. Johannisbeergelee

Zubereitungszeit: 60 Minuten

1. Für den Knetteig Mehl mit Backpulver mischen und in eine Rührschüssel sieben. Zucker, Vanillin-Zucker, Aroma, Salz, Ei und Butter hinzufügen. Die Zutaten mit Handrührgerät mit Knethaken zunächst kurz auf niedrigster, dann auf höchster Stufe gut durcharbeiten. Anschließend den Teig kurz auf der Arbeitsfläche verkneten.

2. Den Teig auf dem Boden einer Springform (Ø 28 cm, gefettet) ausrollen und mehrmals mit einer Gabel einstechen. Springformrand darumlegen und die Form auf dem Rost in den Backofen schieben.
   Ober-/Unterhitze: etwa 200 °C (vorgeheizt)
   Heißluft: etwa 180 °C (vorgeheizt)
   Gas: Stufe 3–4 (vorgeheizt)
   Backzeit: etwa 15 Minuten.

3. Den Boden sofort nach dem Backen vom Springformboden lösen, aber darauf auf einem Kuchenrost erkalten lassen.

4. Für den Biskuitteig Eier mit Handrührgerät mit Rührbesen auf höchster Stufe in 1 Minute schaumig schlagen. Zucker mit Vanillin-Zucker mischen, in 1 Minute einstreuen, dann noch 2 Minuten weiterschlagen.

5. Mehl mit Speisestärke und Backpulver mischen, auf die Eiercreme sieben und kurz auf niedrigster Stufe unterrühren. Den Teig in eine Springform (Ø 28 cm, Boden gefettet, mit Backpapier belegt) füllen und die Form auf dem Rost in den Backofen schieben.
   Ober-/Unterhitze: etwa 180 °C (vorgeheizt)
   Heißluft: etwa 160 °C (vorgeheizt)
   Gas: Stufe 2–3 (vorgeheizt)
   Backzeit: etwa 25 Minuten.

6. Den Boden aus der Form lösen, auf einen mit Backpapier belegten Kuchenrost stürzen und erkalten lassen. Anschließend mitgebackenes Backpapier abziehen und den Boden einmal waagerecht durchschneiden.

7. Für Füllung I Sauerkirschen in einem Sieb abtropfen lassen. Den Saft dabei auffangen, 370 ml davon abmessen, evtl. mit Wasser ergänzen. Pudding-Pulver und

Himmel-und-Hölle-Torte

Zucker mit dem Kirschsaft anrühren und unter Rühren gut aufkochen lassen. Topf von der Kochstelle nehmen und Kirschen und Kirschlikör unterrühren.

8. Einen Tortenring oder den gesäuberten Springformrand um den Knetteigboden stellen. Die Hälfte der Kirschmasse darauf verteilen. Den unteren Biskuitboden auflegen, die restliche Kirschmasse darauf verteilen und erkalten lassen.

9. Für Füllung II Sahne steif schlagen. Dessertpulver nach Packungsanleitung, aber mit Sekt anstelle von Wasser schaumig schlagen. Geschlagene Sahne gleichmäßig unter die Dessertcreme rühren. Die Hälfte der Sahnecreme auf den mit der Kirschmasse bestrichenen Boden geben, verstreichen und mit dem oberen Biskuitboden bedecken. Den Boden mit der restlichen Sahnecreme bestreichen. Die Torte 2–3 Stunden kalt stellen. Dann den Tortenring oder Springformrand lösen und entfernen.

10. Sahne mit Zucker steif schlagen. Den Tortenrand mit der Sahne bestreichen und mit Schokolade bestreuen. Gelee glatt rühren, in einen kleinen Gefrierbeutel füllen. Eine kleine Ecke abschneiden und die Tortenoberfläche mit dem Gelee verzieren.

Himmlische Marslandung

Raffiniert

Insgesamt:
E: 62 g, F: 359 g, Kh: 475 g,
kJ: 24261, kcal: 5784

Zum Vorbereiten:
150 g Schoko-Karamell-Riegel
600 ml Schlagsahne
50 ml Whisky-Sahne-Likör (17 Vol.-%)

Für den Rührteig:
125 g Butter oder Margarine
50 g Zucker, 1 Prise Salz
3 Eier (Größe M)
125 g Weizenmehl
2 gestr. TL Dr. Oetker Backin
1 Pck. Dr. Oetker Pudding-Pulver
Vanille-Geschmack
4–5 EL Whisky-Sahne-Likör
30 g Haselnuss-Krokant

Außerdem:
250 g frische Himbeeren
4 Pck. Dr. Oetker Sahnesteif
6 EL Whisky-Sahne-Likör
3 Mini-Schoko-Karamell-Riegel
10 g Haselnuss-Krokant

Zubereitungszeit: 60 Minuten, ohne Kühlzeit

Himmlische Marslandung

1. Zum Vorbereiten Schoko-Karamell-Riegel in kleine Stücke schneiden. Sahne in einem Topf erwärmen, Riegelstücke hinzufügen und unter Rühren auflösen. Likör unterrühren. Sahnemasse in zwei Rührschüsseln verteilen und über Nacht kalt stellen.

2. Für den Teig Butter oder Margarine mit Handrührgerät mit Rührbesen auf höchster Stufe geschmeidig rühren. Nach und nach Zucker und Salz unterrühren. So lange rühren, bis eine gebundene Masse entstanden ist.

3. Eier nach und nach unterrühren (jedes Ei etwa 1/2 Minute). Mehl mit Backpulver und Pudding-Pulver mischen, sieben und in 2 Portionen mit Likör und Krokant auf mittlerer Stufe unterrühren. Teig in eine Springform (Ø 24 cm, Boden gefettet, mit Backpapier belegt) füllen und glatt streichen. Die Form auf dem Rost in den Backofen schieben.

Ober-/Unterhitze: etwa 180 °C (vorgeheizt)
Heißluft: etwa 160 °C (vorgeheizt)
Gas: Stufe 2–3 (vorgeheizt)
Backzeit: etwa 30 Minuten.

4. Den Gebäckboden aus der Form lösen, auf einen mit Backpapier belegten Kuchenrost stürzen und erkalten lassen. Anschließend mitgebackenes Backpapier abziehen und den Boden einmal waagerecht durchschneiden. Den unteren Boden auf eine Tortenplatte legen.

5. Himbeeren verlesen. Etwa 50 g Himbeeren zum Garnieren beiseite legen. Restliche Himbeeren auf den unteren Gebäckboden legen.

6. Sahnemasse in 2 Portionen mit jeweils 2 Päckchen Sahnesteif steif schlagen. Anschließend unter jede Sahneportion kurz 3 Esslöffel Likör rühren. Insgesamt ein Drittel der steif geschlagenen Likörsahne auf die Himbeeren geben und vorsichtig verstreichen. Oberen Gebäckboden darauf legen und leicht andrücken.

7. Tortenrand dünn mit etwas von der Likörsahne bestreichen. Restliche Likörsahne in einen Spritzbeutel mit Lochtülle füllen. Dicht an dicht unregelmäßig große Sahnetuffs auf die Tortenoberfläche spritzen. Miniriegel in Scheiben schneiden. Tortenoberfläche mit beiseite gelegten Himbeeren, Riegelscheiben und Krokant garnieren. Torte bis zum Servieren kalt stellen.

Hobbits-Milchreis-Torte

Für Kinder

Insgesamt:
E: 51 g, F: 197 g, Kh: 354 g,
kJ: 14396, kcal: 3428

Für den Keksboden:
150 g Hobbits kernig (Hafer-Mürbekekse)
100 g Butter

Für die Füllung:
1 Glas Sauerkirschen
(Abtropfgewicht 350 g)
4 Blatt weiße Gelatine
1 Pck. Süße Mahlzeit Milchreis klassisch
(Milchreisgericht)
500 ml ($^1\!/_2$ l) Milch
200 ml Schlagsahne

Für den Guss:
250 ml ($^1\!/_4$ l) Kirschsaft aus dem Glas
1 Pck. Tortenguss, rot
20 g Zucker

Zubereitungszeit: 40 Minuten, ohne Kühlzeit

1. Für den Boden Hobbits in einen Gefrierbeutel geben, ihn verschließen und die Kekse mit einer Teigrolle fein zerbröseln. Butter in einem Topf zerlassen und gut mit den Keksbröseln verrühren.
2. Einen Springformrand (Ø 26 cm) auf eine mit Tortenspitze oder Backpapier belegte Tortenplatte stellen. Die Bröselmasse darin verteilen, mit einem Löffel zu einem Boden andrücken und kalt stellen.
3. Für die Füllung Kirschen in einem Sieb abtropfen lassen, den Saft dabei auffangen. Gelatine nach Packungsanleitung einweichen. Milchreis mit Milch nach Packungsanleitung zubereiten, Gelatine leicht ausdrücken und im heißen Milchreis unter Rühren auflösen. Den Milchreis erkalten lassen, dabei gelegentlich umrühren.
4. Sahne steif schlagen und unter den erkalteten Milchreis heben. Erst die Hälfte der Reisfüllung auf dem Boden verteilen und mit den Kirschen belegen, dann die übrige Füllung darauf geben und glatt streichen. Torte etwa 1 Stunde kalt stellen.
5. Für den Guss Saft abmessen. Tortenguss mit den hier angegebenen Zutaten nach Packungsanleitung zubereiten, vorsichtig auf die Torte geben und die Torte nochmals etwa 2 Stunden kalt stellen. Anschließend den Springformrand mit einem Messer lösen und entfernen.

Tipp:
Die Torte nach Belieben mit einigen Hobbits-Bröseln garnieren.

Hobbits-Milchreis-Torte

Hochstapler-Torte

Für Kinder

Insgesamt:
E: 77 g, F: 404 g, Kh: 590 g,
kJ: 26406, kcal: 6295

Für den Rührteig:
250 g Butter oder Margarine
200 g Zucker
1 Pck. Dr. Oetker Vanillin-Zucker
4 Eier (Größe M)
200 g Weizenmehl
1 gestr. TL Dr. Oetker Backin
80 g Kokosraspel

Für die Füllung:
1 Becher (500 g) Sahnepudding
aus dem Kühlregal
1 Becher (500 g) Rote Grütze
aus dem Kühlregal

Zum Verzieren und Garnieren:
200 ml Schlagsahne
1 Pck. Dr. Oetker Vanillin-Zucker
Fruchtgummi-Himbeeren
und -Brombeeren
nach Belieben etwas Puderzucker

Zubereitungszeit: 40 Minuten, ohne Kühlzeit

1. Für den Teig Butter oder Margarine mit Handrührgerät mit Rührbesen auf höchster Stufe geschmeidig rühren. Nach und nach Zucker und Vanillin-Zucker unterrühren. So lange rühren, bis eine gebundene Masse entstanden ist. Eier nach und nach unterrühren (jedes Ei etwa $1/2$ Minute). Mehl mit Backpulver mischen, sieben und portionsweise auf mittlerer Stufe unterrühren.

2. Aus dem Teig nacheinander 6 dünne Böden backen. Dafür jeweils ein Sechstel des Teiges gleichmäßig auf dem Boden einer Springform (Ø 26 cm, Boden gefettet) verstreichen, mit Kokosraspeln bestreuen und ohne Springformrand auf dem Rost in den Backofen schieben.
Ober-/Unterhitze: etwa 200 °C (vorgeheizt)
Heißluft: etwa 180 °C (vorgeheizt)
Gas: Stufe 3–4 (vorgeheizt)
Backzeit: etwa 10 Minuten je Boden.

3. Die Böden sofort nach dem Backen vom Springformboden lösen und auf einem mit Backpapier belegten Kuchenrost erkalten lassen.

4. Für die Füllung Sahnepudding und Rote Grütze getrennt kurz im Becher glatt rühren. Einen Boden auf eine Tortenplatte legen, ein Fünftel des Puddings darauf verteilen und verstreichen, anschließend ein Fünftel der Grütze darauf verteilen und verstreichen. Den zweiten bis fünften Boden ebenso darauf legen und bestreichen, den sechsten Boden zunächst beiseite legen und die Torte etwa 1 Stunde kalt stellen.

5. Zum Verzieren Sahne mit Vanillin-Zucker steif schlagen und mit Hilfe eines Teelöffels Häufchen auf die Tortenoberfläche setzen. Den letzten Boden in Stücke brechen und mit den Fruchtgummibeeren dekorativ auf der Oberfläche verteilen. Die Torte nach Belieben mit Puderzucker bestäuben.

Tipp:
Die Böden können 1–2 Tage vor dem Servieren der Torte gebacken und gut verpackt aufbewahrt werden.
Die Torte schmeckt frisch am besten; bei längerer Aufbewahrung weicht sie etwas durch. Wenn Sie zwei Springformen besitzen, können Sie zwei Böden gleichzeitig bei Heißluft backen.

Hochstapler-Torte

Hochzeitstorte Schmetterlingsträume

Etwas aufwändiger

Insgesamt:
E: 237 g, F: 686 g, Kh: 1335 g,
kJ: 54380, kcal: 12996

**Für den Knetteig
(Boden und Schmetterlinge):**
250 g Weizenmehl
150 g abgezogene, gemahlene Mandeln
100 g Zucker, 1 Prise Salz
2 Eier (Größe M)
200 g Butter oder Margarine
2 EL glatt gerührtes Johannisbeergelee

Für den Biskuitteig (3 x zubereiten):
4 Eier (Größe M), 3-4 EL heißes Wasser
100 g Zucker
1 Pck. Dr. Oetker Vanillin-Zucker
75 g Weizenmehl, 50 g Speisestärke
1 Msp. Dr. Oetker Backin

Für Füllung I:
6 Blatt weiße Gelatine
125 ml (1/8 l) trockener Sekt
1 EL Zitronensaft, 100 g Zucker
500 ml (1/2 l) Schlagsahne

Für Füllung II:
12 Blatt weiße Gelatine
300 g Erdbeeren, frisch oder TK
3 EL Zitronensaft, 125 g Zucker
600 ml Schlagsahne

Für Guss und Garnierung:
100 g Puderzucker, 1 EL Zitronensaft
1 EL Wasser
Erdbeeren, Heidelbeeren, Himbeeren,
Pflaumen, Karambolen

**Zubereitungszeit: 80 Minuten,
ohne Kühlzeit**

1. Für den Knetteig Mehl in eine Rührschüssel sieben. Mandeln, Zucker, Salz, Eier und Butter oder Margarine hinzufügen. Die Zutaten mit Handrührgerät mit Knethaken zunächst kurz auf niedrigster, dann auf höchster Stufe gut durcharbeiten, anschließend auf der Arbeitsfläche kurz zu einem Teig verkneten.
2. Den Teig halbieren. Eine Hälfte zu einer runden Platte (Ø 28 cm) ausrollen, auf ein mit Backpapaier belegtes Backblech legen und mehrmals mit einer Gabel einstechen. Den restlichen Teig ebenso dünn ausrollen, verschieden große Schmetterlinge ausstechen oder ausschneiden und mit auf das Backblech legen. Das Backblech in den Backofen schieben.
   Ober-/Unterhitze: etwa 200 °C (vorgeheizt)
   Heißluft: etwa 180 °C (vorgeheizt)
   Gas: Stufe 3-4 (vorgeheizt)
   Backzeit: etwa 12 Minuten für die Schmetterlinge, etwa 15 Minuten für den Boden.
3. Schmetterlinge und Boden sofort mit Backpapier vom Backblech auf einen Kuchenrost ziehen und erkalten lassen. Dann den Boden auf eine Tortenplatte legen und mit Johannisbeergelee bestreichen.
4. Für den Biskuitteig Eier und Wasser mit Handrührgerät mit Rührbesen auf höchster Stufe in 1 Minute aufschlagen. Zucker mit Vanillin-Zucker mischen, in 1 Minute einstreuen, dann noch 2 Minuten weiterschlagen. Mehl mit Speisestärke und Backpulver mischen, auf die Eiercreme sieben und kurz auf niedrigster Stufe unterrühren. Den Teig auf ein Backblech (30 x 40 cm, gefettet, mit Backpapier belegt) streichen. Das Backblech in den Backofen schieben und sofort **bei gleicher Backofeneinstellung 12-15 Minuten backen.**
5. Den Biskuit sofort nach dem Backen vom Rand lösen, auf ein mit Zucker bestreutes Stück Backpapier stürzen, das mitgebackene Backpapier abziehen und die Biskuitplatte zusammen mit dem Backpapier von der langen Seite aus locker aufrollen. 2 weitere Biskuitplatten auf die gleiche Weise zubereiten.

Hochzeitstorte Schmetterlingsträume

6. Für Füllung I Gelatine nach Packungsanleitung einweichen. Sekt mit Zitronensaft und Zucker verrühren. Gelatine leicht ausdrücken, in einem kleinen Topf bei schwacher Hitze auflösen (nicht kochen), schnell in die Flüssigkeit rühren und kalt stellen. Sahne steif schlagen und unterheben. 2 der Biskuitplatten mit der Creme bestreichen, aufrollen und etwa 2 Stunden kalt stellen.
7. Für Füllung II Gelatine nach Packungsanleitung einweichen. Erdbeeren waschen, putzen, pürieren und mit Zitronensaft und Zucker verrühren. Gelatine ausdrücken, auflösen, schnell unter die Erdbeermasse rühren und kalt stellen. Sahne steif schlagen und unterheben. Die dritte Biskuitplatte mit gut der Hälfte der Erdbeercreme bestreichen, aufrollen und etwa 2 Stunden kalt stellen. Die restliche Erdbeercreme zum Bestreichen der Torte bei Zimmertemperatur aufbewahren, sonst wird sie zu schnell fest.
8. Die Biskuitrollen in etwa 5 cm dicke Stücke schneiden (21 Stücke). Diese zur vierstöckigen Torte aufeinander setzen. Die Torte ganz mit der restlichen Erdbeercreme bestreichen und kalt stellen.
9. Für den Guss Puderzucker mit Zitronensaft und Wasser verrühren, die Schmetterlinge damit bestreichen und trocknen lassen. Früchte vorbereiten. Die Torte kurz vor dem Servieren mit Früchten und Schmetterlingen garnieren.

Höhlentorte

Für Kinder – einfach

Insgesamt:
E: 37 g, F: 212 g, Kh: 326 g,
kJ: 14373, kcal: 3435

1 heller Biskuitboden (Ø 26 cm, vom Bäcker)

Für die Füllung:
1 kleine Dose Ananasscheiben (Abtropfgewicht 255 g)
600 ml Schlagsahne
1 Pck. Dr. Oetker Bourbon-Vanille-Zucker
1 Pck. Dr. Oetker Sahnesteif
1 EL Zucker
100 g Vollmilchschokoladenraspel

1 EL Puderzucker

Zubereitungszeit: 35 Minuten

1. Den Boden auf der Oberfläche 2 cm vom Rand entfernt einschneiden und mit einem Löffel so aushöhlen, dass ein etwa 2 cm breiter Rand und Boden stehen bleibt. Den Boden auf eine Tortenplatte legen. Die Gebäckbrösel grob zerkleinern.
2. Für die Füllung Ananasscheiben in einem Sieb abtropfen lassen. Sahne mit Vanille-Zucker und Sahnesteif steif schlagen.
3. Zucker, Schokoladenraspel und die Hälfte der Gebäckbrösel unterheben. Die Masse kuppelartig in den ausgehöhlten Boden füllen.
4. Ananasscheiben einmal waagerecht durchschneiden, so dass dünne Ringe entstehen, und am Rand der Torte verteilen. Die restlichen Gebäckbrösel in der Tortenmitte verteilen. Die Torte mit Puderzucker bestäuben.

Abwandlung:
Anstelle des hellen einen dunklen Biskuitboden verwenden und wie in Punkt 1 beschrieben aushöhlen. Für die Füllung 600 g Schlagsahne mit 1 Päckchen Sahnesteif, 2 Esslöffeln Zucker und 2 Esslöffeln gesiebtem Kakaopulver steif schlagen. Zwei Drittel der Gebäckbrösel unterheben und die Masse ungleichmäßig in den ausgehöhlten Boden füllen. 4 Esslöffel Eierlikör darüber träufeln. Die restlichen Gebäckbrösel als Häufchen darauf verteilen und die Torte mit 2 Esslöffeln geraspelter weißer Schokolade bestreuen.

Höhlentorte

Holländer Kirschtorte

Etwas aufwändiger

Insgesamt:
E: 48 g, F: 288 g, Kh: 552 g,
kJ: 20928, kcal: 4992

Für den Teig:
1 Pck. (450 g) TK-Blätterteig

Für die Kirschfüllung:
1 Glas Sauerkirschen
(Abtropfgewicht 350 g)
250 ml (1/4 l) Kirschsaft
aus dem Glas
25 g Speisestärke
2 Pck. Dr. Oetker Vanillin-Zucker

Für die Sahnefüllung:
600 ml Schlagsahne
25 g Zucker
1 Pck. Dr. Oetker Vanillin-Zucker
3 Pck. Dr. Oetker Sahnesteif

Für den Guss:
100 g Johannisbeergelee
100 g Puderzucker
3-4 EL Zitronensaft

**Zubereitungszeit: 60 Minuten,
ohne Auftau-, Kühl- und Ruhezeit**

1. Blätterteig nach Packungsanleitung auftauen lassen. Zunächst für 3 Böden jeweils 3 Teigplatten versetzt aufeinander legen, die vorstehenden Ecken leicht einklappen und jeweils auf einem Springformboden (Ø 26 cm, gefettet, mit Wasser besprenkelt) ausrollen.
2. Die Böden mehrmals mit einer Gabel einstechen und 15 Minuten ruhen lassen. Anschließend Böden ohne Springformrand auf dem Rost in den Backofen schieben und nacheinander backen.

Ober-/Unterhitze: etwa 200 °C (vorgeheizt)
Heißluft: etwa 180 °C (vorgeheizt)
Gas: Stufe 3-4 (vorgeheizt)
Backzeit: etwa 15 Minuten je Boden.

3. Sofort nach dem Backen die Böden vom Springformboden lösen und auf einem Kuchenrost erkalten lassen.
4. Für die Kirschfüllung Kirschen in einem Sieb gut abtropfen lassen, Saft dabei auffangen und 250 ml Saft abmessen, evtl. mit Wasser ergänzen. Speisestärke mit Vanillin-Zucker mischen, mit 4 Esslöffeln von dem Saft anrühren und den übrigen Saft in einem Topf zum Kochen bringen. Saft von der Kochstelle nehmen, angerührte Speisestärke unter Rühren hineingeben und aufkochen lassen. Kirschen unterrühren und die Masse erkalten lassen.
5. Für die Sahnefüllung Schlagsahne mit Zucker, Vanillin-Zucker und Sahnesteif steif schlagen. 5 Esslöffel davon in einen Spritzbeutel mit großer Sterntülle füllen. Einen der Böden zunächst mit der Kirschfüllung (1 cm am Rand frei lassen) bestreichen, dann am Rand entlang einen Sahnering spritzen. Diesen mit einer Sahneschicht ausstreichen und mit dem zweiten Boden bedecken. Nochmals am Rand entlang einen Sahnering spritzen und diesen mit der übrigen Sahne ausstreichen.
6. Für den Guss Gelee in einem Topf unter Rühren aufkochen lassen, den dritten Boden damit bestreichen und das Gelee fest werden lassen. Puderzucker sieben und mit Zitronensaft zu einer dickflüssigen Masse verrühren. Den Puderzuckerguss auf das Gelee streichen und fest werden lassen, dann den Boden in 12 Tortenstücke schneiden und auf die Sahne legen.

Tipp:
Aus der übrig gebliebenen Teigplatte nach Belieben verschiedene Motive ausschneiden oder ausstechen, mitbacken und die Torte damit garnieren.
Die Torte schmeckt frisch am besten und lässt sich gut mit einem elektrischen Messer schneiden.

Holländer Kirschtorte

Honig-Kirsch-Torte

Für Gäste – etwas aufwändiger

Insgesamt:
E: 112 g, F: 349 g, Kh: 781 g,
kJ: 28273, kcal: 6736

Für den All-in-Teig:
150 g Weizenmehl
30 g Kakaopulver
3 gestr. TL Dr. Oetker Backin
150 g Zucker
2 Pck. Dr. Oetker Vanillin-Zucker
3 Eier (Größe M)
125 ml (1/8 l) Speiseöl
100 g Naturjoghurt

Für die Füllung:
1 Glas Sauerkirschen
(Abtropfgewicht 370 g)
20 g Speisestärke
Kirschsaft aus dem Glas
30 g Zucker
1 Stange Zimt

Für den Knusperboden:
100 g Zartbitterschokolade
20 g Kokosfett
170 g Knusper Honeys und Weizenpops
1 EL gesiebter Puderzucker

Für die Creme:
5 Blatt weiße Gelatine
300 g Naturjoghurt
50 g flüssiger Honig
200 ml Schlagsahne

Zum Verzieren und Garnieren:
125 ml (1/8 l) Schlagsahne
1 gestr. EL gesiebter Puderzucker
Knusper Honeys und Weizenpops
30 g aufgelöste Edelbitterschokolade

Zubereitungszeit: 60 Minuten, ohne Kühlzeit

1. Für den Teig Mehl mit Kakao und Backpulver mischen und in eine Rührschüssel sieben. Restliche Zutaten hinzufügen und mit Handrührgerät mit Rührbesen erst kurz auf niedrigster, dann auf höchster Stufe in etwa 2 Minuten zu einem Teig verarbeiten. Den Teig in eine Springform (Ø 26 cm, Boden gefettet, mit Backpapier belegt) geben und glatt streichen. Die Form auf dem Rost in den Backofen schieben.
   Ober-/Unterhitze: etwa 180 °C (vorgeheizt)
   Heißluft: etwa 160 °C (nicht vorgeheizt)
   Gas: Stufe 2–3 (nicht vorgeheizt)
   Backzeit: 30–35 Minuten.

2. Den Gebäckboden etwa 5 Minuten in der Form stehen lassen, dann aus der Form lösen und auf einem Kuchenrost erkalten lassen. Anschließend mitgebackenes Backpapier abziehen und den Boden einmal waagerecht durchschneiden.

3. Für die Füllung Kirschen abtropfen lassen, den Saft dabei auffangen. Speisestärke mit 3 Esslöffeln von dem Kirschsaft anrühren. Restlichen Kirschsaft mit Zucker und Zimtstange in einem Topf zum Kochen bringen. Angerührte Speisestärke unter Rühren hinzugeben und unter Rühren kurz aufkochen lassen. Topf von der Kochstelle nehmen, Zimtstange entfernen und Kirschen unterheben. Kirschmasse etwas abkühlen lassen.

4. Für den Knusperboden Schokolade in Stücke brechen und mit Kokosfett in einem Topf im Wasserbad bei schwacher Hitze geschmeidig rühren. Topf von der Kochstelle nehmen. Knusper Honeys und Weizenpops mit der Schokolade vermengen. Den gesäuberten Springformboden (Ø 26 cm) auf eine mit Tortenspitze oder Backpapier belegte Tortenplatte stellen. Die Schokomasse darin verteilen. Unteren Gebäckboden darauf legen und die Kirschmasse darauf verteilen. Oberen Gebäckboden darauf legen und leicht andrücken. Torte kalt stellen.

5. Für die Creme Gelatine nach Packungsanleitung einweichen. Joghurt mit Honig verrühren. Gelatine leicht ausdrücken und in einem kleinen Topf unter Rühren erwärmen (nicht kochen). Zuerst 2–3 Esslöffel des Joghurts mit der Gelatine verrühren, dann mit dem restlichen Joghurt verrühren und kalt stellen. Sahne steif schlagen und unterheben. Creme auf den Gebäckboden geben und glatt streichen. Torte 2 Stunden kalt stellen.

6. Zum Verzieren und Garnieren Sahne mit Puderzucker steif schlagen. Springformrand lösen und entfernen und den Tortenrand bestreichen. Tortenoberfläche mit Knusper Honeys und Weizenpops garnieren. Aufgelöste Schokolade in einen Gefrierbeutel füllen und eine kleine Ecke abschneiden. Tortenoberfläche mit der Schokolade besprenkeln und fest werden lassen.

Honig-Kirsch-Torte

Honig-Nougat-Kuppel

Raffiniert – schnell zubereitet

Insgesamt:
E: 69 g, F: 329 g, Kh: 364 g,
kJ: 28218, kcal: 4833

Für den Schüttelteig:
130 g Butter oder Margarine
200 g Weizenmehl
2 gestr. TL Dr. Oetker Backin
1 Prise Salz
1 Msp. gemahlener Ingwer
3 Eier (Größe M)
100 g flüssiger Honig
4 EL Milch

Für die Füllung:
100 g Schichtnougat
oder Krokantschokolade
400 ml Schlagsahne
2 EL Puderzucker
2 Pck. Dr. Oetker Sahnesteif

Für den Guss:
70 g Zartbitterschokolade
1 TL Honig
30 g Butter

Zubereitungszeit: 30 Minuten, ohne Kühlzeit

Honig-Nougat-Kuppel

1. Für den Teig Butter oder Margarine zerlassen und abkühlen lassen. Mehl mit Backpulver mischen, in eine verschließbare Schüssel (etwa 3 l) sieben und mit Salz und Ingwer mischen. Eier, Butter oder Margarine, Honig und Milch hinzufügen und die Schüssel mit dem Deckel fest verschließen.
2. Die Schüssel mehrmals (insgesamt 15–30 Sekunden) kräftig schütteln, so dass alle Zutaten gut vermischt sind. Alles mit einem Schneebesen oder Rührlöffel nochmals sorgfältig durchrühren, damit trockene Zutaten vom Rand mit untergerührt werden. Den Teig in eine kleine Springform (Ø 22 cm, Boden gefettet) füllen. Form auf dem Rost in den Backofen schieben.
Ober-/Unterhitze: etwa 180 °C (vorgeheizt)
Heißluft: etwa 160 °C (nicht vorgeheizt)
Gas: Stufe 2–3 (nicht vorgeheizt)
Backzeit: etwa 35 Minuten.
3. Boden aus der Form lösen, auf einen mit Backpapier belegten Kuchenrost legen und erkalten lassen. Dann den Boden mit einem Löffel bis auf 1–2 cm aushöhlen, dabei rundherum einen 1–2 cm breiten Rand stehen lassen. Gebäckstücke mit den Händen zerbröseln.
4. Für die Füllung Nougat oder Schokolade grob hacken. Sahne 1/2 Minute schlagen, dann Puderzucker mit Sahnesteif mischen, unter Rühren einrieseln lassen und die Sahne steif schlagen. Nougat- oder Schokostückchen unterheben.
5. Nougatsahne kuppelförmig in den ausgehöhlten Boden füllen. Brösel rundherum vorsichtig an die Sahne drücken.
6. Für den Guss Schokolade grob hacken. Schokolade mit Honig und Butter in einen kleinen Topf geben und unter Rühren bei schwacher Hitze schmelzen lassen. Guss mit einem Löffel auf die Brösel sprenkeln. Die Torte mindestens 1 Stunde kalt stellen.

Tipp:
Nougat vor dem Hacken kalt stellen.

Inka-Torte

Raffiniert

Insgesamt:
E: 92 g, F: 465 g, Kh: 583 g,
kJ: 29198, kcal: 6974

Für den Bröselboden:
150 g Spritzgebäck
mit Schokoladenstreuseln
100 g Butter

Für den Biskuitteig:
4 Eier (Größe M)
1 Eigelb (Größe M)
75 g Zucker
1 Pck. Dr. Oetker Bourbon-Vanille-Zucker
125 g Weizenmehl
1 EL Kakaopulver
$^1/_2$ gestr. TL Dr. Oetker Backin

Für die Füllung:
6 Blatt weiße Gelatine
100 g Melonenfruchtfleisch
(z. B. Cantaloup)
100 ml frisch gepresster Orangensaft
50 g Zucker
150 g Orangenjoghurt
500 ml ($^1/_2$ l) Schlagsahne
2 Pck. Dr. Oetker Sahnesteif

Für den Guss, zum Verzieren und Garnieren:
3 Becher (je 100 g) Kuchenglasur Vanille-Geschmack
50 g Zartbitterschokolade
8–10 Melonenkugeln

Zubereitungszeit: 60 Minuten, ohne Kühlzeit

1. Für den Bröselboden Spritzgebäck in einen Gefrierbeutel geben, ihn verschließen und das Gebäck mit einer Teigrolle fein zerbröseln. Brösel in eine Schüssel geben. Butter zerlassen, zu den Bröseln geben und gut vermengen. Einen Springformrand (Ø 26 cm) auf eine mit Tortenspitze oder Backpapier belegte Tortenplatte stellen, Bröselmasse darin verteilen und mit einem Löffel gut zu einem Boden andrücken. Boden kalt stellen.

2. Für den Teig Eier und Eigelb mit Handrührgerät mit Rührbesen auf höchster Stufe in 1 Minute schaumig schlagen. Zucker und Vanille-Zucker mischen, in 1 Minute einstreuen, dann noch 2 Minuten weiterschlagen. Mehl mit Kakaopulver und Backpulver mischen, auf die Eiercreme sieben und kurz auf niedrigster Stufe unterrühren. Den Teig auf ein Backblech (30 x 40 cm, gefettet, mit Backpapier belegt) streichen und das Backblech in den Backofen schieben.
Ober-/Unterhitze: etwa 200 °C (vorgeheizt)
Heißluft: etwa 180 °C (vorgeheizt)
Gas: Stufe 3-4 (vorgeheizt)
Backzeit: 10–12 Minuten.

4. Den Biskuit sofort vom Rand lösen, auf ein mit Zucker bestreutes Backpapier stürzen und Biskuit erkalten lassen. Anschließend mitgebackenes Backpapier vorsichtig abziehen.

5. Für die Füllung Gelatine einweichen. Melonenfruchtfleisch mit Orangensaft pürieren und mit Zucker und Joghurt verrühren. Gelatine leicht ausdrücken, in einem kleinen Topf bei schwacher Hitze auflösen (nicht kochen) und mit etwas von der Fruchtmasse verrühren, dann unter die restliche Fruchtmasse rühren. Sahne mit Sahnesteif steif schlagen und unterheben. Creme auf die Gebäckplatte streichen und etwa 5 Minuten anziehen lassen.

6. Die Biskuitplatte von der langen Seite aus in 8 Streifen (je knapp 5 cm) schneiden. Springformrand vom Bröselboden entfernen. Den ersten Streifen zu einer Schnecke aufrollen, in die Mitte des Bröselbodens setzen und die übrigen Streifen darumlegen. Evtl. herausgedrückte Creme auf der Oberfläche verstreichen, Springformrand wieder darumstellen und die Torte etwa 2 Stunden kalt stellen.

7. Für den Guss die Kuchenglasur nach Packungsanleitung zerlassen. Springformrand entfernen, die Glasur auf Tortenoberfläche und -rand verteilen und fest werden lassen.

8. Zum Verzieren Schokolade in einem kleinen Topf im Wasserbad bei schwacher Hitze geschmeidig rühren, in einen kleinen Gefrierbeutel oder ein Papiertütchen füllen, eine Spitze abschneiden und verschiedene Muster auf die helle Glasur spritzen. Mit einem Melonenaus-stecher Kugeln formen und die Torte vor dem Servieren mit Melonenkugeln garnieren.

Irish-Coffee-Torte

Für Gäste – etwas aufwändiger

Insgesamt:
E: 118 g, F: 517 g, Kh: 558 g,
kJ: 31629, kcal: 7558

Für den Rührteig:
175 g Butter oder Margarine
175 g Zucker
1 Pck. Dr. Oetker Vanillin-Zucker
4 Eier (Größe M)
175 g Weizenmehl
20 g Kakaopulver
3 gestr. TL Dr. Oetker Backin
100 g Zartbitter-Raspelschokolade
3–4 EL Irish Whiskey

Für die Füllung:
6 Blatt weiße Gelatine
3 Eier (Größe M)
100 g Zucker
100 ml starker Kaffee
3–4 EL Irish Whiskey
600 ml Schlagsahne

Zum Garnieren und Verzieren:
100 g Halbbitter-Kuvertüre
25 g weiße Kuvertüre
200 ml Schlagsahne

Zubereitungszeit: 70 Minuten, ohne Kühlzeit

1. Für den Teig Butter oder Margarine mit Handrührgerät mit Rührbesen auf höchster Stufe geschmeidig rühren. Nach und nach Zucker und Vanillin-Zucker unterrühren. So lange rühren, bis eine gebundene Masse entstanden ist. Eier nach und nach unterrühren (jedes Ei etwa 1/2 Minute).
2. Mehl mit Kakao und Backpulver mischen, sieben und in 2 Portionen auf mittlerer Stufe unterrühren. Zuletzt Raspelschokolade und Whiskey unterrühren. Den Teig in eine Springform (Ø 26 cm, Boden gefettet, mit Backpapier belegt) füllen und glatt streichen. Die Form auf dem Rost in den Backofen schieben.
   Ober-/Unterhitze: etwa 180 °C (vorgeheizt)
   Heißluft: etwa 160 °C (vorgeheizt)
   Gas: Stufe 2–3 (vorgeheizt)
   Backzeit: etwa 30 Minuten.
3. Boden aus der Form lösen, auf einen mit Backpapier belegten Kuchenrost stürzen und erkalten lassen. Anschließend mitgebackenes Backpapier entfernen und den Boden zweimal waagerecht durchschneiden.
4. Für die Füllung Gelatine einweichen. Eier mit Zucker und Kaffee in einer Schüssel (am besten aus Metall) verrühren und im Wasserbad erhitzen, dabei die Creme ständig mit Handrührgerät mit Rührbesen auf mittlerer Stufe schlagen (etwa 5 Minuten). Sobald die Masse beginnt dicklich zu werden, Gelatine ausdrücken und in der warmen Masse auflösen. Schüssel aus dem Wasserbad nehmen und die Masse erkalten lassen, dabei ständig weiterrühren (5–10 Minuten) und Whiskey unterrühren. Sahne steif schlagen und unter die erkaltete Creme heben.
5. Unteren Boden auf eine Tortenplatte legen und Tortenring oder gesäuberten Springformrand darumstellen. Gut ein Drittel der Creme einfüllen, verstreichen und mit dem zweiten Boden bedecken, gut die Hälfte der restlichen Creme aufstreichen, mit dem oberen Boden bedecken und die restliche Creme aufstreichen. Die Torte 2–3 Stunden kalt stellen.
6. Zum Garnieren und Verzieren dunkle und helle Kuvertüre voneinander getrennt auflösen. Dunkle Kuvertüre dünn auf einem auf Backpapier aufgemalten Kreis (Ø etwa 22 cm) ausstreichen und leicht anziehen lassen. Weiße Kuvertüre in einen Gefrierbeutel geben, eine kleine Ecke abschneiden, dünne Streifen auf die dunkle Kuvertüre spritzen und sofort mit einem Tortenkamm oder einer Gabel leicht wellenförmig durchziehen. Die Kuvertüre fest werden lassen, dann mit einem warmen Messer in 12 Tortenstücke teilen.
7. Springformrand oder Tortenring lösen und entfernen. Sahne steif schlagen, Tortenrand damit bestreichen, die restliche Sahne in einen Spritzbeutel mit Lochtülle füllen und die Oberfläche mit Tuffs bespritzen. Die Kuvertüre-Tortenstücke auf die Torte auf die Sahnetuffs legen.

Irish-Coffee-Torte

Jelly-Himbeertorte

Für Kinder

Insgesamt:
E: 87 g, F: 217 g, Kh: 518 g,
kJ: 18376, kcal: 4384

Zum Vorbereiten:
1 Beutel aus 1 Pck. Götterspeise
Himbeer-Geschmack
450 ml Wasser
100 g Zucker

Für den Biskuitteig:
60 g Butter
4 Eier (Größe M)
120 g Zucker
1 Pck. Dr. Oetker Vanillin-Zucker
1 Pck. Dr. Oetker Finesse Geriebene
Zitronenschale
1 Prise Salz
120 g Weizenmehl
60 g Speisestärke
2 gestr. TL Dr. Oetker Backin

Zum Bestreichen:
80 g weiche Butter
120 g gesiebter Puderzucker
1 Pck. Dr. Oetker Vanillin-Zucker
200 g Doppelrahm-Frischkäse

250 g frische Himbeeren
einige abgezogene, gestiftelte Mandeln
einige Minzeblättchen

Zubereitungszeit: 50 Minuten, ohne Quell- und Kühlzeit

1. Zum Vorbereiten Götterspeise in einem kleinen Topf nach Packungsanleitung, aber nur mit 250 ml ($1/4$ l) kaltem Wasser anrühren. 100 g Zucker hinzugeben und die Masse unter Rühren erhitzen, bis alles gelöst ist (nicht kochen). Topf von der Kochstelle nehmen. 200 ml kaltes Wasser einrühren. Flüssigkeit in eine flache runde Schale oder Auflaufform (unterer Ø etwa 25 cm) gießen und etwa 4 Stunden kalt stellen.

2. Für den Teig Butter zerlassen und leicht abkühlen lassen. Eier mit Handrührgerät mit Rührbesen auf höchster Stufe in 1 Minute schaumig schlagen. Zucker mit Vanillin-Zucker, Zitronenschale und Salz mischen, in 1 Minute einstreuen, dann noch 2 Minuten weiterschlagen. Mehl mit Speisestärke und Backpulver mischen, die Hälfte davon auf die Eiercreme sieben und kurz auf niedrigster Stufe unterrühren. Restliches Mehlgemisch auf die gleiche Weise unterarbeiten. Butter kurz vorsichtig unterrühren.

3. Den Teig in eine Springform (Ø 26 cm, Boden gefettet, mit Backpapier belegt) geben. Die Form auf dem Rost in den Backofen schieben.
Ober-/Unterhitze: etwa 180 °C (vorgeheizt)
Heißluft: etwa 160 °C (vorgeheizt)
Gas: Stufe 2–3 (vorgeheizt)
Backzeit: etwa 25 Minuten.

4. Den Biskuitboden etwa 5 Minuten in der Form auf einem Kuchenrost stehen lassen, dann aus der Form lösen, auf einen mit Backpapier belegten Kuchenrost stürzen und erkalten lassen. Anschließend mitgebackenes Backpapier abziehen und den Boden einmal waagerecht durchschneiden. Unteren Boden auf eine Tortenplatte legen.

5. Die Schale mit der Götterspeise einige Sekunden in heißes Wasser stellen, dann die Götterspeiseplatte vorsichtig auf den Biskuitboden gleiten lassen. Oberen Biskuitboden darauf legen.

6. Zum Bestreichen Butter mit Puderzucker und Vanillin-Zucker mit Handrührgerät mit Rührbesen geschmeidig rühren. Frischkäse unterrühren. Tortenoberfläche und -rand mit der Creme bestreichen.

7. Tortenoberfläche mit verlesenen Himbeeren belegen, mit Mandeln bestreuen und mit Minzeblättchen garnieren. Die Torte etwa 30 Minuten kalt stellen.

Jogger-Torte

Für Kinder

Insgesamt:
E: 86 g, F: 236 g, Kh: 470 g,
kJ: 18422, kcal: 4396

Zum Vorbereiten:
300 g gemischte TK-Beerenfrüchte

Für den Rührteig:
125 g Butter oder Margarine
125 g Zucker
1 Pck. Dr. Oetker Vanillin-Zucker
3 Eier (Größe M)
100 g Weizenmehl
25 g Speisestärke
3 gestr. TL Dr. Oetker Backin
50 g abgezogene, gehobelte Mandeln

Für den Belag:
1 Beutel aus 1 Pck. Götterspeise Himbeer-Geschmack
200 ml Wasser
150 g Zucker
500 g Naturjoghurt

Zum Verzieren und Garnieren:
200 ml Schlagsahne
1 Pck. Dr. Oetker Vanillin-Zucker
1 Pck. Dr. Oetker Sahnesteif
einige Jogger-Gums

Zubereitungszeit: 40 Minuten, ohne Auftau- und Kühlzeit

1. Zum Vorbereiten Beerenfrüchte in einer Schüssel auftauen lassen.
2. Für den Teig Butter oder Margarine mit Handrührgerät mit Rührbesen auf höchster Stufe geschmeidig rühren. Nach und nach Zucker und Vanillin-Zucker unterrühren. So lange rühren, bis eine gebundene Masse entstanden ist.
3. Eier nach und nach unterrühren (jedes Ei etwa $1/2$ Minute). Mehl mit Speisestärke und Backpulver mischen, sieben und in 2 Portionen auf mittlerer Stufe unterrühren. Zuletzt Mandeln unterrühren. Den Teig in eine Springform (Ø 26 cm, Boden gefettet, mit Backpapier belegt) füllen und verstreichen. Die Form auf dem Rost in den Backofen schieben.

   Ober-/Unterhitze: etwa 180 °C (vorgeheizt)
   Heißluft: etwa 160 °C (vorgeheizt)
   Gas: Stufe 2–3 (vorgeheizt)
   Backzeit: etwa 30 Minuten.

4. Boden aus der Form lösen, mit Backpapier auf einen Kuchenrost legen und erkalten lassen. Anschließend Backpapier entfernen, Boden auf eine Tortenplatte legen und einen Tortenring eng darumstellen, damit der Belag nicht ausläuft.
5. Für den Belag Götterspeise nach Packungsanleitung, aber mit nur 200 ml Wasser anrühren. Götterspeise mit 150 g Zucker erwärmen (nicht kochen), unter Rühren auflösen und unter den Joghurt rühren. Die aufgetauten Beerenfrüchte vorsichtig unterheben und kurz kalt stellen. Den noch flüssigen Belag auf dem Boden verteilen und die Torte mindestens 3 Stunden kalt stellen.
6. Zum Verzieren und Garnieren Tortenring lösen und entfernen. Sahne mit Vanillin-Zucker und Sahnesteif steif schlagen, mit Hilfe von 2 Esslöffeln in Nocken auf die Torte setzen und mit Jogger-Gums garnieren.

Jogger-Torte

Joghurt-Knusper-Torte

Einfach – schnell zubereitet

Insgesamt:
E: 61 g, F: 204 g, Kh: 261 g,
kJ:13658, kcal: 3258

Für den Boden:
200 g Schoko-Knuspermüsli
100 g Butter

Für den Belag:
8 Blatt weiße Gelatine
750 g Naturjoghurt
2–3 EL Traubenzucker
200 ml Schlagsahne
1 Pck. Dr. Oetker Vanillin-Zucker
75 g Erdbeersauce (Fertigprodukt)
etwa 30 g Schoko-Knuspermüsli

Zubereitungszeit: 30 Minuten, ohne Kühlzeit

1. Für den Boden Knuspermüsli etwas zerkleinern, Butter zerlassen und mit dem Müsli verrühren. Einen Springformrand (Ø 26 cm) auf eine mit Tortenspitze oder Backpapier belegte Tortenplatte stellen. Die Masse darin verteilen, mit Hilfe eines Löffels gut zu einem Boden andrücken und kalt stellen.

2. Für den Belag Gelatine nach Packungsanleitung einweichen. Joghurt in eine Schüssel geben und mit Traubenzucker verrühren. Gelatine leicht ausdrücken, in einem kleinen Topf bei schwacher Hitze unter Rühren auflösen (nicht kochen) und mit etwas von dem Joghurt verrühren, dann die Mischung unter den restlichen Joghurt rühren. Sahne mit Vanillin-Zucker steif schlagen, unter den Joghurt heben und die Joghurtcreme auf dem Müsliboden verteilen.

3. Erdbeersauce in einen kleinen Gefrierbeutel füllen, eine kleine Ecke abschneiden und die Sauce spiralförmig in die Joghurtcreme spritzen. Das Schokomüsli ebenfalls spiralförmig aufstreuen und die Torte 2-3 Stunden kalt stellen.

4. Anschließend den Springformrand lösen und entfernen und die Torte servieren.

Tipp:
250 g Erdbeeren waschen, putzen, halbieren und vor der Joghurtcreme auf dem Müsliboden verteilen.
Statt 2-3 Esslöffel Traubenzucker können Sie 2 Esslöffel Puderzucker verwenden.

Joghurt-Knusper-Torte

Joghurt-Obsttorte

Beliebt

Insgesamt:
E: 62 g, F: 209 g, Kh: 413 g,
kJ: 15998, kcal: 3819

Für den Knetteig:
150 g Weizenmehl
1 Msp. Dr. Oetker Backin
75 g Zucker
1 Ei (Größe M)
80 g Butter oder Margarine

Für die Füllung:
6 Blatt weiße Gelatine
500 g Naturjoghurt
100 g Zucker
Saft von 1 Zitrone
250 ml ($1/4$ l) Schlagsahne

Für den Belag:
750 g vorbereitetes, frisches Obst der Saison (z. B. Erdbeeren, Pfirsiche, Nektarinen usw.)

Für den Guss:
1 Pck. Tortenguss, klar
250 ml ($1/4$ l) Apfelsaft

Zubereitungszeit: 40 Minuten, ohne Kühlzeit

Joghurt-Obsttorte

1. Für den Teig Mehl mit Backpulver mischen und in eine Rührschüssel sieben. Zucker, Ei und Butter oder Margarine hinzufügen. Die Zutaten mit Handrührgerät mit Knethaken zunächst kurz auf niedrigster, dann auf höchster Stufe gut durcharbeiten. Anschließend den Teig auf einer bemehlten Arbeitsfläche kurz verkneten.

2. Teig auf einem Springformboden (Ø 26 cm, gefettet) ausrollen, mit einer Gabel mehrmals einstechen und einen Springformrand darumlegen. Die Form auf dem Rost in den Backofen schieben.

Ober-/Unterhitze: etwa 200 °C (vorgeheizt)
Heißluft: etwa 180 °C (vorgeheizt)
Gas: Stufe 3–4 (vorgeheizt)
Backzeit: etwa 10 Minuten.

3. Die Form auf einen Kuchenrost stellen, Springformrand lösen und entfernen, Gebäckboden vom Springformboden lösen, aber darauf erkalten lassen. Erkalteten Boden auf eine Tortenplatte legen und einen Tortenring oder den gesäuberten Springformrand darumstellen.

4. Für die Füllung Gelatine nach Packungsanleitung einweichen. Joghurt mit Zucker und Zitronensaft in einer Rührschüssel verrühren. Gelatine leicht ausdrücken, in einem kleinen Topf bei schwacher Hitze auflösen (nicht kochen) und mit etwas von der Joghurtmasse verrühren, dann Mischung unter die restliche Joghurtmasse rühren und kalt stellen.

5. Sahne steif schlagen und unterheben. Die Creme auf den Gebäckboden geben und glatt streichen. Die Torte 2–3 Stunden kalt stellen.

6. Für den Belag die Torte mit dem Obst belegen. Für den Guss aus Tortengusspulver und Apfelsaft nach Packungsanleitung, aber ohne Zucker einen Tortenguss zubereiten und über das Obst geben. Torte nochmals 1–2 Stunden kalt stellen. Anschließend Tortenring oder Springformrand lösen und entfernen.

Tipp:
Anstelle von Joghurt können Sie auch Dickmilch oder Frischkäse verwenden.

Joghurt-Weincreme-Torte

Raffiniert

Insgesamt:
E: 82 g, F: 206 g, Kh: 723 g,
kJ: 23020, kcal: 5499

Für den Biskuitteig:
4 Eier (Größe M)
4 EL heißes Wasser
200 g Zucker
1 Pck. Dr. Oetker Vanillin-Zucker
150 g Weizenmehl
60 g Speisestärke
1 schwach geh. TL Dr. Oetker Backin

Zum Bestreichen:
300 g Kirschkonfitüre

Für die Füllung:
6 Blatt weiße Gelatine
25 g Speisestärke
200 ml Weißwein
60 g Zucker
3 Eigelb (Größe M)
Saft von 1 Zitrone
500 ml (½ l) Schlagsahne
150 g Naturjoghurt

Für den Guss:
1 Pck. Tortenguss, klar
25 g Zucker
250 ml (¼ l) Weißwein

Zubereitungszeit: 60 Minuten

1. Für den Teig Eier und Wasser mit Handrührgerät mit Rührbesen auf höchster Stufe in 1 Minute schaumig schlagen. Zucker mit Vanillin-Zucker mischen, in 1 Minute einstreuen, dann noch 2 Minuten weiterschlagen. Mehl mit Speisestärke und Backpulver mischen, die Hälfte davon auf die Eiercreme sieben und kurz auf niedrigster Stufe unterrühren. Restliches Mehlgemisch auf die gleiche Weise unterarbeiten.
2. Drei Viertel des Teiges auf ein Backblech (30 x 40 cm, gefettet, mit Backpapier belegt) streichen. Das Backblech in den Backofen schieben. Den Rest des Teiges in eine Springform (Ø 28 cm, Boden gefettet, mit Backpapier belegt) füllen und sofort nach der Biskuitplatte backen (bei Heißluft zusammen).

Ober-/Unterhitze: etwa 200 °C (vorgeheizt)
Heißluft: etwa 180 °C (vorgeheizt)
Gas: Stufe 3–4 (vorgeheizt)
Backzeit: Biskuitplatte etwa 10 Minuten, Boden etwa 15 Minuten.

3. Die Biskuitplatte nach dem Backen sofort vom Rand lösen und auf ein mit Zucker bestreutes Backpapier stürzen. Mitgebackenes Backpapier mit Wasser bestreichen und vorsichtig, aber schnell abziehen. Die Platte sofort gleichmäßig mit Kirschkonfitüre bestreichen und von der längeren Seite aus fest aufrollen. Den Biskuitboden aus der Form lösen und auf einem Kuchenrost erkalten lassen. Anschließend mitgebackenes Backpapier entfernen. Die erkaltete Biskuitrolle in 16 Scheiben schneiden und auf den Boden und an den Rand der gesäuberten Springform (Ø 28 cm, Boden und Rand mit Backpapier belegt) legen.
4. Für die Füllung Gelatine nach Packungsanleitung einweichen. Speisestärke mit Wein in einem Topf verrühren, Zucker, Eigelb und Zitronensaft hinzufügen und unter ständigem Schlagen erhitzen, bis die Masse zu kochen beginnt. Dann den Topf von der Kochstelle nehmen, Gelatine ausdrücken und in der heißen Weißweincreme unter Rühren auflösen. Die Masse erkalten lassen und dabei ab und zu durchrühren.
5. Dann Sahne steif schlagen und mit dem Joghurt unter die Weißweincreme heben. Die Masse auf die Biskuitrollenscheiben in die Springform geben und gleichmäßig verstreichen. Den Biskuitboden auf die Füllung legen, andrücken und die Torte 2–3 Stunden kalt stellen.
6. Die Torte vom Springformrand lösen, auf eine Tortenplatte stürzen, das Papier abziehen und den Springformrand wieder darumlegen. Den Tortenguss mit Zucker und Weißwein nach Packungsanleitung zubereiten, lauwarm vorsichtig über die Torte gießen und erkalten lassen. Dann den Springformrand lösen und entfernen.

Johannisbeer-Cassis-Torte

Für Gäste

Insgesamt:
E: 106 g, F: 306 g, Kh: 555 g,
kJ: 24531, kcal: 5860

Für den Knetteig:
200 g Weizenmehl
1 Msp. Dr. Oetker Backin
75 g abgezogene, gehobelte Mandeln
75 g Zucker
150 g Butter oder Margarine

Für die Cassis-Creme:
8 Blatt weiße Gelatine
500 g Kefir
75 ml Cassis-Likör
75 g Zucker
1 Pck. Dr. Oetker Vanillin-Zucker
200 ml Schlagsahne
300 g vorbereitete Johannisbeeren
(rot und/oder schwarz)

Für den Guss:
200 ml Johannisbeersaft
75 ml Cassis-Likör
1 Beutel aus 1 Pck. Götterspeise Himbeer-Geschmack
50 g Zucker

Für den Schokorand:
150 g weiße Kuvertüre

Zubereitungszeit: 70 Minuten, ohne Kühlzeit

1. Für den Teig Mehl mit Backpulver mischen und in eine Rührschüssel sieben. Restliche Zutaten hinzufügen und alles mit Handrührgerät mit Knethaken zunächst auf niedrigster, dann auf höchster Stufe durcharbeiten. Anschließend den Teig auf der Arbeitsfläche kurz verkneten.

2. Teig auf dem Boden einer Springform (Ø 26 cm, gefettet) ausrollen, mehrmals mit einer Gabel einstechen, Springformrand darumstellen und die Form auf dem Rost in den Backofen schieben.
   Ober-/Unterhitze: etwa 200 °C (vorgeheizt)
   Heißluft: etwa 180 °C (vorgeheizt)
   Gas: Stufe 3-4 (vorgeheizt)
   Backzeit: 15-20 Minuten.

3. Springformrand lösen und entfernen, den Boden vom Springformboden lösen, aber darauf auf einem Kuchenrost erkalten lassen. Anschließend den Boden auf eine Tortenplatte legen und einen Tortenring oder den gesäuberten Springformrand darumstellen.

4. Für die Cassis-Creme Gelatine nach Packungsanleitung einweichen. Kefir mit Cassis, Zucker und Vanillin-Zucker in einer Schüssel verrühren. Gelatine leicht ausdrücken, in einem kleinen Topf bei schwacher Hitze auflösen (nicht kochen) und zunächst mit etwas von der Kefirmasse verrühren, dann die Mischung unter die restliche Kefirmasse rühren.

5. Sahne steif schlagen und mit den Johannisbeeren unterheben. Die Cassis-Creme in der Form auf dem Boden glatt streichen und 1-2 Stunden kalt stellen.

6. Für den Guss in der Zwischenzeit Saft mit Cassis-Likör und Götterspeisepulver verrühren. Zucker hinzufügen und alles unter Rühren erwärmen, bis sich der Zucker gelöst hat. Die Flüssigkeit vollständig abkühlen lassen und dann vorsichtig auf die Creme gießen. Die Torte nochmals 1-2 Stunden kalt stellen und den Guss fest werden lassen.

7. Für den Schokorand Kuvertüre grob hacken und in einem kleinen Topf im Wasserbad geschmeidig rühren. Kuvertüre dünn zu einem Quadrat (30 x 30 cm) auf ein mit Backpapier belegtes Backblech streichen und fest werden lassen. Feste Kuvertüre in Platten in Tortenhöhe schneiden oder brechen. Tortenring oder Springformrand lösen und entfernen und den Rand der Torte mit den Schokoplatten belegen.

8. Kuvertürereste wieder auflösen, in ein Papiertütchen oder einen kleinen Gefrierbeutel geben, eine kleine Ecke abschneiden und die Tortenoberfläche damit verzieren.

Tipp:
Anstelle von Kefir kann auch Dickmilch verwendet werden.

Johannisbeer-Cassis-Torte

Johannisbeer-Joghurt-Torte

Erfrischend

Insgesamt:
E: 62 g, F: 177 g, Kh: 352 g,
kJ: 14322, kcal: 3421

Für den Biskuitteig:
2 Eier (Größe M)
2–3 EL heißes Wasser
100 g Zucker
1 Pck. Dr. Oetker Vanillin-Zucker
75 g Weizenmehl
50 g Speisestärke
1 gestr. TL Dr. Oetker Backin

Für die Füllung:
8 Blatt rote Gelatine
500 g rote Johannisbeeren
5–6 EL Zucker
150 g Naturjoghurt
2 EL Cassis-Likör
3 EL kaltes Wasser
250 ml (1/4 l) Schlagsahne

Zum Bestreichen und Verzieren:
250 ml (1/4 l) Schlagsahne
1 Pck. Dr. Oetker Sahnesteif
1 TL Zucker

abgezogene, gehobelte Mandeln
gezuckerte Johannisbeerrispen

Zubereitungszeit: 50 Minuten, ohne Kühlzeit

Johannisbeer-Joghurt-Torte

1. Für den Teig Eier und Wasser mit Handrührgerät mit Rührbesen auf höchster Stufe in 1 Minute schaumig schlagen. Zucker und Vanillin-Zucker mischen, in 1 Minute einstreuen, dann noch 2 Minuten weiterschlagen.
2. Mehl mit Speisestärke und Backpulver mischen, auf die Eiercreme sieben und kurz auf niedrigster Stufe unterrühren. Den Teig in eine Springform (Ø 26 cm, Boden gefettet, mit Backpapier belegt) füllen, glatt streichen und die Form auf dem Rost in den Backofen schieben.

Ober-/Unterhitze: etwa 180 °C (vorgeheizt)
Heißluft: etwa 160 °C (vorgeheizt)
Gas: Stufe 2–3 (vorgeheizt)
Backzeit: 20–25 Minuten.

3. Den Boden aus der Form lösen, auf einen mit Backpapier belegten Kuchenrost stürzen und erkalten lassen. Anschließend mitgebackenes Backpapier abziehen.
4. Für die Füllung Gelatine nach Packungsanleitung einweichen. Johannisbeeren waschen, abtropfen lassen und mit einer Gabel von den Rispen streifen. Die Johannisbeeren pürieren, durch ein feines Sieb streichen und mit Zucker, Joghurt und dem Likör verrühren.
5. Gelatine leicht ausdrücken, in einem kleinen Topf bei schwacher Hitze auflösen (nicht kochen) und mit etwas von der Johannisbeermasse verrühren, dann unter die restliche Johannisbeermasse rühren. Sahne steif schlagen und unterheben.
6. Den Tortenboden einmal waagerecht durchschneiden, den unteren Boden auf eine Tortenplatte legen und einen Tortenring oder einen mit Backpapier ausgelegten Springformrand darumstellen. Die Johannisbeersahne auf dem unteren Tortenboden verstreichen, den oberen Tortenboden darauf legen und etwas andrücken. Die Torte 2–3 Stunden kalt stellen.
7. Zum Bestreichen und Verzieren den Tortenring oder Springformrand lösen und entfernen. Sahne mit Sahnesteif und Zucker steif schlagen. Die Torte vollständig mit zwei Dritteln der Sahne bestreichen. Restliche Sahne in einen Spritzbeutel mit Lochtülle füllen und die Torte damit verzieren. Mandeln in einer Pfanne ohne Fett leicht bräunen und auf einem Teller erkalten lassen. Die Torte mit angefeuchteten und in Zucker gewälzten Johannisbeerrispen und mit den Mandeln garnieren.

Tipp:
Der Cassis-Likör kann ersatzlos weggelassen werden.

Johannisbeer-Knusper-Torte

Für Kinder – einfach

Insgesamt:
E: 70 g, F: 289 g, Kh: 333 g,
kJ: 17736, kcal: 4234

Für den Boden:
150 g weiße Kuvertüre
150 g Knusperflakes oder Cornflakes
50 g abgezogene, gehackte Mandeln

Für den Belag:
250 g rote Johannisbeeren
400 ml Schlagsahne
75 g Zucker
1 Pck. Dr. Oetker Vanillin-Zucker
1 Pck. Dr. Oetker Sahnesteif
250 g Doppelrahm-Frischkäse

Zum Garnieren:
50 g rote Johannisbeeren

Zubereitungszeit: 35 Minuten, ohne Kühlzeit

1. Für den Boden Kuvertüre in einem kleinen Topf im Wasserbad bei schwacher Hitze geschmeidig rühren und mit Knusperflakes oder Cornflakes und Mandeln in einer Schüssel gut vermengen.
2. Einige kleine Flakes-Häufchen zum Garnieren auf ein Stück Backpapier geben und fest werden lassen. Einen Springformrand (Ø 26 cm) auf eine mit Tortenspitze oder Backpapier belegte Tortenplatte stellen. Restliche Flakes-Masse darin verteilen und mit einem Löffel gut zu einem Boden andrücken. Den Boden kalt stellen.
3. Für den Belag Johannisbeeren abspülen, abtropfen lassen und die Beeren von den Rispen streifen. Sahne mit Zucker, Vanillin-Zucker und Sahnesteif steif schlagen. Frischkäse glatt rühren, kurz unter die Sahne rühren und Johannisbeeren unterheben. Die Creme auf den Boden geben und leicht wellenartig verstreichen. Die Torte etwa 2 Stunden kalt stellen.
4. Zum Garnieren Springformrand lösen und entfernen. Johannisbeeren abspülen, abtropfen lassen und die Beeren von den Rispen streifen. Knapp die Hälfte davon mit Hilfe einer Gabel zerdrücken oder grob pürieren und die Masse mit Hilfe von 2 Teelöffeln in Häufchen auf die Oberfläche setzen. Die Torte mit den restlichen Johannisbeeren und den Flakes-Häufchen garnieren.

Johannisbeer-Knusper-Torte

Johannisbeer-Schwips-Torte

Schnell zubereitet

Insgesamt:
E: 89 g, F: 143 g, Kh: 417 g,
kJ: 15552, kcal: 3710

Für die Füllung:
500 g Sahnequark
100 g Zucker
50 ml Johannisbeerlikör
4 Blatt rote Gelatine
50 ml Johannisbeersaft

1 Mürbeteig-Obstboden (Ø 26 cm)

Für den Belag:
500 g frische Johannisbeeren
1 Pck. Tortenguss, rot, 2 EL Zucker
200 ml Johannisbeersaft
50 ml Johannisbeerlikör

Zubereitungszeit: 30 Minuten, ohne Kühlzeit

1. Für die Füllung Quark in eine Rührschüssel geben, Zucker und Likör unterrühren. Gelatine nach Packungsanleitung einweichen. Johannisbeersaft in einem kleinen Topf erwärmen und die leicht ausgedrückte Gelatine darin unter Rühren auflösen.
2. Gelatine-Saft-Mischung unter die Quarkmasse rühren und kalt stellen, bis die Masse leicht dicklich wird. Obstboden auf eine Tortenplatte legen. Die Quarkmasse leicht kuppelförmig auf den Mürbeteig-Obstboden streichen.
3. Für den Belag die Johannisbeeren waschen, von den Rispen streifen und die Torte damit kuppelförmig dicht bedecken.
4. Den Guss aus Tortengusspulver, Zucker, Johannisbeersaft und Likör nach Packungsanleitung zubereiten und mit Hilfe eines Esslöffels großzügig über die Johannisbeeren verteilen. Die Torte 1–2 Stunden kalt stellen.

Johannisbeer-Schwips-Torte

Johannisbeer-Zitronen-Torte

Für Kinder

Insgesamt:
E: 91 g, F: 263 g, Kh: 586 g,
kJ: 22005, kcal: 5259

Für den Knetteig:
125 g Weizenmehl
50 g Zucker
1 Ei (Größe M)
50 g Butter oder Margarine

Für den Biskuitteig:
2 Eier (Größe M)
2 EL heißes Wasser
100 g Zucker
1 Pck. Dr. Oetker Vanillin-Zucker
75 g Weizenmehl
50 g Speisestärke
1 Msp. Dr. Oetker Backin

Zum Bestreichen:
2 EL Johannisbeergelee

Für die Joghurtsahne:
8 Blatt weiße Gelatine
500 g Naturjoghurt
150 g Zucker
1 Pck. Dr. Oetker Finesse Geriebene Zitronenschale
6 EL Zitronensaft
500 g rote Johannisbeeren
500 ml (1/2 l) Schlagsahne

Zum Bestreichen und Garnieren:
100 ml Schlagsahne
einige gehackte Pistazienkerne
etwas feinkörniger Zucker
Zitronenmelisse

Zubereitungszeit: 60 Minuten, ohne Kühlzeit

Johannisbeer-Zitronen-Torte

1. Für den Knetteig Mehl in eine Rührschüssel sieben. Zucker, Ei und Butter oder Margarine hinzufügen. Die Zutaten mit Handrührgerät mit Knethaken zunächst kurz auf niedrigster, dann auf höchster Stufe gut durcharbeiten. Anschließend den Teig auf der leicht bemehlten Arbeitsfläche kurz verkneten. Sollte er kleben, ihn eine Zeit lang kalt stellen.

2. Den Teig auf dem Boden einer Springform (Ø 26 cm, gefettet) ausrollen, einen Springformrand darumlegen und die Form auf dem Rost in den Backofen schieben.
   Ober-/Unterhitze: etwa 200 °C (vorgeheizt)
   Heißluft: etwa 180 °C (vorgeheizt)
   Gas: Stufe 3–4 (vorgeheizt)
   Backzeit: 12–15 Minuten.

3. Nach dem Backen Springformrand entfernen, den Boden vom Springformboden lösen, aber darauf auf einem Kuchenrost erkalten lassen.

4. Für den Biskuitteig Eier und Wasser mit Handrührgerät mit Rührbesen auf höchster Stufe in 1 Minute schaumig schlagen. Zucker und Vanillin-Zucker mischen, in 1 Minute einstreuen, dann noch 2 Minuten weiterschlagen. Mehl mit Speisestärke und Backpulver mischen, auf die Eiercreme sieben und kurz auf niedrigster Stufe unterrühren.

5. Den Teig in die gesäuberte Springform (Ø 26 cm, Boden gefettet, mit Backpapier belegt) füllen und glatt streichen. Die Form auf dem Rost in den Backofen schieben und **bei gleicher Backofeneinstellung etwa 20 Minuten backen.**

6. Den Biskuitboden lösen, auf einen mit Backpapier belegten Kuchenrost stürzen und erkalten lassen. Anschließend mitgebackenes Backpapier abziehen. Den Knetteigboden auf eine Tortenplatte legen und mit Gelee bestreichen. Den Biskuitboden darauf legen, leicht andrücken und einen Tortenring oder den gesäuberten Springformrand darumstellen.

7. Für die Joghurtsahne Gelatine nach Packungsanleitung einweichen. Joghurt mit Zucker, Zitronenschale und -saft verrühren. Gelatine ausdrücken, in einem kleinen Topf bei schwacher Hitze auflösen (nicht kochen) und mit etwas von der Joghurtmasse verrühren, dann die Mischung unter die restliche Joghurtmasse rühren.

8. Johannisbeeren waschen, abtropfen lassen, von den Rispen streifen (einige Rispen zum Garnieren beiseite legen) und unter die Joghurtmasse heben. Sahne steif schlagen und unterheben. Die Creme in den Springformrand geben, glatt streichen und die Torte 2–3 Stunden kalt stellen.

9. Zum Bestreichen und Garnieren Tortenring oder Springformrand lösen und entfernen. Sahne steif schlagen und den Tortenrand damit bestreichen. Unteren Tortenrand mit Pistazien bestreuen. Kurz vor dem Servieren restliche Johannisbeerrispen anfeuchten, in Zucker wälzen und auf die Torte legen. Torte nach Belieben mit Melisseblättchen garnieren und kühl servieren.

Kaffeecremetorte

Raffiniert

Insgesamt:
E: 101 g, F: 322 g, Kh: 401 g,
kJ: 20552, kcal: 4904

Für den Biskuitteig:
4 Eier (Größe M)
4 EL heißes Wasser
150 g Zucker
1 Pck. Dr. Oetker Vanillin-Zucker
125 g Weizenmehl
1 gestr. TL Dr. Oetker Backin
50 g abgezogene, gemahlene Mandeln
100 g Raspelschokolade

Für die Füllung:
8 Blatt weiße Gelatine
750 ml (³/₄ l) Schlagsahne
1 Pck. Dr. Oetker Vanillin-Zucker
2 Pck. (je 10 g) Instant-Cappuccinopulver
4–5 EL heißes Wasser

Zum Bestreuen und Garnieren:
25 Waffelröllchen (Hohlhippen)

Zubereitungszeit: 40 Minuten, ohne Kühlzeit

1. Für den Teig Eier und Wasser mit Handrührgerät mit Rührbesen auf höchster Stufe in 1 Minute schaumig schlagen. Zucker und Vanillin-Zucker mischen, in 1 Minute einstreuen, dann noch 2 Minuten weiterschlagen.

2. Mehl mit Backpulver mischen, auf die Eiercreme sieben und kurz auf niedrigster Stufe unterrühren. Anschließend Mandeln und Raspelschokolade kurz unterarbeiten. Den Teig in eine Springform (Ø 26 cm, Boden gefettet, mit Backpapier belegt) füllen und die Form auf dem Rost in den Backofen schieben.
Ober-/Unterhitze: etwa 180 °C (vorgeheizt)
Heißluft: etwa 160 °C (vorgeheizt)
Gas: Stufe 2–3 (vorgeheizt)
Backzeit: etwa 30 Minuten.

3. Den Boden aus der Form lösen, auf einen mit Backpapier belegten Kuchenrost stürzen und erkalten lassen. Anschließend mitgebackenes Backpapier abziehen und den Boden zweimal waagerecht durchschneiden.

4. Für die Füllung Gelatine nach Packungsanleitung einweichen. Sahne mit Vanillin-Zucker steif schlagen. Cappuccinopulver in heißem Wasser auflösen und kurz erwärmen. Gelatine leicht ausdrücken und unter Rühren darin auflösen. 2–3 Esslöffel von der Sahne unterrühren, dann die Masse unter die restliche Sahne rühren.

5. Unteren Boden auf eine Tortenplatte legen und mit einem Drittel der Cappuccino-Sahne bestreichen. Zweiten Boden auflegen und mit der Hälfte der restlichen Sahne bestreichen. Dritten Boden auflegen, leicht andrücken und die Torte mit der restlichen Cappuccino-Sahne vollständig bestreichen.

6. Zum Bestreuen zwei Drittel der Waffelröllchen in einen Gefrierbeutel geben, ihn verschließen und die Waffelröllchen zerbröseln. Die Oberfläche und den Rand der Torte damit bestreuen, evtl. etwas andrücken. Die übrigen Waffelröllchen grob zerbrechen und die Tortenoberfläche damit garnieren.

Tipp:
Bestreichen Sie den unteren und mittleren Boden vor dem Aufstreichen der Sahne mit jeweils 2 Esslöffeln Aprikosenkonfitüre.

Kaffeecremetorte

Kaffee-Karamello-Torte

Für Gäste

Insgesamt:
E: 41 g, F: 257 g, Kh: 443 g,
kJ: 19091, kcal: 4556

Zum Vorbereiten:
125 g Sahne Muh-Muhs (Milch-Toffee)
175 ml Kaffee-Creme-Likör (17 Vol.-%)

Für den Rührteig:
50 g Zartbitterschokolade
100 g Butter oder Margarine
70 g Zucker
1 Pck. Dr. Oetker Vanillin-Zucker
2 Eier (Größe M)
80 g Weizenmehl
1 gestr. TL Dr. Oetker Backin
3 EL Kaffee-Creme-Likör

Für den Belag:
2 Dosen Birnenhälften
(Abtropfgewicht je 225 g)
400 ml Schlagsahne
2 Pck. Dr. Oetker Sahnesteif
1 TL Instant-Cappuccinopulver

Kaffee-Karamello-Torte

Zubereitungszeit: 45 Minuten, ohne Kühlzeit

1. Zum Vorbereiten Sahne Muh-Muhs grob hacken, mit Likör in einem Topf unter Rühren erwärmen und schmelzen lassen. Likörmasse erkalten lassen.

2. Für den Teig Schokolade in Stücke brechen und in einem Topf im Wasserbad bei schwacher Hitze geschmeidig rühren. Butter oder Margarine mit Handrührgerät mit Rührbesen auf höchster Stufe geschmeidig rühren. Nach und nach Zucker und Vanillin-Zucker unterrühren. So lange rühren, bis eine gebundene Masse entstanden ist.

3. Eier nach und nach unterrühren (jedes Ei etwa 1/2 Minute). Mehl mit Backpulver mischen, sieben und unterrühren. Likör und flüssige Schokolade ebenfalls unterrühren. Den Teig in einer Springform (Ø 26 cm, Boden gefettet, mit Backpapier belegt) verteilen und verstreichen. Die Form auf dem Rost in den Backofen schieben.
Ober-/Unterhitze: etwa 180 °C (vorgeheizt)
Heißluft: etwa 160 °C (vorgeheizt)
Gas: Stufe 2–3 (vorgeheizt)
Backzeit: etwa 30 Minuten.

4. Den Gebäckboden aus der Form lösen, auf einen mit Backpapier belegten Kuchenrost stürzen und Boden erkalten lassen. Anschließend mitgebackenes Backpapier abziehen und den Boden auf eine Tortenplatte legen.

5. Für den Belag Birnen gut abtropfen lassen. Den Boden mit 2 Esslöffeln von der Likörmasse bestreichen. Birnenhälften mit der Schnittseite nach unten darauf legen.

6. Sahne mit Sahnesteif steif schlagen. Die Hälfte der Likörmasse vorsichtig unter zwei Drittel der Sahne rühren und auf den Birnen verstreichen. Restliche Sahne in einen Spritzbeutel mit Sterntülle füllen und als Rand auf die Tortenoberfläche spritzen. Restliche Likörmasse als Spiegel in die Mitte der Tortenoberfläche geben. Den Sahnerand mit Cappuccinopulver bestäuben.

Kapuzinertorte

Gut vorzubereiten

Insgesamt:
E: 82 g, F: 228 g, Kh: 456 g,
kJ: 18951, kcal: 4528

Für den Biskuitteig:
50 g Butter
4 Eier (Größe M)
4 EL heißes Wasser
125 g Zucker
1 Pck. Dr. Oetker Vanillin-Zucker
75 g Weizenmehl
50 g Speisestärke
1 gestr. TL Dr. Oetker Backin
50 g abgezogene, gemahlene Mandeln

Für den Boden:
14 Löffelbiskuits
2 EL Kirschwasser

Zum Bestreichen und Tränken:
100 g Halbbitter-Kuvertüre
2 EL Kirschwasser

Für den Belag:
2 EL Kirschwasser
2 Blatt weiße Gelatine
250 ml (¼ l) Schlagsahne
6 Löffelbiskuits
1 Pck. (75 g) Baisergebäck
30 g geriebene Zartbitterschokolade
1 EL gemahlener Zimt

Zubereitungszeit: 50 Minuten, ohne Kühlzeit

1. Für den Teig Butter zerlassen und abkühlen lassen. Eier und Wasser mit Handrührgerät mit Rührbesen auf höchster Stufe in 1 Minute schaumig schlagen. Zucker mit Vanillin-Zucker mischen, in 1 Minute einstreuen, dann noch 2 Minuten weiterschlagen.

2. Mehl mit Speisestärke und Backpulver mischen, auf die Eiercreme sieben und kurz auf niedrigster Stufe unterrühren. Mandeln und Butter vorsichtig unterrühren.

3. Für den Boden Löffelbiskuits auf dem Boden einer Springform (Ø 26 cm, Boden gefettet, mit Backpapier belegt) verteilen und mit Kirschwasser tränken. Den Biskuitteig einfüllen, glatt streichen und die Form auf dem Rost in den Backofen schieben.
   Ober-/Unterhitze: etwa 180 °C (vorgeheizt)
   Heißluft: etwa 160 °C (vorgeheizt)
   Gas: Stufe 2–3 (vorgeheizt)
   Backzeit: 30–35 Minuten.

4. Den Boden aus der Form lösen und auf einen mit Backpapier belegten Kuchenrost stürzen. Mitgebackenes Backpapier abziehen und den Boden etwas abkühlen lassen.

5. In der Zwischenzeit die Kuvertüre in einem kleinen Topf im Wasserbad bei schwacher Hitze geschmeidig rühren. Die oben liegende Seite (mit den Löffelbiskuits) des noch warmen Bodens mit der Kuvertüre bestreichen und den Boden vollständig erkalten lassen.

6. Für den Belag den erkalteten Kuchen wieder umdrehen und mit Kirschwasser tränken. Gelatine nach Packungsanleitung einweichen. Sahne fast steif schlagen. Gelatine leicht ausdrücken, in einem Topf bei schwacher Hitze auflösen und unter Schlagen in die Sahne laufen lassen. Sahne vollkommen steif schlagen.

7. Löffelbiskuits in kleine Stücke schneiden und unter die Sahne heben. Die Sahnemasse kuppelförmig auf den Boden streichen. Das Baisergebäck grob zerkleinern und auf der Sahnemasse verteilen. Die Torte mit Schokolade und Zimt bestreuen und 1–2 Stunden kalt stellen.

Karamell-Beerentorte

Fruchtig – dauert etwas länger

Insgesamt:
E: 128 g, F: 501 g, Kh: 607 g,
kJ: 31641, kcal: 7574

Für den Bröselboden:
175 g Karamellgebäck
oder Butterspritzgebäck
75 g Butter
3 EL Johannisbeergelee

Für den Biskuitteig:
4 Eier (Größe M), 1 Eigelb (Größe M)
100 g Rohrzucker
2 Pck. Dr. Oetker Bourbon-Vanille-Zucker
75 g Weizenmehl
2 gestr. TL Dr. Oetker Backin
75 g Buchweizenmehl

Für die Füllung:
300 g gemischte vorbereitete
Beerenfrüchte, frisch oder TK
100 g Zucker, 125 ml ($1/8$ l) Schlagsahne
8 Blatt weiße Gelatine
300 g Crème fraîche, 250 g Magerquark
400 ml Schlagsahne

Zum Bestreichen:
250 ml ($1/4$ l) Schlagsahne
1 Pck. Dr. Oetker Sahnesteif
1 Pck. Dr. Oetker Vanillin-Zucker

Zum Verzieren und Garnieren:
30 g Halbbitter-Kuvertüre
einige Beerenfrüchte
50 g Haselnusskrokant

Zubereitungszeit: 80 Minuten, ohne Kühlzeit

1. Für den Bröselboden Kekse in einen Gefrierbeutel geben, ihn verschließen und die Kekse mit einer Teigrolle fein zerdrücken. Butter zerlassen und mit den Bröseln vermengen. Einen Springformrand (Ø 26 cm) auf eine mit Tortenspitze oder Backpapier belegte Tortenplatte stellen, Bröselmasse darin verteilen und zu einem Boden andrücken. Boden kalt stellen, anschließend Springformrand entfernen und den Boden mit glatt gerührtem Gelee bestreichen.

2. Für den Teig Eier und Eigelb mit Handrührgerät mit Rührbesen auf höchster Stufe in 1 Minute schaumig schlagen. Zucker und Vanille-Zucker mischen, in 1 Minute einstreuen, dann noch 2 Minuten weiterschlagen. Mehl mit Backpulver mischen, auf die Eiercreme sieben und kurz auf niedrigster Stufe unterrühren. Buchweizenmehl kurz unterarbeiten. Den Teig auf ein Backblech (30 x 40 cm, gefettet, mit Backpapier belegt) geben und glatt streichen. Das Backblech in den Backofen schieben.
Ober-/Unterhitze: etwa 200 °C (vorgeheizt)
Heißluft: etwa 180 °C (vorgeheizt)
Gas: Stufe 3–4 (vorgeheizt)
Backzeit: 10–12 Minuten.

3. Biskuitplatte sofort vom Rand lösen, auf die Arbeitsfläche stürzen und erkalten lassen. Anschließend Backpapier abziehen und das Gebäck von der Arbeitsfläche abziehen, so dass die dunkle Backhaut mit entfernt wird.

4. Für die Füllung Beeren verlesen oder auftauen lassen. Zucker in einem Topf schmelzen, bis er leicht bräunt, dann Sahne dazugeben und verrühren, bis der Zucker wieder gelöst ist. Flüssigkeit erkalten lassen und kalt stellen.

5. Gelatine nach Packungsanleitung einweichen. Crème fraîche mit Quark verrühren. Sahne zur Karamellsahne geben und mit Handrührgerät mit Rührbesen steif schlagen. Gelatine ausdrücken und in einem kleinen Topf bei schwacher Hitze auflösen (nicht kochen). 2 Esslöffel von der Quarkmasse damit verrühren, dann die Mischung unter die restliche Quarkmasse rühren. Sahne und (aufgetaute) Beeren unterheben.

6. Creme auf die Gebäckplatte streichen und etwa 10 Minuten anziehen lassen. Die Platte der Länge nach in 7 Streifen schneiden. Den ersten Streifen zu einer Schnecke aufrollen und in die Mitte des Bröselbodens setzen. Die übrigen Streifen darumwickeln und leicht andrücken. Springformrand darumstellen und die Torte 2–3 Stunden kalt stellen.

7. Zum Bestreichen Sahne mit Sahnesteif und Vanillin-Zucker steif schlagen, Springformrand entfernen und die Torte vollständig damit bestreichen. Kuvertüre hacken, in einem Topf im Wasserbad bei schwacher Hitze geschmeidig rühren und in einen kleinen Gefrierbeutel geben. Eine kleine Ecke abschneiden und die Kuvertüre als Schnecke auf die Torte spritzen. Torte mit Beeren garnieren, Rand mit Krokant bestreuen und die Torte bis zum Servieren kalt stellen.

Karamell-Beerentorte

Karamellsplittertorte

Raffiniert – zum Verschenken

Insgesamt:
E: 98 g, F: 429 g, Kh: 981 g,
kJ: 34833, kcal: 8338

Zum Vorbereiten:
150 g Rosinen
3 EL Orangenlikör

Für den Rührteig:
250 g Butter oder Margarine
250 g Zucker
1 Pck. Dr. Oetker Vanillin-Zucker
1/2 Fläschchen Butter-Vanille-Aroma
1 Prise Salz
4 Eier (Größe M)
250 g Weizenmehl
2 gestr. TL Dr. Oetker Backin

Zum Tränken:
70 ml Orangensaft
30 ml Orangenlikör

Für die Füllung:
400 g Halbbitter-Kuvertüre
3 EL Speiseöl
60 g abgezogene, gestiftelte Mandeln

Zum Bestreichen:
3 EL Orangenmarmelade
1 EL Wasser

Zum Garnieren:
150 g Zucker

Zubereitungszeit: 60 Minuten, ohne Durchzieh- und Abkühlzeit

1. Zum Vorbereiten Rosinen mit Orangenlikör beträufeln und etwa 20 Minuten durchziehen lassen.
2. Für den Teig in der Zwischenzeit Butter oder Margarine mit Handrührgerät mit Rührbesen auf höchster Stufe geschmeidig rühren. Zucker und Vanillin-Zucker mischen und nach und nach unterrühren. So lange rühren, bis eine gebundene Masse entstanden ist. Aroma und Salz hinzufügen. Eier nach und nach unterrühren (jedes Ei etwa 1/2 Minute).
3. Mehl mit Backpulver mischen, sieben und in 2 Portionen auf mittlerer Stufe unterrühren, zuletzt die getränkten Rosinen kurz unterrühren. Den Teig auf ein Backblech (30 x 40 cm, gefettet, mit Backpapier belegt) streichen. Das Backblech in den Backofen schieben.
Ober-/Unterhitze: etwa 180 °C (vorgeheizt)
Heißluft: etwa 160 °C (vorgeheizt)
Gas: Stufe 2–3 (vorgeheizt)
Backzeit: etwa 25 Minuten.
4. Das Backblech auf einen Kuchenrost stellen und das Gebäck darauf erkalten lassen. Anschließend das Gebäck stürzen, mitgebackenes Backpapier vorsichtig abziehen und die Gebäckplatte vierteln. Zum Tränken Orangensaft mit Orangenlikör verrühren und die Gebäckplatten mit Hilfe eines Pinsels damit tränken.
5. Für die Füllung Kuvertüre mit Öl in einem Topf im Wasserbad bei schwacher Hitze geschmeidig rühren. Zunächst eine Gebäckplatte mit 1–2 Esslöffeln Kuvertüre bestreichen und mit einem Drittel der Mandeln bestreuen. Die zweite Platte auflegen und wieder bestreichen und bestreuen. Wieder eine Platte darauf legen und den Vorgang wiederholen. Die oberste Platte auflegen und die Seiten begradigen.
6. Zum Bestreichen Marmelade durch ein Sieb streichen, in einem kleinen Topf mit dem Wasser unter Rühren erhitzen und die Gebäckoberfläche damit bestreichen. Das Gebäck mit der restlichen Kuvertüre überziehen und fest werden lassen.
7. Zum Garnieren Zucker bei schwacher Hitze in einem kleinen Topf auflösen und hell karamellisieren lassen, dann auf ein mit Backpapier belegtes Backblech gießen, dünn auseinander streichen und fest werden lassen. Die fest gewordene Karamellplatte in nicht zu große Stücke brechen und dekorativ in das Gebäck stecken.

Tipp:
Die Torte hält sich ohne Garnierung gut verpackt mehrere Tage. Die Garnierung dann frisch zubereiten.

Karamellsplittertorte

Kardinalstorte

Schnell zubereitet

Insgesamt:
E: 27 g, F: 91 g, Kh: 293 g,
kJ: 9204, kcal: 2197

1 heller oder dunkler Biskuitboden
(Ø 26 cm, vom Bäcker)

Für den Belag:
1 Glas Sauerkirschen
(Abtropfgewicht 370 g)
knapp 250 ml (¼ l) Kirschsaft
aus dem Glas
2 cl Rum
1 Pck. Tortenguss, rot
1 Pck. Rotwein-Creme (Dessertpulver)
250 ml (¼ l) Schlagsahne

einige frische Kirschen
Zitronenmelisseblättchen
evtl. Puderzucker

Zubereitungszeit: 30 Minuten,
ohne Kühlzeit

1. Den Biskuitboden auf eine Tortenplatte legen und einen Tortenring oder Springformrand darumstellen.
2. Für den Belag Sauerkirschen in einem Sieb gut abtropfen lassen, Saft dabei auffangen und knapp 250 ml (¼ l) abmessen. Die abgetropften Kirschen auf dem Boden verteilen.
3. Rum zum Kirschsaft geben, den Tortenguss damit nach Packungsanleitung, aber mit den hier angegeben Zutaten zubereiten, auf den Kirschen verteilen und fest werden lassen.
4. Rotwein-Creme nach Packungsanleitung zubereiten (Rotwein ist in der Packung). Sahne steif schlagen und unterheben (2 Esslöffel zum Verzieren zurücklassen).
5. Die Rotwein-Creme auf die Kirschen streichen und mit Hilfe eines Esslöffels verzieren. Die Torte 1–2 Stunden kalt stellen.
6. Den Tortenring oder Springformrand mit einem Messer lösen und entfernen. Die Torte mit der zurückgelassenen Sahne verzieren und mit Kirschen und Zitronenmelisse garnieren. Die Kirschen nach Belieben mit etwas Puderzucker bestäuben.

Tipp:
Bereiten Sie den Boden selbst nach dem Rezept von Seite 179 zu.

Kardinalstorte

Karibischer Traum

Exotisch

Insgesamt:
E: 70 g, F: 469 g, Kh: 364 g,
kJ: 26299, kcal: 6288

Zum Vorbereiten:
500 ml (½ l) Schlagsahne
150 g Kokosraspel

Für den Rührteig:
125 g Butter oder Margarine
125 g Zucker
3 Eier (Größe M)
75 g Weizenmehl
2 gestr. TL Dr. Oetker Backin

Für den Belag:
2 Bananen
25 g Zucker
1 kleine Mango (etwa 300 g)
1 kleine Papaya (etwa 200 g)
4 Blatt weiße Gelatine
2 EL Kokoslikör oder Ananassaft
200 g Mascarpone
2 Pck. Dr. Oetker Vanillin-Zucker

4 EL Kokoslikör oder Ananassaft

Zum Garnieren:
frische, grobe Kokosspäne (Kokos-Chips)
einige Granatapfelkerne

**Zubereitungszeit: 50 Minuten,
ohne Durchzieh- und Kühlzeit**

1. **Zum Vorbereiten** Sahne und Kokosraspel in einem Topf zum Kochen bringen, Topf von der Kochstelle nehmen und zugedeckt etwa 1 Stunde durchziehen lassen. Anschließend die Masse durch ein Sieb geben, dabei die Kokosrapel mit Hilfe eines Löffels gut ausdrücken und für den Teig beiseite stellen. Die Sahne mindestens 3 Stunden kalt stellen.

2. **Für den Teig** Butter oder Margarine mit Handrührgerät mit Rührbesen geschmeidig rühren. Zucker nach und nach unterrühren. So lange rühren, bis eine gebundene Masse entstanden ist. Eier nach und nach unterrühren (jedes Ei etwa ½ Minute).

3. Mehl und Backpulver mischen, sieben und auf mittlerer Stufe unterrühren. Zuletzt die ausgedrückten Kokosraspel unterheben. Teig in eine Springform (Ø 26 cm, Boden gefettet, gemehlt) füllen, glatt streichen und auf dem Rost in den Backofen schieben.
   Ober-/Unterhitze: etwa 180 °C (vorgeheizt)
   Heißluft: etwa 160 °C (vorgeheizt)
   Gas: Stufe 2–3 (vorgeheizt)
   Backzeit: ewa 25 Minuten.

4. Den Boden aus der Form lösen und auf einem mit Backpapier belegten Kuchenrost erkalten lassen.

5. **Für den Belag** Bananen schälen und schräg in längliche Scheiben schneiden. Zucker in einer Pfanne schmelzen lassen. Bananenscheiben kurz darin karamellisieren, aus der Pfanne nehmen und erkalten lassen. Mango und Papaya schälen, halbieren, entsteinen und in Scheiben schneiden.

6. Gelatine nach Packungsanleitung einweichen, dann ausdrücken, in einem kleinen Topf bei schwacher Hitze auflösen (nicht kochen) und mit Kokoslikör oder Ananassaft verrühren. Mascarpone in eine Schüssel geben und Gelatinelösung unterrühren. Die kalt gestellte Kokossahne mit Vanillin-Zucker steif schlagen und unterheben.

7. Boden auf eine Tortenplatte legen, mit Kokoslikör oder Ananassaft beträufeln und einen Tortenring oder Springformrand darumstellen. Obst auf dem Boden verteilen (etwas davon zum Garnieren zurücklassen), Mascarponesahne darauf verstreichen, mit einem Löffel Vertiefungen eindrücken und die Torte etwa 2 Stunden kalt stellen.

8. **Zum Garnieren** den Tortenring oder Springformrand lösen und entfernen, Tortenoberfläche vor dem Servieren mit Kokosspänen bestreuen und mit Granatapfelkernen und zurückgelassenem Obst garnieren.

Karibischer Traum

Kartoffel-Haselnuss-Torte

Gut vorzubereiten

Insgesamt:
E: 66 g, F: 193 g, Kh: 455 g,
kJ: 16343, kcal: 3913

Für den Teig:
4 Eiweiß (Größe M)
300 g gekochte, noch warme Kartoffeln
4 Eigelb (Größe M)
200 g Zucker
125 g gemahlene Haselnusskerne
3 EL Rum

Zum Bestreichen:
3 EL Aprikosenkonfitüre

Für den Guss:
150 g Halbbitter-Kuvertüre
1 EL Speiseöl

Zum Garnieren:
50 g weiße Kuvertüre
Marzipankartoffeln

Zubereitungszeit: 45 Minuten, ohne Abkühlzeit

Kartoffel-Haselnuss-Torte

1. Für den Teig Eiweiß steif schlagen. Kartoffeln durch ein Sieb oder eine Kartoffelpresse drücken. Eigelb und Zucker mit Handrührgerät mit Rührbesen auf höchster Stufe zu einer cremigen Masse schlagen. Kartoffeln, Haselnusskerne und Rum hinzufügen und auf mittlerer Stufe unterrühren. Eiweiß unterheben. Den Teig in eine Springform (Ø 26 cm, Boden gefettet) füllen und glatt streichen. Die Form auf dem Rost in den Backofen schieben.
Ober-/Unterhitze: etwa 180 °C (vorgeheizt)
Heißluft: etwa 160 °C (nicht vorgeheizt)
Gas: Stufe 2–3 (nicht vorgeheizt)
Backzeit: etwa 35 Minuten.

2. Den Boden aus der Form lösen und auf einem Kuchenrost etwas abkühlen lassen. Zum Bestreichen Konfitüre unter Rühren in einem kleinen Topf etwas einkochen lassen. Die Oberfläche und den Rand des lauwarmen Bodens damit bestreichen.

3. Für den Guss Kuvertüre grob hacken und mit Öl in einem kleinen Topf im Wasserbad bei schwacher Hitze geschmeidig rühren. Die erkaltete Torte damit überziehen. Die weiße Kuvertüre ebenso geschmeidig rühren, in ein kleines Papiertütchen oder einen kleinen Gefrierbeutel füllen und eine kleine Ecke abschneiden. Nach Belieben Muster auf den noch feuchten Guss spritzen, die Torte mit Marzipankartoffeln garnieren und den Guss fest werden lassen.

Tipp:
Um die Torte einige Tage aufzubewahren, sie vorsichtig in Alufolie einschlagen und bis zum Serviertag an einem trockenen, kühlen Ort lagern.
Die Torte ist ohne Guss und Garnierung gefriergeeignet.

Käse-Beeren-Torte

Einfach – fettarm

Insgesamt:
E: 125 g, F: 88 g, Kh: 330 g,
kJ: 11120, kcal: 2656

Für den Boden:
125 g Löffelbiskuits
80 g Butter oder Margarine

Für den Belag:
10 Blatt weiße Gelatine
600 g fettarmer Frischkäse
300 g fettarmer Naturjoghurt
125 g Zucker
200 ml roter Traubensaft
300 g gemischte Beeren,
z. B. rote Johannisbeeren
und Himbeeren oder TK-Beeren

Zubereitungszeit: 40 Minuten, ohne Kühlzeit

1. Für den Boden Löffelbiskuits in einen Gefrierbeutel geben, den Beutel fest verschließen. Die Löffelbiskuits mit einer Teigrolle fein zerbröseln und in eine Schüssel geben. Butter oder Margarine zerlassen, hinzugeben und mit den Biskuitbröseln verrühren.
2. Einen Springformrand (Ø 26 cm) auf eine mit Tortenspitze oder Backpapier belegte Tortenplatte stellen. Die Masse gleichmäßig in dem Springformrand verteilen und mit Hilfe eines Löffels gut zu einem Boden andrücken. Den Boden kalt stellen.
3. Für den Belag Gelatine nach Packungsanleitung einweichen. Frischkäse mit Joghurt und Zucker mit Handrührgerät mit Rührbesen in einer Schüssel geschmeidig rühren. Gelatine leicht ausdrücken, mit etwas von dem Traubensaft in einem Topf auflösen (nicht kochen), restlichen Traubensaft unterrühren und mit der Frischkäse-Joghurt-Masse verrühren. Die Masse kalt stellen, bis sie anfängt dicklich zu werden.
4. Beeren waschen, abtropfen lassen und entstielen (einige Beeren zum Garnieren beiseite legen). Beeren unter die Frischkäse-Joghurt-Masse heben. Die Beeren-Frischkäse-Masse auf den Biskuitbrösel-boden geben und glatt streichen. Die Torte etwa 3 Stunden kalt stellen.
5. Springformrand lösen und entfernen und die Torte mit den beiseite gelegten Beeren garnieren.

Käse-Beeren-Torte

Käse-Sahne-Torte

Klassisch

Insgesamt:
E: 157 g, F: 302 g, Kh: 530 g,
kJ: 23657, kcal: 5652

Für den Rührteig:
150 g Butter oder Margarine
150 g Zucker
1 Pck. Dr. Oetker Vanillin-Zucker
1 Prise Salz
3 Eier (Größe M)
150 g Weizenmehl
1 gestr. TL Dr. Oetker Backin

Für die Füllung:
8 Blatt weiße Gelatine
1 Dose Mandarinen
(Abtropfgewicht 175 g)
750 g Magerquark
150 g Zucker
1 Pck. Dr. Oetker Vanillin-Zucker
100 ml Mandarinensaft aus der Dose
1 Pck. Dr. Oetker Finesse Geriebene Zitronenschale
2 EL Zitronensaft
500 ml (½ l) Schlagsahne

Zum Bestäuben:
20 g Puderzucker

Zubereitungszeit: 30 Minuten, ohne Kühlzeit

Käse-Sahne-Torte

1. Für den Teig Butter oder Margarine mit Handrührgerät mit Rührbesen auf höchster Stufe geschmeidig rühren. Nach und nach Zucker, Vanillin-Zucker und Salz unterrühren. So lange rühren, bis eine gebundene Masse entstanden ist. Eier nach und nach unterrühren (jedes Ei etwa ½ Minute).

2. Mehl mit Backpulver mischen, sieben und in 2 Portionen auf mittlerer Stufe unterrühren. Den Teig in eine Springform (Ø 26 cm, Boden gefettet) füllen und glatt streichen. Die Form auf dem Rost in den Backofen schieben.

   Ober-/Unterhitze: etwa 180 °C (vorgeheizt)
   Heißluft: etwa 160 °C (vorgeheizt)
   Gas: Stufe 2–3 (vorgeheizt)
   Backzeit: 25–30 Minuten.

3. Den Boden aus der Form lösen und auf einem mit Backpapier belegten Kuchenrost erkalten lassen. Anschließend den Boden einmal waagerecht durchschneiden und die untere Hälfte auf eine Tortenplatte legen.

4. Für die Füllung Gelatine nach Packungsanleitung einweichen. Mandarinen in einem Sieb gut abtropfen lassen, den Saft dabei auffangen und 100 ml davon abmessen. Quark mit Zucker, Vanillin-Zucker, Mandarinensaft, Zitronenschale und -saft verrühren.

5. Gelatine leicht ausdrücken und in einem kleinen Topf bei schwacher Hitze auflösen (nicht kochen). Etwas von der Quarkmasse unter die Gelatine rühren, dann die Mischung unter die restliche Quarkmasse rühren.

6. Sahne steif schlagen und unterheben. Um den unteren Tortenboden einen Tortenring oder den gesäuberten Springformrand stellen und die Mandarinen darauf verteilen. Die Quark-Sahne-Creme einfüllen und glatt streichen. Den oberen Tortenboden in 12 oder 16 Stücke schneiden, auf die Füllung legen und leicht andrücken. Die Torte mindestens 3 Stunden kalt stellen.

7. Den Tortenring oder Springformrand lösen und entfernen und die Torte mit Puderzucker bestäuben. Die Torte gut gekühlt servieren.

Kastanien-Marzipancreme-Torte

Raffiniert

Insgesamt:
E: 72 g, F: 226 g, Kh: 411 g,
kJ: 17249, kcal: 4120

Zum Vorbereiten:
1 Dose gegarte Kastanien
(Abtropfgewicht 285 g)

Für den Schüttelteig:
100 g Butter oder Margarine
150 g Weizenmehl
3 gestr. TL Dr. Oetker Backin
100 g Zucker
3 Eier (Größe M)

Für den Belag:
2 große Orangen

Für die Marzipancreme:
125 g Marzipan-Rohmasse
250 ml (¼ l) Schlagsahne
1 Pck. Dr. Oetker Sahnesteif

Nach Belieben zum Garnieren:
Minze

Zubereitungszeit: 45 Minuten, ohne Abkühlzeit

1. Zum Vorbereiten Kastanien in einem Sieb abtropfen lassen. Anschließend die Kastanien mit einer Gabel fein zerdrücken.

2. Für den Teig Butter oder Margarine zerlassen und abkühlen lassen. Mehl mit Backpulver mischen, in eine verschließbare Schüssel (etwa 3 l) sieben und mit Zucker mischen. Eier und Butter oder Margarine hinzufügen. Schüssel mit dem Deckel fest verschließen. Schüssel mehrmals (insgesamt 15–30 Sekunden) kräftig schütteln, so dass alle Zutaten gut vermischt sind.

3. Kastanienpüree hinzugeben. Alles mit einem Schneebesen oder Rührlöffel nochmals sorgfältig durchrühren, damit trockene Zutaten vom Rand mit untergerührt werden. Den Teig in eine Springform (Ø 26 cm, Boden gefettet) geben und glatt streichen. Die Form auf dem Rost in den Backofen schieben.

   Ober-/Unterhitze: etwa 180 °C (vorgeheizt)
   Heißluft: etwa 160 °C (vorgeheizt)
   Gas: Stufe 2–3 (vorgeheizt)
   Backzeit: 25–30 Minuten.

4. Den Tortenboden aus der Form lösen und auf einem mit Backpapier belegten Kuchenrost erkalten lassen.

5. Für den Belag Orangen mit einem scharfen Messer so abschneiden, dass die weiße Haut mit entfernt wird. Dann das Fruchtfleisch mit einem scharfen Messer von einer Trennhautseite abschneiden und von der anderen Seite abziehen oder auch abschneiden, so dass die Trennhäute stehen bleiben (filetieren). Dabei den Saft in einer Schüssel auffangen. Orangenfilets beiseite stellen.

6. Für die Creme Marzipan auf einer Haushaltsreibe fein reiben (dazu Marzipan am besten vorher kalt stellen). Orangensaft mit dem Marzipan glatt rühren. Sahne mit Sahnesteif steif schlagen und die Marzipan-Orangen-Masse unterheben.

7. Marzipan-Orangen-Creme auf den Tortenboden geben und wellenartig verstreichen. Die beiseite gestellten Orangenfilets darauf verteilen. Die Torte nach Belieben mit Minze garnieren.

Kastanien-Marzipancreme-Torte

Kirmeskuppel

Beliebt

Insgesamt:
E: 106 g, F: 327 g, Kh: 389 g,
kJ: 22247, kcal: 5314

Für den All-in-Teig:
75 g gebrannte Mandeln
150 g Weizenmehl
2 gestr. TL Dr. Oetker Backin
1 TL Dr. Oetker Finesse Geriebene Zitronenschale
80 g Zucker, 1 Prise Salz
3 Eier (Größe M)
75 g weiche Butter oder Margarine
50 ml Batida de Côco (Kokoslikör)

Zum Beträufeln:
3 EL Batida de Côco

Für die Creme:
10 Blatt Gelatine
1 Dose Fruchtcocktail (Abtropfgewicht 250 g)
125 ml (1/8 l) Batida de Côco
500 g Naturjoghurt
300 ml Schlagsahne
1 EL Puderzucker

Außerdem:
20 g grobe Kokosspäne (Kokos-Chips)
200 ml Schlagsahne, 2 TL Zucker
1 Pck. Dr. Oetker Sahnesteif
50 g gebrannte Mandeln

Zubereitungszeit: 80 Minuten, ohne Kühlzeit

Kirmeskuppel

1. Für den Teig gebrannte Mandeln grob hacken. Mehl mit Backpulver mischen und in eine Rührschüssel sieben. Restliche Zutaten hinzufügen und mit Handrührgerät mit Rührbesen auf höchster Stufe in etwa 2 Minuten zu einem Teig verarbeiten. Mandeln unterrühren.

2. Den Teig in eine Springform (Ø 24 cm, Boden gefettet, mit Backpapier belegt) geben und glatt streichen. Die Form auf dem Rost in den Backofen schieben.
   Ober-/Unterhitze: etwa 180 °C (vorgeheizt)
   Heißluft: etwa 160 °C (vorgeheizt)
   Gas: Stufe 2–3 (vorgeheizt)
   Backzeit: etwa 30 Minuten.

3. Den Gebäckboden aus der Form lösen, auf einen mit Backpapier belegten Kuchenrost stürzen und erkalten lassen. Anschließend mitgebackenes Backpapier entfernen und den Boden einmal waagerecht durchschneiden. Einen Boden in kleine Würfel (etwa 1,5 cm) schneiden. Gebäckwürfel mit Likör beträufeln. Eine Schüssel mit rundem Boden (Ø 24 cm, etwa 2 l Inhalt) mit Frischhaltefolie auslegen.

4. Für die Creme Gelatine nach Packungsanleitung einweichen. Fruchtcocktail in einem Sieb abtropfen lassen, dabei den Saft auffangen. 150 ml davon abmessen, evtl. mit Wasser auffüllen. Größere Früchte in kleine Stücke schneiden. Likör mit Joghurt verrühren. Gelatine leicht ausdrücken und mit dem Fruchtsaft in einem kleinen Topf bei schwacher Hitze auflösen (nicht kochen). Etwas von der Joghurt-Likör-Masse mit der Gelatine-Saft-Mischung verrühren. Die restliche Joghurt-Likör-Masse unterrühren und kalt stellen.

5. Sahne mit Puderzucker steif schlagen. Sobald die Creme beginnt dicklich zu werden, zuerst die Sahne, dann die Früchte unterheben. Creme und Gebäckwürfel abwechselnd in Schichten in die Schüssel füllen. Gebäckboden darauf legen und etwas andrücken. Kirmeskuppel mindestens 4 Stunden, am besten über Nacht, kalt stellen.

6. Kokos-Chips in einer Pfanne ohne Fett leicht bräunen. Kirmeskuppel auf eine Tortenplatte stürzen. Frischhaltefolie vorsichtig abziehen. Sahne mit Zucker und Sahnesteif steif schlagen. Tortenkuppel mit der Hälfte der Sahne bestreichen. Restliche Sahne in einen Spritzbeutel mit kleiner Lochtülle füllen. Kuppel mit Sahnestreifen verzieren und mit Kokos-Chips und gebrannten Mandeln garnieren.

Kirsch-Biskuit-Torte

Für Gäste – beliebt

Insgesamt:
E: 85 g, F: 177 g, Kh: 671 g,
kJ: 20225, kcal: 4822

Für den Biskuitteig:
4 Eier (Größe M)
4 EL heißes Wasser
175 g feiner Zucker
100 g Weizenmehl
25 g Speisestärke
1 gestr. TL Dr. Oetker Backin
50 g abgezogene, gemahlene Mandeln
4 Tropfen Bittermandel-Aroma

Zum Beträufeln und Bestreichen:
6 EL Kirschwasser
300 g glatt gerührte Kirschkonfitüre

Für die Füllung:
1 Pck. Dr. Oetker Pudding-Pulver Vanille-Geschmack
500 ml (1/2 l) Milch
4 Eigelb (Größe M)
80 g Zucker
1 Pck. Dr. Oetker Vanillin-Zucker

Zum Verzieren und Garnieren:
250 ml (1/4 l) Schlagsahne
1 EL Zucker
1 Pck. Dr. Oetker Sahnesteif
1 EL Kirschwasser
etwa 15 Amarena-Kirschen

Zubereitungszeit: 50 Minuten, ohne Kühlzeit

1. Für den Teig Eier und Wasser mit Handrührgerät mit Rührbesen auf höchster Stufe in 1 Minute schaumig schlagen. Zucker in 1 Minute einstreuen, dann noch 2 Minuten weiterschlagen. Mehl mit Speisestärke und Backpulver mischen, auf die Eiercreme sieben und kurz auf niedrigster Stufe unterrühren, dann Mandeln und Aroma kurz unterrühren.

2. Den Teig in eine Springform (Ø 26 cm, Boden gefettet, mit Backpapier belegt) geben und glatt streichen. Die Form auf dem Rost in den Backofen schieben.
   Ober-/Unterhitze: etwa 180 °C (vorgeheizt)
   Heißluft: etwa 160 °C (vorgeheizt)
   Gas: Stufe 2–3 (vorgeheizt)
   Backzeit: etwa 30 Minuten.

3. Den Tortenboden aus der Form lösen, auf einen mit Backpapier belegten Kuchenrost stürzen und erkalten lassen. Anschließend mitgebackenes Backpapier abziehen und den Boden zweimal waagerecht durchschneiden. Die einzelnen Böden mit Kirschwasser beträufeln und 2 der Böden mit Konfitüre bestreichen.

4. Für die Füllung Pudding-Pulver mit 100 ml von der Milch, Eigelb, Zucker und Vanillin-Zucker anrühren. Restliche Milch zum Kochen bringen. Angerührtes Pudding-Pulver unterrühren und unter Rühren kurz aufkochen lassen. Anschließend die Masse im kalten Wasserbad weiterschlagen, bis die Creme kalt und dick ist.

5. Den gesäuberten Springformrand mit Frischhaltefolie auslegen und ihn oder einen Tortenring auf eine Tortenplatte stellen. Einen mit Konfitüre bestrichenen Boden hineinlegen und mit einem Drittel der Creme bestreichen. Den zweiten mit Konfitüre bestrichenen Boden darauf geben und die Hälfte der restlichen Creme darauf streichen. Den mit Kirschwasser getränkten Boden darauf legen und andrücken. Restliche Creme darauf verstreichen. Die Torte 3 Stunden kalt stellen.

6. Zum Verzieren und Garnieren Springformrand und Frischhaltefolie oder den Tortenring von der Torte lösen und entfernen. Sahne mit Zucker und Sahnesteif steif schlagen, Kirschwasser kurz unterrühren und die Sahne in einen Spritzbeutel mit Sterntülle geben. Die Tortenoberfläche damit verzieren und mit Amarena-Kirschen garnieren.

Kirsch-Biskuit-Torte

Kirsch-Eistorte ❄

Für Gäste – gut vorzubereiten

Insgesamt:
E: 47 g, F: 316 g, Kh: 287 g,
kJ: 17934, kcal: 4284

Für den Boden:
175 g Waffelröllchen mit Schokolade
100 g Butter

Für den Belag:
3 Eier (Größe M)
100 g Zucker
3 EL Kirschwasser oder Cognac
500 ml (½ l) Schlagsahne
1 Pck. Dr. Oetker Bourbon-Vanille-Zucker
300 g Sauerkirschen

Zum Verzieren und Garnieren:
3 EL Kirschkonfitüre
einige Kirschen mit Stiel

Zubereitungszeit: 45 Minuten, ohne Kühl- und Gefrierzeit

1. Für den Boden Waffelröllchen in einen Gefrierbeutel geben, ihn verschließen, die Waffeln mit einer Teigrolle fein zerdrücken und die Brösel in eine Schüssel geben. Butter zerlassen und mit den Bröseln gut verrühren. Die Masse gleichmäßig in einer Springform (Ø 26 cm, Boden gefettet, mit Backpapier belegt) verteilen und mit einem Löffel gut andrücken. Den Boden kalt stellen und fest werden lassen.

2. Für den Belag Eier mit Zucker in einer Schüssel verrühren und im Wasserbad erhitzen, dabei die Masse ständig mit Handrührgerät mit Rührbesen auf mittlerer Stufe rühren, bis sie dick-schaumig ist. Masse unter Rühren erkalten lassen und Kirschwasser oder Cognac unterrühren. Sahne steif schlagen, Vanille-Zucker unterrühren und die Sahne unter die erkaltete Creme heben.

3. Kirschen waschen, abtropfen lassen, entstielen und entsteinen, den Saft dabei auffangen. Die Hälfte der Kirschen und den aufgefangenen Saft unter die Hälfte der Sahnecreme heben. 2–3 Esslöffel von der Kirschcreme, aber ohne Kirschen zum Garnieren abnehmen, in einen mit Frischhaltefolie ausgelegten tiefen Teller geben und in das Gefrierfach stellen.

4. Die restliche Kirschcreme etwas kuppelförmig so auf dem Boden in der Springform verteilen, dass rundherum etwa 1 cm Boden frei bleibt. Die helle Creme vorsichtig in die Springform auf die Kirschcreme geben, glatt streichen und die Torte mindestens 6 Stunden in das Gefrierfach stellen (am besten über Nacht).

5. Die Torte etwa 1 Stunde vor dem Servieren aus dem Gefrierfach nehmen, den Springformrand lösen und entfernen und die Torte auf eine Tortenplatte setzen.

6. Zum Verzieren Konfitüre durch ein Sieb streichen, in einen Gefrierbeutel geben, eine kleine Ecke abschneiden und den Tortenrand damit besprenkeln. Kurz vor dem Servieren die gefrorene Crememenge im tiefen Teller herausnehmen, Folie entfernen und das Eis in Würfel schneiden. Die Torte damit und mit Kirschen garnieren.

Tipp:
Die entsteinten Kirschen können 1–2 Stunden vor der Zubereitung mit etwa 3 Esslöffeln Kirschwasser oder Cognac durchziehen.
Die Torte kann schon einige Tage vor dem Servieren zubereitet werden.
Sie schmeckt auch mit Brombeeren (dann den Alkohol anpassen).
Für eine alkoholfreie Variante kann der Alkohol ersatzlos gestrichen werden.
Die Torte kann zusätzlich mit Eiswaffeln und Schokolocken garniert werden.

Kirsch-Käsetorte

Einfach – schnell zubereitet

Insgesamt:
E: 51 g, F: 269 g, Kh: 458 g,
kJ: 19359, kcal: 4622

Für den Tortenboden:
175 g Löffelbiskuits
150 g Butter

Für den Belag:
2 Gläser Sauerkirschen
(Abtropfgewicht je 370 g)
200 g Doppelrahm-Frischkäse
50–75 g Zucker
1 Pck. Dr. Oetker Vanillin-Zucker
3 EL Zitronensaft
250 ml ($1/4$ l) Schlagsahne
2 Pck. Dr. Oetker Sahnesteif

Für den Guss:
2 Pck. Tortenguss, klar
1–2 EL Zucker
500 ml ($1/2$ l) Kirschsaft aus dem Glas

Zum Bestreuen:
geraspelte weiße Schokolade

Zubereitungszeit: 30 Minuten, ohne Kühlzeit

1. Für den Boden Löffelbiskuits in einen Gefrierbeutel geben und ihn verschließen. Die Löffelbiskuits mit einer Teigrolle fein zerdrücken. Butter zerlassen, zu den Bröseln geben und gut vermengen.

2. Einen Springformrand (Ø 26 cm) auf eine mit Tortenspitze oder Backpapier belegte Tortenplatte stellen, den inneren Rand mit einem Alufolie- oder Pergamentpapierstreifen auslegen, die Bröselmasse hineingeben und mit Hilfe eines Löffels gut zu einem Boden andrücken. Boden kalt stellen.

3. Für den Belag Sauerkirschen abtropfen lassen, den Saft dabei auffangen. 500 ml ($1/2$ l) davon abmessen. Frischkäse mit Zucker, Vanillin-Zucker und Zitronensaft verrühren. Sahne $1/2$ Minute schlagen, dann Sahnesteif unter Rühren einstreuen. Die Sahne steif schlagen und unter die Käsemasse heben. Die Creme auf den vorbereiteten Tortenboden streichen.

4. Anschließend die gut abgetropften Sauerkirschen auf der Käsecreme verteilen. Den Guss nach Packungsanleitung mit Zucker und Kirschsaft zubereiten und auf den Kirschen verteilen. Die Torte etwa 2 Stunden kalt stellen.

6. Springformrand vorsichtig lösen und entfernen. Den Rand der Torte vor dem Servieren mit geraspelter Schokolade bestreuen.

Tipp:
Wenn der Belag etwas fester sein soll, dann statt mit Sahnesteif den Belag mit 4 Blatt weißer oder roter Gelatine zubereiten.

Kirsch-Käsetorte

Kirsch-Limetten-Torte

Fruchtig

Insgesamt:
E: 106 g, F: 320 g, Kh: 275 g,
kJ: 18546, kcal: 4431

Für den Bröselboden:
125 g Azora-Kekse
(Orangengebäck von Bahlsen)
80 g Butter
30 g abgezogene, gehackte Mandeln

Für den Belag:
6 Blatt weiße Gelatine
500 g frische Süßkirschen
600 g Doppelrahm-Frischkäse
300 g Naturjoghurt, 75 g Zucker
1 Pck. Dr. Oetker Vanillin-Zucker
Saft und Schale von 1 Bio-Limette
(unbehandelt, ungewachst)

Zum Verzieren:
30 g Zartbitterschokolade

Zubereitungszeit: 30 Minuten, ohne Kühlzeit

Kirsch-Limetten-Torte

1. Für den Bröselboden Gebäck in einen Gefrierbeutel geben, ihn fest verschließen und das Gebäck mit einer Teigrolle fein zerbröseln. Die Brösel in eine Schüssel geben. Butter zerlassen, mit den Mandeln hinzufügen und gut vermischen.
2. Einen Springformrand (Ø 26 cm) auf eine mit Tortenspitze oder Backpapier belegte Tortenplatte stellen. Die Bröselmasse darin verteilen und mit Hilfe eines Löffels gut zu einem Boden andrücken. Den Boden kalt stellen.
3. Für den Belag Gelatine nach Packungsanleitung einweichen. Kirschen waschen, abtropfen lassen, entstielen und entsteinen. Frischkäse mit Joghurt, Zucker, Vanillin-Zucker, Limettensaft und -schale verrühren.
4. Gelatine in einem kleinen Topf bei schwacher Hitze unter Rühren auflösen (nicht kochen). Aufgelöste Gelatine mit etwas von der Frischkäsemasse verrühren, dann die Mischung unter die restliche Frischkäsemasse rühren. Kirschen auf dem Bröselboden verteilen, Frischkäsemasse darauf geben und glatt streichen. Die Torte 2–3 Stunden kalt stellen.
5. Zum Verzieren Springformrand mit Hilfe eines Messers lösen und entfernen. Schokolade in Stücke brechen, in einen kleinen Gefrierbeutel geben und im Wasserbad bei schwacher Hitze auflösen. Beutel trockentupfen, etwas durchkneten, eine kleine Ecke abschneiden und Fäden über die Torte spritzen. Torte bis zum Servieren kalt stellen.

Kirsch-Mascarpone-Torte

Raffiniert

Insgesamt:
E: 85 g, F: 258 g, Kh: 496 g,
kJ: 19783, kcal: 4717

Für den Biskuitteig:
75 g abgezogene, gemahlene Mandeln
3 Eier (Größe M)
3 EL heißes Wasser
120 g Zucker
1 Pck. Dr. Oetker Finesse Amaretto-Bittermandel-Aroma
50 g Weizenmehl
75 g Speisestärke
2 gestr. TL Dr. Oetker Backin

Für die Kirschfüllung:
1 Glas Sauerkirschen
(Abtropfgewicht 370 g)
1 Pck. Tortenguss, klar
1 Pck. Dr. Oetker Bourbon-Vanille-Zucker
250 ml (¹/₄ l) Kirschsaft aus dem Glas

Für die Mascarponefüllung:
5 Blatt weiße Gelatine
250 g Mascarpone
250 g Naturjoghurt
50 g gesiebter Puderzucker
250 ml (¹/₄ l) Schlagsahne

Zum Garnieren und Bestäuben:
etwa 80 g Amarettini
(ital. Mandelgebäck)
Puderzucker

Zubereitungszeit: 60 Minuten, ohne Kühlzeit

1. Für den Teig Mandeln in einer Pfanne ohne Fett leicht bräunen und auf einem Teller abkühlen lassen. Eier und Wasser mit Handrührgerät mit Rührbesen auf höchster Stufe in 1 Minute schaumig schlagen. Zucker in 1 Minute einstreuen, dann noch weitere 2 Minuten schlagen. Aroma kurz unterrühren.

2. Mehl mit Speisestärke und Backpulver mischen, auf die Eiercreme sieben und kurz auf niedrigster Stufe unterrühren. Mandeln kurz unterrühren. Den Teig in eine Springform (Ø 26 cm, Boden gefettet, mit Backpapier belegt) füllen und glatt streichen. Die Form auf dem Rost in den Backofen schieben.
   Ober-/Unterhitze: etwa 180 °C (vorgeheizt)
   Heißluft: etwa 160 °C (vorgeheizt)
   Gas: Stufe 2-3 (vorgeheizt)
   Backzeit: etwa 30 Minuten.

3. Den Biskuitboden aus der Form lösen, auf einen mit Backpapier belegten Kuchenrost stürzen und erkalten lassen. Anschließend mitgebackenes Backpapier abziehen.

4. Für die Kirschfüllung Kirschen in einem Sieb abtropfen lassen, dabei den Saft auffangen und 250 ml (¹/₄ l) davon abmessen. Aus Tortengusspulver, Vanille-Zucker und dem Saft nach Packungsanleitung einen Guss zubereiten und die Kirschen unterheben. Biskuitboden auf eine Tortenplatte legen. Einen Tortenring oder den gesäuberten Springformrand darumstellen. Die Kirschmasse auf den Biskuitboden streichen und etwa 30 Minuten kalt stellen.

5. Für die Mascarponefüllung in der Zwischenzeit Gelatine nach Packungsanleitung einweichen. Mascarpone mit Joghurt und Puderzucker verrühren. Gelatine leicht ausdrücken, in einem kleinen Topf bei schwacher Hitze unter Rühren auflösen (nicht kochen). Flüssige Gelatine mit 2-3 Esslöffeln von der Mascarponemasse verrühren, dann unter die restliche Mascarponemasse rühren und kalt stellen. Sahne steif schlagen und unterheben. Die Creme kuppelförmig auf die Kirschmasse streichen und 2-3 Stunden kalt stellen.

6. Vor dem Servieren Tortenring oder Springformrand lösen und entfernen. Amarettini auf der Oberfläche verteilen und die Torte mit Puderzucker bestäuben.

Kirsch-Mascarpone-Torte

Kirsch-Pumpernickel-Torte

Einfach – fettarm

Insgesamt:
E: 83 g, F: 136 g, Kh: 448 g,
kJ: 14208, kcal: 3392

125 g Pumpernickelscheiben

Für den Biskuitteig:
3 Eier (Größe M)
100 g Zucker
1 Msp. gemahlener Zimt
50 g Weizenmehl
1 Msp. Dr. Oetker Backin
100 g grob geriebene Vollmilch-Nuss-Schokolade

Für den Kirschbelag:
1 Glas Sauerkirschen
(Abtropfgewicht 370 g)
250 ml (¼ l) Sauerkirschsaft
1 Pck. Tortenguss, klar, 1 EL Zucker

Für den Quarkbelag:
50 g Zucker
1 Pck. Dr. Oetker Vanillin-Zucker
2 Pck. Dr. Oetker Sahnesteif
250 g Magerquark
250 ml (¼ l) Schlagsahne

Zubereitungszeit: 45 Minuten, ohne Kühlzeit

Kirsch-Pumpernickel-Torte

1. Pumpernickel zerbröseln und auf ein mit Backpapier belegtes Backblech geben. Das Backblech in den Backofen schieben und die Pumpernickelbrösel trocknen lassen.
   Ober-/Unterhitze: etwa 180 °C (vorgeheizt)
   Heißluft: etwa 160 °C (vorgeheizt)
   Gas: Stufe 2–3 (vorgeheizt)
   Backzeit: etwa 10 Minuten.
2. Die Brösel feiner zerbröseln und erkalten lassen. Für den Teig Eier mit Handrührgerät mit Rührbesen auf höchster Stufe in 1 Minute schaumig schlagen. Zucker und Zimt mischen, in 1 Minute einstreuen, dann noch 2 Minuten weiterschlagen.
3. Mehl mit Backpulver mischen, auf die Eiercreme sieben und kurz auf niedrigster Stufe unterrühren. Je 1 Esslöffel von den Pumpernickelbröseln und der Schokolade beiseite stellen, restliche Pumpernickelbrösel und Schokolade vorsichtig unterheben. Den Teig in eine Springform (Ø 26 cm, Boden gefettet, mit Backpapier belegt) geben und glatt streichen. Die Form auf dem Rost in den Backofen schieben und **bei gleicher Backofeneinstellung etwa 20 Minuten backen.**
4. Den Gebäckboden aus der Form lösen, auf einen mit Backpapier belegten Kuchenrost stürzen und erkalten lassen. Anschließend mitgebackenes Backpapier abziehen und den Boden auf eine Tortenplatte legen.
5. Für den Kirschbelag Kirschen in einem Sieb abtropfen lassen, Saft dabei auffangen und 250 ml (¼ l) davon abmessen. Aus Kirschsaft, Tortengusspulver und Zucker nach Packungsanleitung, aber mit den hier angegebenen Zutaten einen Guss zubereiten. Kirschen unterheben. Die Masse auf dem Gebäckboden verteilen, dabei am Rand etwa ½ cm frei lassen und fest werden lassen.
6. Für den Quarkbelag Zucker mit Vanillin-Zucker und 1 Päckchen Sahnesteif mischen und mit Quark verrühren. Sahne mit 1 Päckchen Sahnesteif steif schlagen und unterheben.
7. Den Quarkbelag auf den Kirschbelag geben und glatt streichen. Torte mit den restlichen Bröseln und der Schokolade bestreuen und etwa 2 Stunden kalt stellen.

Kirsch-Schokoladen-Traum

Beliebt

Insgesamt:
E: 84 g, F: 429 g, Kh: 434 g,
kJ: 25649, kcal: 6127

Für den Rührteig:
125 g Butter oder Margarine
125 g Zucker
1 Pck. Dr. Oetker Vanillin-Zucker
4 Eier (Größe M)
60 g Weizenmehl
2 gestr. TL Dr. Oetker Backin
2 schwach geh. EL Kakaopulver
125 g gemahlene Haselnusskerne

Für den Belag:
1 Glas Kaiserkirschen oder Sauerkirschen (Abtropfgewicht 370 g)
1 Pck. Tortenguss
20 g Zucker
250 ml (1/4 l) Kirschsaft aus dem Glas

Für die Schokoladensahne:
200 g Zartbitterschokolade
500 ml (1/2 l) Schlagsahne
1 Pck. Dr. Oetker Sahnesteif

Zubereitungszeit: 40 Minuten, ohne Kühlzeit

1. Für den Teig Butter oder Margarine mit Handrührgerät mit Rührbesen auf höchster Stufe geschmeidig rühren. Nach und nach Zucker und Vanillin-Zucker unterrühren. So lange rühren, bis eine gebundene Masse entstanden ist. Eier nach und nach unterrühren (jedes Ei etwa 1/2 Minute).

2. Mehl mit Backpulver und Kakaopulver mischen, sieben, mit Haselnusskernen mischen und in 2 Portionen auf mittlerer Stufe unterrühren. Den Teig in eine Springform (Ø 26 cm, Boden gefettet, mit Backpapier belegt) füllen und glatt streichen. Die Form auf dem Rost in den Backofen schieben.
   Ober-/Unterhitze: etwa 180 °C (vorgeheizt)
   Heißluft: etwa 160 °C (vorgeheizt)
   Gas: Stufe 2–3 (vorgeheizt)
   Backzeit: etwa 30 Minuten.

3. Den Boden aus der Form lösen und auf einem Kuchenrost erkalten lassen. Anschließend mitgebackenes Backpapier abziehen, den Boden auf eine Tortenplatte setzen und einen Tortenring oder den gesäuberten Springformrand darumlegen.

4. Für den Belag Kirschen in einem Sieb abtropfen lassen, dabei den Saft auffangen und 250 ml (1/4 l) abmessen. Die Kirschen auf dem Boden verteilen. Aus Tortenguss, Zucker und abgemessenem Kirschsaft nach Packungsanleitung einen Guss zubereiten, über die Kirschen geben und erkalten lassen. Dann den Tortenring oder Springformrand entfernen.

5. Für die Schokoladensahne Schokolade grob zerkleinern, in einem kleinen Topf im Wasserbad bei schwacher Hitze geschmeidig rühren und etwas abkühlen lassen.

6. Sahne mit Sahnsteif steif schlagen. Die abgekühlte Schokolade mit Hilfe einer Gabel so unter die Sahne ziehen, dass die Masse marmoriert ist. Die Schokoladensahne kuppelförmig auf die Kirschen streichen. Die Oberfläche mit Hilfe eines Teelöffels wellenförmig verzieren. Die Torte etwa 1 Stunde kalt stellen.

Kirsch-Schokoladen-Traum

Kiwi-Eistorte

Gut vorzubereiten

Insgesamt:
E: 87 g, F: 222 g, Kh: 656 g,
kJ: 22044, kcal: 5263

Für den Boden:
2 Pck. (je 100 g) süße Blätterteigbrezeln

Für die Füllung:
5 Kiwis
200 g Aprikosenkonfitüre
2 EL Orangenlikör
3 Pck. (je 750 ml) Sahne- oder Vanilleeis

Zum Verzieren und Garnieren:
1 Dose Mandarinen (Abtropfgewicht 175 g)
3 Kiwis
250 ml (¼ l) Schlagsahne
2 EL Zucker
1 Pck. Dr. Oetker Sahnesteif

**Zubereitungszeit: 45 Minuten,
ohne Gefrierzeit**

1. Für den Boden eine Springform (Ø 26–28 cm) am Boden dicht mit einem Teil der Blätterteig-Brezeln auslegen.
2. Für die Füllung die Kiwis schälen, grob zerkleinern, mit Konfitüre und Orangenlikör mischen und mit einem Mixstab pürieren.
3. Die Eiscreme etwa 15 Minuten im Kühlschrank antauen lassen. Die Hälfte der Eiscreme (gut 1 l) vorsichtig auf den Brezeln verteilen und etwas andrücken. Die Kiwimasse darüber geben und mit der restlichen Eiscreme bedecken. Die Eiscreme mit den restlichen Brezeln belegen und die Eistorte etwa 3 Stunden gefrieren lassen.
4. Zum Verzieren und Garnieren Mandarinen in einem Sieb abtropfen lassen. Kiwis schälen und in Scheiben schneiden. Die Kiwischeiben auf die Brezeln legen, dabei einen Rand von etwa 2 cm frei lassen, damit die Brezeln sichtbar bleiben.

Kiwi-Eistorte

5. Sahne mit Zucker und Sahnesteif steif schlagen und auf die Kiwischeiben streichen. Mit einem Löffel Vertiefungen in die Sahne drücken und die Torte mit Mandarinen garnieren.
6. Die Torte vor dem Servieren aus der Springform lösen und etwa 30 Minuten im Kühlschrank antauen lassen.

Tipp:
Die Torte kann bereits am Vortag oder einige Tage vorher zubereitet werden. Sie dann erst kurz vor dem Servieren mit Sahne und Früchten garnieren.

Abwandlung:
Anstelle von Mandarinen frische Erdbeeren verwenden.

Hinweis:
Angetaute und wieder eingefrorene Eiscreme sollten Sie nach dem Servieren nicht nochmals einfrieren, sondern innerhalb des Tages verzehren.

Kleiner-Feigling-Torte

Raffiniert

Insgesamt:
E: 106 g, F: 367 g, Kh: 576 g,
kJ: 28420, kcal: 6795

Für den Knetteig:
300 g Weizenmehl
1 Msp. Dr. Oetker Backin
75 g Zucker
3 EL Kleiner Feigling (Wodka mit Feige)
175 g Butter oder Margarine

Für die Streusel:
100 g Weizenmehl
50 g Zucker
75 g Butter

Für die Frischkäsecreme:
8 Blatt weiße Gelatine
200 g Doppelrahm-Frischkäse
500 g Naturjoghurt
75 ml Kleiner Feigling
60 g Zucker
250 ml ($^1/_4$ l) Schlagsahne

2 frische Feigen

Zubereitungszeit: 60 Minuten, ohne Kühlzeit

1. Für den Teig Mehl mit Backpulver mischen und in eine Rührschüssel sieben. Restliche Zutaten hinzufügen und alles mit Handrührgerät mit Knethaken gut durcharbeiten. Anschließend den Teig auf der Arbeitsfläche kurz verkneten. Teig dritteln und zu 3 Böden (Ø je 26 cm) ausrollen. Böden auf mit Backpapier belegte Backbleche legen und mehrmals mit einer Gabel einstechen.
2. Für die Streusel alle Zutaten in eine Rührschüssel geben, mit Handrührgerät mit Rührbesen zu feinen Streuseln verarbeiten und auf den drei Böden verteilen. Backbleche nacheinander (bei Heißluft zusammen) in den Backofen schieben.
Ober-/Unterhitze: etwa 200 °C (vorgeheizt)
Heißluft: etwa 180 °C (vorgeheizt)
Gas: Stufe 3–4 (vorgeheizt)
Backzeit: etwa 15 Minuten je Boden.
3. Die Böden auf den Backblechen auf Kuchenrosten erkalten lassen.
4. Für die Frischkäsecreme Gelatine nach Packungsanleitung einweichen. Frischkäse mit Joghurt, Kleiner Feigling und Zucker verrühren. Gelatine ausdrücken, in einem Topf bei schwacher Hitze auflösen (nicht kochen) und zunächst mit etwas von der Frischkäsemasse verrühren, dann die Mischung unter die restliche Masse rühren und kalt stellen.
5. Sahne steif schlagen und unterheben. Die Creme portionsweise in einen Spritzbeutel mit großer Lochtülle füllen. Einen Boden auf eine Tortenplatte legen. Gut die Hälfte der Masse in großen Tupfen darauf spritzen.
6. Feigen schälen, eine davon in Würfel schneiden und darauf verteilen. Zweiten Boden darauf legen und leicht andrücken. Restliche Creme darauf spritzen.
7. Dritten Boden in Stücke brechen und dekorativ auf der Oberfläche verteilen. Die zweite Feige halbieren, in Scheiben schneiden und auf die Tortenoberfläche legen. Torte 2–3 Stunden kalt stellen.

Tipp:
Vor dem Servieren die Torte nach Belieben mit Puderzucker bestäuben.
Die Torte schmeckt frisch zubereitet am besten.
Die Böden können gut vorbereitet werden.
Die Torte schmeckt auch mit anderen Frucht- und Alkoholsorten, z. B. mit Himbeeren und Himbeergeist oder mit Pflaumen und Pflaumenschnaps.

Kleiner-Feigling-Torte

Knoppers-Torte

Für Kinder

Insgesamt:
E: 80 g, F: 300 g, Kh: 444 g,
kJ: 20055, kcal: 4787

Für den Biskuitteig:
3 Eier (Größe M)
3 EL heißes Wasser
100 g Zucker
1 Pck. Dr. Oetker Vanillin-Zucker
75 g Weizenmehl
50 g Speisestärke
1 gestr. TL Dr. Oetker Backin
50 g gemahlene Haselnusskerne

Für die Schokofüllung:
1 kleine Dose Aprikosenhälften (Abtropfgewicht 240 g)
100 g gehackte Haselnusskerne
1 Pck. Paradiescreme Schokoladen-Geschmack (Dessertpulver)
150 ml Milch

Für den Knoppers-Belag:
5 Knoppers (Milch-Haselnuss-Schnitten)
400 ml Schlagsahne
2 Pck. Dr. Oetker Vanillin-Zucker
2 Pck. Dr. Oetker Sahnesteif

Zum Garnieren:
1–2 Knoppers (Milch-Haselnuss-Schnitten)

Zubereitungszeit: 30 Minuten, ohne Kühlzeit

1. Für den Teig Eier und Wasser mit Handrührgerät mit Rührbesen auf höchster Stufe in 1 Minute schaumig schlagen. Zucker und Vanillin-Zucker mischen, in 1 Minute einstreuen, dann noch 2 Minuten weiterschlagen.
2. Mehl mit Speisestärke und Backpulver mischen, auf die Eiercreme sieben und kurz auf niedrigster Stufe unterrühren. Zuletzt kurz die Haselnusskerne unterrühren. Den Teig in eine Springform (Ø 26 cm, Boden gefettet, mit Backpapier belegt) füllen und glatt streichen. Die Form auf dem Rost in den Backofen schieben.
Ober-/Unterhitze: etwa 200 °C (vorgeheizt)
Heißluft: etwa 180 °C (vorgeheizt)
Gas: Stufe 3–4 (vorgeheizt)
Backzeit: etwa 25 Minuten.
3. Boden aus der Form lösen, auf einen mit Backpapier belegten Kuchenrost stürzen und erkalten lassen. Anschließend Backpapier vorsichtig abziehen. Boden einmal waagerecht durchschneiden und den unteren Boden auf eine Tortenplatte legen.
4. Für die Schokofüllung Haselnusskerne in einer beschichteten Pfanne ohne Fett goldgelb rösten und auf einem Teller erkalten lassen. Aprikosen in einem Sieb gut abtropfen lassen. Paradiescreme nach Packungsanleitung, aber nur mit 150 ml Milch aufschlagen und zuletzt 50 g der gerösteten Haselnusskerne unterrühren.
5. Für den Knoppers-Belag die Knoppers klein schneiden. Sahne mit Vanillin-Zucker und Sahnesteif steif schlagen und die Knoppers-Stückchen unterheben.
6. Aprikosen mit der Wölbung nach oben auf den Boden legen, dabei am Rand 1–2 cm frei lassen und die Schokofüllung darauf verstreichen. Den zweiten Boden auflegen und leicht andrücken. Den Knoppers-Belag mit Hilfe eines Messers kuppelartig auf die Torte streichen. Die restlichen gerösteten Haselnusskerne darüber streuen.
7. Zum Garnieren Knoppers in kleine Würfel schneiden und dekorativ auf die Tortenoberfläche legen. Die Torte kann sofort serviert werden.

Tipp:
Der Boden kann bereits am Vortag gebacken werden.

Knusper-Eistorte

Gut vorzubereiten

Insgesamt:
E: 40 g, F: 229 g, Kh: 245 g,
kJ: 13901, kcal: 3322

Für den Boden:
120 g Knusperwaffeln ohne Füllung,
z. B. Eiswaffelherzen
50 g weiche Butter

Für den Belag:
3 Eigelb (Größe M, ganz frisch)
60 g Zucker
1 Pck. Dr. Oetker Vanillin-Zucker
60 g Marzipan-Rohmasse
1 kleine Saftorange (unbehandelt)
1 EL Orangenlikör
300 ml Schlagsahne
125 ml ($1/8$ l) flüssige Schokoladenglasur für Eis

evtl. Orangenfilets und Orangenschale

Zubereitungszeit: 30 Minuten, ohne Gefrierzeit

1. Für den Boden die Waffeln in einen Gefrierbeutel geben, den Beutel verschließen, die Waffeln mit einer Teigrolle fein zerdrücken und in eine Schüssel geben. Die Gebäckbrösel mit der Butter vermengen.

2. Einen Springformrand (Ø 18 cm) auf eine mit Backpapier belegte Tortenplatte stellen, die Bröselmasse darin verteilen, andrücken und gefrieren lassen.

3. Für den Belag Eigelb mit Zucker und Vanillin-Zucker mit Handrührgerät mit Rührbesen schaumig rühren. Marzipan auf einer groben Reibe raspeln, dazugeben und zu einer geschmeidigen Masse rühren.

4. Von der Orange die Schale abreiben und den Saft auspressen. Orangenschale und 2 Esslöffel Orangensaft mit dem Orangenlikör zu der Eigelbcreme geben und unterrühren. Sahne steif schlagen und unterheben. Die Creme in einer flachen Schüssel etwa 1 $1/2$ Stunden gefrieren lassen, bis das Eis streichfähig ist.

5. Die erste Schicht Eis etwa 3 cm dick auf den Waffelboden streichen und darüber eine dünne Schicht Schokoladenglasur spritzen, so dass das Eis bedeckt ist. Die Schicht kurz gefrieren lassen.

6. Dann die zweite Eisschicht einfüllen, mit Schokoladenglasur bedecken und wieder gefrieren lassen. So lange fortfahren, bis das Eis aufgebraucht ist. Die letzte Schicht sollte aus Eis bestehen. Die Torte mindestens 3 Stunden gefrieren lassen.

7. Die Torte aus der Form lösen und mit Backpapier auf eine Tortenplatte ziehen. Backpapier mit Hilfe eines Messers entfernen. Torte mit Glasur besprenkeln und nach Belieben mit Orangenfilets und -schale garnieren. Die Torte mit dem elektrischen Messer schneiden.

Tipp:
Die Orangenfilets zum Garnieren kurz gefrieren lassen und dann mit der Schokoladenglasur besprenkeln (Foto).

Knusper-Eistore

Knusper-Minz-Kuppel

Beliebt

Insgesamt:
E: 120 g, F: 395 g, Kh: 423 g,
kJ: 23976, kcal: 5726

Für die Füllung:
200 g Choco Crossies® Classic (Knusperpralinen)
5 Blatt weiße Gelatine
250 g Mascarpone
25 g Kakaogetränkepulver
250 ml (¼ l) Kakaogetränk

Für den Rührteig:
100 g Butter oder Margarine
75 g Zucker
2 Eier (Größe M)
125 g Weizenmehl
½ gestr. TL Dr. Oetker Backin

Zum Bestreichen:
5 Blatt weiße Gelatine
75 g Zucker
2 EL Wasser
3 geh. EL gehackte Minze
325 g Ricotta (Molkeneiweißkäse)
250 ml (¼ l) Schlagsahne

Knusper-Minz-Kuppel

Zubereitungszeit: 60 Minuten

1. Für die Füllung die Knusperpralinen in einen Gefrierbeutel geben, ihn verschließen und sie mit einer Teigrolle grob zerkleinern. 125 g davon für Teig und Garnierung beiseite legen. Gelatine nach Packungsanleitung einweichen. Mascarpone mit Kakaogetränkepulver und -getränk verrühren. Gelatine in einem kleinen Topf bei schwacher Hitze unter Rühren auflösen (nicht kochen) und mit der Kakaomasse verrühren.

2. Wenn die Masse beginnt dicklich zu werden, 75 g der Knusperpralinen unterheben. Masse in eine mit Frischhaltefolie ausgelegte Schüssel (Ø etwa 16 cm) geben, glatt streichen und etwa 2 Stunden kalt stellen.

3. Für den Teig Butter oder Margarine mit Handrührgerät mit Rührbesen auf höchster Stufe geschmeidig rühren. Nach und nach Zucker unterrühren. So lange rühren, bis eine gebundene Masse entstanden ist. Eier nach und nach unterrühren (jedes Ei etwa ½ Minute).

4. Mehl mit Backpulver mischen, sieben und in 2 Portionen auf mittlerer Stufe unterrühren. 100 g der Knusperpralinen unterheben. Den Teig in eine Springform (Ø 26 cm, Boden gefettet, mit Backpapier belegt) füllen und glatt streichen. Die Form auf dem Rost in den Backofen schieben.

Ober-/Unterhitze: etwa 180 °C (vorgeheizt)
Heißluft: etwa 160 °C (vorgeheizt)
Gas: Stufe 2–3 (vorgeheizt)
Backzeit: etwa 20 Minuten.

5. Boden aus der Form lösen, auf einen mit Backpapier belegten Kuchenrost stürzen und erkalten lassen. Anschließend mitgebackenes Backpapier abziehen und den Boden auf eine Tortenplatte legen. Die fest gewordene Kakaokuppel darauf stürzen und Folie abziehen.

6. Zum Bestreichen Gelatine nach Packungsanleitung einweichen. Zucker mit Wasser und Minze in einem Topf aufkochen und von der Kochstelle nehmen. Ausgedrückte Gelatine unter Rühren darin auflösen. Die Masse leicht abkühlen lassen, Ricotta unter-rühren und kalt stellen.

7. Wenn die Masse beginnt dicklich zu werden, Sahne steif schlagen und unterheben. Die Ricottacreme kuppelartig auf die Schokocreme streichen. Restliche Knusperpralinen darauf streuen. Die Torte 1–2 Stunden kalt stellen.

® Société des Produits Nestlé S.A.

Knusper-Schokobombe

Raffiniert

Insgesamt:
E: 83 g, F: 309 g, Kh: 360 g,
kJ: 20492, kcal: 4889

Für den Knusperboden:
50 g ungesalzene Erdnüsse
75 g Haferfleks (Kölln)
150 g Halbbitter-Kuvertüre
1 EL Butter

Für die Creme:
6 Blatt weiße Gelatine
1 Pck. Dr. Oetker Pudding-Pulver Schokoladen-Geschmack
80 g Zucker
500 ml (1/2 l) Milch
150 ml Honig-Whisky-Likör (40 Vol.-%)
200 g Schmand
200 ml Schlagsahne

Zum Verzieren und Garnieren:
200 ml Schlagsahne
75 g süße Erdnussriegel

Zubereitungszeit: 40 Minuten, ohne Kühlzeit

1. Für den Knusperboden Erdnüsse grob hacken und mit Haferfleks mischen. Kuvertüre ebenfalls grob hacken und in einem kleinen Topf im Wasserbad bei schwacher Hitze geschmeidig rühren. Butter unterrühren. Die Masse mit den Erdnüssen und Haferfleks mischen.

2. Einen Springformrand (Ø 24 cm) auf eine mit Tortenspitze oder Backpapier belegte Tortenplatte stellen. Die Masse darin verteilen und mit einem Löffel gleichmäßig zu einem Boden andrücken. Boden kalt stellen.

3. Für die Creme Gelatine nach Packungsanleitung einweichen. Aus Pudding-Pulver, Zucker und Milch nach Packungsanleitung einen Pudding zubereiten. Gelatine leicht ausdrücken und unter Rühren im heißen Pudding auflösen.

4. Pudding unter gelegentlichem Rühren etwas abkühlen lassen, dann Likör und Schmand unterrühren. Sahne steif schlagen und unter den erkalteten Pudding heben. Puddingcreme auf dem Boden geben und glatt streichen. Die Torte mindestens 4 Stunden kalt stellen.

5. Zum Verzieren und Garnieren Springformrand lösen und entfernen. Sahne steif schlagen und in einen Spritzbeutel mit Lochtülle füllen. Tortenoberfläche gitterartig mit der Sahne verzieren. Erdnussriegel fein hacken und die Schokobombe damit bestreuen.

Tipp:
Statt mit gehackten Erdnussriegeln können Sie die Torte auch mit ungesalzenen gehackten Erdnüssen garnieren.
Anstelle von Schmand können Sie Crème fraîche verwenden.

Knusper-Schokobombe

Knuspertorte mit Brombeeren

Fruchtig

Insgesamt:
E: 68 g, F: 337 g, Kh: 340 g,
kJ: 19638, kcal: 4690

Für den Boden:
200 g weiße Kuvertüre
25 g Kokosfett
2 Pck. (je 50 g) Eiswaffel-Herzen

Für den Belag:
350 g Brombeeren
8 Blatt weiße Gelatine
500 ml ($^1/_2$ l) Zitronenbuttermilch
100 g Zucker
450 ml Schlagsahne

Zum Garnieren und Verzieren:
100 g Brombeeren
150 ml Schlagsahne
Eiswaffel-Herzen

Zubereitungszeit: 40 Minuten, ohne Kühlzeit

Knuspertorte mit Brombeeren

1. Für den Boden Kuvertüre grob hacken und mit Kokosfett in einem kleinen Topf im Wasserbad unter Rühren auflösen. Eiswaffel-Herzen in einen Gefrierbeutel geben, ihn verschließen und die Waffeln mit einer Teigrolle fein zerbröseln. Kuvertüre mit den Bröseln vermischen. Einen Springformrand (Ø 26 cm) auf eine mit Tortenspitze oder Backpapier belegte Tortenplatte stellen. Die Bröselmasse darin verteilen und mit Hilfe eines Löffels gut zu einem Boden andrücken. Boden kalt stellen.
2. Für den Belag Brombeeren verlesen. Gelatine nach Packungsanleitung einweichen. Buttermilch mit Zucker verrühren. Gelatine leicht ausdrücken, auflösen und zunächst mit etwas Buttermilch verrühren, dann unter die restliche Buttermilch rühren.

Sobald die Masse beginnt dicklich zu werden, Sahne steif schlagen und unterheben. Brombeeren unterheben und die Creme auf den Boden in der Springform streichen. Die Torte 2–3 Stunden kalt stellen.

3. Zum Garnieren und Verzieren Springformrand lösen und entfernen. Brombeeren verlesen, die Hälfte davon pürieren, durch ein Sieb passieren und in einen kleinen Gefrierbeutel füllen. Eine kleine Ecke davon abschneiden und das Brombeermus über die Torte sprenkeln. Sahne steif schlagen, mit einem Teelöffel in Wölkchen am Rand auf die Torte setzen und die Torte mit Eiswaffel-Herzen und den restlichen Brombeeren garnieren.

Kokomango-Torte

Exotisch

Insgesamt:
E: 77 g, F: 312 g, Kh: 483 g,
kJ: 21876, kcal: 5222

Für den Biskuitteig:
4 Eier (Größe M)
3 EL heißes Wasser
125 g Zucker, 10 g Kakaopulver
1 Pck. Dr. Oetker Vanillin-Zucker
100 g Weizenmehl
50 g Speisestärke
1 gestr. TL Dr. Oetker Backin

Für die Füllung:
1 Dose Mangofrüchte
(Abtropfgewicht 240 g)
6 Blatt weiße Gelatine
Mangosaft aus der Dose
250 ml (¼ l) trockener Weißwein
100 g Zucker
400 ml Schlagsahne

Zum Bestreichen:
350 ml Schlagsahne
2 Pck. Dr. Oetker Sahnesteif
1 Pck. Dr. Oetker Vanillin-Zucker

Zum Garnieren:
60 g frische Kokosraspel
Schokospäne
frische Mangospalten

**Zubereitungszeit: 40 Minuten,
ohne Kühlzeit**

1. Für den Teig Eier und Wasser mit Handrührgerät mit Rührbesen auf höchster Stufe in 1 Minute schaumig schlagen. Zucker mit Vanillin-Zucker mischen, in 1 Minute einstreuen, dann noch 2 Minuten weiterschlagen.
2. Mehl mit Speisestärke, Kakaopulver und Backpulver mischen, die Hälfte davon auf die Eiercreme sieben und kurz auf niedrigster Stufe unterrühren. Restliches Mehlgemisch auf die gleiche Weise unterarbeiten. Den Teig in eine Springform (Ø 26 cm, Boden gefettet, mit Backpapier belegt) füllen, glatt streichen und die Form auf dem Rost in den Backofen schieben.
Ober-/Unterhitze: etwa 180 °C (vorgeheizt)
Heißluft: etwa 160 °C (vorgeheizt)
Gas: Stufe 2-3 (vorgeheizt)
Backzeit: etwa 25 Minuten.
3. Den Biskuitboden aus der Form lösen, auf einen mit Backpapier belegten Kuchenrost stürzen und erkalten lassen. Anschließend mitgebackenes Backpapier abziehen und den Boden einmal waagerecht durchschneiden.
4. Für die Füllung Mangos in einem Sieb abtropfen lassen, den Saft dabei auffangen. Gelatine nach Packungsanleitung einweichen. Mangosaft mit Wasser auf 250 ml (¼ l) auffüllen und mit Wein und Zucker verrühren. Gelatine leicht ausdrücken, mit 3-4 Esslöffeln von der Mango-Wein-Flüssigkeit in einem Topf bei schwacher Hitze unter Rühren auflösen (nicht kochen) und unter Rühren in die restliche Flüssigkeit geben. Die Mango-Wein-Flüssigkeit kalt stellen.
5. Das Mangofruchtfleisch sehr klein schneiden. Wenn die Mango-Wein-Flüssigkeit beginnt dicklich zu werden, Sahne steif schlagen und mit den Mangostückchen unterheben. Den unteren Tortenboden auf eine Tortenplatte legen und einen Tortenring oder den gesäuberten Springformrand darumstellen. Die Mango-Wein-Creme einfüllen, glatt streichen und den oberen Boden auflegen. Die Torte 2-3 Stunden kalt stellen.
6. Zum Bestreichen Sahne mit Sahnesteif und Vanillin-Zucker steif schlagen. Tortenring oder Springformrand lösen und entfernen. Die Torte vollständig mit der Sahne bestreichen, mit Kokosraspeln bestreuen und kurz vor dem Servieren mit Schokospänen und frischen Mangospalten garnieren.

Kokomango-Torte

Kokos-Nougat-Schichttorte ❄

Dauert etwas länger

Insgesamt:
E: 101 g, F: 655 g, Kh: 1070 g,
kJ: 44594, kcal: 10655

Für den Biskuitteig:
300 g Butter
6 Eier (Größe M)
300 g Zucker
2 Pck. Dr. Oetker Vanillin-Zucker
150 g Weizenmehl
150 g Speisestärke
2 gestr. TL Dr. Oetker Backin
200 g Kokosraspel

Für die Füllung:
100 g Nuss-Nougat
500 ml ($^1/_2$ l) Schlagsahne
1 Glas Ananaskonfitüre (etwa 340 g)

Für den Guss:
300 g Nuss-Nougat

Zubereitungszeit: 90 Minuten, ohne Kühl- und Durchziehzeit

1. Für den Teig Butter zerlassen und abkühlen lassen. Eier mit Handrührgerät mit Rührbesen auf höchster Stufe in 1 Minute schaumig schlagen. Zucker und Vanillin-Zucker mischen, in 1 Minute einstreuen, dann noch 2 Minuten weiterschlagen.

2. Mehl mit Speisestärke und Backpulver mischen, die Hälfte davon auf die Eiercreme sieben und kurz auf niedrigster Stufe unterrühren. Restliches Mehlgemisch auf die gleiche Weise unterarbeiten. Zuletzt Kokosraspel und Butter vorsichtig unterheben.

3. Den Teig in 5 Portionen teilen. Jeweils 1 Teigportion in eine Springform (Ø 26 cm, Boden gefettet, mit Backpapier belegt) geben und glatt streichen. Die Formen nacheinander auf dem Rost in den Backofen schieben.
   Ober-/Unterhitze: etwa 180 °C (vorgeheizt)
   Heißluft: etwa 160 °C (vorgeheizt)
   Gas: Stufe 2–3 (vorgeheizt)
   Backzeit: etwa 12 Minuten je Boden.

4. Biskuitböden aus den Formen lösen, auf mit Backpapier belegte Kuchenroste stürzen und erkalten lassen. Anschließend mitgebackenes Backpapier abziehen.

5. Für die Füllung Nuss-Nougat nach Packungsanleitung auflösen und abkühlen lassen. Sahne steif schlagen. Nuss-Nougat vorsichtig unterrühren. Nougat-Sahne in 4 Portionen teilen. Konfitüre ebenfalls in 4 Portionen teilen.

6. Einen Biskuitboden auf eine Tortenplatte legen, mit einer Portion Konfitüre bestreichen. Eine Portion der Nougat-Sahne darauf verteilen und mit dem zweiten Biskuitboden belegen. So weiter bestreichen und Böden auflegen, bis alle Biskuitböden zu einer Torte zusammengesetzt sind. Den letzten Biskuitboden nicht bestreichen. Rand glatt streichen.

7. Für den Guss Nuss-Nougat nach Packungsanleitung auflösen. Die Torte vollständig damit überziehen. Torte kalt stellen und gut durchziehen lassen.

Kokos-Nougat-Schichttorte

Kokos-Preiselbeer-Torte

Schnell zubereitet

Insgesamt:
E: 60 g, F: 254 g, Kh: 261 g,
kJ: 15412, kcal: 3683

Für den Schüttelteig:
125 g Butter oder Margarine
150 g Weizenmehl
2 gestr. TL Dr. Oetker Backin
100 g Zucker
25 g Kakaopulver
3 Eier (Größe M)
1 Pck. Dr. Oetker Finesse Jamaica-Rum-Aroma
100 ml Milch
50 g Kokosraspel (nach Belieben geröstet)

Für die Füllung:
1 Glas Wild-Preiselbeeren
(Einwaage 210 g)

Für den Guss:
150 g Halbbitter-Kuvertüre
10 g Kokosfett

Zum Garnieren und Verzieren:
25 g weiße Kuvertüre
Kokosraspel

Zubereitungszeit: 30 Minuten, ohne Kühlzeit

Kokos-Preiselbeer-Torte

1. Für den Teig Butter oder Margarine zerlassen und abkühlen lassen. Mehl mit Backpulver mischen, in eine verschließbare Schüssel (etwa 3 l) sieben und mit Zucker und Kakao mischen. Eier, Butter oder Margarine, Aroma und Milch hinzufügen. Die Schüssel mit dem Deckel fest verschließen.
2. Schüssel mehrmals (insgesamt 15–30 Sekunden) kräftig schütteln, so dass alle Zutaten gut vermischt sind. Kokosraspel hinzufügen und alles mit einem Schneebesen oder Rührlöffel nochmals sorgfältig durchrühren, damit trockene Zutaten vom Rand mit untergerührt werden.
3. Den Teig in eine Springform (Ø 24 cm, Boden gefettet, mit Backpapier belegt) füllen und glatt streichen. Die Form auf dem Rost in den Backofen schieben.
Ober-/Unterhitze: etwa 180 °C (vorgeheizt)
Heißluft: etwa 160 °C (vorgeheizt)
Gas: Stufe 2–3 (vorgeheizt)
Backzeit: etwa 30 Minuten.
4. Den Boden aus der Form lösen, auf einen mit Backpapier belegten Kuchenrost stürzen und erkalten lassen. Anschließend mitgebackenes Backpapier abziehen, den Boden einmal waagerecht durchschneiden und den unteren Boden auf eine Tortenplatte legen.
5. Für die Füllung den unteren Boden mit den Preiselbeeren bestreichen. Den oberen Boden darauf legen und gut andrücken.
6. Für den Guss Kuvertüre grob hacken und mit dem Kokosfett in einem kleinen Topf im Wasserbad bei schwacher Hitze geschmeidig rühren. Den gefüllten Boden mit dem Guss überziehen und den Guss fest werden lassen.
7. Zum Garnieren und Verzieren weiße Kuvertüre wie oben beschrieben auflösen, auf den fest gewordenen Guss tupfen und mit Kokosraspeln bestreuen.

Konfekt-Hochzeitstorte

Raffiniert – dauert etwas länger

Insgesamt:
E: 190 g, F: 787 g, Kh: 1142 g,
kJ: 52334, kcal: 12507

Für den Rührteig:
100 g Nuss-Nougat
200 g Butter oder Margarine
150 g Zucker
1 Pck. Dr. Oetker Vanillin-Zucker
1 Pck. Dr. Oetker Finesse Jamaica-Rum-Aroma
4 Eier (Größe M), 300 g Weizenmehl
3 gestr. TL Dr. Oetker Backin

Für den Biskuitteig:
4 Eier (Größe M), 4 EL heißes Wasser
150 g Zucker
150 g Weizenmehl, 50 g Speisestärke
1 gestr. TL Dr. Oetker Backin
50 g Kokosraspel
50 g abgezogene, gemahlene Mandeln

Für die Nuss-Nougat-Sahne:
2 Blatt weiße Gelatine, 200 g Nuss-Nougat
500 ml (1/2 l) Schlagsahne

21 Zartbitter-Waffelröllchen

Für die Kuvertüre-Sahne:
1 Blatt weiße Gelatine
100 g weiße Kuvertüre
250 ml (1/4 l) Schlagsahne

15 Kokoskonfektkugeln

50 g Vollmilchschokolade
2–3 EL Kokosraspel, 8 Scholadenherzen
1 Kokoskonfektkugel

Zubereitungszeit: 100 Minuten

1. Für den Rührteig Nougat auflösen. Butter oder Margarine mit Handrührgerät mit Rührbesen auf höchster Stufe geschmeidig rühren. Nach und nach Zucker, Vanillin-Zucker und Aroma unterrühren. So lange rühren, bis eine gebundene Masse entstanden ist. Eier nach und nach unterrühren (jedes Ei etwa 1/2 Minute). Mehl mit Backpulver mischen, sieben und in 2 Portionen auf mittlerer Stufe unterrühren. Nougat unterrühren. Den Teig in eine Springform (Ø 26 cm, Boden gefettet, mit Backpapier belegt) füllen, glatt streichen und die Form auf dem Rost in den Backofen schieben.

   Ober-/Unterhitze: etwa 180 °C (vorgeheizt)
   Heißluft: etwa 160 °C (nicht vorgeheizt)
   Gas: Stufe 2–3 (nicht vorgeheizt)
   Backzeit: etwa 40 Minuten.

2. Boden aus der Form lösen, auf einen mit Backpapier belegten Kuchenrost stürzen und erkalten lassen. Anschließend mitgebackenes Backpapier entfernen.

3. Für den Biskuitteig Eier und Wasser mit Handrührgerät mit Rührbesen auf höchster Stufe in 1 Minute schaumig schlagen. Zucker in 1 Minute einstreuen, dann noch 2 Minuten weiterschlagen. Mehl, Speisestärke und Backpulver mischen, auf die Eiercreme sieben und kurz auf niedrigster Stufe unterrühren. Unter zwei Drittel des Teiges die Kokosraspel heben, diesen Teil in eine Springform (Ø 18 cm, Boden gefettet, mit Backpapier belegt) füllen und glatt streichen. Unter den restlichen Teig die Mandeln heben, in eine Springform (Ø 14 cm, Boden gefettet, mit Backpapier belegt) füllen und glatt streichen. Beide Springformen nicht zu dicht nebeneinander auf dem Rost in den Backofen schieben und **bei gleicher Backofeneinstellung etwa 30 Minuten backen**. Die Böden aus der Form lösen, auf mit Backpapier be-legte Kuchenroste stürzen und erkalten lassen. Anschließend mitgebackenes Back-papier abziehen und beide Biskuitböden einmal waagerecht durchschneiden.

4. Für die Nuss-Nougat-Sahne Gelatine einweichen, Nuss-Nougat auflösen und abkühlen lassen. Sahne steif schlagen, Gelatine auflösen und mit dem dickflüssigen Nuss-Nougat unterrühren. Ein Drittel der Nougatsahne in eine Schüssel geben und beiseite stellen. Den Rührteigboden am Rand und auf der Oberfläche mit der größeren Sahnemenge bestreichen, dabei die Oberfläche 1 1/2–2 cm dick bestreichen. Oberfläche mit einem Tortenkamm verzieren. In die Mitte der Torte die Waffelröllchen mit der Schokoseite nach unten im Kreis (Ø etwa 14 cm) in die Sahne stecken, leicht andrücken und die Torte kalt stellen. Von der kleineren Menge der Nougatsahne 1–2 Esslöffel abnehmen und den kleinen Boden damit zusammensetzen. Torte leicht kuppelförmig mit der restlichen Sahne bestreichen und kalt stellen.

5. Für die Kuvertüre-Sahne Gelatine einweichen, Kuvertüre auflösen und abkühlen lassen. Sahne steif schlagen, Gelatine auflösen und mit der flüssigen Kuvertüre unterrühren. Mit 2–3 Esslöffeln der Sahne den mittleren Biskuitboden zusammensetzen. Torte mit der restlichen Sahne bestreichen und die Oberfläche mit einem Tortenkamm verzieren. In die Mitte der Torte die Kokoskonfektkugeln im Kreis (Ø etwa 12 cm) und in dessen Mitte in die Sahne drücken und Torte kalt stellen.

6. Vollmilchschokolade raspeln und die Ränder der dunklen Böden damit bestreuen, leicht andrücken. Den Rand der hellen Torte mit Kokosraspeln bestreuen. Torten zusammensetzen, dazu helle Torte auf die Waffelröllchen setzen und kleine Torte auf die Konfektkugeln setzen. Die obere Torte mit Schokoherzen und der Kokoskonfektkugel garnieren.

Konfekt-Hochzeitstorte

Konfett-Torte

Konfetti-Torte

Für Kinder – schnell zubereitet

Insgesamt:
E: 66 g, F: 157 g, Kh: 258 g,
kJ: 11692, kcal: 2799

Für Füllung und Belag:
je 1 Beutel aus 1 Pck. Götterspeise
Himbeer-, Waldmeister- und Zitronen-
Geschmack
750 ml ($^3/_4$ l) Apfelsaft
6 EL Zucker

Für den Belag:
9 Blatt weiße Gelatine
300 g Vollmilchjoghurt
250 g Magerquark
50 g Zucker
1 Pck. Dr. Oetker Finesse Geriebene
Zitronenschale
400–500 ml Schlagsahne

1 heller Biskuitboden (Ø 26 cm, vom Bäcker)

Zubereitungszeit: 30 Minuten, ohne Kühlzeit

1. Für Füllung und Belag die Götterspeise nach Sorten getrennt nach Packungsanleitung, aber mit jeweils 250 ml ($^1/_4$ l) Apfelsaft und 2 Esslöffeln Zucker zubereiten.
2. Die Flüssigkeit in drei flache, kalt ausgespülte Gefäße geben, kalt stellen und fest werden lassen.
3. Für den Belag Gelatine nach Packungsanleitung einweichen. Joghurt mit Quark, Zucker und Zitronenschale verrühren. Gelatine ausdrücken, in einem kleinen Topf bei schwacher Hitze auflösen, mit etwas von der Joghurt-Quark-Masse verrühren, dann die Mischung unter die restliche Joghurt-Quark-Masse rühren. Sahne steif schlagen und unterheben.
4. Den Biskuitboden einmal waagerecht durchschneiden. Den unteren Boden auf eine Tortenplatte legen und einen Tortenring darumstellen.
5. Die Götterspeise in Würfel schneiden. Einige Würfel zum Garnieren zurücklassen, die restlichen unter die Creme heben. Die Creme in den Tortenring füllen und glatt streichen.
6. Die restlichen Götterspeisewürfel auf der Oberfläche verteilen. Die Torte etwa 3 Stunden kalt stellen. Vor dem Servieren den Tortenring lösen und entfernen.

Tipp:
Nach Belieben zum Verzieren die Götterspeise nicht in Würfel schneiden, sondern mit Förmchen Figuren ausstechen.
Die übrige Hälfte des Biskuitbodens einfrieren oder zu Konfekt verarbeiten.

Küsschen-Torte

Beliebt

Insgesamt:
E: 51 g, F: 188 g, Kh: 299 g,
kJ: 13185, kcal: 3150

Für den Biskuitteig:
3 Eiweiß (Größe M)
100 g Zucker
3 Eigelb (Größe M)
1 Pck. Dr. Oetker Vanillin-Zucker
50 g Weizenmehl
40 g Speisestärke
½ gestr. TL Dr. Oetker Backin
1 geh. TL Kakaopulver

Für den Belag:
300 g gemischte TK-Beerenfrüchte
50 g gesiebter Puderzucker
1 Pck. Tortenguss, klar
3 Blatt weiße Gelatine
400 ml Schlagsahne
10 Stück (etwa 100 g) Schoko-Haselnuss-Konfekt

Zubereitungszeit: 40 Minuten, ohne Auftau- und Kühlzeit

1. Für den Teig Eiweiß mit der Hälfte des Zuckers steif schlagen. Eigelb mit dem restlichen Zucker und Vanillin-Zucker mit Handrührgerät mit Rührbesen in 3–5 Minuten schaumig schlagen. Das steif geschlagene Eiweiß darauf geben und vorsichtig unterheben.

2. Mehl mit Speisestärke, Backpulver und Kakao mischen, sieben und vorsichtig unter die Eimasse rühren. Den Teig in eine Springform (Ø 26 cm, Boden gefettet, mit Backpapier belegt) füllen und glatt streichen. Die Form auf dem Rost in den Backofen schieben.
   Ober-/Unterhitze: etwa 180 °C (vorgeheizt)
   Heißluft: etwa 160 °C (vorgeheizt)
   Gas: Stufe 2–3 (vorgeheizt)
   Backzeit: 15–20 Minuten.

3. Den Boden aus der Form lösen, auf einen mit Backpapier belegten Kuchenrost stürzen und erkalten lassen. Anschließend mitgebackenes Backpapier abziehen. Den Boden auf eine Tortenplatte legen und einen Tortenring oder den gesäuberten Springformrand darumstellen.

4. Für den Belag Beerenfrüchte mit dem Puderzucker bestreuen und auftauen lassen. Den Saft dabei auffangen und mit Wasser auf 250 ml (¼ l) auffüllen. Tortenguss mit dem Saft nach Packungsanleitung, aber ohne Zucker zubereiten. Die Beeren vorsichtig unterheben, Masse auf dem Tortenboden verteilen und erkalten lassen.

5. Gelatine nach Packungsanleitung einweichen. Sahne steif schlagen. Das Konfekt klein hacken. Gelatine ausdrücken und in einem kleinen Topf bei schwacher Hitze auflösen (nicht kochen). Flüssige Gelatine mit etwas von der Sahne verrühren, dann die Mischung mit dem zerkleinerten Konfekt unter die restliche Sahne rühren.

6. Die Konfekt-Creme auf den Beeren verteilen und glatt streichen. Die Tortenoberfläche nach Belieben mit Hilfe einer Gabel oder eines Tortenkamms verzieren. Die Torte etwa 2 Stunden kalt stellen.

Tipp:
Wenn die Torte am gleichen Tag gegessen wird, kann die Sahne auch ohne Gelatine zubereitet werden. Dann die Sahne mit 2 Päckchen Sahnesteif steif schlagen und nur etwa 1 Stunde kalt stellen.

Latte-Macchiato-Torte

Raffiniert

Insgesamt:
E: 86 g, F: 299 g, Kh: 373 g,
kJ: 19017, kcal: 4538

Für den All-in-Teig:
100 g Weizenmehl
15 g Kakaopulver
3 gestr. TL Dr. Oetker Backin
100 g Zucker
1 Pck. Dr. Oetker Vanillin-Zucker
2 Eier (Größe M)
100 g Butter oder Margarine
2 EL starker Kaffee oder Milch

Für den Belag:
350 g Aprikosen
6 Blatt weiße Gelatine
3 Eier (Größe M)
100 g Zucker
100 ml Milch
500 ml (1/2 l) Schlagsahne
2 Portionsbeutel (je 10 g) Cappuccino- oder Eiskaffeepulver

Zum Garnieren und Bestäuben:
50 g zweifarbige Cappuccinoschokolade
Kakaopulver

Zubereitungszeit: 60 Minuten, ohne Kühlzeit

1. Für den Teig Mehl mit Kakaopulver und Backpulver mischen und in eine Rührschüssel sieben. Restliche Zutaten hinzufügen und alles mit Handrührgerät mit Rührbesen auf höchster Stufe in etwa 2 Minuten zu einem Teig verarbeiten. Den Teig in eine Springform (Ø 26 cm, Boden gefettet, mit Backpapier belegt) füllen und die Form auf dem Rost in den Backofen schieben.

Ober-/Unterhitze: etwa 180 °C (vorgeheizt)
Heißluft: etwa 160 °C (vorgeheizt)
Gas: Stufe 2–3 (vorgeheizt)
Backzeit: etwa 25 Minuten.

2. Den Boden aus der Form lösen und auf einem Kuchenrost erkalten lassen. Anschließend mitgebackenes Backpapier abziehen, Boden auf eine Tortenplatte legen und einen Tortenring oder den gesäuberten Springformrand darumstellen.

3. Für den Belag Aprikosen waschen, abtrocknen, halbieren, entsteinen und mit der Rundung nach oben auf dem Tortenboden verteilen. Gelatine einweichen. Eier mit Zucker und Milch in einer Schüssel verrühren und im Wasserbad erhitzen, dabei die Masse ständig mit Handrührgerät mit Rührbesen auf mittlerer Stufe rühren. Wenn die Masse dick-schaumig ist (dauert etwa 5 Minuten), Gelatine leicht ausdrücken und in der warmen Eimasse unter Rühren auflösen. Die Masse erkalten lassen, dabei die Masse etwa 5 Minuten weiterrühren.

4. Sahne steif schlagen und unter die erkaltete Creme heben. Zwei Drittel der Sahnecreme abnehmen und mit dem Cappuccino- oder Eiskaffeepulver verrühren. Die Hälfte der dunklen Creme auf den Aprikosen verteilen und glatt streichen. 5 Esslöffel von der hellen Creme beiseite stellen, die restliche helle Creme auf die dunkle streichen. Restliche dunkle Creme darauf verstreichen.

5. Die beiseite gestellte helle Creme mit Hilfe eines Teelöffels in Wellen auf der Oberfläche verstreichen, dabei rundherum etwa 1 cm Rand frei lassen. Die Torte 2–3 Stunden kalt stellen.

6. Vor dem Servieren Tortenring oder Springformrand lösen und entfernen. Die Schokolade mit Hilfe eines Sparschälers auf die Tortenoberfläche raspeln und die Torte mit etwas Kakaopulver bestäuben.

Tipp:
Die Creme kann mit 2–3 Esslöffeln Cognac abgeschmeckt werden.

Latte-Macciato-Torte

Kronentorte mit Mangocreme

Für Gäste – etwas aufwändiger

Insgesamt:
E: 127 g, F: 426 g, Kh: 452 g,
kJ: 25704, kcal: 6139

Für den Biskuitteig:
100 g Butter
3 Eier (Größe M), 2 EL heißes Wasser
150 g Zucker
1 Pck. Dr. Oetker Vanillin-Zucker
100 g Weizenmehl
3 gestr. TL Dr. Oetker Backin
100 g abgezogene, gemahlene Mandeln

Für den Mandelboden:
2 Eiweiß (Größe M)
2 Eigelb (Größe M), 25 g Zucker
3 Tropfen Bittermandel-Aroma
50 g abgezogene, gemahlene Mandeln

Für die Füllung:
1 Mango (350 g), 6 Blatt weiße Gelatine
400 g Pfirsich-Maracuja-Joghurt
60 g Zucker, 350 ml Schlagsahne

Zum Abglänzen:
1 Blatt weiße Gelatine
1 TL Zucker, 75 ml Wasser

Zum Garnieren und Verzieren:
250 ml (¼ l) Schlagsahne
1 Pck. Dr. Oetker Vanillin-Zucker
50 g abgezogene, gemahlene, leicht gebräunte Mandeln

Zubereitungszeit: 80 Minuten, ohne Kühlzeit

1. Für den Teig Butter zerlassen und abkühlen lassen. Eier und Wasser in einer Rührschüssel mit Handrührgerät mit Rührbesen auf höchster Stufe in 1 Minute schaumig schlagen. Zucker und Vanillin-Zucker mischen, in 1 Minute einstreuen und noch 2 Minuten weiterschlagen.

2. Mehl mit Backpulver mischen, auf die Eiercreme sieben und auf niedrigster Stufe kurz unterrühren, Mandeln kurz unterrühren und zuletzt die Butter unterziehen. Den Teig in eine Springform (Ø 26 cm, Boden gefettet, mit Backpapier belegt) füllen, glatt streichen und die Form auf dem Rost in den Backofen schieben.
Ober-/Unterhitze: etwa 180 °C (vorgeheizt)
Heißluft: etwa 160 °C (vorgeheizt)
Gas: Stufe 2–3 (vorgeheizt)
Backzeit: etwa 30 Minuten.

3. Den Boden aus der Form lösen, auf einen mit Backpapier belegten Kuchenrost stürzen und erkalten lassen. Dann mitgebackenes Backpapier abziehen und den Boden einmal waagerecht durchschneiden.

4. Für den Mandelboden Eiweiß steif schlagen. Eigelb mit Zucker schaumig schlagen und Aroma und Mandeln unterrühren. Zuletzt den Eischnee unterziehen. Die Masse in eine Springform (Ø 26 cm, Boden gefettet, mit Backpapier belegt) füllen und glatt streichen. Die Form auf dem Rost in den Backofen schieben und **bei gleicher Backofeneinstellung etwa 15 Minuten backen.** Dann den Boden sofort aus der Form lösen, in 12 Stücke schneiden, noch warm rund biegen, so dass Bögen entstehen, und auf Teigrollen oder Flaschen erkalten lassen.

5. Für die Füllung Mangofruchtfleisch vom Stein schneiden, schälen, 100 g davon abwiegen und pürieren, restliches Fruchtfleisch fein würfeln. Gelatine einweichen. Joghurt mit Zucker verrühren. Gelatine in einem Topf bei schwacher Hitze auflösen (nicht kochen) und zunächst mit etwas von dem Joghurt verrühren, dann die Mischung unter den restlichen Joghurt rühren. Sobald die Masse beginnt dicklich zu werden, Sahne steif schlagen und unterheben.

6. Den unteren Boden auf eine Tortenplatte legen und einen Tortenring oder den gesäuberten Springformrand darumstellen. Ein Drittel der Creme einfüllen, glatt streichen, Mangowürfel darauf verteilen und mit der Hälfte der restlichen Creme bestreichen. Den oberen Boden auflegen, andrücken und mit der restlichen Joghurtcreme bestreichen. Mangopüree mit Hilfe eines Teelöffels in Klecksen auf die Creme geben und mit einem Holzspieß marmorieren. Die Torte etwa 1 Stunde kalt stellen.

7. Zum Abglänzen der Oberfläche Gelatine einweichen, anschließend ausdrücken und mit dem Zucker in einem kleinen Topf bei schwacher Hitze unter Rühren auflösen. Topf von der Kochstelle nehmen und nach und nach das Wasser hinzufügen. Die Flüssigkeit mit Hilfe eines Löffels vorsichtig auf die Tortenoberfläche geben und die Torte nochmals etwa 1 Stunde kalt stellen.

8. Zum Garnieren und Verzieren Sahne mit Vanillin-Zucker steif schlagen. Torte aus dem Tortenring oder Springformrand lösen und entfernen, Rand dünn mit Sahne bestreichen und Mandeln an den Rand geben. Restliche Sahne in einen Spritzbeutel mit großer Sterntülle füllen. 12 dicke Sahnetuffs auf die Oberfläche spritzen und die Bögen kurz vor dem Servieren anlegen.

Kronentorte mit Mangocreme

Kürbis-Apfel-Torte

Fruchtig

Insgesamt:
E: 48 g, F: 212 g, Kh: 346 g,
kJ: 15057, kcal: 3598

Zum Vorbereiten:
175 g in Würfel geschnittenes Kürbisfleisch
100 ml Orangensaft
150 g geraspelte Äpfel
1 EL Zitronensaft

Für den Schüttelteig:
125 g Butter oder Margarine
200 g Weizenmehl
3 gestr. TL Dr. Oetker Backin
125 g Zucker
1 Pck. Dr. Oetker Vanillin-Zucker
2 Eier (Größe M)
100 ml Schlagsahne

Für den Belag:
200 ml Schlagsahne
1 Pck. Dr. Oetker Sahnesteif
1 EL gesiebter Puderzucker

Zum Verzieren:
1 EL Himbeer- oder Johannisbeergelee

Zubereitungszeit: 45 Minuten, ohne Abkühlzeit

1. Zum Vorbereiten Kürbisfleisch in einen Topf geben, unter Rühren mit dem Orangensaft aufkochen und 2–3 Minuten kochen lassen. Geraspelte Äpfel mit Zitronensaft vermischen und unterrühren. Die Fruchtmasse erkalten lassen.

2. Für den Teig Butter oder Margarine zerlassen und abkühlen lassen. Mehl mit Backpulver mischen, in eine verschließbare Schüssel (etwa 3 l) sieben und mit Zucker und Vanillin-Zucker vermengen. Eier, Butter oder Margarine und Sahne hinzufügen. Die Schüssel mit dem Deckel fest verschließen.

3. Die Schüssel mehrmals (insgesamt 15–30 Sekunden) kräftig schütteln, so dass alle Zutaten gut vermischt sind. Alles mit einem Schneebesen oder Rührlöffel nochmals sorgfältig durchrühren, damit trockene Zutaten vom Rand mit untergerührt werden.

4. Die Hälfte der Fruchtmasse unter den Teig heben. Den Teig in eine Springform (Ø 26 cm, Boden gefettet) füllen. Die Form auf dem Rost in den Backofen schieben.
Ober-/Unterhitze: etwa 180 °C (vorgeheizt)
Heißluft: etwa 160 °C (vorgeheizt)
Gas: Stufe 2–3 (vorgeheizt)
Backzeit: etwa 30 Minuten.

5. Den Boden aus der Form lösen, auf einen mit Backpapier belegten Kuchenrost legen und erkalten lassen. Anschließend den Boden auf eine Tortenplatte legen.

6. Für den Belag Sahne mit Sahnesteif und Puderzucker steif schlagen, restliche Fruchtmasse unterheben und auf den Kuchen streichen.

7. Zum Verzieren Gelee in einem kleinen Topf kurz zum Kochen bringen. Die Tortenoberfläche mit Hilfe eines Teelöffels mit dem Gelee verzieren. Torte 1–2 Stunden kalt stellen.

Kürbis-Apfel-Torte

Liebesapfeltorte

Zum Verschenken

Insgesamt:
E: 61 g, F: 205 g, Kh: 517 g,
kJ: 19110, kcal: 4562

Zum Vorbereiten:
750 g säuerliche Äpfel
250 ml (¼ l) Limettenlikör
(etwa 17 Vol.-%)

Für den Rührteig:
125 g weiche Butter oder Margarine
100 g Zucker
3 Eier (Größe M)
175 g Weizenmehl
2 gestr. TL Dr. Oetker Backin
75 g gemahlene Walnusskerne
50 ml Marinierflüssigkeit

Für den Guss:
150 ml Marinierflüssigkeit
50 ml roter Fruchtsaft (z. B. Cranberrysaft oder Johannisbeersaft)
75 g Zucker

75 g getrocknete Cranberries
50 g Walnusskernhälften
1–2 TL bunte Zuckerperlen

Zubereitungszeit: 30 Minuten, ohne Marinier- und Abkühlzeit

Liebesapfeltorte

1. Zum Vorbereiten Äpfel schälen, halbieren und das Kerngehäuse herausschneiden. Apfelhälften mit dem Likör begießen und etwa 1 Stunde zugedeckt marinieren. Anschließend die Äpfel in einem Sieb abtropfen lassen, dabei die Marinierflüssigkeit auffangen.

2. Für den Teig Butter oder Margarine mit Handrührgerät mit Rührbesen auf höchster Stufe geschmeidig rühren. Nach und nach Zucker unterrühren. So lange rühren, bis eine gebundene Masse entstanden ist. Eier nach und nach unterrühren (jedes Ei etwa ½ Minute). Mehl mit Backpulver mischen, sieben und und in zwei Portionen abwechselnd mit Nüssen und Marinierflüssigkeit auf mittlerer Stufe unterrühren.

3. Den Teig in eine Springform (Ø 26 cm, Boden gefettet, mit Backpapier belegt) geben und glatt streichen. Apfelhälften mit der runden Seiten nach oben dicht an dicht darauf legen. Die Form auf dem Rost in den Backofen schieben.
Ober-/Unterhitze: etwa 180 °C (vorgeheizt)
Heißluft: etwa 160 °C (nicht vorgeheizt)
Gas: Stufe 2-3 (nicht vorgeheizt)
Backzeit: 55–60 Minuten.

4. Das Gebäck etwa 10 Minuten in der Form auf einem Kuchenrost abkühlen lassen. Dann Springformrand lösen und entfernen. Gebäck vom Springformboden lösen, aber darauf auf einem Kuchenrost erkalten lassen. Mitgebackenes Backpapier mit Hilfe eines Messer lösen und entfernen.

5. Für den Guss Marinierflüssigkeit mit Saft und Zucker in einem kleinen Topf verrühren und zum Kochen bringen. Flüssigkeit unter Rühren etwa 5 Minuten offen einköcheln lassen, so dass ein dickflüssiger Sirup entsteht. Die Apfelhälften dünn mit dem Guss überziehen. Cranberries und Walnusskernhälften darauf geben und den Guss fest werden lassen. Zum Servieren die Liebesapfeltorte mit Zuckerperlen bestreuen.

Lila Schokoladentorte

Für Kinder

Insgesamt:
E: 82 g, F: 262 g, Kh: 360 g,
kJ: 17337, kcal: 4139

Zum Vorbereiten:
1 Glas Wald-Heidelbeeren
(Abtropfgewicht 125 g)
25 g abgezogene, gemahlene Mandeln

Für den Rührteig:
50 g weiße Schokolade
125 g Butter oder Margarine
75 g Zucker
1 Pck. Dr. Oetker Vanillin-Zucker
2 Eier (Größe M)
150 g Weizenmehl
2 gestr. TL Dr. Oetker Backin

Für den Belag:
5 Blatt weiße Gelatine
250 g Sahnequark
50 g Zucker
250 ml ($1/4$ l) Wald-Heidelbeer-Saft aus dem Glas, evtl. mit Wasser aufgefüllt
200 ml Schlagsahne

Zum Verzieren:
50 g weiße Schokolade, 1 TL Speiseöl

Zubereitungszeit: 45 Minuten, ohne Kühlzeit

1. Zum Vorbereiten Heidelbeeren in einem Sieb gut abtropfen lassen, den Saft dabei auffangen und beiseite stellen. Anschließend die Heidelbeeren mit den Mandeln verrühren.
2. Für den Teig Schokolade fein hacken. Butter oder Margarine mit Handrührgerät mit Rührbesen auf höchster Stufe geschmeidig rühren. Nach und nach Zucker und Vanillin-Zucker unterrühren. So lange rühren, bis eine gebundene Masse entstanden ist.
3. Eier nach und nach unterrühren (jedes Ei etwa $1/2$ Minute). Mehl mit Backpulver mischen, sieben und in 2 Portionen auf mittlerer Stufe unterrühren. Zuletzt kurz die Schokolade unterrühren.
4. Den Teig in eine Springform (Ø 26 cm, Boden gefettet) füllen und glatt streichen. Die Heidelbeermasse in Flecken auf dem Teig verteilen und die Form auf dem Rost in den Backofen schieben.
   Ober-/Unterhitze: etwa 180 °C (vorgeheizt)
   Heißluft: etwa 160 °C (nicht vorgeheizt)
   Gas: Stufe 2–3 (nicht vorgeheizt)
   Backzeit: etwa 35 Minuten.
5. Den Boden aus der Form lösen und auf einem mit Backpapier belegten Kuchenrost erkalten lassen. Anschließend Boden auf eine Tortenplatte legen und einen Tortenring oder den gesäuberten Springformrand darumstellen.
6. Für den Belag Gelatine nach Packungsanleitung einweichen. Quark mit Zucker und dem Heidelbeersaft verrühren. Gelatine leicht ausdrücken, in einem kleinen Topf bei schwacher Hitze unter Rühren auflösen (nicht kochen) und mit etwas von der Quarkmasse verrühren, dann die Mischung unter die restliche Quarkmasse rühren und kalt stellen. Sahne steif schlagen und unterheben. Die Quarkcreme auf den Tortenboden geben, glatt streichen und etwa 2 Stunden kalt stellen.
7. Zum Verzieren Schokolade in Stücke brechen, mit Öl in einem Topf im Wasserbad bei schwacher Hitze geschmeidig rühren, etwas abkühlen lassen und in Flecken auf der Torte verteilen. Schokolade fest werden lassen. Vor dem Servieren Tortenring oder Springformrand lösen und entfernen.

Tipp:
Die flüssige Schokolade auf Backpapier klecksen, fest werden lassen, vor dem Servieren auf die Torte legen und die Torte mit einem angewärmten Messer anschneiden.

Lila Schokoladentorte

Limetten-Maracuja-Torte

Fruchtig

Insgesamt:
E: 161 g, F: 317 g, Kh: 427 g,
kJ: 22041, kcal: 5262

Für den All-in-Teig:
130 g Weizenmehl
3 gestr. TL Dr. Oetker Backin
130 g Zucker
3 Eier (Größe M)
3 EL Maracujanektar
130 g Butter oder Margarine

Für die Füllung:
6 Blatt weiße Gelatine
500 g Magerquark, 250 g Sahnequark
Saft von 2 Limetten
100 ml Maracujanektar
100 g Zucker
250 ml (¼ l) Schlagsahne

Zum Garnieren und Verzieren:
3 Blatt weiße Gelatine
2 Passionsfrüchte (Maracuja)
150 ml Maracujanektar
250 ml (¼ l) Schlagsahne
1 TL Zucker

Zubereitungszeit: 50 Minuten, ohne Kühlzeit

1. Für den Teig Mehl mit Backpulver mischen und in eine Rührschüssel sieben. Restliche Zutaten hinzufügen und alles mit Handrührgerät mit Rührbesen auf höchster Stufe in etwa 2 Minuten zu einem Teig verarbeiten. Teig in eine Springform (Ø 26 cm, Boden gefettet, mit Backpapier belegt) füllen und glatt streichen. Die Form auf dem Rost in den Backofen schieben.
Ober-/Unterhitze: etwa 180 °C (vorgeheizt)
Heißluft: etwa 160 °C (vorgeheizt)
Gas: Stufe 2–3 (vorgeheizt)
Backzeit: etwa 25 Minuten.

2. Den Boden auf einen mit Backpapier belegten Kuchenrost stürzen und erkalten lassen. Anschließend mitgebackenes Backpapier abziehen.

3. Für die Füllung Gelatine einweichen. Quark mit Limettensaft, Nektar und Zucker verrühren. Gelatine ausdrücken, auflösen, zunächst mit etwas von der Quarkmasse verrühren, dann die Mischung unter die restliche Quarkmasse rühren. Sahne steif schlagen und unterheben.

4. Den Boden auf eine Tortenplatte legen, einen Tortenring oder den gesäuberten Springformrand darumstellen und die Quarkcreme auf dem Boden verstreichen. Die Torte etwa 2 Stunden kalt stellen.

5. Zum Garnieren und Verzieren Gelatine einweichen. Passionsfrüchte durchschneiden, Fruchtfleisch mit Samen auslösen und mit dem Nektar vermengen. Gelatine ausdrücken, auflösen und die Flüssigkeit nach und nach unterrühren. Masse vorsichtig auf die Tortenoberfläche gießen und die Torte nochmals mindestens 1 Stunde kalt stellen.

6. Vor dem Servieren den Tortenring oder Springformrand lösen, Sahne mit Zucker steif schlagen und die Torte damit verzieren.

Limetten-Maracuja-Torte

Limetten-Wickeltorte

Limetten-Wickeltorte

Erfrischend – fettarm

Insgesamt:
E: 142 g, F: 99 g, Kh: 398 g,
kJ: 12976, kcal: 3088

Für den Biskuitteig:
4 Eier (Größe M)
125 g Zucker
75 g Weizenmehl
50 g Speisestärke
1 gestr. TL Dr. Oetker Backin

Für die Creme:
10 Blatt weiße Gelatine
2 Bio-Limetten
(unbehandelt, ungewachst)
500 g Magerquark
500 g Dickmilch
100 g Zucker
2 Pck. Dr. Oetker Vanillin-Zucker
200 ml Schlagsahne

Nach Belieben zum Garnieren:
dünne Limettenscheiben
Limettenstreifen

Zubereitungszeit: 60 Minuten, ohne Kühlzeit

1. Für den Teig Eier mit Handrührgerät mit Rührbesen auf höchster Stufe in 1 Minute schaumig schlagen. Zucker unter Schlagen in 1 Minute einstreuen, dann noch 2 Minuten weiterschlagen. Mehl mit Speisestärke und Backpulver mischen, auf die Eiercreme sieben und kurz auf niedrigster Stufe unterrühren. Den Teig auf ein Backblech (30 x 40 cm, mit Backpapier belegt) geben und glatt streichen. Das Backblech in den Backofen schieben.
Ober-/Unterhitze: etwa 200 °C (vorgeheizt)
Heißluft: etwa 180 °C (vorgeheizt)
Gas: Stufe 3–4 (vorgeheizt)
Backzeit: etwa 12 Minuten.

2. Die Biskuitplatte sofort vom Rand lösen, auf Backpapier stürzen und erkalten lassen. Anschließend mitgebackenes Backpapier vorsichtig abziehen.

3. Für die Creme Gelatine nach Packungsanleitung einweichen. Eine Limette heiß waschen, trockentupfen und die Schale fein abreiben. Beide Limetten halbieren und den Saft auspressen.

4. Quark mit Dickmilch, Zucker, Vanillin-Zucker, Limettenschale und -saft gut verrühren. Gelatine leicht ausdrücken und in einem kleinen Topf bei schwacher Hitze unter Rühren auflösen (nicht kochen). Gelatine mit etwas von der Limettencreme verrühren, dann die Mischung mit der restlichen Limettencreme verrühren. Sahne steif schlagen. Wenn die Creme beginnt dicklich zu werden, kurz durchrühren und die Sahne unterheben.

5. Die Biskuitplatte umdrehen („Hautseite" nach oben), evtl. etwas gerade schneiden, dann mit der Hälfte der Limettencreme bestreichen und evtl. kalt stellen, bis die Creme etwas fester wird. Platte von der längeren Seite aus in 5 Streifen (je gut 5 cm breit) schneiden.

6. Einen Biskuitstreifen zu einer Schnecke aufrollen und auf eine Tortenplatte legen. Restliche Biskuitstreifen um die Schnecke legen und leicht andrücken. Torte rundherum mit der restlichen Limettencreme (2-3 Esslöffel abnehmen) bestreichen. Nach Belieben die Torte mit dünnen Limettenscheiben und -streifen garnieren und mit der abgenommenen Limettencreme verzieren. Torte etwa 3 Stunden kalt stellen.

Linzer Schichttorte

Linzer Schichttorte

Für Gäste – gut vorzubereiten

Insgesamt:
E: 103 g, F: 302 g, Kh: 995 g,
kJ: 30131, kcal: 7162

Zum Vorbereiten:
1 kg TK-Himbeeren

Für den Knetteig:
300 g Weizenmehl
2 gestr. TL Dr. Oetker Backin
200 g Zucker
2 Pck. Dr. Oetker Vanillin-Zucker
2 Tropfen Bittermandel-Aroma
1 Msp. gemahlene Nelken
1 TL gemahlener Zimt
1 Prise Salz, 1 Ei (Größe M)
1 EL Wasser
200 g nicht abgezogene, gemahlene Mandeln
200 g Butter oder Margarine

Für die Füllung:
1 Pck. (500 g) Extra-Gelierzucker
6 Blatt rote Gelatine

Zum Bestäuben:
Puderzucker

Zubereitungszeit: 90 Minuten, ohne Auftau-, Kühl- und Durchziehzeit

1. Zum Vorbereiten Himbeeren nach Packungsanleitung auftauen.
2. Für den Teig Mehl mit Backpulver mischen und in eine Rührschüssel sieben. Restliche Zutaten hinzufügen und mit Handrührgerät mit Knethaken zunächst kurz auf niedrigster, dann auf höchster Stufe gut durcharbeiten. Anschließend den Teig auf einer bemehlten Arbeitsfläche kurz verkneten. Sollte er kleben, ihn in Folie gewickelt eine Zeit lang kalt stellen.
3. Den Teig in 6 Portionen teilen. Jeweils 1 Teigportion auf dem Boden einer Springform (Ø 26 cm, gefettet) ausrollen und einen Springformrand darumstellen. Die Formen nacheinander (bei Heißluft 2 Böden zusammen) auf dem Rost in den Backofen schieben.

   Ober-/Unterhitze: etwa 200 °C (vorgeheizt)
   Heißluft: etwa 180 °C (vorgeheizt)
   Gas: Stufe 3-4 (vorgeheizt)
   Backzeit: etwa 12 Minuten je Boden.

4. Die Gebäckböden sofort von den Springformböden lösen, auf Backpapier legen und erkalten lassen.
5. Für die Füllung aufgetaute Himbeeren in eine Rührschüssel geben. Gelierzucker hinzufügen und mit Handrührgerät mit Rührbesen zunächst kurz auf niedrigster, dann auf mittlerer Stufe etwa 10 Minuten rühren (Vorsicht, es spritzt – evtl. etwas bedecken!).
6. Gelatine nach Packungsanleitung einweichen, anschließend leicht ausdrücken. Gelatine in einem kleinen Topf bei schwacher Hitze auflösen (nicht kochen) und mit etwas von der Himbeermasse verrühren, dann die Mischung unter die restliche Himbeermasse rühren und kalt stellen.
7. Einen Gebäckboden auf eine Tortenplatte legen und einen Tortenring darumstellen. Wenn die Himbeermasse beginnt dicklich zu werden, etwas davon auf den Gebäckboden streichen, den zweiten Gebäckboden darauf legen und wieder mit etwas von der Himbeermasse bestreichen. Auf diese Weise die einzelnen Gebäckböden zu einer Torte zusammensetzen. Den letzten Gebäckboden nicht bestreichen. Die Torte über Nacht kalt stellen und gut durchziehen lassen.
8. Zum Bestäuben Tortenring entfernen. Aus Backpapier einige Streifen schneiden und diese gitterartig auf die Tortenoberfläche legen. Die Tortenoberfläche dick mit Puderzucker bestäuben und die Papierstreifen vorsichtig entfernen.

Linzer Torte

Klassisch – gut vorzubereiten

Insgesamt:
E: 60 g, F: 180 g, Kh: 360 g,
kJ: 13620, kcal: 3252

Für den Knetteig:
225 g Weizenmehl
1 gestr. TL Dr. Oetker Backin
125 g Zucker
1 Pck. Dr. Oetker Vanillin-Zucker
2 Tropfen Bittermandel-Aroma
1 Msp. gemahlene Nelken
1 gestr. TL gemahlener Zimt
1 Ei (Größe M), 1 Eiweiß (Größe M)
125 g weiche Butter oder Margarine
100 g nicht abgezogene, gemahlene Mandeln

Für den Belag:
100 g Himbeerkonfitüre

Zum Bestreichen:
1 Eigelb (Größe M)
1 TL Milch

Zubereitungszeit: 40 Minuten, ohne Abkühlzeit

1. Für den Teig Mehl mit Backpulver mischen und in eine Rührschüssel sieben. Übrige Zutaten für den Teig hinzufügen und alles mit einem Handrührgerät mit Knethaken zunächst kurz auf niedrigster, dann auf höchster Stufe zu einem Teig verarbeiten, anschließend mit den Händen zu einer Kugel formen. Teig in Frischhaltefolie gewickelt etwa 30 Minuten kalt stellen.
2. Knapp die Hälfte des Teiges zu einer Platte in der Größe einer Springform (Ø 28 cm, Boden gefettet) ausrollen und mit einem Teigrädchen 16–20 Streifen daraus schneiden. Den übrigen Teig auf dem Springformboden ausrollen und den Springformrand darumstellen.
3. Für den Belag den Teigboden mit Konfitüre bestreichen, dabei am Rand etwa 1 cm frei lassen. Die Teigstreifen gitterförmig darüber legen. Eigelb mit Milch verschlagen, die Teigstreifen damit bestreichen und die Form auf dem Rost in den Backofen schieben.
Ober-/Unterhitze: etwa 180 °C (vorgeheizt)
Heißluft: etwa 160 °C (vorgeheizt)
Gas: Stufe 2–3 (vorgeheizt)
Backzeit: etwa 30 Minuten.
4. Den Springformrand entfernen, die Torte vom Springformboden lösen, aber darauf auf einem Kuchenrost erkalten lassen.

Variante:
Für Linzer Schnitten die Zutaten verdoppeln, den Teig auf einem Backblech (30 x 40 cm) ausrollen, mit Konfitüre bestreichen und mit einem Teiggitter belegen. Den Kuchen wie angegeben backen und nach dem Erkalten in beliebig große Schnitten schneiden.

Linzer Torte

Lotto-Torte

Lotto-Torte

Zum Verschenken

Insgesamt:
E: 116 g, F: 570 g, Kh: 742 g,
kJ: 36201, kcal: 8642

Für den All-in-Teig:
100 g Weizenmehl
2 gestr. TL Dr. Oetker Backin
100 g Zucker
1 Pck. Dr. Oetker Vanillin-Zucker
3 Eier (Größe M)
100 g Butter oder Margarine

Für den Belag:
2 Gläser Stachelbeeren
(Abtropfgewicht je 390 g)
2 Pck. Tortenguss, klar
500 ml (1/2 l) Stachelbeersaft aus dem Glas
2 Blatt weiße Gelatine
600 ml Schlagsahne
2 Pck. Dr. Oetker Vanillin-Zucker

Für die Marzipandecke:
200 g Marzipan-Rohmasse
75 g gesiebter Puderzucker

Für den Guss:
2 Blatt weiße Gelatine
250 ml (1/4 l) Schlagsahne
200 g weiße Kuvertüre

Zum Verzieren und Garnieren:
50 g Halbbitter-Kuvertüre
rote Zuckerschrift
7-8 Kokoskonfektkugeln

Zubereitungszeit: 70 Minuten, ohne Kühlzeit

1. Für den Teig Mehl mit Backpulver mischen und in eine Rührschüssel sieben. Restliche Zutaten hinzufügen und mit Handrührgerät mit Rührbesen zuerst kurz auf niedrigster, dann auf höchster Stufe in etwa 2 Minuten zu einem Teig verarbeiten. Einen Backrahmen (24 x 28 cm) auf ein mit Backpapier belegtes Backblech stellen, den Teig einfüllen und glatt streichen. Das Backblech in den Backofen schieben.
Ober-/Unterhitze: etwa 180 °C (vorgeheizt)
Heißluft: etwa 160 °C (vorgeheizt)
Gas: Stufe 2-3 (vorgeheizt)
Backzeit: etwa 20 Minuten.

2. Den Backrahmen lösen und entfernen, Boden auf einen mit Backpapier belegten Kuchenrost stürzen und erkalten lassen. Anschließend mitgebackenes Backpapier abziehen, Boden auf eine Kuchenplatte legen und den gesäuberten Backrahmen wieder darumstellen.

3. Für den Belag Stachelbeeren in einem Sieb abtropfen lassen, den Saft dabei auffangen. Tortenguss nach Packungsanleitung, aber ohne Zucker und mit 500 ml (1/2 l) Stachelbeersaft zubereiten. Abgetropfte Stachelbeeren unter den Tortenguss heben, die Masse auf dem Boden verteilen, glatt streichen und kalt stellen.

4. Gelatine einweichen. Sahne mit Vanillin-Zucker steif schlagen. Gelatine in einem kleinen Topf bei schwacher Hitze auflösen (nicht kochen), mit etwas von der Sahne verrühren, dann die Mischung unter die restliche Sahne heben. Sahne auf die Stachelbeeren geben, glatt streichen und Torte wieder kalt stellen.

5. Für die Marzipandecke Marzipan mit Puderzucker verkneten, zu einer Platte (24 x 28 cm) ausrollen und die Marzipandecke auf die Torte legen.

6. Für den Guss Gelatine einweichen. Die Hälfte der Sahne in einem Topf erwärmen. Kuvertüre grob hacken und unter Rühren darin auflösen. Topf von der Kochstelle nehmen, Gelatine ausdrücken und in der warmen Masse unter Rühren auflösen. Die andere Hälfte der Sahne dazugießen und verrühren. Die fast erkaltete Masse auf die Marzipanplatte geben und glatt streichen. Die Torte etwa 2 Stunden kalt stellen.

7. Backrahmen mit Hilfe eines Messers lösen und entfernen. Zum Verzieren Kuvertüre auflösen, in einen Gefrierbeutel oder ein Papiertütchen geben, eine kleine Ecke abschneiden und einen Lotto-Schein mit Zahlen auf die Torte spritzen. Mit Zuckerschrift Torte und Kokoskonfektkugeln verzieren und diese auf die Torte legen.

Lübecker Marzipantorte

Lübecker Marzipantorte

Klassisch

Insgesamt:
E: 135 g, F: 337 g, Kh: 673 g,
kJ: 26177, kcal: 6270

Für den Biskuitteig:
200 g Zartbitterschokolade
150 g Marzipan-Rohmasse
3 Eigelb (Größe M)
4 Eier (Größe M)
120 g Zucker
1 Pck. Dr. Oetker Bourbon-Vanille-Zucker
2 TL Instant-Kaffeepulver
1 Pck. Dr. Oetker Finesse Jamaica-Rum-Aroma oder 3 EL Rum
150 g Weizenmehl
1 gestr. TL Dr. Oetker Backin
50 g abgezogene, gehackte Mandeln
3 Eiweiß (Größe M)

Zum Aprikotieren:
3 geh. EL Aprikosenkonfitüre

Für den Guss:
150 g Halbbitter-Kuvertüre
1 EL Speiseöl

Zum Garnieren:
100 g Halbbitter-Kuvertüre
100 g Vollmilch-Kuvertüre
50 g Marzipan-Rohmasse
20 g gesiebter Puderzucker

Zubereitungszeit: 90 Minuten, ohne Abkühlzeit

1. Für den Teig Schokolade auflösen und etwas abkühlen lassen. Marzipan klein schneiden und mit dem Eigelb mit Handrührgerät mit Rührbesen cremig rühren. Nach und nach Eier auf höchster Stufe unterrühren. Zucker und Vanille-Zucker einrieseln lassen, dann die Masse in 3 Minuten dickcremig schlagen. Schokolade unterrühren. Instant-Kaffee mit Rum-Aroma oder Rum verrühren und ebenfalls unterrühren.

2. Mehl mit Backpulver mischen, sieben und mit den Mandeln auf mittlerer Stufe kurz unterrühren. Eiweiß steif schlagen und unterheben. Den Teig in eine Springform (Ø 26 cm, Boden gefettet, mit Backpapier belegt) füllen, glatt streichen und die Form auf dem Rost in den Backofen schieben.
Ober-/Unterhitze: etwa 180 °C (vorgeheizt)
Heißluft: etwa 160 °C (nicht vorgeheizt)
Gas: Stufe 2–3 (nicht vorgeheizt)
Backzeit: etwa 60 Minuten.

3. Den Boden aus der Form lösen, auf einen mit Backpapier belegten Kuchenrost stürzen und mitgebackenes Backpapier abziehen. Zum Aprikotieren Konfitüre durch ein Sieb streichen und den heißen Boden vollständig damit bestreichen. Den Boden erkalten lassen.

4. Für den Guss Kuvertüre mit dem Öl auflösen und den Boden damit überziehen.

5. Zum Garnieren Halbbitter- und Vollmilch-Kuvertüre voneinander getrennt auflösen, dünn auf Backpapier oder eine Marmorplatte streichen und fest werden lassen (nicht kalt stellen). Mit einem Spachtel dünne Locken abschaben und auf die Torte legen.

6. Marzipan mit dem Puderzucker verkneten, ausrollen, mit einer Ausstechform Blätter ausstechen oder mit einem spitzen Messer Blattformen ausschneiden. Mit dem Messerrücken Rippen eindrücken und die Blätter auf die Schokoladenlocken legen.

Lüneburger Buchweizentorte

Klassisch

Insgesamt:
E: 80 g, F: 272 g, Kh: 384 g,
kJ: 18272, kcal: 4352

Für den Biskuitteig:
5 Eier (Größe M)
2 EL heißes Wasser
150 g Zucker
1 Pck. Dr. Oetker Bourbon-Vanille-Zucker
3 Tropfen Bittermandel-Aroma
150 g Buchweizenmehl
1 gestr. TL Dr. Oetker Backin
100 g gemahlene Haselnusskerne

Für die Füllung:
1 Pck. gemahlene Gelatine, weiß
3 EL kaltes Wasser
600 ml Schlagsahne
2 Pck. Dr. Oetker Vanillin-Zucker
2 Gläser (je 395 g) Wild-Preiselbeeren

Zum Bestreuen:
gemahlene Pistazienkerne

Zubereitungszeit: etwa 60 Minuten, ohne Kühlzeit

1. Für den Teig Eier mit heißem Wasser in einer Rührschüssel mit Handrührgerät mit Rührbesen auf höchster Stufe in 1 Minute schaumig schlagen. Zucker mit Vanille-Zucker mischen, in 1 Minute unter Rühren einstreuen und die Masse weitere 2 Minuten schlagen. Bittermandel-Aroma unterrühren. Buchweizenmehl mit Backpulver mischen und kurz auf niedrigster Stufe unterrühren. Haselnusskerne auf die gleiche Weise kurz unterarbeiten.
2. Den Teig in eine Springform (Ø 26 cm, Boden gefettet, mit Backpapier belegt) geben, glatt streichen und die Form auf dem Rost in den Backofen schieben.

Ober-/Unterhitze: etwa 180 °C (vorgeheizt)
Heißluft: etwa 160 °C (vorgeheizt)
Gas: Stufe 2–3 (vorgeheizt)
Backzeit: etwa 30 Minuten.

3. Den Biskuitboden aus der Form lösen, auf einen mit Backpapier belegten Kuchenrost stürzen und darauf erkalten lassen. Anschließend Backpapier abziehen und den Boden zweimal waagerecht durchschneiden. Den unteren Boden auf eine Tortenplatte legen.
4. Für die Füllung Gelatine mit Wasser in einem kleinen Topf anrühren, 5 Minuten zum Quellen stehen lassen und anschließend unter Rühren erwärmen, bis sie gelöst ist. Schlagsahne und Vanillin-Zucker fast steif schlagen, die warme Gelatinelösung unter Schlagen hinzufügen und die Sahne vollkommen steif schlagen.
5. Den unteren Boden mit knapp einem Glas der Wild-Preiselbeeren bestreichen, dabei 1 cm am Rand frei lassen. Etwa 3 Esslöffel der Sahne darauf verstreichen und den mittleren Boden darauf legen. Den Boden ebenso mit knapp einem Glas der Wild-Preiselbeeren und 3 Esslöffeln Sahne bestreichen und mit dem oberen Boden bedecken.
6. Rand und Oberfläche der Torte mit Sahne bestreichen und den Tortenrand mit Hilfe eines Tortengarnierkamms verzieren. Die übrige Sahne in einen Spritzbeutel mit kleiner Sterntülle füllen, die Torte damit verzieren und bis zum Servieren kalt stellen. Kurz vor dem Servieren die Torte mit den restlichen Wild-Preiselbeeren und mit Pistazienkernen garnieren.

Tipp:
Die Torte schmeckt am besten, wenn sie am Vortag zubereitet und im Kühlschrank aufbewahrt wird.

Variante:
Die Buchweizentorte statt mit Wild-Preiselbeeren mit 700 g Pflaumenmus füllen und garnieren.

Lüneburger Buchweizentorte

Macadamia-Nusstorte

Raffiniert

Insgesamt:
E: 77 g, F: 283 g, Kh: 486 g,
kJ: 20777, kcal: 4965

Zum Vorbereiten:
1 Becher (250 ml [¹/₄ l]) Schlagsahne

1 Tafel (100 g) Trauben-Nuss-Schokolade
75 g geröstete Macadamia-Nusskerne
(ohne Öl geröstet)

Für den Biskuitteig:
4 Eier (Größe M)
2 EL heißes Wasser
²/₃ Becher (150 g) Zucker
1 Pck. Dr. Oetker Vanillin-Zucker

1 ¹/₂ Becher (225 g) Weizenmehl
2 gestr. EL Speisestärke
2 gestr. TL Dr. Oetker Backin
8 EL Speiseöl

Für den Belag:
1 EL gesiebter Puderzucker
1 Pck. Dr. Oetker Sahnesteif

Zum Besprenkeln und Bestreuen:
40 g dunkle Kuchenglasur
25 g geröstete Macadamia-Nusskerne
(ohne Öl geröstet)

Zum Garnieren:
75 g grüne, kernlose Weintrauben
nach Belieben Puderzucker

**Zubereitungszeit: 45 Minuten,
ohne Abkühlzeit**

1. **Zum Vorbereiten** Sahne in einen hohen Rührbecher geben und zugedeckt kalt stellen. Den Becher auswaschen, abtrocknen und zum Abmessen verwenden. Schokolade und Nusskerne fein hacken.

2. **Für den Teig** Eier und Wasser mit Handrührgerät mit Rührbesen auf höchster Stufe in 1 Minute schaumig schlagen. Zucker und Vanillin-Zucker mischen, in 1 Minute einstreuen, dann noch 2 Minuten weiterschlagen.

3. Mehl mit Speisestärke und Backpulver mischen, die Hälfte davon auf die Eiercreme sieben und kurz auf niedrigster Stufe unterrühren. Restliches Mehlgemisch auf die gleiche Weise unterarbeiten. Speiseöl, fein gehackte Nusskerne und Schokolade vorsichtig unterheben.

4. Den Teig in eine Springform (Ø 22 cm, Boden gefettet, mit Backpapier belegt) füllen und glatt streichen. Die Form auf dem Rost in den Backofen schieben.
   Ober-/Unterhitze: etwa 180 °C (vorgeheizt)
   Heißluft: etwa 160 °C (nicht vorgeheizt)
   Gas: Stufe 2–3 (nicht vorgeheizt)
   Backzeit: etwa 45 Minuten.

5. Den Gebäckboden aus der Form lösen, auf einen Kuchenrost legen und erkalten lassen. Anschließend mitgebackenes Backpapier abziehen.

6. **Für den Belag** die kalt gestellte Sahne mit Puderzucker und Sahnesteif steif schlagen. Die Sahne auf den erkalteten Gebäckboden geben und mit einem Esslöffel wellenartig verstreichen.

7. **Zum Besprenkeln und Bestreuen** Kuchenglasur in einem kleinen Topf nach Packungsanleitung auflösen und etwas abkühlen lassen. Nusskerne fein hacken.

8. **Zum Garnieren** Weintrauben heiß abspülen, trockentupfen und halbieren. Weintrauben auf die Sahne legen und Nusskerne darüber streuen. Die Tortenoberfläche mit Kuchenglasur besprenkeln und erkalten lassen. Nach Belieben die Torte mit Puderzucker bestäuben.

Mafioso-Torte

Für Gäste

Insgesamt:
E: 63 g, F: 293 g, Kh: 333 g,
kJ: 19173, kcal: 4573

Für die Böden:
8 quadratische Platten TK-Blätterteig
(360 g)
1 Eigelb
1 EL Schlagsahne
2 TL Zucker
20 g abgezogene, gehobelte Mandeln

Für die Creme:
6 Blatt weiße Gelatine
400 ml Blutorangensaft
150 ml italienischer Kräuterlikör
(30 Vol.-%)
100 ml Zitronensaft
75 g roter Fruchtaufstrich,
z. B. Erdbeer-Blutorange

300 ml Schlagsahne
1 Pck. Dr. Oetker Sahnesteif
1 EL Zucker
2 EL roter Fruchtaufstrich

Zum Garnieren und Verzieren:
50 g gehobelte Mandeln
200 ml Schlagsahne
1 Pck. Dr. Oetker Sahnesteif
2 EL roter Fruchtaufstrich
1 EL italienischer Kräuterlikör
1 EL Puderzucker

**Zubereitungszeit: 50 Minuten,
ohne Auftau-, Ruhe- und Kühlzeit**

1. Für die Böden Blätterteig nach Packungsanleitung auftauen lassen. Eigelb mit Sahne verschlagen. Je 4 Blätterteigplatten auf einem Stück Backpapier aufeinander legen und zu je einer Platte (Ø 26 cm) ausrollen. Die 2 Teigplatten mit dem Backpapier auf je ein Backblech ziehen.
2. Platten mehrmals mit der Gabel einstechen und mit dem verschlagenen Eigelb bestreichen. Eine Platte mit Zucker und Mandeln bestreuen und diese in 12 Stücke schneiden. Blätterteigplatte und -stücke etwa 30 Minuten ruhen lassen. Dann die Backbleche nacheinander (bei Heißluft zusammen) in den Backofen schieben.
Ober-/Unterhitze: etwa 200 °C
(vorgeheizt)
Heißluft: etwa 180 °C (vorgeheizt)
Gas: Stufe 3–4 (vorgeheizt)
Backzeit: etwa 15 Minuten je Backblech.
3. Boden und Stücke mit dem Backpapier von den Backblechen ziehen und auf Kuchenrosten erkalten lassen.
4. Für die Creme Gelatine nach Packungsanleitung einweichen. Saft mit Likör, Zitronensaft und Fruchtaufstrich verrühren. Gelatine leicht ausdrücken und in einem kleinen Topf bei schwacher Hitze unter Rühren auflösen (nicht kochen). Einige Esslöffel von der Saftmischung mit der Gelatine verrühren. Restliche Saftmischung unterrühren und kalt stellen. Sahne mit Sahnesteif und Zucker steif schlagen. Wenn die Gelatine-Saft-Mischung beginnt dicklich zu werden, Sahne so unterziehen, dass die Saft-Sahne-Creme leicht marmoriert aussieht.
5. Blätterteigboden auf eine Platte legen, mit Fruchtaufstrich bestreichen und einen Tortenring darumstellen. Creme darauf streichen und die Torte zugedeckt etwa 3 Stunden kalt stellen.
6. Zum Garnieren und Verzieren den Tortenring lösen und entfernen. Mandeln in einer Pfanne ohne Fett leicht bräunen und auf einem Teller erkalten lassen. Sahne mit Sahnesteif steif schlagen. Etwa ein Drittel der Sahne in einen Spritzbeutel mit Lochtülle füllen. Tortenrand mit der restlichen Sahne bestreichen und mit Mandeln bestreuen.
7. Auf den Rand der Tortenoberfläche 12 Sahnetuffs spritzen. Fruchtaufstrich durch ein feines Sieb streichen, mit Likör verrühren und auf die Sahnetuffs träufeln. Blätterteigstücke schräg an die Tuffs setzen. Die Torte mit Puderzucker bestäuben.

Mafioso-Torte

Maibaumtorte

Zum Verschenken

Insgesamt:
E: 101 g, F: 464 g, Kh: 670 g,
kJ: 31192, kcal: 7450

Zum Vorbereiten:
1 Beutel aus 1 Pck. Götterspeise
Waldmeister-Geschmack
400 ml Wasser
4–5 geh. EL Zucker

Für den Rührteig:
250 g Butter oder Margarine
200 g Zucker
1 Pck. Dr. Oetker Vanillin-Zucker
4 Eier (Größe M)
350 g Weizenmehl
3 gestr. TL Dr. Oetker Backin

Für die Buttercreme:
1 Pck. Dr. Oetker Pudding-Pulver
Vanille-Geschmack
80 g Zucker
500 ml (½ l) Milch
200 g weiche Butter

Zum Verzieren und Garnieren:
75 g Kokosraspel
grüne Speisefarbe
1 bunte Zuckerstange

Zubereitungszeit: 35 Minuten, ohne Kühlzeit

1. Zum Vorbereiten Götterspeise mit Wasser und Zucker nach Packungsanleitung, aber nur mit 400 ml Wasser zubereiten, etwa 2 cm hoch in eine flache Form einfüllen und im Kühlschrank fest werden lassen.
2. Für den Teig Butter oder Margarine mit Handrührgerät mit Rührbesen auf höchster Stufe geschmeidig rühren. Nach und nach Zucker und Vanillin-Zucker unterrühren. So lange rühren, bis eine gebundene Masse entstanden ist. Eier nach und nach unterrühren (jedes Ei etwa ½ Minute).
3. Mehl mit Backpulver mischen, sieben und in 2 Portionen auf mittlerer Stufe unterrühren. Den Teig in eine Springform (Ø 26 cm, Boden gefettet) füllen und glatt streichen. Die Form auf dem Rost in den Backofen schieben.
   Ober-/Unterhitze: etwa 180 °C (vorgeheizt, unteres Drittel)
   Heißluft: etwa 160 °C (nicht vorgeheizt)
   Gas: etwa Stufe 3 (nicht vorgeheizt)
   Backzeit: etwa 50 Minuten.
4. Den Boden aus der Form lösen und auf einem Kuchenrost erkalten lassen. Den erkalteten Boden einmal waagerecht durchschneiden.
5. Für die Buttercreme aus Pudding-Pulver, Zucker und Milch nach Packungsanleitung einen Pudding kochen. Frischhaltefolie direkt auf den Pudding legen, damit sich keine Haut bildet, und erkalten lassen (nicht kalt stellen).
6. Butter geschmeidig rühren, den abgekühlten Pudding esslöffelweise darunter geben (dabei darauf achten, dass Butter und Pudding Zimmertemperatur haben, da die Creme sonst gerinnt). Den unteren Boden mit gut einem Drittel der Buttercreme bestreichen, den oberen Boden darauf legen und etwas andrücken. Tortenrand und -oberfläche mit der restlichen Creme bestreichen.
7. Zum Verzieren und Garnieren Kokosraspel mit einigen Tropfen Speisefarbe in eine Rührschüssel geben und mit einem Schneebesen gut vermischen, bis sich die Kokosraspel zartgrün gefärbt haben. Die Torte vollständig damit bestreuen und kalt stellen.
8. In die Mitte der Torte die Zuckerstange stecken und einige Bänder daran befestigen. Die Götterspeiseplatte aus der Form lösen und auf einen Teller stürzen. Götterspeise in Würfel schneiden oder mit Plätzchenausstechern Figuren ausstechen und auf der Torte verteilen.

Maibaumtorte

Makronentorte

Raffiniert – etwas aufwändiger

Insgesamt:
E: 126 g, F: 297 g, Kh: 934 g,
kJ: 29634, kcal: 7081

Für den Teig:
50 g Butter, 5 Eier (Größe M)
125 g Zucker
1 Pck. Dr. Oetker Finesse Geriebene Zitronenschale
1 Prise Salz
100 g Weizenmehl
75 g Speisestärke

Für die Füllung:
400 g Marzipan-Rohmasse
100 g gesiebter Puderzucker
250 g Aprikosenkonfitüre
4 EL Rum

Für den Belag:
200 g Marzipan-Rohmasse
2 frische Eigelb (Größe M)
50 g gesiebter Puderzucker
1 EL Rum

Zum Aprikotieren:
200 g Aprikosenkonfitüre
3 EL Wasser

Zubereitungszeit: 60 Minuten, ohne Abkühl- und Trockenzeit

Makronentorte

1. Für den Teig Butter zerlassen und abkühlen lassen. Eier mit Zucker, Zitronenschale und Salz in eine Schüssel geben und im heißen Wasserbad mit Handrührgerät mit Rührbesen auf höchster Stufe so lange schlagen, bis eine cremige Masse entstanden ist (etwa 5 Minuten). Die Schüssel aus dem Wasserbad nehmen und die Masse weiterschlagen, bis sie kalt ist.
2. Mehl mit Speisestärke mischen, sieben und unter die Eimasse heben, Butter ebenfalls kurz unterrühren. Den Teig in eine Springform (Ø 28 cm, Boden gefettet, mit Backpapier belegt) füllen und glatt streichen. Die Form auf dem Rost in den Backofen schieben.
Ober-/Unterhitze: etwa 180 °C (vorgeheizt)
Heißluft: etwa 160 °C (nicht vorgeheizt)
Gas: Stufe 2–3 (nicht vorgeheizt)
Backzeit: etwa 35 Minuten.
3. Das Gebäck aus der Form lösen, auf einen mit Backpapier belegten Kuchenrost stürzen und erkalten lassen. Anschließend mitgebackenes Backpapier abziehen und den Boden zweimal waagerecht durchschneiden.
4. Für die Füllung Marzipan sehr klein schneiden, evtl. mit einer Gabel zerdrücken und mit Puderzucker, Konfitüre und Rum mit Handrührgerät mit Rührbesen oder mit dem Pürierstab zu einer geschmeidigen Masse verrühren. Zwei Drittel der Marzipanmasse auf 2 der Böden verteilen und verstreichen. Die Böden aufeinander setzen und den dritten Boden auflegen. Tortenoberfläche und -rand mit der restlichen Marzipanmasse bestreichen.
5. Für den Belag Marzipan sehr klein schneiden, evtl. mit einer Gabel zerdrücken, mit Eigelb, Puderzucker und Rum mit Handrührgerät mit Rührbesen oder mit dem Pürierstab zu einer spritzfähigen Masse verrühren und in einen Spritzbeutel mit Sterntülle füllen. Die Tortenoberfläche damit verzieren und die Torte bei Zimmertemperatur etwa 30 Minuten stehen lassen, damit die Marzipanmasse antrocknen kann.
6. Anschließend die Torte unter den vorgeheizten Grill des Backofens schieben und das Marzipan goldbraun überbacken. Die Torte abkühlen lassen.
7. Zum Aprikotieren Konfitüre durch ein Sieb streichen und mit Wasser in einem kleinen Topf unter Rühren kurz aufkochen lassen. Die abgekühlte Torte mit Hilfe eines Pinsels vorsichtig damit bestreichen.

Tipp:
Für den Belag nur frisches Eigelb verwenden, das nicht älter als 5 Tage ist (Legedatum beachten). Die Torte innerhalb von 24 Stunden verzehren.

Mandarinen-Eistorte

Gut vorzubereiten

Insgesamt:
E: 43 g, F: 248 g, Kh: 472 g,
kJ: 18578, kcal: 4432

Für den Knetteig:
150 g Weizenmehl
1 Msp. Dr. Oetker Backin
40 g Zucker
1 Pck. Dr. Oetker Vanillin-Zucker
100 g Butter oder Margarine

Für den Belag:
100 g Baiser (Schaumgebäck)
2 Dosen Mandarinen
(Abtropfgewicht je 175 g)
400 ml Schlagsahne
100 ml Orangensaft, 50 ml weißer Rum
2 Pck. Paradiescreme Vanille-Geschmack
50 g Raspelschokolade

Zum Verzieren:
30 g Zartbitterschokolade

Zubereitungszeit: 50 Minuten, ohne Gefrierzeit

1. Für den Teig Mehl mit Backpulver mischen und in eine Rührschüssel sieben. Restliche Zutaten hinzufügen und mit Handrührgerät mit Knethaken kurz auf niedrigster, dann auf höchster Stufe gut durcharbeiten. Anschließend den Teig auf einer bemehlten Arbeitsfläche kurz verkneten.
2. Den Teig auf einem Springformboden (Ø 26 cm, gefettet) ausrollen und mit einer Gabel mehrfach einstechen. Springformrand darumstellen und die Form auf dem Rost in den Backofen schieben.
   Ober-/Unterhitze: etwa 200 °C (vorgeheizt)
   Heißluft: etwa 180 °C (vorgeheizt)
   Gas: Stufe 3–4 (vorgeheizt)
   Backzeit: etwa 15 Minuten.
3. Springformrand entfernen, Gebäck vom Springformboden lösen, aber darauf auf einem Kuchenrost erkalten lassen. Anschließend den Boden auf eine Tortenplatte legen und den gesäuberten Springformrand darumstellen.
4. Für den Belag Baiser in einen Gefrierbeutel geben, ihn gut verschließen und den Baiser mit einer Teigrolle grob zerkleinern. Ein Drittel der Baiserbrösel zum Garnieren beiseite stellen. Mandarinen in einem Sieb gut abtropfen lassen, 12 Stück zum Garnieren beiseite legen.
5. Sahne mit Orangensaft und Rum in eine Rührschüssel geben. Paradiescreme hinzufügen und alles nach Packungsanleitung mit Handrührgerät mit Rührbesen kurz auf niedrigster, dann auf höchster Stufe 3 Minuten aufschlagen. Raspelschokolade kurz unterrühren.
6. Erst die Baiserbrösel, dann die Mandarinen mit Hilfe eines Teigschabers unterheben. Creme auf dem Boden glatt streichen. Anschließend die 12 Mandarinen dekorativ darauf legen. Die beiseite gestellten Baiserbrösel in die Mitte streuen. Die Eistorte mindestens 6 Stunden (am besten über Nacht) in den Gefrierschrank stellen.
7. Die Eistorte etwa 1 Stunde vor dem Servieren aus dem Gefrierschrank nehmen und im Kühlschrank antauen lassen. Kurz vor dem Servieren den Springformrand lösen und entfernen.
8. Zum Verzieren Schokolade in Stücke brechen und in einem kleinen Gefrierbeutel im Wasserbad bei schwacher Hitze auflösen. Anschließend Beutel trockentupfen und etwas durchkneten, eine kleine Ecke abschneiden und den Rand der Torte mit Schokolade besprenkeln.

Tipp:
Statt weißen Rum können Sie auch Orangensaft verwenden.
Als Spritzschutz beim Zubereiten der Creme auf die Rührschüssel um das Handrührgerät herum locker etwas Küchenpapier legen.

Mandarinentorte

Für Kinder – einfach

Insgesamt:
E: 64 g, F: 290 g, Kh: 402 g,
kJ: 19434, kcal: 4672

Für den Schüttelteig:
100 g Butter oder Margarine
150 g Weizenmehl
1 Pck. Dr. Oetker Backin
100 g Zucker
1 Pck. Dr. Oetker Vanilin-Zucker
1 Prise Salz, 3 Eier (Größe M)

Für den Belag:
2 Dosen Mandarinen
(Abtropfgewicht je 175 g)
2 Pck. Paradiescreme Pfirsich-Geschmack
(Dessertpulver)
500 ml (½ l) Schlagsahne
150 ml Mandarinensaft aus den Dosen
40 g gebräunte, gehobelte Mandeln

Zubereitungszeit: 40 Minuten, ohne Kühlzeit

1. Für den Teig Butter oder Margarine zerlassen und abkühlen lassen. Mehl mit Backpulver mischen, in eine verschließbare Schüssel (etwa 3 l) sieben und mit Zucker, Vanillin-Zucker und Salz mischen. Eier und Butter oder Margarine hinzufügen. Schüssel mit dem Deckel fest verschließen.

2. Schüssel mehrmals (insgesamt 15–30 Sekunden) kräftig schütteln, so dass alle Zutaten gut vermischt sind. Alles mit einem Schneebesen oder Rührlöffel nochmals sorgfältig durchrühren, damit trockene Zutaten vom Rand mit untergerührt werden.

3. Den Teig in eine Tortenbodenform (Ø 28 cm, gefettet und gemehlt) geben und glatt streichen. Die Form auf dem Rost in den Backofen schieben.
   Ober-/Unterhitze: etwa 180 °C (vorgeheizt)
   Heißluft: etwa 160 °C (vorgeheizt)
   Gas: Stufe 2–3 (vorgeheizt)
   Backzeit: etwa 20 Minuten.

4. Den Tortenboden aus der Form lösen und auf einen mit Backpapier belegten Kuchenrost stürzen. Tortenboden erkalten lassen.

5. Für den Belag Mandarinen in einem Sieb abtropfen lassen, den Saft dabei auffangen und 150 ml davon abmessen. Paradiescreme nach Packungsanleitung, aber mit der angegebenen Sahne zubereiten. Den abgemessenen Mandarinensaft unterrühren.

6. Mandarinen auf den Tortenboden legen. Die Paradiescreme kuppelartig darauf verteilen und mit gehobelten Mandeln bestreuen. Die Torte etwa 1 Stunde kalt stellen.

Tipp:
Der Kuchen schmeckt auch sehr lecker, wenn Sie für den Belag die Mandarinen durch Aprikosen- oder Pfirsichstücke ersetzen.
Statt in einer Tortenbodenform kann der Tortenboden auch in einer Springform (Ø 26 cm, Boden gefettet, mit Backpapier belegt) gebacken werden.

Mandarinentorte

Mandarinentraum

Fruchtig

Insgesamt:
E: 67 g, F: 229 g, Kh: 441 g,
kJ: 17346, kcal: 4137

Für den Rührteig:
100 g Butter oder Margarine
80 g Zucker
1 Pck. Dr. Oetker Vanillin-Zucker
5 Tropfen Zitronen-Aroma
2 Eier (Größe M)
100 g Weizenmehl
25 g Speisestärke
1 gestr. TL Dr. Oetker Backin

Für die Füllung:
8 Blatt weiße Gelatine
1 Dose Mandarinen
(Abtropfgewicht 175 g)
300 g Kefir
80 g Zucker
400 ml Schlagsahne
1 Pck. Dr. Oetker Vanillin-Zucker

Für den Guss:
1 Dose Mandarinen
(Abtropfgewicht 175 g)
1 Pck. Aranca Mandarinen-Geschmack
(Dessertpulver)

**Zubereitungszeit: 50 Minuten,
ohne Kühlzeit**

1. Für den Teig Butter oder Margarine mit Handrührgerät mit Rührbesen auf höchster Stufe geschmeidig rühren. Nach und nach Zucker, Vanillin-Zucker und Aroma unterrühren. So lange rühren, bis eine gebundene Masse entstanden ist. Eier nach und nach unterrühren (jedes Ei etwa $1/2$ Minute).
2. Mehl mit Speisestärke und Backpulver mischen, sieben und in 2 Portionen auf mittlerer Stufe unterrühren. Den Teig in eine Springform (Ø 26 cm, Boden gefettet, mit Backpapier belegt) füllen und glatt streichen. Die Form auf dem Rost in den Backofen schieben.
Ober-/Unterhitze: etwa 180 °C (vorgeheizt)
Heißluft: etwa 160 °C (vorgeheizt)
Gas: Stufe 2–3 (vorgeheizt)
Backzeit: etwa 25 Minuten.
3. Den Boden aus der Form lösen, auf einen mit Backpapier belegten Kuchenrost stürzen und erkalten lassen. Anschließend mitgebackenes Backpapier abziehen, den Boden auf eine Tortenplatte legen und einen Tortenring oder den gesäuberten Springformrand darumstellen.
4. Für die Füllung Gelatine nach Packungsanleitung einweichen. Mandarinen abtropfen lassen, Saft dabei auffangen. Kefir mit Zucker verrühren. Gelatine leicht ausdrücken und in einem kleinen Topf bei schwacher Hitze unter Rühren auflösen (nicht kochen).
5. Erst etwa 4 Esslöffel der Kefirmasse in die aufgelöste Gelatine einrühren, dann die Kefir-Gelatine-Mischung unter die restliche Kefirmasse rühren und kalt stellen. Sahne mit Vanillin-Zucker steif schlagen und mit den Mandarinen unter die Kefirmasse heben. Mandarinen-Kefir-Creme auf den Boden geben und verstreichen.
6. Für den Guss Mandarinen in einem Sieb abtropfen lassen, Saft dabei auffangen und einige Mandarinenfilets zum Garnieren beiseite legen. Restliche Früchte pürieren und mit dem Saft auf 250 g auffüllen.
7. Dessertpulver nach Packungsanleitung, aber nur mit der Fruchtpüreemischung ohne Joghurt zubereiten. Guss auf die Mandarinencreme streichen. Die Torte mit den beiseite gelegten Mandarinen garnieren und etwa 2 Stunden kalt stellen. Anschließend den Springformrand oder Tortenring mit einem Messer lösen und entfernen.

Tipp:
Anstelle von Kefir können Sie auch Naturjoghurt oder Dickmilch verwenden.

Mandarinentraum

Mandel-Amaretto-Torte

Für Gäste

Insgesamt:
E: 143 g, F: 488 g, Kh: 482 g,
kJ: 29065, kcal: 6939

Für den Biskuitteig:
4 Eier (Größe M)
2 EL Amaretto (Mandellikör)
150 g Zucker
1 Pck. Dr. Oetker Vanillin-Zucker
100 g Weizenmehl
2 gestr. TL Dr. Oetker Backin
100 g abgezogene, gemahlene Mandeln

Für die Amarettocreme:
8 Blatt weiße Gelatine
4 Eier (Größe M)
150 g Zucker
150 ml Milch
600 ml Schlagsahne
2 Pck. Dr. Oetker Finesse Amaretto-Bittermandel-Aroma

Für die Mandelfächer:
75 g Butter
30 g Zucker
1 Pck. Dr. Oetker Vanillin-Zucker
2 EL Schlagsahne
100 g abgezogene, gehobelte Mandeln

Zum Verzieren:
200 ml Schlagsahne
1 Pck. Dr. Oetker Vanillin-Zucker

Zubereitungszeit: 75 Minuten, ohne Kühlzeit

Mandel-Amaretto-Torte

1. Für den Teig Eier und Amaretto in eine Rührschüssel geben und mit Handrührgerät mit Rührbesen auf höchster Stufe in 1 Minute schaumig schlagen. Zucker und Vanillin-Zucker mischen, in 1 Minute einstreuen und noch 2 Minuten weiterschlagen. Mehl mit Backpulver mischen, auf die Eiercreme sieben und auf mittlerer Stufe kurz unterrühren. Zuletzt Mandeln kurz unterrühren. Den Teig in eine Springform (Ø 26 cm, Boden gefettet, mit Backpapier belegt) füllen und glatt streichen. Die Form auf dem Rost in den Backofen schieben.

Ober-/Unterhitze: etwa 180 °C (vorgeheizt)
Heißluft: etwa 160 °C (vorgeheizt)
Gas: Stufe 2–3 (vorgeheizt)
Backzeit: etwa 30 Minuten.

2. Den Boden aus der Form lösen, auf einen mit Backpapier belegten Kuchenrost stürzen und erkalten lassen. Anschließend mitgebackenes Backpapier abziehen und den Boden einmal waagerecht durchschneiden.

3. Für die Amarettocreme Gelatine einweichen. Eier mit Zucker und Milch in einer Schüssel (am besten aus Metall) verrühren und im heißen Wasserbad mit Handrührgerät mit Rührbesen auf mittlerer Stufe etwa 5 Minuten dicklich schlagen. Gelatine leicht ausdrücken und in der heißen Masse unter Rühren auflösen. Die Masse aus dem Wasserbad nehmen und unter Rühren erkalten lassen. Sahne steif schlagen, unter die erkaltete Creme heben und das Aroma kurz unterrühren. Den unteren Boden auf eine Tortenplatte legen und mit gut der Hälfte der Amarettocreme bestreichen. Zweiten Boden auflegen und die Torte rundherum mit der restlichen Creme bestreichen. Die Torte etwa 2 Stunden kalt stellen.

4. Für die Mandelfächer in der Zwischenzeit Butter mit Zucker und Vanillin-Zucker in einem Topf zerlassen und verrühren, Sahne und Mandeln hinzufügen und unter Rühren kurz aufkochen lassen. Die Mandelmasse in eine Springform (Ø 18–20 cm, Boden gefettet, mit Backpapier belegt) geben und mit einem feuchten Löffel gleichmäßig andrücken. Die Form auf dem Rost in den Backofen schieben und bei gleicher Backofeneinstellung etwa 15 Minuten backen.

5. Den Mandelboden vorsichtig aus der Form lösen, noch heiß in 12 Tortenstücke schneiden und erkalten lassen. Zum Verzieren kurz vor dem Servieren Sahne mit Vanillin-Zucker steif schlagen und in einen Spritzbeutel mit Lochtülle füllen. 12 große längliche Tuffs oder Spiralen auf die Tortenoberfläche spritzen und jeweils einen Mandelfächer anlegen.

Tipp:
Statt mit Finesse Amaretto-Bittermandel-Aroma und 150 ml Milch kann die Creme mit je 75 ml Amaretto und Milch zubereitet werden.

Mandeltorte

Dauert etwas länger

Insgesamt:
E: 184 g, F: 630 g, Kh: 768 g,
kJ: 39579, kcal: 9452

Für den Knetteig:
150 g Weizenmehl, 40 g Zucker
1 Pck. Dr. Oetker Vanillin-Zucker
100 g Butter oder Margarine

Für den Biskuitteig:
300 g abgezogene, gemahlene Mandeln
5 Eigelb (Größe M)
4 EL Orangensaft
175 g Zucker
1 Pck. Dr. Oetker Vanillin-Zucker
abgeriebene Schale von 1 Bio-Orange
(unbehandelt, ungewachst)
5 Eiweiß (Größe M)
50 g Weizenmehl
50 g Speisestärke
1 gestr. TL Dr. Oetker Backin

Für den Krokant:
1 Msp. Butter
25 g Zucker
50 g abgezogene, gehackte Mandeln

Für die Füllung I:
1 Pck. Vanilla Tortencreme
(Tortencremepulver)
300 ml Milch
200 g Butter

Zum Bestreichen:
6 EL Orangenmarmelade

Für die Füllung II:
100 g Marzipan-Rohmasse
10 g gesiebter Puderzucker

Zum Garnieren:
100 g abgezogene, halbierte, leicht geröstete Mandeln

Mandeltorte

Zubereitungszeit: 80 Minuten, ohne Kühlzeit

1. Für den Knetteig Mehl in eine Rührschüssel sieben. Restliche Zutaten hinzufügen und mit Handrührgerät mit Knethaken zunächst kurz auf niedrigster, dann auf höchster Stufe gut durcharbeiten. Anschließend den Teig auf einer bemehlten Arbeitsfläche kurz verkneten. Sollte er kleben, ihn in Folie gewickelt eine Zeit lang kalt stellen. Den Teig auf dem Boden einer Springform (Ø 26 cm, gefettet) ausrollen. Einen Springformrand darumstellen. Den Teig mehrmals mit einer Gabel einstechen. Die Form auf dem Rost in den Backofen schieben.
Ober-/Unterhitze: 180–200 °C (vorgeheizt)
Heißluft: 160–180 °C (vorgeheizt)
Gas: etwa Stufe 3 (vorgeheizt)
Backzeit: etwa 15 Minuten.

2. Springformrand entfernen, den Knetteigboden sofort vom Springformboden lösen, aber darauf auf einem Kuchenrost erkalten lassen.

3. Für den Biskuitteig Mandeln in einer großen Pfanne ohne Fett unter Rühren leicht bräunen und auf einem Teller erkalten lassen. Eigelb und Orangensaft mit Handrührgerät mit Rührbesen schaumig schlagen. Nach und nach zwei Drittel des Zuckers, Vanillin-Zucker und Orangenschale hinzugeben. So lange schlagen, bis eine cremeartige Masse entstanden ist. Eiweiß steif schlagen, restlichen Zucker unterschlagen und den Eischnee auf die Eigelbcreme geben. Mehl mit Speisestärke und Backpulver mischen und auf den Eischnee sieben. Mandeln darauf streuen. Die Zutaten mit einem Schneebesen vorsichtig unter die Eigelbcreme heben.

4. Den Teig in eine Springform (Ø 26 cm, Boden gefettet, mit Backpapier belegt) geben und glatt streichen. Die Form auf dem Rost in den Backofen schieben und **den Boden bei gleicher Backofeneinstellung etwa 40 Minuten backen.**

5. Den Biskuitboden aus der Form lösen, auf einen mit Backpapier belegten Kuchenrost stürzen und erkalten lassen. Dann mitgebackenes Backpapier abziehen und den Boden zweimal waagerecht durchschneiden.

6. Für den Krokant Butter und Zucker unter Rühren erhitzen, bis der Zucker schwach gebräunt ist. Mandeln hinzufügen und unter Rühren so lange erhitzen, bis der Krokant leicht gebräunt ist. Krokantmasse auf ein mit Speiseöl bestrichenes Backblech streichen, erkalten lassen und dann fein zerstoßen.

7. Für die Füllung I aus Tortencremepulver, Milch und Butter nach Packungsanleitung eine Creme zubereiten. Den Knetteigboden auf eine Tortenplatte legen und mit 2 Esslöffeln von der Marmelade bestreichen. Den unteren Biskuitboden darauf legen und weitere 2 Esslöffel der Marmelade darauf streichen.

8. Für die Füllung II Marzipan auf einer mit Puderzucker bestäubten Arbeitsfläche zu einer runden Platte (Ø etwa 26 cm) ausrollen und auf den unteren bestrichenen Biskuitboden legen. Restliche Marmelade darauf streichen und 5 Esslöffel der Creme (Füllung I) darauf verteilen. Mittleren Boden darauf legen. Creme halbieren und eine Hälfte auf den mittleren Boden streichen. Oberen Boden darauf legen. Tortenrand und -oberfläche mit restlicher Creme bestreichen. Den Tortenrand mit Krokant bestreuen. Die Oberfläche mit Mandelhälften garnieren. Die Torte bis zum Servieren kalt stellen.

Maracuja-Joghurt-Torte

Schnell zubereitet

Insgesamt:
E: 82 g, F: 189 g, Kh: 573 g,
kJ: 18434, kcal: 4391

3 Lagen von 1 hellen Wiener Boden
(Ø 26 cm)

Für die Füllung:
500 ml (½ l) Schlagsahne
1 Pck. Käse-Sahne-Tortencreme
(Tortencremepulver)
450 g Naturjoghurt
200 ml Maracuja-Nektar

Für den Guss:
2 Pck. Tortenguss, klar
375 ml (⅜ l) Maracuja-Nektar
125 ml (⅛ l) Wasser

Zubereitungszeit: 30 Minuten, ohne Kühlzeit

1. Eine Lage Wiener Boden auf eine Tortenplatte legen, Springformrand oder Tortenring darumstellen.
2. Für die Füllung Sahne steif schlagen. Tortencreme nach Packungsanleitung, aber mit Joghurt und Maracuja-Nektar zubereiten und Sahne unterheben. Die Creme auf den Boden im Springformrand geben und glatt streichen. Zweiten Boden nicht wie auf der Packung angegeben in 16 Stücke schneiden, sondern ganz auflegen und andrücken.
3. Den Guss aus Tortengusspulver nach Packungsanleitung mit Nektar und Wasser zubereiten und auf den oberen Boden gießen. Torte etwa 3 Stunden kalt stellen.
4. Vor dem Servieren Springformrand oder Tortenring mit einem Messer lösen. Aus der dritten Biskuitlage beliebige Motive (Herzen, Sterne) ausstechen, mit dem Dekorzucker aus der Packung bestäuben und auf die Tortenoberfläche legen.

Variante:
Sie können auch selbst einen Biskuitboden zubereiten. Dazu 4 Eier (Größe M) und 3 Esslöffel heißes Wasser mit Handrührgerät mit Rührbesen auf höchster Stufe in 1 Minute schaumig schlagen. 150 g Zucker mit 1 Päckchen Vanillin-Zucker mischen, in 1 Minute einstreuen, dann noch 2 Minuten weiterschlagen. 100 g Mehl mit 100 g Speisestärke und 2 gestrichenen Teelöffeln Backpulver mischen, die Hälfte davon auf die Eiercreme sieben und kurz auf niedrigster Stufe unterrühren. Den Rest des Mehlgemisches auf die gleiche Weise unterarbeiten. Den Teig in eine Springform (Ø 26 cm, Boden gefettet, mit Backpapier belegt) füllen, sofort bei 180–200 °C (Ober-/Unterhitze, vorgeheizt) oder Stufe 3–4 (Gas, vorgeheizt) 20–30 Minuten backen. Nach dem Backen den Biskuitboden aus der Form lösen, auf einem Kuchenrost erkalten lassen, mitgebackenes Backpapier abziehen und den Boden zweimal waagerecht durchschneiden.

Maracuja-Joghurt-Torte

Maraschino-Torte

Beliebt

Insgesamt:
E: 88 g, F: 259 g, Kh: 500 g,
kJ: 21202, kcal: 5056

400 g TK-Sauerkirschen

Für den Knetteig:
150 g Weizenmehl
1 Msp. Dr. Oetker Backin
100 g gemahlene Mandeln
65 g Zucker
1 Prise Salz
1 Ei (Größe M)
125 g weiche Butter oder Margarine

Zum Blindbacken:
getrocknete Erbsen oder Linsen

Für den Belag:
175 g Cantuccini-Kekse
(ital. Mandelgebäck)
175 ml Maraschino-Likör (ital. Kirschlikör,
30 Vol.-%)
1 Pck. Dr. Oetker Pudding-Pulver
Vanille-Geschmack
375 ml ($^3/_8$ l) Milch
2 EL Zucker
200 g Schmand
2 EL abgezogene, gehobelte Mandeln
1 EL Puderzucker

Zubereitungszeit: 40 Minuten,
ohne Auftau-, Abkühl- und Durchziehzeit

1. TK-Kirschen nach Packungsanleitung auftauen und gut abtropfen lassen.
2. Für den Teig in der Zwischenzeit Mehl mit Backpulver in eine Rührschüssel sieben. Restliche Zutaten hinzufügen und mit Handrührgerät mit Knethaken zunächst kurz auf niedrigster, dann auf höchster Stufe gut durcharbeiten. Dann Teig auf einer bemehlten Arbeitsfläche kurz verkneten. Sollte er kleben, ihn in Folie gewickelt etwa $^1/_2$ Stunde kalt stellen.
3. Zwei Drittel des Teiges auf dem Boden einer Springform (Ø 26 cm, gefettet) ausrollen. Springformrand darumstellen. Restlichen Teig zu einer Rolle formen, diese als Rand auf den Teigboden legen und so an die Form drücken, dass ein etwa 3 cm hoher Rand entsteht. Teigboden mehrmals mit einer Gabel einstechen und mit Backpapier belegen. Erbsen oder Linsen darauf verteilen. Die Form auf dem Rost in den Backofen schieben.
Ober-/Unterhitze: etwa 180 °C (vorgeheizt)
Heißluft: etwa 160 °C (vorgeheizt)
Gas: Stufe 3–4 (vorgeheizt)
Backzeit: 12–15 Minuten.
4. Nach 10 Minuten Backzeit Backpapier mit Erbsen oder Linsen entfernen und den Boden fertig backen. Boden in der Form etwas abkühlen lassen.
5. Für den Belag Cantuccini-Kekse mit Likör beträufeln und etwas durchziehen lassen. Aus Pudding-Pulver, Milch und Zucker nach Packungsanleitung einen Pudding zubereiten. Pudding unter Rühren etwas abkühlen lassen und anschließend Schmand unterrühren.
6. Cantuccini-Likör-Mischung glatt rühren und auf dem vorgebackenen Boden verstreichen. Die aufgetauten Kirschen darauf verteilen, anschließend die Puddingmasse darauf geben und glatt streichen. Mandeln darauf streuen. Die Form auf dem Rost in den Backofen schieben und **bei gleicher Backofeneinstellung in 30–35 Minuten fertig backen.**
7. Torte in der Form auf einem Kuchenrost erkalten lassen, dann aus der Form lösen und mit Puderzucker bestäuben.

Tipp:
Anstelle von Schmand können Sie Crème fraîche verwenden.

Maraschino-Torte

Margeritenblüte

Margeritenblüte

Zum Verschenken – schnell zubereitet

Insgesamt:
E: 85 g, F: 338 g, Kh: 505 g,
kJ: 23875, kcal: 5706

Für den Rührteig:
200 g Marzipan-Rohmasse
200 g Butter oder Margarine
150 g Zucker
1 Pck. Dr. Oetker Vanillin-Zucker
1 Pck. Dr. Oetker Finesse Geriebene Zitronenschale
4 Eier (Größe M)
150 g Weizenmehl
25 g Speisestärke
1 1/2 gestr. TL Dr. Oetker Backin

Zum Tränken und Garnieren:
1 Dose Pfirsichhälften
(Abtropfgewicht 470 g)
50 ml Pfirsichsaft
50 ml Pfirsich- oder Aprikosenlikör

Zum Verzieren und Garnieren:
200 ml Schlagsahne
1 Pck. Dr. Oetker Sahnesteif
2 TL Zucker
25 g gehackte Pistazienkerne

Zubereitungszeit: 30 Minuten

1. Für den Teig Marzipan sehr klein schneiden und mit Butter oder Margarine mit Handrührgerät mit Rührbesen geschmeidig rühren. Nach und nach Zucker, Vanillin-Zucker und Zitronenschale unterrühren. So lange rühren, bis eine gebundene Masse entstanden ist. Eier nach und nach unterrühren (jedes Ei etwa 1/2 Minute).
2. Mehl mit Speisestärke und Backpulver mischen, sieben und in 2 Portionen auf mittlerer Stufe unterrühren. Den Teig in eine Rosettenbackform oder Blütenbackform (Ø 26 cm, gefettet, gemehlt) füllen und glatt streichen. Die Form auf dem Rost in den Backofen schieben.
   Ober-/Unterhitze: etwa 170 °C (vorgeheizt, unteres Drittel)
   Heißluft: etwa 150 °C (nicht vorgeheizt)
   Gas: etwa Stufe 2 (nicht vorgeheizt)
   Backzeit: etwa 45 Minuten.
3. Das Gebäck nach dem Backen etwa 10 Minuten in der Form stehen lassen, es dann auf einen mit Backpapier belegten Kuchenrost stürzen und erkalten lassen.
4. Pfirsiche in einem Sieb gut abtropfen lassen, dabei den Saft auffangen und 50 ml abmessen. Saft mit Likör vermischen und den Kuchen damit tränken. Pfirsiche blattförmig zuschneiden und den Kuchen in Form einer Blüte damit belegen.
5. Sahne mit Sahnesteif und Zucker steif schlagen, in einen Spritzbeutel mit kleiner Lochtülle füllen und den Kuchen damit verzieren. Die „Blütenmitte" mit Pistazien bestreuen.

Tipp:
Wer keine Rosetten- oder Blütenform hat, kann auch eine Springform (Ø 26 cm) verwenden.

Mariandltorte

Fruchtig

Insgesamt:
E: 101 g, F: 336 g, Kh: 443 g,
kJ: 22116, kcal: 5280

Für den Rührteig:
1 Dose Aprikosenhälften
(Abtropfgewicht 260 g)
150 g Butter oder Margarine
125 g Zucker
3 Eier (Größe M)
150 g Weizenmehl
25 g Speisestärke
1 gestr. TL Dr. Oetker Backin

Für die Füllung:
8 Blatt weiße Gelatine
250 g Magerquark
75 g Puderzucker
2 EL Zitronensaft
3 EL Aprikosenlikör oder Apricot Brandy
400 ml Schlagsahne

Zum Bestreichen:
200 ml Schlagsahne
1 Pck. Dr. Oetker Vanillin-Zucker
1 Pck. Dr. Oetker Sahnesteif

Zum Verzieren und Garnieren:
1–2 EL Aprikosenkonfitüre
nach Belieben 1 Erdbeere

Zubereitungszeit: 60 Minuten, ohne Kühlzeit

1. Für den Teig Aprikosen in einem Sieb abtropfen lassen und 4–5 davon in feine Würfel schneiden, den Rest für die Füllung beiseite stellen. Butter oder Margarine mit Handrührgerät mit Rührbesen geschmeidig rühren. Nach und nach Zucker unterrühren. So lange rühren, bis eine gebundene Masse entstanden ist.

2. Eier nach und nach unterrühren (jedes Ei etwa 1/2 Minute). Mehl mit Speisestärke und Backpulver mischen, sieben und in 2 Portionen auf mittlerer Stufe unterrühren. Zuletzt die Aprikosenwürfel kurz unterheben. Den Teig in eine Springform (Ø 26 cm, Boden gefettet, mit Backpapier belegt) füllen, glatt streichen und die Form auf dem Rost in den Backofen schieben.
Ober-/Unterhitze: etwa 180 °C (vorgeheizt)
Heißluft: etwa 160 °C (nicht vorgeheizt)
Gas: Stufe 2–3 (nicht vorgeheizt)
Backzeit: etwa 35 Minuten.

3. Den Boden aus der Form lösen, auf einen mit Backpapier belegten Kuchenrost stürzen und erkalten lassen. Anschließend mitgebackenes Backpapier abziehen und den Boden einmal waagerecht durchschneiden.

4. Für die Füllung Gelatine nach Packungsanleitung einweichen. Restliche Aprikosenhälften pürieren (1–2 Hälften zum Garnieren beiseite legen) und mit Quark und Puderzucker verrühren. Gelatine leicht ausdrücken, mit dem Likör oder Brandy in einem kleinen Topf bei schwacher Hitze unter Rühren auflösen (nicht kochen) und mit etwas von der Quarkmasse verrühren, dann die Mischung unter die restlichen Quarkmasse rühren. Sahne steif schlagen und unterheben.

5. Den unteren Boden auf eine Tortenplatte legen und einen Tortenring oder den gesäuberten Springformrand darumlegen. Die Aprikosen-Quark-Creme einfüllen und verstreichen. Den oberen Boden auflegen und leicht andrücken. Die Torte 2–3 Stunden kalt stellen.

6. Zum Bestreichen Sahne mit Vanillin-Zucker und Sahnesteif steif schlagen. Den Tortenring oder Springformrand lösen und entfernen und die Torte rundherum mit der Sahne bestreichen. Zum Verzieren Aprikosenkonfitüre durch ein Sieb streichen, in einen Gefrierbeutel oder ein Papierspritztütchen füllen und Kringel auf die Tortenoberfläche spritzen. Die Oberfläche mit in Spalten geschnittenen Aprikosen und der Erdbeere garnieren.

Marillenknödeltorte

Raffiniert

Insgesamt:
E: 98 g, F: 474 g, Kh: 633 g,
kJ: 30869, kcal: 7377

Für den Rührteig:
125 g Butter oder Margarine
50 g Marzipan-Rohmasse
100 g Zucker
1 Pck. Dr. Oetker Vanillin-Zucker
2 Eier (Größe M)
130 g Kartoffelknödelpulver halb und halb
1 gestr. TL Dr. Oetker Backin
3 EL Milch
100 g gemahlene Haselnusskerne

Für die Füllung:
8 Blatt weiße Gelatine
250 g Aprikosen
150 ml Aprikosensaft
200 g Schmand
50 g Zucker
200 ml Schlagsahne
75 g Nuss-Nougat

Zum Garnieren:
70 g Kartoffelknödelpulver
200 ml Wasser
50 g Marzipan-Rohmasse
50 g Zucker
2 Pck. Dr. Oetker Vanillin-Zucker
2 Aprikosen
50 g Nuss-Nougat
25 g Butter
1 TL Zucker
2 EL Semmelbrösel

Zum Bestreichen und Verzieren:
200 ml Schlagsahne
75 g Nuss-Nougat

Zubereitungszeit: 60 Minuten, ohne Kühlzeit

1. Für den Teig Butter oder Margarine mit zerkleinertem Marzipan mit Handrührgerät mit Rührbesen geschmeidig rühren. Nach und nach Zucker und Vanillin-Zucker unterrühren. So lange rühren, bis eine gebundene Masse entstanden ist. Eier nach und nach unterrühren (jedes Ei etwa 1/2 Minute). Knödel- und Backpulver mit Haselnusskernen mischen und in 2 Portionen abwechselnd mit der Milch auf mittlerer Stufe unterrühren. Teig in eine Springform (Ø 26 cm, Boden gefettet, mit Backpapier belegt) füllen und glatt streichen. Form auf dem Rost in den Backofen schieben.
Ober-/Unterhitze: etwa 180 °C (vorgeheizt)
Heißluft: etwa 160 °C (vorgeheizt)
Gas: Stufe 2–3 (vorgeheizt)
Backzeit: etwa 30 Minuten.

2. Boden aus der Form lösen, auf einen mit Backpapier belegten Kuchenrost stürzen und erkalten lassen. Anschließend mitgebackenes Backpapier abziehen und den Boden einmal waagerecht durchschneiden.

3. Für die Füllung Gelatine nach Packungsanleitung einweichen. Aprikosen waschen, schälen und pürieren. Püree mit Aprikosensaft, Schmand und Zucker in einer Schüssel verrühren. Gelatine ausdrücken, auflösen und mit etwas von der Aprikosencreme verrühren, dann zur restlichen Creme geben. Sobald die Creme beginnt dicklich zu werden, Sahne steif schlagen und unterheben. Unteren Boden auf eine Tortenplatte legen. Nougat im Wasserbad nach Packungsanleitung geschmeidig rühren, den Boden damit bestreichen und einen Tortenring oder den gesäuberten Springformrand darumstellen. Aprikosencreme einfüllen, glatt streichen und den oberen Boden auflegen. Die Torte etwa 1 Stunde kalt stellen.

4. Zum Garnieren Knödelpulver mit Wasser nach Packungsanleitung quellen lassen. Fein zerkleinertes Marzipan, Zucker und Vanillin-Zucker mit Handrührgerät mit Rührbesen unterrühren. In einem weiten Topf Wasser mit etwas Zucker zum Kochen bringen. Aus dem Knödelteig 12–16 Knödel formen, in jeden Knödel eine Vertiefung eindrücken, je ein Stück Aprikose und Nougat hineinfüllen, den Knödel schließen und rund formen. Knödel in das kochende Wasser legen, einmal kurz aufkochen lassen und anschließend etwa 5 Minuten im heißen Wasser gar ziehen lassen. Die Knödel dann erkalten lassen.

5. Für die Brösel Butter mit Zucker in einer kleinen Pfanne zerlassen, Semmelbrösel hinzugeben und unter Rühren bräunen lassen. Die Brösel erkalten lassen.

6. Sahne steif schlagen und 3 Esslöffel davon in einen Spritzbeutel mit Sterntülle füllen. Torte mit der restlichen Sahne rundherum bestreichen. Nougat im Wasserbad geschmeidig rühren, etwas davon auf jeden Knödel geben und die Torte mit Nougat besprenkeln, dann mit Sahne aus dem Spritzbeutel verzieren. Brösel auf Knödel und Torte verteilen. Die Torte kalt stellen und vor dem Servieren die Knödel auflegen.

Marillenknödeltorte

Tipp:
Anstelle von Schmand können Sie auch Crème fraîche verwenden.

Mars-Birnen-Torte

Für Kinder

Insgesamt:
E: 72 g, F: 245 g, Kh: 489 g,
kJ: 22802, kcal: 5449

Zum Vorbereiten für die Mars®-Sahne:
600 ml Schlagsahne
3 Mars®-Riegel (je 60 g)

Für den Rührteig:
75 g Butter oder Margarine
125 g Zucker
1 Pck. Dr. Oetker Vanillin-Zucker
3 Eier (Größe M)
1 Pck. Dr. Oetker Finesse Geriebene Zitronenschale
100 g Weizenmehl
1 gestr. TL Dr. Oetker Backin
50 g abgezogene, gemahlene Mandeln

Für den Belag:
2 Pck. Dr. Oetker Sahnesteif
1 Dose Birnenhälften (850 ml)
3 kleine Mars®-Riegel (je 20 g)

Zubereitungszeit: 45 Minuten, ohne Kühlzeit

1. Für die Mars®-Sahne die Sahne mit den grob zerkleinerten Mars®-Riegeln unter Rühren aufkochen lassen, bis diese geschmolzen sind. Die Masse in eine Rührschüssel umfüllen, mit Frischhaltefolie zudecken und über Nacht kalt stellen.
2. Für den Rührteig Butter oder Margarine mit Handrührgerät mit Rührbesen auf höchster Stufe geschmeidig rühren. Nach und nach Zucker und Vanillin-Zucker unterrühren. So lange rühren, bis eine gebundene Masse entstanden ist. Eier nach und nach unterrühren (jedes Ei etwa $1/2$ Minute). Zitronenschale unterrühren.
3. Mehl mit Backpulver mischen, sieben und in 2 Portionen auf mittlerer Stufe unterrühren. Mandeln unterrühren. Teig in eine Springform (Ø 26 cm, Boden gefettet) füllen und glatt streichen.
4. Für den Belag die Birnen in einem Sieb gut abtropfen lassen, in Spalten schneiden und auf dem Teig verteilen (12 Birnenspalten zum Garnieren zurücklassen). Die Form auf dem Rost in den Backofen schieben.
   Ober-/Unterhitze: etwa 180 °C (vorgeheizt)
   Heißluft: etwa 160 °C (nicht vorgeheizt)
   Gas: Stufe 2–3 (nicht vorgeheizt)
   Backzeit: etwa 45 Minuten.
5. Den Tortenboden aus der Form lösen und auf einem mit Backpapier belegten Kuchenrost erkalten lassen.
6. Für den Belag Mars®-Sahne mit Sahnesteif steif schlagen und kuppelartig auf den Boden streichen. Die Torte mit in Scheiben geschnittenen Mars®-Riegeln und Birnenspalten garnieren.

®Registered trademark of Masterfoods.

Mars®-Birnen-Torte

Marshmallow-Erdbeer-Torte

Für Kinder

Insgesamt:
E: 36 g, F: 278 g, Kh: 307 g,
kJ: 16769, kcal: 4010

Für den Boden:
150 g Butterkekse
100 g Butter
50 g Zucker
50 g Vollmilchschokolade

Für die Füllung:
500 g frische Erdbeeren
500 ml (½ l) Schlagsahne
2 Pck. Dr. Oetker Sahnesteif
100 g Marshmallow-Creme Classic
oder Strawberry-Fluff (Erdbeer-Geschmack)

Zum Garnieren:
Marshmallows

**Zubereitungszeit: 30 Minuten,
ohne Kühlzeit**

Marshmallow-Erdbeer-Torte

1. Für den Boden Butterkekse in einen Gefrierbeutel geben, ihn verschließen und die Butterkekse mit einer Teigrolle fein zerdrücken. Butter zerlassen, mit dem Zucker zu den Butterkeksen geben und verrühren. Einen Springformrand (Ø 26 cm) auf eine mit Tortenspitze oder Backpapier belegte Tortenplatte stellen. Die Bröselmasse darin verteilen und mit Hilfe eines Löffels gut zu einem Boden andrücken.
2. Die Schokolade in Stücke brechen und in einem Topf im Wasserbad bei schwacher Hitze geschmeidig rühren. Schokolade mit einem Pinsel auf dem Boden verstreichen. Den Boden kalt stellen und die Schokolade fest werden lassen.
3. Für die Füllung Erdbeeren waschen, abtropfen lassen und putzen. 6 Erdbeeren zum Garnieren zurücklegen. Die restlichen Erdbeeren auf den Schokoboden legen, dabei am Rand etwa 1 cm frei lassen.
4. Die Sahne mit Sahnesteif steif schlagen. Marshmallow-Creme erst mit einem Drittel der Sahne verrühren, dann die Mischung unter die restliche Sahne heben. Die Creme auf die Erdbeeren geben und glatt streichen. Nach Belieben mit Hilfe eines Teelöffels Vertiefungen in die Oberfläche drücken. Die Torte mindestens 1 Stunde kalt stellen.
5. Vor dem Servieren Springformrand lösen und entfernen und die Torte mit halbierten Erdbeeren und Marshmallows garnieren.

Tipp:
Marshmallow-Creme gibt es oft in Lebensmittelhandlungen von Kaufhäusern, bei den amerikanischen Lebensmitteln oder in großen Supermärkten.
Anstelle der Butterkekse können auch Löffelbiskuits verwendet werden.
Statt mit Vertiefungen kann man die Oberfläche der Torte auch mit einem Tortengarnierkamm verzieren oder die Masse kuppelartig auf die Erdbeeren streichen.
Anstelle der Erdbeeren können auch Johannisbeeren verwendet werden, die der Torte eine leicht säuerliche Note geben.

Marzipancremetorte

Gut vorzubereiten – klassisch

Insgesamt:
E: 124 g, F: 321 g, Kh: 509 g,
kJ: 22647, kcal: 5407

Für den Biskuitteig:
3 Eier (Größe M)
3 EL heißes Wasser
150 g Zucker
100 g Weizenmehl
50 g Speisestärke
20 g Kakaopulver
1 gestr. TL Dr. Oetker Backin

Für die Marzipancreme:
200 g Marzipan-Rohmasse
450 ml Milch
1 Pck. Dr. Oetker Pudding-Pulver Mandel oder Sahne-Geschmack
2 Eier (Größe M)
400 ml Schlagsahne

Für die Decke:
200 g Marzipan-Rohmasse
25 g Puderzucker

Zum Bestäuben:
1 TL Kakaopulver

Zubereitungszeit: 60 Minuten, ohne Kühlzeit

1. Für den Teig Eier und Wasser mit Handrührgerät mit Rührbesen auf höchster Stufe in 1 Minute schaumig schlagen. Zucker in 1 Minute einstreuen, dann noch 2 Minuten weiterschlagen. Mehl mit Speisestärke, Kakaopulver und Backpulver mischen, die Hälfte davon auf die Eiercreme sieben und kurz auf niedrigster Stufe unterrühren. Den Rest des Mehlgemisches auf die gleiche Weise unterarbeiten. Den Teig in eine Springform (Ø 26 cm, Boden gefettet, mit Backpapier belegt) füllen, glatt streichen und die Form auf dem Rost in den Backofen schieben.
   Ober-/Unterhitze: etwa 180 °C (vorgeheizt)
   Heißluft: etwa 160 °C (vorgeheizt)
   Gas: Stufe 2-3 (vorgeheizt)
   Backzeit: etwa 30 Minuten.

2. Den Boden aus der Form lösen, auf einen mit Backpapier belegten Kuchenrost stürzen und erkalten lassen. Anschließend mitgebackenes Backpapier abziehen und den Boden zweimal waagerecht dünn durchschneiden.

3. Für die Marzipancreme Marzipan klein schneiden. 100 ml von der Milch mit Pudding-Pulver und Eiern verrühren. Restliche Milch zum Kochen bringen, Marzipanstücke darin unter Rühren auflösen, angerührtes Pudding-Pulver einrühren und unter Rühren aufkochen lassen. Creme von der Kochstelle nehmen und erkalten lassen, dabei gelegentlich umrühren.

4. Sahne steif schlagen und unter den erkalteten Marzipanpudding heben. Den unteren Boden auf eine Tortenplatte legen und mit gut einem Drittel der Marzipancreme bestreichen. Den zweiten Boden auflegen und mit gut der Hälfte der restlichen Creme bestreichen. Den oberen Boden auflegen, leicht andrücken und die Torte rundherum mit der restlichen Creme bestreichen. Die Torte etwa 1 Stunde kalt stellen.

5. Für die Decke Marzipan mit Puderzucker verkneten und zwischen Frischhaltefolie zu einer Platte (Ø etwa 35 cm) ausrollen. Die Decke locker über die Torte legen, am Rand etwas andrücken und die Torte mit Kakaopulver bestäuben.

Marzipancremetorte

Marzipan-Orangen-Canache-Torte

Dauert länger – gut vorzubereiten

Insgesamt:
E: 134 g, F: 606 g, Kh: 729 g,
kJ: 37991, kcal: 9096

Für den Rührteig:
200 g Marzipan-Rohmasse
200 g Butter
100 g Zucker
1 Pck. Dr. Oetker Vanillin-Zucker
1 Pck. Dr. Oetker Finesse Orangenfrucht
4 Eier (Größe M)
250 g Weizenmehl
75 g Speisestärke
1 gestr. TL Dr. Oetker Backin

Für die Orangen-Canache-Creme:
150 g Vollmilch-Kuvertüre
300 g Halbbitter-Kuvertüre
100 ml Schlagsahne
100 g abgezogene, gemahlene Mandeln
100 g weiche Butter
100 ml Orangenlikör

Zum Bestäuben und Bestreuen:
1–2 EL Puderzucker
1–2 EL Kakaopulver
1 Pck. Dr. Oetker Finesse Orangenfrucht oder Orangenschalenstreifen

Zubereitungszeit: 90 Minuten, ohne Abkühl- und Durchziehzeit (1–2 Tage)

Marzipan-Orangen-Canache-Torte

1. Für den Teig Marzipan in kleine Stücke schneiden und in eine Rührschüssel geben. Butter hinzufügen und mit Handrührgerät mit Rührbesen auf höchster Stufe geschmeidig rühren. Nach und nach Zucker, Vanillin-Zucker und Orangenfrucht unterrühren. So lange rühren, bis eine gebundene Masse entstanden ist.

2. Eier nach und nach unterrühren (jedes Ei etwa 1/2 Minute). Mehl mit Speisestärke und Backpulver mischen, sieben und in 2 Portionen kurz auf mittlerer Stufe unterrühren.

3. Den Teig in 6 Portionen teilen. Jeweils 1 Teigportion auf den Boden einer Springform (Ø 26 cm, gefettet) streichen, dabei darauf achten, dass der Teig am Rand nicht zu dünn wird. Die Springformböden ohne Springformrand nacheinander auf dem Rost in den Backofen schieben.
Ober-/Unterhitze: etwa 180 °C (vorgeheizt)
Heißluft: etwa 160 °C (vorgeheizt)
Gas: Stufe 2–3 (vorgeheizt)
Backzeit: 10–15 Minuten je Boden.

4. Fünf weitere Gebäckböden auf diese Weise backen. Die Gebäckböden jeweils sofort vom Springformboden lösen und auf einem mit Backpapier belegten Kuchenrost erkalten lassen.

5. Für die Orangen-Canache-Creme beide Kuvertüresorten in kleine Stücke hacken, in einem Topf im Wasserbad bei schwacher Hitze geschmeidig rühren. Flüssige Sahne unterrühren und die Mischung vollständig abkühlen lassen. Dann die Creme mit Handrührgerät mit Rührbesen auf höchster Stufe cremig aufschlagen und Mandeln, Butter und Likör gut unterrühren.

6. Fünf der Gebäckböden mit der Creme bestreichen und zu einer Torte zusammensetzen. Den letzten Gebäckboden darauf legen und leicht andrücken. Den Tortenrand evtl. mit einem scharfen Messer begradigen und die Torte zugedeckt 1–2 Tage kalt stellen.

7. Zum Bestäuben vor dem Servieren Puderzucker mit Kakao mischen. Die Tortenoberfläche dick mit der Puderzucker-Kakao-Mischung bestäuben und mit Orangenfrucht oder -schale bestreuen.

Tipp:
Die Gebäckböden können schon einige Tage vor der Zubereitung gebacken und in einer gut schließenden Dose oder in Alufolie verpackt aufbewahrt werden.

Mascarponetorte mit Walnuss-Crunch-Boden

Raffiniert – einfach zuzubereiten

Insgesamt:
E: 55 g, F: 405 g, Kh: 240 g,
kJ: 20980, kcal: 5017

Für den Boden:
175 g Löffelbiskuits, 125 g Walnusskerne
½ TL gemahlener Zimt
175 g weiche Butter

Für den Belag:
2 Pck. Aranca Zitronen-Geschmack (Dessertpulver)
400 ml Apfelsaft
200 ml Schlagsahne
250 g Mascarpone (ital. Frischkäse)
500 g frische Brombeeren oder TK-Brombeeren

Für den Guss:
1 Pck. Tortenguss, klar
1 gestr. EL Zucker
250 ml (¼ l) Apfelsaft

Zubereitungszeit: 45 Minuten, ohne Kühlzeit

1. Für den Boden Löffelbiskuits in einen Gefrierbeutel füllen und mit einer Teigrolle fein zerbröseln. Walnusskerne fein hacken. Beide Zutaten mit Zimt und Butter verrühren. Einen Springformrand (Ø 26 cm) auf eine mit Tortenspitze oder Backpapier belegte Tortenplatte stellen. Den inneren Rand mit einem Backpapierstreifen auslegen. Die Bröselmasse darin verteilen, mit einem Löffel zu einem Boden andrücken und den Boden kalt stellen.

2. Für den Belag Dessertpulver nach Packungsanleitung mit Apfelsaft, aber ohne Joghurt zubereiten. Sahne steif schlagen, Mascarpone glatt rühren und beides unter die Dessertcreme heben. Die Creme auf dem Bröselboden verteilen, glatt streichen und die Torte einige Minuten kalt stellen. Brombeeren verlesen (TK-Beeren auftauen und abtropfen lassen) und auf der Creme verteilen.

3. Für den Guss das Tortengusspulver mit Zucker und Apfelsaft nach Packungsanleitung zubereiten, über die Beeren verteilen und die Torte etwa 2 Stunden kalt stellen.

4. Vor dem Servieren der Torte Springformrand und Papierstreifen lösen und entfernen.

Tipp:
Statt mit Brombeeren können Sie die Torte mit Himbeeren oder Erdbeeren oder mit hellen und dunklen entkernten Weintrauben belegen. Dann den Tortenguss mit hellem klaren Traubensaft zubereiten und für den Belag anstelle von Apfelsaft Traubensaft verwenden.
Ganz wichtig ist bei dieser Zubereitung, dass Schüssel und Rührbesen fettfrei sind, da sich die Creme sonst nicht richtig aufschlagen lässt.

Mascarponetorte mit Walnuss-Crunch-Boden

Maulwurfshügel, fruchtig

Für Kinder

Insgesamt:
E: 50 g, F: 127 g, Kh: 228 g,
kJ: 9778, kcal: 2338

Für den Biskuitteig:
3 Eiweiß (Größe M)
1 Pck. Dr. Oetker Vanillin-Zucker
3 Eigelb (Größe M)
2 EL heißes Wasser
100 g flüssiger Honig
75 g Weizenmehl
1 gestr. TL Dr. Oetker Backin
1 EL Kakaopulver
50 g abgezogene, gemahlene Mandeln

Für die Füllung:
1 kleine Dose Fruchtcocktail
(Abtropfgewicht 250 g)
250 ml (1/4 l) Schlagsahne
1 Pck. Dr. Oetker Sahnesteif
1 Pck. Dr. Oetker Vanillin-Zucker
2 EL Fruchtcocktailsaft aus der Dose

**Zubereitungszeit: 25 Minuten,
ohne Abkühlzeit**

1. Für den Teig Eiweiß mit Vanillin-Zucker steif schlagen. In einer anderen Schüssel Eigelb mit Wasser und Honig cremig schlagen.
2. Mehl mit Backpulver und Kakao mischen, sieben und mit den Mandeln unter die Eigelbmasse rühren. Eischnee unterheben. Den Teig in eine kleine Springform (Ø 22 cm, Boden gefettet, mit Backpapier belegt) füllen, glatt streichen und die Form auf dem Rost in den Backofen schieben.
   Ober-/Unterhitze: etwa 200 °C (vorgeheizt)
   Heißluft: etwa 180 °C (vorgeheizt)
   Gas: Stufe 3-4 (vorgeheizt)
   Backzeit: etwa 25 Minuten.

Maulwurfshügel, fruchtig

3. Den Boden aus der Form lösen und auf einem Kuchenrost erkalten lassen.
4. Für die Füllung den Fruchtcocktail in einem Sieb gut abtropfen lassen, den Saft dabei auffangen. Backpapier vom Boden entfernen und den Boden etwa 2 cm tief aushöhlen, dabei einen Rand von 1–2 cm stehen lassen. Die Brösel fein zerkrümeln.
5. Sahne mit Sahnesteif und dem Vanillin-Zucker steif schlagen, dann 2 Esslöffel Saft kurz unterrühren. Die Hälfte der Brösel unter die Sahne heben.
6. Den Fruchtcocktail in den ausgehöhlten Boden geben und die Sahnemasse darüber zu einem Hügel aufstreichen. Die restlichen Brösel auf den Hügel streuen und leicht andrücken. Die Torte bis zum Servieren kalt stellen.

Tipp:
Den Boden können Sie auch schnell am Vortag backen – spart Wartezeiten.

Maulwurftorte

Maulwurftorte

Beliebt

Insgesamt:
E: 90 g, F: 400 g, Kh: 416 g,
kJ: 23200 kcal: 5536

Für den Rührteig:
4 Eiweiß (Größe M)
125 g weiche Butter oder Margarine
125 g Zucker
1 Pck. Dr. Oetker Vanillin-Zucker
4 Eigelb (Größe M)
50 g Weizenmehl
10 g Kakaopulver
4 gestr. TL Dr. Oetker Backin
75 g gemahlene Haselnusskerne
100 g Zartbitter-Raspelschokolade

Für die Füllung:
1 Glas Sauerkirschen
(Abtropfgewicht 350 g)
2 mittelgroße Bananen (etwa 250 g)
2 EL Zitronensaft
600 ml gekühlte Schlagsahne
3 Pck. Dr. Oetker Sahnesteif
25 g Zucker
1 Pck. Dr. Oetker Vanillin-Zucker

Zubereitungszeit: 30 Minuten

1. Für den Teig Eiweiß so steif schlagen, dass ein Messerschnitt sichtbar bleibt. Butter oder Margarine in einer Rührschüssel mit Handrührgerät mit Rührbesen geschmeidig rühren. Zucker und Vanillin-Zucker hinzufügen und so lange rühren bis eine gebundene Masse entstanden ist. Eigelb nach und nach auf höchster Stufe unterrühren.

2. Mehl mit Kakaopulver und Backpulver mischen, sieben, mit Haselnusskernen und Raspelschokolade mischen und auf mittlerer Stufe in 2 Portionen kurz unterrühren. Eischnee mit Handrührgerät mit Rührbesen vorsichtig kurz auf mittlerer Stufe unterrühren. Den Teig in eine Springform (Ø 26 cm, gefettet) füllen und glatt streichen. Die Form auf dem Rost in den Backofen schieben.

Ober-/Unterhitze: etwa 180 °C (vorgeheizt)
Heißluft: etwa 160 °C (vorgeheizt)
Gas: Stufe 2–3 (vorgeheizt)
Backzeit: etwa 30 Minuten.

3. Den Boden nach dem Backen 5 Minuten in der Form stehen lassen, dann aus der Form lösen und auf einem mit Backpapier belegten Kuchenrost erkalten lassen. Den erkalteten Boden mit Hilfe eines Esslöffels gut 1 cm tief aushöhlen, dabei einen 1–2 cm breiten Rand stehen lassen. Die Oberfläche am Rand dazu vorher mit einem Messer einschneiden. Die Gebäckreste in einer Schüssel zerbröseln.

4. Für die Füllung Kirschen in einem Sieb gut abtropfen lassen, anschließend auf Küchenpapier legen. Bananen schälen, längs halbieren, mit Zitronensaft beträufeln und in den ausgehöhlten Boden legen. Die Kirschen dazwischen verteilen. Sahne mit Sahnesteif, Zucker und Vanillin-Zucker steif schlagen, kuppelartig auf das Obst streichen und mit den Bröseln bestreuen (die Brösel evtl. leicht andrücken). Die Torte etwa 1 Stunde kalt stellen.

Variante:
Statt Sauerkirschen können Sie auch 2 Dosen Mandarinen (Abtropfgewicht je 175 g) verwenden.

Mäuse-Hochzeitstorte

Zum Verschenken

Insgesamt:
E: 171 g, F: 454 g, Kh: 1648 g,
kJ: 49528, kcal: 11829

Für den dunklen Biskuitteig:
5 Eier (Größe M), 4 EL heißes Wasser
200 g Zucker
1 Pck. Dr. Oetker Finesse Jamaica-Rum-Aroma
150 g Weizenmehl
50 g Speisestärke
30 g Kakaopulver
2 gestr. TL Dr. Oetker Backin

Für den hellen Biskuitteig:
2 Eier (Größe M), 1 EL heißes Wasser
75 g Zucker
1 Pck. Dr. Oetker Finesse Jamaica-Rum-Aroma
50 g Weizenmehl, 25 g Speisestärke
$^1/_2$ gestr. TL Dr. Oetker Backin

Zum Tränken und Bestreichen:
5 EL (75 ml) Cointreau (Orangenlikör)
150 g Johannisbeergelee

Für die Füllung:
250 g weiche Butter
3 Eier (Größe M), 150 g Zucker
2 Pck. Dr. Oetker Vanillin-Zucker
2–3 EL Cointreau

Für Marzipandecke und Guss:
500 g Marzipan-Rohmasse
150 g gesiebter Puderzucker
500 g gesiebter Puderzucker, 6–8 EL Wasser
etwas rote Speisefarbe

einige Schaumzuckermäuse
Lakritzschnecken, Zuckerblumen,
Liebesperlen

Zubereitungszeit: 70 Minuten

1. Für den dunklen Teig Eier und Wasser mit Handrührgerät mit Rührbesen in 1 Minute schaumig schlagen. Zucker in 1 Minute einstreuen, dann noch 2 Minuten weiterschlagen. Aroma hinzufügen und kurz unterrühren. Mehl mit Speisestärke, Kakao und Backpulver mischen, auf die Eiercreme sieben und kurz auf niedrigster Stufe unterrühren. Einen Backrahmen (27 x 27 cm) auf ein gefettetes, mit Backpapier belegtes Backblech stellen. Den Teig einfüllen, glatt streichen und sofort backen.
Ober-/Unterhitze: etwa 180 °C (vorgeheizt)
Heißluft: etwa 160 °C (vorgeheizt)
Gas: Stufe 2–3 (vorgeheizt)
Backzeit: etwa 20 Minuten.

2. Gebäck aus dem Backrahmen lösen, auf einen mit Backpapier belegten Kuchenrost stürzen und erkalten lassen. Anschließend mitgebackenes Backpapier abziehen. Hellen Biskuitteig auf die gleiche Weise zubereiten und **bei gleicher Backofeneinstellung etwa 10 Minuten backen.**

3. Für die untere Etage die dunkle und die helle Platte diagonal teilen und je ein Dreieck beiseite legen. Die beiden übrigen Dreiecke wieder so halbieren, dass je zwei Dreiecke entstehen (von der langen Seite zum rechten Winkel). Für die mittlere Etage ein dunkles und ein helles Dreieck beiseite legen. Die restlichen beiden Dreiecke wieder halbieren, davon für die obere Etage ein dunkles und ein helles Dreieck beiseite legen. (Reste beiseite legen, evtl. zu Rumkugeln verarbeiten). Die dunklen Dreiecke einmal waagerecht durchschneiden, so dass Sie pro Größe nun 2 dunkle und 1 helles Dreieck haben. Die unteren dunklen Böden mit Cointreau beträufeln und mit Gelee bestreichen.

4. Für die Füllung Butter geschmeidig rühren. Eier mit Zucker und Vanillin-Zucker in eine Schüssel geben und mit Handrührgerät mit Rührbesen im heißen Wasserbad 5–10 Minuten aufschlagen, bis eine dickliche Masse entstanden ist. Schüssel aus dem Wasserbad nehmen und die Masse etwa 5 Minuten kalt schlagen. Butter nach und nach unterrühren und mit Cointreau abschmecken.

5. Für die untere Etage ein dunkles Dreieck mit 3 Esslöffeln Creme bestreichen. Das helle Dreieck darauf legen, mit 3 Esslöffeln Creme bestreichen, mit dem dunklen Dreieck belegen. Mittlere und obere Etage ebenso mit entsprechend weniger Creme zusammensetzen. Gebäck kalt stellen.

6. Für die Marzipandecke Marzipan mit Puderzucker verkneten, dünn zwischen Frischhaltefolie ausrollen, in Dreiecke und Streifen schneiden und die Gebäckdreiecke damit verkleiden. Für den Guss Puderzucker mit Wasser verrühren. 1 Esslöffel davon mit roter Speisefarbe einfärben, in ein Papiertütchen oder einen kleinen Gefrierbeutel geben und eine kleine Ecke abschneiden.

7. Die Dreiecke mit weißem Guss überziehen, rosa Guss in Punkten aufspritzen und mit einem Holzspieß in den weißen Guss ziehen. Nach 5–10 Minuten die Torte vorsichtig zusammensetzen und Guss fest werden lassen. Das Mäusebrautpaar mit Lakritz, Zuckerblumen und Liebesperlen garnieren und darauf setzen.

Mäuse-Hochzeitstorte

Melone-Granatapfel-Torte

Fruchtig

Insgesamt:
E: 28 g, F: 177 g, Kh: 242 g,
kJ: 11512, kcal: 2748

Für den Knetteig:
125 g Weizenmehl
1 Msp. Dr. Oetker Backin
50 g Zucker
1 Pck. Dr. Oetker Vanillin-Zucker
4 Tropfen Zitronen-Aroma
80 g Butter oder Margarine

Für den Belag:
1 Galia- oder Ogen-Melone (etwa 900 g)
1 Granatapfel
2 Pck. Aranca Zitronen-Geschmack (Dessertpulver)
2 Becher (je 125 g) Crème Double
1 Pck. Dr. Oetker Sahnesteif
1 Pck. Dr. Oetker Vanillin-Zucker

Zubereitungszeit: 30 Minuten, ohne Kühlzeit

1. Für den Teig Mehl mit Backpulver mischen und in eine Rührschüssel sieben. Zucker, Vanillin-Zucker, Aroma und Butter oder Margarine hinzufügen. Die Zutaten mit Handrührgerät mit Knethaken zunächst kurz auf niedrigster, dann auf höchster Stufe gut durcharbeiten.

2. Anschließend den Teig auf der leicht bemehlten Arbeitsfläche kurz verkneten. Sollte er kleben, ihn in Folie gewickelt eine Zeit lang kalt stellen. Teig auf dem Boden einer Springform (Ø 26 cm, gefettet) ausrollen, mehrmals mit einer Gabel einstechen, einen Springformrand darumstellen und die Form auf dem Rost in den Backofen schieben.
   Ober-/Unterhitze: etwa 200 °C (vorgeheizt)
   Heißluft: etwa 180 °C (vorgeheizt)
   Gas: Stufe 3-4 (vorgeheizt)
   Backzeit: etwa 15 Minuten.

3. Den Boden nach dem Backen vom Springformrand und -boden lösen, aber darauf auf einem Kuchenrost erkalten lassen. Anschließend den Boden auf eine Tortenplatte legen und einen Tortenring darumstellen.

4. Für den Belag die Melone halbieren, entkernen, mit einem Kugelausstecher etwa 15 große Kugeln ausstechen und zum Garnieren beiseite legen. Übriges Fruchtfleisch herausschneiden, 300 g davon pürieren und den Rest fein würfeln. Das gewürfelte Fruchtfleisch gut abtropfen lassen. Den Granatapfel vierteln und Kerne vorsichtig herauslösen (Trennhäute entfernen).

5. Dessertpulver nur mit Melonenpüree mit Handrührgerät mit Rührbesen etwa 3 Minuten aufschlagen. Melonenwürfel vorsichtig unter die Creme heben und die Hälfte davon auf den Boden streichen. Granatapfelkerne (einige zum Garnieren zurücklassen) darauf verteilen, dabei 1 cm Rand frei lassen und mit der restlichen Creme bedecken.

6. Crème Double mit Sahnesteif und Vanillin-Zucker mit Handrührgerät mit Rührbesen cremig aufschlagen und mit einem Esslöffel wellenförmig auf die Creme streichen. Die Torte 1-2 Stunden kalt stellen.

7. Kurz vor dem Servieren die Torte aus dem Tortenring lösen und mit Melonenkugeln und Granatapfelkernen garnieren.

Melone-Granatapfel-Torte

Melonen-Amaretto-Torte

Melonen-Amaretto-Torte

Raffiniert

Insgesamt:
E: 77 g, F: 198 g, Kh: 488 g,
kJ: 18314, kcal: 4373

Für den Biskuitteig:
3 Eier (Größe M)
3 EL heißes Wasser
120 g Zucker
1 Pck. Dr. Oetker Vanillin-Zucker
120 g Weizenmehl
1 gestr. TL Dr. Oetker Backin

Für die Füllung:
4 Blatt weiße Gelatine
1 Pck. Dr. Oetker Pudding-Pulver Mandel-Geschmack
40 g Zucker
400 ml Milch
3 EL Amaretto (Mandellikör)
500 ml (½ l) Schlagsahne
100 ml Amaretto
4 EL Orangenmarmelade

Für den Belag:
1 kleine Kantalup-Melone

Für den Guss:
1 Pck. Tortenguss, klar
25 g Zucker
250 ml (¼ l) Apfelsaft

Zubereitungszeit: 45 Minuten, ohne Kühlzeit

1. Für den Teig Eier und Wasser mit Handrührgerät mit Rührbesen auf höchster Stufe in 1 Minute schaumig schlagen. Zucker mit Vanillin-Zucker mischen, in 1 Minute einstreuen, dann noch 2 Minuten weiterschlagen.

2. Mehl mit Backpulver mischen, auf die Eiercreme sieben und kurz auf niedrigster Stufe unterrühren. Einen Backrahmen (25 x 25 cm) auf ein mit Backpapier belegtes Backblech stellen und den Teig darin verstreichen. Das Backblech in den Backofen schieben.
   Ober-/Unterhitze: etwa 200 °C (vorgeheizt)
   Heißluft: etwa 180 °C (vorgeheizt)
   Gas: Stufe 2–3 (vorgeheizt)
   Backzeit: 25–30 Minuten.

3. Gebäck aus dem Backrahmen lösen, auf einen Kuchenrost stürzen und erkalten lassen. Anschließend mitgebackenes Backpapier abziehen.

4. Für die Füllung Gelatine nach Packungsanleitung einweichen. Aus Pudding-Pulver, Zucker, Milch (aber nur 400 ml) nach Packungsanleitung einen Pudding zubereiten. Gelatine ausdrücken und unter Rühren im heißen Pudding auflösen. Den Pudding erkalten lassen, dabei ab und zu umrühren. Drei Esslöffel Amaretto unterrühren. Sahne steif schlagen und unter den Pudding heben.

5. Den Biskuitboden einmal waagerecht durchschneiden und jede Platte mit der Hälfte des Likörs tränken. Die untere Bodenhälfte auf eine Tortenplatte legen und mit Marmelade bestreichen. Gut zwei Drittel der Creme aufstreichen und den oberen Boden auflegen. Rand und Oberfläche des Gebäcks mit der restlichen Creme bestreichen und die Torte 2–3 Stunden kalt stellen.

6. Für den Belag die Melone halbieren und mit einem Löffel die Kerne herausschaben. Die Hälften schälen, in dünne Spalten schneiden und die Torte fächerartig damit belegen.

7. Für den Guss Tortenguss, Zucker und Apfelsaft nach Packungsanleitung zubereiten und vorsichtig auf den Melonenspalten verteilen. Die Torte bis zum Servieren kalt stellen.

Melonen-Mousse-Torte

Einfach zuzubereiten

Insgesamt:
E: 56 g, F: 267 g, Kh: 345 g,
kJ: 16960, kcal: 4040

Für den Boden:
175 g Löffelbiskuits, 125 g Butter

Für den Belag:
400 g Honigmelone
2 Pck. Mousse Zitrone (Dessertpulver)
300 ml Milch, 200 ml Schlagsahne

Zum Verzieren und Garnieren:
200 ml Schlagsahne
1 Pck. Dr. Oetker Vanillin-Zucker
einige saure rote Fruchtgummibänder

Zubereitungszeit: 35 Minuten, ohne Kühlzeit

Melonen-Mousse-Torte

1. Für den Boden Löffelbiskuits in einen Gefrierbeutel geben, ihn verschließen und die Biskuits mit einer Teigrolle zerdrücken. Die Brösel in eine Schüssel geben. Butter zerlassen und mit den Bröseln verrühren. Einen Springformrand (Ø 26 cm) auf eine mit Tortenspitze oder Backpapier belegte Tortenplatte stellen. Die Bröselmasse darin verteilen und mit Hilfe eines Löffels gut zu einem Boden andrücken.
2. Für den Belag Melone halbieren und Kerne mit einem Löffel auslösen. Eine Melonenhälfte der Länge nach dritteln. Zum Garnieren aus der Mitte der Spalten quer einige Keile herausschneiden und diese an den unteren Ecken nach Belieben etwas rund schneiden, so dass sie wie kleine Melonenspalten aussehen. Stücke beiseite stellen und das restliche Melonenfruchtfleisch fein würfeln. Fruchtfleisch in einem Sieb gut abtropfen lassen.
3. Aus dem Dessertpulver nach Packungsanleitung, aber nur mit den hier angegebenen Mengen Milch und Sahne eine Mousse zubereiten. Melonenfruchtfleisch auf dem Boden verteilen, Mousse darauf verteilen und glatt streichen. Die Torte etwa 2 Stunden kalt stellen.
4. Zum Verzieren und Garnieren Springformrand lösen und entfernen. Sahne mit Vanillin-Zucker steif schlagen und mit einem Teelöffel in Häufchen auf die Tortenoberfläche setzen oder mit einem Spritzbeutel mit Lochtülle Sahnespiralen auf Oberfläche und Rand der Torte spritzen. Um jedes der zurückgelassenen Melonenscheibchen ein Stück Fruchtgummiband legen, so dass die Stückchen wie „Melone mit Parmaschinken" aussehen. Die Stücke auf die Torte in die Sahneverzierung stellen oder legen.

Tipp:
Die Torte schmeckt frisch am besten. Anstelle von Zitronen-Mousse können Sie auch Vanille-Mousse verwenden.

Melonentorte, bunt

Einfach – schnell zubereitet

Insgesamt:
E: 75 g, F: 320 g, Kh: 452 g,
kJ: 21499, kcal: 5135

Für den All-in-Teig:
150 g Weizenmehl
3 gestr. TL Dr. Oetker Backin
150 g Zucker
1 Pck. Dr. Oetker Vanillin-Zucker
3 Eier (Größe M)
150 g Butter oder Margarine

Für die Füllung:
1 Kantalup-Melone (etwa 500 g)
400 g Wassermelone
4 Blatt weiße Gelatine
250 g Zitronenjoghurt
50 g Zucker
500 ml ($1/2$ l) Schlagsahne

25 g Halbbitter-Kuvertüre
25 g Haselnuss-Krokant

Zubereitungszeit: 30 Minuten, ohne Kühlzeit

1. Für den Teig Mehl mit Backpulver mischen und in eine Rührschüssel sieben. Restliche Zutaten hinzufügen. Alles mit Handrührgerät mit Rührbesen auf höchster Stufe in 2 Minuten zu einem Teig verarbeiten. Teig in eine Springform (Ø 26 cm, Boden gefettet, mit Backpapier belegt) füllen und glatt streichen. Die Form auf dem Rost in den Backofen schieben.
   Ober-/Unterhitze: etwa 180 °C (vorgeheizt)
   Heißluft: etwa 160 °C (vorgeheizt)
   Gas: Stufe 2–3 (vorgeheizt)
   Backzeit: etwa 25 Minuten.
2. Den Boden aus der Form lösen, auf einen mit Backpapier belegten Kuchenrost stürzen und erkalten lassen. Anschließend mitgebackenes Backpapier abziehen und den Boden einmal waagerecht durchschneiden.
3. Für die Füllung Kantalup-Melone längs halbieren, Kerne mit einem Löffel herausschaben und die Hälften schälen. 12 schöne Spalten für die Dekoration schneiden und zugedeckt beiseite legen. Restliches Fruchtfleisch fein würfeln und in einem Sieb gut abtropfen lassen. Wassermelone ebenfalls schälen und Kerne herausschneiden. 12 kleine Dreiecke für die Dekoration herausschneiden und zugedeckt beiseite legen. Restliches Fruchtfleisch fein würfeln und gut abtropfen lassen.
4. Gelatine nach Packungsanleitung einweichen. Joghurt mit Zucker verrühren. Gelatine leicht ausdrücken und in einem kleinen Topf bei schwacher Hitze auflösen (nicht kochen). Gelatineflüssigkeit zunächst mit etwas von der Joghurtmasse verrühren, dann die Mischung unter die restliche Joghurtmasse rühren und kalt stellen. Sahne steif schlagen, ein Drittel davon zum Bestreichen beiseite stellen, die restliche Sahne unter die Joghurtmasse heben. Abgetropftes Melonenfruchtfleisch von beiden Sorten unter die Creme heben.
5. Unteren Boden auf eine Tortenplatte legen, mit der Melonencreme bestreichen, oberen Boden auflegen und leicht andrücken. Tortenoberfläche und Rand mit der beiseite gestellten Sahne wellenförmig bestreichen. Die Torte 1–2 Stunden kalt stellen.
6. Kuvertüre in einem kleinen Topf im Wasserbad bei schwacher Hitze geschmeidig rühren und in ein Papiertütchen oder einen Gefrierbeutel füllen. Eine kleine Ecke abschneiden, die Torte mit den zurückgelassenen Melonenspalten und -dreiecken belegen, mit der Kuvertüre besprenkeln und den Rand mit Krokant bestreuen.

Tipp:
Die Torte kann am Vortag zubereitet werden, sie dann aber erst kurz vor dem Servieren mit Melonen garnieren und mit Kuvertüre verzieren (Melonenstücke zugedeckt kalt stellen).

Melonentorte, bunt

Mensch-ärgere-dich-nicht-Torte

Für Kinder – zum Verschenken

Insgesamt:
E: 110 g, F: 412 g, Kh: 727 g,
kJ: 29601, kcal: 7066

Für den Rührteig:
175 g Butter oder Margarine
175 g Zucker
1 Pck. Dr. Oetker Vanillin-Zucker
4 Eier (Größe M)
225 g Weizenmehl
20 g Kakaopulver
1 gestr. TL Dr. Oetker Backin

Für die Füllung:
400 ml Schlagsahne
20 g Zucker
1 Pck. Dr. Oetker Sahnesteif
500 g verlesene Himbeeren

Zum Garnieren:
300 g Marzipan-Rohmasse
150 g gesiebter Puderzucker
3 EL Himbeergelee
rote, gelbe, blaue und grüne Speisefarbe
knapp 1 TL Kakaopulver

Zubereitungszeit: 70 Minuten

1. Für den Teig Butter oder Margarine mit Handrührgerät mit Rührbesen auf höchster Stufe geschmeidig rühren. Nach und nach Zucker und Vanillin-Zucker unterrühren. So lange rühren, bis eine gebundene Masse entstanden ist. Eier nach und nach unterrühren (jedes Ei etwa 1/2 Minute). Mehl mit Kakao und Backpulver mischen, sieben und in 2 Portionen auf mittlerer Stufe unterrühren. Einen Backrahmen (24 x 24 cm) auf ein mit Backpapier belegtes Backblech stellen. Den Teig hineinfüllen und glatt streichen. Das Backblech in den Backofen schieben.
Ober-/Unterhitze: etwa 180 °C (vorgeheizt)
Heißluft: etwa 160 °C (nicht vorgeheizt)
Gas: Stufe 2–3 (nicht vorgeheizt)
Backzeit: etwa 35 Minuten.

2. Boden aus dem Backrahmen lösen, auf einen mit Backpapier belegten Kuchenrost stürzen und erkalten lassen. Anschließend mitgebackenes Backpapier entfernen und den Boden einmal waagerecht durchschneiden.

3. Für die Füllung Sahne mit Zucker und Sahnesteif steif schlagen, unteren Boden damit bestreichen, Himbeeren darauf verteilen und oberen Boden auflegen. Zum Garnieren Marzipan mit Puderzucker verkneten. 200 g davon zu einem Quadrat in Größe des Bodens ausrollen. Gelee erwärmen, oberen Boden damit bestreichen und mit dem Marzipanquadrat belegen.

4. Etwa 75 g des restlichen Marzipans gelb einfärben, dünn ausrollen und 36 Plättchen (Ø etwa 1 1/2 cm) ausstechen und beiseite legen. Restliches Marzipan vierteln. 3 Teile jeweils rot, blau und grün einfärben, unter den vierten Teil Kakao kneten. Das eingefärbte Marzipan dünn ausrollen und je 1 Kreis (Ø etwa 1 1/2 cm) und 8 Kreise (Ø etwa 1 cm) ausstechen. Aus dem restlichen Marzipan jeweils 4 Spielfiguren formen. Die Kreise auf der Torte zu einem Spielfeld auflegen und die Spielfiguren aufsetzen.

Mensch-ärgere-dich-nicht-Torte

Meringue-Eistorte mit Erdbeeren 🍶 ❄

Schnell zubereitet

Insgesamt:
E: 29 g, F: 189 g, Kh: 283 g,
kJ: 13119, kcal: 3134

Für die Füllung:
750 g Erdbeeren
3–4 EL Kirschwasser
1–2 EL Puderzucker
450 ml Schlagsahne
1 Pck. Dr. Oetker Sahnesteif
2 Pck. Dr. Oetker Vanillin-Zucker

3 Baiserböden (Ø etwa 22 cm, vom Bäcker)

Zum Verzieren:
150 ml Schlagsahne
1 Pck. Dr. Oetker Vanillin-Zucker

Zubereitungszeit: 30 Minuten, ohne Durchzieh- und Gefrierzeit

1. Für die Füllung Erdbeeren waschen, abtropfen lassen und putzen. Zwei Drittel der Erdbeeren vierteln, mit Kirschwasser beträufeln, mit Puderzucker bestäuben und 2–3 Stunden zugedeckt durchziehen lassen. Die restlichen Erdbeeren beiseite stellen.
2. Sahne mit Sahnesteif und Vanillin-Zucker steif schlagen. Die marinierten Erdbeeren evtl. abtropfen lassen und unterheben. Einen der Baiserböden auf eine Tortenplatte legen und einen Tortenring darumstellen.
3. Die Hälfte der Erdbeersahne auf den Boden streichen, mit dem zweiten Boden bedecken und etwas andrücken. Die restliche Erdbeersahne darauf verteilen und den dritten Boden darauf legen. Die Torte mindestens 5 Stunden gefrieren lassen.
4. Etwa 30 Minuten vor dem Servieren die Torte aus dem Gefrierfach nehmen. Sahne mit Vanillin-Zucker steif schlagen, die Torte ganz mit der Sahne bestreichen und mit den restlichen Erdbeeren garnieren.

Meringue-Eistorte mit Erdbeeren

Tipp:
Nach Belieben die Torte zusätzlich mit einigen Baisertupfen garnieren.

Variante:
Anstelle der Erdbeeren können auch Himbeeren verwendet werden. Dann nach Belieben das Kirschwasser gegen Himbeergeist austauschen.

Mignon-Torte

Klassisch – dauert etwas länger

Insgesamt:
E: 103 g, F: 475 g, Kh: 967 g,
kJ: 35890, kcal: 8570

Für den Knetteig:
500 g Weizenmehl
2 gestr. TL Dr. Oetker Backin
150 g Puderzucker
1 Pck. Dr. Oetker Vanillin-Zucker
1 Prise Salz
abgeriebene Schale von 1 Bio-Zitrone (unbehandelt, ungewachst)
3 Eier (Größe M)
300 g Butter oder Margarine

Für die Füllung:
abgeriebene Schale von 2 Bio-Zitronen (unbehandelt, ungewachst)
175 g Zucker
1 Pck. Dr. Oetker Vanillin-Zucker
2 schwach geh. EL Speisestärke
150 ml Zitronensaft (von 3-4 Zitronen)
3 Eier (Größe M), 200 g weiche Butter

Für den Guss:
225 g Puderzucker
4-5 EL Orangen- oder Zitronensaft

8 Pistazienkerne

Zubereitungszeit: 100 Minuten, ohne Kühlzeit

1. Für den Teig Mehl mit Backpulver und Puderzucker mischen und in eine Rührschüssel sieben. Restliche Zutaten hinzufügen und mit Handrührgerät mit Knethaken zunächst kurz auf niedrigster, dann auf höchster Stufe gut durcharbeiten. Anschließend den Teig auf einer bemehlten Arbeitsfläche kurz verkneten. Sollte er kleben, ihn in Folie gewickelt eine Zeit lang kalt stellen.

2. Teig in 6 gleich große Portionen aufteilen. Eine Portion auf der bemehlten Arbeitsfläche dünn ausrollen. Mit einer Ausstechform 32 runde oder gezackte Plätzchen (Ø etwa 2 cm) ausstechen und auf ein mit Backpapier belegtes Backblech legen. Das Backblech in den Backofen schieben.
Ober-/Unterhitze: 180-200 °C (vorgeheizt)
Heißluft: 160-180 °C (vorgeheizt)
Gas: etwa Stufe 3 (vorgeheizt)
Backzeit: 8-10 Minuten.

3. Die Plätzchen mit dem Backpapier vom Backblech auf einen Kuchenrost ziehen und die Plätzchen erkalten lassen.

4. Die restlichen 5 Teigportionen jeweils auf einem Springformboden (Ø 26 cm, gefettet) ausrollen. Die Böden ohne Springformrand nacheinander auf dem Rost in den Backofen schieben und **bei gleicher Backofeneinstellung 12-15 Minuten backen.**

5. Die Gebäckböden sofort nach dem Backen vorsichtig vom Springformboden lösen und einzeln auf je einem Kuchenrost erkalten lassen.

6. Für die Füllung Zitronenschale mit Zucker, Vanillin-Zucker und Speisestärke in einem Topf mischen, Zitronensaft hinzugießen und gut verrühren. Eier unterrühren. Die Zutaten unter Rühren kurz aufkochen lassen. Den Topf von der Kochstelle nehmen und Butter unterrühren. Die Creme erkalten lassen, dabei ab und zu umrühren. Jeweils 2 Plätzchen mit etwas Creme zu 16 Plätzchen zusammensetzen.

7. Die restliche Creme (etwas Creme für den Rand abnehmen) auf 4 der Böden verteilen und verstreichen. Die Böden zu einer Torte zusammensetzen und den letzten unbestrichenen Boden auflegen. Den Tortenrand mit der abgenommenen Creme bestreichen. Die Torte 1 Stunde kalt stellen.

8. Für den Guss Puderzucker mit Orangen- oder Zitronensaft zu einer dickflüssigen Masse verrühren. Etwas von dem Guss in ein Papiertütchen oder einen kleinen Gefrierbeutel geben, Tropfen des Gusses auf die Plätzchenoberfläche spritzen und halbierte Pistazienkerne darauf legen. Tortenrand und -oberfläche mit dem restlichen Guss bestreichen. Die Plätzchen auf die Tortenoberfläche setzen. Guss fest werden und die Torte gut durchziehen lassen.

Tipp:
Die Tortenoberfläche mit fein gehackten Pistazienkernen bestreuen.

Mikado-Torte

Für Gäste

Insgesamt:
E: 64 g, F: 260 g, Kh: 467 g,
kJ: 19556, kcal: 4677

Für den Biskuitteig:
2 Eier (Größe M)
2 EL heißes Wasser
80 g Zucker
1 Pck. Dr. Oetker Vanillin-Zucker
60 g Weizenmehl
20 g Kakaopulver
1 gestr. TL Dr. Oetker Backin

Für den Belag:
4–5 Bananen
1 Pck. Tortenguss, klar
100 ml Weißwein
150 ml Apfelsaft

3 EL Zucker
3 Blatt weiße Gelatine
400 ml Schlagsahne
2 EL Zucker

Für den Guss:
1 Blatt weiße Gelatine
125 ml (1/8 l) Schlagsahne
100 g Zartbitterschokolade

125 ml (1/8 l) Schlagsahne
1/2 Pck. Dr. Oetker Sahnesteif
24 Mikado (Schoko-Gebäck-Stäbchen)

Zubereitungszeit: 60 Minuten, ohne Kühlzeit

1. Für den Teig Eier und Wasser mit Handrührgerät mit Rührbesen auf höchster Stufe in 1 Minute schaumig schlagen. Zucker mit Vanillin-Zucker mischen, in 1 Minute einstreuen, dann noch 2 Minuten weiterschlagen.

2. Mehl mit Kakao und Backpulver mischen, auf die Eiercreme sieben und kurz auf niedrigster Stufe unterrühren. Den Teig in eine Springform (Ø 26 cm, Boden gefettet, mit Backpapier belegt) füllen und glatt streichen. Die Form auf dem Rost in den Backofen schieben.
   Ober-/Unterhitze: etwa 180 °C (vorgeheizt)
   Heißluft: etwa 160 °C (vorgeheizt)
   Gas: etwa Stufe 3 (vorgeheizt)
   Backzeit: etwa 20 Minuten.

3. Den Boden aus der Form lösen, auf einen mit Backpapier belegten Kuchenrost stürzen und erkalten lassen. Anschließend mitgebackenes Backpapier abziehen, den Boden auf eine Tortenplatte legen und einen Tortenring oder den gesäuberten Springformrand darumlegen.

4. Für den Belag Bananen schälen, längs halbieren und den Boden dicht damit belegen. Aus Tortengusspulver, Wein, Apfelsaft und Zucker nach Packungsanleitung einen Guss zubereiten, über die Bananen geben und erkalten lassen.

5. Gelatine nach Packungsanleitung einweichen. Sahne mit Zucker fast steif schlagen. Gelatine leicht ausdrücken, in einem kleinen Topf bei schwacher Hitze auflösen (nicht kochen), unter Schlagen in die Sahne geben und die Sahne vollkommen steif schlagen. Die Sahne auf den erkalteten Tortenguss streichen.

6. Für den Guss Gelatine nach Packungsanleitung einweichen. Sahne in einem Topf erwärmen und die Schokolade darin unter Rühren auflösen. Gelatine leicht ausdrücken, in der Schokoladensahne unter Rühren auflösen und abkühlen lassen. Den abgekühlten Guss vorsichtig auf die Sahneschicht geben und die Torte etwa 3 Stunden kalt stellen.

7. Den Tortenring oder Springformrand lösen und entfernen. Sahne mit Sahnesteif steif schlagen und in einen Spritzbeutel mit Sterntülle füllen. Die Torte mit der Sahne verzieren und mit Mikado-Stäbchen garnieren.

Mikado-Torte

Milky-Way-Torte

Für Kinder – gut vorzubereiten

Insgesamt:
E: 87 g, F: 266 g, Kh: 653 g,
kJ: 23144, kcal: 5523

Zum Vorbereiten:
500 ml (½ l) Schlagsahne
8 Milky-Way®-Riegel (je 25 g)
100 g Zartbitterschokolade

Für den Biskuitteig:
2 Eier (Größe M)
2 EL heißes Wasser
100 g Zucker
1 Pck. Dr. Oetker Vanillin-Zucker
75 g Weizenmehl
50 g Speisestärke
1 gestr. TL Dr. Oetker Backin

Für den Belag:
1 Dose Pfirsiche (Abtropfgewicht 470 g)
3–4 EL weiche Nuss-Nougat-Creme
1 Pck. Tortenguss, klar
250 ml (¼ l) Pfirsichsaft aus der Dose

Für die Joghurtcreme:
1 Pck. gemahlene Gelatine, weiß
4 EL kaltes Wasser
300 g Naturjoghurt, Saft von ½ Zitrone

Außerdem:
2 Pck. Dr. Oetker Sahnesteif
Kakaopulver, Puderzucker

Zubereitungszeit: 60 Minuten, ohne Kühlzeit

1. Zum Vorbereiten Sahne mit den Milky-Way®-Riegeln unter Rühren erwärmen, bis diese geschmolzen sind. Die Schokolade grob zerkleinern, dazugeben und ebenfalls auflösen. Die Masse in eine Rührschüssel umfüllen und zugedeckt über Nacht kalt stellen.
2. Für den Teig Eier mit Handrührgerät mit Rührbesen auf höchster Stufe in 1 Minute schaumig schlagen. Zucker mit Vanillin-Zucker mischen, in 1 Minute einstreuen, dann noch 2 Minuten weiterschlagen.
3. Mehl mit Speisestärke und Backpulver mischen, auf die Eiercreme sieben und kurz auf niedrigster Stufe unterrühren. Den Teig in eine Springform (Ø 28 cm, Boden gefettet, mit Backpapier belegt) füllen und glatt streichen. Die Form sofort auf dem Rost in den Backofen schieben.

Ober-/Unterhitze: etwa 180 °C (vorgeheizt)
Heißluft: etwa 160 °C (vorgeheizt)
Gas: Stufe 2–3 (vorgeheizt)
Backzeit: etwa 25 Minuten.

4. Den Boden aus der Form lösen, auf einen mit Backpapier belegten Kuchenrost stürzen und erkalten lassen. Anschließend mitgebackenes Backpapier abziehen.
5. Für den Belag die Pfirsiche in einem Sieb gut abtropfen lassen, dabei den Saft auffangen und 250 ml (¼ l) abmessen. Die Nuss-Nougat-Creme in einem Topf im Wasserbad auflösen und den Tortenboden dick damit bestreichen. 2 Pfirsiche zurücklassen, die restlichen Pfirsiche in Spalten schneiden und auf dem Boden verteilen.
6. Aus Tortengusspulver und dem abgemessenen Pfirsichsaft nach Packungsanleitung, aber ohne Zucker einen Guss zubereiten und mit einem Löffel auf den Pfirsichen verteilen.
7. Für die Joghurtcreme Gelatine mit Wasser in einem kleinen Topf anrühren und nach Packungsanleitung quellen lassen. Joghurt mit Zitronensaft verrühren. Die zurückgelassenen Pfirsichhälften pürieren und unter den Joghurt rühren.
8. Die gequollene Gelatine bei schwacher Hitze unter Rühren auflösen (nicht kochen) und mit 2 Esslöffeln von der Joghurtmasse verrühren, dann die Mischung unter die restliche Joghurtmasse rühren. Die Masse auf die Pfirsiche streichen (evtl. einen Tortenring um die Torte stellen) und die Torte kalt stellen.
9. Die vorbereitete Milky-Way®-Creme mit Sahnesteif steif schlagen, auf die Joghurtmasse geben, glatt streichen und mit einer Gabel leichte Vertiefungen eindrücken. Die Torte etwa 3 Stunden kalt stellen.
10. Vor dem Servieren evtl. Tortenring lösen und entfernen und die Torte mit Kakao und Puderzucker bestäuben.

®Registered trademark of Masterfoods.

Milky-Way-Torte

Mimosentorte

Fruchtig

Insgesamt:
E: 45 g, F: 193 g, Kh: 453 g,
kJ: 15743, kcal: 3756

Für den Rührteig:
100 g Butter oder Margarine
100 g Puderzucker
1/2 Pck. Dr. Oetker Finesse Geriebene Zitronenschale
1 Prise Salz
1 Ei (Größe M)
2 Eiweiß (Größe M)
125 g Weizenmehl
1 Pck. Saucenpulver Vanille-Geschmack, zum Kochen
1 gestr. TL Dr. Oetker Backin
3 EL Schlagsahne

Für die Füllung:
1 Dose Ananasscheiben (Abtropfgewicht 510 g)
knapp 350 ml Ananassaft aus der Dose
40 g Speisestärke
40 g Zucker
2 Eigelb (Größe M)
1/2 Pck. Dr. Oetker Finesse Geriebene Zitronenschale

Zum Bestreichen:
250 ml (1/4 l) Schlagsahne
1 Pck. Dr. Oetker Sahnesteif
1 Pck. Dr. Oetker Vanillin-Zucker

Zubereitungszeit: 50 Minuten, ohne Kühlzeit

Mimosentorte

1. Für den Teig Butter oder Margarine mit Handrührgerät mit Rührbesen geschmeidig rühren. Nach und nach Puderzucker, Zitronenschale und Salz unterrühren. So lange rühren, bis eine gebundene Masse entstanden ist. Ei und Eiweiß nach und nach unterrühren (jedes Ei etwa 1/2 Minute).

2. Mehl mit Saucenpulver und Backpulver mischen, sieben und in 2 Portionen abwechselnd mit der Sahne unterrühren. Teig in eine Springform (Ø 26 cm, Boden gefettet, mit Backpapier belegt) füllen, glatt streichen und die Form auf dem Rost in den Backofen schieben.
Ober-/Unterhitze: etwa 180 °C (vorgeheizt)
Heißluft: etwa 160 °C (vorgeheizt)
Gas: Stufe 2–3 (vorgeheizt)
Backzeit: etwa 20 Minuten.

3. Boden auf einen mit Backpapier belegten Kuchenrost stürzen und erkalten lassen. Anschließend mitgebackenes Backpapier abziehen.

4. Für die Füllung Ananas in einem Sieb abtropfen lassen, den Saft dabei auffangen. 2 Scheiben beiseite legen, die übrigen sehr klein schneiden. Die Stücke nochmals abtropfen lassen, Saft wieder auffangen. Speisestärke und Zucker mit etwas Ananassaft verrühren, restlichen Saft in einem Kochtopf zum Kochen bringen. Angerührte Speisestärke einrühren und unter Rühren gut aufkochen lassen. Topf von der Kochstelle nehmen, Eigelb und Zitronenschale unterrühren, Ananasstücke unterheben und die Masse erkalten lassen, dabei gelegentlich umrühren.

5. Boden einmal waagerecht durchschneiden, die untere Hälfte auf eine Tortenplatte legen und kuppelförmig mit der Hälfte der Ananasmasse bestreichen. Vom oberen Boden einen etwa 1 cm breiten Rand abschneiden und diesen zerbröseln. Den kleineren Boden auf die Ananaskuppel legen und restliche Ananasmasse kuppelförmig darauf verstreichen.

6. Zum Bestreichen Sahne mit Sahnesteif und Vanillin-Zucker steif schlagen und auf die Ananasmasse streichen. Restliche Ananasscheiben in Stücke schneiden, auf die Torte legen und mit Bröseln bestreuen. Die Torte etwa 2 Stunden kalt stellen.

Mini-Dickmann's-Galetta-Torte

Für Kinder

Insgesamt:
E: 65 g, F: 324 g, Kh: 483 g,
kJ: 21463, kcal: 5120

Für den All-in-Teig:
100 g Weizenmehl
2 gestr. TL Dr. Oetker Backin
100 g Zucker
1 Pck. Dr. Oetker Bourbon-Vanille-Zucker
100 g weiche Butter oder Margarine
2 Eier (Größe M)
50 g Raspelschokolade

2–3 EL Himbeer- oder Johannisbeergelee

Für die Füllung:
1 Pck. (24 Stück) Mini Dickmann's
150 ml kalte Milch
350 ml Schlagsahne
1 Pck. Galetta Vanille-Geschmack
(Pudding-Pulver ohne Kochen)
1 Pck. Dr. Oetker Sahnesteif
250 g Naturjoghurt

Zum Verzieren:
25 g Zartbitterschokolade
150 ml Schlagsahne
1 Pck. Dr. Oetker Vanillin-Zucker

Zubereitungszeit: 45 Minuten

Mini-Dickmann's-Galetta-Torte

1. Für den Teig Mehl mit Backpulver mischen und in eine Rührschüssel sieben. Restliche Zutaten außer der Raspelschokolade hinzufügen und alles mit Handrührgerät mit Rührbesen auf höchster Stufe in 2 Minuten zu einem Teig verarbeiten.
2. Zuletzt Raspelschokolade kurz unterrühren. Teig in eine Springform (Ø 26 cm, Boden gefettet, mit Backpapier belegt) füllen und glatt streichen. Die Form auf dem Rost in den Backofen schieben.

Ober-/Unterhitze: etwa 180 °C (vorgeheizt)
Heißluft: etwa 160 °C (vorgeheizt)
Gas: Stufe 2–3 (vorgeheizt)
Backzeit: etwa 30 Minuten.

3. Nach dem Backen Boden aus der Form lösen, auf einen mit Backpapier belegten Kuchenrost stürzen und erkalten lassen. Anschließend mitgebackenes Backpapier abziehen, den Boden auf eine Tortenplatte legen und mit Gelee bestreichen, dabei am Rand 1 cm frei lassen. Einen Tortenring oder den gesäuberten Springformrand darumstellen.
4. Für die Füllung Waffeln der Mini Dickmann's mit einem Messer vorsichtig von der Schaumkuppel lösen. 16 der Dickmann's-Schaumkuppeln zum Garnieren beiseite stellen. Die Waffeln so in den Rand des Tortenrings oder des Springformrands setzen, dass die Schokoladenseiten außen liegen. Milch und Sahne in eine Rührschüssel geben, Galetta und Sahnesteif hinzufügen und nach Packungsanleitung aufschlagen. Zuletzt Joghurt und die restlichen 8 Dickmann's-Schaumkuppeln ohne Waffeln unterrühren. Die Creme vorsichtig auf dem Boden verteilen und verstreichen. Die Torte kurz kalt stellen.
5. Zum Verzieren Schokolade grob zerkleinern und in einen kleinen Gefrierbeutel füllen. Den Gefrierbeutel gut verschließen und zum Schmelzen der Schokolade in ein warmes Wasserbad hängen. Wenn die Schokolade geschmolzen ist, den Beutel trockentupfen, etwas durchkneten und eine kleine Ecke abschneiden. Tortenring oder Springformrand lösen und entfernen und die Torte mit der Schokolade besprenkeln.
6. Sahne mit Vanillin-Zucker steif schlagen, in einen Spritzbeutel mit Sterntülle füllen und 16 Tuffs aufspritzen. Die übrigen Dickmann's auf die Tuffs setzen. Die Torte bis zum Servieren kalt stellen.

Tipp:
Die Torte am gleichen Tag servieren, da die Waffeln weich werden.
Den Boden können Sie gut am Vortag zubereiten.

Miniwindbeutel-Himbeertorte

Beliebt

Insgesamt:
E: 80 g, F: 247 g, Kh: 400 g,
kJ: 17500, kcal: 4170

Für den Biskuitteig:
3 Eier (Größe M)
1 Eigelb (Größe M)
70 g Zucker
1 Pck. Dr. Oetker Vanillin-Zucker
50 g Weizenmehl
15 g Speisestärke
½ gestr. TL Dr. Oetker Backin

Zum Bestreichen:
175 g Erdbeerkonfitüre

Für die Füllung:
6 Blatt weiße Gelatine
300 g Himbeeren, frisch oder TK
200 g Doppelrahm-Frischkäse
60 g Zucker
250 ml (¼ l) Schlagsahne
18 gefüllte TK-Miniwindbeutel

Zum Garnieren:
6 gefüllte TK-Miniwindbeutel
einige Himbeeren
30 g weiße Kuvertüre

Zubereitungszeit: 60 Minuten, ohne Kühl- und Auftauzeit

1. Für den Teig Eier und Eigelb mit Handrührgerät mit Rührbesen auf höchster Stufe in 1 Minute schaumig schlagen. Zucker und Vanillin-Zucker mischen, in 1 Minute einstreuen, dann noch 2 Minuten weiterschlagen. Mehl mit Speisestärke und Backpulver auf die Eiercreme sieben und kurz auf niedrigster Stufe unterrühren.

2. Den Teig auf einem Backblech (30 x 40 cm, gefettet, mit Backpapier belegt) verteilen und verstreichen. Das Backblech sofort in den Backofen schieben.
   Ober-/Unterhitze: etwa 200 °C (vorgeheizt)
   Heißluft: etwa 180 °C (vorgeheizt)
   Gas: Stufe 3-4 (vorgeheizt)
   Backzeit: etwa 10 Minuten.

3. Biskuitplatte sofort vom Rand lösen und auf ein mit Zucker bestreutes Backpapier stürzen. Backpapier abziehen, Konfitüre durch ein Sieb streichen und die Biskuitplatte sofort damit bestreichen.

4. Die Gebäckplatte längs halbieren. Jede Hälfte von der längeren Seite aus fest aufrollen und jede Rolle in etwa 20 Scheiben schneiden. Den Boden einer Springform (Ø 26 cm) mit Backpapier belegen. Biskuitscheiben dicht aneinander an den Rand der Form stellen. Restliche Scheiben dicht als Boden auf dem Springformboden verteilen.

5. Für die Füllung Gelatine nach Packungsanleitung einweichen. Himbeeren verlesen oder auftauen lassen und pürieren, Frischkäse und Zucker unterrühren. Gequollene Gelatine leicht ausdrücken und in einem kleinen Topf bei schwacher Hitze unter Rühren auflösen (nicht kochen). 2–3 Esslöffel von der Himbeercreme unterrühren, dann die Mischung unter die restliche Himbeercreme rühren.

6. Schlagsahne steif schlagen und unterheben. Creme in die Springform füllen und 18 gefrorene Miniwindbeutel in die Creme drücken. Creme darüber glatt streichen. Die Torte 2–3 Stunden kalt stellen.

7. Vor dem Servieren Springformrand lösen und entfernen und die Torte mit 12 halben Miniwindbeuteln und Himbeeren garnieren. Nach Belieben Kuvertüre zu Locken schaben und auf die Torte streuen.

Miniwindbeutel-Himbeertorte

Miniwindbeutel-Torte

Für Kinder

Insgesamt:
E: 53 g, F: 271 g, Kh: 343 g,
kJ: 17376, kcal: 4154

Zum Vorbereiten:
400 ml Schlagsahne
100 g Vollmilchschokolade

Für den Knetteig:
150 g Weizenmehl
1/2 gestr. TL Dr. Oetker Backin
75 g Zucker
1 Pck. Dr. Oetker Vanillin-Zucker
1 Prise Salz
1 Ei (Größe M)
75 g weiche Butter oder Margarine

Für den Belag:
2–3 EL Himbeerkonfitüre
18 gefüllte TK-Miniwindbeutel
2 Pck. Dr. Oetker Sahnesteif

Zum Bestäuben:
1 TL Puderzucker
1 TL Kakaopulver

Zubereitungszeit: 30 Minuten, ohne Kühlzeit

1. Zum Vorbereiten Sahne zum Kochen bringen und die zerkleinerte Schokolade unter Rühren darin auflösen. Masse zugedeckt etwa 6 Stunden kalt stellen (am besten über Nacht).
2. Für den Teig Mehl mit Backpulver mischen und in eine Rührschüssel sieben. Zucker, Vanillin-Zucker, Salz, Ei und Butter oder Margarine hinzufügen. Die Zutaten mit Handrührgerät mit Knethaken zunächst kurz auf niedrigster, dann auf höchster Stufe gut durcharbeiten.
3. Anschließend den Teig auf einer bemehlten Arbeitsfläche kurz verkneten. Sollte er kleben, ihn eine Zeit lang kalt stellen. Den Teig auf einem Springformboden (Ø 26 cm, gefettet) ausrollen und mehrmals mit einer Gabel einstechen. Springformrand um den Boden legen. Die Form auf dem Rost in den Backofen schieben.
Ober-/Unterhitze: etwa 200 °C (vorgeheizt)
Heißluft: etwa 180 °C (vorgeheizt)
Gas: Stufe 3–4 (vorgeheizt)
Backzeit: etwa 15 Minuten.
4. Springformrand entfernen, den Knetteigboden vom Springformboden lösen, aber darauf auf einem Kuchenrost erkalten lassen.
5. Für den Belag den Boden auf eine Tortenplatte legen und mit Himbeerkonfitüre bestreichen. Die gefrorenen Miniwindbeutel dicht aneinander an den Rand des Knetteigbodens setzen.
6. Vorbereitete Schokosahne mit Sahnesteif steif schlagen, in einen Spritzbeutel mit großer Lochtülle füllen und hohe und breite Tuffs dicht aneinander auf den Boden innerhalb des Mini-Windbeutel-Rings spritzen. Torte etwa 1 Stunde kalt stellen.
7. Vor dem Servieren die Mini-Windbeutel mit Puderzucker und die Schokosahne mit Kakaopulver bestäuben.

Tipp:
Für Erwachsene anstelle der Vollmilchschokolade Zartbitterschokolade verwenden und die Sahne zusätzlich mit etwas Rum abschmecken.
Schneller geht es mit der Schokosahne, wenn nur 200 ml der Sahne aufgekocht werden, darin die Schokolade aufgelöst wird und dann die restliche Sahne zugefügt wird. Dann muss die Sahne nur noch etwa 3 Stunden kalt gestellt werden.

Miniwindbeutel-Torte

Mirabellen-Mohn-Torte

Fruchtig

Insgesamt:
E: 115 g, F: 221 g, Kh: 540 g,
kJ: 20072, kcal: 4791

Zum Vorbereiten:
1 Glas entsteinte Mirabellen
(Abtropfgewicht 360 g)

Für den Schüttelteig:
125 g Butter oder Margarine
250 g Weizenmehl
2 gestr. TL Dr. Oetker Backin
150 g Zucker
1 Pck. Dr. Oetker Vanillin-Zucker
5 EL (50 g) Mohnsamen
4 Eier (Größe M)
250 g Speisequark (20 % Fett)

Für den Belag:
200 ml Milch, 100 ml Schlagsahne
1 Pck. Paradiescreme Zitronen-Geschmack
(Dessertpulver)
4 EL Mirabellensaft

Zum Garnieren und Bestreuen:
Schale von $^1/_2$ Bio-Zitrone
(unbehandelt, ungewachst)
1–2 EL Mohnsamen

Zubereitungszeit: etwa 40 Minuten, ohne Kühlzeit

Mirabellen-Mohn-Torte

1. Zum Vorbereiten Mirabellen in einem Sieb gut abtropfen lassen, den Saft dabei auffangen.
2. Für den Teig Butter oder Margarine zerlassen und abkühlen lassen. Mehl mit Backpulver mischen, in eine verschließbare Schüssel (etwa 3 l) sieben und mit Zucker, Vanillin-Zucker und Mohn mischen. Eier, Butter oder Margarine und Quark hinzufügen. Schüssel mit dem Deckel fest verschließen.
3. Schüssel mehrmals (insgesamt 15–30 Sekunden) kräftig schütteln, so dass alle Zutaten gut vermischt sind. Alles mit einem Schneebesen oder Rührlöffel nochmals sorgfältig durchrühren, damit trockene Zutaten vom Rand mit untergerührt werden.
4. Die Hälfte des Teiges in eine Springform (Ø 26 cm, Boden gefettet) geben und glatt streichen. Mirabellen darauf verteilen, evtl. große Früchte halbieren. Restlichen Teig darauf verteilen und verstreichen. Die Form auf dem Rost in den Backofen schieben.
   Ober-/Unterhitze: etwa 180 °C (vorgeheizt)
   Heißluft: etwa 160 °C (nicht vorgeheizt)
   Gas: Stufe 2–3 (nicht vorgeheizt)
   Backzeit: etwa 45 Minuten.
5. Den Boden 10 Minuten in der Form stehen lassen, dann aus der Form lösen und auf einem mit Backpapier belegten Kuchenrost erkalten lassen. Den Boden auf eine Tortenplatte legen und einen Tortenring oder den gesäuberten Springformrand darumstellen.
6. Für den Belag Milch und Sahne in einen hohen Rührbecher geben. Dessertpulver hineingeben und mit Handrührgerät mit Rührbesen nach Packungsanleitung eine Creme zubereiten. Zuletzt 4 Esslöffel von dem Mirabellensaft unterrühren.
7. Die Zitronen-Mirabellen-Creme auf den Boden geben und mit einem Löffel ein Muster ziehen, so dass eine Blüte entsteht. Die Torte etwa 1 Stunde kalt stellen. Dann Tortenring oder Springformrand lösen und entfernen.
8. Zum Garnieren Zitrone heiß abspülen, abtrocknen und mit einem Zestenreißer schmale Streifen abziehen oder die Schale dünn abschälen und in sehr feine Streifen schneiden. Die Torte vor dem Servieren mit Zitronenschalenstreifen garnieren und mit Mohn bestreuen.

Mohn-Kirsch-Torte

Einfach

Insgesamt:
E: 97 g, F: 150 g, Kh: 444 g,
kJ: 15823, kcal: 3780

Für den Biskuitteig:
4 Eier (Größe M)
2 EL heißes Wasser
80 g Zucker, 125 g Weizenmehl
2 gestr. TL Dr. Oetker Backin
100 g Mohnsamen

Für die Füllung:
1 Glas Sauerkirschen
(Abtropfgewicht 350 g)
1 Pck. Tortenguss, rot
250 ml (¼ l) Sauerkirschsaft
aus dem Glas
25 g Zucker

Zum Tränken:
4 EL Kirschwasser
6 EL Sauerkirschsaft aus dem Glas

Für die Joghurtcreme:
8 Blatt weiße Gelatine
500 g Naturjoghurt
1–2 EL Zitronensaft
100 g Zucker
200 ml Schlagsahne

10 g geschabte Schokolade

Zubereitungszeit: 45 Minuten, ohne Kühlzeit

Mohn-Kirsch-Torte

1. Für den Teig Eier und Wasser mit Handrührgerät mit Rührbesen auf höchster Stufe in 1 Minute schaumig schlagen. Zucker in 1 Minute einstreuen, dann noch 2 Minuten weiterschlagen.
2. Mehl mit Backpulver mischen, auf die Eiercreme sieben und kurz auf niedrigster Stufe unterrühren. Mohn unterheben. Den Teig in eine Springform (Ø 26 cm, Boden gefettet, mit Backpapier belegt) geben und glatt streichen. Die Form auf dem Rost in den Backofen schieben.
Ober-/Unterhitze: etwa 180 °C (vorgeheizt)
Heißluft: etwa 160 °C (vorgeheizt)
Gas: Stufe 2–3 (vorgeheizt)
Backzeit: etwa 25 Minuten.
3. Den Biskuitboden aus der Form lösen, auf einen mit Backpapier belegten Kuchenrost stürzen und erkalten lassen. Anschließend mitgebackenes Backpapier abziehen und den Boden einmal waagerecht durchschneiden.
4. Für die Füllung Sauerkirschen in einem Sieb abtropfen lassen, den Saft dabei auffangen und 250 ml (¼ l) davon abmessen, evtl. mit Wasser auffüllen. 16 Sauerkirschen zum Garnieren und 6 Esslöffel Sauerkirschsaft zum Tränken beiseite stellen.
5. Tortengusspulver mit Sauerkirschsaft und Zucker nach Packungsanleitung zubereiten, Sauerkirschen unterrühren und die Kirschmasse erkalten lassen.
6. Den unteren Biskuitboden auf eine Platte legen und einen Tortenring darumstellen. Kirschwasser mit dem beiseite gestellten Sauerkirschsaft verrühren. Den unteren Biskuitboden mit der Hälfte der Kirschwasserflüssigkeit beträufeln. Kirschmasse darauf geben und glatt streichen, dabei etwa 1 cm Rand frei lassen.
7. Für die Joghurtcreme Gelatine nach Packungsanleitung einweichen. Joghurt mit Zitronensaft und Zucker verrühren. Gelatine in einem kleinen Topf bei schwacher Hitze unter Rühren auflösen (nicht kochen). Etwa 4 Esslöffel der Joghurtmasse mit der Gelatine verrühren, dann die Mischung mit der restlichen Joghurtmasse verrühren und kalt stellen.
8. Sahne steif schlagen und unterheben. Die Hälfte der Joghurt-Sahne-Creme auf der Kirschmasse verteilen. Oberen Boden darauf legen, leicht andrücken und mit der restlichen Kirschwasserflüssigkeit beträufeln. Restliche Joghurt-Sahne-Creme darauf glatt streichen. Die Tortenoberfläche mit den beiseite gestellten Sauerkirschen und der Schokolade garnieren und die Torte etwa 3 Stunden kalt stellen. Anschließend Tortenring lösen und entfernen.

Mohn-Marzipan-Torte

Gut vorzubereiten – dauert länger

Insgesamt:
E: 119 g, F: 289 g, Kh: 621 g,
kJ: 23723, kcal: 5662

Für den Biskuitteig:
4 Eier (Größe M)
3 EL Weißwein oder Apfelsaft
150 g Zucker
1 Pck. Dr. Oetker Vanillin-Zucker
125 g Weizenmehl
50 g Speisestärke
2 gestr. TL Dr. Oetker Backin
30–40 g fein gemahlene Pistazienkerne

Für die Marzipancreme:
2 Blatt weiße Gelatine
200 g Marzipan-Rohmasse
200 ml Milch
1 Pck. Dr. Oetker Pudding-Pulver
Vanille-Geschmack
200 ml Schlagsahne

Für die Mohncreme:
2 Blatt weiße Gelatine
50 g Mohnsamen
200 ml Milch
30 g Zucker
1 Pck. Dr. Oetker Pudding-Pulver
Vanille-Geschmack
200 ml Schlagsahne

Für den Apfelbelag:
750 g Äpfel, z. B. Elstar
etwa 250 ml (¼ l) Weißwein
oder Apfelsaft
25 g Zucker, 1 Pck. Tortenguss, klar

Zum Garnieren:
20 g gemahlene oder gehackte
Pistazienkerne

Zubereitungszeit: 90 Minuten, ohne Kühlzeit

1. Für den Teig Eier und Wein oder Saft in eine Rührschüssel geben und mit Handrührgerät mit Rührbesen auf höchster Stufe in 1 Minute schaumig schlagen. Zucker und Vanillin-Zucker mischen, in 1 Minute einstreuen und noch 2 Minuten weiterschlagen. Mehl mit Speisestärke und Backpulver mischen, die Hälfte davon auf die Eiercreme sieben und auf niedrigster Stufe kurz unterrühren. Restliches Mehlgemisch ebenso unterarbeiten. Zuletzt Pistazien unterrühren. Den Teig in eine Springform (Ø 26 cm, Boden gefettet, mit Backpapier belegt) füllen, glatt streichen und die Form auf dem Rost in den Backofen schieben.
Ober-/Unterhitze: etwa 180 °C (vorgeheizt)
Heißluft: etwa 160 °C (vorgeheizt)
Gas: Stufe 2–3 (vorgeheizt)
Backzeit: etwa 30 Minuten.

2. Den Boden aus der Form lösen, auf einen mit Backpapier belegten Kuchenrost stürzen und erkalten lassen. Anschließend mitgebackenes Backpapier abziehen und den Boden zweimal waagerecht durchschneiden.

Mohn-Marzipan-Torte

3. Für die Marzipancreme Gelatine einweichen. Marzipan sehr klein schneiden und unter ständigem Rühren mit der Milch zum Kochen bringen. Pudding-Pulver mit der Sahne verrühren, in die kochende Marzipanmilch geben, unter Rühren aufkochen lassen und den Topf von der Kochstelle nehmen. Gelatine ausdrücken und unter Rühren im heißen Pudding auflösen. Den unteren Tortenboden auf eine Tortenplatte legen, Tortenring oder gesäuberten Springformrand darumlegen, die warme Marzipancreme einfüllen, glatt streichen und mit dem mittleren Boden bedecken.

4. Für die Mohncreme Gelatine einweichen. Mohn mit Milch und Zucker in einem Topf zum Kochen bringen, Pudding-Pulver mit Sahne verrühren, in die kochende Mohnmilch rühren und unter Rühren kurz aufkochen lassen. Den Topf von der Kochstelle nehmen, Gelatine leicht ausdrücken und unter Rühren in der heißen Mohncreme auflösen. Die Creme auf dem mittleren Boden glatt streichen und mit dem oberen Boden bedecken. Die Torte etwa 2 Stunden kalt stellen.

5. Für den Apfelbelag Äpfel schälen, vierteln, entkernen und in Spalten schneiden. Apfelspalten in einem Topf mit etwas Wein oder Saft weich garen, dann in einem Sieb abtropfen lassen und die Kochflüssigkeit dabei auffangen. Äpfel abkühlen lassen und dekorativ auf der Tortenoberfläche verteilen. Kochflüssigkeit mit Wein oder Saft auf 250 ml (¼ l) auffüllen und mit Zucker und Tortenguss nach Packungsanleitung einen Guss bereiten. Guss auf den Äpfeln verteilen und mit Pistazien garnieren. Den Guss fest werden lassen und den Tortenring oder Springformrand lösen. Die Torte bis zum Servieren kalt stellen.

Tipp:
Die Torte schmeckt gut durchgezogen am besten, kann also gut am Vortag zubereitet werden.

Mohn-Punschtorte

Raffiniert

Insgesamt:
E: 83 g, F: 330 g, Kh: 481 g,
kJ: 22439, kcal: 5365

Für den Rührteig:
150 g Butter oder Margarine
125 g Zucker
1 Pck. Dr. Oetker Bourbon-Vanille-Zucker
1 Msp. gemahlener Zimt
4 Eier (Größe M)
125 g Weizenmehl
3 gestr. TL Dr. Oetker Backin
50 g Mohnsamen

Für die Füllung:
1 Glas (385 g) Pflaumen (Zwetschen)
250 ml ($^1/_4$ l) Pflaumensaft aus dem Glas
20 g Zucker, 1 Pck. Tortenguss, klar

Für die Punschcreme:
3 Blatt rote Gelatine
3 Blatt weiße Gelatine
250 ml ($^1/_4$ l) Glühwein
400 ml Schlagsahne
30–50 g Zucker
(je nach Süße des Glühweins)
etwas gemahlener Zimt

Zum Garnieren:
100 g Halbbitter-Kuvertüre
1–2 TL Speiseöl

**Zubereitungszeit: 60 Minuten,
ohne Kühlzeit**

1. Für den Teig Butter oder Margarine mit Handrührgerät mit Rührbesen auf höchster Stufe geschmeidig rühren. Nach und nach Zucker, Vanille-Zucker und Zimt unterrühren. So lange rühren, bis eine gebundene Masse entstanden ist. Eier nach und nach unterrühren (jedes Ei etwa $^1/_2$ Minute). Mehl mit Backpulver mischen, sieben und in 2 Portionen abwechselnd mit dem Mohn auf mittlerer Stufe unterrühren. Den Teig in eine Springform (Ø 26 cm, Boden gefettet, mit Backpapier belegt) füllen und glatt streichen. Die Form auf dem Rost in den Backofen schieben.
   Ober-/Unterhitze: etwa 180 °C (vorgeheizt)
   Heißluft: etwa 160 °C (nicht vorgeheizt)
   Gas: Stufe 2–3 (nicht vorgeheizt)
   Backzeit: etwa 35 Minuten.

2. Den Boden aus der Form lösen, auf einen mit Backpapier belegten Kuchenrost stürzen und erkalten lassen. Anschließend mitgebackenes Backpapier abziehen und den Boden einmal waagerecht durchschneiden. Unteren Boden auf eine Tortenplatte legen und einen Tortenring oder den gesäuberten Springformrand darumstellen.

3. Für die Füllung Pflaumen in einem Sieb abtropfen lassen, den Saft dabei auffangen und 250 ml ($^1/_4$ l) davon abmessen. Die Pflaumen auf dem Boden verteilen, dabei 1 cm am Rand frei lassen. Aus Saft, Zucker und Tortenguss nach Packungsanleitung einen Guss zubereiten, auf die Pflaumen geben und erkalten lassen.

4. Für die Punschcreme beide Gelatinesorten zusammen einweichen. Anschließend Gelatine ausdrücken und in einem kleinen Topf bei schwacher Hitze auflösen (nicht kochen). Topf von der Kochstelle nehmen, nach und nach Glühwein unter Rühren hinzufügen und die Flüssigkeit kalt stellen. Sobald die Flüssigkeit beginnt dicklich zu werden, Sahne mit Zucker und Zimt steif schlagen und die Glühweinmasse unter die Zimtsahne heben. Zwei Drittel der Punschcreme auf die Pflaumen geben und glatt streichen. Den oberen Boden auflegen, leicht andrücken und die restliche Punschcreme darauf verstreichen. Die Torte etwa 3 Stunden kalt stellen.

5. Zum Garnieren Kuvertüre grob hacken und mit Öl in einem Topf im Wasserbad bei schwacher Hitze auflösen. Kuvertüre dünn auf Backpapier verstreichen und fest werden lassen (nicht kalt stellen). Anschließend mit Ausstechformen Motive (z. B. Sterne) ausstechen. Die Torte aus dem Tortenring oder Springformrand lösen und Rand und Oberfläche mit den Motiven garnieren.

Tipp:
Die Torte kann gut am Vortag zubereitet werden.
Glühwein kann auch durch Rotwein ersetzt werden, dann den Rotwein nach Belieben mit Zimt und Nelken würzen.
Die Torte ist ohne die Schokomotive gefriergeeignet.

Mohn-Punschtorte

Mohn-Schichttorte mit Pflaumenmus

Für Gäste – dauert länger

Insgesamt:
E: 186 g, F: 234 g, Kh: 517 g,
kJ: 22479, kcal: 5365

Für den Rührteig:
150 g Butter oder Margarine
125 g gesiebter Puderzucker
1 Pck. Dr. Oetker Vanillin-Zucker
1 Prise Salz
1 Pck. Dr. Oetker Finesse Geriebene Zitronenschale
6 Eigelb (Größe M)
50 g Weizenmehl
1 gestr. TL Dr. Oetker Backin
100 g abgezogene, gemahlene Mandeln
100 g Mohnsamen
6 Eiweiß (Größe M)

Für die Füllung:
6 Blatt weiße Gelatine
500 ml (1/2 l) Milch
1 Pck. Dr. Oetker Pudding-Pulver Vanille-Geschmack
100 g Zucker
500 g Magerquark
1 Glas (etwa 340 g) Pflaumenmus

1 gestr. EL Mohnsamen

Zubereitungszeit: 80 Minuten, ohne Abkühlzeit

Mohn-Schichttorte mit Pflaumenmus

1. Für den Teig Butter oder Margarine mit Handrührgerät mit Rührbesen auf höchster Stufe geschmeidig rühren. Nach und nach Puderzucker, Vanillin-Zucker, Salz und Zitronenschale unterrühren. So lange rühren, bis eine gebundene Masse entstanden ist.
2. Eigelb nach und nach unterrühren. Mehl mit Backpulver mischen, sieben und kurz auf mittlerer Stufe unterrühren. Mandeln und Mohnsamen hinzufügen. Eiweiß steif schlagen und vorsichtig unter den Teig heben.
3. Den Teig in 5 Portionen teilen. Jeweils 1 Teigportion in eine Springform (Ø 26 cm, Boden gefettet, mit Backpapier belegt) geben und glatt streichen, dabei darauf achten, dass der Teig am Rand nicht zu dünn ist. Die Form auf dem Rost in den Backofen schieben und so alle Böden backen.
Ober-/Unterhitze: etwa 180 °C (vorgeheizt)
Heißluft: etwa 160 °C (vorgeheizt)
Gas: Stufe 2–3 (vorgeheizt)
Backzeit: etwa 15 Minuten je Boden.
4. Die Gebäckböden aus der Form lösen, auf mit Backpapier belegte Kuchenroste stürzen und erkalten lassen. Anschließend mitgebackenes Backpapier abziehen.
5. Für die Füllung Gelatine nach Packungsanleitung einweichen. Aus Milch, Pudding-Pulver und Zucker nach Packungsanleitung einen Pudding zubereiten. Gelatine leicht ausdrücken und unter Rühren in dem heißen Pudding auflösen. Puddingmasse erkalten lassen, dabei gelegentlich umrühren und Quark unterrühren.
6. Einen Gebäckboden auf eine Tortenplatte legen. Etwa ein Drittel der Pudding-Quark-Masse darauf streichen. Einen zweiten Gebäckboden darauf legen und mit knapp der Hälfte des Pflaumenmuses bestreichen. Den dritten Gebäckboden darauf legen und wieder ein Drittel der Pudding-Quark-Masse darauf verteilen. Mit dem vierten Gebäckboden belegen und mit dem restlichen Pflaumenmus (etwas Pflaumenmus beiseite stellen) bestreichen. Den letzten Gebäckboden darauf legen und leicht andrücken.
7. Tortenrand und -oberfläche mit der restlichen Pudding-Quark-Masse bestreichen. Tortenoberfläche mit Hilfe einer Gabel wellenförmig verzieren.
8. Beiseite gestelltes Pflaumenmus vor dem Verzehr in Klecksen auf die Tortenoberfläche geben und mit Mohnsamen bestreuen.

Mohntorte mit Rhabarbercreme

Mohntorte mit Rhabarbercreme

Dauert etwas länger

Insgesamt:
E: 147 g, F: 449 g, Kh: 861 g,
kJ: 34789, kcal: 8311

Für den Schütteteig:
175 g Butter oder Margarine
200 g Weizenmehl
50 g Speisestärke
3 gestr. TL Dr. Oetker Backin
200 g Zucker
1 Prise Salz
4 Eier (Größe M)
150 ml Milch
75 g Mohnsamen

Für den Belag:
9 Blatt weiße Gelatine
500 g Rhabarber
50 ml Wasser
120 g Zucker
2 Pck. Dr. Oetker Bourbon-Vanille-Zucker
250 g Vanillejoghurt
400 ml Schlagsahne

Zum Bestreichen:
4 EL Erdbeerfruchtaufstrich

Außerdem:
300 g Marzipan-Rohmasse
100 g gesiebter Puderzucker

Zubereitungszeit: 80 Minuten, ohne Kühlzeit

1. Für den Teig Butter oder Margarine zerlassen und abkühlen lassen. Mehl mit Speisestärke und Backpulver mischen, in eine verschließbare Schüssel (etwa 3 l) sieben und mit Zucker und Salz mischen. Eier, Butter oder Margarine und Milch hinzufügen. Schüssel mit dem Deckel fest verschließen. Schüssel mehrmals (insgesamt 15–30 Sekunden) kräftig schütteln, so dass alle Zutaten gut vermischt sind.

2. Mohnsamen hinzugeben. Alles mit einem Schneebesen oder Rührlöffel nochmals sorgfältig durchrühren, damit trockene Zutaten vom Rand mit untergerührt werden. Den Teig in eine Springform (Ø 26 cm, Boden gefettet, gemehlt) geben und glatt streichen. Die Form auf dem Rost in den Backofen schieben.
Ober-/Unterhitze: etwa 180 °C (vorgeheizt)
Heißluft: etwa 160 °C (nicht vorgeheizt)
Gas: Stufe 2–3 (nicht vorgeheizt)
Backzeit: 35–40 Minuten.

3. Den Boden etwa 10 Minuten in der Form stehen lassen, dann aus der Form lösen und auf einem mit Backpapier belegten Kuchenrost erkalten lassen. Dann den Boden einmal waagerecht durchschneiden.

4. Für den Belag Gelatine nach Packungsanleitung einweichen. Rhabarber waschen, Stielenden und Blattansätze entfernen und die Stangen in etwa 2 cm lange Stücke schneiden. Rhabarberstücke mit Wasser in einem Topf weich dünsten lassen. Zucker und Vanille-Zucker unterrühren. Gelatine leicht ausdrücken und in dem heißen Rhabarberkompott unter Rühren auflösen. Kompott abkühlen lassen. Joghurt unterrühren und kalt stellen. Sahne steif schlagen und unterheben.

5. Den unteren Tortenboden auf eine Platte legen. Einen Tortenring oder den gesäuberten Springformrand (evtl. mit Backpapier ausgelegt) darumstellen. Rhabarbercreme auf den Tortenboden geben und glatt streichen. Den oberen Boden darauf legen und etwas andrücken. Torte 2–3 Stunden kalt stellen.

6. Tortenring oder Springformrand lösen und entfernen. Den Fruchtaufstrich durch ein Sieb streichen, den Tortenrand damit bestreichen. Marzipan klein schneiden und mit Puderzucker verkneten. Marzipanmasse zwischen Frischhaltefolie dünn (etwa Ø 30 cm) ausrollen und auf die Torte legen, Oberfläche und Rand dabei etwas andrücken.

Tipp:
Die Torte nach Belieben mit Sahnetuffs verzieren und mit gehobelter weißer Kuvertüre bestreuen.

Mokkabaisertorte mit Sauerkirschen

Fettarm

Insgesamt:
E: 24 g, F: 35 g, Kh: 265 g,
kJ: 6363, kcal: 1516

Für das Baiser:
2 Eiweiß (Größe M)
100 g Zucker
1 Pck. Dr. Oetker Vanillin-Zucker
2 TL lösliches Kaffeepulver

Zum Bestreichen:
30 g Mokka-Sahne-Schokolade

Für die Füllung:
1 Glas Sauerkirschen
(Abtropfgewicht 360 g)
125 ml ($1/8$ l) Sauerkirschsaft aus dem Glas
1 Pck. Dr. Oetker Pudding-Pulver Sahne-Geschmack
125 ml ($1/8$ l) Milch
1 Pck. Dr. Oetker Vanillin-Zucker
2 Eigelb (Größe M)

20 g geschabte Mokka-Sahne-Schokolade

Zubereitungszeit: 60 Minuten, ohne Trocken- und Abkühlzeit

1. Für das Baiser Eiweiß steif schlagen. Nach und nach Zucker, Vanillin-Zucker und Kaffeepulver kurz unterschlagen.

2. Ein Backblech fetten und mit Backpapier belegen. Einen Kreis (Ø etwa 24 cm) aufzeichnen. Die Mokka-Baiser-Masse in einen Spritzbeutel mit Lochtülle füllen. Den aufgezeichneten Kreis spiralförmig mit der Mokka-Baiser-Masse ausspritzen. Zuletzt den äußeren Rand etwas höher spritzen (etwa 2 cm). Evtl. noch restliche Mokka-Baiser-Masse als Locken oder Tuffs mit auf das Backblech spritzen. Das Backblech in den Backofen schieben.
   Ober-/Unterhitze: etwa 100 °C (vorgeheizt)
   Heißluft: etwa 80 °C (nicht vorgeheizt)
   Gas: etwa Stufe 1 (nicht vorgeheizt)
   Trockenzeit: etwa 2 Stunden.

3. Den Baiserboden und evtl. Locken oder Tuffs vom Backpapier lösen und auf Kuchenrosten erkalten lassen. Baiserboden auf eine Tortenplatte legen.

4. Zum Bestreichen Schokolade in Stücke brechen und in einem Topf im Wasserbad bei schwacher Hitze geschmeidig rühren. Den Baiserboden dünn damit bestreichen. Schokolade fest werden lassen.

5. Für die Füllung Sauerkirschen gut abtropfen lassen, den Saft dabei auffangen und 125 ml ($1/8$ l) davon abmessen. Saft mit $1/2$ Päckchen Pudding-Pulver verrühren und unter Rühren zum Kochen bringen. Topf von der Kochstelle nehmen, Sauerkirschen unterheben und die Masse etwas abkühlen lassen. Sauerkirschmasse auf den Baiserboden geben, dabei die Mitte frei lassen.

6. Restliches Pudding-Pulver, Milch und Vanillin-Zucker verrühren und unter Rühren aufkochen lassen. Topf von der Kochstelle nehmen, Eigelb unterrühren, etwas abkühlen lassen und dabei ab und zu umrühren. Den nicht zu warmen Pudding in die Mitte des Bodens geben und erkalten lassen.

7. Die Torte mit Schokoladenspänen bestreuen und evtl. mit den Baisertuffs oder -locken garnieren.

Tipp:
Die Baisertorte schmeckt frisch am besten.

Mokkabaisertorte mit Sauerkirschen

Mokka-Eiskonfekt-Torte

Einfach

Insgesamt:
E: 59 g, F: 256 g, Kh: 441 g,
kJ: 18024, kcal: 4304

Für den Biskuitteig:
4 Eier (Größe M)
3 EL heißes Wasser
150 g Zucker
100 g Weizenmehl
100 g Speisestärke
2 gestr. TL Dr. Oetker Backin
10 g Kakaopulver
1 EL Wasser

Für die Füllung:
600 ml Schlagsahne
1 Pck. Dr. Oetker Vanillin-Zucker
2 Pck. Dr. Oetker Sahnesteif
2 Beutel Instant-Eiskaffeepulver
75 g Eiskonfekt

Zum Garnieren und Besprenkeln:
3 Stück Eiskonfekt
30 g Eiskonfekt

Zubereitungszeit: 40 Minuten, ohne Kühlzeit

1. Für den Teig Eier und Wasser mit Handrührgerät mit Rührbesen auf höchster Stufe in 1 Minute schaumig schlagen. Zucker in 1 Minute einstreuen, dann noch 2 Minuten weiterschlagen. Mehl mit Speisestärke und Backpulver mischen, die Hälfte davon auf die Eiercreme sieben und kurz auf niedrigster Stufe unterrühren. Den Rest des Mehlgemisches auf die gleiche Weise unterarbeiten. Zwei Drittel des Teiges in eine Springform (Ø 26 cm, Boden gefettet, mit Backpapier belegt) füllen und glatt streichen.

2. Unter den restlichen Teig Kakaopulver und Wasser rühren. Dunklen Teig teelöffelweise auf dem hellen Teig verteilen, leicht eindrücken, aber nicht verstreichen. Die Form auf dem Rost in den Backofen schieben.
Ober-/Unterhitze: etwa 180 °C (vorgeheizt)
Heißluft: etwa 160 °C (nicht vorgeheizt)
Gas: Stufe 2–3 (nicht vorgeheizt)
Backzeit: etwa 40 Minuten.

3. Den Tortenboden aus der Form lösen, auf einen mit Backpapier belegten Kuchenrost stürzen und erkalten lassen. Anschließend mitgebackenes Backpapier abziehen, den Boden wieder umdrehen und zweimal waagerecht durchschneiden.

4. Für die Füllung Sahne mit Vanillin-Zucker und Sahnesteif fast steif schlagen, Eiskaffeepulver hinzufügen und die Sahne steif schlagen. Eiskonfekt aus den Formen lösen, hacken und unter die Hälfte der Eiskaffee-Sahne heben. Restliche Eiskaffee-Sahne zunächst kalt stellen.

5. Den unteren Boden auf eine Tortenplatte legen, die Hälfte der Eiskonfekt-Kaffee-Sahne darauf verteilen und glatt streichen. Den mittleren Boden darauf legen, restliche Eiskonfekt-Kaffee-Sahne darauf verteilen, glatt streichen und den oberen Boden auflegen. Tortenrand und -oberfläche mit der kalt gestellten Eiskaffee-Sahne bestreichen.

6. Zum Garnieren Tortenoberfläche in 12 Stücke einteilen, 3 Stück Eiskonfekt aus den Formen lösen, vierteln und jeweils ein Viertel auf ein Tortenstück legen. Zum Besprenkeln Eiskonfekt aus der Form lösen, grob hacken und in einem kleinen Gefrierbeutel im Wasserbad bei schwacher Hitze auflösen. Anschließend Beutel trockentupfen, etwas durchkneten und eine Ecke abschneiden. Die Torte mit dem aufgelösten Eiskonfekt besprenkeln. Torte kalt stellen und gut gekühlt servieren.

Mokka-Eiskonfekt-Torte

Mokka-Pfirsich-Torte

Fruchtig – einfach

Insgesamt:
E: 55 g, F: 275 g, Kh: 459 g,
kJ: 20484, kcal: 4896

Für den Schüttelteig:
150 g Butter oder Margarine
125 g Weizenmehl
75 g Speisestärke
1 Pck. Dr. Oetker Backin
100 g Puderzucker
2 Pck. Dr. Oetker Bourbon-Vanille-Zucker
1 Prise Salz
3 Eier (Größe M)
100 ml Amaretto (ital. Mandellikör)

Für die Füllung:
400 ml Schlagsahne
2 EL Zucker
2 Pck. Dr. Oetker Sahnesteif
2 EL Amaretto (ital. Mandellikör)
3 TL lösliches Kaffeepulver

Für den Belag:
1 Dose Pfirsichhälften
(Abtropfgewicht etwa 500 g)

Zum Garnieren:
etwas frische Minze

Zubereitungszeit: 40 Minuten, ohne Abkühlzeit

1. Für den Teig Butter oder Margarine zerlassen und abkühlen lassen. Mehl mit Speisestärke, Backpulver und Puderzucker mischen, in eine verschließbare Schüssel (etwa 3 l) sieben und mit Vanille-Zucker und Salz mischen. Eier, Butter oder Margarine und Amaretto hinzufügen. Schüssel mit dem Deckel fest verschließen.

2. Schüssel mehrmals (insgesamt 15–30 Sekunden) kräftig schütteln, so dass alle Zutaten gut vermischt sind. Alles mit einem Schneebesen oder Rührlöffel nochmals sorgfältig durchrühren, damit trockene Zutaten vom Rand mit untergerührt werden.

3. Den Teig in eine Springform (Ø 26 cm, Boden gefettet) geben und glatt streichen. Die Form auf dem Rost in den Backofen schieben.
   Ober-/Unterhitze: etwa 180 °C (vorgeheizt)
   Heißluft: etwa 160 °C (vorgeheizt)
   Gas: Stufe 2–3 (vorgeheizt)
   Backzeit: etwa 30 Minuten.

4. Den Tortenboden aus der Form lösen und auf einem mit Backpapier belegten Kuchenrost erkalten lassen.

5. Für die Füllung Sahne mit Zucker und Sahnesteif steif schlagen. Amaretto erwärmen, Kaffeepulver unter Rühren darin auflösen, abkühlen lassen und unter die Sahne heben. Die Mokkasahne auf den Tortenboden geben und glatt streichen.

6. Für den Belag Pfirsichhälften in einem Sieb abtropfen lassen. Pfirsichhälften in Spalten schneiden und auf der Mokkasahne verteilen.

7. Zum Garnieren Minze abspülen und trockentupfen. Die Torte mit der Minze garnieren. Die Torte bis zum Servieren kalt stellen.

Mousse-au-Cappuccino-Torte

Raffiniert – Einfach

Insgesamt:
E: 49 g, F: 324 g, Kh: 336 g,
kJ: 18720, kcal: 4462

Für den Boden:
200 g Schoko-Cookies (Schokoladenkekse)
125 g Butter

Für den Belag:
2 Pck. Mousse au Chocolat (Dessertpulver)
300 ml Milch
200 ml Schlagsahne
2 Beutel (je 10 g) Instant-Cappuccinopulver

Zum Verzieren und Garnieren:
200 ml Schlagsahne
1 Pck. Dr. Oetker Vanillin-Zucker
einige Mokkabohnen oder -pralinen
30 g Zartbitterschokolade
evtl. etwas Kakaopulver

Zubereitungszeit: 25 Minuten, ohne Kühlzeit

Mousse-au-Cappuccino-Torte

1. Für den Boden Schoko-Cookies in einen Gefrierbeutel geben und den Beutel verschließen. Schoko-Cookies mit einer Teigrolle fein zerbröseln und in eine Schüssel geben.
2. Butter zerlassen, zu den Bröseln geben und gut verrühren. Einen Springformrand (Ø 26 cm) auf eine mit Tortenspitze oder Backpapier belegte Tortenplatte stellen. Die Bröselmasse gleichmäßig darin verteilen und mit Hilfe eines Löffels gut zu einem Boden andrücken. Den Boden kalt stellen.
3. Für den Belag Mousse au Chocolat mit Milch und Sahne nach Packungsanleitung, aber mit den hier angegebenen Zutaten zubereiten und Cappuccinopulver unterschlagen. Die Masse auf den Boden geben und glatt streichen. Die Torte etwa 1 Stunde kalt stellen.
4. Zum Verzieren und Garnieren Springformrand lösen und entfernen. Sahne mit Vanillin-Zucker steif schlagen. Die Sahne so auf die Tortenoberfläche streichen, dass rundherum ein etwa 1 cm breiter Mousse-Rand sichtbar bleibt. In die Sahne mit einem Teelöffel Vertiefungen eindrücken. Die Torte mit Mokkabohnen oder -pralinen garnieren.
5. Schokolade in Stücke brechen und in einem Topf im Wasserbad bei schwacher Hitze geschmeidig rühren. Schokolade in ein Papiertütchen oder einen kleinen Gefrierbeutel füllen und eine kleine Ecke abschneiden. Den Tortenrand mit der Schokolade verzieren. Nach Belieben die Tortenplatte mit verzieren.
6. Die Torte bis zum Servieren kalt stellen und vor dem Servieren nach Belieben mit etwas Kakao bestäuben.

Tipp:
Schoko-Cookies gibt es in unterschiedlichen Packungsgrößen. Bei einer 175-g-Packung können die Cookies mit Zwieback oder Löffelbiskuits auf 200 g aufgefüllt werden.

Abwandlung:
Anstelle der Schoko-Cookies den Boden mit der gleichen Menge Schoko-Waffelröllchen zubereiten.

Mozart-Torte

Klassisch

Insgesamt:
E: 101 g, F: 421 g, Kh: 521 g,
kJ: 26551, kcal: 6344

Für den Biskuitteig:
125 g Nuss-Nougat
4 Eier (Größe M)
4 EL heißes Wasser
100 g Zucker
1 Pck. Dr. Oetker Vanillin-Zucker
100 g Weizenmehl
100 g Speisestärke
2 gestr. TL Dr. Oetker Backin

Zum Beträufeln und Bestreichen:
4 EL Cointreau (Orangenlikör)
3 EL Aprikosenkonfitüre

Für die Füllung:
400 ml Schlagsahne
2 Pck. Dr. Oetker Vanillin-Zucker
2 Pck. Dr. Oetker Sahnesteif
60 g gemahlene Pistazienkerne

Zum Bestreichen, Verzieren und Garnieren:
400 ml Schlagsahne
2 Pck. Dr. Oetker Vanillin-Zucker
2 Pck. Dr. Oetker Sahnesteif
40 g gemahlene Pistazienkerne
6–8 Mozartkugeln

Zubereitungszeit: 60 Minuten, ohne Kühlzeit

1. Für den Teig Nougat nach Packungsanleitung auflösen und etwas abkühlen lassen. Eier und Wasser mit Handrührgerät mit Rührbesen auf höchster Stufe in 1 Minute schaumig schlagen. Zucker und Vanillin-Zucker mischen, in 1 Minute einstreuen, dann noch 2 Minuten weiterschlagen.

2. Mehl mit Speisestärke und Backpulver mischen, die Hälfte davon auf die Eiercreme sieben und kurz auf niedrigster Stufe unterrühren. Restliches Mehlgemisch auf die gleiche Weise unterarbeiten. Nuss-Nougat kurz unterrühren. Den Teig in eine Springform (Ø 26 cm, Boden gefettet, mit Backpapier belegt) füllen und die Form auf dem Rost in den Backofen schieben.
Ober-/Unterhitze: etwa 180 °C (vorgeheizt)
Heißluft: etwa 160 °C (nicht vorgeheizt)
Gas: Stufe 2–3 (nicht vorgeheizt)
Backzeit: etwa 35 Minuten.

3. Boden aus der Form lösen und auf einem Kuchenrost erkalten lassen. Anschließend mitgebackenes Backpapier abziehen und den Boden zweimal waagerecht durchschneiden. Den unteren Boden auf eine Tortenplatte legen und mit 2 Esslöffeln Cointreau beträufeln. Konfitüre durch ein Sieb streichen und den Boden mit der Hälfte davon bestreichen.

4. Für die Füllung Sahne mit Vanillin-Zucker und Sahnesteif steif schlagen und Pistazienkerne unterheben. Die Hälfte der Pistaziensahne auf dem unteren Boden verstreichen. Mittleren Boden mit dem restlichen Cointreau beträufeln, mit der restlichen Konfitüre bestreichen, auflegen und mit der restlichen Pistaziensahne bestreichen. Oberen Boden auflegen und leicht andrücken.

5. Zum Bestreichen und Verzieren Sahne mit Vanillin-Zucker und Sahnesteif steif schlagen, 3–4 Esslöffel davon in einen Spritzbeutel mit Sterntülle geben und mit der restlichen Sahne Rand und Oberfläche der Torte bestreichen. Die Torte mit der Sahne aus dem Spritzbeutel verzieren und den Rand der Torte mit Pistazienkernen bestreuen. Die Torte etwa 1 Stunde kalt stellen.

6. Zum Garnieren vor dem Servieren die Mozartkugeln mit einem scharfen Messer halbieren und in die Sahneverzierung legen.

Mozart-Torte

Multifruchttorte, geschichtet

Für Kinder

Insgesamt:
E: 108 g, F: 508 g, Kh: 639 g,
kJ: 31661, kcal: 7556

Für den All-in-Teig:
250 g Weizenmehl
1 Pck. Dr. Oetker Backin
250 g Butter oder Margarine
250 g Zucker
1 Pck. Dr. Oetker Finesse Orangenfrucht
6 Eier (Größe M)

Für die Creme:
300 ml Multivitaminsaft
4 Eier (Größe M)
20 g Speisestärke
100 g Zucker
200 g weiche Butter

Zum Bestreichen:
200 ml Schlagsahne
1 Pck. Dr. Oetker Vanillin-Zucker

Zum Garnieren:
Orangenschokostäbchen

Zubereitungszeit: 60 Minuten

1. Für den Teig Mehl mit Backpulver mischen und in eine Rührschüssel sieben. Restliche Zutaten hinzufügen und alles mit Handrührgerät mit Rührbesen auf höchster Stufe in etwa 2 Minuten zu einem Teig verarbeiten. Den Teig auf ein Backblech (30 x 40 cm, gefettet, mit Backpapier belegt) geben, glatt streichen und das Backblech in den Backofen schieben.
Ober-/Unterhitze: etwa 200 °C (vorgeheizt)
Heißluft: etwa 180 °C (vorgeheizt)
Gas: Stufe 3–4 (vorgeheizt)
Backzeit: etwa 20 Minuten.

2. Den Boden vom Rand lösen, auf einen mit Backpapier belegten Kuchenrost stürzen und erkalten lassen. Anschließend mitgebackenes Backpapier abziehen. Den Boden senkrecht halbieren und jede Hälfte waagerecht durchschneiden, so dass 4 Böden (je 20 x 30 cm) entstehen.

3. Für die Creme Saft mit Eiern und Speisestärke in einem Kochtopf verrühren, Zucker und weiche Butter hinzufügen und unter ständigem Rühren aufkochen lassen. Die Creme etwa 15 Minuten abkühlen lassen, dabei gelegentlich umrühren, bis sie dicklich wird. 3 Esslöffel von der Creme zum Verzieren abnehmen und beiseite stellen. Einen Boden auf eine Tortenplatte legen und den Boden mit einem Drittel der Creme bestreichen. Zweiten Boden auflegen und mit der Hälfte der restlichen Creme bestreichen, dritten Boden auflegen und mit der restlichen Creme bestreichen. Vierten Boden auflegen, leicht andrücken und die Torte 1–2 Stunden kalt stellen.

4. Zum Bestreichen Sahne mit Vanillin-Zucker steif schlagen und die Torte rundherum damit bestreichen. Zurückgelassene Fruchtcreme kurz durchrühren und in ein Papiertütchen oder einen kleinen Gefrierbeutel füllen. Eine kleine Ecke abschneiden, den Tortenrand damit besprenkeln und die Torte bis zum Servieren kalt stellen.

5. Kurz vor dem Servieren die Torte mit Orangenschokostäbchen garnieren.

Multifruchttorte, geschichtet

Multivitamintorte

Fettarm

Insgesamt:
E: 90 g, F: 32 g, Kh: 458 g,
kJ: 10592, kcal: 2528

Für den Biskuitteig:
3 Eier (Größe M)
3 EL heißes Wasser
100 g Zucker
1 Pck. Dr. Oetker Vanillin-Zucker
1 Prise Salz
½ Pck. Dr. Oetker Finesse Geriebene Zitronenschale
150 g Weizenmehl
25 g Speisestärke
1 gestr. TL Dr. Oetker Backin

Für den Belag:
2 Dosen Mandarinen (Abtropfgewicht je 175 g)
10 Blatt weiße Gelatine
200 g Frischkäse aus Buttermilch
500 ml (½ l) Fruchtbuttermilch Multivitamin
80 g Zucker
½ Pck. Dr. Oetker Finesse Geriebene Zitronenschale
100 ml Mandarinensaft aus der Dose

Zubereitungszeit: 50 Minuten, ohne Kühlzeit

Multivitamintorte

1. Für den Teig Eier und Wasser mit Handrührgerät mit Rührbesen auf höchster Stufe in 1 Minute schaumig schlagen. Zucker mit Vanillin-Zucker, Salz und Zitronenschale mischen, in 1 Minute einstreuen, dann noch 2 Minuten weiterschlagen.
2. Mehl mit Speisestärke und Backpulver mischen, die Hälfte davon auf die Eiercreme sieben und kurz auf niedrigster Stufe unterrühren. Restliches Mehlgemisch auf die gleiche Weise unterarbeiten. Teig in einer Springform (Ø 26 cm, Boden gefettet, mit Backpapier belegt) glatt streichen. Die Form auf dem Rost in den Backofen schieben.

Ober-/Unterhitze: etwa 180 °C (vorgeheizt)
Heißluft: etwa 160 °C (vorgeheizt)
Gas: Stufe 2–3 (vorgeheizt)
Backzeit: etwa 25 Minuten.

3. Den Biskuitboden aus der Form lösen, auf einen mit Backpapier belegten Kuchenrost stürzen und erkalten lassen. Anschließend mitgebackenes Backpapier abziehen und den Boden einmal waagerecht durchschneiden. Den unteren Boden auf eine Platte legen und einen Tortenring darumstellen.
4. Für den Belag Mandarinen gut abtropfen lassen, Saft dabei auffangen und 100 ml davon abmessen. Gelatine nach Packungsanleitung einweichen. Frischkäse mit Buttermilch, Zucker, Zitronenschale und Mandarinensaft geschmeidig rühren. Gelatine leicht ausdrücken und in einem kleinen Topf bei schwacher Hitze unter Rühren auflösen (nicht kochen). Gelatine mit etwas von der Frischkäsemasse verrühren, dann die Mischung mit der restlichen Frischkäsemasse verrühren und kurz kalt stellen.
5. Gut zwei Drittel der Mandarinen auf dem unteren Biskuitboden verteilen, dabei etwa 1 cm Rand frei lassen. Zwei Drittel der Frischkäsemasse darauf glatt streichen. Oberen Biskuitboden darauf legen, leicht andrücken und mit der restlichen Frischkäsemasse bestreichen.
6. Tortenoberfläche mit den restlichen Mandarinen garnieren. Die Torte 3 Stunden kalt stellen. Anschließend den Tortenring lösen und entfernen.

Murmeltorte

Murmeltorte

Für Kinder

Insgesamt:
E: 36 g, F: 128 g, Kh: 400 g,
kJ: 12583, kcal: 3007

Für den Schüttelteig:
150 g Weizenmehl
2 gestr. TL Dr. Oetker Backin
75 g Zucker, 1 Ei (Größe M)
100 ml Speiseöl, 150 g Naturjoghurt

Für die Füllung:
1/2 kleine Netzmelone
75 ml klarer Apfelsaft
1 Pck. Saucenpulver Vanille-Geschmack, ohne Kochen

Für den Belag:
1 Beutel aus 1 Pck. Götterspeise Himbeer-Geschmack
400 ml Apfelsaft
75 g Zucker
125 g kernlose grüne Weintrauben
75 g rote Johannisbeeren

Zubereitungszeit: 50 Minuten, ohne Kühlzeit

1. Für den Teig Mehl mit Backpulver mischen, in eine verschließbare Schüssel (etwa 3 l) sieben und mit Zucker vermengen. Ei, Speiseöl und Joghurt hinzufügen. Die Schüssel mit dem Deckel fest verschließen.
2. Die Schüssel mehrmals (insgesamt 15–30 Sekunden) kräftig schütteln, so dass alle Zutaten gut vermischt sind. Alles mit einem Schneebesen oder Rührlöffel nochmals sorgfältig durchrühren, damit trockene Zutaten vom Rand mit untergerührt werden.
3. Den Teig in eine Springform (Ø 26 cm, Boden gefettet) füllen und glatt streichen. Die Form auf dem Rost in den Backofen schieben.
   Ober-/Unterhitze: etwa 180 °C (vorgeheizt)
   Heißluft: etwa 160 °C (vorgeheizt)
   Gas: Stufe 2–3 (vorgeheizt)
   Backzeit: etwa 25 Minuten.
4. Den Gebäckboden aus der Form lösen und auf einem mit Backpapier belegten Kuchenrost erkalten lassen. Anschließend den Gebäckboden einmal waagerecht durchschneiden. Den unteren Gebäckboden auf eine Tortenplatte legen.
5. Für die Füllung Melone durchschneiden, entkernen und kleine Kugeln ausstechen. Die Melonenkugeln beiseite stellen. Restliches Fruchtfleisch herauslösen und mit einer Gabel zerdrücken (etwa 80 g). Apfelsaft mit dem Fruchtpüree in eine Schüssel geben. Saucenpulver nach Packungsanleitung unterrühren. Die Fruchtmasse auf den unteren Boden streichen. Den oberen Boden darauf legen. Einen Tortenring oder den gesäuberten Springformrand darumstellen.
6. Für den Belag Götterspeise nach Packungsanleitung, aber mit den hier angegebenen Zutaten Apfelsaft und Zucker zubereiten und kalt stellen.
7. Weintrauben und Johannisbeeren waschen, abtropfen lassen, entstielen und mit den Melonenkugeln mischen. Wenn die Götterspeise beginnt dicklich zu werden, Früchte unterheben. Die Fruchtmasse sofort auf dem Boden verteilen.
8. Die Torte etwa 2 Stunden kalt stellen. Vor dem Servieren den Tortenring oder Springformrand mit Hilfe eines Messers lösen und entfernen.

Muttertagstorte

Zum Verschenken

Insgesamt:
E: 18 g, F: 183 g, Kh: 279 g,
kJ: 12194, kcal: 2915

1 heller Biskuitboden (Ø 26 cm)

Für den Belag:
etwa 500 g Obst, z. B. Stachelbeeren
(aus dem Glas), frische Erdbeeren

Für den Guss:
2 Pck. Tortenguss, klar
4 EL Zucker
500 ml ($^1/_2$ l) Apfelsaft

Für die Füllung:
1 Pck. Galetta Vanille-Geschmack
(Dessertpulver)
300 ml Milch, 200 g weiche Butter

Außerdem:
3 EL Aprikosenkonfitüre
einige abgezogene, gehobelte Mandeln

**Zubereitungszeit: 45 Minuten,
ohne Kühlzeit**

1. Den Biskuitboden einmal waagerecht durchschneiden.
2. Für den Belag Stachelbeeren in einem Sieb abtropfen lassen. Erdbeeren waschen, entstielen und in Stücke schneiden. Anderes Obst entsprechend vorbereiten.
3. Für den Guss aus Tortengusspulver, Zucker und Apfelsaft nach Packungsanleitung einen Guss zubereiten. 2 Esslöffel davon abnehmen und beiseite stellen, das Obst unter den restlichen Guss rühren.
4. Eine Glasschale (etwa 3 l, Ø etwa 26 cm) mit 2 Papierstreifen (etwa 40 cm lang, zur Schüsselseite hin gefettet) über Kreuz auslegen. Die Obstmasse in die Schale geben, glatt streichen und kalt stellen.
5. Für die Füllung Galetta nach Packungsanleitung, aber nur mit 300 ml Milch zubereiten. Butter geschmeidig rühren und esslöffelweise unter den Pudding rühren. Knapp die Hälfte der Creme (gut 2 Esslöffel für den Rand beiseite stellen) auf die Obstmasse streichen und mit dem oberen Boden bedecken (evtl. von dem Rand etwas abschneiden).
6. Aprikosenkonfitüre durch ein Sieb streichen und den Boden damit bestreichen. Die restliche Creme darauf streichen und mit dem unteren Boden bedecken (evtl. von dem Rand etwas abschneiden). Die Torte etwa 2 Stunden kalt stellen.
7. Mandeln in einer Pfanne ohne Fett bräunen und auf einem Teller erkalten lassen. Die Schüssel kurz in heißes Wasser tauchen. Den oberen Rand mit einem Messer lösen, die Papierstreifen etwas anheben und die Torte auf eine Platte stürzen.
8. Den unteren Gebäckrand mit der zurückgelassenen Creme bestreichen und mit den Mandeln bestreuen. Den zurückgelassenen Guss nochmals erwärmen und den Obstbelag damit bestreichen.

Tipp:
Für den Guss anstelle von Apfelsaft den Stachelbeersaft auffangen, mit Wasser auf 500 ml ($^1/_2$ l) auffüllen und verwenden.

Muttertagstorte

Nonnentorte

Raffiniert

Insgesamt:
E: 162 g, F: 408 g, Kh: 696 g,
kJ: 29846, kcal: 7122

Für die Füllung:
2 Pck. Dr. Oetker Pudding-Pulver
Vanille-Geschmack
60 g Zucker
750 ml (¾ l) Milch
1 Eigelb (Größe M)

Für den Teig:
250 g weiche Butter
200 g Zucker
1 Pck. Dr. Oetker Bourbon-Vanille-Zucker
3 Eier (Größe M)
3 Eigelb (Größe M)
500 g Ricotta (Molkeneiweißkäse)
250 g Sahnequark (40 % Fett)
200 g Weizenmehl
3 gestr. TL Dr. Oetker Backin

Zum Bestreichen und Bestreuen:
200 g Orangenmarmelade
60 g fein gehackte Zartbitterschokolade

Zum Garnieren:
Puderzucker
halbierte Orangenscheiben

Zubereitungszeit: 45 Minuten, ohne Abkühlzeit

1. Für die Füllung aus Pudding-Pulver, Zucker und Milch, aber mit den hier angegebenen Mengen nach Packungsanleitung einen Pudding zubereiten. Eigelb unterrühren. Den Pudding direkt mit Frischhaltefolie bedecken, damit sich keine Haut bildet, und lauwarm abkühlen lassen.

2. Für den Teig Butter mit Handrührgerät mit Rührbesen geschmeidig rühren. Nach und nach Zucker und Vanille-Zucker unterrühren. So lange rühren, bis eine gebundene Masse entstanden ist. Eier und Eigelb nach und nach unterrühren (jedes Ei etwa ½ Minute). Ricotta und Quark gut unterrühren. Mehl mit Backpulver mischen, auf die Ricotta-Quark-Masse sieben und kurz unterrühren.

3. Zwei Drittel des Teiges so in eine Springform (Ø 26 cm, Boden gefettet, gemehlt) geben, dass der Rand 2–3 cm höher ist und somit eine Mulde entsteht. Die vorbereitete Puddingfüllung in die Mulde geben und mit Marmelade bestreichen. Schokoladenstückchen darauf streuen. Restlichen Teig darauf verteilen. Die Form auf dem Rost in den Backofen schieben.
Ober-/Unterhitze: etwa 160 °C (vorgeheizt)
Heißluft: etwa 140 °C (nicht vorgeheizt)
Gas: Stufe 1–2 (nicht vorgeheizt)
Backzeit: etwa 90 Minuten.

4. Die Torte 10 Minuten im ausgeschalteten Backofen stehen lassen. Anschließend die Form auf einen Kuchenrost stellen und die Torte etwas abkühlen lassen, dann aus der Form lösen und erkalten lassen.

5. Die Torte vor dem Servieren mit Puderzucker bestäuben und mit den halbierten Orangenscheiben garnieren. Die Torte lauwarm oder kalt servieren.

Nougatcremetorte

Raffiniert – dauert etwas länger

Insgesamt:
E: 92 g, F: 300 g, Kh: 711 g,
kJ: 24837, kcal: 5928

Für den Knetteig:
130 g Weizenmehl, 40 g Zucker
90 g Butter oder Margarine

Für den Biskuitteig:
4 Eier (Größe M)
1 Eigelb (Größe M)
3 EL heißes Wasser
150 g Zucker
1 Pck. Dr. Oetker Vanillin-Zucker
150 g Weizenmehl, 25 g Speisestärke
1 gestr. TL Dr. Oetker Backin
10 g Kakaopulver

Für die Nougatcreme:
2 Pck. Dr. Oetker Pudding-Pulver Sahne-Geschmack
500 ml (1/2 l) Milch, 200 g Nuss-Nougat
150 g weiche Butter

Außerdem:
150 g Wild-Preiselbeeren (aus dem Glas)

Zubereitungszeit: 70 Minuten

1. Für den Knetteig Mehl in eine Rührschüssel sieben. Restliche Zutaten hinzufügen und mit Handrührgerät mit Knethaken zunächst kurz auf niedrigster, dann auf höchster Stufe gut durcharbeiten. Anschließend den Teig auf der leicht bemehlten Arbeitsfläche kurz verkneten und auf dem gefetteten Boden einer Springform (Ø 26 cm) ausrollen. Den Teig mehrfach mit einer Gabel einstechen, Springformrand darumstellen und die Form auf dem Rost in den Backofen schieben.

   Ober-/Unterhitze: etwa 200 °C (vorgeheizt)
   Heißluft: etwa 180 °C (vorgeheizt)
   Gas: Stufe 3–4 (vorgeheizt)
   Backzeit: etwa 15 Minuten.

2. Springformrand entfernen, den Boden vom Springformboden lösen, aber darauf auf einem Kuchenrost erkalten lassen.

3. Für den Biskuitteig Eier, Eigelb und Wasser mit Handrührgerät mit Rührbesen auf höchster Stufe in 1 Minute schaumig schlagen. Zucker und Vanillin-Zucker mischen, in 1 Minute einstreuen, dann noch 2 Minuten weiterschlagen. Mehl mit Speisestärke und Backpulver mischen, die Hälfte davon auf die Eiercreme sieben und kurz auf niedrigster Stufe unterrühren. Den Rest des Mehlgemisches auf die gleiche Weise unterarbeiten. Den Teig halbieren und unter eine Hälfte Kakaopulver rühren.

4. Die Teige in je einen Gefrierbeutel füllen, eine Ecke abschneiden und abwechselnd diagonal auf ein Backblech (30 x 40 cm, gefettet, mit Backpapier belegt) spritzen. Das Backblech in den Backofen schieben und den Teig **bei gleicher Backofeneinstellung etwa 12 Minuten backen.** Die Gebäckplatte auf eine Arbeitsfläche stürzen und mit dem Backpapier erkalten lassen. Anschließend Backpapier vorsichtig abziehen.

5. Für die Nougatcreme Pudding-Pulver mit etwas von der Milch verrühren. Restliche Milch erhitzen und Nougat darin auflösen. Nougatmilch zum Kochen bringen und das angerührte Pudding-Pulver einrühren, nochmals unter Rühren aufkochen lassen und von der Kochstelle nehmen. Den Pudding direkt mit Frischhaltefolie bedecken, damit sich keine Haut bildet, und erkalten lassen (nicht kalt stellen). Butter mit Handrührgerät mit Rührbesen schaumig schlagen. Abgekühlten Pudding nach und nach unterrühren, dabei darauf achten, dass Butter und Pudding Zimmertemperatur haben, da die Creme sonst gerinnt.

6. Aus der Gebäckplatte einen runden Boden (Ø gut 22 cm) und mehrere 5 cm breite Streifen schneiden. Die Streifen mit der Hälfte der Preiselbeeren bestreichen. Den Knetteigboden auf eine Tortenplatte legen, mit den restlichen Preiselbeeren bestreichen und den ausgeschnittenen Boden darauf legen. Den Springformrand oder einen Tortenring um den Knetteigboden stellen und die Streifen mit der bestrichenen Seite nach innen an den Rand stellen.

7. Die Gebäckreste fein zerbröseln. Die Hälfte der Nougatcreme auf dem Boden verstreichen. 3–4 Esslöffel von den Bröseln beiseite stellen, restliche Brösel auf der Creme verteilen und leicht andrücken. Restliche Creme vorsichtig darauf streichen. Beiseite gestellte Brösel als breiten Rand aufstreuen und die Torte bis zum Servieren kalt stellen.

Nougat-Kirsch-Torte

Nougat-Kirsch-Torte

Für Kinder

Insgesamt:
E: 148 g, F: 285 g, Kh: 645 g,
kJ: 24892, kcal: 5945

Zum Vorbereiten:
1 Glas Sauerkirschen
(Abtropfgewicht 360 g)
100 g Nuss-Nougat

Für den Schüttelteig:
250 g Weizenmehl
3 gestr. TL Dr. Oetker Backin
125 g Zucker
1 Pck. Dr. Oetker Vanillin-Zucker
3 Eier (Größe M)
150 ml Speiseöl
75 ml Milch
10 g Kakaopulver
3 EL Milch

Für den Belag:
6 Blatt weiße Gelatine
500 g Magerquark
100 g Zucker
2 Pck. Dr. Oetker Vanillin-Zucker
250 ml (¼ l) Schlagsahne

Für den Guss:
1 Pck. Tortenguss, klar
250 ml (¼ l) Sauerkirschsaft

Zubereitungszeit: 65 Minuten, ohne Kühlzeit

1. Zum Vorbereiten Sauerkirschen in einem Sieb abtropfen lassen, evtl. mit Küchenpapier trockentupfen. Den Saft dabei auffangen und 250 ml (¼ l) davon abmessen. Nougat nach Packungsanleitung auflösen und etwas abkühlen lassen.
2. Für den Teig Mehl mit Backpulver mischen, in eine verschließbare Schüssel (etwa 3 l) sieben und mit Zucker und Vanillin-Zucker mischen. Eier, Speiseöl und Milch hinzufügen. Schüssel mit dem Deckel fest verschließen. Schüssel mehrmals (insgesamt 15–30 Sekunden) kräftig schütteln, so dass alle Zutaten gut vermischt sind. Alles mit einem Schneebesen oder Rührlöffel nochmals sorgfältig durchrühren, damit trockene Zutaten vom Rand mit untergerührt werden.
3. Zwei Drittel des Teiges in eine Springform (Ø 26 cm, Boden gefettet) geben und glatt streichen. Die abgetropften Kirschen gleichmäßig darauf verteilen, dabei etwa 1 cm am Rand frei lassen. Den restlichen Teig mit Kakao, Milch und Nougat verrühren, auf die Kirschen geben und glatt streichen. Die Form auf dem Rost in den Backofen schieben.
Ober-/Unterhitze: etwa 180 °C (vorgeheizt)
Heißluft: etwa 160 °C (nicht vorgeheizt)
Gas: Stufe 2–3 (nicht vorgeheizt)
Backzeit: 35–40 Minuten.
4. Den Tortenboden aus der Form lösen und auf einem mit Backpapier belegten Kuchenrost erkalten lassen.
5. Für den Belag Gelatine nach Packungsanleitung einweichen. Quark mit Zucker und Vanillin-Zucker verrühren. Gelatine leicht ausdrücken und in einem kleinen Topf bei schwacher Hitze unter Rühren auflösen (nicht kochen). Die aufgelöste Gelatine mit etwas von der Quarkmasse verrühren, dann die Mischung unter die restliche Quarkmasse rühren. Sahne steif schlagen und vorsichtig unterheben. Die Quark-Sahne-Masse leicht kuppelartig auf den Tortenboden streichen. Die Torte 1–2 Stunden kalt stellen.
6. Für den Guss Tortengusspulver mit Sauerkirschsaft nach Packungsanleitung zubereiten. Den Guss nach und nach portionsweise auf der Quark-Sahne-Masse verteilen, so dass der Guss in dicken Nasen an der Seite herunterläuft. Dabei die untere Schicht vor dem Auftragen der nächsten Schicht kurz fest werden lassen. Den Guss fest werden lassen und die Torte bis zum Servieren kalt stellen.

Nougattorte ❄

Beliebt

Insgesamt:
E: 104 g, F: 435 g, Kh: 648 g,
kJ: 28991, kcal: 6915

Für den Biskuitteig:
100 g gemahlene Haselnusskerne
4 Eier (Größe M), 4 EL heißes Wasser
150 g Zucker
1 Pck. Dr. Oetker Vanillin-Zucker
150 g Weizenmehl
1 gestr. TL Dr. Oetker Backin

Für die Füllung:
1 Pck. Dr. Oetker Pudding-Pulver
Mandel-Geschmack
50 g Zucker
375 ml ($^3/_8$ l) Milch
50 g gemahlene Haselnusskerne
175 g weiche Butter
100 g Nuss-Nougat
1 EL gesiebter Puderzucker

Für den Guss:
100 g Nuss-Nougat
100 g Haselnussglasur

Zum Verzieren und Garnieren:
40 g Zartbitterschokolade
einige Schoko-Nuss-Konfektkugeln

Zubereitungszeit: 60 Minuten, ohne Kühlzeit

1. Für den Teig Haselnusskerne in einer Pfanne ohne Fett leicht bräunen und auf einem Teller erkalten lassen. Eier und Wasser mit Handrührgerät mit Rührbesen auf höchster Stufe in 1 Minute schaumig schlagen. Zucker mit Vanillin-Zucker mischen, in 1 Minute einstreuen, dann noch 2 Minuten weiterschlagen.
2. Mehl mit Backpulver mischen, sieben und mit den Nusskernen mischen. Die Hälfte davon auf die Eiercreme geben und kurz auf niedrigster Stufe unterrühren. Das restliche Mehl-Nuss-Gemisch auf die gleiche Weise unterarbeiten. Teig in eine Springform (Ø 26 cm, Boden gefettet, mit Backpapier belegt) geben und glatt streichen. Die Form auf dem Rost in den Backofen schieben.

   Ober-/Unterhitze: etwa 180 °C (vorgeheizt)
   Heißluft: etwa 160 °C (vorgeheizt)
   Gas: Stufe 2–3 (vorgeheizt)
   Backzeit: etwa 30 Minuten.

3. Boden auf einen mit Backpapier belegten Kuchenrost stürzen und erkalten lassen. Anschließend mitgebackenes Backpapier abziehen und den Boden zweimal waagerecht durchschneiden.
4. Für die Füllung aus Pudding-Pulver und Zucker nach Packungsanleitung, aber mit nur 375 ml ($^3/_8$ l) Milch einen Pudding zubereiten. Pudding von der Kochstelle nehmen und bei Zimmertemperatur erkalten lassen, dabei gelegentlich umrühren. Haselnusskerne in einer Pfanne ohne Fett leicht bräunen und auf einem Teller erkalten lassen.
5. Butter geschmeidig rühren und den erkalteten Pudding esslöffelweise unterrühren, dabei darauf achten, dass Butter und Pudding Zimmertemperatur haben, da die Creme sonst gerinnt. Nuss-Nougat in einem kleinen Topf im Wasserbad bei schwacher Hitze geschmeidig rühren und etwas abkühlen lassen. Unter zwei Drittel der Buttercreme nach und nach den Nuss-Nougat rühren. Unter die restliche Buttercreme Haselnusskerne und Puderzucker rühren.
6. Den unteren Boden auf eine Tortenplatte legen und mit der Nussbuttercreme bestreichen. Mittleren Boden darauf legen, leicht andrücken und mit gut der Hälfte der Nougatbuttercreme bestreichen. Den oberen Boden auflegen, leicht andrücken und Tortenrand und -oberfläche mit der restlichen Nougatbuttercreme bestreichen. Die Torte etwa 2 Stunden kalt stellen.
7. Für den Guss Nuss-Nougat mit Haselnussglasur in einem Topf im Wasserbad bei schwacher Hitze geschmeidig rühren. Guss auf die Tortenoberfläche gießen und mit einem Messer so verstreichen, dass er am Rand in „Nasen" herunterläuft. Guss fest werden lassen. Schokolade in einem Topf im Wasserbad bei schwacher Hitze geschmeidig rühren, die Torte damit verzieren und mit Schoko-Nuss-Konfektkugeln garnieren.

Nougattorte

Nuss-Caramello-Torte

Für Gäste

Insgesamt:
E: 92 g, F: 460 g, Kh: 334 g,
kJ: 25241, kcal: 6030

Zum Vorbereiten:
75 g Zucker
500 ml (¹/₂ l) Schlagsahne

Für den Rührteig:
4 Eiweiß (Größe M)
100 g weiche Butter oder Margarine
100 g Zucker
1 Pck. Dr. Oetker Vanillin-Zucker
4 Eigelb (Größe M)
50 g Weizenmehl
1 gestr. TL Dr. Oetker Backin
75 g gehackte Haselnusskerne
125 g gemahlene Haselnusskerne
50 g geriebene Vollmilchschokolade

Für die Füllung:
2 Pck. Dr. Oetker Sahnesteif

Zum Garnieren:
75 g Schokoladenlocken
oder Borkenschokolade
50 g gehackte Haselnusskerne

Zubereitungszeit: 45 Minuten, ohne Kühlzeit

1. Zum Vorbereiten Zucker in einem Topf hellbraun karamellisieren lassen. Sahne hinzufügen und langsam erwärmen, bis sich alles wieder gelöst hat. Die Karamellsahne abkühlen lassen, in eine Rührschüssel geben und über Nacht kalt stellen.
2. Für den Rührteig Eiweiß steif schlagen. In einer anderen Schüssel Butter oder Margarine mit Handrührgerät mit Rührbesen auf höchster Stufe geschmeidig rühren. Nach und nach Zucker und Vanillin-Zucker unterrühren. So lange rühren, bis eine gebundene Masse entstanden ist. Eigelb nach und nach unterrühren.
3. Mehl mit Backpulver mischen, sieben und in 2 Portionen auf mittlerer Stufe unterrühren. Nusskerne und Schokolade unterrühren. Zuletzt Eischnee unterheben. Den Teig in eine Springform (Ø 26 cm, Boden gefettet, mit Backpapier belegt) füllen und die Form auf dem Rost in den Backofen schieben.
Ober-/Unterhitze: etwa 180 °C (vorgeheizt)
Heißluft: etwa 160 °C (nicht vorgeheizt)
Gas: Stufe 2–3 (nicht vorgeheizt)
Backzeit: etwa 45 Minuten.
4. Den Boden aus der Form lösen, auf einen mit Backpapier belegten Kuchenrost stürzen und erkalten lassen. Anschließend mitgebackenes Backpapier abziehen und den Boden einmal waagerecht durchschneiden.
5. Für die Füllung die Karamellsahne mit Sahnesteif steif schlagen. Zwei Drittel der Sahne auf den unteren Boden streichen, den oberen Boden auflegen und leicht andrücken. Tortenoberfläche und -rand mit der restlichen Sahne bestreichen. Die Torte mit Schokoladenlocken oder Borkenschokolade und Nusskernen garnieren.

Tipp:
Die Torte schmeckt gut gekühlt am besten.

Nuss-Caramello-Torte

Nuss-Nougat-Torte mit Pfirsichen

Einfach zuzubereiten

Insgesamt:
E: 100 g, F: 481 g, Kh: 361 g,
kJ: 26734, kcal: 6387

Zum Vorbereiten:
500 ml (1/2 l) Schlagsahne
100 g Nuss-Nougat-Schokolade

Für den Rührteig:
6 Eiweiß (Größe M)
100 g weiche Butter oder Margarine
100 g Zucker
1 Pck. Dr. Oetker Vanillin-Zucker
1 Prise Salz
1 Pck. Dr. Oetker Finesse Jamaica-Rum-Aroma
6 Eigelb (Größe M)
200 g gemahlene Haselnusskerne
50 g gehobelte Haselnusskerne
1 gestr. TL Dr. Oetker Backin

Für den Belag:
1 große Dose Pfirsichhälften
(Abtropfgewicht 480 g)

Für die Nuss-Nougat-Sahne:
2 Pck. Dr. Oetker Vanillin-Zucker
2 Pck. Dr. Oetker Sahnesteif

Zum Garnieren:
50 g Nuss-Nougat-Schokolade
1 TL Speiseöl

Zubereitungszeit: 45 Minuten, ohne Kühlzeit

Nuss-Nougat-Torte mit Pfirsichen

1. Zum Vorbereiten Sahne in einem Topf kurz aufkochen lassen und von der Kochstelle nehmen. Schokolade in Stücke brechen und mit einem Schneebesen so lange unterrühren, bis sie sich vollständig gelöst hat. Die Nuss-Nougat-Sahne in eine Rührschüssel füllen, abkühlen lassen und zugedeckt etwa 6 Stunden kalt stellen (am besten über Nacht).

2. Für den Rührteig Eiweiß steif schlagen. In einer anderen Schüssel Butter oder Margarine mit Handrührgerät mit Rührbesen auf höchster Stufe geschmeidig rühren. Nach und nach Zucker, Vanillin-Zucker, Salz und Rum-Aroma unterrühren. So lange rühren, bis eine gebundene Masse entstanden ist. Eigelb nach und nach unterrühren.

3. Gemahlene und gehobelte Haselnusskerne mit Backpulver mischen und in 2 Portionen auf mittlerer Stufe unterrühren. Eischnee unterheben. Den Teig in eine Springform (Ø 26 cm, Boden gefettet, mit Backpapier belegt) füllen und glatt streichen. Die Form auf dem Rost in den Backofen schieben.
Ober-/Unterhitze: etwa 180 °C (vorgeheizt)
Heißluft: etwa 160 °C (nicht vorgeheizt)
Gas: etwa Stufe 2–3 (nicht vorgeheizt)
Backzeit: etwa 45 Minuten.

4. Den Boden aus der Form lösen, auf einen mit Backpapier belegten Kuchenrost stürzen und erkalten lassen. Anschließend mitgebackenes Backpapier abziehen und den Boden einmal waagerecht durchschneiden.

5. Für den Belag Pfirsichhälften in einem Sieb gut abtropfen lassen. Zwei Drittel der Früchte in dünne Spalten, die restlichen Pfirsichhälften in grobe Spalten schneiden.

6. Die vorbereitete Nuss-Nougat-Sahne mit Vanillin-Zucker und Sahnesteif steif schlagen. Die Hälfte der Sahne auf den unteren Boden geben, glatt streichen und mit den dünnen Pfirsichspalten belegen (dabei 1 cm am Rand frei lassen).

7. Den oberen Boden darauf legen und leicht andrücken. Die restliche Nuss-Nougat-Sahne darauf verteilen und mit einem Teelöffel kleine Vertiefungen eindrücken. Die groben Pfirsichspalten darauf verteilen und die Torte mindestens 2 Stunden kalt stellen.

8. Zum Garnieren Schokolade in Stücke brechen und mit Öl in einem kleinen Topf im Wasserbad bei schwacher Hitze geschmeidig rühren. Die Schokolade in einen kleinen Gefrierbeutel füllen und etwas abkühlen lassen. Eine Ecke des Gefrierbeutels abschneiden, lange Streifen auf ein mit Backpapier belegtes Küchenbrett spritzen (die Schokolade sollte bereits so fest sein, dass die Streifen nicht breit laufen) und kalt stellen.

9. Die erkalteten Schokoladenstreifen in kleine Stücke schneiden, von dem Backpapier lösen und auf die Torte streuen.

Tipp:
Schneller geht es, wenn die Torte statt mit selbst gemachten Schokoladenstücken mit Raspelschokolade garniert wird. Die Torte kann bereits am Vortag zubereitet werden.

Obsttraum mit Sekt

Für Gäste

Insgesamt:
E: 75 g, F: 302 g, Kh: 597 g,
kJ: 23785, kcal: 5683

Für den All-in-Teig:
130 g Weizenmehl
3 gestr. TL Dr. Oetker Backin
130 g Zucker
1 Pck. Dr. Oetker Vanillin-Zucker
1 Prise Salz
4 Eier (Größe M)
130 g weiche Butter oder Margarine

Für die Füllung:
6 Blatt weiße Gelatine
500 ml (1/2 l) Schlagsahne
50 ml Zitronensaft
150 ml Sekt
75 g gesiebter Puderzucker
250 g Naturjoghurt

Für den Belag:
750 g vorbereitetes Obst, z. B. Pfirsiche, Kiwis, Erdbeeren, Himbeeren, Melone

Für den Guss:
1 Pck. Tortenguss, klar
2 gestr. EL Zucker
250 ml (1/4 l) Apfelsaft
(oder halb Saft, halb Sekt)

Für den Rand:
gehackte Pistazienkerne

Zubereitungszeit: 50 Minuten, ohne Kühlzeit

Obsttraum mit Sekt

1. Für den Teig Mehl und Backpulver mischen und in eine Rührschüssel sieben. Restliche Zutaten hinzufügen. Alles mit Handrührgerät mit Rührbesen auf höchster Stufe in etwa 2 Minuten zu einem Teig verarbeiten.

2. Den Teig in eine Springform (Ø 26 cm, Boden gefettet, mit Backpapier belegt) füllen, glatt streichen und die Form auf dem Rost in den Backofen schieben.
Ober-/Unterhitze: etwa 180 °C (vorgeheizt)
Heißluft: etwa 160 °C (vorgeheizt)
Gas: Stufe 2–3 (vorgeheizt)
Backzeit: 25–30 Minuten.

3. Den Boden aus der Form lösen, auf einen mit Backpapier belegten Kuchenrost stürzen und erkalten lassen. Anschließend mitgebackenes Backpapier abziehen und den Boden einmal waagerecht durchschneiden. Den unteren Boden auf eine Tortenplatte legen und einen Tortenring oder den gesäuberten Springformrand darumstellen.

4. Für die Füllung Gelatine nach Packungsanleitung einweichen. Sahne steif schlagen. Zitronensaft erwärmen und die leicht ausgedrückte Gelatine darin unter Rühren auflösen.

Die Mischung mit Sekt und Puderzucker verrühren, Joghurt unterrühren und Sahne unterheben. Die Creme auf den unteren Tortenboden geben und verstreichen. Oberen Boden auflegen, etwas andrücken und die Torte etwa 1 Stunde kalt stellen.

5. Gemischtes Obst evtl. schälen, je nach Sorte in Stücke oder Spalten schneiden und dekorativ auf dem oberen Boden verteilen.

6. Den Guss nach Packungsanleitung aus Tortengusspulver, Zucker und Apfelsaft zubereiten, sofort auf dem Obst verteilen und die Torte etwa 2 Stunden kalt stellen. Anschließend den Tortenring oder Springformrand mit Hilfe eines Messers vorsichtig lösen, entfernen und den Tortenrand nach Belieben mit Pistazienkernen bestreuen.

Tipp:
Die Torte kann auch nur mit einer Sorte Obst belegt werden.

Orangen-Blitztorte

Schnell zubereitet

Insgesamt:
E: 80 g, F: 200 g, Kh: 568 g,
kJ: 18973, kcal: 4538

Für den Schütteltteig:
150 g Butter oder Margarine
275 g Weizenmehl
3 gestr. TL Dr. Oetker Backin
150 g Zucker
1 Pck. Dr. Oetker Vanillin-Zucker
4 Eier (Größe M)
125 ml (1/8 l) Orangensaft
oder Orangenbuttermilch

Für die Orangencreme:
4 Blatt weiße Gelatine
750 ml (3/4 l) Orangensaft
oder Orangenbuttermilch
40–50 g Zucker
2 Pck. Dr. Oetker Pudding-Pulver
Vanille-Geschmack
150 g saure Sahne

Zum Bestäuben und Verzieren:
Puderzucker, 100 ml Schlagsahne

Zubereitungszeit: 30 Minuten, ohne Kühlzeit

1. Für den Teig Butter oder Margarine zerlassen und abkühlen lassen. Mehl mit Backpulver mischen, in eine verschließbare Schüssel (etwa 3 l) sieben und restliche Zutaten sowie Butter oder Margarine hinzufügen. Die Schüssel mit einem Deckel fest verschließen und die Schüssel mehrmals kräftig schütteln, so dass alle Zutaten gut vermischt sind.
2. Alles mit einem Schneebesen oder Rührlöffel nochmals sorgfältig durchrühren, damit trockene Zutaten vom Rand mit untergerührt werden. Den Teig auf ein Backblech (30 x 40 cm, gefettet, mit Backpapier belegt) streichen und das Backblech in den Backofen schieben.
Ober-/Unterhitze: etwa 200 °C (vorgeheizt)
Heißluft: etwa 180 °C (vorgeheizt)
Gas: Stufe 3-4 (vorgeheizt)
Backzeit: etwa 20 Minuten.
3. Das Gebäck auf dem Backblech auf einem Kuchenrost erkalten lassen.
4. Für die Orangencreme Gelatine nach Packungsanleitung einweichen. Aus Saft, Zucker und Pudding-Pulver nach Packungsanleitung einen Pudding kochen (bei Verwendung von Buttermilch ständig rühren).
5. Topf von der Kochstelle nehmen, Gelatine ausdrücken, in dem heißen Pudding auflösen und saure Sahne unterrühren. Creme erkalten lassen, dabei gelegentlich umrühren.
6. Gebäckplatte vom Rand lösen, auf Backpapier stürzen und das mitgebackene Backpapier abziehen. Von der Platte von der längeren Seite einen 5 cm breiten und 40 cm langen Streifen abschneiden. Restliche Platte so halbieren, dass zwei Rechtecke (20 x 25 cm) entstehen.
7. Einen Boden auf eine Tortenplatte legen, die Hälfte der erkalteten Creme darauf streichen und den zweiten Boden darauf legen. Restliche Creme auf der Oberfläche glatt streichen. Die Torte etwa 2 Stunden kalt stellen.
8. Zum Bestäuben und Verzieren den zurückgelassenen Gebäckstreifen in unterschiedlich große Rechtecke schneiden und mit Puderzucker bestäuben. Sahne steif schlagen, in einen Spritzbeutel mit Sterntülle füllen, Tuffs auf die Torte spritzen und die Gebäckstücke dekorativ darauf verteilen.

Orangen-Blitztorte

Orangen-Brösel-Torte

Orangen-Brösel-Torte

Beliebt

Insgesamt:
E: 96 g, F: 189 g, Kh: 438 g,
kJ: 16597, kcal: 3967

Für den Biskuitteig:
3 Eier (Größe M), 3 EL Orangensaft
150 g Zucker
1 Pck. Dr. Oetker Vanillin-Zucker
150 g Weizenmehl
1 gestr. TL Dr. Oetker Backin
50 g abgezogene, gemahlene Mandeln

Für die Füllung:
12 Blatt weiße Gelatine
500 g Orangenjoghurt
50 g Zucker
125 ml (1/8 l) Orangensaft
250 ml (1/4 l) Schlagsahne

Zum Verzieren:
150 ml Schlagsahne
etwas Puderzucker

Zubereitungszeit: 50 Minuten, ohne Kühlzeit

1. Für den Teig Eier und Orangensaft mit Handrührgerät mit Rührbesen auf höchster Stufe in 1 Minute schaumig schlagen. Zucker und Vanillin-Zucker mischen, in 1 Minute einstreuen und noch 2 Minuten weiterschlagen. Mehl und Backpulver mischen, sieben, mit den Mandeln vermengen und in zwei Portionen kurz unterrühren.
2. Teig in eine Springform (Ø 26 cm, Boden gefettet, mit Backpapier belegt) füllen, glatt streichen und die Form auf dem Rost in den Backofen schieben.

Ober-/Unterhitze: etwa 180 °C (vorgeheizt)
Heißluft: etwa 160 °C (vorgeheizt)
Gas: Stufe 2–3 (vorgeheizt)
Backzeit: etwa 30 Minuten.

3. Den Boden aus der Form lösen und auf einem Kuchenrost erkalten lassen. Anschließend mitgebackenes Backpapier abziehen. Boden auf eine Tortenplatte legen und etwa 1 cm tief so aushöhlen, dass ein etwa 2 cm breiter Rand stehen bleibt. Die Gebäckreste fein zerbröseln und beiseite stellen.
4. Für die Füllung Gelatine nach Packungsanleitung einweichen. Joghurt mit Zucker in eine Schüssel geben und verrühren, Gelatine ausdrücken und auflösen. 6 Teelöffel davon mit dem Orangensaft verrühren, restliche Gelatine unter die Joghurtmasse rühren. Sobald die Joghurtmasse beginnt dicklich zu werden, Sahne steif schlagen und unterheben.
5. Joghurtsahne in den ausgehöhlten Boden füllen und glatt streichen, zwei Drittel von der Orangensaftmasse darauf verteilen und mit einer Gabel spiralförmig durch die Joghurtsahne ziehen. Restliche Orangensaftmasse in einem kleinen Topf beiseite stellen. Die beiseite gestellten Brösel auf der Füllung verteilen und leicht andrücken. Die Torte etwa 2 Stunden kalt stellen.
6. Zum Verzieren Sahne steif schlagen, auf der Tortenoberfläche verteilen und mit einem Teelöffel Vertiefungen eindrücken. Beiseite gestellte Orangensaftmasse evtl. nochmals unter Rühren leicht erwärmen, bis die Masse flüssig ist und über die Torte sprenkeln oder in die Vertiefungen geben. Den Rand der Torte nach Belieben mit Puderzucker bestäuben.

Tipp:
Die Tortenoberfläche kann auch mit Sahne aus dem Spritzbeutel mit Sterntülle verziert werden.
Die Orangensahne zusätzlich mit 2-3 Esslöffeln Cointreau (Orangenlikör) verfeinern.

Orangen-Cointreau-Torte

Dauert etwas länger

Insgesamt:
E: 121 g, F: 535 g, Kh: 886 g,
kJ: 37562, kcal: 8970

Für den Knetteig:
450 g Weizenmehl
2 gestr. TL Dr. Oetker Backin
120 g Puderzucker
1 Pck. Dr. Oetker Vanillin-Zucker
3 Eier (Größe M)
1/2 Pck. Dr. Oetker Finesse Orangenfrucht
225 g Butter oder Margarine

Für die Füllung:
3 Eier (Größe M)
125 g Zucker
150 ml Orangensaft
30 g Speisestärke
4–5 EL Cointreau (Orangenlikör)
100 g Butter

Zum Bestreichen:
200 g weiße Schokolade
100 ml Schlagsahne
100 g Butter
etwa 2 EL Cointreau

Zum Garnieren:
100 g Marzipan-Rohmasse
1/2 Pck. Dr. Oetker Finesse Orangenfrucht
1 EL gesiebter Puderzucker
50 g Orangenmarmelade
kandierte Orangenscheiben

Zubereitungszeit: 2 Stunden, ohne Kühlzeit

1. Für den Teig Mehl mit Backpulver und Puderzucker mischen und in eine Rührschüssel sieben. Restliche Zutaten hinzufügen und mit Handrührgerät mit Knethaken zunächst kurz auf niedrigster, dann auf höchster Stufe gut durcharbeiten. Anschließend den Teig auf der leicht bemehlten Arbeitsfläche kurz verkneten.
2. Teig in 5 Portionen teilen, nacheinander jede Portion auf einem Springformboden (Ø 26 cm, gefettet) ausrollen, mehrmals mit einer Gabel einstechen und ohne Springformrand auf dem Rost in den Backofen schieben.
   Ober-/Unterhitze: etwa 200 °C (vorgeheizt)
   Heißluft: etwa 180 °C (vorgeheizt)
   Gas: Stufe 3–4 (vorgeheizt)
   Backzeit: etwa 12 Minuten je Boden.
3. Die Böden sofort vom Springformboden lösen, jeweils vorsichtig auf einen mit Backpapier belegten Kuchenrost ziehen und erkalten lassen.
4. Für die Füllung Eier mit Zucker, Orangensaft und Speisestärke in einem Topf unter ständigem Rühren zum Kochen bringen, von der Kochstelle nehmen, Cointreau unterrühren und Butter nach und nach unterschlagen. Die Creme erkalten lassen, anschließend 4 der Gebäckböden mit jeweils einem Viertel der Creme bestreichen, aufeinander setzen und den nicht bestrichenen Boden auflegen. Die Torte etwa 1 Stunde kalt stellen.
5. Zum Bestreichen Schokolade fein hacken. Sahne aufkochen lassen, von der Kochstelle nehmen und die Schokolade darin unter Rühren auflösen. Butter unterrühren, die Creme mit Cointreau abschmecken und kalt stellen. Kurz bevor die Creme fest ist, sie mit Handrührgerät mit Rührbesen cremig aufschlagen und die Torte vollständig damit bestreichen. Die Torte 2–3 Stunden kalt stellen.
6. Zum Garnieren Marzipan mit Orangenfrucht und Puderzucker geschmeidig kneten, dünn ausrollen und 12 Kreise mit Blütenrand (Ø etwa 4 cm) ausstechen. Die Kreise so zusammendrücken, dass eine große und eine kleine Öffnung entsteht. Die große Öffnung mit glatt gerührter Marmelade füllen. Erst die Orangenscheiben, dann die Tütchen auf die Tortenoberfläche an den Rand legen.

Tipp:
Die Torte gut durchgezogen und gut gekühlt servieren.
Sie kann zusätzlich mit Orangenstreifen garniert werden.
Die Böden können auch auf Backpapier ausgerollt und dann auf dem Backblech gebacken werden.

Orangen-Cointreau-Torte

Orangenjoghurt-Torte

Orangenjoghurt-Torte

Erfrischend

Insgesamt:
E: 57 g, F: 177 g, Kh: 538 g,
kJ: 17056, kcal: 4076

Für den Biskuitteig:
3 Eier (Größe M)
2 EL heißes Wasser
125 g Zucker
1 Pck. Dr. Oetker Vanillin-Zucker
125 g Weizenmehl
75 g Speisestärke
2 gestr. TL Dr. Oetker Backin

Für die Joghurtcreme:
8 Blatt weiße Gelatine
500 g Orangenjoghurt
4 EL Zitronensaft
75 g Zucker
1 Pck. Dr. Oetker Finesse Orangenfrucht
2 Orangen
250 ml (1/4 l) Schlagsahne

Zum Bestreichen:
250 ml (1/4 l) Schlagsahne
1 Pck. Dr. Oetker Sahnesteif
1 Pck. Dr. Oetker Vanillin-Zucker

Zum Garnieren:
1/2 Orange
100 ml Wasser
125 g Zucker

Zubereitungszeit: 60 Minuten, ohne Kühlzeit

1. Für den Teig Eier und Wasser mit Handrührgerät mit Rührbesen auf höchster Stufe in 1 Minute schaumig schlagen. Zucker und Vanillin-Zucker mischen, in 1 Minute einstreuen, dann noch 2 Minuten weiterschlagen.

2. Mehl mit Speisestärke und Backpulver mischen, die Hälfte davon auf die Eiercreme sieben und kurz auf niedrigster Stufe unterrühren. Den Rest des Mehlgemisches auf die gleiche Weise unterarbeiten.

3. Den Teig in eine Springform (Ø 26 cm, Boden gefettet, mit Backpapier belegt) füllen und die Form auf dem Rost in den Backofen schieben.

Ober-/Unterhitze: etwa 200 °C (vorgeheizt)
Heißluft: etwa 180 °C (vorgeheizt)
Gas: Stufe 3–4 (vorgeheizt)
Backzeit: etwa 25 Minuten.

4. Den Boden aus der Form lösen, auf einen mit Backpapier belegten Kuchenrost stürzen und erkalten lassen. Anschließend mitgebackenes Backpapier abziehen.

5. Für die Joghurtcreme Gelatine nach Packungsanleitung einweichen. Joghurt mit Zitronensaft, Zucker und Orangenfrucht verrühren. Gelatine leicht ausdrücken und in einem kleinen Topf bei schwacher Hitze auflösen (nicht kochen). Gelatine mit etwas von der Joghurtmasse verrühren, dann die Mischung unter die restliche Joghurtmasse rühren.

6. Orangen mit einem scharfen Messer so schälen, dass die weiße Haut mit entfernt wird und filetieren, Saft dabei auffangen und beiseite stellen. Sobald die Joghurtmasse beginnt dicklich zu werden, Sahne steif schlagen und unterheben, Orangenfilets ebenfalls unterheben.

7. Den Boden einmal waagerecht durchschneiden und den unteren Boden auf eine Tortenplatte legen. Einen Tortenring oder den gesäuberten Springformrand darumlegen. Die Joghurtcreme auf dem Boden verteilen, oberen Boden auflegen und leicht andrücken. Den Boden mehrmals mit einer Gabel einstechen und mit dem beiseite gestellten Orangensaft tränken. Die Torte etwa 2 Stunden kalt stellen.

8. Zum Bestreichen Tortenring oder Springformrand lösen und entfernen. Sahne mit Sahnesteif und Vanillin-Zucker steif schlagen und die Torte damit vollständig bestreichen.

9. Zum Garnieren Orange heiß abwaschen und in dünne Scheiben schneiden. Wasser mit Zucker aufkochen lassen, die Orangenscheiben hineingeben und etwa 10 Minuten bei schwacher Hitze kochen lassen. Scheiben abtropfen und abkühlen lassen, evtl. halbieren und auf der Tortenoberfläche verteilen.

Orangenparfait-Torte

Gut vorzubereiten

Insgesamt:
E: 61 g, F: 371 g, Kh: 524 g,
kJ: 24948, kcal: 5957

Zum Vorbereiten:
300 g weiße Schokolade
600 ml Schlagsahne
1 TL Dr. Oetker Finesse Orangenfrucht
75 ml Orangenlikör (40 Vol.-%),
z. B. Cointreau

Außerdem:
4 Pck. Dr. Oetker Sahnesteif
200 g Biskuitzungen oder Eierplätzchen
(ohne Zuckerkruste)
75 ml Orangenlikör

Zum Garnieren und Verzieren:
6 kandierte Orangenscheiben (etwa 100 g)
200 ml Schlagsahne
25 g gehackte Pistazien

**Zubereitungszeit: 40 Minuten,
ohne Kühlzeit**

1. Zum Vorbereiten Schokolade in Stücke brechen. Sahne mit Orangenfrucht und Likör in einem Topf verrühren. Schokoladenstücke hinzufügen und unter Rühren erwärmen, bis die Schokolade geschmolzen ist. Sahne-Likör-Mischung abkühlen lassen, gleichmäßig in zwei Rührschüsseln verteilen und zugedeckt über Nacht kalt stellen.

2. Eine Springform (Ø 24 cm) mit Frischhaltefolie auslegen. Jede Hälfte der Sahne-Likör-Mischung mit 2 Päckchen Sahnesteif steif schlagen. Den Boden der Form mit einer dünnen Schicht Sahnecreme bestreichen. Eine Lage Biskuitzungen oder Eierplätzchen dicht an dicht darauf legen. Biskuitzungen oder Eierplätzchen mit etwa 2 Esslöffeln Likör beträufeln.

3. Abwechselnd restliche Sahnecreme, Biskuitzungen oder Eierplätzchen und Likör einschichten, bis alle Zutaten aufgebraucht sind. Die letzte Schicht sollte aus Biskuitzungen oder Eierplätzchen bestehen, welche aber nicht mehr mit Likör beträufelt werden. Die Torte mit Frischhaltefolie bedecken und 3-4 Stunden kalt stellen.

4. Folie entfernen und die Torte vorsichtig auf eine Tortenplatte stürzen. Springform und restliche Folie vorsichtig entfernen.

5. Zum Garnieren kandierte Orangenscheiben halbieren. Sahne steif schlagen, in einen Spritzbeutel mit Lochtülle füllen und Tuffs auf die Tortenoberfläche spritzen. Torte mit Pistazien bestreuen und den Tortenrand mit den halbierten Orangenscheiben garnieren. Die Torte vor dem Servieren für etwa 1 Stunde in eine Tiefkühltruhe oder einen Gefrierschrank stellen.

Orangenparfait-Torte

Orangen-Schichttorte

Schnell zubereitet

Insgesamt:
E: 69 g, F: 143 g, Kh: 541 g,
kJ: 16345, kcal: 3902

Für Füllung I:
4 Blatt weiße Gelatine
300 g Naturjoghurt, 25 g Zucker
1 Glas Wild-Preiselbeeren (Einwaage 220 g)
4 EL Schlagsahne

Außerdem:
1 heller Wiener Boden (Ø 26 cm, 3 Lagen)
2 EL Rum oder Mandellikör

Für Füllung II:
4 Becher (je 50 g) Mousse au Chocolat

Für den Belag:
5 Orangen
1 Pck. Tortenguss, klar
250 ml ($^1/_4$ l) Orangensaft und Weißwein
25 g Zucker

Zum Bestreichen und Bestreuen:
125 ml ($^1/_8$ l) Schlagsahne
etwa 40 g Raspelschokolade

Zubereitungszeit: 30 Minuten, ohne Kühlzeit

1. Für Füllung I Gelatine nach Packungsanleitung einweichen. Joghurt mit Zucker und Preiselbeeren verrühren. Gelatine leicht ausdrücken, in einem kleinen Topf bei schwacher Hitze auflösen (nicht kochen) und flüssige Sahne unterrühren. Gelatine-Sahne-Mischung unter die Joghurtmischung rühren.
2. Einen Wiener Boden auf eine Tortenplatte legen und einen Tortenring darumstellen. Joghurtmasse auf dem Boden verteilen, zweiten Boden darauf legen und mit Rum oder Likör beträufeln.
3. Für Füllung II Mousse au Chocolat auf dem zweiten Boden verteilen und den dritten Boden auflegen.
4. Für den Belag Orangen mit einem scharfen Messer so schälen, dass die weiße Haut mit entfernt wird. Orangen filetieren, Saft dabei auffangen und mit Wein auf 250 ml ($^1/_4$ l) auffüllen. Orangenfilets auf die Tortenoberfläche legen.
5. Aus Tortengusspulver, Orangensaft-Wein-Flüssigkeit und Zucker nach Packungsanleitung einen Guss zubereiten und auf den Orangenfilets verteilen. Torte 1–2 Stunden kalt stellen.
6. Zum Bestreichen und Bestreuen Tortenring lösen und entfernen. Sahne steif schlagen. Den Tortenrand damit bestreichen und mit Raspelschokolade bestreuen.

Orangen-Schichttorte

Ostpreußische Silvestertorte

Klassisch – gut vorzubereiten

Insgesamt:
E: 151 g, F: 400 g, Kh: 948 g,
kJ: 33481, kcal: 7996

Für den Rührteig:
100 g Zartbitterschokolade
200 g Butter oder Margarine
175 g Zucker, 1 Prise Salz
1 Pck. (10 g) Pfefferkuchengewürz
4 Eier (Größe M)
375 g Weizenmehl
1 Pck. Dr. Oetker Backin
125 ml (1/8 l) Milch

Zum Bestreichen:
250 g Johannisbeergelee

Zum Garnieren:
400 g Marzipan-Rohmasse
100 g gesiebter Puderzucker
1 Pck. Dr. Oetker Finesse Jamaica-Rum-Aroma
2 Eier (Größe M), 2 Eigelb (Größe M)

Zum Verzieren:
75 g Johannisbeergelee

Zubereitungszeit: 50 Minuten, ohne Abkühl- und Durchziehzeit

1. Für den Teig Schokolade auf einer Küchenreibe fein reiben. Butter oder Margarine mit Handrührgerät mit Rührbesen auf höchster Stufe geschmeidig rühren. Nach und nach Zucker, Salz und Pfefferkuchengewürz unterrühren. So lange rühren, bis eine gebundene Masse entstanden ist.
2. Eier nach und nach unterrühren (jedes Ei etwa 1/2 Minute). Mehl mit Backpulver mischen, sieben und in 2 Portionen abwechselnd mit der Milch auf mittlerer Stufe unterrühren. Zuletzt Schokolade kurz unterrühren. Den Teig in eine Springform (Ø 26 cm, Boden gefettet) füllen und glatt streichen. Die Form auf dem Rost in den Backofen schieben.
Ober-/Unterhitze: etwa 180 °C (vorgeheizt)
Heißluft: etwa 160 °C (nicht vorgeheizt)
Gas: Stufe 2–3 (nicht vorgeheizt)
Backzeit: etwa 60 Minuten.
3. Den Tortenboden aus der Form lösen und auf einem mit Backpapier belegten Kuchenrost erkalten lassen. Anschließend den Boden einmal waagerecht durchschneiden.
4. Zum Bestreichen den unteren Boden auf eine Platte legen und mit knapp der Hälfte des glatt gerührten Gelees bestreichen. Den oberen Boden auflegen und etwas andrücken. Tortenoberfläche und -rand mit dem restlichen Gelee bestreichen.
5. Zum Garnieren Marzipan sehr klein schneiden und mit Puderzucker, Aroma, Eiern und Eigelb mit Handrührgerät mit Rührbesen zu einer geschmeidigen Masse verrühren. Die Masse portionsweise in einen Spritzbeutel mit kleiner Sterntülle geben und die Tortenoberfläche gitterartig damit verzieren. Den Tortenrand mit gespritzten Herzen verzieren.
6. Die Torte vorsichtig auf dem Rost im unteren Drittel in den Backofen schieben und das Marzipan unter dem vorgeheizten Grill etwa 5 Minuten goldgelb überbacken. Die Torte abkühlen lassen, dann in Alufolie verpackt mindestens 1 Tag an einem kühlen, trockenen Ort durchziehen lassen.
7. Am Serviertag zum Verzieren Gelee in einem Topf aufkochen lassen, etwas abkühlen lassen und in ein Papiertütchen oder einen kleinen Gefrierbeutel füllen. Eine kleine Ecke abschneiden und die Marzipanzwischenräume auf der Oberfläche damit füllen.

Tipp:
Statt Johannisbeergelee können Sie auch Hagebuttenkonfitüre oder Holunderbeergelee verwenden.

Verwenden Sie statt der geriebenen Schokolade gekaufte Raspelschokolade.

Ostpreußische Silvestertorte

Panama-Spezial

Fruchtig

Insgesamt:
E: 148 g, F: 279 g, Kh: 625 g,
kJ: 24136, kcal: 5757

Für den Knetteig:
125 g Weizenmehl
1 Msp. Dr. Oetker Backin
50 g Zucker
1 kleines Ei (Größe S)
75 g Butter

Für den Biskuitteig:
3 Eier (Größe M)
90 g Zucker
1 Pck. Dr. Oetker Vanillin-Zucker
90 g Weizenmehl
1 gestr. TL Dr. Oetker Backin

Für Füllung I:
1 Pck. Tortenguss, rot
1 EL Zucker, 200 ml Apfelsaft
300 g TK-Beerenfrüchte

Für Füllung II:
1 Dose Ananasscheiben
(Abtropfgewicht 225 g)
200 ml Ananassaft aus der Dose,
evtl. mit Wasser aufgefüllt
1 Pck. Käse-Sahne-Tortencreme
(Tortencremepulver)
500 g Magerquark
Saft von 1 Zitrone, 475 ml Schlagsahne

Zum Bestreichen und Garnieren:
125 ml (¹/₈ l) Schlagsahne
1 Pck. Dr. Oetker Sahnesteif
1 TL Zucker
Kiwischeiben
Orangenscheiben
25 g abgezogene, gehackte Mandeln

Zubereitungszeit: 60 Minuten, ohne Kühlzeit

1. Für den Knetteig Mehl mit Backpulver mischen und in eine Rührschüssel sieben. Zucker, Ei und Butter hinzufügen. Die Zutaten mit Handrührgerät mit Knethaken zunächst kurz auf niedrigster, dann auf höchster Stufe gut durcharbeiten.

2. Anschließend den Teig auf der bemehlten Arbeitsfläche kurz verkneten. Sollte er kleben, ihn kurz kalt stellen. Den Teig auf einem gefetteten Springformboden (Ø 26 cm) ausrollen und mehrmals mit einer Gabel einstechen. Den Springformrand darumlegen und die Form auf dem Rost in den Backofen schieben.
   Ober-/Unterhitze: etwa 200 °C (vorgeheizt)
   Heißluft: etwa 180 °C (vorgeheizt)
   Gas: Stufe 3-4 (vorgeheizt)
   Backzeit: etwa 15 Minuten.

3. Springformrand entfernen, den Boden sofort vom Springformboden lösen, aber darauf auf einem Kuchenrost erkalten lassen. Boden dann auf eine Tortenplatte legen und einen Tortenring oder den gesäuberten Springformrand darumstellen.

4. Für den Biskuitteig Eier mit Handrührgerät mit Rührbesen auf höchster Stufe in 1 Minute schaumig schlagen. Zucker mit Vanillin-Zucker mischen, in 1 Minute einstreuen, dann noch 2 Minuten weiterschlagen.

5. Mehl mit Backpulver mischen, auf die Eiercreme sieben und kurz auf niedrigster Stufe unterrühren. Teig in eine Springform (Ø 26 cm, Boden gefettet, mit Backpapier belegt) füllen. Die Form auf dem Rost in den Backofen schieben.
   Ober-/Unterhitze: etwa 180 °C (vorgeheizt)
   Heißluft: etwa 160 °C (vorgeheizt)
   Gas: Stufe 2–3 (vorgeheizt)
   Backzeit: 25–30 Minuten.

6. Den Boden aus der Form lösen, auf einen mit Backpapier belegten Kuchenrost stürzen und erkalten lassen. Anschließend mitgebackenes Backpapier abziehen und den Boden einmal waagerecht durchschneiden.

7. Für Füllung I Tortenguss mit Zucker und Apfelsaft nach Packungsanleitung zubereiten. Beeren unterrühren (einige Früchte zum Garnieren zurücklassen). Die Masse auf dem Knetteigboden verteilen, den unteren Biskuitboden darauf legen und kalt stellen.

8. Für Füllung II Ananasscheiben in einem Sieb abtropfen lassen, dabei den Saft auffangen und evtl. mit Wasser auf 200 ml auffüllen. Tortencreme nach Packungsanleitung, aber mit den im Rezept angegebenen Mengen Quark, Ananas- und Zitronensaft und Sahne zubereiten.

9. Die Hälfte der Quarkcreme auf den Biskuitboden geben. Ananasscheiben in kleine Stücke schneiden (3 Scheiben zurücklassen), auf der Quarkcreme verteilen und den zweiten Biskuitboden darauf legen. Den Boden mit der restlichen Quarkcreme bestreichen und die Torte etwa 3 Stunden kalt stellen.

10. Zum Bestreichen und Garnieren Sahne mit Sahnesteif und Zucker steif schlagen. Den Tortenrand mit der Sahne bestreichen. Die Torte mit Kiwi- und Orangenscheiben, Mandeln und den zurückgelassenen, in große Stücke geschnittenen Ananasscheiben und den restlichen Beeren garnieren.

Tipp:
Anstelle von abgezogenen, gehackten Mandeln können Sie auch Kakao oder gehackte Pistazienkerne zum Verzieren verwenden.

Panama-Spezial

Panna-Cotta-Torte

Raffiniert

Insgesamt:
E: 70 g, F: 318 g, Kh: 356 g,
kJ: 19129, kcal: 4566

Für den Knetteig:
150 g Weizenmehl
½ gestr. TL Dr. Oetker Backin
50 g abgezogene, gemahlene Mandeln
50 g Zucker
2 Pck. Dr. Oetker Vanillin-Zucker
1 Ei (Größe M)
50 g Butter

Für den Belag:
3 Blatt weiße Gelatine
250 g Erdbeeren
20 g Zucker

Für die Füllung:
7 Blatt weiße Gelatine
750 ml (¾ l) Schlagsahne
abgeschälte Schale von ½ Bio-Zitrone (unbehandelt, ungewachst)
1 Stange Zimt
100 g Zucker
2 Pck. Dr. Oetker Bourbon-Vanille-Zucker

Zum Garnieren:
Minzeblätter

Zubereitungszeit: 45 Minuten, ohne Kühlzeit

Panna-Cotta-Torte

1. Für den Teig Mehl mit Backpulver mischen und in eine Rührschüssel sieben. Restliche Zutaten hinzufügen und mit Handrührgerät mit Knethaken zunächst kurz auf niedrigster, dann auf höchster Stufe gut durcharbeiten. Anschließend den Teig auf der leicht bemehlten Arbeitsfläche kurz verkneten. Den Teig in Frischhaltefolie gewickelt 20–30 Minuten kalt stellen.

2. Zwei Drittel des Teiges auf einem Springformboden (Ø 26 cm, gefettet) ausrollen und mehrfach mit einer Gabel einstechen. Springformrand darumstellen, den restlichen Teig zu einer Rolle formen, als Rand auf den Boden legen und so an die Form drücken, dass ein 3 cm hoher Rand entsteht. Die Form auf dem Rost in den Backofen schieben.
   Ober-/Unterhitze: etwa 180 °C (vorgeheizt)
   Heißluft: etwa 160 °C (vorgeheizt)
   Gas: Stufe 2–3 (vorgeheizt)
   Backzeit: etwa 15 Minuten.

3. Springformrand entfernen, den Boden vom Springformboden lösen, aber darauf auf einem Kuchenrost erkalten lassen. Anschließend den Boden auf eine Tortenplatte legen.

4. Für den Belag Gelatine nach Packungsanleitung einweichen. Erdbeeren waschen, abtropfen lassen, putzen und mit dem Zucker pürieren. Gelatine leicht ausdrücken, in einem kleinen Topf bei schwacher Hitze unter Rühren auflösen (nicht kochen) und mit dem Erdbeerpüree verrühren. Zwei Drittel der Erdbeermasse auf dem Tortenboden verstreichen und kalt stellen. Restliche Erdbeermasse zum Verzieren beiseite stellen (nicht kalt stellen).

5. Für die Füllung Gelatine nach Packungsanleitung einweichen. Sahne mit Zitronenschale, Zimt und Zucker in einem Topf zum Kochen bringen und 2–3 Minuten leicht kochen lassen. Topf von der Kochstelle nehmen, Gelatine leicht ausdrücken und mit dem Vanille-Zucker unter die heiße Sahne rühren, bis sie gelöst ist.

6. Zitronenschale und Zimt entfernen und die Sahnemasse erkalten lassen, dabei gelegentlich umrühren. Die völlig kalte, aber noch flüssige Sahnemasse vorsichtig auf dem Tortenboden verteilen und die Torte etwa 3 Stunden kalt stellen.

7. Die Torte mit Minze garnieren und das restliche Erdbeerpüree als Kleckse auf der Tortenoberfläche an der Minze verteilen. Die Torte nochmals etwa 30 Minuten kalt stellen.

Paradiestorte

Einfach – schnell zubereitet

Insgesamt:
E: 53 g, F: 300 g, Kh: 456 g,
kJ: 20124, kcal: 4805

1 Biskuit-Obstboden (Ø 26 cm)
1 Pck. (100 g) Waffelröllchen mit
Vollmilchschokolade

Für die Creme:
2 Pck. Paradiescreme Vanille-Geschmack
(Dessertpulver)
400 g Schmand (Sauerrahm)
500 ml ($1/2$ l) Schlagsahne

Für den Belag:
500 g Erdbeeren

Für den Guss:
1 Pck. Tortenguss, klar
1 EL Zucker
250 ml ($1/4$ l) Wasser

geschabte Vollmilch- oder
Zartbitterschokolade

**Zubereitungszeit: 20 Minuten,
ohne Kühlzeit**

1. Den Obstboden auf eine Tortenplatte legen. Die Waffelröllchen innen an den Tortenrand legen.
2. Für die Creme das Dessertpulver nach Packungsanleitung, aber mit den hier angegebenen Mengen Schmand und Sahne zubereiten. Die Creme auf den Obstboden geben und verstreichen, dabei die Waffelröllchen nicht vollständig bedecken. Die Torte etwa 1 Stunde kalt stellen.
3. Für den Belag Erdbeeren waschen, abtropfen lassen und entstielen. Die Erdbeeren halbieren und kuppelartig auf der fest gewordenen Creme verteilen.
4. Für den Guss Tortengusspulver mit Zucker und Wasser nach Packungsanleitung zubereiten. Die Erdbeeren mit einem Löffel damit überziehen und den Guss fest werden lassen. Die Torte mit geschabter Schokolade garnieren.

Tipp:
Anstelle von Erdbeeren können auch gemischte Beerenfrüchte (frisch oder TK) verwendet werden. TK-Früchte unaufgetaut auf der Creme verteilen und sofort mit dem Guss überziehen.
Den Schmand können Sie durch Crème fraîche ersetzen.

Paradiestorte

Petit-Four-Torte

Raffiniert – zum Verschenken

Insgesamt:
E: 145 g, F: 655 g, Kh: 1031 g,
kJ: 45109, kcal: 10770

Für den Biskuitteig:
(Teig 2 x zubereiten)
75 g Butter
4 Eier (Größe M)
3 EL Orangensaft
150 g Zucker
1 Pck. Dr. Oetker Vanillin-Zucker
100 g Weizenmehl
50 g Speisestärke
3 gestr. TL Dr. Oetker Backin
50 g abgezogene, gemahlene Mandeln

Für die Buttercreme:
500 ml (½ l) Milch
50 g Zucker
1 Pck. Dr. Oetker Pudding-Pulver Vanille-Geschmack
200 g weiche Butter
50 g Kokosfett

Zum Tränken und Bestreichen:
2 EL Wasser
30 g Zucker
75 ml Himbeergeist
150 g Himbeer- oder Waldfruchtkonfitüre

Für den Guss:
300 g weiße Kuvertüre
50 g Kokosfett

Zum Verzieren und Garnieren:
50 g Halbbitter-Kuvertüre
1 TL Speiseöl
verschiedene Garnierungen (z. B. kandierte Veilchen oder Rosen, Belegkirschen, gehackte Pistazienkerne, getrocknete Aprikosen- oder Ananasstückchen, Zuckerperlen usw.)

Zubereitungszeit: 80 Minuten, ohne Kühlzeit

1. Für den Teig Butter zerlassen und abkühlen lassen. Eier und Orangensaft in eine Rührschüssel geben und mit Handrührgerät mit Rührbesen auf höchster Stufe in 1 Minute schaumig schlagen. Zucker und Vanillin-Zucker mischen, in 1 Minute einstreuen und noch 2 Minuten weiterschlagen. Mehl mit Speisestärke und Backpulver mischen, auf die Eiercreme sieben und auf niedrigster Stufe kurz unterrühren. Mandeln und zuletzt die Butter ebenfalls kurz unterrühren. Einen Backrahmen (26 x 26 cm) auf ein mit Backpapier belegtes Backblech stellen, Teig einfüllen und glatt streichen. Das Backblech in den Backofen schieben.
Ober-/Unterhitze: etwa 180 °C (vorgeheizt)
Heißluft: etwa 160 °C (vorgeheizt)
Gas: Stufe 2–3 (vorgeheizt)
Backzeit: etwa 25 Minuten.

2. Boden aus dem Backrahmen lösen, mit dem Backpapier auf einen Kuchenrost ziehen und erkalten lassen. Zweiten Boden ebenso zubereiten, backen und erkalten lassen. Anschließend jeden Boden einmal waagerecht durchschneiden.

3. Für die Buttercreme aus Milch, Zucker und Pudding-Pulver nach Packungsanleitung einen Pudding kochen, ihn direkt mit Frischhaltefolie belegen, damit sich keine Haut bildet und erkalten lassen (nicht kalt stellen). Butter cremig rühren und den erkalteten Pudding esslöffelweise unterschlagen, dabei darauf achten, dass Butter und Pudding Zimmertemperatur haben, da die Creme sonst gerinnt. Kokosfett auflösen und warm unterschlagen.

4. Zum Tränken Wasser mit Zucker aufkochen und abkühlen lassen, Himbeergeist unterrühren. Einen Biskuitboden auf eine Tortenplatte legen, erst mit einem Drittel der Konfitüre bestreichen, dann mit einem Drittel der Buttercreme bestreichen. Zweiten Biskuitboden auflegen. Boden mit Hilfe eines Pinsels mit einem Drittel der Tränke tränken, mit der Hälfte der restlichen Konfitüre bestreichen und mit knapp der Hälfte der restlichen Creme bestreichen. Dritten Boden auflegen, mit der Hälfte der restlichen Tränke tränken, mit restlicher Konfitüre und restlicher Creme (3 Esslöffel Creme zurücklassen) bestreichen. Vierten Boden auflegen und mit der restlichen Tränke tränken. Torte rundherum dünn mit der zurückgelassenen Creme bestreichen und etwa 2 Stunden kalt stellen.

5. Für den Guss weiße Kuvertüre mit Kokosfett in einem Topf im Wasserbad bei schwacher Hitze geschmeidig rühren, die Torte vollständig damit überziehen und den Guss fest werden lassen. Dunkle Kuvertüre mit Öl ebenfalls auflösen, in eine Papierspritztüte füllen und eine kleine Spitze abschneiden. Die Oberfläche des Gebäcks damit in kleine angedeutete Petits Fours einteilen und nach Belieben verzieren und garnieren.

Tipp:
Anstelle des Himbeergeistes schmeckt auch sehr gut Kirschwasser, dann auch Kirschkonfitüre verwenden.

Petit-Four-Torte

Pferdetorte

Für Kinder – einfach

Insgesamt:
E: 63 g, F: 166 g, Kh: 652 g,
kJ: 18661, kcal: 4457

Für den Teig:
4 Eier (Größe M)
250 g Zucker
1 Pck. Dr. Oetker Vanillin-Zucker
125 ml (1/8 l) Speiseöl
150 ml Orangenlimonade
250 g Weizenmehl
3 gestr. TL Dr. Oetker Backin

Für den Guss:
150 g gesiebter Puderzucker
2–3 EL Orangenlimonade
1 TL gesiebtes Kakaopulver

1 Pck. (12 Stück) Torten-Dekor-Marzipanmöhrchen

Zubereitungszeit: 20 Minuten, ohne Trockenzeit

1. Für den Teig Eier mit Zucker und Vanillin-Zucker mit Handrührgerät mit Rührbesen auf höchster Stufe schaumig schlagen. Öl und Orangenlimonade unterrühren.
2. Mehl mit Backpulver mischen, sieben und in 2 Portionen auf mittlerer Stufe unterrühren. Den Teig in eine Springform (Ø 28 cm, Boden gefettet, mit Backpapier belegt) füllen. Die Form auf dem Rost in den Backofen schieben.
   Ober-/Unterhitze: etwa 180 °C (vorgeheizt)
   Heißluft: etwa 160 °C (nicht vorgeheizt)
   Gas: Stufe 2–3 (nicht vorgeheizt)
   Backzeit: etwa 35 Minuten.
3. Den Kuchen aus der Form lösen, auf einen mit Backpapier belegten Kuchenrost stürzen und den Kuchen erkalten lassen. Anschließend das mitgebackene Backpapier abziehen.
4. Für den Guss Puderzucker mit Orangenlimonade zu einer dickflüssigen Masse verrühren. 2–3 Teelöffel von dem Guss mit Kakao verrühren und in ein Papiertütchen oder einen Gefrierbeutel füllen und eine kleine Ecke abschneiden. Mit dem hellen Guss den Kuchen überziehen und den Guss fest werden lassen.
5. Mit dem dunklen Guss einen Pferdekopf und Randverzierungen spritzen und fest werden lassen. Die Marzipanmöhrchen mit etwas Guss auf der Torte befestigen.

Tipp:
Anstelle des Pferdekopfes können natürlich auch beliebige andere Motive aufgespritzt werden.

Pferdetorte

Pfirsich-Mascarpone-Torte

Dauert länger

Insgesamt:
E: 108 g, F: 468 g, Kh: 738 g,
kJ: 32110, kcal: 7655

Für den Knetteig:
125 g Weizenmehl
1 Msp. Dr. Oetker Backin, 50 g Zucker
1 Pck. Dr. Oetker Bourbon-Vanille-Zucker
75 g Butter oder Margarine
1 EL Wasser

Für den Biskuitteig:
4 Eier (Größe M), 1 Eigelb (Größe M)
4 EL heißes Wasser, 125 g Zucker
1 Pck. Dr. Oetker Vanillin-Zucker
125 g Weizenmehl
25 g Speisestärke

Zum Bestreichen:
5 EL Aprikosenkonfitüre

Für Füllung und Belag:
1 Dose Tortenpfirsiche
(Abtropfgewicht 460 g)
200 ml Pfirsichsaft aus der Dose
2 EL Zitronensaft
500 ml ($1/2$ l) Schlagsahne
1 Pck. Käse-Sahne-Tortencreme
(Tortencremepulver)
500 g Mascarpone (ital. Frischkäse)

Für den Guss:
1 Pck. Tortenguss, klar
knapp 200 ml Pfirsichsaft aus der Dose
etwa 50 ml Wasser

Zubereitungszeit: 90 Minuten, ohne Kühlzeit

Pfirsich-Mascarpone-Torte

1. Für den Knetteig Mehl mit Backpulver mischen und in eine Rührschüssel sieben. Zucker, Vanille-Zucker, Butter oder Margarine und Wasser hinzufügen. Die Zutaten mit Handrührgerät mit Knethaken zunächst kurz auf niedrigster, dann auf höchster Stufe gut durcharbeiten. Anschließend den Teig auf der bemehlten Arbeitsfläche kurz verkneten und ihn in Folie gewickelt kurz kalt stellen. Teig auf dem Boden einer Springform (Ø 26 cm, gefettet) ausrollen und mit einer Gabel mehrmals einstechen. Springformrand darumstellen und die Form auf dem Rost in den Backofen schieben.
Ober-/Unterhitze: etwa 200 °C (vorgeheizt)
Heißluft: etwa 180 °C (vorgeheizt)
Gas: Stufe 3–4 (vorgeheizt)
Backzeit: etwa 15 Minuten.

2. Springformrand entfernen, Boden sofort vom Springformboden lösen, aber darauf auf einem Kuchenrost erkalten lassen.

3. Für den Biskuitteig Eier, Eigelb und Wasser mit Handrührgerät mit Rührbesen auf höchster Stufe in 1 Minute schaumig schlagen. Zucker und Vanillin-Zucker mischen, in 1 Minute einstreuen, dann noch 2 Minuten weiterschlagen. Mehl mit Speisestärke mischen, auf die Eiercreme sieben und kurz auf niedrigster Stufe unterrühren. Den Teig gleichmäßig auf einem Backblech (30 x 40 cm, gefettet, mit Backpapier belegt) verstreichen. Das Backblech in den Backofen schieben und den Teig **bei der angegebenen Backofeneinstellung etwa 10 Minuten backen**.

4. Die Biskuitplatte sofort vom Rand lösen, auf ein mit Zucker bestreutes Backpapier stürzen und mitgebackenes Backpapier sofort abziehen. Den Biskuit mit 3 Esslöffeln von der Konfitüre bestreichen. Die langen Seiten der Platte noch warm so weit zur Mitte klappen, dass eine Lücke von etwa 2 cm bleibt, dann diese Seiten mit 1 Esslöffel Konfitüre bestreichen und aufeinander klappen. Die so aufeinander geklappte Rolle gleichmäßig in 22 gut 1,5 cm breite Scheiben schneiden.

5. Für Füllung und Belag Pfirsichspalten in einem Sieb abtropfen lassen, den Saft dabei auffangen. Zunächst 200 ml davon abmessen und mit Zitronensaft verrühren. Sahne steif schlagen. Saft mit der Tortencreme nach Packungsanleitung anrühren. Erst Mascarpone unterrühren, dann Sahne unterheben. Den Knetteigboden auf eine Tortenplatte legen und mit der restlichen Konfitüre bestreichen. Einen Tortenring oder den gesäuberten Springformrand darumstellen und die Biskuitscheiben (Öffnung nach unten) innen an den Rand stellen. Mascarponecreme darin verstreichen. Die Torte 2–3 Stunden kalt stellen.

6. Für den Belag Pfirsichspalten auf die Torte legen. Für den Guss restlichen Pfirsichsaft mit Wasser auf 250 ml ($1/4$ l) auffüllen. Mit Tortengusspulver und der Saftmischung nach Packungsanleitung einen Guss zubereiten, mit einem Esslöffel auf den Pfirsichspalten verteilen und fest werden lassen. Anschließend Tortenring oder Springformrand lösen und entfernen.

Pfirsich-Sekt-Torte

Erfrischend

Insgesamt:
E: 67 g, F: 187 g, Kh: 542 g,
kJ: 18530, kcal: 4420

Für den Knetteig:
150 g Weizenmehl
40 g Zucker
1 Pck. Dr. Oetker Vanillin-Zucker
3-4 Tropfen Butter-Vanille-Aroma
100 g Butter oder Margarine

Für den Biskuitteig:
1 Ei (Größe M)
3 EL heißes Wasser
50 g Zucker
1 Pck. Dr. Oetker Vanillin-Zucker
100 g Weizenmehl
1 gestr. TL Dr. Oetker Backin

Zum Bestreichen:
50 g Aprikosenkonfitüre

Zum Tränken:
50 ml Sekt

Für den Belag:
1 kleine Dose Pfirsiche
(Abtropfgewicht 240 g)
1 Pck. Käse-Sahne-Tortencreme
(Tortencremepulver)
200 ml Sekt
500 g Naturjoghurt
250 ml (¼ l) Schlagsahne

Zum Garnieren:
Pfirsichspalten, Erdbeeren,
Johannisbeeren, Minzeblättchen

**Zubereitungszeit: 60 Minuten,
ohne Kühlzeit**

Pfirsich-Sekt-Torte

1. Für den Knetteig Mehl in eine Rührschüssel sieben. Restliche Zutaten hinzufügen und mit Handrührgerät mit Knethaken zunächst kurz auf niedrigster, dann auf höchster Stufe gut durcharbeiten. Anschließend den Teig auf einer leicht bemehlten Arbeitsfläche kurz verkneten. Teig auf dem Boden einer Springform (Ø 26 cm, Boden gefettet) ausrollen und den Springformrand darumstellen. Den Teigboden mehrmals mit einer Gabel einstechen und die Form auf dem Rost in den Backofen schieben.
Ober-/Unterhitze: etwa 200 °C (vorgeheizt)
Heißluft: etwa 180 °C (vorgeheizt)
Gas: Stufe 3-4 (vorgeheizt)
Backzeit: 12-15 Minuten.

2. Springformrand entfernen, den Boden sofort vom Springformboden lösen, aber darauf auf einem Kuchenrost erkalten lassen.

3. Für den Biskuitteig Ei und Wasser mit Handrührgerät mit Rührbesen auf höchster Stufe in 1 Minute schaumig schlagen. Zucker und Vanillin-Zucker mischen, in 1 Minute einstreuen und noch 2 Minuten weiterschlagen. Mehl mit Backpulver mischen, auf die Eiercreme sieben und kurz auf niedrigster Stufe unterrühren.

4. Den Teig in eine Springform (Ø 26 cm, Boden gefettet, mit Backpapier belegt) füllen und glatt streichen. Die Form auf dem Rost in den Backofen schieben und **bei gleicher Backofeneinstellung 12-15 Minuten backen.**

5. Boden aus der Form lösen, auf einen mit Backpapier belegten Kuchenrost stürzen und den Boden erkalten lassen. Anschließend das mitgebackene Backpapier abziehen. Knetteigboden auf eine Tortenplatte legen, mit Konfitüre bestreichen, mit dem Biskuitboden belegen und den gesäuberten Springformrand oder einen Tortenring darumstellen. Den Biskuitboden mit Sekt tränken.

6. Für den Belag Pfirsiche in einem Sieb abtropfen lassen und klein schneiden. Tortencreme nach Packungsanleitung, aber mit Sekt, Joghurt und steif geschlagener Sahne zubereiten. Die Hälfte der Creme auf den Boden streichen, Pfirsiche darauf legen und mit der restlichen Creme bestreichen. Die Torte bis zum Servieren kalt stellen.

7. Zum Garnieren kurz vor dem Servieren Springformrand oder Tortenring lösen und entfernen. Pfirsichspalten, Erdbeeren, nach Belieben gezuckerte Johannisbeeren und Minzeblättchen auf der Tortenoberfläche verteilen.

Pflaumen-Knusperstreusel-Torte

Beliebt

Insgesamt:
E: 72 g, F: 455 g, Kh: 564 g,
kJ: 28040, kcal: 6693

Für den Streuselteig:
350 g Weizenmehl
1 gestr. TL Dr. Oetker Backin
150 g Zucker
2 Pck. Dr. Oetker Vanillin-Zucker
1 Ei (Größe M)
200 g Butter oder Margarine

Für den Belag:
1 Glas entsteinte Pflaumen
(Abtropfgewicht 385 g)
500 g Mascarpone (ital. Frischkäse)
50 g Zucker, 1/2 TL gemahlener Zimt
200 ml Schlagsahne

Zubereitungszeit: 40 Minuten, ohne Kühlzeit

1. Für den Teig Mehl mit Backpulver mischen und in eine Rührschüssel sieben. Restliche Zutaten hinzufügen und mit Handrührgerät mit Rührbesen zunächst kurz auf niedrigster, dann auf höchster Stufe zu Streuseln verarbeiten. Von den Streuseln 2–3 Esslöffel abnehmen und beiseite stellen.

Die restliche Streuselmenge halbieren. Eine Streuselhälfte in einer Springform (Ø 26 cm, Boden gefettet) verteilen und zu einem Boden andrücken. Die Springform auf dem Rost in den Backofen schieben.
Ober-/Unterhitze: etwa 200 °C (vorgeheizt)
Heißluft: etwa 180 °C (vorgeheizt)
Gas: Stufe 3-4 (vorgeheizt)
Backzeit: etwa 20 Minuten.

2. Sofort nach dem Backen Springformrand lösen, den Boden vom Springformboden lösen, aber darauf auf einem Kuchenrost erkalten lassen.

3. In der Zwischenzeit die beiseite gestellten Streusel locker auf ein mit Backpapier belegtes Backblech streuen und **bei gleicher Backofeneinstellung 10–15 Minuten backen.** Die gebackenen Streusel mit dem Backpapier vom Backblech ziehen und erkalten lassen.

4. Die zweite Streuselhälfte ebenso in der gefetteten Springform andrücken **und bei der gleichen Backofeneinstellung etwa 20 Minuten backen.** Anschließend Springformrand entfernen, den Boden vom Springformboden lösen, aber darauf auf dem Kuchenrost erkalten lassen.

5. Für den Belag Pflaumen in einem Sieb gut abtropfen lassen, 2-3 Stück davon zum Garnieren beiseite legen. Mascarpone mit Zucker und Zimt verrühren. Sahne steif schlagen und unterheben. Einen Streuselboden auf eine Tortenplatte legen und mit der Hälfte der abgetropften Pflaumen belegen. Die Hälfte der Creme darauf verstreichen und den zweiten Boden auflegen. Restliche Pflaumen auflegen und die restliche Creme locker aufstreichen. Die beiseite gelegten Pflaumen in Streifen schneiden und auf der Oberfläche verteilen. Die Torte etwa 1 Stunde kalt stellen.

6. Vor dem Servieren die gebackenen Streusel auf die Torte streuen.

Tipp:
Sie können Böden und Streusel 1–4 Tage vor dem Zubereiten der Torte backen, erkalten lassen und in Alufolie verpackt lagern.

Pflaumen-Knusperstreusel-Torte

Pflaumen-Marzipan-Torte

Raffiniert

Insgesamt:
E: 87 g, F: 534 g, Kh: 570 g,
kJ: 31145, kcal: 7446

Für den Knetteig:
75 g Marzipan-Rohmasse
250 g Weizenmehl
1 Msp. Dr. Oetker Backin
50 g Zucker
5 Tropfen Bittermandel-Aroma
1 Becher (150 g) Crème fraîche
150 g Butter oder Margarine

Zum Bestreuen:
50 g abgezogene, gehackte Mandeln
30 g Zimt-Zucker

Für die Füllung:
1 Glas entsteinte Pflaumen
(Abtropfgewicht 385 g)
800 ml Schlagsahne
2 Pck. Dr. Oetker Sahnesteif
30 g Zucker

Zum Garnieren und Verzieren:
125 g Marzipan-Rohmasse
25 g gesiebter Puderzucker
3 EL Aprikosenkonfitüre

Zubereitungszeit: 60 Minuten, ohne Kühlzeit

Pflaumen-Marzipan-Torte

1. Für den Teig Marzipan sehr klein schneiden. Mehl mit Backpulver mischen und in eine Rührschüssel sieben. Marzipan und restliche Zutaten hinzufügen und mit Handrührgerät mit Knethaken zunächst kurz auf niedrigster, dann auf höchster Stufe gut durcharbeiten. Anschließend den Teig auf der leicht bemehlten Arbeitsfläche kurz verkneten.
2. Aus dem Teig 4 Böden backen, dazu jeweils ein Viertel des Teiges auf einem Springformboden (Ø 26 cm, Boden gefettet) ausrollen, mehrfach mit einer Gabel einstechen und mit jeweils einem Viertel der Mandeln und des Zimt-Zuckers bestreuen. Den ausgerollten Teig einige Minuten ruhen lassen, dann den Springformrand darumstellen und die Form auf dem Rost in den Backofen schieben.
Ober-/Unterhitze: etwa 200 °C (vorgeheizt)
Heißluft: etwa 180 °C (vorgeheizt)
Gas: Stufe 3-4 (vorgeheizt)
Backzeit: etwa 15 Minuten je Boden.
3. Springformrand entfernen, die Böden sofort vom Springformboden lösen und jeweils auf einem Kuchenrost erkalten lassen. Die anderen Böden ebenfalls so backen.
4. Für die Füllung Pflaumen in einem Sieb abtropfen lassen, 6 Stück (12 Hälften) zum Garnieren beiseite legen. Sahne mit Sahnesteif und Zucker steif schlagen (am besten in 2 Portionen). 3-4 Esslöffel der Sahne in einen Spritzbeutel mit großer Sterntülle füllen und kalt stellen.
5. Einen Boden auf eine Tortenplatte legen und einen Tortenring oder den gesäuberten Springformrand darumstellen. Ein Drittel der Sahne bis zum Rand gleichmäßig aufstreichen und mit einem Drittel der Pflaumen belegen, zweiten und dritten Boden ebenso auflegen, leicht andrücken und füllen und den vierten Boden auflegen. Die Torte kalt stellen.
6. Zum Garnieren und Verzieren Marzipan mit Puderzucker verkneten und zu einer runden Platte (Ø etwa 24 cm) ausrollen. Die Marzipanplatte in 12 Tortenstücke schneiden. Tortenring oder Springformrand lösen und entfernen und die Tortenoberfläche mit glatt gerührter Konfitüre bestreichen. Jedes Marzipan-Tortenstück an einer Ecke schräg einrollen und auf die Tortenoberfläche legen. Die marzipanfreie Ecke mit einem dicken Sahnetuff verzieren und mit einer halben Pflaume garnieren.

Tipp:
Die Torte am Vortag zubereiten, dann sind die Böden weicher.
Sonst die am Serviertag zubereitete Torte mit einem elektrischen Messer schneiden.

Pflaumen-Sanddorn-Torte

Fruchtig

Insgesamt:
E: 117 g, F: 214 g, Kh: 513 g,
kJ: 18917, kcal: 4504

Für den Krokantboden:
80 g Butter
100 g Zucker
5 EL (60 ml) Schlagsahne
150 g Schokomüsli
50 g Weizenmehl

Für den Belag:
750 g Pflaumen (Zwetschen)
2 EL Zucker
1 Pck. Dr. Oetker Vanillin-Zucker
1/2 gestr. TL gemahlener Zimt

Für die Creme:
8 Blatt weiße Gelatine
250 g Mascarpone (ital. Frischkäse)
500 g Magerquark
200 g Sanddorn-Aufstrich (aus dem Reformhaus)
Saft und abgeriebene Schale von 1/2 Bio-Zitrone (unbehandelt, ungewachst)

Zubereitungszeit: 50 Minuten, ohne Kühlzeit

1. Für den Krokantboden Butter mit Zucker in einem kleinen Topf erhitzen und hellbraun karamellisieren lassen. Sahne unterrühren und unter Rühren kurz aufkochen lassen. Müsli und Mehl mischen, zur Karamellmasse geben und alles gut vermengen.
2. Die Müsli-Krokant-Masse mit einem angefeuchteten Esslöffel auf dem Boden einer Springform (Ø 26 cm, Boden gefettet, mit Backpapier belegt) verstreichen und zu einem Boden andrücken. Die Form auf dem Rost in den Backofen schieben.

Ober-/Unterhitze: etwa 180 °C (vorgeheizt)
Heißluft: etwa 160 °C (vorgeheizt)
Gas: Stufe 2–3 (vorgeheizt)
Backzeit: etwa 10 Minuten.

3. Die Form auf einen Kuchenrost stellen und den Boden darin erkalten lassen.
4. Für den Belag Pflaumen waschen, trockenreiben, entstielen, halbieren und entsteinen. Hälften evtl. kleiner schneiden. Pflaumen auf dem erkalteten Krokantboden in der Form verteilen. Zucker, Vanillin-Zucker und Zimt mischen und die Pflaumen damit bestreuen.
5. Für die Creme Gelatine nach Packungsanleitung einweichen. Mascarpone mit Quark, Sanddorn-Aufstrich und Zitronensaft und -schale verrühren. Gelatine leicht ausdrücken, in einem kleinen Topf bei schwacher Hitze auflösen (nicht kochen) und mit etwas von der Quarkmasse verrühren, dann die Mischung unter die restliche Quarkmasse rühren.
6. Die Creme auf den Pflaumen verteilen, kurz kalt stellen und etwas fest werden lassen. Dann mit einem Esslöffel Wellen in die Oberfläche ziehen. Die Torte 2–3 Stunden kalt stellen.
7. Anschließend Springformrand mit einem Messer lösen und entfernen. Die Torte mit einem langen Messer vom Springformboden lösen und auf eine Tortenplatte setzen.

Tipp:
Die Torte schmeckt frisch am besten. Anstelle von frischen Pflaumen können auch Pflaumen aus dem Glas verwendet werden, diese in einem Sieb gut abtropfen lassen, evtl. auf Küchenpapier legen.
Statt Pflaumen eignen sich auch Birnen, Heidelbeeren oder Aprikosen.
Falls die Form nicht dicht schließt, den unteren Formrand von außen mit Alufolie umkleiden, um ein Auslaufen des Krokants beim Backen zu verhindern.

Pflaumen-Sanddorn-Torte

Pharisäer-Torte

Für Gäste

Insgesamt:
E: 86 g, F: 318 g, Kh: 494 g,
kJ: 22428, kcal: 5353

Zum Vorbereiten:
2 Pck. Gala Pudding-Pulver
Sahne-Geschmack
120 g Zucker
50 g Instant-Cappuccinopulver, ungesüßt
400 ml Milch
300 ml Schlagsahne

Für den Biskuitteig:
4 Eier (Größe M)
65 g Zucker
1 Pck. Dr. Oetker Vanillin-Zucker
1 Pck. Dr. Oetker Finesse Geriebene
Zitronenschale
1 Prise Salz
100 g Weizenmehl
1 Msp. Dr. Oetker Backin
50 g gemahlene Haselnusskerne

Zum Tränken und Belegen:
2 EL Rum
6 Ritter Rum Knusperstücke

Für die Füllung:
300 ml Schlagsahne
1 Pck. Dr. Oetker Vanillin-Zucker
1 Pck. Dr. Oetker Sahnesteif
50 ml Rum

Zum Garnieren und Bestäuben:
2–3 Ritter Rum Knusperstücke
Kakaopulver

Zubereitungszeit: 50 Minuten, ohne Kühlzeit

1. Zum Vorbereiten aus Pudding-Pulver nach Packungsanleitung, aber mit 120 g Zucker, Cappuccinopulver, 400 ml Milch und 300 ml Sahne einen Pudding zubereiten. Pudding in eine Schüssel geben, Frischhaltefolie direkt auf den heißen Pudding legen, damit sich keine Haut bildet, und erkalten lassen.

2. Für den Teig Eier mit Handrührgerät mit Rührbesen auf höchster Stufe in 1 Minute schaumig schlagen. Zucker, Vanillin-Zucker, Zitronenschale und Salz mischen, in 1 Minute einstreuen, dann noch 2 Minuten weiterschlagen.

3. Mehl mit Backpulver mischen, auf die Eiercreme sieben und kurz auf niedrigster Stufe unterrühren. Zuletzt kurz die Haselnusskerne unterheben. Den Teig in eine Springform (Ø 26 cm, Boden gefettet, mit Backpapier belegt) füllen und glatt streichen. Die Form auf dem Rost in den Backofen schieben und sofort backen.
   Ober-/Unterhitze: etwa 200 °C (vorgeheizt)
   Heißluft: etwa 180 °C (vorgeheizt)
   Gas: Stufe 3–4 (vorgeheizt)
   Backzeit: etwa 15 Minuten.

4. Den Boden aus der Form lösen und auf einem Kuchenrost erkalten lassen. Anschließend mitgebackenes Backpapier abziehen und den Boden einmal waagerecht durchschneiden.

5. Den unteren Boden auf eine Tortenplatte legen, einen Tortenring oder einen Springformrand darumstellen und den Boden mit Rum tränken. 6 Ritter Rum Knusperstücke klein schneiden und darauf verteilen.

6. Für die Füllung Sahne mit Vanillin-Zucker und Sahnesteif steif schlagen. Die Hälfte der Sahne in einen Spritzbeutel mit Sterntülle (Ø etwa 8 mm) füllen. Den kalten Pudding mit Handrührgerät mit Rührbesen cremig rühren, Rum unterrühren und die restliche steif geschlagene Sahne vorsichtig unterrühren. Die Füllung auf dem unteren Boden glatt streichen.

7. Den oberen Boden in 16 Stücke teilen und auf die Torte legen. Mit der Sahne aus dem Spritzbeutel dekorative Kringel auf die Stücke spritzen. Ritter Rum Knusperstücke in Scheiben schneiden und auf die eingeteilten Tortenstücke legen. Vor dem Servieren Tortenring oder Springformrand lösen und entfernen und die Torte mit Kakao bestäuben.

Piepmatz-Torte

Für Kinder

Insgesamt:
E: 115 g, F: 425 g, Kh: 681 g,
kJ: 29482, kcal: 7038

Für den All-in-Teig:
100 g Vollmilchschokolade
300 g Weizenmehl, 4 Eier (Größe M)
3 gestr. TL Dr. Oetker Backin
200 g Zucker
1 Pck. Dr. Oetker Bourbon-Vanille-Zucker
125 g weiche Butter oder Margarine
150 g Naturjoghurt

Für die Füllung:
500 g Erdbeeren
6 Blatt weiße Gelatine
Saft von 1 Zitrone
100 g Zucker
300 g saure Sahne
250 ml (1/4 l) Schlagsahne

Zum Bestreichen:
350 ml Schlagsahne
1 EL Zucker
1 Pck. Dr. Oetker Vanillin-Zucker
2 Pck. Dr. Oetker Sahnesteif

Zum Garnieren, Verzieren und Bestäuben:
7 gestiftelte Mandeln
etwas zerlassene Kakaoglasur oder Schokolade
Kakaopulver

Zubereitungszeit: 70 Minuten, ohne Kühlzeit

1. Für den Teig Schokolade fein hacken. Mehl mit Backpulver mischen und in eine Rührschüssel sieben. Restliche Zutaten außer der Schokolade hinzufügen und alles mit Handrührgerät mit Rührbesen auf höchster Stufe in etwa 2 Minuten zu einem Teig verarbeiten. Schokolade zuletzt kurz unterrühren.

2. Einen Backrahmen (25 x 25 cm) auf ein Backblech (gefettet, mit Backpapier belegt) stellen, den Teig darin verteilen und glatt streichen. Das Backblech in den Backofen schieben.
   Ober-/Unterhitze: etwa 180 °C (vorgeheizt)
   Heißluft: etwa 160 °C (nicht vorgeheizt)
   Gas: Stufe 2–3 (nicht vorgeheizt)
   Backzeit: etwa 35 Minuten.

3. Den Boden aus dem Backrahmen lösen, auf einen mit Backpapier belegten Kuchenrost stürzen und den Boden erkalten lassen. Anschließend das mitgebackene Backpapier abziehen und den Boden einmal waagerecht durchschneiden.

4. Für die Füllung 7 Erdbeeren zum Garnieren beiseite legen, restliche Erdbeeren waschen, abtropfen lassen und putzen. Gelatine nach Packungsanleitung einweichen. Die Hälfte der Erdbeeren fein würfeln, die andere Hälfte mit Zitronensaft und Zucker pürieren und mit saurer Sahne verrühren.

5. Gelatine leicht ausdrücken, in einem kleinen Topf bei schwacher Hitze unter Rühren auflösen (nicht kochen) und zuerst mit etwas von der Erdbeermasse verrühren, dann die Mischung unter die restliche Masse rühren und kalt stellen.

6. Sahne steif schlagen und mit den Erdbeerwürfeln unter die Erdbeermasse heben. Unteren Boden auf eine Platte legen, gesäuberten Backrahmen darumstellen und den Boden mit der Erdbeersahne bestreichen. Oberen Boden auflegen, leicht andrücken und die Torte 2–3 Stunden kalt stellen.

7. Zum Bestreichen Sahne mit Zucker, Vanillin-Zucker und Sahnesteif steif schlagen. Rand und Oberfläche der Torte leicht wellig mit drei Vierteln der Sahne bestreichen. Die übrige Sahne in einen Gefrierbeutel füllen, eine kleine Ecke abschneiden und damit ein „Nest" auf die Tortenoberfläche spritzen (etwas Sahne für die „Augen" übrig lassen).

8. Zum Garnieren die übrigen 7 Erdbeeren waschen, abtupfen und putzen. Von der Spitze aus einen Keil aus jeder Erdbeere ausschneiden und jeweils eine gestiftelte Mandel hineinstecken. Die Erdbeeren in das „Nest" setzen. Mit der restlichen Schlagsahne „Augen" und mit Glasur oder Schokolade „Pupillen" aufspritzen. Die Torte kalt stellen. Vor dem Servieren Backrahmen lösen und entfernen und die Torte mit Kakao bestäuben.

Piepmatz-Torte

Pikkolo-Torte

Für Gäste

Insgesamt:
E: 72 g, F: 317 g, Kh: 427 g,
kJ: 21386, kcal: 5112

Für den All-in-Teig:
150 g Weizenmehl
3 gestr. TL Dr. Oetker Backin
150 g Zucker
1 Pck. Dr. Oetker Vanillin-Zucker
3 Eier (Größe M)
150 g Butter oder Margarine

Für die Füllung:
1 Beutel aus 1 Pck. Götterspeise Zitronen-Geschmack
1 Pikkolo (200 ml) heller trockener Sekt
75 g Zucker
200 g vorbereitete Honigmelone
300 g Naturjoghurt
300 ml Schlagsahne

Zum Garnieren und Verzieren:
25 g Halbbitter-Kuvertüre
200 ml Schlagsahne
1 Pck. Dr. Oetker Sahnesteif
1 Pck. Dr. Oetker Vanillin-Zucker

Zubereitungszeit: 30 Minuten, ohne Kühlzeit

1. Für den Teig Mehl mit Backpulver mischen und in eine Rührschüssel sieben. Restliche Zutaten hinzufügen und alles mit Handrührgerät mit Rührbesen auf höchster Stufe in etwa 2 Minuten zu einem Teig verarbeiten. Teig in eine Springform (Ø 26 cm, Boden gefettet, mit Backpapier belegt) füllen und glatt streichen. Die Form auf dem Rost in den Backofen schieben.
   Ober-/Unterhitze: etwa 180 °C (vorgeheizt)
   Heißluft: etwa 160 °C (vorgeheizt)
   Gas: Stufe 2-3 (vorgeheizt)
   Backzeit: etwa 25 Minuten.
2. Boden aus der Form lösen, auf einen mit Backpapier belegten Kuchenrost stürzen und den Boden erkalten lassen. Anschließend das mitgebackene Backpapier abziehen und den Boden einmal waagerecht durchschneiden.
3. Für die Füllung Götterspeise mit dem Sekt in einem Topf anrühren. Zucker hinzufügen und unter Rühren erhitzen, bis alles gelöst ist. Flüssigkeit abkühlen lassen. Melone in feine Würfel schneiden und in einem Sieb gut abtropfen lassen.
4. Joghurt in eine Schüssel geben, die Götterspeiseflüssigkeit unterrühren und die Masse kalt stellen. Sobald die Masse beginnt dicklich zu werden, Sahne steif schlagen und unterheben.
5. Den unteren Boden auf eine Tortenplatte legen und einen Tortenring darumstellen. Knapp ein Drittel der Joghurtcreme abnehmen, unter die restliche Creme die Melonenwürfel heben. Melonen-Joghurt-Creme auf dem unteren Boden verstreichen und den oberen Boden auflegen. Restliche Joghurtmasse darauf glatt streichen und die Torte 2-3 Stunden kalt stellen.
6. Zum Garnieren Kuvertüre in einem Topf im Wasserbad bei schwacher Hitze geschmeidig rühren, in ein Papiertütchen füllen und einige Sektgläser auf Backpapier spritzen. Die Sektgläser fest werden lassen (evtl. kalt stellen).
7. Zum Verzieren Sahne mit Sahnesteif und Vanillin-Zucker steif schlagen. Tortenring lösen und entfernen und den Rand rundherum mit etwas von der Sahne bestreichen. Die restliche Sahne mit Hilfe eines Teelöffels als Wölkchen auf die Tortenoberfläche setzen und mit den Kuvertüre-Sektgläsern belegen.

Tipp:
Die Torte kann auch mit rotem Sekt, Himbeergötterspeise und Himbeeren zubereitet werden.
Anstelle der Melone schmeckt auch Mango.

Pikkolo-Torte

Piña-Colada-Charlotte

Dauert länger

Insgesamt:
E: 106 g, F: 340 g, Kh: 858 g,
kJ: 29123, kcal: 6953

Für den Boden:
3 Eier (Größe M)
125 g Zucker, 100 ml Speiseöl
100 ml Kokosmilch (aus der Dose)
200 g Weizenmehl
3 gestr. TL Dr. Oetker Backin
20 g Kokosraspel, grob

Für die Biskuitrolle:
3 Eier (Größe M), 1 Eigelb (Größe M)
100 g Zucker
1 Pck. Dr. Oetker Vanillin-Zucker
100 g Weizenmehl
½ gestr. TL Dr. Oetker Backin

**Zum Bestreichen
und für den Fruchtbelag:**
1 Dose Ananasstücke
(Abtropfgewicht 340 g)
150 g Ananaskonfitüre

Für die Füllung:
6 Blatt weiße Gelatine
500 g Vanille-Sahnepudding
(aus dem Kühlregal)
300 ml Kokosmilch (aus der Dose)
3 EL weißer Rum, 50 g Kokosraspel, grob
1 EL Zucker
200 ml Schlagsahne

Zum Bestreichen:
150 g Ananaskonfitüre, 1 EL Wasser

Zum Garnieren:
100 ml Schlagsahne
1–2 EL Ananassaft, 2 EL Kokosraspel

**Zubereitungszeit: 80 Minuten,
ohne Kühlzeit**

1. Für den Boden Eier mit Zucker, Öl und Kokosmilch auf höchster Stufe mit Handrührgerät mit Rührbesen verrühren. Mehl mit Backpulver mischen, sieben und auf mittlerer Stufe kurz unterrühren. Kokosraspel ebenfalls unterrühren. Den Teig in eine Springform (Ø 26 cm, Boden gefettet, mit Backpapier belegt) geben, glatt streichen und die Form auf dem Rost in den Backofen schieben.
Ober-/Unterhitze: etwa 180 °C (vorgeheizt)
Heißluft: etwa 160 °C (vorgeheizt)
Gas: Stufe 2–3 (vorgeheizt)
Backzeit: etwa 30 Minuten.

2. Boden aus der Form lösen, auf einen mit Backpapier belegten Kuchenrost stürzen und erkalten lassen. Anschließend mitgebackenes Backpapier abziehen.

3. Für die Biskuitrolle Eier und Eigelb mit Handrührgerät mit Rührbesen auf höchster Stufe in 1 Minute schaumig schlagen. Zucker und Vanillin-Zucker mischen, in 1 Minute einstreuen, dann noch 2 Minuten weiterschlagen. Mehl mit Backpulver mischen, auf die Eiercreme sieben und kurz auf niedrigster Stufe unterrühren. Den Teig auf ein Backblech (30 x 40 cm, gefettet, mit Backpapier belegt) streichen und das Backblech in den Backofen schieben.
Ober-/Unterhitze: etwa 200 °C (vorgeheizt)
Heißluft: etwa 180 °C (vorgeheizt)
Gas: Stufe 3–4 (vorgeheizt)
Backzeit: 8–10 Minuten.

4. Die Gebäckplatte vom Rand lösen, auf ein mit Zucker bestreutes Backpapier stürzen und mitgebackenes Backpapier vorsichtig abziehen. Ananas in einem Sieb abtropfen lassen, etwas Saft dabei auffangen. Die Hälfte der Ananasstücke pürieren, mit Konfitüre verrühren und auf die warme Gebäckplatte streichen. Die Platte von der längeren Seite aus fest aufrollen und erkalten lassen. Anschließend die Rolle in 2 cm dicke Scheiben schneiden.

5. Den Gebäckboden wieder umdrehen, gut 1 cm tief aushöhlen und dabei einen etwa 1 cm breiten Rand stehen lassen. Reste aus dem Boden fein zerbröseln und beiseite stellen. Restliche Ananasstücke klein schneiden und in dem Gebäckboden verteilen. Einen Tortenring oder den gesäuberten Springformrand darumstellen und die Biskuitscheiben in den Rand des Bodens stellen.

6. Für die Füllung Gelatine nach Packungsanleitung einweichen. Pudding mit Kokosmilch, Rum, Kokosraspeln und Zucker verrühren. Gelatine leicht ausdrücken und in einem kleinen Topf bei schwacher Hitze unter Rühren auflösen (nicht kochen). Etwas Puddingmasse mit der Gelatine verrühren, dann die Mischung unter die restliche Puddingmasse rühren. Sahne steif schlagen und unterheben.

7. Die Creme auf dem Boden in der Form verstreichen und mit den übrigen Biskuitscheiben belegen. Konfitüre durch ein Sieb streichen, mit Wasser aufkochen lassen und die Oberfläche der Torte mit Hilfe eines Pinsels damit bestreichen. Die Torte etwa 3 Stunden kalt stellen.

8. Zum Garnieren Tortenring oder Springformrand lösen und entfernen. Sahne steif schlagen und mit Ananassaft und den Bröseln vermengen. 10–12 Kugeln daraus formen, in Kokosraspeln wälzen und die Torte damit belegen.

Piña-Colada-Charlotte

Pink-Grapefruit-Torte mit Amarettini

Pink-Grapefruit-Torte mit Amarettini

Raffiniert

Insgesamt:
E: 53 g, F: 224 g, Kh: 344 g,
kJ: 15276, kcal: 3643

Für den Boden:
125 g Mandelplätzchen
50 g Amarettini
125 g Butter

Für die Creme:
6 Blatt weiße Gelatine
2 Pink Grapefruits
200 g Heidelbeeren
500 g Vanillejoghurt
100 g Zucker
200 ml Schlagsahne

Zum Garnieren:
einige Amarettini
nach Belieben Zitronenmelisse

Zubereitungszeit: 60 Minuten, ohne Kühlzeit

1. Für den Boden Mandelplätzchen und Amarettini in einen Gefrierbeutel geben, ihn verschließen und das Gebäck mit einer Teigrolle zerbröseln. Die Brösel in eine Schüssel geben. Butter zerlassen, zu den Bröseln geben und gut verrühren. Einen Springformrand (Ø 26 cm) auf eine mit Tortenspitze oder Backpapier belegte Tortenplatte stellen. Die Bröselmasse darin verteilen und mit Hilfe eines Löffels gut zu einem Boden andrücken.

2. Für die Creme Gelatine nach Packungsanleitung einweichen. Grapefruits mit einem scharfen Messer so schälen, dass die weiße Haut mit entfernt wird, und filetieren, dabei den Saft auffangen. Heidelbeeren verlesen, abspülen und trockentupfen. Joghurt mit dem aufgefangenen Saft und Zucker in einer Schüssel verrühren.

3. Gelatine leicht ausdrücken, in einem kleinen Topf bei schwacher Hitze auflösen (nicht kochen) und zunächst mit etwas von der Joghurtmasse verrühren, dann die Mischung unter die restliche Joghurtmasse rühren. Sobald die Masse beginnt dicklich zu werden, Sahne steif schlagen und unterheben.

4. Die Hälfte der Creme in die Springform füllen, mit den Grapefruitfilets (einige zum Garnieren beiseite stellen) und den Heidelbeeren belegen und die restliche Creme aufstreichen. Die Oberfläche mit Hilfe eines Teelöffels verzieren und die Torte 2–3 Stunden kalt stellen.

5. Vor dem Servieren Springformrand lösen und entfernen und die Torte mit den restlichen Grapefruitfilets, Amarettini und nach Belieben mit Zitronenmelisse garnieren.

Tipp:
Die Torte schmeckt frisch am besten.
Sie können die Torte auch nur mit 500 g Pink Grapefruits zubereiten.
Anstelle des Plätzchenbodens schmeckt auch ein gebackener Knetteigboden aus 125 g Weizenmehl, 50 g zerbröselten Amarettini, 50 g Zucker und 100 g Butter oder Margarine. Den Teig auf einem Springformboden ausrollen, mehrfach mit einer Gabel einstechen, den Springformrand darumstellen und den Boden bei etwa 200 °C (Ober-/Unterhitze) 12–15 Minuten backen.

Planter's-Punch-Torte

Für Gäste

Insgesamt:
E: 102 g, F: 235 g, Kh: 552 g,
kJ: 21221, kcal: 5069

Für den Biskuitteig:
3 Eier (Größe M)
3 EL Orangensaft
150 g Zucker
1 Pck. Dr. Oetker Vanillin-Zucker
150 g Weizenmehl
30 g Kakaopulver
1 gestr. TL Dr. Oetker Backin

Für die Füllung:
4 Blatt weiße Gelatine
4 Blatt rote Gelatine
4 Orangen
Saft von 1 Zitrone
500 g Vanillepudding aus dem Kühlregal
4–5 EL Grenadinesirup
50 g Zucker
400 ml Schlagsahne

Zum Tränken:
75 ml Rum Planter's Punch Brand
(oder je 3 EL brauner und weißer Rum)

Zum Verzieren und Garnieren:
200 ml Schlagsahne
1 Pck. Dr. Oetker Vanillin-Zucker
einige Granatapfelkerne
oder Cocktailkirschen

Zubereitungszeit: 50 Minuten

1. Für den Teig Eier und Orangensaft mit Handrührgerät mit Rührbesen auf höchster Stufe in 1 Minute schaumig schlagen. Zucker und Vanillin-Zucker mischen, in 1 Minute einstreuen und noch 2 Minuten weiterschlagen.
2. Mehl mit Kakao und Backpulver mischen, die Hälfte davon auf die Eiercreme sieben und kurz auf niedrigster Stufe unterrühren. Den Rest des Mehlgemisches auf die gleiche Weise unterarbeiten. Den Teig in eine Springform (Ø 26 cm, Boden gefettet, mit Backpapier belegt) füllen, glatt streichen und die Form auf dem Rost in den Backofen schieben.

Ober-/Unterhitze: etwa 180 °C (vorgeheizt)
Heißluft: etwa 160 °C (vorgeheizt)
Gas: Stufe 2–3 (vorgeheizt)
Backzeit: etwa 30 Minuten.

3. Boden aus der Form lösen, auf einen mit Backpapier belegten Kuchenrost stürzen und den Boden erkalten lassen. Anschließend das mitgebackene Backpapier abziehen und den Boden zweimal waagerecht durchschneiden.
4. Für die Füllung weiße und rote Gelatine zusammen einweichen. Orangen mit einem scharfen Messer so schälen, dass die weiße Haut mit entfernt wird, und filetieren, den Saft dabei auffangen. Orangen- und Zitronensaft mit Pudding, Grenadinesirup und Zucker verrühren.
5. Gelatine ausdrücken und in einem kleinen Topf bei schwacher Hitze auflösen (nicht kochen). Gelatine zunächst mit etwas Puddingmasse verrühren, dann die Mischung unter die restliche Puddingmasse rühren. Sobald die Masse beginnt dicklich zu werden, Sahne steif schlagen und unterheben.
6. Den unteren Boden auf eine Tortenplatte legen und mit einem Drittel des Rum-Gemischs tränken. Ein Drittel der Creme auf den unteren Boden streichen, mit der Hälfte der Orangenfilets belegen und den mittleren Boden auflegen. Den Boden mit der Hälfte des restlichen Rums tränken, mit der Hälfte der restlichen Creme bestreichen und mit den restlichen Filets (einige zum Garnieren beiseite stellen) belegen.
7. Den oberen Boden auflegen, leicht andrücken, mit dem restlichen Rum tränken und die Torte rundherum mit der restlichen Creme bestreichen. Die Torte etwa 3 Stunden kalt stellen.
8. Zum Verzieren Sahne mit Vanillin-Zucker steif schlagen, in einen Spritzbeutel mit Sterntülle füllen und dicke Tuffs auf die Oberfläche spritzen. Die Torte mit den zurückgestellten Orangenfilets und mit Granatapfelkernen oder Cocktailkirschen garnieren.

Tipp:
Die alkoholfreie Cocktailzutat Grenadinesirup (roter Sirup aus Granatapfelkernen) bekommen Sie im Supermarkt bei den Getränken und Spirituosen.
Statt mit Pudding kann die Torte auch mit Orangenjoghurt zubereitet werden.
Für eine alkoholfreie Variante kann der Boden statt mit Rum auch mit Orangen- oder Ananassaft getränkt werden.

Planter's-Punch-Torte

Popcorn-Schoko-Torte

Für Kinder – schnell zubereitet

Insgesamt:
E: 34 g, F: 61 g, Kh: 174 g,
kJ: 5979, kcal: 1528

Für den Boden:
50 g Popcorn
100 g Vollmilchschokolade

Für den Belag:
1 Pck. Mousse au Chocolat (Dessertpulver)
250 ml (¼ l) Milch

Zum Garnieren:
25 g Popcorn
50 g Vollmilchschokolade

Zubereitungszeit: etwa 20 Minuten, ohne Kühlzeit

1. Für den Boden Popcorn mit einem Messer grob hacken. Schokolade in Stücke brechen, in einem Topf im Wasserbad bei schwacher Hitze geschmeidig rühren, zu den Popcornbröseln geben und gut vermischen.
2. Einen Springformrand (Ø 22 cm) auf eine mit Tortenspitze oder Backpapier belegte Tortenplatte stellen, die Popcornmasse darin verteilen und zu einem Boden andrücken. Den Boden kalt stellen.
3. Für den Belag aus Mousse au Chocolat und Milch nach Packungsanleitung eine Creme zubereiten, auf den Popcornboden geben und glatt streichen.
4. Popcorn auf die Creme häufen und leicht andrücken. Schokolade geschmeidig rühren und mit einem kleinen Löffel über das Popcorn sprenkeln. Die Torte etwa 2 Stunden kalt stellen.

Tipp:
Die Torte lässt sich am besten mit einem elektrischen Messer schneiden.
100 ml der Milch für das Dessert durch Orangensaft ersetzen und nach Belieben zusätzlich eine Dose abgetropfte Mandarinen (Abtropfgewicht 175 g) unter die Mousse heben.

Popcorn-Schoko-Torte

Pralinentorte

Pralinentorte

Beliebt

Insgesamt:
E: 83 g, F: 508 g, Kh: 565 g,
kJ: 30084, kcal: 7201

Zum Vorbereiten für die Füllung:
400 ml Schlagsahne
100 g Nuss-Nougat
200 g Halbbitter-Kuvertüre
1–2 EL Orangenlikör

Für den All-in-Teig:
150 g Halbbitter-Kuvertüre
100 g Weizenmehl
25 g Speisestärke
3 gestr. TL Dr. Oetker Backin
125 g Zucker
1 Pck. Dr. Oetker Vanillin-Zucker
3 Eier (Größe M)
100 g weiche Butter oder Margarine

Zum Bestreichen und Garnieren:
400 ml Schlagsahne
2 Pck. Dr. Oetker Sahnesteif
einige Mini-Pralinen
2 EL fein gehackte Pistazienkerne

Zubereitungszeit: 50 Minuten, ohne Kühlzeit

1. Zum Vorbereiten Sahne in einem Topf zum Kochen bringen und von der Kochstelle nehmen. Nuss-Nougat und in Stücke gehackte Kuvertüre darin unter Rühren zerlassen. Likör hinzufügen. Schokosahne in eine Rührschüssel geben, mit Frischhaltefolie zudecken, erkalten lassen und über Nacht kalt stellen.

2. Für den Teig Kuvertüre grob hacken, in einem kleinen Topf im Wasserbad bei schwacher Hitze geschmeidig rühren und etwas abkühlen lassen. Mehl mit Speisestärke und Backpulver mischen und in eine Rührschüssel sieben. Zucker, Vanillin-Zucker, Eier und Butter oder Margarine hinzufügen. Die Zutaten mit Handrührgerät mit Rührbesen in etwa 2 Minuten auf höchster Stufe zu einem Teig verarbeiten. Zuletzt die aufgelöste Kuvertüre unterrühren. Den Teig in eine Springform (Ø 26 cm, Boden gefettet, mit Backpapier belegt) füllen und glatt streichen. Die Form auf dem Rost in den Backofen schieben.
   Ober-/Unterhitze: etwa 180 °C (vorgeheizt)
   Heißluft: etwa 160 °C (vorgeheizt)
   Gas: Stufe 2–3 (vorgeheizt)
   Backzeit: etwa 30 Minuten.

3. Boden aus der Form lösen, auf einen mit Backpapier belegten Kuchenrost stürzen und erkalten lassen. Anschließend das mitgebackene Backpapier abziehen und den Boden einmal waagerecht durchschneiden.

4. Für die Füllung Schokosahne mit Handrührgerät mit Rührbesen cremig aufschlagen. Den unteren Boden auf eine Platte legen und mit der Schokocreme bestreichen. Oberen Boden darauf legen, etwas andrücken und die Torte kalt stellen.

5. Zum Bestreichen Sahne mit Sahnesteif steif schlagen. Tortenrand und -oberfläche damit bestreichen und mit Hilfe eines Tortenkamms verzieren. Die Torte nochmals kalt stellen. Zum Garnieren die Tortenoberfläche vor dem Servieren mit Pralinen garnieren und mit Pistazienkernen bestreuen.

Prasseltorte

Schnell zubereitet

Insgesamt:
E: 67 g, F: 244 g, Kh: 489 g,
kJ: 19085, kcal: 4562

Für die Böden:
300 g TK-Blätterteig
1 Ei (Größe M)
1 EL Milch

Für die Streusel:
225 g Weizenmehl
75 g gesiebter Puderzucker
1 Pck. Dr. Oetker Vanillin-Zucker
150 g Butter oder Margarine
50 g abgezogene, gemahlene Mandeln

Für die Füllung:
400 ml Schlagsahne
2 Pck. Dr. Oetker Sahnesteif
2 Pck. Dr. Oetker Vanillin-Zucker
6 EL Heidelbeerkonfitüre

Zum Bestäuben:
Puderzucker

Zubereitungszeit: 25 Minuten, ohne Auftau- und Kühlzeit

1. Blätterteigplatten zugedeckt nebeneinander bei Zimmertemperatur auftauen lassen. Dann die Platten aufeinander legen und auf der leicht bemehlten Arbeitsfläche quadratisch ausrollen. Das Quadrat vierteln, jedes Viertel auf der leicht bemehlten Arbeitsfläche 22 x 22 cm ausrollen und je eine runde Platte (Ø 22 cm) daraus schneiden. Die 4 runden Platten auf gefettete, mit Backpapier belegte Backbleche legen, Ei mit Milch verquirlen und die Platten damit bestreichen. Platten kurz ruhen lassen.

2. Für die Streusel Mehl in eine Rührschüssel sieben. Restliche Zutaten hinzugeben und mit Handrührgerät mit Knethaken zunächst auf niedrigster, dann auf höchster Stufe zu feinen Streuseln verarbeiten. Streusel gleichmäßig auf die Blätterteigplatten streuen und leicht andrücken. Backbleche nacheinander (bei Heißluft zusammen) in den Backofen schieben.
Ober-/Unterhitze: etwa 200 °C (vorgeheizt)
Heißluft: etwa 180 °C (vorgeheizt)
Gas: Stufe 3–4 (vorgeheizt)
Backzeit: etwa 15 Minuten je Backblech.

3. Die Platten mit Backpapier von den Backblechen auf Kuchenroste ziehen und erkalten lassen.

4. Für die Füllung Sahne mit Sahnesteif und Vanillin-Zucker steif schlagen. Jeweils 2 Esslöffel Konfitüre vorsichtig auf 3 der Böden verteilen, dabei 2 cm Rand frei lassen. Den ersten Boden mit Konfitüre auf eine Tortenplatte legen, ein Drittel der Sahne darauf glatt streichen. Zweiten Boden mit Konfitüre darauf legen, vorsichtig andrücken und die Hälfte der restlichen Sahne darauf verteilen. Dritten Boden mit Konfitüre auflegen, leicht andrücken und restliche Sahne darauf verstreichen. Vierten Boden auflegen und leicht andrücken. Die Torte bis zum Servieren kalt stellen.

5. Die Torte vor dem Servieren mit Puderzucker bestäuben.

Tipp:
Die Torte schmeckt frisch am besten; sie lässt sich gut mit einem elektrischen Messer schneiden.
Geben Sie 1/2 Teelöffel gemahlenen Zimt in die Streusel und verwenden Sie statt Heidelbeerkonfitüre Pflaumenmus.

Preiselbeer-Frischkäse-Torte

Beliebt

Insgesamt:
E: 90 g, F: 318 g, Kh: 606 g,
kJ: 24514, kcal: 5858

Für den Rührteig:
125 g Butter oder Margarine
100 g Doppelrahm-Frischkäse
150 g Zucker
1 Pck. Dr. Oetker Vanillin-Zucker
1 Pck. Dr. Oetker Finesse Orangenfrucht
3 Eier (Größe M)
200 g Weizenmehl
2 gestr. TL Dr. Oetker Backin
50 g kernige, geröstete Haferflocken

Für die Füllung:
1 Glas Wild-Preiselbeeren (Einwaage 395 g)

Für die Creme:
4 Blatt weiße Gelatine
100 g Doppelrahm-Frischkäse
60 g flüssiger Honig
3 EL heller Sherry oder Apfelsaft
400 ml Schlagsahne

Für den Guss:
1 Pck. Tortenguss, rot
30 g Zucker
250 ml (¼ l) roter Traubensaft

Zubereitungszeit: 30 Minuten

1. Für den Teig Butter oder Margarine und Frischkäse mit Handrührgerät mit Rührbesen auf höchster Stufe geschmeidig rühren. Nach und nach Zucker, Vanillin-Zucker und Orangenfrucht unterrühren. So lange rühren, bis eine gebundene Masse entstanden ist.

2. Eier nach und nach unterrühren (jedes Ei etwa ½ Minute). Mehl und Backpulver mischen, sieben und in 2 Portionen auf mittlerer Stufe unterrühren. Zuletzt die Haferflocken unterheben. Den Teig in eine Springform (Ø 26 cm, Boden gefettet, mit Backpapier belegt) füllen und glatt streichen. Die Form auf dem Rost in den Backofen schieben.

Ober-/Unterhitze: etwa 180 °C (vorgeheizt)
Heißluft: etwa 160 °C (vorgeheizt)
Gas: Stufe 2–3 (vorgeheizt)
Backzeit: etwa 30 Minuten.

3. Den Boden aus der Form lösen und auf einem mit Backpapier belegten Kuchenrost erkalten lassen. Anschließend mitgebackenes Backpapier abziehen und den Boden einmal waagerecht durchschneiden.

4. Für die Füllung den unteren Boden auf eine Tortenplatte legen und mit der Hälfte der Preiselbeeren bestreichen, dabei gut 1 cm Rand frei lassen. Den oberen Boden auflegen und mit den restlichen Preiselbeeren (ebenso mit 1 cm Rand) bestreichen. Einen Tortenring oder den gesäuberten Springformrand darumstellen.

5. Für die Creme Gelatine nach Packungsanleitung einweichen. Frischkäse mit Honig und Sherry oder Apfelsaft verrühren, Gelatine auflösen und unterrühren. Sahne steif schlagen und unter die Frischkäsemasse heben. Die Creme in den Tortenring oder Springformrand füllen und glatt streichen. Torte kurz kalt stellen.

6. Für den Guss den Tortenguss mit Zucker nach Packungsanleitung, aber mit Traubensaft zubereiten und heiß auf die Creme gießen, so dass sich Schlieren bilden. Die Torte 2–3 Stunden kalt stellen, dann den Tortenring oder Springformrand lösen und entfernen und die Torte servieren.

Preiselbeer-Frischkäse-Torte

Prinzregententorte, klassisch

Prinzregententorte, klassisch ❄

Traditionell

Insgesamt:
E: 96 g, F: 544 g, Kh: 704 g,
kJ: 33520, kcal: 8000

Für den Rührteig:
250 g weiche Butter oder Margarine
250 g Zucker
1 Pck. Dr. Oetker Vanillin-Zucker
1 Prise Salz
4 Eier (Größe M)
200 g Weizenmehl
50 g Speisestärke
1 gestr. TL Dr. Oetker Backin

Für die Buttercreme:
1 Pck. Dr. Oetker Pudding-Pulver Schokoladen-Geschmack
100 g Zucker
500 ml (½ l) Milch
250 g weiche Butter

Für den Guss:
200 g Zartbitterschokolade
1 EL Speiseöl

Zubereitungszeit: etwa 80 Minuten, ohne Kühlzeit

1. Für den Teig Butter oder Margarine in einer Rührschüssel mit Handrührgerät mit Rührbesen geschmeidig rühren. Nach und nach Zucker, Vanillin-Zucker und Salz unterrühren, bis eine gebundene Masse entstanden ist. Jedes Ei etwa ½ Minute auf höchster Stufe unterrühren.

2. Mehl mit Speisestärke und Backpulver mischen, sieben und in 2 Portionen kurz auf mittlerer Stufe unterrühren. Aus dem Teig nacheinander 7–8 Böden backen, dazu jeweils gut 3 Esslöffel Teig auf einen Springformboden (Ø 26 oder 28 cm, gefettet) streichen (darauf achten, dass die Teiglage am Rand nicht zu dünn ist, damit der Boden dort nicht zu dunkel wird). Jeden Boden ohne Springformrand auf dem Rost in den Backofen schieben und hellbraun backen.

Ober-/Unterhitze: etwa 180 °C (vorgeheizt)
Heißluft: etwa 160 °C (vorgeheizt)
Gas: Stufe 2–3 (vorgeheizt)
Backzeit: etwa 8 Minuten je Boden.

3. Die Böden sofort nach dem Backen vom Springformboden lösen und einzeln auf einem Kuchenrost erkalten lassen.

4. Für die Buttercreme Pudding nach Packungsanleitung, aber mit 100 g Zucker zubereiten. Den Pudding erkalten lassen (nicht kalt stellen) und dabei gelegentlich durchrühren. Weiche Butter mit Handrührgerät mit Rührbesen geschmeidig rühren und den erkalteten Pudding esslöffelweise darunter rühren, dabei darauf achten, dass Butter und Pudding Zimmertemperatur haben, da die Buttercreme sonst gerinnt. Die einzelnen Böden mit der Buttercreme bestreichen und zu einer Torte zusammensetzen, die oberste Schicht soll aus einem Boden bestehen. Die Torte kurz kalt stellen.

5. Für den Guss Schokolade grob zerkleinern und mit Öl im Wasserbad bei schwacher Hitze geschmeidig rühren. Guss mitten auf die Torte gießen und durch „Bewegen" der Torte auf der Oberfläche und am Rand gleichmäßig verlaufen lassen, dabei den Guss evtl. am Rand mit einem Messer etwas verstreichen. Um eine gleichmäßige Oberfläche zu erhalten, die Torte auf der Arbeitsfläche „aufklopfen". Den Guss fest werden lassen und die Torte bis zum Servieren kalt stellen.

Tipp:
Zeichnen Sie den Springformboden auf jeweils 1 Bogen Backpapier vor. Je 3 Esslöffel Rührteig darauf verstreichen und auf einem Backblech backen.
Anstelle von Zartbitter- können Sie auch Vollmilchschokolade verwenden.

Prinzregententorte, schnell

Einfach

Insgesamt:
E: 61 g, F: 405 g, Kh: 470 g,
kJ: 24151, kcal: 5754

Für den Biskuitteig:
4 Eier (Größe M)
150 g Zucker
1 Pck. Dr. Oetker Vanillin-Zucker
75 g Weizenmehl
75 g Speisestärke
1 gestr. TL Dr. Oetker Backin
50 g Kokosraspel

Für die Füllung:
200 g weiche Butter
500 g Schokoladenpudding aus dem Kühlregal (Zimmertemperatur)
50 g Kokosfett

Für den Guss:
1 Pck. dunkle Schoko-Kuchenglasur
1 Pck. helle Schoko-Kuchenglasur

Zubereitungszeit: 40 Minuten, ohne Kühlzeit

1. Für den Teig Eier mit Handrührgerät mit Rührbesen auf höchster Stufe in 1 Minute schaumig schlagen. Zucker und Vanillin-Zucker mischen, in 1 Minute einstreuen, dann noch 2 Minuten weiterschlagen.

2. Mehl mit Speisestärke und Backpulver mischen, auf die Eiercreme sieben und kurz auf niedrigster Stufe unterrühren. Kokosraspel ebenfalls kurz unterarbeiten. Den Teig in eine Springform (Ø 26 cm, Boden gefettet, mit Backpapier belegt) füllen und die Form auf dem Rost in den Backofen schieben.
Ober-/Unterhitze: etwa 180 °C (vorgeheizt)
Heißluft: etwa 160 °C (vorgeheizt)
Gas: Stufe 2-3 (vorgeheizt)
Backzeit: etwa 25 Minuten.

3. Den Boden aus der Form lösen, auf einen mit Backpapier belegten Kuchenrost stürzen und erkalten lassen. Anschließend das mitgebackene Backpapier abziehen und den Boden zweimal waagerecht durchschneiden.

4. Für die Füllung Butter mit Handrührgerät mit Rührbesen geschmeidig rühren. Den Pudding esslöffelweise unterrühren, dabei darauf achten, dass Butter und Pudding Zimmertemperatur haben, da die Buttercreme sonst gerinnt. Zum Schluss Kokosfett zerlassen und lauwarm unterrühren.

5. Den unteren Tortenboden auf eine Tortenplatte legen. Ein Drittel der Creme auf den unteren Boden streichen, zweiten Boden darauf legen, die Hälfte der restlichen Creme darauf streichen und mit dem oberen Boden bedecken. Oberfläche und Rand der Torte mit der restlichen Creme bestreichen und die Torte mindestens 1 Stunde kalt stellen.

6. Für den Guss helle und dunkle Glasur voneinander getrennt nach Packungsanleitung auflösen. Die Glasur in Klecksen auf die Torte geben und vorsichtig mit einem Messer so verteilen, dass der Guss marmorartig über die ganze Torte und den Rand läuft. Den Guss fest werden lassen und die Torte bis zum Servieren kalt stellen.

Tipp:
Sie können die Böden vor dem Füllen zusätzlich mit insgesamt 75 ml Cointreau oder Cognac tränken.
Die Kokosraspel im Teig können durch abgezogene, gemahlene Mandeln ersetzt werden.

Prinzregententorte, schnell

Pumpernickeltorte mit Mandarinen

Raffiniert

Insgesamt:
E: 87 g, F: 205 g, Kh: 473 g,
kJ: 17723, kcal: 4236

Zum Vorbereiten:
250 g Pumpernickel

Für den Schüttelteig:
100 g Butter oder Margarine
100 g Weizenmehl
2 gestr. TL Dr. Oetker Backin
120 g Zucker
1 Pck. Dr. Oetker Vanillin-Zucker
1/2 Pck. Dr. Oetker Finesse Orangenfrucht
2 Eier (Größe M)
6 EL Orangensaft

Für den Belag:
2 Dosen Mandarinen
(Abtropfgewicht je 175 g)
250 g Mascarpone (ital. Frischkäse)
1/2 TL Dr. Oetker Finesse Orangenfrucht
250 g Magerquark
1 Pck. Dr. Oetker Sahnesteif
80 g gesiebter Puderzucker
2–3 EL Orangensaft

Pumpernickeltorte mit Mandarinen

Zubereitungszeit: 50 Minuten, ohne Kühlzeit

1. Zum Vorbereiten Pumpernickel in kleine Stücke brechen und fein hacken.
2. Für den Teig Butter oder Margarine zerlassen und abkühlen lassen. Mehl mit Backpulver mischen, in eine verschließbare Schüssel (etwa 3 l) sieben und mit Zucker, Vanillin-Zucker und Orangenfrucht mischen. Eier, Butter oder Margarine und Orangensaft hinzufügen. Die Schüssel mit dem Deckel fest verschließen.
3. Schüssel mehrmals (insgesamt 15–30 Sekunden) kräftig schütteln, so dass alle Zutaten gut vermischt sind. Pumpernickelbrösel hinzugeben. Alles mit einem Schneebesen oder Rührlöffel nochmals sorgfältig durchrühren, damit trockene Zutaten vom Rand mit untergerührt werden.
4. Den Teig in eine Springform (Ø 26 cm, Boden gefettet) geben und glatt streichen. Die Form auf dem Rost in den Backofen schieben.
   Ober-/Unterhitze: etwa 180 °C (vorgeheizt)
   Heißluft: etwa 160 °C (nicht vorgeheizt)
   Gas: Stufe 2–3 (nicht vorgeheizt)
   Backzeit: 35–40 Minuten.
5. Die Form auf einen Kuchenrost stellen, den Gebäckboden 10 Minuten in der Form stehen lassen, dann vorsichtig lösen. Gebäckboden auf einem mit Backpapier belegten Kuchenrost erkalten lassen. Anschließend einen Tortenring oder den gesäuberten Springformrand darumstellen.
6. Für den Belag Mandarinen in einem Sieb gut abtropfen lassen. Die Hälfte der Mandarinen auf dem Gebäckboden verteilen.
7. Mascarpone mit Orangenfrucht und Quark gut verrühren. Sahnesteif und Puderzucker mischen, zur Quarkmasse geben und cremig rühren. Orangensaft ebenfalls unterrühren. Die Mascarponecreme auf den Gebäckboden geben und glatt streichen. Die restlichen Mandarinen darauf verteilen. Die Torte etwa 1 Stunde kalt stellen. Dann Tortenring oder den gesäuberten Springformrand lösen und entfernen.

Tipp:
Zusätzlich 2 Esslöffel Orangenmarmelade durch ein Sieb streichen, in einem kleinen Topf unter Rühren aufkochen und auf den Gebäckboden streichen. Danach Mandarinen und Mascarponecreme darauf geben.

Punschtorte

Festlich

Insgesamt:
E: 108 g, F: 138 g, Kh: 1211 g,
kJ: 28483, kcal: 6800

Für den Biskuitteig:
(Teig 2 x zubereiten)
4 Eier (Größe M)
4 EL heißes Wasser
150 g Zucker
1 Pck. Dr. Oetker Vanillin-Zucker
100 g Weizenmehl
100 g Speisestärke
3 gestr. TL Dr. Oetker Backin

Für die Füllung:
1 Pck. Dr. Oetker Finesse Orangenfrucht
100 ml Orangensaft
2–3 EL Zitronensaft
200 ml Rotwein
6 EL Rum
50 g Zartbitterschokolade

Zum Bestreichen:
200 g Johannisbeergelee

Für die Marzipandecke:
200 g Marzipan-Rohmasse
100 g gesiebter Puderzucker
etwas grüne Speisefarbe

Für den Guss:
200 g Puderzucker
2–3 EL Malventee (zubereitet aus
1 Aufgussbeutel mit 50–75 ml kochendem Wasser)

Zum Garnieren:
silberne Zuckerperlen
Puderzucker

Zubereitungszeit: 75 Minuten, ohne Kühlzeit

1. Für den Teig Eier und Wasser mit Handrührgerät mit Rührbesen auf höchster Stufe in 1 Minute schaumig schlagen. Zucker mit Vanillin-Zucker mischen, in 1 Minute einstreuen, dann noch 2 Minuten weiterschlagen. Mehl mit Speisestärke und Backpulver mischen, die Hälfte davon auf die Eiercreme sieben und kurz auf niedrigster Stufe unterrühren. Restliches Mehlgemisch auf die gleiche Weise unterarbeiten. Den Teig in eine Springform (Ø 26 cm, Boden gefettet, mit Backpapier belegt) füllen und glatt streichen. Form auf dem Rost in den Backofen schieben.
Ober-/Unterhitze: etwa 180 °C (vorgeheizt)
Heißluft: etwa 160 °C (vorgeheizt)
Gas: Stufe 2–3 (vorgeheizt)
Backzeit: 25–30 Minuten.

2. Den Boden aus der Form lösen und auf einem Kuchenrost erkalten lassen. Anschließend mitgebackenes Backpapier abziehen. Zweiten Boden ebenso zubereiten und bei gleicher Backofeneinstellung 25–30 Minuten backen. Einen der Böden fein zerbröseln und die Brösel in eine Schüssel geben. Den zweiten Boden einmal waagerecht durchschneiden.

3. Für die Füllung Orangenfrucht mit Orangensaft, Zitronensaft, Rotwein, Rum und zerkleinerter Schokolade in einen Topf geben und unter Rühren erhitzen. Die heiße Schoko-Frucht-Masse zu den Biskuitbröseln geben und vermengen. Den unteren Boden auf eine Platte legen, mit etwas glatt gerührtem Gelee bestreichen und evtl. einen Tortenring oder den gesäuberten Springformrand darumstellen. Die Bröselmasse darauf verteilen und ebenfalls mit etwas Gelee bestreichen. Den oberen Boden darauf legen und gut andrücken. Tortenoberfläche und -rand mit dem restlichen Johannisbeergelee bestreichen.

4. Für die Marzipandecke Marzipan mit Puderzucker verkneten und auf einer mit Puderzucker bestäubten Arbeitsfläche etwa 2 mm dick ausrollen. Einen Streifen in Höhe des Tortenrandes und eine runde Platte in der Größe der Torte daraus ausschneiden, Torte damit be- und umlegen und Marzipan fest andrücken. Restliche Marzipanmasse mit Speisefarbe einfärben und weihnachtliche Motive ausstechen.

5. Für den Guss Puderzucker mit Malventee zu einer dickflüssigen Masse verrühren. 2 Esslöffel von dem Guss in ein Papiertütchen geben und eine kleine Spitze abschneiden. Die Torte mit dem restlichen Guss überziehen und etwas fest werden lassen. Sterne mit dem Guss aus dem Papiertütchen auf die Tortenoberfläche spritzen. Die Marzipanmotive mit etwas Guss an den Tortenrand kleben. Die Torte mit Zuckerperlen garnieren und mit Puderzucker bestäuben. Guss fest werden lassen.

Tipp:
Verwenden Sie für den Guss statt Malventee Rotwein.

Punschtorte

Quark-Aprikosen-Torte

Klassisch

Insgesamt:
E: 119 g, F: 204 g, Kh: 467 g,
kJ: 17713, kcal: 4219

Für den All-in-Teig:
100 g Weizenmehl
25 g Speisestärke
3 gestr. TL Dr. Oetker Backin
125 g Zucker
1 Pck. Dr. Oetker Vanillin-Zucker
1 Prise Salz
3 Eier (Größe M)
125 g weiche Butter oder Margarine

Für die Füllung:
1 Dose Aprikosenhälften
(Abtropfgewicht 480 g)
250 ml ($^1/_4$ l) Schlagsahne
1 Pck. Käse-Sahne-Tortencreme
(Tortencremepulver)
1 Pck. Dr. Oetker Finesse Geriebene Zitronenschale
200 ml lauwarmes Wasser
500 g Magerquark
Puderzucker

Zubereitungszeit: 45 Minuten, ohne Kühlzeit

1. Für den Teig Mehl mit Speisestärke und Backpulver mischen und in eine Rührschüssel sieben. Zucker, Vanillin-Zucker, Salz, Eier und Butter oder Margarine hinzufügen. Die Zutaten mit Handrührgerät mit Rührbesen zunächst kurz auf niedrigster, dann auf höchster Stufe in etwa 2 Minuten zu einem Teig verarbeiten.

2. Den Teig in eine Springform (Ø 26 cm, Boden gefettet, mit Backpapier belegt) geben und glatt streichen. Die Form auf dem Rost in den Backofen schieben.
   Ober-/Unterhitze: etwa 180 °C (vorgeheizt)
   Heißluft: etwa 160 °C (vorgeheizt)
   Gas: Stufe 2–3 (vorgeheizt)
   Backzeit: etwa 25 Minuten.

3. Den Boden aus der Form lösen, auf einen mit Backpapier belegten Kuchenrost stürzen und erkalten lassen. Anschließend mitgebackenes Backpapier abziehen und den Gebäckboden einmal waagerecht durchschneiden. Den unteren Gebäckboden auf eine Tortenplatte legen. Tortenring oder den gesäuberten Springformrand darumstellen. Oberen Gebäckboden in 16 Tortenstücke schneiden.

4. Für die Füllung Aprikosenhälften in einem Sieb abtropfen lassen und in Streifen schneiden. Sahne steif schlagen. Tortencremepulver und Zitronenschale in einer großen Rührschüssel mischen. Wasser hinzufügen und die Zutaten mit einem Schneebesen in etwa 1 Minute gut verrühren. Quark in 2 Portionen unterrühren, zuletzt Sahne unterheben.

5. Zwei Drittel der Käse-Sahne-Creme auf den unteren Gebäckboden geben und glatt streichen. Aprikosenstreifen darauf legen. Restliche Käse-Sahne-Creme darauf verteilen und mit den 16 Tortenstücken belegen. Die Torte etwa 3 Stunden kalt stellen. Vor dem Servieren Tortenring oder Springformrand mit Hilfe eines Messers lösen und entfernen. Torte mit Puderzucker bestäuben.

Quark-Aprikosen-Torte

Quark-Erdbeer-Torte mit Streuseln

Quark-Erdbeer-Torte mit Streuseln

Beliebt

Insgesamt:
E: 180 g, F: 308 g, Kh: 580 g,
kJ: 24530, kcal: 5858

Für den Streuselteig:
300 g Weizenmehl
1 gestr. TL Dr. Oetker Backin
125 g Zucker
1 Pck. Dr. Oetker Vanillin-Zucker
1 Prise Salz
1 Ei (Größe M)
150 g Butter oder Margarine

Für die Füllung:
500 g Erdbeeren
10 Blatt weiße Gelatine
750 g Magerquark
250 ml (¼ l) Milch
150 g Zucker
abgeriebene Schale und Saft von 1 Bio-Zitrone (unbehandelt, ungewachst)
500 ml (½ l) Schlagsahne

Zubereitungszeit: 60 Minuten, ohne Kühlzeit

1. Für den Teig Mehl mit Backpulver mischen und in eine Rührschüssel sieben. Zucker, Vanillin-Zucker, Salz, Ei und Butter oder Margarine hinzufügen. Die Zutaten mit Handrührgerät mit Rührbesen zu Streuseln von gewünschter Größe verarbeiten.

   Die Hälfte der Streusel in eine Springform (Ø 26 cm, Boden gefettet) geben und zu einem Boden andrücken. Die Form auf dem Rost in den Backofen schieben.
   Ober-/Unterhitze: etwa 200 °C (vorgeheizt)
   Heißluft: etwa 180 °C (vorgeheizt)
   Gas: Stufe 3–4 (vorgeheizt)
   Backzeit: etwa 20 Minuten.

2. Springformrand entfernen, den Boden sofort vom Springformboden lösen, aber darauf auf einem Kuchenrost erkalten lassen.

3. Restliche Streusel auf einem Backblech (mit Backpapier belegt) verteilen. Das Backblech in den Backofen schieben und die Streusel **bei gleicher Backofeneinstellung etwa 10 Minuten backen**.

4. Die Streusel mit dem Backpapier auf einen Kuchenrost ziehen und erkalten lassen. Den Tortenboden auf eine Platte legen und einen Tortenring oder den gesäuberten Springformrand darumstellen.

5. Für die Füllung Erdbeeren waschen, abtropfen lassen, entstielen und halbieren oder vierteln. Gelatine nach Packungsanleitung einweichen. Quark mit Milch, Zucker und Zitronenschale und -saft gut verrühren. Gelatine leicht ausdrücken, in einem kleinen Topf unter Rühren auflösen (nicht kochen) und mit 2 Esslöffeln von der Quarkmasse verrühren, dann die Mischung unter die restliche Quarkmasse rühren und kalt stellen.

6. Sahne steif schlagen und unterheben. Die Hälfte der Quarkcreme gleichmäßig auf den Tortenboden streichen. Erdbeeren darauf verteilen, dabei 1 cm am Rand frei lassen. Restliche Quarkcreme darauf geben und glatt streichen. Die Streusel darauf streuen und die Torte 2–3 Stunden kalt stellen.

7. Vor dem Servieren Tortenring oder Springformrand mit Hilfe eines Messers lösen und entfernen.

Tipp:
Nach Belieben vor dem Servieren 4–5 große Erdbeeren in dünne Scheiben schneiden und wie auf dem Foto an den Tortenrand legen.

Quark-Galetta-Torte

Erfrischend

Insgesamt:
E: 136 g, F: 405 g, Kh: 576 g,
kJ: 27332, kcal: 6519

Für den Rührteig:
150 g Butter oder Margarine
150 g Zucker
1 Pck. Dr. Oetker Vanillin-Zucker
1 Prise Salz
3 Eier (Größe M)
125 g Weizenmehl
25 g Speisestärke
1 gestr. TL Dr. Oetker Backin

Für die Füllung:
125 ml (1/8 l) Limettensirup
500 ml (1/2 l) Milch
500 ml (1/2 l) Schlagsahne
1 Pck. Dr. Oetker Finesse Geriebene Zitronenschale
2 Pck. Galetta Vanille-Geschmack (Dessertpulver)
500 g Magerquark

Außerdem:
250 ml (1/4 l) Schlagsahne
1 Pck. Dr. Oetker Sahnesteif

Zum Bestäuben und Garnieren:
Puderzucker
1/2 Bio-Limette (unbehandelt, ungewachst)

Zubereitungszeit: 40 Minuten, ohne Kühlzeit

Quark-Galetta-Torte

1. Für den Teig Butter oder Margarine mit Handrührgerät mit Rührbesen geschmeidig rühren. Zucker, Vanillin-Zucker und Salz nach und nach unterrühren. So lange rühren, bis eine gebundene Masse entstanden ist. Eier nach und nach unterrühren (jedes Ei etwa 1/2 Minute).

2. Mehl mit Speisestärke und Backpulver mischen, sieben und in 2 Portionen auf mittlerer Stufe unterrühren. Den Teig in eine Springform (Ø 26 cm, Boden gefettet) füllen, glatt streichen und die Form auf dem Rost in den Backofen schieben.
Ober-/Unterhitze: etwa 180 °C (vorgeheizt)
Heißluft: etwa 160 °C (vorgeheizt)
Gas: Stufe 2-3 (vorgeheizt)
Backzeit: etwa 25 Minuten.

3. Den Boden aus der Form lösen und auf einem mit Backpapier belegten Kuchenrost erkalten lassen. Anschließend den Boden einmal waagerecht durchschneiden. Den unteren Boden auf eine Tortenplatte legen und einen Tortenring oder den gesäuberten Springformrand darumstellen. Den oberen Boden in 12 Stücke schneiden.

4. Für die Füllung Limettensirup mit Milch, Sahne und Zitronenschale in eine Rührschüssel geben. Galetta hinzufügen, mit Handrührgerät mit Rührbesen auf niedrigster Stufe kurz vermischen, dann die Zutaten auf höchster Stufe 1 Minute schlagen.

5. Quark in zwei Portionen unterrühren. Die Füllung auf dem unteren Boden verteilen und glatt streichen. Sahne mit Sahnesteif steif schlagen, in einen Spritzbeutel mit Lochtülle geben und für 12 Tortenstücke Verzierungen wellenförmig auf die Tortenoberfläche spritzen. Die Torte 2 Stunden kalt stellen, dann den Tortenring oder Springformrand lösen und entfernen. Die geschnittenen Tortenstücke schräg an die Sahne setzen.

6. Die Torte vor dem Servieren mit Puderzucker bestäuben. Zum Garnieren Limette waschen, trockenreiben, zunächst in Scheiben, dann in Viertel schneiden und die Torte mit den Limettenstückchen garnieren.

Tipp:
Statt mit Limetten kann die Torte auch mit Johannisbeeren garniert werden.

Quark-Kirsch-Torte

Fruchtig

Insgesamt:
E: 77 g, F: 145 g, Kh: 371 g,
kJ: 13326, kcal: 3181

Für den Boden:
100 g Zartbitterschokolade
50 g Vollmilchschokolade
75 g Cornflakes

Für den Kirschbelag:
1 Glas entsteinte Sauerkirschen
(Abtropfgewicht 370 g)
1/2 Zimtstange, 2 gestr. EL Zucker
20 g Speisestärke
2 EL Wasser

Für die Creme:
5 Blatt weiße Gelatine
100 g Doppelrahm-Frischkäse
250 g Magerquark
70 g Zucker
1 Pck. Dr. Oetker Vanillin-Zucker
Saft von 1/2 Zitrone
200 ml Schlagsahne

Zum Garnieren:
einige frische Kirschen

**Zubereitungszeit: 50 Minuten,
ohne Kühlzeit**

1. Für den Boden Zartbitter- und Vollmilchschokolade in Stücke brechen und in einem kleinen Topf im Wasserbad bei schwacher Hitze geschmeidig rühren. Cornflakes unterrühren. Einen Springformrand (Ø 20 cm) auf eine mit Tortenspitze oder Backpapier belegte Tortenplatte stellen, die Cornflakesmasse einfüllen und gut verteilen. Boden kalt stellen, bis er fest geworden ist.
2. Für den Kirschbelag Kirschen in einem Sieb abtropfen lassen, den Saft dabei auffangen. 125 ml (1/8 l) davon abmessen und beiseite stellen. Den restlichen Kirschsaft mit Zimt und Zucker aufkochen lassen. Speisestärke mit Wasser anrühren, einrühren und unter Rühren aufkochen lassen. Die Kirschen unterheben und erkalten lassen. Die Zimtstange aus der erkalteten Kirschmasse entfernen, die Masse auf den Boden streichen und wieder kalt stellen.
3. Für die Creme 3 Blatt Gelatine in kaltem Wasser einweichen. Frischkäse mit Quark, Zucker, Vanillin-Zucker und Zitronensaft verrühren. Die Gelatine ausdrücken, in einem kleinen Topf bei schwacher Hitze unter Rühren auflösen (nicht kochen). Gelatine zunächst mit etwas von der Quarkcreme verrühren, dann die Mischung unter die restliche Quarkcreme rühren. Sahne steif schlagen und unterheben. Die Quark-Sahne-Creme auf die Kirschen streichen und die Torte 1–2 Stunden kalt stellen.
4. Die restlichen 2 Blatt Gelatine in kaltem Wasser einweichen, anschließend ausdrücken, auflösen, mit dem beiseite gestellten Kirschsaft verrühren und kalt stellen. Sobald der Saft anfängt dicklich zu werden, ihn esslöffelweise auf die Quark-Sahne-Creme geben. Die Torte kalt stellen, bis der Guss fest geworden ist, dann den Springformrand lösen und entfernen und die Tortenoberfläche mit Kirschen garnieren.

Tipp:
Nach Belieben nur gut zwei Drittel der Sahne unter die Creme rühren. Vor dem Servieren die restliche Sahne in einen Spritzbeutel füllen und die Torte damit verzieren.

Quark-Kirsch-Torte

Quark-Marzipan-Torte

Beliebt

Insgesamt:
E: 152 g, F: 386 g, Kh: 493 g,
kJ: 27686, kcal: 6608

Für den Boden:
130 g Butter
200 g Zwieback
50 g Mohnsamen
2–3 EL Marzipan-Sahne-Likör (15 Vol.-%),
z. B. Cuandolé von Niederegger

Für die Quarkmasse:
3 Eigelb (Größe M)
250 g Mascarpone (ital. Frischkäse)
500 g Magerquark
175 ml Marzipan-Sahne-Likör
1 Pck. Dr. Oetker Pudding-Pulver Sahne-Geschmack
100 g Zucker
1 Pck. Dr. Oetker Finesse Geriebene Zitronenschale
3 Eiweiß (Größe M)

Zum Garnieren und Verzieren:
40 g gehobelte Mandeln
etwa 24 Mandeln
3 EL Aprikosenkonfitüre
200 ml Schlagsahne
1 Pck. Dr. Oetker Sahnesteif
2 EL Marzipan-Sahne-Likör
1–2 EL Hagelzucker
50 g gut gekühlte Marzipan-Rohmasse

Zubereitungszeit: 60 Minuten, ohne Abkühlzeit

1. Für den Boden Butter zerlassen und abkühlen lassen. Zwieback in einen Gefrierbeutel geben, den Beutel fest verschließen und mit einer Teigrolle fein zerbröseln. Zwiebackbrösel in eine Rührschüssel füllen. Mohnsamen und Butter hinzufügen und zu einer Masse verrühren. Die Masse in eine Springform (Ø 26 cm, Boden gefettet, mit Backpapier belegt) geben und gut mit einem Esslöffel zu einem Boden andrücken, dabei einen kleinen Rand hochziehen.

2. Für die Quarkmasse Eigelb mit Mascarpone, Quark, Likör, Pudding-Pulver, Zucker und Zitronenschale verrühren. Eiweiß sehr steif schlagen und unterheben. Die Masse auf den Boden füllen und glatt streichen. Die Form auf dem Rost in den Backofen schieben.
   Ober-/Unterhitze: etwa 180 °C (vorgeheizt, unteres Drittel)
   Heißluft: etwa 160 °C (nicht vorgeheizt)
   Gas: Stufe 2–3 (nicht vorgeheizt, unteres Drittel)
   Backzeit: etwa 50 Minuten.

3. Die Torte in der Form auf einen Kuchenrost stellen und 10 Minuten abkühlen lassen. Dann Springformrand lösen und entfernen. Torte mit dem Springformboden auf dem Kuchenrost erkalten lassen.

4. Zum Garnieren und Verzieren nacheinander gehobelte und ganze Mandeln in einer Pfanne ohne Fett goldbraun rösten und erkalten lassen. Konfitüre unter Rühren erwärmen und durch ein feines Sieb streichen. Einen Esslöffel Konfitüre beiseite legen. Tortenrand mit der restlichen Konfitüre bestreichen und mit gehobelten Mandeln garnieren.

5. Sahne mit Sahnesteif steif schlagen und den Likör unterziehen. Likörsahne in einen Spritzbeutel mit Lochtülle füllen. Tortenoberfläche mit Sahnekringeln verzieren. Mandeln mit der beiseite gelegten Konfitüre vermischen. Sahnekringel mit Mandeln belegen und mit Hagelzucker bestreuen. Marzipan mit einem Sparschäler in Locken hobeln und die Torte damit garnieren.

Quark-Marzipan-Torte

Quarktorte mit Himbeeren

Quarktorte mit Himbeeren

Fruchtig

Insgesamt:
E: 153 g, F: 89 g, Kh: 389 g,
kJ: 12633, kcal: 3016

Für den Knetteig:
150 g Weizenmehl
1 gestr. TL Dr. Oetker Backin
60 g Zucker
1 Eigelb (Größe M)
80 g Butter oder Margarine

Für die Quarkmasse:
10 Blatt weiße Gelatine
750 g Magerquark
250 ml ($^1/_4$ l) Milch
1 Pck. Dr. Oetker Finesse Geriebene Zitronenschale
150 g Zucker
1 EL Zitronensaft

Für die Fruchtmasse:
2 Blatt weiße Gelatine
250 g frische oder TK-Himbeeren
1–2 TL Puderzucker

Zum Garnieren:
evtl. gehackte oder gemahlene Pistazienkerne
75 g frische Himbeeren

Zubereitungszeit: 60 Minuten, ohne Kühl- und Auftauzeit

1. Für den Teig Mehl mit Backpulver mischen und in eine Rührschüssel sieben. Restliche Zutaten hinzufügen und mit Handrührgerät mit Knethaken zunächst kurz auf niedrigster, dann auf höchster Stufe gut durcharbeiten. Anschließend den Teig auf der leicht bemehlten Arbeitsfläche kurz verkneten. Sollte er kleben, ihn in Folie gewickelt eine Zeit lang kalt stellen.

2. Den Teig auf dem Boden einer Springform (Ø 26 cm, gefettet) ausrollen, mehrmals mit einer Gabel einstechen und den Springformrand darumlegen. Die Form auf dem Rost in den Backofen schieben.
Ober-/Unterhitze: 180–200 °C (vorgeheizt)
Heißluft: 160–180 °C (vorgeheizt)
Gas: etwa Stufe 3 (vorgeheizt)
Backzeit: etwa 20 Minuten.

3. Den Boden sofort nach dem Backen vom Springformboden lösen, aber darauf auf einem Kuchenrost erkalten lassen. Boden anschließend auf eine Tortenplatte legen und einen Tortenring oder den gesäuberten Springformrand darumstellen.

4. Für die Quarkmasse Gelatine nach Packungsanleitung einweichen. Quark mit Milch, Zitronenschale, Zucker und Zitronensaft verrühren. Gelatine leicht ausdrücken, in einem kleinen Topf bei schwacher Hitze unter Rühren auflösen (nicht kochen) und mit etwas von der Quarkmasse verrühren, dann die Mischung mit der restlichen Quarkmasse verrühren.

5. Für die Fruchtmasse Himbeeren verlesen oder TK-Himbeeren auftauen lassen. Gelatine nach Packungsanleitung einweichen. Die Beeren pürieren und nach Belieben mit Puderzucker süßen. Gelatine wie in Punkt 4 beschrieben auflösen, mit dem Himbeerpüree angleichen und verrühren.

6. Die Quarkmasse auf den Knetteigboden streichen. Die Fruchtmasse darauf verteilen und mit Hilfe eines Löffelstiels durch die Quarkmasse ziehen, damit ein Marmormuster entsteht. Die Torte etwa 3 Stunden kalt stellen.

7. Vor dem Servieren Tortenring oder Springformrand mit Hilfe eines Messers lösen und entfernen und die Torte nach Belieben mit Pistazienkernen und Himbeeren garnieren.

Rätsel-Torte

Beliebt – einfach

Insgesamt:
E: 80 g, F: 335 g, Kh: 447 g,
kJ: 22267, kcal: 5319

1 Lage von 1 hellen Wiener Boden
(Ø 26 cm)

Für die Vanillecreme:
4 Blatt weiße Gelatine
1 Pck. Dr. Oetker Pudding-Pulver
Vanille-Geschmack
4 EL Zucker
500 ml (½ l) Milch
600 ml Schlagsahne
2 Pck. Dr. Oetker Sahnesteif

Zum Tränken:
etwa 200 ml Milch
2 EL Rum
200 g Löffelbiskuits

Zum Verzieren und Garnieren:
250 ml (¼ l) Schlagsahne
1 Pck. Dr. Oetker Sahnesteif
1 EL gesiebter Puderzucker
etwas Eierlikör
gehackte Pistazienkerne

**Zubereitungszeit: 30 Minuten,
ohne Kühlzeit**

Rätsel-Torte

1. Den Biskuitboden auf eine Tortenplatte legen und einen Tortenring darumstellen.
2. Für die Vanillecreme die Gelatine nach Packungsanleitung einweichen. Aus Pudding-Pulver, Zucker und Milch nach Packungsanleitung, aber mit 4 Esslöffeln Zucker einen Pudding zubereiten. Gelatine ausdrücken und unter Rühren im heißen Pudding auflösen. Den Pudding erkalten lassen, dabei ab und zu durchrühren.
3. Sahne mit Sahnesteif steif schlagen und unter den erkalteten Pudding heben. Ein Drittel der Vanillecreme auf den Boden streichen.
4. Zum Tränken Milch und Rum verrühren und die Löffelbiskuits kurz darin wenden. Die Hälfte der getränkten Löffelbiskuits auf die Creme legen, mit der Hälfte der restlichen Creme bestreichen, mit den übrigen Löffelbiskuits belegen und mit der restlichen Creme bestreichen. Die Torte etwa 2 Stunden kalt stellen.
5. Den Tortenring lösen und entfernen. Sahne mit Sahnesteif und Zucker steif schlagen, in einen Spritzbeutel mit Lochtülle füllen und die Torte damit verzieren. Die Tortenoberfläche mit Eierlikör verzieren und mit Pistazienkernen garnieren.

Tipp:
Verwenden Sie für Kinder zum Tränken der Löffelbiskuits nur Milch und zum Verzieren der Torte statt Eierlikör Vanillesauce.
Die restlichen 2 Lagen des Wiener Bodens für eine Torte einfrieren oder für ein Dessert verwenden.

Raupentorte

Gut vorzubereiten

Insgesamt:
E: 119 g, F: 586 g, Kh: 675 g,
kJ: 36014, kcal: 8609

Für den Biskuitteig:
100 g Butter
6 Eier (Größe M)
6 EL heißes Wasser
250 g Zucker
1 Pck. Dr. Oetker Vanillin-Zucker
230 g Weizenmehl
1 Msp. Dr. Oetker Backin
2 gestr. EL Kakaopulver
1 gestr. TL gemahlener Zimt

Für die Buttercreme:
200 g Halbbitter-Kuvertüre
250 g weiche Butter
100 g gesiebter Puderzucker
3 frische Eier (Größe M)
6 EL Rum

Zum Bestreichen und Verzieren:
500 ml (½ l) Schlagsahne
1 Pck. Dr. Oetker Sahnesteif
1 Pck. Dr. Oetker Vanillin-Zucker

Zum Besprenkeln:
25 g Halbbitter-Kuvertüre

Zubereitungszeit: 50 Minuten, ohne Kühlzeit

1. Für den Teig Butter zerlassen und abkühlen lassen. Eier und Wasser mit Handrührgerät mit Rührbesen auf höchster Stufe in 1 Minute schaumig schlagen. Zucker und Vanillin-Zucker mischen, in 1 Minute einstreuen, dann noch weitere 2 Minuten schlagen. Mehl mit Backpulver, Kakao und Zimt mischen, die Hälfte davon auf die Eiercreme sieben und kurz auf niedrigster Stufe unterrühren. Restliches Mehlgemisch auf die gleiche Weise unterarbeiten. Butter kurz unterrühren. Den Teig in eine Springform (Ø 26 cm, Boden gefettet, mit Backpapier belegt) füllen. Die Form auf dem Rost in den Backofen schieben.
   Ober-/Unterhitze: etwa 180 °C (vorgeheizt)
   Heißluft: etwa 160 °C (nicht vorgeheizt)
   Gas: Stufe 2–3 (nicht vorgeheizt)
   Backzeit: etwa 40 Minuten.
2. Den Boden aus der Form lösen, auf einen mit Backpapier belegten Kuchenrost stürzen und erkalten lassen. Anschließend mitgebackenes Backpapier abziehen und den Boden zweimal waagerecht durchschneiden.
3. Für die Buttercreme Kuvertüre hacken, in einem Topf im Wasserbad bei schwacher Hitze geschmeidig rühren und abkühlen lassen. Butter in einer Rührschüssel mit Handrührgerät mit Rührbesen auf höchster Stufe geschmeidig rühren. Nach und nach Puderzucker unterrühren. So lange rühren, bis eine gebundene Masse entstanden ist. Eier nach und nach unterschlagen. Kuvertüre langsam unter Rühren hinzufügen. Zuletzt den Rum gut unterrühren.
4. Den unteren Boden auf eine Tortenplatte legen. Die Hälfte der Buttercreme darauf streichen, den mittleren Boden darauf legen und etwas andrücken. Restliche Buttercreme darauf streichen und mit dem oberen Boden bedecken.
5. Zum Bestreichen und Verzieren Sahne mit Sahnesteif und Vanillin-Zucker steif schlagen. Knapp ein Drittel der Sahne in einen Spritzbeutel mit Lochtülle füllen. Tortenrand und -oberfläche mit der restlichen Sahne bestreichen. Die Oberfläche mit der Sahne aus dem Spritzbeutel verzieren. Kuvertüre in einem Topf im Wasserbad bei schwacher Hitze unter Rühren auflösen, die Torte damit besprenkeln und kalt stellen.

Hinweis:
Nur ganz frische Eier, die nicht älter als 5 Tage sind, für die Creme verwenden (Legedatum beachten!). Fertige Torte im Kühlschrank aufbewahren und innerhalb von 24 Stunden verzehren.

Tipp:
Für Kinder den Rum durch Orangensaft ersetzen.

Raupentorte

Rhabarbertorte

Beliebt

Insgesamt:
E: 42 g, F: 158 g, Kh: 276 g,
kJ: 11527, kcal: 2754

Für den Biskuitteig:
25 g Butter
2 Eier (Größe M)
80 g Zucker
1 Pck. Dr. Oetker Vanillin-Zucker
1 Pck. Dr. Oetker Finesse Geriebene Zitronenschale
100 g Weizenmehl
1 gestr. TL Dr. Oetker Backin

Für den Belag:
350 g Rhabarber
100 g Zucker
1 Pck. Dr. Oetker Vanillin-Zucker
5 Blatt rote Gelatine
400 ml Schlagsahne

Zum Verzieren:
50 g Erdbeerkonfitüre

Zubereitungszeit: 50 Minuten, ohne Durchzieh- und Kühlzeit

1. Für den Teig Butter zerlassen und abkühlen lassen. Eier mit Handrührgerät mit Rührbesen auf höchster Stufe in 1 Minute schaumig schlagen. Zucker mit Vanillin-Zucker und Zitronenschale mischen, in 1 Minute einstreuen, dann noch 2 Minuten weiterschlagen.
2. Mehl mit Backpulver mischen, auf die Eiercreme sieben und kurz auf niedrigster Stufe unterrühren. Zuletzt kurz die Butter unterrühren. Den Teig in eine Springform (Ø 26 cm, Boden gefettet, mit Backpapier belegt) füllen, glatt streichen und die Form auf dem Rost in den Backofen schieben.

Ober-/Unterhitze: etwa 180 °C (vorgeheizt)
Heißluft: etwa 160 °C (vorgeheizt)
Gas: Stufe 2–3 (vorgeheizt)
Backzeit: etwa 20 Minuten.

3. Nach dem Backen den Boden aus der Form lösen, auf einen mit Backpapier belegten Kuchenrost stürzen und erkalten lassen. Anschließend mitgebackenes Backpapier abziehen, den Boden auf eine Tortenplatte legen und einen Tortenring darumstellen.
4. Für den Belag Rhabarber waschen, putzen und in kleine Stücke schneiden. Stücke in einem Topf mit Zucker und Vanillin-Zucker vermischen und 1 Stunde durchziehen lassen.
5. Rhabarber in etwas Wasser in etwa 5 Minuten weich kochen. Nach 2 Minuten etwa 8 kleinere Rhabarberstücke zum Garnieren herausnehmen und beiseite stellen. Übrigen weich gekochten Rhabarber durch ein Sieb passieren, 250 g abwiegen und erkalten lassen.
6. Gelatine nach Packungsanleitung einweichen. Anschließend Gelatine leicht ausdrücken und in einem kleinen Topf bei schwacher Hitze auflösen. Gelatine zunächst mit etwas Rhabarbermus verrühren, dann die Mischung unter das übrige Mus rühren.
7. Wenn die Masse beginnt dicklich zu werden, Sahne steif schlagen und unterheben. Creme auf dem Boden glatt streichen und die Torte 2–3 Stunden kalt stellen.
8. Vor dem Servieren Tortenring lösen und entfernen und die Torte mit den übrigen Rhabarberstücken garnieren.
9. Zum Verzieren Konfitüre durch ein Sieb streichen und in einem kleinen Topf etwas einkochen lassen. Konfitüre etwas abkühlen lassen, in ein Papierspritztütchen oder einen kleinen Gefrierbeutel füllen, eine kleine Ecke abschneiden und zuerst die übrigen Rhabarberstücke glasieren und die Stücke auf die Torte legen. Mit restlicher Konfitüre die Tortenoberfläche dekorativ verzieren.

Rhabarbertorte

Ricottatorte mit Pfirsichen

Ricottatorte mit Pfirsichen

Raffiniert

Insgesamt:
E: 125 g, F: 255 g, Kh: 718 g,
kJ: 24191, kcal: 5776

1 heller Biskuitboden
(Ø 26 cm, vom Bäcker)

Für den Belag:
6 Blatt weiße Gelatine
500 g Ricotta (Molkeneiweißkäse, ersatzweise Sahnequark oder Schichtkäse)
abgeriebene Schale und Saft von
1 Bio-Zitrone (unbehandelt, ungewachst)
100 g Zucker
1 Pck. Dr. Oetker Vanillin-Zucker
200 ml Schlagsahne
300 g Naturjoghurt
1 Dose Pfirsichhälften
(Abtropfgewicht 500 g)

Für den Guss:
1 Pck. Tortenguss, klar
2 EL Zucker
250 ml ($^1/_4$ l) Pfirsichsaft aus der Dose

Zum Verzieren und Bestreuen:
200 ml Schlagsahne
1 gestr. TL Dr. Oetker Sahnesteif
1 EL gehackte Pistazienkerne

Zubereitungszeit: 35 Minuten, ohne Kühlzeit

1. Den Biskuitboden einmal waagerecht durchschneiden, den unteren Biskuitboden auf eine Tortenplatte legen und einen Tortenring darumstellen.

2. Für den Belag Gelatine nach Packungsanleitung einweichen. Ricotta mit Zitronenschale und -saft, Zucker und Vanillin-Zucker verrühren.

3. Gelatine leicht ausdrücken und in einem kleinen Topf auflösen (nicht kochen). Aufgelöste Gelatine mit etwas von der Ricottamasse verrühren, dann die Mischung mit der restlichen Ricottamasse verrühren und kalt stellen.

4. Sahne steif schlagen. Wenn die Ricottamasse anfängt dicklich zu werden, erst Joghurt, dann die Sahne unterrühren.

5. Pfirsichhälften in einem Sieb abtropfen lassen, den Saft dabei auffangen und 250 ml ($^1/_4$ l) davon abmessen. Die Hälfte der Pfirsichhälften pürieren und unter die Ricotta-Sahne-Creme rühren. Die Hälfte der Creme auf den unteren Tortenboden geben und glatt streichen. Den oberen Tortenboden darauf legen und leicht andrücken. Tortenoberfläche mit zwei Drittel der restlichen Ricotta-Sahne-Creme bestreichen. Torte etwa 2 Stunden kalt stellen.

6. Den Tortenring lösen und entfernen. Den Tortenrand mit der restlichen Ricotta-Sahne-Creme bestreichen. Restliche Pfirsichhälften in Spalten schneiden und in Form einer Blüte auf die Tortenoberfläche legen, dabei außen einen Rand frei lassen.

7. Für den Guss Tortengusspulver mit Zucker und Pfirsichsaft nach Packungsanleitung zubereiten und den Guss auf den Pfirsichspalten verteilen.

8. Zum Verzieren und Bestreuen Sahne mit Sahnesteif steif schlagen, in einen Spritzbeutel mit kleiner Lochtülle füllen, den Tortenrand damit verzieren. Zusätzlich kleine Tupfen auf die Tortenoberfläche spritzen. Die Torte mit Pistazienkernen bestreuen.

Riesen-Torte

Riesen-Torte

Für Kinder

Insgesamt:
E: 82 g, F: 392 g, Kh: 513 g,
kJ: 24714, kcal: 5899

Zum Vorbereiten:
500 ml (½ l) Schlagsahne
150 g Riesen Schokokaramell (von Storck)

Für den Rührteig:
125 g Butter oder Margarine
100 g Zucker
1 Pck. Dr. Oetker Finesse Bourbon-Vanille-Aroma
4 Eier (Größe M)
175 g Weizenmehl
15 g Kakaopulver
2 gestr. TL Dr. Oetker Backin
2 EL Milch

Zum Bestreichen:
6 EL Johannisbeergelee

Für die Füllung:
2 Pck. Dr. Oetker Sahnesteif

Für Guss und Garnierung:
150 g Zartbitterschokolade
gut 1 EL Speiseöl
6–8 Riesen Schokokaramell

Zubereitungszeit: 45 Minuten, ohne Kühlzeit

1. Zum Vorbereiten Sahne in einem Topf erhitzen, Riesen in kleine Würfel schneiden, in die Sahne geben und bei schwacher Hitze unter Rühren auflösen. Die Karamellsahne in eine Rührschüssel geben und zugedeckt über Nacht kalt stellen.

2. Für den Teig Butter oder Margarine mit Handrührgerät mit Rührbesen auf höchster Stufe geschmeidig rühren. Nach und nach Zucker und Vanille-Aroma unterrühren. So lange rühren, bis eine gebundene Masse entstanden ist. Eier nach und nach unterrühren (jedes Ei etwa ½ Minute).

3. Mehl mit Kakaopulver und Backpulver mischen, sieben und in 2 Portionen abwechselnd mit der Milch auf mittlerer Stufe unterrühren. Einen Backrahmen (18 x 30 cm) auf ein mit Backpapier belegtes Backblech stellen, den Teig darin glatt streichen und das Backblech in den Backofen schieben.

Ober-/Unterhitze: etwa 180 °C (vorgeheizt)
Heißluft: etwa 160 °C (vorgeheizt)
Gas: Stufe 2–3 (vorgeheizt)
Backzeit: etwa 20 Minuten.

4. Den Boden aus dem Backrahmen lösen, auf einen mit Backpapier belegten Kuchenrost stürzen und erkalten lassen. Anschließend mitgebackenes Backpapier abziehen und den Boden zweimal waagerecht durchschneiden. Den unteren Boden auf eine Tortenplatte legen und mit etwa 2 Esslöffeln des glatt gerührten Johannisbeergelees bestreichen.

5. Für die Füllung die vorbereitete Riesen-Sahne mit Sahnesteif steif schlagen und die Hälfte davon auf den unteren Boden streichen. Mittleren Boden auflegen, ebenfalls mit 2 Esslöffeln des Gelees bestreichen und die restliche Riesen-Sahne darauf verstreichen. Den oberen Boden darauf legen, leicht andrücken und die Torte etwa 1 Stunde kalt stellen.

6. Für den Guss Schokolade in Stücke brechen und mit Speiseöl in einem Topf im Wasserbad bei schwacher Hitze geschmeidig rühren. Den Guss auf die Torte geben und so verstreichen, dass er am Rand in Nasen herunterläuft. Die Oberfläche mit halbierten Riesen garnieren. Guss fest werden lassen und die Torte bis zum Servieren kalt stellen.

Tipp:
Die Torte mit einem angewärmten Messer schneiden.

Rieslingtorte

Für Gäste

Insgesamt:
E: 99 g, F: 586 g, Kh: 630 g,
kJ: 35377, kcal: 8446

Für den Biskuitteig:
3 Eier (Größe M)
3 EL heißes Wasser
150 g Zucker
1 Pck. Dr. Oetker Vanillin-Zucker
125 g Weizenmehl
75 g Speisestärke
3 gestr. TL Dr. Oetker Backin

Für die Creme:
375 g weiche Butter
5 frische Eigelb (Größe M)
125 g gesiebter Puderzucker

Für die Füllung:
375 ml (3/8 l) Rieslingwein
50 g Zucker
etwa 24 Löffelbiskuits

Zum Bestreichen:
500 ml (1/2 l) Schlagsahne
2 Pck. Dr. Oetker Sahnesteif
20 g Zucker

Zum Bestreuen:
100 g abgezogene, gehobelte Mandeln

Zubereitungszeit: 60 Minuten, ohne Abkühlzeit

1. Für den Teig Eier und Wasser mit Handrührgerät mit Rührbesen auf höchster Stufe 1 Minute schaumig schlagen. Zucker und Vanillin-Zucker mischen, in 1 Minute einstreuen, dann noch 2 Minuten weiterschlagen.
2. Mehl mit Speisestärke und Backpulver mischen, die Hälfte davon auf die Eiercreme sieben und kurz auf niedrigster Stufe unterrühren. Restliches Mehlgemisch auf die gleiche Weise unterarbeiten. Den Teig in eine Springform (Ø 26 cm, Boden gefettet, mit Backpapier belegt) füllen und glatt streichen. Die Form auf dem Rost in den Backofen schieben.

Ober-/Unterhitze: etwa 180 °C (vorgeheizt)
Heißluft: etwa 160 °C (vorgeheizt)
Gas: Stufe 2–3 (vorgeheizt)
Backzeit: etwa 25 Minuten.

3. Den Boden aus der Form lösen, auf einen mit Backpapier belegten Kuchenrost stürzen und erkalten lassen. Anschließend mitgebackenes Backpapier abziehen und den Boden einmal waagerecht durchschneiden. Den unteren Boden auf eine Tortenplatte legen.
4. Für die Creme Butter mit Handrührgerät mit Rührbesen auf höchster Stufe geschmeidig rühren. Nach und nach Eigelb und Puderzucker unterschlagen. Den Biskuitboden mit einem Drittel der Creme bestreichen.
5. Für die Füllung Wein mit Zucker in einem flachen Topf erhitzen, bis der Zucker gelöst ist, und abkühlen lassen. Die Löffelbiskuits kurz darin kurz wenden und auf der Creme verteilen (evtl. restliches Wein-Zucker-Gemisch darüber verteilen). Die Hälfte der restlichen Creme darauf streichen, den oberen Boden darauf legen und etwas andrücken. Tortenoberfläche und -rand dünn mit der restlichen Creme bestreichen.
6. Zum Bestreichen Sahne mit Sahnesteif und Zucker steif schlagen. Tortenoberfläche und -rand mit der Sahne bestreichen und nach Belieben die Tortenoberfläche mit einem Tortenkamm oder einer Gabel verzieren. Zum Bestreuen Mandeln in einer Pfanne ohne Fett leicht bräunen und auf einem Teller erkalten lassen. Den Tortenrand und den äußeren Rand der Tortenoberfläche mit Mandeln bestreuen.

Hinweis:
Nur ganz frische Eier für die Creme verwenden, die nicht älter als 5 Tage sind (Legedatum beachten!). Fertige Torte im Kühlschrank aufbewahren und innerhalb von 24 Stunden verzehren.

Rieslingtorte

Ritter-Rum-Torte

Beliebt

Insgesamt:
E: 57 g, F: 232 g, Kh: 280 g,
kJ: 15216, kcal: 3637

Für den Rührteig:
75 g weiche Butter oder Margarine
100 g Zucker
1 Pck. Dr. Oetker Vanillin-Zucker
1 Prise Salz
4 Eier (Größe M)
150 g Weizenmehl
3 gestr. TL Dr. Oetker Backin
1 EL Kakaopulver
2 EL Rum
4 Ritter Rum Knusperstücke

Für die Glasur:
1 Pck. (150 g) Kuchenglasur, dunkel

Zum Garnieren:
8 Ritter Rum Knusperstücke

Zubereitungszeit: 20 Minuten

1. Für den Teig Butter oder Margarine mit Handrührgerät mit Rührbesen auf höchster Stufe geschmeidig rühren. Zucker, Vanillin-Zucker und Salz unterrühren. So lange rühren, bis eine gebundene Masse entstanden ist. Eier nach und nach unterrühren (jedes Ei etwa $1/2$ Minute).
2. Mehl mit Backpulver und Kakaopulver mischen, sieben und in 2 Portionen unterrühren. Zuletzt den Rum unterrühren. Den Boden einer Springform (Ø 26 cm, gefettet) mit etwas Teig bestreichen.
3. Die Knusperstücke halbieren, gleichmäßig auf dem Teig verteilen und den restlichen Teig darüber geben. Die Form auf dem Rost in den Backofen schieben.
   Ober-/Unterhitze: etwa 180 °C (vorgeheizt)
   Heißluft: etwa 160 °C (vorgeheizt)
   Gas: etwa Stufe 3 (vorgeheizt)
   Backzeit: etwa 25 Minuten.
4. Den Gebäckboden aus der Form lösen und auf einem mit Backpapier belegten Kuchenrost erkalten lassen.
5. Kuchenglasur in einem Topf im Wasserbad bei schwacher Hitze geschmeidig rühren und mit einem Messer über der Torte verstreichen.
6. Zum Garnieren die Knusperstücke diagonal durchschneiden und auf die noch feuchte Glasur setzen. Torte kalt stellen.

Ritter-Rum-Torte

Rosa-Birnen-Apfel-Torte

Fettarm

Insgesamt:
E: 52 g, F: 50 g, Kh: 348 g,
kJ: 8887, kcal: 2123

Für den All-in-Teig:
100 g Weizenmehl
2 gestr. TL Dr. Oetker Backin
50 g Zucker
1 Pck. Dr. Oetker Vanillin-Zucker
3 Eier (Größe M)
2 EL Speiseöl
1 Pck. Dr. Oetker Finesse Geriebene Zitronenschale

Zum Bestreichen:
2 EL Aprikosenkonfitüre
2 EL Zitronensaft

Für den Belag:
3 Birnen (etwa 500 g)
2 kleine Äpfel (etwa 350 g)
250 ml (¼ l) Apfelsaft
2 EL Instant-Getränkepulver mit Kirsch- oder Himbeer-Geschmack
2 EL Zitronensaft
30 g Zucker
6 Blatt weiße Gelatine
300 g Naturjoghurt

Zubereitungszeit: etwa 50 Minuten, ohne Kühlzeit

1. Für den Teig Mehl mit Backpulver mischen und in eine Rührschüssel sieben. Restliche Zutaten hinzufügen und mit Handrührgerät mit Rührbesen auf höchster Stufe in etwa 2 Minuten zu einem Teig verarbeiten. Den Teig in eine Springform (Ø 26 cm, Boden gefettet, mit Backpapier belegt) geben und glatt streichen. Die Form auf dem Rost in den Backofen schieben.
   Ober-/Unterhitze: etwa 180 °C (vorgeheizt)
   Heißluft: etwa 160 °C (vorgeheizt)
   Gas: Stufe 2–3 (vorgeheizt)
   Backzeit: etwa 20 Minuten.

2. Den Gebäckboden aus der Form lösen, auf einen mit Backpapier belegten Kuchenrost stürzen und erkalten lassen. Anschließend mitgebackenes Backpapier abziehen und den Boden auf eine Tortenplatte legen. Die Oberfläche mit einem Holzstäbchen mehrmals einstechen und einen Tortenring um den Boden stellen.

3. Zum Bestreichen Konfitüre durch ein Sieb streichen, mit Zitronensaft verrühren und auf den Gebäckboden streichen.

4. Für den Belag Birnen und Äpfel schälen, vierteln, entkernen und achteln. Apfelsaft mit Getränkepulver, Zitronensaft und Zucker in einem Topf verrühren und unter Rühren zum Kochen bringen. Apfel- und Birnenstücke hineingeben und 5 Minuten leicht kochen lassen.

5. Gelatine nach Packungsanleitung einweichen. Die Birnen-Apfel-Masse abtropfen lassen, den Saft dabei auffangen. Gelatine leicht ausdrücken, sofort in den heißen, aufgefangenen Saft geben, unter Rühren auflösen und die Flüssigkeit erkalten lassen.

6. Die Apfel- und Birnenstücke auf dem Gebäckboden verteilen, dabei etwa 1 cm Rand frei lassen. Wenn der Gelatine-Fruchtsaft anfängt dicklich zu werden, Joghurt unterrühren. Die Masse auf dem Obst verteilen. Die Torte etwa 3 Stunden kalt stellen. Anschließend Tortenring lösen und entfernen.

Rosentorte mit Vanillecreme ❄

Zum Verschenken

Insgesamt:
E: 148 g, F: 520 g, Kh: 582 g,
kJ: 31721, kcal: 7572

Für den Rührteig:
6 Eiweiß (Größe M)
175 g Butter oder Margarine
175 g Zucker
1 Pck. Dr. Oetker Vanillin-Zucker
6 Eigelb (Größe M)
75 g Weizenmehl
4 gestr. TL Dr. Oetker Backin
200 g abgezogene, gemahlene Mandeln

Für die Vanillecreme:
4 Blatt weiße Gelatine
1 Pck. Dr. Oetker Pudding-Pulver Vanille-Geschmack
70 g Zucker, 375 ml (3/8 l) Milch
400 ml Schlagsahne
1 Pck. Dr. Oetker Bourbon-Vanille-Zucker

Zum Tränken:
25 g Zucker
2 EL Wasser
2 EL reines Rosenwasser (aus der Apotheke oder vom Türken)

Zum Garnieren:
250 g Marzipan-Rohmasse
1 EL reines Rosenwasser
60 g gesiebter Puderzucker
einige ungespritzte Rosenblüten
Wasser, feinkörniger Zucker

Zubereitungszeit: 70 Minuten, ohne Kühlzeit

Rosentorte mit Vanillecreme

1. Für den Teig Eiweiß steif schlagen. Butter oder Margarine mit Handrührgerät mit Rührbesen auf höchster Stufe geschmeidig rühren. Nach und nach Zucker und Vanillin-Zucker unterrühren. So lange rühren, bis eine gebundene Masse entstanden ist. Eigelb nach und nach unterrühren. Mehl mit Backpulver mischen, sieben und in 2 Portionen mit den Mandeln auf mittlerer Stufe unterrühren. Eischnee unterheben. Einen Backrahmen (26 x 26 cm) auf ein mit Backpapier belegtes Backblech stellen, Teig einfüllen, glatt streichen und das Backblech in den Backofen schieben.
Ober-/Unterhitze: etwa 180 °C (vorgeheizt)
Heißluft: etwa 160 °C (nicht vorgeheizt)
Gas: etwa Stufe 3 (nicht vorgeheizt)
Backzeit: etwa 40 Minuten.

2. Den Boden aus dem Backrahmen lösen, auf einen mit Backpapier belegten Kuchenrost stürzen und erkalten lassen. Anschließend mitgebackenes Backpapier entfernen und den Boden zweimal waagerecht durchschneiden.

3. Für die Vanillecreme Gelatine einweichen. Aus Pudding-Pulver, Zucker und Milch nach Packungsanleitung einen Pudding zubereiten. Gelatine ausdrücken, im heißen Pudding unter Rühren auflösen, Frischhaltefolie direkt auf die Oberfläche legen und den Pudding erkalten lassen. Sahne steif schlagen und Vanille-Zucker unterschlagen. Erkalteten Pudding durchrühren und die Sahne unterheben. Zum Tränken Zucker mit Wasser aufkochen lassen, bis der Zucker gelöst ist und Rosenwasser unterrühren.

4. Den unteren Boden auf eine Tortenplatte legen und den gesäuberten Backrahmen darumstellen. Knapp ein Drittel der Vanillecreme abnehmen und beiseite stellen. Die Hälfte der restlichen Creme auf den unteren Boden streichen und den zweiten Boden auflegen. Mit Hilfe eines Pinsels den Boden mit der Hälfte der Tränke bestreichen, restliche Creme aufstreichen und den oberen Boden auflegen. Boden leicht andrücken, mit der restlichen Tränke bestreichen und die Oberfläche mit der beiseite gestellten Creme bestreichen. Die Torte 1–2 Stunden kalt stellen.

5. Zum Garnieren Marzipan mit Rosenwasser und Puderzucker verkneten und zu einem Quadrat (30 x 30 cm) ausrollen. Die Torte aus dem Backrahmen lösen und die Marzipanplatte so auf die Torte legen, dass die Spitzen an den Tortenrändern „herunterfallen". Kurz vor dem Servieren die Rosenblüten fein mit Wasser bestäuben (z. B. mit einer Blumensprühflasche), mit etwas Zucker bestreuen und auf die Torte legen.

Rote-Grütze-Kuppeltorte

Fruchtig

Insgesamt:
E: 82 g, F: 318 g, Kh: 575 g,
kJ: 23653, kcal: 5633

Für den All-in-Teig:
100 g Weizenmehl
2 gestr. TL Dr. Oetker Backin
100 g Zucker
1 Pck. Dr. Oetker Vanillin-Zucker
3 Eier (Größe M)
100 g Butter oder Margarine

Für die Kuppel:
1 TK-Erdbeer-Sahne-Rolle (400 g)

Für die Joghurtfüllung:
500 ml (1/2 l) Schlagsahne
1 Pck. Käse-Sahne-Tortencreme
(Tortencremepulver)
450 g Naturjoghurt
4–5 geh. EL aus 1 Becher (500 g)
Rote Grütze aus dem Kühlregal

Für die Grützefüllung:
restliche Rote Grütze aus dem Becher
(etwa 350 g)
50 ml Wasser
1 Pck. Tortenguss, klar

Zubereitungszeit: 50 Minuten, ohne Kühlzeit

1. Für den Teig Mehl mit Backpulver mischen und in eine Rührschüssel sieben. Restliche Zutaten hinzufügen und alles mit Handrührgerät mit Rührbesen auf höchster Stufe in etwa 2 Minuten zu einem Teig verarbeiten. Den Teig in eine Springform (Ø 26 cm, Boden gefettet, mit Backpapier belegt) füllen und glatt streichen. Die Form auf dem Rost in den Backofen schieben.
Ober-/Unterhitze: etwa 180 °C (vorgeheizt)
Heißluft: etwa 160 °C (vorgeheizt)
Gas: Stufe 2–3 (vorgeheizt)
Backzeit: etwa 20 Minuten.

2. Boden aus der Form lösen, auf einen mit Backpapier belegten Kuchenrost stürzen und erkalten lassen. Anschließend mitgebackenes Backpapier abziehen. Eine kuppelförmige Schüssel (etwa 2 l, Ø 24 cm) mit Frischhaltefolie auslegen. Die Biskuitrolle gefroren in etwa 15 Scheiben schneiden und die Scheiben dicht nebeneinander in die Schüssel legen.

3. Für die Joghurtfüllung Sahne steif schlagen. Tortencremepulver nach Packungsanleitung, aber mit 100 ml Wasser und 4–5 gehäuften Esslöffeln Roter Grütze verrühren. Joghurt unterrühren und Sahne unterheben. Creme in die Schüssel füllen, glatt streichen und 1–2 Stunden kalt stellen.

4. Für die Grützefüllung restliche Rote Grütze in einen kleinen Topf geben. Wasser mit Tortengusspulver verrühren, dazugeben und alles unter Rühren aufkochen lassen. Die Masse vorsichtig auf die schon etwas fest gewordene Sahnecreme in der Schüssel geben. Nach einigen Minuten den Gebäckboden mit dem Backpapier nach oben darauf legen und leicht andrücken. Die Torte nochmals 2–3 Stunden kalt stellen.

5. Vor dem Servieren mitgebackenes Backpapier vom Boden abziehen, die Torte auf eine Tortenplatte stürzen und die Frischhaltefolie entfernen.

Rote-Grütze-Kuppeltorte

Rote-Grütze-Marmortorte

Raffiniert

Insgesamt:
E: 63 g, F: 320 g, Kh: 450 g,
kJ: 21104, kcal: 5036

Für den All-in-Teig:
150 g Weizenmehl
3 gestr. TL Dr. Oetker Backin
150 g Butter oder Margarine
150 g Zucker
1 Pck. Dr. Oetker Vanillin-Zucker
3 Eier (Größe M)
20 g Kakaopulver
1 EL Milch

Für die Füllung:
2 Pck. Rote-Grütze-Pulver (Dessertpulver)
500 ml (1/2 l) Wasser
60 g Zucker
500 g gemischte Beerenfrüchte

Für den Belag:
2 Blatt weiße Gelatine
250 g Mascarpone (ital. Frischkäse)
1 TL Zucker
1 Pck. Dr. Oetker Vanillin-Zucker
200 ml Schlagsahne

Zum Garnieren:
einige Beerenfrüchte

Zubereitungszeit: 60 Minuten, ohne Kühlzeit

1. Für den Teig Mehl mit Backpulver mischen und in eine Rührschüssel sieben. Restliche Zutaten bis auf Kakao und Milch hinzufügen und alles mit Handrührgerät mit Rührbesen auf höchster Stufe in etwa 2 Minuten zu einem Teig verarbeiten.

2. Gut die Hälfte des Teiges in eine Springform (Ø 26 cm, Boden gefettet, mit Backpapier belegt) geben und glatt streichen. Restlichen Teig mit Kakao und Milch verrühren und auf den hellen Teig streichen. Mit einer Gabel den dunklen Teig durch den hellen Teig ziehen und die Oberfläche wieder etwas glatt streichen. Die Form auf dem Rost in den Backofen schieben.
Ober-/Unterhitze: etwa 180 °C (vorgeheizt)
Heißluft: etwa 160 °C (vorgeheizt)
Gas: Stufe 2–3 (vorgeheizt)
Backzeit: etwa 30 Minuten.

3. Den Boden aus der Form lösen, auf einen mit Backpapier belegten Kuchenrost stürzen und erkalten lassen. Anschließend mitgebackenes Backpapier abziehen und den Boden einmal waagerecht durchschneiden.

4. Für die Füllung Rote-Grütze-Pulver mit den im Rezept angegebenen Mengen Wasser und Zucker nach Packungsanleitung zubereiten. Beerenfrüchte verlesen und unter die Grütze heben. Den unteren Boden auf eine Tortenplatte legen und einen Tortenring oder den gesäuberten Springformrand darumstellen. Die warme Grütze einfüllen, oberen Boden auflegen und die Füllung erkalten lassen.

5. Für den Belag Gelatine nach Packungsanleitung einweichen. Mascarpone mit Zucker und Vanillin-Zucker verrühren. Gelatine ausdrücken und in einem kleinen Topf bei schwacher Hitze unter Rühren auflösen (nicht kochen). Aufgelöste Gelatine mit etwas Mascarpone verrühren, dann die Mischung unter den restlichen Mascarpone rühren. Sahne steif schlagen und unterheben. Die Creme auf den oberen Boden geben und wellenförmig verstreichen. Die Torte 2–3 Stunden kalt stellen.

6. Vor dem Servieren Tortenring oder Springformrand vorsichtig lösen und entfernen. Beeren verlesen und auf der Torte verteilen.

Tipp:
Anstelle von Mascarpone schmeckt auch Sahnequark oder Ricotta.

Rote-Grütze-Marmortorte

Rotwein-Heidelbeer-Torte

Rotwein-Heidelbeer-Torte

Schnell zubereitet

Insgesamt:
E: 69 g, F: 130 g, Kh: 295 g,
kJ: 11783, kcal: 2816

Für den Boden:
125 g Halbbitter-Kuvertüre
80 g Cornflakes

Für die Rotweincreme:
4 Blatt weiße Gelatine
150 ml Rotwein oder roter Traubensaft
30 g Zucker
250 ml ($^1/_4$ l) Schlagsahne

Für den Belag:
300 g frische oder TK-Heidelbeeren
1 Pck. Tortenguss, klar
1 geh. EL Zucker

Zubereitungszeit: 30 Minuten, ohne Kühl- und Auftauzeit

1. Für den Boden Kuvertüre hacken, in einem kleinen Topf im Wasserbad bei schwacher Hitze geschmeidig rühren und Cornflakes unterrühren. Einen Springformrand (Ø 26 cm, Rand gefettet und mit Backpapier belegt) auf eine mit Tortenspitze oder Backpapier belegte Tortenplatte stellen. Die Cornflakesmasse hineingeben und mit Hilfe eines Löffels andrücken. Den Boden kalt stellen und fest werden lassen.

2. Für die Creme Gelatine nach Packungsanleitung einweichen. Die Hälfte des Rotweins mit Zucker erhitzen (nicht kochen), bis der Zucker gelöst ist. Den Wein von der Kochstelle nehmen und die ausgedrückte Gelatine unter Rühren darin auflösen. Den restlichen kalten Wein dazugeben, die Flüssigkeit erkalten lassen und kalt stellen.

3. Wenn die Rotweinmasse beginnt dicklich zu werden, Sahne steif schlagen und die Rotweinmasse unterheben. Die Creme auf dem fest gewordenen Boden im Springformrand verstreichen und mindestens 2 Stunden kalt stellen.

4. Für den Belag Heidelbeeren putzen, waschen und abtropfen lassen, TK-Beeren auftauen lassen, den Saft dabei auffangen und mit Wasser für den Guss auf 250 ml ($^1/_4$ l) auffüllen. Die Beeren auf der Creme verteilen.

5. Aus Tortenguss, Zucker und abgemessener Flüssigkeit nach Packungsanleitung einen Guss zubereiten und auf den Heidelbeeren verteilen. Den Guss fest werden lassen und den Springformrand mit einem Messer lösen und entfernen.

Tipp:
Bereiten Sie den Guss aus 125 ml ($^1/_8$ l) Rotwein und 125 ml ($^1/_8$ l) Wasser zu.
Statt Heidelbeeren können Sie auch Brombeeren verwenden.

Rügener Welle

Beliebt

Insgesamt:
E: 53 g, F: 209 g, Kh: 389 g,
kJ: 16259, kcal: 3883

Für den Brandteig:
200 ml Wasser
65 g Butter
1 Prise Salz
120 g Weizenmehl
30 g Speisestärke
3-4 Eier (Größe M)

Für die Kirschgrütze:
je 1 Glas entsteinte Sauer- und Süßkirschen (Abtropfgewicht je 370 g)
30 g Speisestärke
20 g Zucker
1 Pck. Dr. Oetker Bourbon-Vanille-Zucker
50 ml Kirschlikör
etwa 20 g Zucker

Für die Mohnsahne:
400 ml Schlagsahne
1 Pck. Dr. Oetker Sahnesteif
1 EL gesiebter Puderzucker
1 Pck. Dr. Oetker Bourbon-Vanille-Zucker
2 EL frisch gemahlener Mohn

Zubereitungszeit: 50 Minuten, ohne Kühlzeit

1. Für den Brandteig Wasser mit Butter und Salz am besten in einem Stieltopf zum Kochen bringen.
2. Mehl mit Speisestärke mischen, sieben, auf einmal in die von der Kochstelle genommene Flüssigkeit schütten, zu einem glatten Kloß rühren und unter Rühren etwa 1 Minute erhitzen.
3. Den heißen Kloß sofort in eine Schüssel geben und nach und nach die Eier mit Handrührgerät mit Knethaken auf höchster Stufe unterarbeiten. Eine weitere Eizugabe erübrigt sich, wenn der Teig stark glänzt und so von einem Löffel abreißt, dass lange Spitzen hängen bleiben.
4. Aus dem Teig zunächst 2 Böden backen. Dazu ein Backblech mit Backpapier belegen und einen Kreis (Ø 24 cm) vorzeichnen. Den Kreis mit einem Drittel des Teiges mit Hilfe eines feuchten Esslöffels ausstreichen. Das Backblech in den Backofen schieben.
   Ober-/Unterhitze: etwa 200 °C (vorgeheizt)
   Heißluft: etwa 180 °C (vorgeheizt)
   Gas: Stufe 3-4 (vorgeheizt)
   Backzeit: 20–25 Minuten.
5. Während der ersten 15 Minuten die Backofentür nicht öffnen. Den fertigen Boden vom Backpapier lösen und auf einem Kuchenrost erkalten lassen. Den zweiten Boden auf die gleiche Weise backen und erkalten lassen.
6. Den restlichen Teig in einen Spritzbeutel mit kleiner Lochtülle füllen und in Form von Wellen auf das mit Backpapier belegte Backblech spritzen. Die Wellen **bei gleicher Backofeneinstellung etwa 20 Minuten backen**, vom Backpapier lösen und erkalten lassen.
7. Für die Kirschgrütze Kirschen in ein Sieb geben und abtropfen lassen. Dabei den Saft auffangen und 300 ml abmessen. Den Saft mit Speisestärke, Zucker und Vanille-Zucker in einem Topf verrühren und unter Rühren kurz aufkochen lassen. Kirschen und Kirschlikör unterrühren. Die Grütze mit Zucker abschmecken und erkalten lassen.
8. Für die Mohnsahne Sahne mit Sahnesteif steif schlagen. Puderzucker, Vanille-Zucker und Mohn unterheben.
9. Einen der Böden mit der Hälfte der Kirschgrütze bestreichen. Darauf die Hälfte der Mohnsahne verteilen. Den zweiten Boden darauf legen und mit der restlichen Kirschgrütze und der restlichen Mohnsahne bestreichen. Die Torte mit den „Wellen" belegen und bis zum Servieren kalt stellen.

Tipp:
Die Torte schmeckt am Tag der Zubereitung am besten.

Rum-Flockentorte

Dauert länger

Insgesamt:
E: 74 g, F: 323 g, Kh: 344 g,
kJ: 19685, kcal: 4699

Für den Knetteig:
100 g Weizenmehl
25 g Zucker
1 Pck. Dr. Oetker Vanillin-Zucker
1 Prise Salz, 1 EL Rum
65 g Butter oder Margarine

Für den Brandteig:
200 ml Wasser
50 g Butter oder Margarine
1 Prise Salz, 1 Prise Zucker
100 g Weizenmehl
3–4 Eier (Größe M)
1/2 gestr. TL Dr. Oetker Backin

Für die Füllung:
1 Glas Wild-Preiselbeer-Dessert
(Abtropfgewicht 175 g)
1 Pck. gezuckerter Tortenguss, klar
200 ml Preiselbeersaft aus dem Glas
6 Blatt weiße Gelatine
3–4 EL Rum
600 ml Schlagsahne
30 g gesiebter Puderzucker
1 Pck. Dr. Oetker Vanillin-Zucker

Puderzucker zum Bestäuben

**Zubereitungszeit: 75 Minuten,
ohne Abkühlzeit**

Rum-Flockentorte

1. Für den Knetteig Mehl in eine Rührschüssel sieben. Restliche Zutaten hinzufügen und mit Handrührgerät mit Knethaken zunächst kurz auf niedrigster, dann auf höchster Stufe gut durcharbeiten. Anschließend den Teig auf einer bemehlten Arbeitsfläche kurz verkneten. Den Teig auf dem Boden einer Springform (Ø 26 cm, gefettet) ausrollen und mehrmals mit einer Gabel einstechen. Einen Springformrand darumlegen. Die Form auf dem Rost in den Backofen schieben.
Ober-/Unterhitze: etwa 180 °C (vorgeheizt)
Heißluft: etwa 160 °C (vorgeheizt)
Gas: Stufe 2–3 (vorgeheizt)
Backzeit: etwa 15 Minuten.

2. Den Gebäckboden sofort vom Springformboden lösen, aber darauf auf einem Kuchenrost erkalten lassen. Dann den Gebäckboden auf eine Tortenplatte legen.

3. Für den Brandteig Wasser mit Butter oder Margarine, Salz und Zucker zum Kochen bringen. Mehl sieben, auf einmal in die von der Kochstelle genommene Flüssigkeit schütten, zu einem glatten Kloß rühren und unter Rühren etwa 1 Minute erhitzen. Den heißen Kloß sofort in eine Rührschüssel geben. Nach und nach Eier mit Handrührgerät mit Knethaken auf höchster Stufe unterarbeiten. Die Eiermenge hängt von der Beschaffenheit des Teiges ab. Er muss stark glänzen und so von einem Löffel abreißen, dass lange Spitzen hängen bleiben. Backpulver in den erkalteten Teig arbeiten.

4. Aus dem Teig 4 Böden backen. Dazu jeweils ein Viertel des Teiges auf einen Springformboden (Ø 26 cm, gefettet, gemehlt) streichen. Die Böden jeweils ohne Springformrand backen. Die Springformböden nacheinander auf dem Rost in den Backofen schieben.
Ober-/Unterhitze: etwa 200 °C (vorgeheizt)
Heißluft: etwa 180 °C (vorgeheizt)
Gas: Stufe 3–4 (vorgeheizt)
Backzeit: 15–20 Minuten je Boden.

5. Die Gebäckböden sofort von den Springformböden lösen und einzeln auf je einem Kuchenrost erkalten lassen.

6. Für die Füllung Preiselbeeren abtropfen lassen, den Saft dabei auffangen und 200 ml abmessen. Einen Guss aus Tortengusspulver und Saft nach Packungsanleitung zubereiten. Preiselbeeren unterheben und abkühlen lassen. Gelatine nach Packungsanleitung einweichen und anschließend in einem kleinen Topf unter Rühren auflösen (nicht kochen), dann Rum unterrühren. Sahne fast steif schlagen. Puderzucker, Vanillin-Zucker und noch flüssige Gelatine-Rum-Flüssigkeit unterschlagen und Sahne vollständig steif schlagen.

7. Knetteigboden mit einem Drittel der Preiselbeermasse bestreichen, mit einem Brandteigboden belegen und mit restlicher Preiselbeermasse (etwas zum Garnieren beiseite legen) bestreichen. Wieder einen Brandteigboden auflegen und mit der Hälfte der Sahnemasse bestreichen. Den dritten Brandteigboden darauf legen. Tortenoberfläche und -rand mit der restlichen Sahnemasse bestreichen.

8. Letzten Brandteigboden grob zerbröseln und auf die Tortenoberfläche streuen. Torte mit der beiseite gelegten Preiselbeermasse garnieren und mit Puderzucker bestäuben.

Rum-Kuppeltorte

Für Gäste

Insgesamt:
E: 86 g, F: 461 g, Kh: 574 g,
kJ: 29274, kcal: 6999

Für den All-in-Teig:
175 g Weizenmehl
25 g Kakaopulver
3 gestr. TL Dr. Oetker Backin
175 g Zucker
1 Pck. Dr. Oetker Vanillin-Zucker
4 Eier (Größe M)
2 EL Rum, 175 g Butter oder Margarine

Für die Buttercreme:
500 ml (½ l) Milch
1 Pck. Dr. Oetker Pudding-Pulver Vanille-Geschmack
75 g Zucker
50–75 ml Rum
200 g weiche Butter

Für Guss und Verzierung:
200 g Halbbitter-Kuvertüre
50 g weiße Kuvertüre
1 EL Speiseöl

Zubereitungszeit: 60 Minuten, ohne Kühlzeit

1. Für den Teig Mehl mit Kakaopulver und Backpulver mischen und in eine Rührschüssel sieben. Restliche Zutaten hinzufügen und alles mit Handrührgerät mit Rührbesen auf höchster Stufe in etwa 2 Minuten zu einem Teig verarbeiten. Den Teig in eine Springform (Ø 26 cm, Boden gefettet, mit Backpapier belegt) geben, glatt streichen und die Form auf dem Rost in den Backofen schieben.

Ober-/Unterhitze: etwa 180 °C (vorgeheizt)
Heißluft: etwa 160 °C (vorgeheizt)
Gas: Stufe 2–3 (vorgeheizt)
Backzeit: etwa 30 Minuten.

2. Den Boden aus der Form lösen und auf einem Kuchenrost erkalten lassen. Anschließend mitgebackenes Backpapier abziehen und den Boden zweimal waagerecht durchschneiden.

3. Für die Buttercreme aus Milch, Pudding-Pulver und Zucker nach Packungsanleitung einen Pudding zubereiten. Den Pudding direkt mit Frischhaltefolie bedecken und erkalten lassen (nicht kalt stellen), anschließend Rum unterrühren.

4. Butter mit Handrührgerät mit Rührbesen schaumig schlagen und den Rumpudding nach und nach unterrühren, dabei darauf achten, dass Butter und Pudding Zimmertemperatur haben, da die Creme sonst gerinnt.

5. Den unteren Boden auf eine Tortenplatte legen und mit knapp der Hälfte der Creme leicht kuppelförmig bestreichen. Zweiten Boden auflegen, leicht andrücken und wieder kuppelförmig mit der restlichen Creme bestreichen (4 Esslöffel Creme zurücklassen). Den oberen Boden auflegen, gut andrücken und die Torte mit der zurückgelassenen Creme dünn bestreichen. Die Torte etwa 1 Stunde kalt stellen.

6. Für Guss und Verzierung Kuvertüre grob hacken und voneinander getrennt in einem Topf im Wasserbad bei schwacher Hitze geschmeidig rühren. Die weiße Kuvertüre und die gleiche Menge an dunkler Kuvertüre getrennt in Gefrierbeutel füllen, je eine Ecke abschneiden und lange, dickere Streifen auf Backpapier spritzen. Die Streifen im Kühlschrank fest werden lassen.

7. Restliche dunkle Kuvertüre mit Öl verrühren und die Torte damit überziehen. Die hellen und dunklen Streifen in unterschiedlich lange Stücke brechen, sofort hochkant an den Tortenrand in die noch feuchte Kuvertüre setzen und die Kuvertüre fest werden lassen. Die Torte bis zum Servieren kalt stellen.

Rum-Kuppeltorte

Rumtorte ❄

Raffiniert

Insgesamt:
E: 81 g, F: 423 g, Kh: 663 g,
kJ: 29386, kcal: 7017

Für den Rührteig:
250 g Butter oder Margarine
250 g Zucker
1 Pck. Dr. Oetker Vanillin-Zucker
5 Eier (Größe M)
1 Eiweiß (Größe M)
150 g Weizenmehl
100 g Speisestärke
2 gestr. TL Dr. Oetker Backin

Zum Beträufeln:
5 EL Rum

Für die Buttercreme:
45 g Speisestärke
1 Eigelb (Größe M)
500 ml (½ l) Milch
100 g Zucker
½ Vanilleschote
150 g Butter
3–4 EL Rum

Zum Bestäuben und Garnieren:
Puderzucker
12 weiße Schokoladenblättchen

Zubereitungszeit: 50 Minuten, ohne Kühlzeit

1. Für den Teig Butter oder Margarine mit Handrührgerät mit Rührbesen auf höchster Stufe geschmeidig rühren. Nach und nach Zucker und Vanillin-Zucker unterrühren. So lange rühren, bis eine gebundene Masse entstanden ist.
2. Eier und Eiweiß nach und nach unterrühren (jedes Ei/Eiweiß etwa ½ Minute). Mehl mit Speisestärke und Backpulver mischen, sieben und in 2 Portionen kurz auf mittlerer Stufe unterrühren.
3. Aus dem Teig 6 Böden backen. Dafür jeweils etwa 2 Esslöffel des Teiges auf einen Springformboden (Ø 26 cm, gefettet) streichen (darauf achten, dass die Teiglage am Rand nicht zu dünn ist, damit der Boden dort nicht zu dunkel wird). Die Böden ohne Springformrand nacheinander auf dem Rost in den Backofen schieben und hellbraun backen.

Ober-/Unterhitze: etwa 180 °C (vorgeheizt)
Heißluft: etwa 160 °C (vorgeheizt)
Gas: Stufe 2–3 (vorgeheizt)
Backzeit: etwa 12 Minuten je Boden.

5. Die Gebäckböden sofort nach dem Backen vom Springformboden lösen und einzeln auf je einem Kuchenrost erkalten lassen. Fünf Gebäckböden mit Rum beträufeln.
6. Für die Creme Speisestärke mit Eigelb und etwas Milch anrühren. Restliche Milch mit Zucker und der aufgeschnittenen Vanilleschote in einem Topf zum Kochen bringen. Angerührte Speisestärke in die kochende Milch rühren, unter Rühren kurz aufkochen lassen und von der Kochstelle nehmen. Vanilleschote entfernen. Puddingmasse erkalten lassen, dabei gelegentlich umrühren.
7. Butter in einer Rührschüssel mit Handrührgerät mit Rührbesen geschmeidig rühren und die Puddingmasse esslöffelweise unterrühren (dabei darauf achten, dass Butter und Puddingmasse Zimmertemperatur haben, da die Creme sonst gerinnt). Nach und nach Rum unterrühren.
8. Die getränkten Gebäckböden mit der Buttercreme bestreichen und zu einer Torte zusammensetzen. Den ungetränkten Gebäckboden darauf legen. Tortenoberfläche mit Puderzucker bestäuben und mit Schokoladenblättchen garnieren. Torte etwa 1 Stunde kalt stellen.

Sachertorte

Klassisch

Insgesamt:
E: 82 g, F: 304 g, Kh: 559 g,
kJ: 22260, kcal: 5317

Für den Rührteig:
150 g Zartbitterschokolade
6 Eiweiß (Größe M)
160 g weiche Butter oder Margarine
160 g Zucker
1 Pck. Dr. Oetker Vanillin-Zucker
6 Eigelb (Größe M)
100 g Semmelbrösel

Für die Füllung:
125 g Aprikosenkonfitüre

Für den Guss:
60 g Zucker
7 EL Wasser
200 g Zartbitterschokolade

Zum Verzieren:
50 g Zartbitterschokolade

Zubereitungszeit: 40 Minuten, ohne Kühlzeit

1. Für den Teig Schokolade in einem Topf im Wasserbad bei schwacher Hitze geschmeidig rühren und abkühlen lassen. Eiweiß steif schlagen. Butter oder Margarine mit Handrührgerät mit Rührbesen auf höchster Stufe geschmeidig rühren. Nach und nach Zucker und Vanillin-Zucker unterrühren. So lange rühren, bis eine gebundene Masse entstanden ist. Eigelb nach und nach unterrühren. Geschmolzene Schokolade und Semmelbrösel auf mittlerer Stufe unterrühren. Eischnee vorsichtig unterheben. Den Teig in eine Springform (Ø 26 cm, Boden gefettet, mit Backpapier belegt) füllen, glatt streichen und die Form auf dem Rost in den Backofen schieben.

Ober-/Unterhitze: etwa 180 °C (vorgeheizt)
Heißluft: etwa 160 °C (nicht vorgeheizt)
Gas: Stufe 2-3 (nicht vorgeheizt)
Backzeit: etwa 50 Minuten.

2. Den Boden aus der Form lösen, auf einen mit Backpapier belegten Kuchenrost stürzen und erkalten lassen. Anschließend mitgebackenes Backpapier vorsichtig abziehen und den Boden einmal waagerecht durchschneiden. Für die Füllung den unteren Boden mit Aprikosenkonfitüre bestreichen und den oberen Boden auflegen.

3. Für den Guss Zucker mit Wasser in einem Topf so lange kochen lassen, bis sich der Zucker gelöst hat. Topf von der Kochstelle nehmen. Schokolade in Stücke brechen, nach und nach einrühren und so lange rühren, bis die Schokolade geschmolzen ist und der Guss glänzt. Den Guss mitten auf die Torte gießen und durch „Bewegen" der Torte auf der Oberfläche und am Rand gleichmäßig verlaufen lassen, evtl. den Guss am Rand mit einem Messer verstreichen. Um eine gleichmäßige Oberfläche zu erhalten, die Tortenplatte auf der Arbeitsfläche leicht „aufklopfen". Den Guss fest werden lassen.

4. Zum Verzieren Schokolade in Stücke brechen und auflösen. Die Torte mit einem angewärmten Messer in 12 Stücke einteilen. Den Schokoladenguss in ein Papierspritztütchen oder einen kleinen Gefrierbeutel füllen, eine kleine Ecke abschneiden und auf jedes Tortenstück „Sacher" schreiben. Die Torte bis zum Servieren kalt stellen.

Tipp:
Da die Torte saftig ist, ist sie gut verpackt bis zu 5 Tage haltbar.

Sachertorte

Sahne-Schichttorte

Beliebt

Insgesamt:
E: 91 g, F: 642 g, Kh: 607 g,
kJ: 35852, kcal: 8559

Für den Rührteig:
250 g Butter oder Margarine
250 g Zucker
1 Pck. Dr. Oetker Vanillin-Zucker
1 Prise Salz
4 Eier (Größe M)

200 g Weizenmehl
50 g Speisestärke
1 gestr. TL Dr. Oetker Backin

Für die Füllung:
200 g Zartbitterschokolade
1 l Schlagsahne
4 Pck. Dr. Oetker Sahnesteif

Zum Verzieren:
etwas Zartbitterschokolade

Zubereitungszeit: 60 Minuten, ohne Abkühlzeit

1. Für den Teig Butter oder Margarine mit Handrührgerät mit Rührbesen auf höchster Stufe geschmeidig rühren. Nach und nach Zucker, Vanillin-Zucker und Salz unterrühren. So lange rühren, bis eine gebundene Masse entstanden ist.

2. Eier nach und nach unterrühren (jedes Ei etwa $1/2$ Minute). Mehl mit Speisestärke und Backpulver mischen, sieben und in 2 Portionen kurz auf mittlerer Stufe unterrühren. Den Teig in 6 Portionen teilen. Jeweils eine Teigportion auf den Boden einer Springform (Ø 26 cm, gefettet) streichen. Die Böden ohne Springformrand backen. Die Springformböden nacheinander auf dem Rost in den Backofen schieben.

   Ober-/Unterhitze: etwa 180 °C (vorgeheizt)
   Heißluft: etwa 160 °C (vorgeheizt)
   Gas: Stufe 2–3 (vorgeheizt)
   Backzeit: etwa 15 Minuten je Boden.

3. Die Gebäckböden jeweils vom Springformboden lösen und auf mit Backpapier belegten Kuchenrosten erkalten lassen.

4. Für die Füllung Schokolade in kleine Stücke brechen, in einem kleinen Topf im Wasserbad bei schwacher Hitze geschmeidig rühren und abkühlen lassen. Sahne in 2 Portionen aufteilen und mit je 2 Sahnesteif steif schlagen. Sahnemasse in eine große Schüssel geben und die abgekühlte, noch flüssige Schokolade unterheben.

5. Die Böden mit der Schokoladensahne (etwas Sahne für den Rand abnehmen) bestreichen und zu einer Torte zusammensetzen. Tortenrand evtl. mit einem scharfen Messer begradigen und mit der abgenommenen Schokoladensahne bestreichen.

6. Zum Verzieren Schokolade mit einem Sparschäler in Locken schaben. Tortenoberfläche und -rand mit Schokoladenlocken verzieren.

Tipp:
Die Torte kann gut einen Tag vor dem Servieren zubereitet werden.

Sanddorntorte

Fruchtig – schnell zubereitet

Insgesamt:
E: 91 g, F: 642 g, Kh: 607 g,
kJ: 35852, kcal: 8559

Für den Biskuitteig:
40 g Butter
4 Eier (Größe M)
4 EL heißes Wasser
1 Prise Salz
130 g flüssiger Honig
130 g Weizenvollkornmehl
1 gestr. TL Dr. Oetker Backin
40 g gemahlene Haselnusskerne

Für die Füllung:
6 Blatt weiße Gelatine
500 g Magerquark
120 g flüssiger Honig
120 g Sanddorn-Aufstrich oder -Dicksaft
(ungesüßt, aus dem Reformhaus)
1 Pck. Dr. Oetker Finesse Orangenfrucht
200 ml Schlagsahne

Zum Bestreichen und Garnieren:
200 ml Schlagsahne
1 Pck. Dr. Oetker Sahnesteif
1–2 EL gehackte Pistazienkerne

Zubereitungszeit: 30 Minuten

1. Für den Teig Butter zerlassen und abkühlen lassen. Eier mit Wasser und Salz mit Handrührgerät mit Rührbesen auf höchster Stufe in 1 Minute schaumig schlagen. Nach und nach den Honig in 1 Minute unterschlagen, dann noch 2 Minuten weiterschlagen. Weizenvollkornmehl mit Backpulver mischen und esslöffelweise auf die Eier-Honig-Masse geben. Haselnusskerne und flüssige Butter hinzufügen. Die Zutaten kurz unterrühren. Teig in eine Springform (Ø 26 cm, Boden gefettet, mit Backpapier belegt) füllen und glatt streichen. Die Form auf dem Rost in den Backofen schieben.
   Ober-/Unterhitze: etwa 180 °C (vorgeheizt)
   Heißluft: etwa 160 °C (nicht vorgeheizt)
   Gas: Stufe 2–3 (nicht vorgeheizt)
   Backzeit: etwa 35 Minuten.

2. Den Boden aus der Form lösen, auf einen mit Backpapier belegten Kuchenrost stürzen und erkalten lassen. Anschließend Backpapier abziehen und den Boden einmal waagerecht durchschneiden.

3. Für die Füllung Gelatine nach Packungsanleitung einweichen. Quark und Honig mit Handrührgerät mit Rührbesen cremig rühren. Sanddorn und Orangenschale unterrühren. Gelatine leicht ausdrücken, mit etwas von der Quarkmasse verrühren, dann unter die restliche Quarkmasse rühren. Schlagsahne steif schlagen und unter die Quarkmasse heben.

4. Den unteren Tortenboden auf eine Tortenplatte legen, den gesäuberten und mit Pergamentpapierstreifen ausgelegten Springformrand oder einen Tortenring darumlegen und die Creme gleichmäßig auf dem Tortenboden verteilen. Den zweiten Boden darauf legen, leicht andrücken und die Torte etwa 2 Stunden kalt stellen.

5. Zum Bestreichen und Garnieren Springformrand und Pergamentpapier oder Tortenring vorsichtig lösen und entfernen. Schlagsahne mit Sahnesteif steif schlagen, die Tortenoberfläche wellenförmig damit bestreichen und mit Pistazien bestreuen.

Sanddorntorte

Sandtorte mit Mohncreme

Sandtorte mit Mohncreme

Dauert etwas länger

Insgesamt:
E: 86 g, F: 467 g, Kh: 543 g,
kJ: 29037, kcal: 6934

1 Tasse = 200 ml

Zum Vorbereiten:
1 Glas Sauerkirschen
(Abtropfgewicht 370 g)

Für den Rührteig:
1 Pck. (250 g) Butter oder Margarine
1 Tasse (150 g) Zucker
1 Pck. Dr. Oetker Vanillin-Zucker
1 Prise Salz
4 Eier (Größe M)

2 $^1/_2$ Tassen (250 g) Weizenmehl
1 gestr. TL Dr. Oetker Backin

2 EL Weizenmehl für die Sauerkirschen

Für die Füllung:
2 $^1/_2$ Tassen (500 ml [$^1/_2$ l]) Milch
1 Pck. Dr. Oetker Pudding-Pulver Vanille-Geschmack
3 geh. EL Zucker
1 Pck. (250 g) weiche Butter
2 EL (20 g) Mohnsamen

Zum Bestreuen und Garnieren:
Kirschen und Mohnsamen

Zubereitungszeit: 70 Minuten, ohne Kühlzeit

1. Zum Vorbereiten Sauerkirschen in einem Sieb gut abtropfen lassen.
2. Für den Teig Butter oder Margarine mit Handrührgerät mit Rührbesen auf höchster Stufe geschmeidig rühren. Nach und nach Zucker, Vanillin-Zucker und Salz unterrühren. So lange rühren, bis eine gebundene Masse entstanden ist. Eier nach und nach unterrühren (jedes Ei etwa $^1/_2$ Minute).
3. Mehl mit Backpulver mischen, sieben und in 2 Portionen auf mittlerer Stufe unterrühren. Sauerkirschen in Mehl wälzen und unter den Teig heben. Den Teig in eine Springform (Ø 26 cm, Boden gefettet) geben und glatt streichen. Die Form auf dem Rost in den Backofen schieben.
Ober-/Unterhitze: etwa 180 °C (vorgeheizt)
Heißluft: etwa 160 °C (nicht vorgeheizt)
Gas: Stufe 2–3 (nicht vorgeheizt)
Backzeit: etwa 50 Minuten.
4. Den Kuchen 10 Minuten in der Form abkühlen lassen, dann aus der Form lösen und auf einem mit Backpapier belegten Kuchenrost erkalten lassen. Kuchen anschließend einmal waagerecht durchschneiden.
5. Für die Füllung aus Milch, Pudding-Pulver und Zucker nach Packungsanleitung einen Pudding zubereiten und in eine Schüssel füllen. Pudding sofort mit Frischhaltefolie zudecken, damit sich keine Haut bildet, und erkalten lassen.
6. Butter geschmeidig rühren. Den erkalteten Pudding esslöffelweise darunter rühren, dabei darauf achten, dass Butter und Pudding Zimmertemperatur haben, da die Creme sonst gerinnt. Zum Verzieren 6 Esslöffel von der Buttercreme beiseite stellen. Den Mohn zu der restlichen Buttercreme geben und unterziehen.
7. Den unteren Gebäckboden auf eine Platte legen. Gut ein Drittel der Mohn-Buttercreme darauf streichen und mit dem oberen Gebäckboden bedecken. Die Torte ganz mit der restlichen Mohn-Buttercreme bestreichen. Die beiseite gestellte Buttercreme in einen Spritzbeutel mit Sterntülle füllen und Tupfen auf die Tortenoberfläche spritzen. Die Torte 1–2 Stunden kalt stellen.
8. Die Torte vor dem Servieren nach Belieben mit Mohn bestreuen und mit Kirschen garnieren.

Schlesische Mohntorte

Klassisch

Insgesamt:
E: 160 g, F: 400 g, Kh: 784 g,
kJ: 31024, kcal: 7408

Für den Knetteig:
250 g Weizenmehl
2 gestr. TL Dr. Oetker Backin
125 g Zucker
1 Pck. Dr. Oetker Vanillin-Zucker
1 Prise Salz
1 Ei (Größe M)
2 EL kaltes Wasser
125 g weiche Butter oder Margarine

Für den Belag:
1 l Milch
150 g Butter
200 g Weizengrieß
200 g frisch gemahlener Mohn
200 g Zucker
1 Pck. Dr. Oetker Vanillin-Zucker
100 g Magerquark
2 Eier (Größe M)
50 g abgezogene, gemahlene Mandeln
50 g Rosinen
2 EL Rum
1 kleine Birne

Zum Bestäuben:
etwas Puderzucker

Zubereitungszeit: 45 Minuten, ohne Kühlzeit

1. Für den Teig Mehl mit Backpulver mischen und in eine Rührschüssel sieben. Übrige Zutaten für den Teig hinzufügen und alles mit einem Handrührgerät mit Knethaken zunächst kurz auf niedrigster, dann auf höchster Stufe zu einem Teig verarbeiten, anschließend mit den Händen kurz zu einer Kugel formen.

2. Für den Belag Milch mit Butter in einem Topf zum Kochen bringen. Grieß mit Mohn mischen, Topf von der Kochstelle nehmen, Mischung unter Rühren einstreuen und kurz ausquellen lassen. Dann die Mohnmasse 10 Minuten abkühlen lassen.

3. Gut die Hälfte des Teiges auf dem Boden eine Springform (Ø 28 cm, gefettet) ausrollen. Den Rest des Teiges zu einer langen Rolle formen, als Rand auf den Teigboden legen und so an die Form drücken, dass ein etwa 3 cm hoher Rand entsteht.

4. Zucker, Vanillin-Zucker, Quark, Eier, Mandeln, Rosinen und Rum unter die Mohnmasse rühren. Birne waschen, schälen, vierteln, entkernen, auf einer Küchenreibe raspeln und ebenfalls unterrühren. Die Mohnmasse in die Form geben und glatt streichen. Die Form auf dem Rost in den Backofen schieben.
Ober-/Unterhitze: etwa 180 °C (vorgeheizt)
Heißluft: etwa 160 °C (nicht vorgeheizt)
Gas: Stufe 2–3 (nicht vorgeheizt)
Backzeit: etwa 60 Minuten.

5. Die Torte in der Form auf einem Kuchenrost erkalten lassen. Zum Servieren Springformrand mit Hilfe eines Messers lösen und entfernen und die Torte mit Puderzucker bestäuben.

Tipp:
Die Torte schmeckt auch leicht warm. Statt gemahlenen Mohn können Sie auch ungemahlenen verwenden.

Schlesische Mohntorte

Schmand-Torte mit Mandarinen

Beliebt – fruchtig

Insgesamt:
E: 41 g, F: 179 g, Kh: 455 g,
kJ: 15468, kcal: 3651

Für den Knetteig:
175 g Weizenmehl
1 Msp. Dr. Oetker Backin
60 g Zucker
1 Pck. Dr. Oetker Vanillin-Zucker
1 Ei (Größe M)
100 g Butter oder Margarine

Für den Belag:
1 Pck. Dr. Oetker Pudding-Pulver Vanille-Geschmack
60 g Zucker
400 ml Milch
300 g Schmand (Sauerrahm)
2 Dosen Mandarinen
(Abtropfgewicht je 175 g)

Für den Guss:
1 Pck. Tortenguss, klar
2 EL Zucker
250 ml (¼ l) Mandarinensaft aus den Dosen

Zubereitungszeit: 40 Minuten

Schmand-Torte mit Mandarinen

1. Für den Teig Mehl mit Backpulver mischen und in eine Rührschüssel sieben. Zucker, Vanillin-Zucker, Ei und Butter oder Margarine hinzufügen. Die Zutaten mit Handrührgerät mit Knethaken zunächst kurz auf niedrigster, dann auf höchster Stufe gut durcharbeiten.
2. Anschließend den Teig auf der leicht bemehlten Arbeitsfläche kurz verkneten. Sollte er kleben, ihn eine Zeit lang kalt stellen. Zwei Drittel des Teiges auf einem gefetteten Springformboden (Ø 26 cm) ausrollen und mehrmals mit einer Gabel einstechen. Springformrand darumstellen und die Form auf dem Rost in den Backofen schieben.

Ober-/Unterhitze: etwa 200 °C (vorgeheizt)
Heißluft: etwa 180 °C (vorgeheizt)
Gas: Stufe 3-4 (vorgeheizt)
Backzeit: etwa 12 Minuten.

3. Springformrand entfernen, den Boden sofort vom Springformboden lösen, aber darauf auf einem Kuchenrost erkalten lassen.
4. Für den Belag aus Pudding-Pulver, Zucker und Milch nach Packungsanleitung, aber nur mit 400 ml Milch einen Pudding zubereiten und unter gelegentlichem Umrühren etwas abkühlen lassen. Schmand unterrühren. Mandarinen in einem Sieb abtropfen lassen, den Saft dabei auffangen und 250 ml (¼ l) abmessen.
5. Den restlichen Teig zu einer Rolle formen, als Rand auf den Boden legen und so an die Form drücken, daß ein etwa 3 cm hoher Rand entsteht. Die Puddingcreme in die Form geben und mit Mandarinen belegen. Die Form auf dem Rost in den Backofen schieben.

Ober-/Unterhitze: etwa 180 °C (vorgeheizt)
Heißluft: etwa 160 °C (nicht vorgeheizt)
Gas: Stufe 2-3 (nicht vorgeheizt)
Backzeit: 50–60 Minuten.

6. Die Form 5 Minuten auf einen Kuchenrost stellen, dann vorsichtig aus der Form lösen und auf einem mit Backpapier belegten Kuchenrost erkalten lassen.
7. Für den Guss Tortengusspulver mit Zucker und Mandarinensaft nach Packungsanleitung bereiten, auf dem Gebäck verteilen und fest werden lassen.

Tipp:
Anstelle von Schmand kann auch Crème fraîche verwendet werden.

Schmetterlingstorte

Für Kinder

Insgesamt:
E: 63 g, F: 356 g, Kh: 398 g,
kJ: 21242, kcal: 5072

Für den Rührteig:
100 g Kokosraspel
4 Eiweiß (Größe M)
125 g Butter
125 g Zucker
1 Pck. Dr. Oetker Vanillin-Zucker
1 Prise Salz
4 Eigelb (Größe M)
100 g Weizenmehl
1 gestr. TL Dr. Oetker Backin

Zum Bestreichen:
3 EL Himbeer- oder Kirschkonfitüre

Für die Füllung und zum Bestreichen:
500 ml (½ l) Schlagsahne
1 Pck. Dr. Oetker Vanillin-Zucker
1 Pck. Dr. Oetker Sahnesteif

Für den Belag:
1 reife Mango
einige Himbeeren
einige Heidelbeeren
250 g Erdbeeren

Für den Guss:
1 Pck. Tortenguss, klar
250 ml (¼ l) Apfelsaft

2 Schoko-Gebäckstäbchen
2 Limettenschalenstreifen

Zubereitungszeit: 40 Minuten, ohne Kühlzeit

Schmetterlingstorte

1. Für den Teig Kokosraspel in einer Pfanne ohne Fett leicht bräunen und auf einem Teller erkalten lassen. Eiweiß steif schlagen. In einer anderen Schüssel Butter mit Handrührgerät mit Rührbesen auf höchster Stufe geschmeidig rühren. Nach und nach Zucker, Vanillin-Zucker und Salz unterrühren. So lange rühren, bis eine gebundene Masse entstanden ist. Eigelb nach und nach unterrühren. Mehl mit Backpulver mischen, sieben und in 2 Portionen abwechselnd mit der Hälfte der Kokosraspel auf mittlerer Stufe unterrühren. Zuletzt Eiweiß unterheben. Den Teig in eine Springform (Ø 26 cm, Boden gefettet, mit Backpapier belegt) füllen und glatt streichen. Die Form auf dem Rost in den Backofen schieben.
Ober-/Unterhitze: etwa 180 °C (vorgeheizt)
Heißluft: etwa 160 °C (nicht vorgeheizt)
Gas: Stufe 2–3 (nicht vorgeheizt)
Backzeit: etwa 40 Minuten.

2. Den Boden aus der Form lösen und auf einem Kuchenrost erkalten lassen. Anschließend mitgebackenes Backpapier abziehen und den Boden einmal waagerecht durchschneiden. Den unteren Boden auf eine Tortenplatte legen und mit Konfitüre bestreichen.

3. Für die Füllung und zum Bestreichen Sahne mit Vanillin-Zucker und Sahnesteif steif schlagen und ein Drittel davon auf der Konfitüre verstreichen. Den oberen Boden darauf legen und leicht andrücken. 2–3 Esslöffel von der Sahne beiseite stellen, mit der restlichen Sahne Tortenrand und -oberfläche bestreichen. Die Torte senkrecht halbieren und die Schnittflächen mit der zurückgelassenen Sahne bestreichen. Die Tortenränder beider Hälften mit den restlichen Kokosraspeln bestreuen und mit den runden Seiten aneinander wie Schmetterlingsflügel auf eine Tortenplatte legen.

4. Für den Belag die Früchte putzen, evtl. waschen, klein schneiden und die Tortenhälften damit belegen. Für den Guss Tortenguss mit Apfelsaft nach Packungsanleitung, aber ohne Zucker zubereiten und die Früchte damit bestreichen. Gebäckstäbchen und Limettenschale als Fühler in die Tortenhälften stecken. Den Schmetterling etwa 1 Stunde kalt stellen.

Schneeweißchen- und-Rosenrot-Torte

Für Kinder

Insgesamt:
E: 88 g, F: 337 g, Kh: 562 g,
kJ: 24335, kcal: 5813

Für den Rührteig:
200 g Butter oder Margarine
200 g Zucker
4 Eier (Größe M)
200 g Weizenmehl
3 gestr. TL Dr. Oetker Backin
50 ml (4 EL) Milch
1 Beutel aus 1 Pck. Götterspeise Himbeer-Geschmack
2 EL Wasser

Für Füllung und Belag:
6 Blatt weiße Gelatine
500 g Kefir
100 g Zucker
Saft von 1 Zitrone
400 ml Schlagsahne

Zum Garnieren:
150 g frische Himbeeren
1 Pck. Tortenguss, klar
20 g Zucker
200 ml Wasser

Zubereitungszeit: 45 Minuten

1. Für den Teig Butter oder Margarine mit Handrührgerät mit Rührbesen geschmeidig rühren. Nach und nach Zucker unterrühren. So lange rühren, bis eine gebundene Masse entstanden ist. Eier unterrühren (jedes Ei etwa ½ Minute). Mehl mit Backpulver mischen und in 2 Portionen abwechselnd mit der Milch auf mittlerer Stufe unterrühren.
2. Knapp zwei Drittel des Teiges in einer Springform (Ø 26 cm, gefettet, mit Backpapier belegt) glatt streichen. Vom Götterspeisepulver 1 gestrichenen Esslöffel für den Belag abnehmen und beiseite stellen, restliches Pulver unter den übrigen Teig rühren. Roten Teig in einen Gefrierbeutel geben, Ecke abschneiden und den Teig tupfenweise in den hellen Teig spritzen. Teig nicht mehr glatt streichen und die Form auf dem Rost in den Backofen schieben.
Ober-/Unterhitze: etwa 180 °C (vorgeheizt)
Heißluft: etwa 160 °C (nicht vorgeheizt)
Gas: Stufe 2–3 (nicht vorgeheizt)
Backzeit: etwa 35 Minuten.
3. Den Boden aus der Form lösen, auf einen mit Backpapier belegten Kuchenrost stürzen und erkalten lassen. Dann mitgebackenes Backpapier abziehen und den Boden einmal waagerecht durchschneiden.
4. Restliches Götterspeisepulver mit 2 Esslöffeln Wasser nach Packungsanleitung ohne Zucker anrühren, auflösen und erkalten lassen, aber nicht kalt stellen.
5. Für Füllung und Belag Gelatine nach Packungsanleitung einweichen. Kefir mit Zucker und Zitronensaft in einer Schüssel verrühren. Gelatine leicht ausdrücken, in einem kleinen Topf bei schwacher Hitze auflösen (nicht kochen), zunächst mit etwas Kefirmasse verrühren, dann die Mischung unter die restliche Kefirmasse rühren und kalt stellen. Sobald die Masse beginnt dicklich zu werden, Sahne steif schlagen und unterheben.
6. Unteren Boden auf eine Tortenplatte legen und einen Tortenring darumstellen. Zwei Drittel der Sahnemasse einfüllen, mit dem oberen Boden bedecken und mit restlicher Sahnemasse (2 Esslöffel zurückbehalten) bestreichen. Die erkaltete, aber noch flüssige Götterspeise mit den 2 Esslöffeln Sahne verrühren, in Häufchen auf der Tortenoberfläche verteilen und mit einer Gabel leicht durch die weiße Sahne ziehen. Die Torte etwa 2 Stunden kalt stellen.
7. Zum Garnieren Himbeeren verlesen und in die Mitte der Torte häufen. Aus Tortenguss, Zucker und Wasser nach Packungsanleitung einen Guss zubereiten und mit Hilfe eines Löffels auf die Himbeeren geben. Guss fest werden lassen und dann den Tortenring lösen und entfernen.

Tipp:
Anstelle von Kefir können Sie für die Füllung auch Dickmilch verwenden.

Schneeweißchen- und-Rosenrot-Torte

Schneewittchen-Torte

Für Kinder – dauert etwas länger

Insgesamt:
E: 98 g, F: 275 g, Kh: 553 g,
kJ: 21940, kcal: 5245

Für den Biskuitteig:
3 Eier (Größe M)
1 Eigelb (Größe M)
3 EL Orangensaft
125 g Zucker
60 g Weizenmehl
20 g Speisestärke
1 gestr. TL Dr. Oetker Backin

20 g Kakaopulver

Für den Knetteig:
150 g Weizenmehl
50 g Zucker
100 g Butter

Für die Füllung:
6 Blatt rote Gelatine
500 g Erdbeerjoghurt
50 g Zucker
200 ml Schlagsahne
200 g Erdbeeren

Zum Bestreichen, Verzieren und Garnieren:
200 ml Schlagsahne
1 Pck. Dr. Oetker Vanillin-Zucker
50 g Halbbitter-Kuvertüre
200 g Erdbeeren

Zubereitungszeit: 80 Minuten, ohne Kühlzeit

1. Für den Biskuitteig Eier, Eigelb und Saft mit Handrührgerät mit Rührbesen auf höchster Stufe in 1 Minute schaumig schlagen. Zucker in 1 Minute einstreuen und noch 2 Minuten weiterschlagen. Mehl mit Speisestärke und Backpulver mischen, auf die Eiercreme sieben und auf mittlerer Stufe kurz unterrühren.
2. Die Hälfte des Teiges auf eine Backblechhälfte (30 x 40 cm, gefettet mit Backpapier belegt) streichen, so dass ein Rechteck (20 x 30 cm) entsteht. Unter den restlichen Teig kurz das Kakaopulver rühren und auf die andere Backblechhälfte streichen. Das Backblech in den Backofen schieben.
Ober-/Unterhitze: etwa 200 °C (vorgeheizt)
Heißluft: etwa 180 °C (vorgeheizt)
Gas: Stufe 3-4 (vorgeheizt)
Backzeit: etwa 10 Minuten.
3. Die Biskuitplatte sofort vom Rand lösen, auf die Arbeitsfläche stürzen und erkalten lassen. Anschließend das mitgebackene Backpapier abziehen.
4. Für den Knetteig Mehl in eine Rührschüssel sieben, restliche Zutaten hinzufügen und alles mit Handrührgerät mit Knethaken gut durcharbeiten. Anschließend den Teig auf der leicht bemehlten Arbeitsfläche kurz verkneten. Teig auf dem Boden einer Springform (Ø 26 cm, gefettet) ausrollen und mehrmals mit einer Gabel einstechen. Den Springformrand darumstellen, die Form auf dem Rost in den Backofen stellen und **bei gleicher Backofeneinstellung etwa 10 Minuten backen.**
5. Den Knetteigboden vom Springformboden lösen, aber darauf auf einem Kuchenrost erkalten lassen.
6. Für die Füllung Gelatine nach Packungsanleitung einweichen. Joghurt mit Zucker verrühren. Gelatine leicht ausdrücken, in einem kleinen Topf bei schwacher Hitze auflösen (nicht kochen), zunächst mit etwas von der Joghurtmasse verrühren, dann die Mischung unter die restliche Joghurtmasse rühren und kalt stellen. Sobald die Masse beginnt dicklich zu werden, Sahne steif schlagen und unterheben. Erdbeeren waschen, abtropfen lassen, putzen, in feine Würfel schneiden und ebenfalls unterheben.
7. Knetteigboden auf eine Tortenplatte legen und mit 2 Esslöffeln der Erdbeercreme bestreichen. Restliche Creme gleichmäßig auf die Biskuitplatte streichen. Platte von der kurzen Seite aus in 5 cm breite Streifen schneiden. Ersten Streifen zur Schnecke aufrollen und in die Mitte des Knetteigbodens stellen. Mit der anderen Farbe beginnend den nächsten Streifen darumlegen. Alle Streifen im Wechsel darumlegen, leicht andrücken und die Torte etwa 2 Stunden kalt stellen.
8. Zum Bestreichen Sahne mit Vanillin-Zucker steif schlagen und die Torte rundherum damit bestreichen. Zum Verzieren Kuvertüre grob hacken, in einem Topf im Wasserbad bei schwacher Hitze geschmeidig rühren und die Torte damit besprenkeln. Zum Garnieren Erdbeeren waschen, abtropfen lassen, putzen, halbieren und auf die Torte setzen.

Schneewittchen-Torte

Schoko-Amarettini-Torte

Beliebt

Insgesamt:
E: 91 g, F: 373 g, Kh: 480 g,
kJ: 23786, kcal: 5674

Für den Biskuitteig:
4 Eier (Größe M)
4 EL Amaretto oder heißes Wasser
150 g Zucker
1 Pck. Dr. Oetker Bourbon-Vanille-Zucker
150 g Weizenmehl
1 gestr. TL Dr. Oetker Backin
100 g gemahlene Haselnusskerne
100 g Zartbitter-Raspelschokolade

Für die Füllung:
75 g Amarettini (ital. Mandelmakronen)
400 ml Schlagsahne
1 Pck. Dr. Oetker Vanillin-Zucker
1 Pck. Dr. Oetker Sahnesteif

Zum Verzieren und Bestreichen:
400 ml Schlagsahne
1 Pck. Dr. Oetker Vanillin-Zucker
1 TL Zucker
1 Pck. Dr. Oetker Sahnesteif
1 leicht geh. TL Kakaopulver

Zum Garnieren:
einige Amarettini
1 TL Kakaopulver

Zubereitungszeit: 50 Minuten

1. Für den Teig Eier und Amaretto oder Wasser mit Handrührgerät mit Rührbesen auf höchster Stufe in 1 Minute schaumig schlagen. Zucker und Vanille-Zucker mischen, in 1 Minute einstreuen, dann noch 2 Minuten weiterschlagen.
2. Mehl mit Backpulver mischen, auf die Eiercreme sieben und kurz auf niedrigster Stufe unterrühren. Zuletzt kurz Nusskerne und Raspelschokolade unterrühren. Den Teig in eine Springform (Ø 26 cm, Boden gefettet, mit Backpapier belegt) geben und glatt streichen. Die Form auf dem Rost in den Backofen schieben.
Ober-/Unterhitze: etwa 180 °C (vorgeheizt)
Heißluft: etwa 160 °C (vorgeheizt)
Gas: Stufe 2–3 (vorgeheizt)
Backzeit: etwa 30 Minuten.
3. Den Boden aus der Form lösen, auf einen mit Backpapier belegten Kuchenrost stürzen und den Boden erkalten lassen. Anschließend mitgebackenes Backpapier abziehen und den Boden zweimal waagerecht durchschneiden.
4. Für die Füllung Amarettini in einen Gefrierbeutel geben, ihn verschließen und die Amarettini mit einer Teigrolle zerbröseln. Sahne mit Vanillin-Zucker und Sahnesteif steif schlagen und die Amarettinibrösel unterheben. Den unteren Boden auf eine Tortenplatte legen und mit der Hälfte der Creme bestreichen. Mittleren Boden auflegen, mit der restlichen Creme bestreichen, den letzten Boden auflegen und leicht andrücken.
5. Zum Verzieren Sahne mit Vanillin-Zucker, Zucker und Sahnesteif steif schlagen. Ein Drittel davon abnehmen, mit dem Kakao verrühren und in einen Spritzbeutel mit kleiner Lochtülle füllen. Helle Sahne ebenfalls in einen Spritzbeutel mit kleiner Lochtülle füllen und am Rand abwechselnd helle und dunkle Stäbchen senkrecht aufspritzen. Restliche helle und dunkle Sahne auf die Tortenoberfläche geben und locker verstreichen. Die Torte bis zum Servieren kalt stellen.
6. Kurz vor dem Servieren die Torte mit Amarettini garnieren und mit Kakao bestäuben.

Tipp:
Sie können die Böden mit je 1 Esslöffel Amaretto tränken.

Schoko-Amarettini-Torte

Schoko-Baiser-Torte

Für Gäste

Insgesamt:
E: 61 g, F: 238 g, Kh: 430 g,
kJ: 17237, kcal: 4113

Zum Vorbereiten:
100 g Edelbitterschokolade (60 % Kakao)
50 g Butter

Für den Biskuitteig:
3 Eier (Größe M)
3 EL heißes Wasser
100 g Zucker
1 Pck. Dr. Oetker Vanillin-Zucker
1 Prise Salz
60 g Weizenmehl
1 gestr. TL Dr. Oetker Backin
30 g Semmelbrösel

Für den Belag:
1 Dose Aprikosenhälften
(Abtropfgewicht 250 g, natursüß)
400 g Schmand (Sauerrahm)
50 g Kandisfarin (brauner Zucker)
2 Pck. Dr. Oetker Sahnesteif
200 ml Schlagsahne

100 g kleine Baisertupfen
(fertig gekauft, Schaumkrönchen)

Zubereitungszeit: 45 Minuten, ohne Kühlzeit

1. Zum Vorbereiten Schokolade in kleine Stücke brechen, mit der Butter in einer Schüssel im Wasserbad bei schwacher Hitze geschmeidig rühren.

2. Für den Teig Eier und Wasser mit Handrührgerät mit Rührbesen auf höchster Stufe in 1 Minute schaumig schlagen. Zucker, Vanillin-Zucker und Salz mischen, in 1 Minute einstreuen, dann noch 2 Minuten weiterschlagen.

3. Mehl mit Backpulver mischen, auf die Eiercreme sieben und mit den Semmelbröseln kurz auf niedrigster Stufe unterrühren. Geschmolzene Schokolade (1 Esslöffel zum Garnieren beiseite stellen) unterheben. Den Teig in eine Obstbodenform (Ø etwa 30 cm, gefettet) geben und glatt streichen. Die Form auf dem Rost in den Backofen schieben.
   Ober-/Unterhitze: etwa 180 °C (vorgeheizt)
   Heißluft: etwa 160 °C (vorgeheizt)
   Gas: Stufe 2–3 (vorgeheizt)
   Backzeit: etwa 20 Minuten.

4. Die Form auf einen Kuchenrost stellen. Den Tortenboden etwa 10 Minuten in der Form stehen lassen, dann auf einen mit Backpapier belegten Kuchenrost stürzen. Boden erkalten lassen und dann auf eine Tortenplatte legen.

5. Für den Belag Aprikosenhälften gut abtropfen lassen und in dünne Spalten schneiden. Aprikosenspalten auf dem Tortenboden verteilen. Schmand in eine Rührschüssel geben. Kandisfarin mit Sahnesteif mischen, hinzufügen und mit Handrührgerät mit Rührbesen zu einer Creme aufschlagen. Sahne steif schlagen und unter die Schmandmasse heben. Die Schmandcreme kuppelartig auf den Aprikosenspalten verteilen. Torte mindestens 1 Stunde kalt stellen.

6. Die Baisers auf der Cremekuppel verteilen und leicht andrücken. Die beiseite gestellte Schokomasse erneut schmelzen. Die Baisers mit Hilfe eines Teelöffels mit der Schokolade besprenkeln. Schokolade fest werden lassen.

Schokocreme-Schichttorte

Gut vorzubereiten

Insgesamt:
E: 86 g, F: 545 g, Kh: 548 g,
kJ: 31051, kcal: 7411

Für den Knetteig:
300 g Weizenmehl
2 gestr. TL Dr. Oetker Backin
150 g Zucker
1 Pck. Dr. Oetker Bourbon-Vanille-Zucker
150 g gemahlene Haselnusskerne
50 g gehobelte Haselnusskerne
1 Ei (Größe M)
200 g Butter oder Margarine

Zum Bestreuen:
2 EL Milch
80 g gehobelte Haselnusskerne
40 g Zucker

Für die Füllung:
600 ml Schlagsahne
3 Pck. Saucenpulver Schokoladen-Geschmack, ohne Kochen

Zubereitungszeit: 40 Minuten, ohne Kühlzeit

1. Für den Teig Mehl mit Backpulver mischen und in eine Rührschüssel sieben. Restliche Zutaten hinzufügen und mit Handrührgerät mit Knethaken zunächst kurz auf niedrigster, dann auf höchster Stufe gut durcharbeiten. Anschließend den Teig auf einer leicht bemehlten Arbeitsfläche kurz verkneten.

2. Teig vierteln und jedes Viertel zu einer Kugel formen. Eine Kugel auf dem Boden einer Springform (Ø 26 cm, gefettet) ausrollen und den Springformrand darumstellen. Den Boden mit etwas Milch bestreichen, mit je einem Viertel der Haselnusskerne und des Zuckers bestreuen und die Form auf dem Rost in den Backofen schieben.

Ober-/Unterhitze: etwa 200 °C (vorgeheizt)
Heißluft: etwa 180 °C (vorgeheizt)
Gas: Stufe 3–4 (vorgeheizt)
Backzeit: etwa 15 Minuten je Boden.

3. Springformrand entfernen, Boden sofort vom Springformboden lösen, aber darauf auf einem Kuchenrost erkalten lassen. Die anderen 3 Böden ebenso ausrollen und backen. Die Böden nach dem Erkalten gut in Alufolie verpacken, so halten sie bis zu einer Woche frisch.

4. Am Serviertag für die Füllung Sahne 1 Minute schlagen, dann Saucenpulver einstreuen und die Sahne steif schlagen. Einen Boden auf eine Tortenplatte legen und ein Drittel der Schokocreme darauf verstreichen. Zweiten Boden auflegen, mit der Hälfte der restlichen Creme bestreichen und den dritten Boden darauf legen. Die restliche Creme darauf verstreichen und den letzten Boden auflegen. Die Torte bis zum Servieren kalt stellen.

Tipp:
Die Torte lässt sich am besten mit einem elektrischen Messer schneiden.
Sie können die Torte auch am Vortag füllen, dann sind die Böden am Serviertag etwas weicher.
Die Torte bekommt eine fruchtige Note, wenn Sie die Böden zunächst mit etwas Konfitüre (Aprikose, Kirsche oder Preiselbeere) bestreichen.
Die Haselnusskerne können durch Mandeln ersetzt werden.

Schokocreme-Schichttorte

Schokoladencremetorte

Für Gäste

Insgesamt:
E: 90 g, F: 414 g, Kh: 463 g,
kJ: 24872, kcal: 5937

Für den Rührteig:
250 g Butter oder Margarine
150 g Zucker
2 Pck. Dr. Oetker Vanillin-Zucker
1 Msp. Salz
5 Eier (Größe M)
150 g Weizenvollkornmehl
50 g gesiebtes Kakaopulver
2 gestr. TL Dr. Oetker Backin

Für die Buttercreme:
30 g Speisestärke
2 EL Rohrzucker (brauner Zucker)
2 Pck. Dr. Oetker Bourbon-Vanille-Zucker
30 g gesiebtes Kakaopulver
1 Ei (Größe M)
300 ml Milch
150 g weiche Butter
100 g gesiebter Puderzucker

Zum Bestreuen:
20 g Raspelschokolade

Zubereitungszeit: 50 Minuten, ohne Abkühlzeit

1. Für den Teig Butter oder Margarine mit Handrührgerät mit Rührbesen auf höchster Stufe geschmeidig rühren. Nach und nach Zucker, Vanillin-Zucker und Salz unterrühren. So lange rühren, bis eine gebundene Masse entstanden ist. Eier nach und nach unterrühren (jedes Ei etwa 1/2 Minute).

2. Mehl mit Kakao und Backpulver mischen und in 2 Portionen kurz auf mittlerer Stufe unterrühren. Den Teig halbieren. Eine Teighälfte in eine Springform (Ø 26 cm, Boden gefettet) geben und glatt streichen. Die Form auf dem Rost in den Backofen schieben.
Ober-/Unterhitze: etwa 180 °C (vorgeheizt)
Heißluft: etwa 160 °C (vorgeheizt)
Gas: Stufe 2–3 (vorgeheizt)
Backzeit: etwa 20 Minuten.

3. Den Gebäckboden etwa 5 Minuten in der Form stehen lassen, dann aus der Form lösen, auf einen mit Backpapier belegten Kuchenrost stürzen und erkalten lassen. Die zweite Teighälfte ebenso einfüllen und bei gleicher Backofeneinstellung backen.

4. Für die Buttercreme Speisestärke mit Zucker, Vanille-Zucker und Kakao in einem Topf verrühren. Ei und Milch unter Rühren hinzugeben. Die Masse unter ständigem Rühren zum Kochen bringen und gut aufkochen lassen. Pudding in eine Schüssel umfüllen, Frischhaltefolie direkt darauf legen, damit sich keine Haut bildet, und Pudding erkalten lassen (nicht kalt stellen).

5. Butter und Puderzucker mit Handrührgerät mit Rührbesen schaumig schlagen. Pudding durchrühren und nach und nach unterrühren, dabei darauf achten, dass Butter und Pudding Zimmertemperatur haben, da die Creme sonst gerinnt.

6. Einen Gebäckboden auf eine Tortenplatte legen. Zwei Drittel der Creme darauf geben und glatt streichen. Den zweiten Gebäckboden darauf legen und leicht andrücken. Tortenoberfläche und -rand mit der restlichen Creme bestreichen und die Oberfläche mit einem Esslöffel wellenartig verzieren. Tortenoberfläche mit Raspelschokolade bestreuen.

Schokoladen-Kirschwasser-Torte

Raffiniert

Insgesamt:
E: 74 g, F: 428 g, Kh: 471 g,
kJ: 25753, kcal: 6149

Für den Knetteig:
150 g Weizenmehl
40 g Zucker
1 TL Kakaopulver
100 g Butter oder Margarine

Für den Biskuitteig:
1 Ei (Größe M)
2 EL heißes Wasser
50 g Zucker
1 Pck. Dr. Oetker Vanillin-Zucker
75 g Weizenmehl
1 Msp. Dr. Oetker Backin

Für die Schokoladencreme:
3 Blatt weiße Gelatine
2 EL Zucker
2–3 gestr. EL Kakaopulver
5 EL Wasser
375 ml (³/₈ l) Schlagsahne

Für die Kirschwassercreme:
3 Blatt weiße Gelatine
4 EL Kirschwasser
375 ml (³/₈ l) Schlagsahne
1 Pck. Dr. Oetker Vanillin-Zucker
2 EL Zucker

Zum Bestreichen und Verzieren:
3–4 EL Kirschkonfitüre
250 ml (¼ l) Schlagsahne
1 Pck. Dr. Oetker Sahnesteif

Zum Bestäuben und Bestreuen:
Kakaopulver
4 EL Raspelschokolade

Zubereitungszeit: 90 Minuten, ohne Kühlzeit

1. Für den Knetteig Mehl in eine Rührschüssel sieben. Zucker, Kakao und Butter oder Margarine hinzufügen. Die Zutaten mit Handrührgerät mit Knethaken zunächst auf niedrigster, dann auf höchster Stufe gut durcharbeiten. Anschließend den Teig auf der leicht bemehlten Arbeitsfläche kurz verkneten. Den Teig auf dem Boden einer Springform (Ø 26 cm, Boden gefettet) ausrollen und den Springformrand darumstellen. Die Form auf dem Rost in den Backofen schieben.
   Ober-/Unterhitze: etwa 200 °C (vorgeheizt)
   Heißluft: etwa 180 °C (vorgeheizt)
   Gas: Stufe 3-4 (vorgeheizt)
   Backzeit: etwa 15 Minuten.

2. Springformrand entfernen, Boden sofort vom Springformboden lösen, aber darauf auf einem Kuchenrost erkalten lassen, anschließend auf eine Tortenplatte legen.

3. Für den Biskuitteig Ei und Wasser mit Handrührgerät mit Rührbesen auf höchster Stufe in 1 Minute schaumig schlagen. Zucker und Vanillin-Zucker mischen, in 1 Minute einstreuen, dann noch 2 Minuten weiterschlagen. Mehl mit Backpulver mischen, auf die Eiercreme sieben und kurz auf niedrigster Stufe unterrühren. Den Teig in eine Springform (Ø 26 cm, Boden gefettet, mit Backpapier belegt) füllen. Die Form auf dem Rost in den Backofen schieben und den Boden bei gleicher Backofeneinstellung etwa 15 Minuten backen. Anschließend den Boden aus der Form lösen, auf einen mit Backpapier belegten Kuchenrost stürzen, erkalten lassen und dann mitgebackenes Backpapier abziehen.

4. Für die Schokoladencreme Gelatine einweichen. Zucker und Kakao mit dem Wasser in einem kleinen Topf anrühren und unter Rühren zum Kochen bringen, bis sich der Zucker gelöst hat. Gelatine leicht ausdrücken, in der heißen Flüssigkeit unter Rühren auflösen und die Flüssigkeit abkühlen lassen.

5. Sahne steif schlagen und den abgekühlten Kakao-Gelatine-Sirup unterrühren. Für die Kirschwassercreme Gelatine einweichen. Anschließend Gelatine ausdrücken, auflösen und Kirschwasser unterrühren. Sahne steif schlagen. Vanillin-Zucker, Zucker und die Gelatineflüssigkeit unter Rühren dazugeben.

6. Den Knetteigboden mit Konfitüre bestreichen und den Biskuitboden darauf legen. Die Schokoladencreme kuppelförmig darauf streichen und kurz kalt stellen. Dann einen Tortenring oder den gesäuberten Springformrand darumstellen. Die Kirschwassercreme vorsichtig darauf geben und die Tortenoberfläche glatt streichen. Die Torte 2–3 Stunden kalt stellen.

7. Zum Bestreichen und Verzieren Sahne mit Sahnesteif steif schlagen. Tortenring oder Springformrand entfernen und den Tortenrand mit der Hälfte der Sahne bestreichen. Restliche Sahne in einen Spritzbeutel mit großer Sterntülle füllen, die Oberfläche mit Sahne-Rosetten verzieren und mit Kakao bestäuben. Den Tortenrand mit Raspelschokolade bestreuen.

Schokoladen-Kirschwasser-Torte

Schokoladentorte, fein

Für Gäste – einfach

Insgesamt:
E: 88 g, F: 267 g, Kh: 431 g,
kJ: 19373, kcal: 4627

Für den Rührteig:
150 g Zartbitterschokolade
150 g Butter oder Margarine
75 g Zucker
1 Pck. Dr. Oetker Vanillin-Zucker
2 Eier (Größe M)
4 Eigelb (Größe M)
150 g Weizenmehl
15 g Kakaopulver
1 gestr. TL Dr. Oetker Backin
4 Eiweiß (Größe M)
75 g Zucker

Zum Bestreichen:
4–6 EL Johannisbeergelee

Für den Guss:
100 g Zartbitterschokolade
5 EL Schlagsahne

Zubereitungszeit: 30 Minuten

Schokoladentorte, fein

1. Für den Teig Schokolade in Stücke brechen, in einem kleinen Topf im Wasserbad bei schwacher Hitze geschmeidig rühren und abkühlen lassen.
2. Butter oder Margarine mit Handrührgerät mit Rührbesen auf höchster Stufe geschmeidig rühren. Nach und nach Zucker, Vanillin-Zucker und die Schokolade unterrühren. So lange rühren, bis eine gebundene Masse entstanden ist. Eier und Eigelb nach und nach unterrühren (jedes Ei etwa $1/2$ Minute).
3. Mehl mit Kakao und Backpulver mischen, sieben und in 2 Portionen auf mittlerer Stufe unterrühren. Eiweiß so steif schlagen, dass ein Messerschnitt sichtbar bleibt, und Zucker nach und nach kurz unterschlagen. Den Eischnee vorsichtig unter den Teig heben. Den Teig in eine Springform (Ø 26 oder 28 cm, Boden gefettet, mit Backpapier belegt) füllen und glatt streichen. Die Form auf dem Rost in den Backofen schieben.
Ober-/Unterhitze: etwa 180 °C (vorgeheizt)
Heißluft: etwa 160 °C (nicht vorgeheizt)
Gas: 2–3 (nicht vorgeheizt)
Backzeit: etwa 45 Minuten.
4. Den Boden aus der Form lösen, auf einen mit Backpapier belegten Kuchenrost stürzen und erkalten lassen. Anschließend mitgebackenes Backpapier abziehen und den Boden einmal waagerecht durchschneiden.
5. Den unteren Boden mit der Hälfte des Gelees bestreichen und mit dem oberen Boden bedecken. Tortenrand und -oberfläche mit dem restlichen Gelee bestreichen.
6. Für den Guss Schokolade wie oben angegeben auflösen, Sahne unterrühren, bis die Masse wieder glatt ist und die Torte damit überziehen. Den Guss fest werden lassen.

Tipp:
Sie können die Schokoladentorte bereits 2–3 Tage vor dem Servieren zubereiten und in Alufolie verpackt an einem kühlen, trockenen Ort lagern.
Anstelle von Johannisbeergelee können Sie zum Bestreichen auch Aprikosenkonfitüre verwenden.

Schokomousse-Preiselbeer-Torte

Fettarm

Insgesamt:
E: 63 g, F: 60 g, Kh: 467 g,
kJ: 11490, kcal: 2741

Für den Biskuitteig:
2 Eier (Größe M)
75 g Zucker
1 Pck. Dr. Oetker Vanillin-Zucker
75 g Weizenmehl
1 gestr. TL Dr. Oetker Backin

Für den Belag:
1 Glas Wild-Preiselbeeren
(Einwaage 400 g)
1 Pck. Tortencreme Mousse au Chocolat
(Tortencremepulver)
500 ml (½ l) Milch

Zum Garnieren:
25 g weiße Schokolade

Zubereitungszeit: 50 Minuten, ohne Kühlzeit

1. Für den Teig Eier mit Handrührgerät mit Rührbesen auf höchster Stufe in 1 Minute schaumig schlagen. Zucker und Vanillin-Zucker mischen, in 1 Minute einstreuen, dann noch 2 Minuten weiterschlagen.

2. Mehl mit Backpulver mischen, auf die Eiercreme sieben und kurz auf niedrigster Stufe unterrühren. Den Teig in eine Springform (Ø 26 cm, Boden gefettet, mit Backpapier belegt) geben und glatt streichen. Die Form auf dem Rost in den Backofen schieben.
   Ober-/Unterhitze: etwa 180 °C (vorgeheizt, unteres Drittel)
   Heißluft: etwa 160 °C (vorgeheizt)
   Gas: Stufe 2–3 (vorgeheizt, unteres Drittel)
   Backzeit: etwa 25 Minuten.

3. Den Boden aus der Form lösen, auf einen mit Backpapier belegten Kuchenrost stürzen und erkalten lassen. Anschließend mitgebackenes Backpapier abziehen, den Boden auf eine Tortenplatte legen und einen Tortenring darumstellen.

4. Für den Belag Preiselbeeren (2 Esslöffel zum Garnieren beiseite stellen) auf den Biskuitboden geben und glatt streichen, dabei am Rand etwa 1 cm frei lassen. Tortencreme mit 500 ml Milch nach Packungsanleitung zubereiten. Die Creme vom Rand aus auf den mit Preiselbeeren bestrichenen Boden geben und glatt streichen. Anschließend mit Hilfe eines Teelöffels Spitzen ziehen. Torte mindestens 3 Stunden kalt stellen.

5. Zum Garnieren Schokolade in Stücke brechen, in einem kleinen Gefrierbeutel im Wasserbad bei schwacher Hitze schmelzen. Beutel abtrocknen, etwas durchkneten und eine kleine Ecke abschneiden. Ornamente auf Backpapier spritzen und fest werden lassen.

6. Vor dem Servieren Tortenring lösen und entfernen, und die beiseite gestellten Preiselbeeren in Klecksen auf die Tortenoberfläche geben. Torte mit den Schokoladenornamenten garnieren.

Tipp:
Für den Belag können Sie zur Milch noch zusätzlich 3–4 Esslöffel Cognac hinzufügen.

Schokomousse-Preiselbeer-Torte

Schokoplätzchentorte

Für Kinder

Insgesamt:
E: 81 g, F: 367 g, Kh: 497 g,
kJ: 23687, kcal: 565

Für den Schüttelteig:
125 g Butter oder Margarine
150 g Weizenmehl
20 g Kakaopulver
2 gestr. TL Dr. Oetker Backin
100 g Puderzucker
3 Eier (Größe M)
150 g Naturjoghurt

Für die Kirschfüllung:
1 Glas Sauerkirschen
(Abtropfgewicht 370 g)
1 Pck. Tortenguss, rot
250 ml ($^1/_4$ l) Kirschsaft aus dem Glas

Für die Sahnefüllung:
500 ml ($^1/_2$ l) Schlagsahne
2 Pck. Dr. Oetker Vanillin-Zucker
2 Pck. Dr. Oetker Sahnesteif

Zum Bestreichen und Garnieren:
75 g Zartbitterschokolade
1 TL Speiseöl
1 Pck. (150 g) Schokoplätzchen
(Schokoladenplättchen mit bunten Zuckerperlen)

Zubereitungszeit: 40 Minuten, ohne Kühlzeit

Schokoplätzchentorte

1. Für den Teig Butter oder Margarine zerlassen und abkühlen lassen. Mehl mit Kakao, Backpulver und Puderzucker mischen und in eine verschließbare Schüssel (etwa 3 l) sieben. Eier, Butter oder Margarine und Joghurt hinzufügen. Die Schüssel mit dem Deckel fest verschließen.
2. Schüssel mehrmals kräftig schütteln, so dass alle Zutaten gut vermischt sind. Alles mit einem Schneebesen oder Rührlöffel nochmals sorgfältig durchrühren, damit trockene Zutaten vom Rand mit untergerührt werden.
3. Den Teig in eine kleine Springform (Ø 22 cm, Boden gefettet) füllen und glatt streichen. Die Form auf dem Rost in den Backofen schieben.
   Ober-/Unterhitze: etwa 180 °C (vorgeheizt)
   Heißluft: etwa 160 °C (nicht vorgeheizt)
   Gas: Stufe 2-3 (nicht vorgeheizt)
   Backzeit: etwa 35 Minuten.
4. Den Gebäckboden aus der Form lösen und auf einem mit Backpapier belegten Kuchenrost erkalten lassen. Anschließend den Boden bis auf 1-2 cm so aushöhlen, dass ein etwa 1 cm breiter Rand stehen bleibt. Das entfernte Gebäck zerbröseln und beiseite stellen.
5. Für die Kirschfüllung Kirschen in einem Sieb abtropfen lassen, den Saft dabei auffangen und 250 ml ($^1/_4$ l) davon abmessen. Einen Guss aus Tortengusspulver und Kirschsaft nach Packungsanleitung, aber ohne Zucker zubereiten und die Kirschen unterheben. Kirschmasse etwas abkühlen lassen, in den ausgehöhlten Boden geben und glatt streichen. Die Torte kalt stellen.
6. Für die Sahnefüllung Sahne mit Vanillin-Zucker und Sahnesteif steif schlagen. Die Sahnemasse kuppelförmig auf die Kirschen streichen, die beiseite gestellten Brösel darüber streuen und leicht andrücken.
7. Zum Bestreichen Schokolade in Stücke brechen und mit Speiseöl in einem Topf im Wasserbad bei schwacher Hitze geschmeidig rühren. Den Tortenrand damit bestreichen und sofort mit Schokoplätzchen garnieren. Auch einige Schokoplätzchen auf der Torte verteilen.

Schokowaffel-Charlotte

Für Gäste

Insgesamt:
E: 88 g, F: 452 g, Kh: 550 g,
kJ: 27782, kcal: 6634

Für den Rührteig:
125 g Butter oder Margarine
75 g Zucker
2 Eier (Größe M)
75 g Weizenmehl
1 gestr. TL Dr. Oetker Backin
1 Pck. Gala Pudding-Pulver
Bourbon-Vanille

Für den Rand:
15 Waffelschokoriegel

Für den Fruchtbelag:
5 Blatt weiße Gelatine
1 Dose Pfirsichhälften
(Abtropfgewicht 250 g)
1 Pck. Dr. Oetker Vanillin-Zucker

Für den Cremebelag:
8 Blatt weiße Gelatine
600 ml Schlagsahne
75 g Nuss-Nougat
50 g Puderzucker
5 Waffelschokoriegel

Zubereitungszeit: 50 Minuten, ohne Kühlzeit

1. Für den Teig Butter oder Margarine mit Handrührgerät mit Rührbesen auf höchster Stufe geschmeidig rühren. Nach und nach Zucker unterrühren. So lange rühren, bis eine gebundene Masse entstanden ist. Eier nach und nach unterrühren (jedes Ei etwa 1/2 Minute).
2. Mehl mit Backpulver und Pudding-Pulver mischen, sieben und in 2 Portionen auf mittlerer Stufe unterrühren. Den Teig in eine Springform (Ø 26 cm, gefettet, mit Backpapier belegt) füllen und glatt streichen. Die Form auf dem Rost in den Backofen schieben.
   Ober-/Unterhitze: etwa 180 °C (vorgeheizt)
   Heißluft: etwa 160 °C (vorgeheizt)
   Gas: Stufe 2–3 (vorgeheizt)
   Backzeit: etwa 20 Minuten.
3. Den Boden auf einen mit Backpapier belegten Kuchenrost stürzen und den Boden erkalten lassen. Anschließend mitgebackenes Backpapier abziehen, den Boden auf eine Tortenplatte legen und einen Tortenring oder den gesäuberten Springformrand darumstellen. Für den Rand Waffelschokoriegel mit einem scharfen Messer exakt halbieren und mit der flachen Seite nach innen in den Rand stellen.
4. Für den Fruchtbelag Gelatine nach Packungsanleitung einweichen. Pfirsiche mit dem Saft pürieren und Vanillin-Zucker unterrühren. Gelatine leicht ausdrücken, in einem kleinen Topf bei schwacher Hitze auflösen (nicht kochen) und mit etwas von dem Pfirsichpüree verrühren, dann die Mischung unter das restliche Püree rühren. Wenn die Masse beginnt dicklich zu werden, sie auf den Tortenboden geben und glatt streichen. Den Boden kalt stellen.
5. Für den Cremebelag Gelatine nach Packungsanleitung einweichen. Sahne steif schlagen. Nougat auflösen, gut 1 Teelöffel davon in ein kleines Papiertütchen füllen und beiseite legen. Gelatine leicht ausdrücken, in dem warmen Nougat unter Rühren auflösen, leicht abkühlen lassen und mit dem gesiebten Puderzucker unter die Sahne rühren. Die 5 Waffelschokoriegel in kleine Stücke schneiden und ebenfalls unterheben. Die Nougatsahne leicht kuppelförmig auf das Pfirsichpüree streichen.
6. Die Torte mit dem restlichen Nougat aus dem Papiertütchen verzieren und 2–3 Stunden kalt stellen. Anschließend den Tortenring oder Springformrand lösen und entfernen.

Schokowaffel-Charlotte

Schwarzwälder Kirschtorte

Klassisch

Insgesamt:
E: 96 g, F: 336 g, Kh: 560 g,
kJ: 23840, kcal: 5696

Für den Knetteig:
125 g Weizenmehl
10 g Kakaopulver, 1 Msp. Dr. Oetker Backin
50 g Zucker, 1 Pck. Dr. Oetker Vanillin-Zucker
1 EL Kirschwasser
75 g weiche Butter oder Margarine

Für den Biskuitteig:
4 Eier (Größe M)
100 g Zucker, 1 Pck. Dr. Oetker Vanillin-Zucker
100 g Weizenmehl
1/2 gestr. TL Dr. Oetker Backin
25 g Speisestärke, 10 g Kakaopulver
gut 1 Msp. gemahlener Zimt

Für die Füllung:
1 Glas Sauerkirschen
(Abtropfgewicht 350 g)
250 ml (1/4 l) Kirschsaft aus dem Glas
oder 500 g Sauerkirschen und 75 g Zucker

1 Pck. Tortenguss, rot, etwa 25 g Zucker
etwa 3 EL Kirschwasser
1 Pck. gemahlene Gelatine, weiß
5 EL kaltes Wasser
800 ml gekühlte Schlagsahne
40 g Puderzucker
1 Pck. Dr. Oetker Vanillin-Zucker

Zum Verzieren:
geschabte oder geraspelte Schokolade

Zubereitungszeit: etwa 60 Minuten, ohne Kühlzeit

1. Für den Knetteig Mehl mit Kakaopulver und Backpulver mischen und in eine Rührschüssel sieben. Übrige Zutaten hinzufügen und alles mit Handrührgerät mit Knethaken zunächst kurz auf niedrigster, dann auf höchster Stufe gut durcharbeiten. Anschließend den Teig kurz verkneten. Den Teig auf dem gefetteten Boden einer Springform (Ø 28 cm) ausrollen, mehrmals mit einer Gabel einstechen und den Springformrand darumlegen. Die Form auf dem Rost in den Backofen schieben.
Ober-/Unterhitze: etwa 180 °C (vorgeheizt)
Heißluft: etwa 160 °C (vorgeheizt)
Gas: Stufe 2–3 (vorgeheizt)
Backzeit: etwa 15 Minuten.

2. Springformrand entfernen, Knetteigboden sofort vom Springformboden lösen, aber darauf auf einem Kuchenrost erkalten lassen. Anschließend die Springform säubern, Boden fetten und mit Backpapier belegen.

3. Für den Biskuitteig Eier in einer Rührschüssel mit Handrührgerät mit Rührbesen auf höchster Stufe 1 Minute schaumig schlagen. Zucker mit Vanillin-Zucker mischen, unter Rühren in 1 Minute einstreuen und die Masse weitere 2 Minuten schlagen. Mehl mit Backpulver, Speisestärke, Kakaopulver und Zimt mischen, sieben und kurz auf niedrigster Stufe unterrühren. Den Teig in der vorbereiteten Springform glatt streichen, auf dem Rost in den Backofen schieben und **bei gleicher Backofeneinstellung in etwa 30 Minuten backen.**

4. Den Boden aus der Form lösen, auf einen mit Backpapier belegten Kuchenrost stürzen und erkalten lassen. Anschließend das mitgebackene Backpapier abziehen. Den Boden einmal waagerecht durchschneiden.

5. Für die Füllung Kirschen in einem Sieb gut abtropfen lassen, Saft dabei auffangen und 250 ml (1/4 l) abmessen oder frische Sauerkirschen waschen, entstielen, entsteinen, mit Zucker mischen und kurz zum Saft ziehen stehen lassen. Die frischen Kirschen in einem Topf zum Kochen bringen, in einem Sieb abtropfen lassen, Saft auffangen und erkalten lassen. 250 ml (1/4 l) davon abmessen, evtl. mit Wasser ergänzen. Zum Garnieren 12 Kirschen auf Küchenpapier beiseite legen.

6. Tortenguss mit Saft und Zucker nach Packungsanleitung zubereiten, Kirschen unterrühren und die Masse kalt stellen, anschließend mit Kirschwasser abschmecken. Gelatine mit Wasser in einem kleinen Topf anrühren, 5 Minuten zum Quellen stehen lassen und unter Rühren erwärmen, bis sie gelöst ist. Schlagsahne steif schlagen und die lauwarme Gelatinelösung unter Schlagen hinzufügen. Puderzucker sieben, mit Vanillin-Zucker mischen und unterrühren.

7. Den Knetteigboden auf eine Tortenplatte legen und die Kirschmasse darauf streichen, dabei 1 cm am Rand frei lassen. Ein Drittel der Sahnecreme darauf streichen. Unteren Biskuitboden auf die Sahnecreme legen, leicht andrücken und mit der Hälfte der übrigen Creme bestreichen. Oberen Boden auflegen und leicht andrücken.

8. 3 Esslöffel der Sahnecreme in einen Spritzbeutel mit Sterntülle füllen und beiseite legen. Oberfläche und Rand der Torte gleichmäßig mit der übrigen Creme bestreichen. Die Torte mit der Creme aus dem Spritzbeutel verzieren und mit geschabter oder geraspelter Schokolade und den zurückgelassenen Kirschen garnieren. Torte mindestens 2 Stunden kalt stellen.

Schwarzwälder Kirschtorte

Schwarz-Weiß-Trüffeltorte

Für Gäste – beliebt

Insgesamt:
E: 118 g, F: 261 g, Kh: 414 g,
kJ: 19486, kcal: 4652

Für den Schütteltteig:
125 g Butter oder Margarine
200 g Weizenmehl
2 gestr. TL Dr. Oetker Backin
100 g Zucker
2 geh. EL gesiebtes Kakaopulver
4 Eier (Größe M)

Für die Füllung:
150 g weiße Kuvertüre
500 g Ricotta (Molkeneiweißkäse)
1 Msp. gemahlener Zimt
100 g Früchte-Mix (von Schwartau)

Zum Bestäuben:
1 EL Puderzucker

Zubereitungszeit: 60 Minuten, ohne Kühlzeit

1. Für den Teig Butter oder Margarine zerlassen und abkühlen lassen. Mehl mit Backpulver mischen, in eine verschließbare Schüssel (etwa 3 l) sieben und mit Zucker und Kakao mischen. Eier und Butter oder Margarine hinzufügen. Schüssel mit dem Deckel fest verschließen.

2. Die Schüssel mehrmals (insgesamt 15–30 Sekunden) kräftig schütteln, so dass alle Zutaten gut vermischt sind. Alles mit einem Schneebesen oder Rührlöffel nochmals sorgfältig durchrühren, damit trockene Zutaten vom Rand mit untergerührt werden. Den Teig in eine Springform (Ø 24 cm, gefettet) geben und glatt streichen. Die Form auf dem Rost in den Backofen schieben.

   Ober-/Unterhitze: etwa 180 °C (vorgeheizt)
   Heißluft: etwa 160 °C (vorgeheizt)
   Gas: Stufe 2–3 (vorgeheizt)
   Backzeit: 25–30 Minuten.

3. Den Boden aus der Form lösen und auf einem mit Backpapier belegten Kuchenrost erkalten lassen. Dann den Boden in der Mitte etwa 2 cm tief aushöhlen, dabei Boden und einen Rand von etwa 1 cm stehen lassen. Das ausgehöhlte Gebäck zerbröseln und beiseite stellen.

4. Für die Füllung Kuvertüre hacken und in einem kleinen Topf im Wasserbad bei schwacher Hitze geschmeidig rühren. Ricotta, Zimt und Früchte-Mix in eine Schüssel geben und cremig rühren. Nach und nach die Kuvertüre unterrühren. Die Ricottacreme kuppelförmig auf den ausgehöhlten Gebäckboden streichen. Kuppel mit etwa der Hälfte der Gebäckbrösel bestreuen und etwas andrücken. Die Torte 2–3 Stunden kalt stellen.

5. Die Torte vor dem Servieren mit Puderzucker bestäuben.

Tipp:
Aus den restlichen Gebäckbröseln (etwa 100 g), 100 g aufgelöster weißer Schokolade und 1 Esslöffel Rum eine geschmeidige Masse rühren. Aus dieser Masse 20–25 haselnussgroße Kugeln formen und mit Kakaopulver bestäuben. Die Torte evtl. zusätzlich mit den Trüffelkugeln garnieren.

Schwarz-Weiß-Zitronentorte

Schwarz-Weiß-Zitronentorte

Dauert etwas länger

Insgesamt:
E: 112 g, F: 308 g, Kh: 487 g,
kJ: 21746, kcal: 5193

Für den Knetteig (2 Böden):
250 g Weizenmehl
1 gestr. TL Dr. Oetker Backin
75 g Zucker
1 Pck. Dr. Oetker Bourbon-Vanille-Zucker
1 Ei (Größe M)
125 g weiche Butter oder Margarine
2 gestr. TL Kakaopulver

Für die Füllung:
8 Blatt weiße Gelatine
500 g Zitronenjoghurt
250 g Magerquark
150 g Lemon Curd
oder Zitronenmarmelade
frische Zitronenmelisse
500 ml ($1/2$ l) Schlagsahne

Zum Verzieren und Garnieren:
30 g Zartbitterschokolade

1 TL Speiseöl
Puderzucker
nach Belieben $1/2$ Bio-Zitrone
und einige Zitronenzesten
(unbehandelt, ungewachst)

Zubereitungszeit: 70 Minuten, ohne Kühlzeit

1. Für den Teig Mehl mit Backpulver mischen und in eine Rührschüssel sieben. Restliche Zutaten außer dem Kakaopulver hinzufügen und mit Handrührgerät mit Knethaken zunächst kurz auf niedrigster, dann auf höchster Stufe gut durcharbeiten. Anschließend den Teig auf einer leicht bemehlten Arbeitsfläche kurz verkneten. Die Hälfte des Teiges mit dem gesiebten Kakao verkneten. Hellen und dunklen Teig in 2 helle und 2 dunkle gleich große Portionen aufteilen. Den Boden einer Springform (Ø 26 cm) fetten.

2. Eine helle und dunkle Portion in kleinen Mengen auf der leicht bemehlten Arbeitsfläche zu knapp bleistiftdünnen Strängen rollen. Dunkle und helle Stränge auf dem Springformboden zur Schnecke legen. Zum Schluss mit einer Holzrolle vorsichtig darüber rollen, so dass der Boden gleichmäßig dick ist. Den Springformrand darumstellen und die Springform auf dem Rost in den Backofen schieben. Den zweiten Boden aus den restlichen Teigportionen ebenso ausrollen und backen.

Ober-/Unterhitze: etwa 180 °C (vorgeheizt)
Heißluft: etwa 160 °C (vorgeheizt)
Gas: Stufe 2–3 (vorgeheizt)
Backzeit: 12 Minuten je Boden.

3. Die Böden sofort mit einem langen Messer oder einer Tortenpalette vom Springformboden lösen, aber darauf auf einem Kuchenrost erkalten lassen. Den zweiten Boden noch warm in 12 Stücke schneiden. Anschließend den ganzen Boden auf eine Tortenplatte legen und einen Tortenring oder den gesäuberten Springformrand darumstellen.

4. Für die Füllung Gelatine nach Packungsanleitung einweichen. Joghurt mit Quark und Lemon Curd oder Marmelade mit Handrührgerät mit Rührbesen zu einer glatten Creme verrühren. Gelatine leicht ausdrücken und in einem kleinen Topf bei schwacher Hitze auflösen (nicht kochen). 2–3 Esslöffel von der Joghurtmasse unterrühren, dann die Mischung unter die restliche Masse rühren. Zitronenmelisse abspülen, fein hacken und unterrühren. Wenn die Creme beginnt dicklich zu werden, Sahne steif schlagen und unterheben. Creme in den Tortenring oder Springformrand füllen und glatt streichen. Den geschnittenen Gebäckboden darauf legen und leicht andrücken. Torte 2–3 Stunden kalt stellen.

5. Vor dem Servieren Tortenring oder Springformrand mit einem Messer lösen und entfernen. Zum Verzieren und Garnieren Schokolade mit Öl in einem Topf im Wasserbad bei schwacher Hitze geschmeidig rühren und mit Hilfe eines Teelöffels auf den Rand der Torte sprenkeln, so dass die Schokolade etwas herunterläuft. Schokolade fest werden lassen. Den Rand der Torte mit Puderzucker bestäuben. Nach Belieben die halbe Zitrone in Spalten schneiden, Torte damit und mit den Zesten belegen.

Schwedenpunsch-Torte

Für Gäste – etwas aufwändiger

Insgesamt:
E: 91 g, F: 311 g, Kh: 599 g,
kJ: 24757, kcal: 5911

Für den Knetteig:
150 g Weizenmehl
100 g Butter oder Margarine
50 g Zucker

Für den Biskuitteig:
4 Eier (Größe M)
1 Eigelb (Größe M)
60 g Zucker
80 g Weizenmehl
1 gestr. TL Dr. Oetker Backin

Für die Schwedenpunschcreme:
60 g gestiftelte Mandeln
25 g Zucker
5 Blatt weiße Gelatine
50 g Zucker
3 EL Sherry
1 Pck. Dr. Oetker Finesse Orangenfrucht

Schwedenpunsch-Torte

1 Zimtstange
$^1/_2$ gestr. TL gemahlene Nelken
1 Msp. Kardamom
100 ml Portwein
50 ml Weinbrand
500 ml ($^1/_2$ l) Schlagsahne
50 g Rosinen

Zum Bestreichen:
150 g Aprikosenkonfitüre

Für den Guss:
1 Pck. Tortenguss, klar
30 g Zucker
200 ml Apfelsaft oder Wasser
50 ml Weinbrand oder Sherry

evtl. einige Rosinen

Zubereitungszeit: 60 Minuten, ohne Kühlzeit

1. Für den Knetteig Mehl in eine Rührschüssel sieben. Restliche Zutaten hinzufügen und mit Handrührgerät mit Knethaken zunächst kurz auf niedrigster, dann auf höchster Stufe gut durcharbeiten. Anschließend den Teig auf der leicht bemehlten Arbeitsfläche kurz verkneten. Teig auf einem Springformboden (Ø 26 cm, gefettet) ausrollen, mehrmals mit einer Gabel einstechen und den Springformrand darumlegen. Die Form auf dem Rost in den Backofen schieben.
Ober-/Unterhitze: etwa 200 °C (vorgeheizt)
Heißluft: etwa 180 °C (vorgeheizt)
Gas: Stufe 3-4 (vorgeheizt)
Backzeit: etwa 12 Minuten.

2. Springformrand entfernen, das Gebäck sofort vom Springformboden lösen, aber darauf auf einem Kuchenrost erkalten lassen.

3. Für den Biskuitteig Eier und Eigelb in eine Rührschüssel geben und mit Handrührgerät mit Rührbesen auf höchster Stufe in 1 Minute schaumig schlagen. Zucker in 1 Minute einstreuen und noch 2 Minuten weiterschlagen. Mehl mit Backpulver mischen, auf die Eiercreme sieben und auf niedrigster Stufe kurz unterrühren. Teig auf ein Backblech (30 x 40 cm, gefettet, mit Backpapier belegt) geben und glatt streichen. Das Backblech in den Backofen schieben und **bei gleicher Backofeneinstellung etwa 12 Minuten backen**. Die gebackene Biskuitplatte auf ein mit Zucker bestreutes Backpapier stürzen und erkalten lassen, anschließend mitgebackenes Backpapier abziehen.

4. Für die Schwedenpunschcreme Mandeln mit Zucker in einer Pfanne unter Rühren leicht bräunen und auf einem Teller erkalten lassen. Gelatine einweichen. Zucker in einem Topf karamellisieren lassen, dann Sherry dazugießen, Gewürze hinzufügen und alles aufkochen lassen. Gelatine ausdrücken, in der heißen Flüssigkeit unter Rühren auflösen und alles abkühlen lassen. Portwein und Weinbrand unterrühren, die Zimtstange entfernen und die Flüssigkeit kalt stellen. Sobald sie beginnt dicklich zu werden, Sahne steif schlagen und unterheben. Rosinen und die Hälfte der gerösteten Mandeln (evtl. etwas zerstoßen) unterheben.

5. Den Knetteigboden auf eine Tortenplatte legen und dünn mit etwas von der Konfitüre bestreichen. Biskuitplatte mit der restlichen Konfitüre bestreichen und von der kürzeren Seite aus fest aufrollen. Die Biskuitrolle in dünne Scheiben (knapp 1 cm) schneiden. Knetteigboden mit der Hälfte der Biskuitrollenscheiben belegen, einen Tortenring oder Springformrand darumstellen, Schwedenpunschcreme einfüllen, glatt streichen und die Oberfläche mit den restlichen Biskuitrollenscheiben belegen. Die Torte 2-3 Stunden kalt stellen.

6. Für den Guss Torte aus dem Tortenring oder Springformrand lösen. Tortenguss mit Zucker und Apfelsaft oder Wasser und Weinbrand oder Sherry zubereiten, kurz abkühlen lassen und mit Hilfe eines Pinsels dick auf den Biskuitrollenscheiben verteilen. Auf den äußeren Rand die zurückgelassenen Mandelstifte und nach Belieben Rosinen streuen.

Schweizer Kartoffeltorte

Klassisch

Insgesamt:
E: 74 g, F: 160 g, Kh: 582,
kJ: 17274, kcal: 4124

Zum Vorbereiten:
200 g fest kochende Kartoffeln

Für den Teig:
4 Eier (Größe M), 200 g Zucker
1 Pck. Dr. Oetker Finesse Geriebene Zitronenschale
2 EL Kirschwasser
100 g abgezogene, gemahlene Mandeln
100 g gemahlene Haselnusskerne
1 gestr. TL Dr. Oetker Backin
65 g Hartweizengrieß

Für die Füllung:
250 g Himbeerkonfitüre

Für den Guss:
125 g Puderzucker
2 EL Zitronensaft

Zum Garnieren:
ganze und gehackte Haselnusskerne

Zubereitungszeit: 60 Minuten, ohne Abkühlzeit

1. Zum Vorbereiten Kartoffeln waschen, zugedeckt in einem Topf mit Wasser in 20–25 Minuten gar kochen, abgießen und pellen. Kartoffeln noch warm durch eine Kartoffelpresse drücken und erkalten lassen.
2. Für den Teig Eier mit Handrührgerät mit Rührbesen auf höchster Stufe in 1 Minute schaumig schlagen. Zucker in 1 Minute einstreuen, dann noch 2 Minuten weiterschlagen. Zitronenschale und Kirschwasser unterrühren. Mandeln mit Haselnusskernen, Backpulver und Grieß mischen und in 2 Portionen auf niedrigster Stufe unterrühren. Zuletzt die Kartoffelmasse kurz unterarbeiten.
3. Den Teig in eine Springform (Ø 26 cm, Boden gefettet, mit Backpapier belegt) füllen und glatt streichen. Die Form auf dem Rost in den Backofen schieben.
   Ober-/Unterhitze: etwa 180 °C (vorgeheizt)
   Heißluft: etwa 160 °C (vorgeheizt)
   Gas: Stufe 2–3 (vorgeheizt)
   Backzeit: etwa 30 Minuten.
4. Den Tortenboden aus der Form lösen, auf einen mit Backpapier belegten Kuchenrost stürzen und den Boden erkalten lassen. Anschließend mitgebackenes Backpapier abziehen und den Boden einmal waagerecht durchschneiden.
5. Den unteren Boden auf eine Tortenplatte legen und mit 200 g der Konfitüre bestreichen. Den oberen Boden darauf legen und leicht andrücken. Restliche Konfitüre durch ein Sieb streichen und den oberen Boden dünn damit bestreichen.
6. Für den Guss Puderzucker mit Zitronensaft zu einer dicklichen Masse verrühren. Den Guss über die Torte geben und mit einem Messer so verstreichen, dass er in „Nasen" am Tortenrand herunterläuft. Die Torte mit Haselnusskernen garnieren und den Guss fest werden lassen.

Tipp:
Anstelle von Himbeerkonfitüre können Sie auch Johannisbeergelee verwenden.
Das Kirschwasser kann durch Zitronensaft ersetzt werden.
Die Torte kann, gut in Alufolie verpackt, 2–3 Tage an einem kühlen, trockenen Ort gelagert werden.
Die Torte ist ohne Glasur und Garnierung gefriergeeignet.

Schweizer Kartoffeltorte

Schwimmbadtorte

Für Kinder

Insgesamt:
E: 69 g, F: 222 g, Kh: 482 g,
kJ: 18154, kcal: 4340

Für den Biskuitteig:
2 Eier (Größe M)
2 EL heißes Wasser
80 g Zucker
1 Pck. Dr. Oetker Vanillin-Zucker
80 g Weizenmehl
1/2 gestr. TL Dr. Oetker Backin

Für den Rührteig:
50 g Butter
50 g Zucker
1 Pck. Dr. Oetker Vanillin-Zucker
2 Eigelb (Größe M)
70 g Weizenmehl
1 Msp. Dr. Oetker Backin

Für den Belag:
2 Eiweiß (Größe M)
100 g Zucker
50 g abgezogene, gehackte Mandeln

Für die Füllung:
1 Dose Ananasstücke
(Abtropfgewicht 255 g)
1 Pck. Dr. Oetker Pudding-Pulver
Vanille-Geschmack
400 ml Ananassaft aus der Dose,
mit Apfelsaft ergänzt
400 ml Schlagsahne
1 Pck. Dr. Oetker Sahnesteif, 1 TL Zucker

Zubereitungszeit: 50 Minuten

Schwimmbadtorte

1. Für den Biskuitteig Eier und Wasser mit Handrührgerät mit Rührbesen auf höchster Stufe in 1 Minute schaumig schlagen. Zucker mit Vanillin-Zucker mischen, in 1 Minute einstreuen, dann noch 2 Minuten weiterschlagen.

2. Mehl mit Backpulver mischen, auf die Eiercreme sieben und kurz auf niedrigster Stufe unterrühren. Den Teig in eine Springform (Ø 26 cm, Boden gefettet, mit Backpapier belegt) füllen und die Form auf dem Rost in den Backofen schieben.
Ober-/Unterhitze: etwa 180 °C (vorgeheizt)
Heißluft: etwa 160 °C (vorgeheizt)
Gas: Stufe 2-3 (vorgeheizt)
Backzeit: 25-30 Minuten.

3. Den Boden aus der Form lösen, auf einen mit Backpapier belegten Kuchenrost stürzen und den Boden erkalten lassen. Anschließend das mitgebackene Backpapier abziehen.

4. Für den Rührteig Butter mit Handrührgerät mit Rührbesen auf höchster Stufe geschmeidig rühren. Nach und nach Zucker und Vanillin-Zucker unterrühren. So lange rühren, bis eine gebundene Masse entstanden ist. Eigelb nach und nach unterrühren. Mehl mit Backpulver mischen, sieben und in 2 Portionen auf mittlerer Stufe unterrühren. Den Teig in eine Springform (Ø 26 cm, Boden gefettet) füllen und glatt streichen.

5. Für den Belag Eiweiß steif schlagen. Zucker nach und nach unterschlagen. Die Masse auf dem Rührteigboden verstreichen und mit Mandeln bestreuen. Die Form auf dem Rost in den Backofen schieben und **den Boden bei gleicher Backofeneinstellung etwa 35 Minuten backen**. Den Boden aus der Form lösen, sofort in 16 Stücke schneiden und auf einem mit Backpapier belegten Kuchenrost erkalten lassen.

6. Für die Füllung Ananas in einem Sieb abtropfen lassen. Den Saft dabei auffangen und mit Apfelsaft auf 400 ml auffüllen. Aus Pudding-Pulver und Saft nach Packungsanleitung, aber mit den hier angegebenen Zutaten einen Pudding kochen. Ananasstücke unterheben. Die Puddingmasse auf den Biskuitboden streichen und erkalten lassen.

7. Sahne mit Sahnesteif und Zucker steif schlagen. Die Sahne auf die erkaltete Puddingmasse streichen und mit dem geschnittenen Rührteigboden bedecken. Die Torte bis zum Servieren kalt stellen.

Tipp:
Anstelle der Ananasstücke und Ananassaft gedünstete Apfelscheiben und Apfelsaft verwenden.

Seemannsgarntorte

Zum Verschenken

Insgesamt:
E: 131 g, F: 487 g, Kh: 810 g,
kJ: 34141, kcal: 8159

Für den Biskuitteig:
5 Eier (Größe M)
3 EL heißes Wasser
200 g Zucker
1 Pck. Dr. Oetker Bourbon-Vanille-Zucker
200 g Weizenmehl
30 g Speisestärke
20 g Kakaopulver
2 gestr. TL Dr. Oetker Backin

Für die Füllung:
1 große Dose Aprikosen
(Abtropfgewicht 500 g)
8 Blatt weiße Gelatine
800 ml Schlagsahne
40 g gesiebter Puderzucker
2 Pck. Dr. Oetker Vanillin-Zucker
75–100 ml (7 EL) Blue-Curaçao-Likör

Zum Verzieren und Garnieren:
200 g Zartbitterschokolade
2 EL Speiseöl
50 g weiße Schokolade
250 g Meeresfrüchte-Pralinen

Zubereitungszeit: 50 Minuten, ohne Kühlzeit

1. Für den Teig Eier und Wasser mit Handrührgerät mit Rührbesen auf höchster Stufe in 1 Minute schaumig schlagen. Zucker und Vanille-Zucker mischen, in 1 Minute einstreuen, dann noch weitere 2 Minuten schlagen. Mehl mit Speisestärke, Kakao und Backpulver mischen. Die Hälfte davon auf die Eiercreme sieben und kurz auf niedrigster Stufe unterrühren. Das restliche Mehlgemisch auf die gleiche Weise unterarbeiten. Den Teig in eine Springform (Ø 28 cm, Boden gefettet, mit Backpapier belegt) füllen und die Form auf dem Rost in den Backofen schieben.
   Ober-/Unterhitze: etwa 180 °C (vorgeheizt)
   Heißluft: etwa 160 °C (vorgeheizt)
   Gas: Stufe 2–3 (vorgeheizt)
   Backzeit: 20–25 Minuten.
2. Boden aus der Form lösen, auf einen mit Backpapier belegten Kuchenrost stürzen und erkalten lassen. Anschließend mitgebackenes Backpapier abziehen und den Boden zweimal waagerecht durchschneiden.
3. Für die Füllung Aprikosen im Sieb gut abtropfen lassen. 150 g davon pürieren, die restlichen Früchte fein würfeln. Gelatine nach Packungsanleitung einweichen. Sahne mit Puderzucker und Vanillin-Zucker steif schlagen. Gelatine leicht ausdrücken, in einem kleinen Topf bei schwacher Hitze unter Rühren auflösen (nicht kochen) und zunächst mit 2–3 Esslöffeln von der Sahne verrühren, dann die Mischung unter die restliche Sahne rühren. Sahnemenge halbieren. Eine Hälfte mit Aprikosenpüree verrühren, dann die Aprikosenwürfel unterheben. Die andere Sahnehälfte mit dem Likör verrühren.
4. Unteren Boden auf eine Tortenplatte legen und einen Tortenring oder den gesäuberten Springformrand darumstellen. Aprikosensahne einfüllen und glatt streichen. Den mittleren Boden auflegen, leicht andrücken und Likörsahne darauf glatt streichen. Oberen Boden auflegen, leicht andrücken und die Torte 2–3 Stunden kalt stellen.
5. Zum Verzieren Zartbitterschokolade in Stücke brechen und mit Speiseöl in einem Topf im Wasserbad bei schwacher Hitze geschmeidig rühren. Den Tortenring oder Springformrand lösen und entfernen. Die etwas abgekühlte, noch flüssige Schokolade auf den oberen Boden geben, verteilen und an den Rändern in „Nasen" herunterlaufen lassen. Guss fest werden lassen.
6. Weiße Schokolade ebenfalls in Stücke brechen, in einem kleinen Gefrierbeutel im Wasserbad bei schwacher Hitze auflösen. Beutel trockentupfen, etwas durchkneten, eine Ecke abschneiden und ein „Fischernetz" über die Torte sprenkeln. Pralinen mit restlicher weißer Schokolade auf den dunklen Guss kleben und die Torte bis zum Servieren kalt stellen.

Tipp:
Blue Curaçao durch die gleiche Menge Fruchtsirup (z. B. Himbeer) ersetzen, dann den Puderzucker weglassen.

Seemannsgarntorte

Seerosenteich

Seerosenteich

Zum Verschenken

Insgesamt:
E: 155 g, F: 470 g, Kh: 594 g,
kJ: 30397, kcal: 7258

Für den All-in-Teig:
150 g Weizenmehl
3 gestr. TL Dr. Oetker Backin
150 g Zucker
3 Eier (Größe M)
150 g Butter oder Margarine

Für den Belag:
2 Beutel aus 1 Pck. Götterspeise
Waldmeister-Geschmack
400 ml kaltes Wasser
2 Blatt weiße Gelatine
250 g Doppelrahm-Frischkäse
500 g Dickmilch oder Naturjoghurt
1–2 EL Zitronensaft
125 g Zucker
500 ml (½ l) Schlagsahne

Zum Garnieren:
200 g Marzipan-Rohmasse
30 g gesiebter Puderzucker
grüne Speisefarbe
1 EL Aprikosenkonfitüre
einige dicke Zuckerperlen
Fruchtgummifrösche
Fruchtgummifische

Zubereitungszeit: 70 Minuten, ohne Kühlzeit

1. Für den Teig Mehl mit Backpulver mischen und in eine Rührschüssel sieben. Restliche Zutaten hinzufügen und mit Handrührgerät mit Rührbesen auf höchster Stufe in etwa 2 Minuten zu einem Teig verarbeiten. Einen Backrahmen (27 x 34 cm) auf ein mit Backpapier belegtes Backblech stellen. Den Teig hineingeben und glatt streichen. Das Backblech in den Backofen schieben.
Ober-/Unterhitze: etwa 180 °C (vorgeheizt)
Heißluft: etwa 160 °C (vorgeheizt)
Gas: Stufe 2-3 (vorgeheizt)
Backzeit: etwa 25 Minuten.

2. Den Boden aus dem Backrahmen lösen, auf einen mit Backpapier belegten Kuchenrost stürzen und erkalten lassen. Evtl. die sich lösende braune Backhaut abnehmen. Anschließend mitgebackenes Backpapier entfernen, den Boden auf eine Platte legen und den gesäuberten Backrahmen darumstellen.

3. Für den Belag Gelatine einweichen. Götterspeise nach Packungsanleitung, aber nur mit insgesamt 400 ml Wasser und 125 g Zucker anrühren, auflösen und erwärmen, dann 200 ml davon abnehmen und beiseite stellen (nicht kalt stellen). Frischkäse mit Dickmilch oder Joghurt und Zitronensaft verrühren. Gelatine ausdrücken und in der restlichen warmen Götterspeise unter Rühren auflösen, diese dann unter die Frischkäsemasse rühren und die Masse etwa 30 Minuten kalt stellen.

4. Sobald die Masse beginnt dicklich zu werden, Sahne steif schlagen, unterheben und die Creme in den Backrahmen füllen. Mit einem Löffel eine Vertiefung für den „Teich" hineinformen, zur Mitte hin etwas stärker vertiefen und die Torte etwa 1 Stunde kalt stellen. Dann die beiseite gestellte, bereits leicht dickliche Götterspeise vorsichtig in die Vertiefung für den „Teich" füllen und die Torte nochmals etwa 2 Stunden kalt stellen.

5. Zum Garnieren Marzipan mit Puderzucker und grüner Speisefarbe verkneten und zu zwei 60 cm langen und 5–6 cm breiten Streifen ausrollen. Streifen zackig zu „Gras" einschneiden und locker aufrollen. Reste verkneten, beiseite legen und den Backrahmen entfernen. Gebäckrand mit Konfitüre bestreichen und die „Grasstreifen" um die Torte legen. Die Marzipanreste wieder ausrollen und kleine Blüten (Ø knapp 2 cm) ausstechen. Seerosen daraus formen und in die Blütenkelche Zuckerperlen stecken.

6. Den „Seerosenteich" kurz vor dem Servieren mit den „Seerosen", Fruchtgummifröschen und -fischen garnieren.

Sekt-Sahne-Torte

Sekt-Sahne-Torte

Für Gäste

Insgesamt:
E: 94 g, F: 500 g, Kh: 671 g,
kJ: 32228, kcal: 7687

Für den All-in-Teig:
250 g Butter oder Margarine
250 g Weizenmehl
50 g Speisestärke
3 gestr. TL Dr. Oetker Backin
250 g Zucker
2 Pck. Dr. Oetker Vanillin-Zucker
5 Eier (Größe M)

Für die Füllung:
1 Pck. Käse-Sahne-Tortencreme
(Tortencremepulver)
200 ml trockener Sekt
750–800 ml Schlagsahne

Zum Bestäuben:
Puderzucker

Zum Garnieren:
Schoko-Dekor-Blätter
vorbereitete Weintrauben

Zubereitungszeit: 60 Minuten

1. Für den Teig Butter oder Margarine zerlassen und abkühlen lassen. Mehl mit Speisestärke und Backpulver mischen und in eine Rührschüssel sieben. Zucker, Vanillin-Zucker, Eier und Butter oder Margarine hinzufügen. Die Zutaten mit Handrührgerät mit Rührbesen zunächst kurz auf niedrigster, dann auf höchster Stufe in etwa 1 Minute zu einem Teig verarbeiten.

2. Aus dem Teig 3 Böden backen, dazu jeweils ein Drittel des Teiges auf je einen Springformboden (Ø 26 cm, Boden gefettet) streichen, je einen Springformrand darumstellen. Die Formen nacheinander (bei Heißluft zusammen) auf dem Rost in den Backofen schieben.
Ober-/Unterhitze: etwa 180 °C (vorgeheizt)
Heißluft: etwa 160 °C (vorgeheizt)
Gas: Stufe 2–3 (vorgeheizt)
Backzeit: 12–15 Minuten je Boden.

3. Die Gebäckböden aus den Formen lösen und einzeln auf je einem mit Backpapier belegten Kuchenrost erkalten lassen.

4. Für die Füllung Tortencremepulver mit Sekt und Sahne nach Packungsanleitung, aber nur mit den hier angegebenen Zutaten zubereiten. Knapp ein Drittel der Creme in einen Spritzbeutel mit Sterntülle füllen. Einen Gebäckboden auf eine Tortenplatte legen, mit gut einem Drittel der Creme bestreichen, dabei einen etwa 2 cm breiten Rand frei lassen. Am äußeren Rand einen Kreis aufspritzen.

5. Zweiten Boden darauf legen, leicht andrücken, wieder mit gut einem Drittel der Creme bestreichen und am Rand einen Kreis aufspritzen. Den dritten Boden darauf legen, leicht andrücken und mit Puderzucker bestäuben. Mit der restlichen Creme einen großen und kleinen Kreis auf die Tortenoberfläche spritzen. In die Mitte einen Tuff spritzen.

6. Die Torte mit Schoko-Dekor-Blättern und Weintrauben garnieren. Torte 2–3 Stunden kalt stellen.

Sherry-Zimt-Torte

Schnell zubereitet

Insgesamt:
E: 29 g, F: 187 g, Kh: 206 g,
kJ: 11740, kcal: 2806

Für die Böden:
225 g TK-Blätterteig

Zum Bestreuen:
30 g Zucker
etwas gemahlener Zimt

Für die Füllung:
1 Pck. gemahlene Gelatine, weiß
4 EL kaltes Wasser
75 g Zucker
125 ml (1/8 l) trockener Sherry
400 ml Schlagsahne
1 Pck. Dr. Oetker Vanillin-Zucker

Zum Bestäuben:
etwas gemahlener Zimt

Zubereitungszeit: 25 Minuten, ohne Auftau- und Kühlzeit

1. Blätterteigplatten zugedeckt nebeneinander bei Zimmertemperatur auftauen lassen. Die Platten dann aufeinander legen und zu einem Rechteck von 40 x 25 cm ausrollen. Die Platte in 2 Rechtecke von 20 x 25 cm teilen und jedes auf ein gefettetes, mit Wasser besprenkeltes Backblech legen.
2. Zucker mit Zimt mischen, auf die Platten streuen, diese 10 Minuten ruhen lassen und dann nacheinander (bei Heißluft zusammen) in den Backofen schieben.
   Ober-/Unterhitze: etwa 200 °C (vorgeheizt)
   Heißluft: etwa 180 °C (vorgeheizt)
   Gas: Stufe 3–4 (vorgeheizt)
   Backzeit: 15–20 Minuten je Backblech.
3. Nach dem Backen die Platten auf einem Kuchenrost erkalten lassen.
4. Für die Füllung Gelatine mit dem Wasser in einem kleinen Topf anrühren, nach Packungsanleitung quellen lassen und dann unter Rühren erwärmen, bis sie gelöst ist. Zucker und Sherry verrühren, bis sich der Zucker gelöst hat, dann Gelatine einrühren.
5. Sahne mit Vanillin-Zucker steif schlagen. Wenn die Gelatinemasse anfängt dicklich zu werden, diese unter die Sahne heben. Die Sahnemasse in einen Spritzbeutel mit großer Lochtülle füllen.
6. Eine Blätterteigplatte auf eine Tortenplatte legen, gut die Hälfte der Sahnemasse gleichmäßig auf die Blätterteigplatte spritzen und die Platte kurz kalt stellen. Zweite Blätterteigplatte auf die Sahnemasse legen und leicht andrücken. Übrige Sahnemasse gleichmäßig auf die obere Platte spritzen und die Torte etwa 1 Stunde kalt stellen.
7. Vor dem Servieren die Torte mit etwas Zimt bestäuben.

Tipp:
Sie können für Kinder den Sherry gegen Kirschsaft austauschen.
Die Torte schmeckt am Zubereitungstag am besten und lässt sich besonders gut mit einem elektrischen Messer schneiden.

Sherry-Zimt-Torte

Silberhochzeitstorte

Zum Verschenken

Insgesamt:
E: 104 g, F: 359 g, Kh: 1021 g,
kJ: 33460, kcal: 7979

Für den Rührteig:
175 g Butter oder Margarine
125 g Zucker
1 Pck. Dr. Oetker Vanillin-Zucker
3 Eier (Größe M)
150 g Weizenmehl
2 gestr. TL Dr. Oetker Backin
100 g abgezogene, gemahlene Mandeln

Für das Baiser:
2 Eiweiß (Größe M), 100 g Puderzucker
silberne Zuckerperlen

Für die Füllung:
300 ml Weißwein
2 Eigelb (Größe M), 75 g Zucker
40 g Speisestärke, 3 EL Zitronensaft
200 ml Schlagsahne
1 Pck. Dr. Oetker Sahnesteif
250 g kernlose grüne Weintrauben
15 Schoko-Biskuit-Kekse
mit Orangenfüllung (knapp 200 g)

Für den Belag:
300 g „Hochfeine Marzipandecke",
ausgerollt (von Schwartau)
oder 225 g Marzipan-Rohmasse
und 75 g Puderzucker

Für Guss und Garnierung:
100 g Puderzucker, 1–2 EL Zitronensaft
2 EL Puderzucker, 3 EL Weißwein
1 EL Zucker
silberne Zuckerperlen
1 Hochzeitsfoto

Zubereitungszeit: 60 Minuten

1. Für den Teig Butter oder Margarine mit Handrührgerät mit Rührbesen auf höchster Stufe geschmeidig rühren. Nach und nach Zucker und Vanillin-Zucker unterrühren. So lange rühren, bis eine gebundene Masse entstanden ist. Eier nach und nach unterrühren (jedes Ei etwa $1/2$ Minute). Mehl mit Backpulver mischen, sieben und in 2 Portionen abwechselnd mit den Mandeln auf mittlerer Stufe unterrühren. Den Teig in eine Springform (Ø 26 cm, Boden gefettet, mit Backpapier belegt) füllen, glatt streichen und die Form auf dem Rost in den Backofen schieben.
Ober-/Unterhitze: etwa 180 °C (vorgeheizt)
Heißluft: etwa 160 °C (vorgeheizt)
Gas: Stufe 2–3 (vorgeheizt)
Backzeit: etwa 30 Minuten.

2. Den Boden aus der Form lösen, auf einen mit Backpapier belegten Kuchenrost stürzen und erkalten lassen. Anschließend mitgebackenes Backpapier abziehen und den Boden einmal waagerecht durchschneiden.

3. Für das Baiser Eiweiß sehr steif schlagen und Puderzucker unterschlagen. Die Baisermasse in einen Spritzbeutel mit kleiner Loch- oder Sterntülle füllen, auf ein mit Backpapier belegtes Backblech etwa 70 kleine Tupfen, die Zahl „25" und 2 Ringe spritzen und nach Belieben mit Zuckerperlen garnieren. Das Backblech in den Backofen schieben.
Ober-/Unterhitze: etwa 120 °C (vorgeheizt)
Heißluft: etwa 100 °C (nicht vorgeheizt)
Gas: etwa Stufe 1 (nicht vorgeheizt)
Trockenzeit: etwa 60 Minuten.

4. Backpapier mit Baiser vom Backblech auf einen Kuchenrost ziehen und erkalten lassen.

5. Für die Füllung Wein mit Eigelb, Zucker, Speisestärke und Zitronensaft in einem Topf bei schwacher Hitze unter ständigem Rühren zum Kochen bringen, anschließend erkalten lassen. Sahne mit Sahnesteif steif schlagen und unter die Weinmasse heben. 2–3 Esslöffel von der Weinsahne abnehmen und kalt stellen. Weintrauben waschen, 5–6 Stück beiseite legen und den Rest halbieren. Den unteren Gebäckboden auf eine Tortenplatte legen und mit der Hälfte der Weinsahne bestreichen. Die Weintraubenhälften darauf legen, leicht andrücken und mit 14 Keksen (Schokoladenseite nach unten) bedecken. Die restliche Weinsahne darauf streichen. Aus dem zweiten Boden in der Mitte eine Platte (Ø 7–8 cm) ausstechen, Platte beiseite legen und den Bodenring auf die Sahne legen. In die ausgestochene Fläche den übrigen Keks legen.

6. Für den Belag Tortenrand und -oberfläche mit der kalt gestellten Sahne bestreichen. Marzipanplatte abrollen [oder Marzipan mit Puderzucker verkneten, Platte (Ø 26 cm) und Rand ausrollen und ausschneiden], auf die Torte legen und leicht andrücken. Überstehendes Marzipan abschneiden, eine Kordel daraus drehen und unten um die Torte legen.

7. Für den Guss Puderzucker mit Zitronensaft dünnflüssig verrühren und die Torte und die beiseite gelegte Platte damit bestreichen. Die Platte auf das Marzipan legen. Zum Garnieren Puderzucker und Wein verrühren. Die restlichen Trauben damit bestreichen und mit Zucker bestreuen. Trauben, Baisertupfen, -zahlen und -ringe dekorativ auf der Torte verteilen und mit Zuckerperlen und einem früheren Hochzeitsfoto garnieren.

Silvestertorte

Für Gäste

Insgesamt:
E: 93 g, F: 201 g, Kh: 980 g,
kJ: 26752, kcal: 6388

je 2 Lagen von 1 hellen und 1 dunklen
Wiener Boden (Ø 26 cm)
8–9 EL Johannisbeergelee

Für den Belag:
200 g Marzipan-Rohmasse
100 g gesiebter Puderzucker

Für den Guss:
200 g Halbbitter-Kuvertüre
20 g Kokosfett oder 1 EL Speiseöl

Zum Garnieren und Verzieren:
rote und grüne Speisefarbe
50 g gesiebter Puderzucker
etwas Zitronensaft
30 Vollmilchschokolade

Zubereitungszeit: 50 Minuten

1. Alle Böden mit einer Schablone in jeweils 6 gleich breite Ringe schneiden. Einen großen hellen Biskuitring auf eine Tortenplatte legen, einen nächst kleineren dunklen Ring hineinlegen, dann den nächst kleineren hellen usw., bis ein Boden komplett ist. Den Boden mit Johannisbeergelee bestreichen.

2. Für die nächste Lage mit einem großen dunklen Ring beginnen. Auf diese Weise 4 Lagen im Schachbrettmuster aufeinander legen, dabei jede Lage und zum Schluss den gesamten Rand mit Johannisbeergelee bestreichen.

3. Für den Belag die Marzipan-Rohmasse mit Puderzucker verkneten. Ein Drittel davon zwischen 2 Lagen Frischhaltefolie zu einer Platte (Ø 26 cm) ausrollen und auf die Torte legen. Das übrige Marzipan zum Garnieren beiseite legen.

4. Für den Guss Kuvertüre grob hacken und mit Kokosfett oder Öl in einem Topf im Wasserbad bei schwacher Hitze geschmeidig rühren. Die Torte damit überziehen und den Guss erkalten lassen.

5. Zum Garnieren und Verzieren das restliche Marzipan mit Speisefarbe einfärben, ausrollen und Kleeblätter ausstechen oder Pilze und Schweinchen daraus formen.

6. Den Puderzucker mit so viel Zitronensaft verrühren, dass ein glatter Guss entsteht. Den Guss in ein Papiertütchen füllen und den Rand der Tortenoberfläche damit verzieren. Mit dem restlichen Guss die Marzipanfiguren auf der Torte befestigen.

7. Schokolade in einem Topf im Wasserbad bei schwacher Hitze geschmeidig rühren, in ein Papiertütchen füllen und den Tortenrand damit verzieren.

Tipp:
Die übrigen Böden einfrieren oder zu Konfekt verarbeiten.

Silvestertorte

Silvia-Torte

Gut vorzubereiten

Insgesamt:
E: 93 g, F: 450 g, Kh: 785 g,
kJ: 33098, kcal: 7903

Für den Rührteig:
300 g Butter oder Margarine
300 g Zucker
1 Pck. Dr. Oetker Bourbon-Vanille-Zucker
etwas abgeriebene Zitronenschale (unbehandelt)
5 Eier (Größe M)
225 g Weizenmehl
75 g Speisestärke
2 ½ gestr. TL Dr. Oetker Backin

Zum Tränken:
3 EL Wasser
30 g Zucker
150 ml Kirschwasser

Zum Bestreichen:
50 g weiche Butter
30 g gesiebter Puderzucker

Für den Belag:
150 g Marzipan-Rohmasse
50 g gesiebter Puderzucker

Für den Guss:
150 g Zartbitterschokolade
2 TL Speiseöl

Zum Garnieren:
Dekoblüten und -blätter

Zubereitungszeit: 60 Minuten, ohne Kühlzeit

1. Für den Teig Butter oder Margarine mit Handrührgerät mit Rührbesen auf höchster Stufe geschmeidig rühren. Nach und nach Zucker, Vanille-Zucker und Zitronenschale unterrühren. So lange rühren, bis eine gebundene Masse entstanden ist.

2. Eier nach und nach unterrühren (jedes Ei etwa ½ Minute). Mehl mit Speisestärke und Backpulver mischen, sieben und in 2 Portionen kurz auf mittlerer Stufe unterrühren. Den Teig in eine Springform (Ø 26 cm, Boden gefettet) geben und glatt streichen. Die Form auf dem Rost in den Backofen schieben.
Ober-/Unterhitze: etwa 180 °C (vorgeheizt)
Heißluft: etwa 160 °C (nicht vorgeheizt)
Gas: Stufe 2–3 (nicht vorgeheizt)
Backzeit: etwa 50 Minuten.

3. Die Form kurz auf einen Kuchenrost stellen. Dann die Torte aus der Form lösen und auf einen mit Backpapier belegten Kuchenrost etwas abkühlen lassen. Tortenoberfläche mehrmals mit einem Holzstäbchen einstechen.

4. Zum Tränken Wasser und Zucker in einem kleinen Topf gut aufkochen, dann abkühlen lassen. Kirschwasser hinzufügen. Die noch etwas warme Torte mit der Kirschwasserlösung beträufeln (am besten mit einem Pinsel), bis die gesamte Flüssigkeit aufgesogen ist.

5. Zum Bestreichen Butter mit Puderzucker cremig aufschlagen. Den Tortenrand damit bestreichen und die Torte kalt stellen.

6. Für den Belag Marzipan mit Puderzucker gut verkneten und auf einer mit Puderzucker bestäubten Arbeitsfläche dünn ausrollen. Eine runde Platte in Größe des Tortenbodens und 1 Streifen in Höhe und Umfang des Tortenrandes ausschneiden. Die Torte damit verkleiden.

7. Für den Guss Schokolade in kleine Stücke brechen, mit Speiseöl in einem Topf im Wasserbad bei schwacher Hitze geschmeidig rühren. Die Torte mit dem Guss überziehen. Tortenoberfläche mit Dekoblüten und -blättern garnieren. Guss fest werden lassen.

Sirup-Erdnuss-Torte

Für Kinder

Insgesamt:
E: 50 g, F: 282 g, Kh: 203 g,
kJ: 14845, kcal: 3542

Für den All-in-Teig:
80 g Weizenmehl
1 Pck. Dr. Oetker Pudding-Pulver
Sahne-Geschmack
1 gestr. TL Dr. Oetker Backin
50 g gesiebter Puderzucker
1 Eigelb (Größe M)
1 EL Wasser
1 EL Rübenkraut (Zuckerrübensirup)
80 g weiche Butter

1 EL Rübenkraut

100 g Honig-Erdnusskerne
(z. B. von Ültje)
1/2 TL Dr. Oetker Finesse Geriebene
Zitronenschale
500 ml (1/2 l) Schlagsahne
1 EL gesiebter Puderzucker
2 Pck. Dr. Oetker Sahnesteif

**Zubereitungszeit: 40 Minuten,
ohne Abkühlzeit**

1. Für den Teig Mehl mit Pudding-Pulver und Backpulver mischen und in eine Rührschüssel sieben. Puderzucker, Eigelb, Wasser, Rübenkraut und Butter hinzufügen. Die Zutaten mit Handrührgerät mit Rührbesen zunächst kurz auf niedrigster, dann auf höchster Stufe in etwa 2 Minuten zu einem Teig verarbeiten.

2. Aus dem Teig 3 dünne Böden backen, dazu jeweils ein Drittel des Teiges dünn auf je einen Springformboden (Ø 26 cm, gefettet, gemehlt) streichen, dabei einen 1 cm breiten Rand frei lassen. Die Springformböden ohne Springformrand nacheinander auf dem Rost in den Backofen schieben.

Ober-/Unterhitze: etwa 200 °C (vorgeheizt)
Heißluft: etwa 180 °C (vorgeheizt)
Gas: Stufe 3–4 (vorgeheizt)
Backzeit: 8–10 Minuten je Boden.

3. Die Böden jeweils von den Springformböden lösen und auf Kuchenrosten erkalten lassen. Rübenkraut in einen kleinen Gefrierbeutel füllen, eine kleine Ecke abschneiden. Einen Gebäckboden sofort nach dem Backen in 12 Tortenstücke schneiden. Stücke wieder zu einem Boden zusammensetzen und mit dem Rübenkraut eine Spirale darauf spritzen. Alle Gebäckböden auf dem Backpapier erkalten lassen.

4. Erdnusskerne hacken und mit Zitronenschale mischen. Sahne mit Puderzucker und Sahnesteif steif schlagen.

5. Einen Gebäckboden auf eine Platte legen. Die Hälfte der Sahne auf den Gebäckboden streichen und mit der Hälfte der Erdnusskerne bestreuen. Den zweiten Gebäckboden auf den bestrichenen Gebäckboden legen. Restliche Sahne darauf verteilen und mit den restlichen Erdnuss- kernen bestreuen. Die mit Rübenkraut verzierten Gebäckstücke schräg in die Sahne setzen. Die Torte mit einem Sägemesser in Stücke teilen und sofort servieren.

Tipp:
Damit die Torte knusprig bleibt, die Böden erst kurz vor dem Servieren bestreichen.

Sirup-Erdnuss-Torte

Smarties-Frischkäse-Torte

Für Kinder

Insgesamt:
E: 98 g, F: 272 g, Kh: 467 g,
kJ: 19821, kcal: 4726

Zum Vorbereiten:
175 g Smarties® (Schokolinsen)

Für den Rührteig:
100 g Butter oder Margarine
75 g Zucker
1 Pck. Dr. Oetker Vanillin-Zucker
2 Eier (Größe M)
125 g Weizenmehl
1 gestr. TL Dr. Oetker Backin

Für den Belag:
1 Beutel aus 1 Pck. Götterspeise Himbeer-Geschmack
150 ml Apfelsaft
75 g Zucker
150 g TK-Himbeeren
200 g Doppelrahm-Frischkäse
125 g Magerquark
250 ml (¼ l) Schlagsahne

Zum Bestreichen und Garnieren:
30 g Puderzucker
1 TL Apfelsaft
einige Smarties® mini (Schokolinsen)

Zubereitungszeit: 60 Minuten, ohne Kühlzeit

1. Zum Vorbereiten Schokolinsen in einen Gefrierbeutel geben, ihn verschließen und sie mit einer Teigrolle grob zerkleinern.
2. Für den Teig Butter oder Margarine mit Handrührgerät mit Rührbesen auf höchster Stufe geschmeidig rühren. Nach und nach Zucker und Vanillin-Zucker unterrühren. So lange rühren, bis eine gebundene Masse entstanden ist.
3. Eier nach und nach unterrühren (jedes Ei etwa ½ Minute). Mehl mit Backpulver mischen, sieben und in 2 Portionen auf mittlerer Stufe unterrühren. Zuletzt 75 g der zerkleinerten Schokolinsen unterrühren. Den Teig in eine Springform (Ø 26 cm, Boden gefettet) geben, glatt streichen und die Form auf dem Rost in den Backofen schieben.
   Ober-/Unterhitze: etwa 180 °C (vorgeheizt)
   Heißluft: etwa 160 °C (vorgeheizt)
   Gas: Stufe 2–3 (vorgeheizt)
   Backzeit: etwa 20 Minuten.
4. Den Boden aus der Form lösen und auf einem mit Backpapier belegten Kuchenrost erkalten lassen.
5. Für den Belag Götterspeise mit Apfelsaft und Zucker nach Packungsanleitung anrühren und auflösen, gefrorene Himbeeren unterheben und abkühlen lassen. Frischkäse mit Quark und den restlichen Schokolinsenstücken verrühren und die Götterspeisemasse dazugeben. Sahne steif schlagen und unterheben.
6. Tortenboden auf eine Tortenplatte legen, mit einem Melonenausstecher etwa 1 cm vom Tortenrand entfernt rundherum 12 Kugeln ausstechen und beiseite legen. Einen Tortenring um den Boden stellen, die Götterspeisecreme darauf geben und glatt streichen. Rand der Torte rundherum mit den Gebäckkugeln belegen und leicht eindrücken. Torte 2–3 Stunden kalt stellen.
7. Tortenring lösen und entfernen. Aus Puderzucker und Apfelsaft einen Guss zubereiten, die Gebäckkugeln damit bestreichen und mit Schokolinsen garnieren.

® Société des Produits Nestlé S.A.

Smarties-Frischkäse-Torte

Snowball-Kuppel

Snowball-Kuppel

Für Gäste

Insgesamt:
E: 89 g, F: 269 g, Kh: 520 g,
kJ: 22460, kcal: 5364

Für den Teig:
3 Eier (Größe M)
125 g Zucker
100 ml Speiseöl
100 ml Eierlikör
200 g Weizenmehl
3 gestr. TL Dr. Oetker Backin

Für die Fruchtfüllung:
300 g Himbeeren

Für den Belag:
6 Blatt weiße Gelatine
1 Pck. Dr. Oetker Pudding-Pulver Vanille-Geschmack
50 g Zucker
150 ml Eierlikör
300 ml Milch
400 ml Schlagsahne

Zum Bestäuben:
50–75 g Puderzucker

Zubereitungszeit: 60 Minuten, ohne Kühlzeit

1. Für den Teig Eier mit Zucker, Öl und Eierlikör auf höchster Stufe mit Handrührgerät mit Rührbesen verrühren. Mehl mit Backpulver mischen, sieben und in 2 Portionen auf mittlerer Stufe kurz unterrühren. Teig in eine Springform (Ø 26 cm, Boden gefettet, mit Backpapier belegt) füllen, glatt streichen und die Form auf dem Rost in den Backofen schieben.

   Ober-/Unterhitze: etwa 180 °C (vorgeheizt)
   Heißluft: etwa 160 °C (vorgeheizt)
   Gas: Stufe 2–3 (vorgeheizt)
   Backzeit: etwa 30 Minuten.

2. Den Boden auf einen mit Backpapier belegten Kuchenrost stürzen und erkalten lassen. Anschließend das mitgebackene Backpapier abziehen.

3. Den Boden wieder umdrehen, gut 1 cm tief aushöhlen und dabei einen etwa 1 cm breiten Rand stehen lassen. Das herausgenommene Gebäck fein zerbröseln und beiseite stellen. Für die Fruchtfüllung Himbeeren verlesen und in dem Gebäckboden verteilen.

4. Für den Belag Gelatine nach Packungsanleitung einweichen. Pudding-Pulver mit Zucker und Eierlikör verrühren. Milch zum Kochen bringen, angerührtes Puddingpulver unterrühren und unter Rühren aufkochen lassen. Den Topf von der Kochstelle nehmen. Gelatine leicht ausdrücken und unter Rühren im heißen Pudding auflösen. Pudding erkalten lassen, dabei gelegentlich durchrühren.

5. Sobald der Pudding völlig erkaltet ist, Sahne steif schlagen und unterheben. Die Creme kuppelförmig auf die Himbeeren streichen und die Kuppel vollständig mit den zurückgelassenen Bröseln bestreuen. Die Kuppel etwa 3 Stunden kalt stellen.

6. Kurz vor dem Servieren Puderzucker dick über die Kuppel sieben.

Tipp:
Die Kuppel kann am Vortag zubereitet werden. Für eine alkoholfreie Variante einfach den Eierlikör im Teig und in der Creme durch Orangensaft ersetzen.

Sommernachtstraum

Fruchtig

Insgesamt:
E: 88 g, F: 195 g, Kh: 489 g,
kJ: 17169, kcal: 4101

Für den Biskuitteig:
4 Eier (Größe M)
150 g Zucker
1 Pck. Dr. Oetker Vanillin-Zucker
150 g Weizenmehl
25 g Kakaopulver
1 gestr. TL Dr. Oetker Backin

Für die Füllung:
6 Blatt weiße Gelatine
350 g gemischte Beerenfrüchte
(z. B. Himbeeren, Brombeeren,
Johannisbeeren und Erdbeeren)
300 g Dickmilch oder Kefir
50 g Zucker
400 ml Schlagsahne

Zum Garnieren:
75 g Halbbitter-Kuvertüre
250 g Beerenfrüchte (Johannisbeerrispen, Erdbeeren, Himbeeren, Brombeeren)
30 g Zucker
evtl. etwas Zitronenmelisse

Zubereitungszeit: 60 Minuten, ohne Kühlzeit

1. Für den Teig Eier in eine Rührschüssel geben und mit Handrührgerät mit Rührbesen auf höchster Stufe in 1 Minute schaumig schlagen. Zucker und Vanillin-Zucker mischen, in 1 Minute einstreuen und noch 2 Minuten weiterschlagen. Mehl mit Kakao und Backpulver mischen, die Hälfte davon auf die Eiercreme sieben und auf niedrigster Stufe kurz unterrühren, restliches Mehlgemisch auf die gleiche Weise unterrühren. Teig in eine Springform (Ø 26 cm, Boden gefettet, mit Backpapier belegt) füllen und glatt streichen. Die Form auf dem Rost in den Backofen schieben.

Ober-/Unterhitze: etwa 180 °C (vorgeheizt)
Heißluft: etwa 160 °C (vorgeheizt)
Gas: Stufe 2–3 (vorgeheizt)
Backzeit: etwa 30 Minuten.

2. Den Boden aus der Form lösen, auf einen mit Backpapier belegten Kuchenrost stürzen und erkalten lassen. Anschließend mitgebackenes Backpapier abziehen und den Boden zweimal waagerecht durchschneiden.

3. Für die Füllung Gelatine nach Packungsanleitung einweichen. Beerenfrüchte verlesen und 200 g davon pürieren. Dickmilch oder Kefir mit Zucker und Beerenpüree verrühren. Gelatine in einem kleinen Topf bei schwacher Hitze auflösen (nicht kochen) und mit etwas von der Masse verrühren, dann die Mischung unter die restliche Masse rühren. Sahne steif schlagen und unterheben. Ein Drittel der Creme abnehmen, die restlichen Beerenfrüchte evtl. klein schneiden und unter die große Crememenge heben. Cremes kalt stellen, bis sie anfangen dicklich zu werden.

4. Den unteren Boden auf eine Tortenplatte legen und die Creme mit den ganzen Beeren kuppelförmig in die Mitte des unteren Bodens streichen, dabei rundherum 2 cm frei lassen. Vom mittleren Boden einen 2 cm breiten Rand abschneiden (Reste zerbröseln und beiseite stellen). Die Platte über die Kuppel legen und andrücken. Gut die Hälfte der abgenommenen Creme waagerecht darauf streichen, oberen Boden auflegen und Rand und Oberfläche der Torte mit der restlichen Creme bestreichen. Die Torte 2–3 Stunden kalt stellen.

5. Zum Garnieren in der Zwischenzeit Kuvertüre hacken, auflösen und in ein Papiertütchen füllen. Schmetterlinge auf Backpapier spritzen und fest werden lassen. Den Tortenrand mit den beiseite gestellten Kuchenbröseln bestreuen und etwas andrücken.

6. Beeren verlesen, evtl. abspülen oder anfeuchten und in Zucker wälzen. Kurz vor dem Servieren die Tortenoberfläche mit gezuckerten Beeren, Schmetterlingen und evtl. Zitronenmelisse garnieren.

Sommertorte mit Hippenblüten

Dauert etwas länger

Insgesamt:
E: 103 g, F: 465 g, Kh: 525 g,
kJ: 28108, kcal: 6727

Für den Biskuitteig:
75 g Butter
3 Eier (Größe M), 3 EL Orangensaft
125 g Zucker
1 Pck. Dr. Oetker Vanillin-Zucker
125 g Weizenmehl, 50 g Speisestärke
3 gestr. TL Dr. Oetker Backin

Für die Füllung:
8 Blatt weiße Gelatine
300 g gemischte Beeren
400 g Crème fraîche, 75 g Zucker
1 Pck. Dr. Oetker Vanillin-Zucker
550 ml Schlagsahne

Für den Spiegelguss:
3 Blatt rote Gelatine
250 ml ($1/4$ l) roter Saft,
z. B. Himbeer- oder Johannisbeersaft
nach Belieben Zucker

Für die Hippenblüten:
50 g Puderzucker, 1 Ei (Größe M)
50 g Weizenmehl, 40–50 ml Schlagsahne
etwas Kakaopulver

Zum Verzieren und Garnieren:
200 ml Schlagsahne
1 Pck. Dr. Oetker Vanillin-Zucker
einige Beeren

Zubereitungszeit: 100 Minuten, ohne Kühlzeit

1. Für den Teig Butter zerlassen und abkühlen lassen. Eier und Orangensaft in eine Rührschüssel geben und mit Handrührgerät mit Rührbesen auf höchster Stufe in 1 Minute schaumig schlagen. Zucker und Vanillin-Zucker mischen, in 1 Minute einstreuen und noch 2 Minuten weiterschlagen. Mehl mit Speisestärke und Backpulver mischen, auf die Eiercreme sieben und auf niedrigster Stufe kurz unterrühren. Zuletzt Butter unterziehen. Den Teig in eine Springform (Ø 26 cm, Boden gefettet, mit Backpapier belegt) füllen und glatt streichen. Die Form auf dem Rost in den Backofen schieben.
Ober-/Unterhitze: etwa 180 °C (vorgeheizt)
Heißluft: etwa 160 °C (vorgeheizt)
Gas: Stufe 2–3 (vorgeheizt)
Backzeit: etwa 30 Minuten.

2. Den Boden aus der Form lösen, auf einen mit Backpapier belegten Kuchenrost stürzen und erkalten lassen. Anschließend mitgebackenes Backpapier abziehen und den Boden einmal waagerecht durchschneiden.

3. Für die Füllung Gelatine einweichen. Beeren verlesen, 150 g davon pürieren und durch ein Sieb passieren. Beerenpüree mit Crème fraîche und Zucker verrühren. Gelatine in einem kleinen Topf bei schwacher Hitze auflösen (nicht kochen) und zunächst mit etwas von der Crème-fraîche-Masse verrühren, dann die Mischung unter die restliche Masse rühren. Sobald die Masse beginnt dicklich zu werden, Sahne steif schlagen und unterheben. Den unteren Boden auf eine Tortenplatte legen und einen Tortenring oder den gesäuberten Springformrand darumstellen. Ein Drittel der Beerencreme einfüllen, glatt streichen und die restlichen Beeren darauf verteilen. Die Hälfte der restlichen Beerencreme darauf geben und verstreichen. Den zweiten Boden auflegen. Die restliche Beerencreme darauf geben und verstreichen. Die Torte etwa 1 Stunde kalt stellen.

4. Für den Spiegelguss Gelatine einweichen, dann ausdrücken, auflösen und den Saft nach und nach unterrühren. Je nach Süße des Saftes den Guss mit Zucker abschmecken, vorsichtig auf die Creme gießen und die Torte nochmals etwa 1 Stunde kalt stellen, bis der Guss fest ist.

5. Für die Hippenblüten aus dünner Pappe eine Blütenschablone schneiden. Puderzucker und Ei mit Handrührgerät mit Rührbesen gut verrühren und Mehl unterrühren. So viel Sahne unterrühren, dass die Masse streichfähig ist, aber nicht auseinander läuft. 2 Esslöffel Teig abnehmen und mit etwas Kakao verrühren. Dunklen Teig in einen Gefrierbeutel geben und eine kleine Ecke abschneiden. Einige Hippenblüten mit Hilfe der Schablone auf ein mit Backpapier belegtes Backblech streichen (am besten mit einer Palette) und mit etwas dunklem Teig verzieren. Das Backblech in den Backofen schieben und die Blüten bei gleicher Backofeneinstellung in 3–5 Minuten goldgelb backen. Anschließend die Blüten sofort vom Backpapier lösen und erkalten lassen. Einige Blüten dazu über einen runden Kochlöffelstiel oder in einen Eierbecher legen, damit sie plastischer werden.

6. Springformrand oder Tortenring lösen und entfernen. Sahne mit Vanillin-Zucker steif schlagen, Tortenrand damit bestreichen, dabei mit einem Messerrücken ein Muster eindrücken. Restliche Sahne in einen Spritzbeutel mit Sterntülle füllen und die Oberfläche damit verzieren. Kurz vor dem Servieren Hippenblüten und Beeren auf der Oberfläche verteilen.

Sommertorte mit Hippenblüten

Sommertorte mit Joghurt

Beliebt

Insgesamt:
E: 63 g, F: 134 g, Kh: 255 g,
kJ: 10384, kcal: 2480

Für den Brandteig:
125 ml (1/8 l) Wasser
25 g Butter oder Margarine
75 g Weizenmehl
25 g Speisestärke
2–3 Eier (Größe M)

Für die Füllung:
6 Blatt weiße Gelatine
250 g Pfirsich-Maracuja-Joghurt
250 g Zitronenjoghurt
75 g Zucker
250 ml (1/4 l) Schlagsahne

Zum Garnieren:
1 Pfirsich
Zitronensaft
Puderzucker

Zubereitungszeit: 45 Minuten, ohne Kühlzeit

1. Für den Teig Wasser mit Butter oder Margarine am besten in einem Stieltopf zum Kochen bringen. Mehl mit Speisestärke mischen, sieben, auf einmal in die von der Kochstelle genommene Flüssigkeit schütten, zu einem glatten Kloß rühren und unter Rühren etwa 1 Minute erhitzen. Den heißen Kloß sofort in eine Schüssel geben.

2. Nach und nach Eier mit Handrührgerät mit Knethaken auf höchster Stufe unterarbeiten. Nur so viel Ei unter den Teig arbeiten, bis er stark glänzt und so vom Löffel abreißt, dass lange Spitzen hängen bleiben.

3. Aus dem Teig nacheinander 3 Böden backen, dazu jeweils ein Drittel des Teiges auf einen Springformboden (Ø 26 cm, gefettet, gemehlt) streichen und den Springformboden auf dem Rost in den Backofen schieben.
   Ober-/Unterhitze: etwa 200 °C (vorgeheizt)
   Heißluft: etwa 180 °C (vorgeheizt)
   Gas: Stufe 3–4 (vorgeheizt)
   Backzeit: etwa 25 Minuten je Boden.

4. Die Böden sofort mit einem Tafelmesser vom Springformboden lösen und auf einem mit Backpapier belegten Kuchenrost erkalten lassen.

5. Für die Füllung Gelatine nach Packungsanleitung einweichen. Beide Joghurtsorten mit Zucker in einer Schüssel verrühren. Gelatine leicht ausdrücken, in einem kleinen Topf bei schwacher Hitze auflösen und zunächst mit etwas von der Joghurtmasse verrühren, dann die Mischung unter die restliche Joghurtmasse rühren. Sobald die Masse beginnt dicklich zu werden, Sahne steif schlagen und unterheben. Die Creme kurz kalt stellen, bis sie etwas anzieht.

6. Die Creme kurz durchrühren, auf zwei der Böden verteilen und verstreichen. Die Böden aufeinander setzen. Die Creme auf dem oberen Boden mit einem Teelöffel in Spitzen hoch ziehen und die Torte etwa 1 Stunde kalt stellen.

7. Den dritten Boden in Stücke brechen und auf der Oberfläche verteilen. Zum Garnieren den Pfirsich waschen, abtrocknen, halbieren, entsteinen, in feine Spalten schneiden und diese mit Zitronensaft beträufeln. Die Torte mit den Pfirsichspalten garnieren und mit Puderzucker bestäuben.

Tipp:
Die Torte schmeckt frisch am besten, die Böden können jedoch 1–2 Tage vor dem Verzehr gebacken und dann nochmals kurz aufgebacken werden.
Zum Garnieren können zusätzlich noch einige Pfirsichspalten verwendet werden.

Sommertorte mit Joghurt

Spaghetti-Torte

Spaghetti-Torte

Für Kinder

Insgesamt:
E: 122 g, F: 444 g, Kh: 349 g,
kJ: 25492, kcal: 6094

Für den All-in-Teig:
125 g Weizenmehl
2 gestr. TL Dr. Oetker Backin
125 g Zucker
1 Pck. Dr. Oetker Vanillin-Zucker
3 Eier (Größe M)
125 g Butter oder Margarine

Für Belag und Spaghetti:
250 g frische Erdbeeren
3 Blatt weiße Gelatine
600 g Doppelrahm-Frischkäse
Saft von 1 Zitrone
25 g Zucker
2 Pck. Dr. Oetker Vanillin-Zucker
400 ml Schlagsahne

Für die Erdbeersauce:
100 g Erdbeeren
25 g Puderzucker

Zum Bestreuen:
etwas weiße Schokolade

Zubereitungszeit: 30 Minuten, ohne Kühlzeit

1. Für den Teig Mehl und Backpulver mischen und in eine Rührschüssel sieben. Restliche Zutaten hinzufügen und alles mit Handrührgerät mit Rührbesen auf höchster Stufe in etwa 2 Minuten zu einem Teig verarbeiten. Teig in eine Obstbodenform (Ø 26 cm, gefettet, gemehlt) füllen und glatt streichen. Die Form auf dem Rost in den Backofen schieben.
   Ober-/Unterhitze: etwa 180 °C (vorgeheizt)
   Heißluft: etwa 160 °C (vorgeheizt)
   Gas: Stufe 2–3 (vorgeheizt)
   Backzeit: etwa 20 Minuten.

2. Den Boden etwa 5 Minuten in der Form stehen lassen, dann auf einen mit Backpapier belegten Kuchenrost stürzen und erkalten lassen.

3. Für Belag und Spaghetti Erdbeeren waschen, abtropfen lassen, entstielen, evtl. halbieren und auf dem Tortenboden verteilen. Gelatine nach Packungsanleitung einweichen. Frischkäse mit Zitronensaft, Zucker und Vanillin-Zucker in einer Schüssel verrühren. Gelatine auflösen, zunächst mit etwas von der Frischkäsemasse verrühren, dann unter die restliche Frischkäsemasse rühren. Sahne steif schlagen und unterheben.

4. Die Hälfte der Creme auf den Erdbeeren glatt streichen. Restliche Creme in eine Kartoffelpresse geben und als Spaghetti auf die Oberfläche drücken. Die Torte etwa 1 Stunde kalt stellen.

5. Für die Sauce Erdbeeren waschen, abtropfen lassen, entstielen und mit Puderzucker pürieren. Erdbeerpüree als Sauce auf den Spaghetti verteilen, mit geraspelter weißer Schokolade bestreuen und die Torte servieren.

Tipp:
Wenn es schnell gehen soll, einfach einen gekauften Obstboden verwenden.

Stachelbeer-Frischkäse-Torte

Fruchtig

Insgesamt:
E: 117 g, F: 428 g, Kh: 534 g,
kJ: 27946, kcal: 6679

Für den Rührteig:
200 g Butter oder Margarine
200 g Zucker
1 Pck. Dr. Oetker Vanillin-Zucker
4 Eier (Größe M)
200 g Weizenmehl
2 gestr. TL Dr. Oetker Backin
100 g gehackte Haselnusskerne
20 g Zucker

Für die Füllung:
1 Glas Stachelbeeren
(Abtropfgewicht 360 g)
1 Pck. Tortenguss, klar
250 ml ($^1/_4$ l) Stachelbeersaft
20 g Zucker
4 Blatt weiße Gelatine
125 ml ($^1/_8$ l) Stachelbeersaft
aus dem Glas
300 g Doppelrahm-Frischkäse
3 EL Zitronensaft
1 Pck. Dr. Oetker Finesse Geriebene Zitronenschale
250 ml ($^1/_4$ l) Schlagsahne

Zubereitungszeit: 40 Minuten

1. Für den Teig Butter oder Margarine mit Handrührgerät mit Rührbesen auf höchster Stufe geschmeidig rühren. Zucker und Vanillin-Zucker nach und nach unterrühren. So lange rühren, bis eine gebundene Masse entstanden ist.
2. Eier nach und nach unterrühren (jedes Ei etwa $^1/_2$ Minute). Mehl und Backpulver mischen, sieben und in 2 Portionen auf mittlerer Stufe unterrühren. Die Hälfte des Teiges in eine Springform (Ø 26 cm, Boden gefettet) füllen, glatt streichen, mit der Hälfte der Haselnusskerne und der Hälfte des Zuckers bestreuen und die Form auf dem Rost in den Backofen schieben.
   Ober-/Unterhitze: etwa 180 °C (vorgeheizt)
   Heißluft: etwa 160 °C (vorgeheizt)
   Gas: Stufe 2–3 (vorgeheizt)
   Backzeit: etwa 25 Minuten je Boden.
3. Die andere Teighälfte ebenso vorbereiten und backen. Die Böden sofort nach dem Backen aus der Form lösen und auf einem mit Backpapier belegten Kuchenrost erkalten lassen. Einen Boden in 12 Stücke schneiden.
4. Für die Füllung die Stachelbeeren in einem Sieb abtropfen lassen, den Saft auffangen und mit Wasser auf 375 ml ($^3/_8$ l) Flüssigkeit auffüllen. Tortenguss mit 250 ml ($^1/_4$ l) von dem Saft und Zucker nach Packungsanleitung zubereiten, die Stachelbeeren unterheben und etwas abkühlen lassen.
5. Gelatine nach Packungsanleitung einweichen. 2–3 Esslöffel des restlichen Stachelbeersaftes erwärmen. Die eingeweichte, ausgedrückte Gelatine darin unter Rühren auflösen und den übrigen Stachelbeersaft unterrühren. Den Frischkäse mit Zitronensaft und -schale verrühren und die Gelatinemasse unterrühren.
6. Den ganzen Boden auf eine Tortenplatte legen und die Stachelbeermasse darauf verteilen.
7. Sahne steif schlagen und unter die Frischkäsemasse heben. Wenn die Masse anfängt dicklich zu werden, diese in einen Spritzbeutel mit Sterntülle geben und von außen beginnend einen Kranz auf die Stachelbeeren spritzen, den Rest in die Mitte geben. Den in Stücke geschnittenen Boden darauf verteilen und die Torte etwa 2 Stunden kalt stellen.

Stachelbeer-Frischkäse-Torte

Stachelbeer-Käsetorte

Beliebt

Insgesamt:
E: 126 g, F: 339 g, Kh: 432 g,
kJ: 22192, kcal: 5299

Für den Knetteig:
200 g Weizenmehl
75 g Zucker
1 Pck. Dr. Oetker Bourbon-Vanille-Zucker
100 g Butter oder Margarine
2 EL Wasser

Für den Rand:
1 gestr. EL Weizenmehl

Für den Belag:
250 g Stachelbeeren
400 g Doppelrahm-Frischkäse
250 g Magerquark
100 ml Schlagsahne
2 Eier (Größe M)
1 Pck. Saucenpulver Vanille-Geschmack, zum Kochen
100 g Zucker
1 Pck. Dr. Oetker Vanillin-Zucker
Saft von 1 kleinen Zitrone

Zum Verzieren und Garnieren:
200 ml Schlagsahne
25 g weiße Kuvertüre
25 g Halbbitter-Kuvertüre
einige Stachelbeeren

Zubereitungszeit: 30 Minuten, ohne Abkühlzeit

Stachelbeer-Käsetorte

1. Für den Teig Mehl in eine Rührschüssel sieben. Restliche Zutaten hinzufügen und mit Handrührgerät mit Knethaken zunächst kurz auf niedrigster, dann auf höchster Stufe gut durcharbeiten. Anschließend den Teig auf der leicht bemehlten Arbeitsfläche kurz verkneten. Gut zwei Drittel des Teiges auf dem Boden einer Springform (Ø 26 cm, gefettet) ausrollen und mehrmals mit einer Gabel einstechen. Den Springformrand darumstellen und die Form auf dem Rost in den Backofen schieben.
   Ober-/Unterhitze: etwa 180 °C (vorgeheizt)
   Heißluft: etwa 160 °C (vorgeheizt)
   Gas: Stufe 2–3 (vorgeheizt)
   Backzeit: etwa 15 Minuten.

2. Die Form aus dem Backofen nehmen, auf einen Kuchenrost stellen und etwas abkühlen lassen. Für den Rand unter den restlichen Teig Mehl kneten. Eine Rolle daraus formen, sie als Rand auf den gebackenen Boden legen und so andrücken, dass ein etwa 3 cm hoher Rand entsteht.

3. Für den Belag Stachelbeeren abspülen und trockentupfen. Alle anderen Zutaten in eine Rührschüssel geben und mit Handrührgerät mit Rührbesen gut verrühren. Die Hälfte der Käsecreme in die Form füllen, glatt streichen und mit den Stachelbeeren belegen. Die restliche Käsecreme darauf verstreichen. Die Form auf dem Rost in den Backofen schieben und **bei gleicher Backofeneinstellung nochmals etwa 50 Minuten backen**.

4. Den Kuchen in der Form auf einem Kuchenrost erkalten lassen, anschließend aus der Form lösen und auf eine Tortenplatte setzen. Zum Verzieren Sahne steif schlagen, in der Mitte der Torte leicht wellenartig verstreichen.

5. Kuvertüre grob hacken und getrennt in einem Topf im Wasserbad bei schwacher Hitze geschmeidig rühren. Weiße Kuvertüre in ein Papiertütchen oder kleinen Gefrierbeutel füllen, eine kleine Ecke abschneiden und Spiralen auf ein Backpapier spritzen. Die Kuvertüre etwas fest werden lassen, dann mit der dunklen Kuvertüre Spiralen darauf spritzen und fest werden lassen. Den Kuchen mit abgespülten, trockengetupften Stachelbeeren und mit den Spiralen garnieren.

Tipp:
Der Käsekuchen schmeckt auch mit anderen Früchten, z. B. Aprikosen oder Kirschen. Anstelle von Frischkäse können Sie auch nur Magerquark, Ricotta oder Mascarpone verwenden.

Stachelbeer-Pudding-Schichttorte

Raffiniert

Insgesamt:
E: 91 g, F: 333 g, Kh: 604 g,
kJ: 24311, kcal: 5801

Für den Rührteig:
200 g Butter oder Margarine
200 g Zucker
1 Pck. Dr. Oetker Vanillin-Zucker
2 Eier (Größe M)
200 g Weizenmehl
1 gestr. TL Dr. Oetker Backin

Zum Bestreuen:
150 g abgezogene, gehobelte Mandeln
30 g Zucker

Für die Füllung:
1 Pck. Dr. Oetker Pudding-Pulver Vanille-Geschmack
400 ml Apfelsaft
20 g Zucker
200 g Doppelrahm-Frischkäse
1 Glas Stachelbeeren (Abtropfgewicht 360 g)

Für den Guss:
1 Pck. Tortenguss, klar
20 g Zucker
250 ml ($^1/_4$ l) Stachelbeersaft aus dem Glas

Zubereitungszeit: 60 Minuten, ohne Kühlzeit

Stachelbeer-Pudding-Schichttorte

1. Für den Teig Butter oder Margarine mit Handrührgerät mit Rührbesen auf höchster Stufe geschmeidig rühren. Nach und nach Zucker und Vanillin-Zucker unterrühren. So lange rühren, bis eine gebundene Masse entstanden ist. Eier nach und nach unterrühren (jedes Ei etwa $^1/_2$ Minute). Mehl und Backpulver mischen, sieben und in 2 Portionen auf mittlerer Stufe unterrühren.

2. Aus dem Teig 3 Böden backen. Dazu jeweils ein Drittel des Teiges auf einen Springformboden (Ø 26 cm, gefettet) streichen. Mandeln und Zucker auf die Teigböden streuen und einen Springformrand darumlegen. Die Formen nacheinander auf dem Rost in den Backofen schieben.
   Ober-/Unterhitze: etwa 180 °C (vorgeheizt)
   Heißluft: etwa 160 °C (vorgeheizt)
   Gas: Stufe 2–3 (vorgeheizt)
   Backzeit: etwa 15 Minuten je Boden.

3. Die Gebäckböden sofort aus der Form lösen, jeweils auf einen mit Backpapier belegten Kuchenrost legen und erkalten lassen.

4. Für die Füllung aus Pudding-Pulver, Saft und Zucker nach Packungsanleitung, aber nur mit 400 ml Flüssigkeit einen Pudding zubereiten. Frischkäse sofort unterrühren. Sofort Frischhaltefolie direkt auf die Puddingmasse legen, damit sich keine Haut bildet und den Pudding erkalten lassen. Stachelbeeren in einem Sieb abtropfen lassen, den Saft dabei auffangen und 250 ml ($^1/_4$ l) abmessen.

5. Einen Guss aus Tortengusspulver, Zucker und dem Saft nach Packungsanleitung zubereiten und die Stachelbeeren unterheben. Die Stachelbeermasse auf 2 der Böden verteilen. Die Puddingmasse durchrühren, knapp die Hälfte in einen Spritzbeutel mit Sterntülle (Ø etwa 10 mm) füllen und je einen Rand auf die Stachelbeermasse spritzen. Restliche Puddingmasse jeweils in die Mitte geben und verstreichen.

6. Die Böden zu einer Torte zusammensetzen, dabei leicht andrücken. Den letzten, nicht bestrichenen Boden darauf legen. Die Torte bis zum Servieren mindestens 1 Stunde kalt stellen.

Tipp:
Der Teig lässt sich besser auf dem Springformboden verteilen, wenn der Springformboden vor dem nächsten Bestreichen etwas abkühlt.

Stachelbeertorte

Fruchtig

Insgesamt:
E: 89 g, F: 238 g, Kh: 422 g,
kJ: 17738, kcal: 4223

Zum Vorbereiten:
120 g Zwieback
150 g Butter

Für den All-in-Teig:
80 g Weizenmehl
2 gestr. TL Dr. Oetker Backin
1 gestr. TL gemahlener Zimt
100 g Zucker
1 Prise Salz
1 Pck. Dr. Oetker Vanillin-Zucker
3 Eier (Größe M)
2 EL Milch

Für die Füllung:
1 Glas Stachelbeeren
(Abtropfgewicht 360 g)
2 gestr. TL Speisestärke
125 ml ($1/8$ l) Stachelbeersaft
aus dem Glas

Für den Belag:
2 EL gesiebter Puderzucker
2 Pck. Dr. Oetker Sahnesteif
150 g Vanillejoghurt
250 g Speisequark (20 % Fett)
200 ml Schlagsahne

Zum Garnieren:
20 g Gewürz- oder Zimtschokolade

Zubereitungszeit: 45 Minuten, ohne Kühlzeit

1. Zum Vorbereiten Zwieback in kleine Stücke brechen, in einen Gefrierbeutel geben und den Beutel verschließen. Zwiebackstücke mit einer Teigrolle fein zerbröseln. Butter in einer großen Pfanne zerlassen, Zwiebackbrösel hinzugeben, unter Rühren kurz anrösten und abkühlen lassen.

2. Für den Teig Mehl mit Backpulver und Zimt mischen und in eine Rührschüssel sieben. Restliche Zutaten und die Zwiebackmasse hinzufügen. Die Zutaten mit Handrührgerät mit Rührbesen auf höchster Stufe in etwa 2 Minuten zu einem Teig verarbeiten. Den Teig in eine Springform (Ø 26 cm, gefettet) geben und glatt streichen. Die Form auf dem Rost in den Backofen schieben.
   Ober-/Unterhitze: etwa 180 °C (vorgeheizt)
   Heißluft: etwa 160 °C (vorgeheizt)
   Gas: Stufe 2–3 (vorgeheizt)
   Backzeit: 25–30 Minuten.

3. Den Boden aus der Form lösen, auf einen mit Backpapier belegten Kuchenrost stürzen und erkalten lassen. Anschließend Boden einmal waagerecht durchschneiden. Unteren Tortenboden auf eine Tortenplatte legen.

4. Für die Füllung Stachelbeeren in einem Sieb abtropfen lassen, Saft dabei auffangen und 125 ml ($1/8$ l) davon abmessen. Speisestärke mit etwas von dem Saft anrühren. Restlichen Saft in einem Topf zum Kochen bringen. Angerührte Speisestärke unter Rühren in den von der Kochstelle genommenen Saft rühren und unter Rühren nochmals kurz aufkochen lassen. Den Topf von der Kochstelle nehmen und die Stachelbeeren unterheben.

5. Die Stachelbeermasse auf den unteren Tortenboden geben und glatt streichen. Den oberen Tortenboden darauf legen und leicht andrücken.

6. Für den Belag Puderzucker mit Sahnesteif mischen. Joghurt mit Quark verrühren. Die Hälfte der Puderzucker-Sahnesteif-Mischung unterrühren. Sahne mit der restlichen Puderzucker-Sahnesteif-Mischung steif schlagen und unter die Joghurt-Quark-Masse heben. Tortenoberfläche und -rand damit bestreichen. Mit einem Tortengarnierkamm oder einer Teelöffelspitze ein spiralförmiges Muster durch die Creme ziehen. Die Torte mindestens 1 Stunde kalt stellen.

7. Zum Garnieren Schokolade mit einem Sparschäler in feine Späne hobeln. Die Tortenoberfläche damit garnieren.

Stachelbeertorte

Sternentorte

Zum Verschenken

Insgesamt:
E: 153 g, F: 610 g, Kh: 949 g,
kJ: 41561, kcal: 9925

Für den Biskuitteig:
(Teig 2 x zubereiten –
1 x für Springform Ø 28 cm,
1 x für Springform Ø 24 cm
und Sternform Ø etwa 24 cm)
4 Eier (Größe M), 4 EL heißes Wasser
175 g Zucker
1 Pck. Dr. Oetker Vanillin-Zucker
200 g Weizenmehl, 10 g Kakaopulver
1 gestr. TL Dr. Oetker Backin
1 TL Lebkuchengewürz

Für die Füllung der Gebäcke:
250 g Mascarpone (ital. Frischkäse)
1 Pck. Dr. Oetker Vanillin-Zucker
1 EL Zitronensaft, 100 g weiße Kuvertüre
600 ml Schlagsahne
1 Pck. Dr. Oetker Sahnesteif
1 EL Puderzucker

Zum Bestreichen:
600 ml Schlagsahne
1 Pck. Dr. Oetker Finesse Bourbon-Vanille-Aroma
2 Pck. Dr. Oetker Sahnesteif

Für die Figuren und Karamellfäden:
100 g Halbbitter-Kuvertüre
100 g Zucker

Zubereitungszeit: 70 Minuten

Sternentorte

1. Für den Teig Eier und Wasser mit Handrührgerät mit Rührbesen auf höchster Stufe in 1 Minute schaumig rühren. Zucker und Vanillin-Zucker in 1 Minute einstreuen, dann noch 2 Minuten weiterschlagen. Mehl mit Kakao, Backpulver und Lebkuchengewürz mischen, die Hälfte davon auf die Eiercreme sieben und kurz auf niedrigster Stufe unterrühren. Restliches Mehlgemisch auf die gleiche Weise unterarbeiten. Den Teig in eine Springform (Ø 28 cm, Boden gefettet, mit Backpapier belegt) füllen und auf dem Rost in den Backofen schieben.
Ober-/Unterhitze: etwa 180 °C (vorgeheizt)
Heißluft: etwa 160 °C (vorgeheizt)
Gas: Stufe 2–3 (vorgeheizt)
Backzeit: 25–30 Minuten.

2. Biskuitteig nochmals wie unter Punkt 1 angegeben zubereiten, auf eine Springform (Ø 24 cm, Boden gefettet, mit Backpapier belegt) und eine Sternform (Ø 24 cm, gefettet und gemehlt) verteilen. Die Formen auf dem Rost in den Backofen schieben und **bei der gleichen Backofeneinstellung 25–30 Minuten backen**.

3. Gebäcke auf mit Backpapier belegte Kuchenroste stürzen und erkalten lassen. Anschließend mitgebackenes Backpapier abziehen und jeden Boden einmal waagerecht durchschneiden.

4. Für die Füllung Mascarpone mit Vanillin-Zucker und Zitronensaft gut verrühren und fein gehackte Kuvertüre unterrühren. Sahne mit Sahnesteif und Puderzucker steif schlagen und unter die Mascarponecreme heben. Die Masse gleichmäßig auf die unteren Gebäckböden verteilen und verstreichen. Die oberen Böden darauf legen und kalt stellen. Zum Bestreichen Sahne mit Bourbon-Vanille-Aroma und Sahnesteif steif schlagen. Die Torten damit bestreichen, aufeinander setzen und kalt stellen.

5. Für die Figuren Kuvertüre auflösen, etwa 2 mm dick auf Backpapier streichen, fast fest werden lassen und mit Plätzchenausstechern weihnachtliche Figuren ausstechen. Figuren noch auf dem Backpapier ganz fest werden lassen, evtl. kurz kalt stellen, dann mit einem Messer ablösen und auf und an die Torte stellen.

6. Für die Karamellfäden kurz vor dem Servieren Zucker in einem kleinen Topf erhitzen. Wenn er beginnt sich aufzulösen, den Zucker rühren, bis er hellbraun ist. Topf sofort auf ein feuchtes Tuch stellen, um ein Nachbräunen zu verhindern. Masse unter Rühren abkühlen lassen, bis sie Fäden zieht. Mit Hilfe einer Gabel die Torte mit Karamellfäden einspinnen. Falls die Masse zu fest wird, sie einfach wieder erwärmen.

Tipp:
Die Karamellfäden erst kurz vor dem Servieren zubereiten, da sie bei längerem Stehen wieder flüssig werden.

Sterntaler-Torte

Für Gäste

Insgesamt:
E: 154 g, F: 582 g, Kh: 1014 g,
kJ: 41838, kcal: 9992

Für den Rührteig:
400 g Butter oder Margarine
365 g Zucker
1 Pck. Dr. Oetker Finesse Jamaica-Rum-Aroma
4 EL Orangenlikör
etwas abgeriebene Schale von 1 Bio-Orange (unbehandelt, ungewachst)
3 Eier (Größe M)
7 Eigelb (Größe M)
250 g Weizenmehl
100 g Speisestärke
40 g Kakaopulver
3 1/2 gestr. TL Dr. Oetker Backin
7 Eiweiß (Größe M)

Für den Belag:
200 g Marzipan-Rohmasse
100 g gesiebter Puderzucker

Zum Bestreichen:
etwa 75 g Aprikosenkonfitüre

Für den Guss:
200 g Zartbitterschokolade
20 g Kokosfett oder 1 EL Speiseöl

Zum Garnieren:
50 g Marzipan-Rohmasse
20 g gesiebter Puderzucker

Zubereitungszeit: 90 Minuten, ohne Abkühlzeit

1. Für den Teig Butter oder Margarine mit Handrührgerät mit Rührbesen auf höchster Stufe geschmeidig rühren. Nach und nach Zucker, Aroma, Likör und Orangenschale unterrühren. So lange rühren, bis eine gebundene Masse entstanden ist. Eier und Eigelb nach und nach unterrühren (jedes Ei etwa 1/2 Minute). Mehl mit Speisestärke, Kakao und Backpulver mischen, sieben und in 2 Portionen kurz auf mittlerer Stufe unterrühren. Eiweiß steif schlagen und vorsichtig unterheben.

2. Etwa 2 Esslöffel des Teiges gleichmäßig (mit Hilfe eines Pinsels) auf den Boden einer Springform (Ø 26 cm, Boden gefettet, mit Backpapier belegt) streichen. Springformrand darumlegen. Die Form auf dem Rost unter den vorgeheizten Grill in den Backofen schieben (Abstand zwischen Grill und Teigschicht etwa 20 cm). Die Teigschicht unter dem Grill etwa 2 Minuten hellbraun backen.

3. Als zweite Schicht wieder etwa 2 Esslöffel des Teiges auf die gebackene Schicht streichen. Die Form wieder auf dem Rost unter den Grill schieben. Auf diese Weise den ganzen Teig verarbeiten (die Einschubhöhe nach Möglichkeit so verändern, dass der Abstand von etwa 20 cm zwischen Grill und Teigschicht bestehen bleibt).

4. Die fertige Torte vorsichtig mit einem Messer vom Formrand lösen und auf ein mit Backpapier belegtes Backblech stürzen. Mitgebackenes Backpapier abziehen. Das Backblech mit der Torte nochmals etwa 5 Minuten in den ausgeschalteten noch heißen Backofen schieben. Das Backblech herausnehmen, Torte vom Backblech nehmen und auf einem Kuchenrost erkalten lassen.

5. Für den Belag Marzipan mit Puderzucker verkneten und auf einer mit Puderzucker bestäubten Arbeitsfläche dünn ausrollen. 2 runde Platten in Größe der Torte und 1 Streifen in Höhe des Tortenrandes ausschneiden. Die ganze Torte mit Konfitüre bestreichen, mit den Marzipanplatten und -streifen be- und umlegen und etwas andrücken.

6. Für den Guss Schokolade in kleine Stücke brechen, mit Kokosfett oder Öl in einem Topf im Wasserbad bei schwacher Hitze geschmeidig rühren. Die Torte mit dem Guss überziehen und Guss fest werden lassen.

7. Zum Garnieren Marzipan mit Puderzucker verkneten, auf der mit Puderzucker bestäubten Arbeitsfläche dünn ausrollen. Mit einer Ausstechform Sterne ausstechen. Tortenoberfläche mit den Marzipan-Sternen garnieren.

Sterntaler-Torte

Stracciatella-Erdbeer-Torte

Beliebt

Insgesamt:
E: 85 g, F: 322 g, Kh: 568 g,
kJ: 24129, kcal: 5781

Für den Biskuitteig:
4 Eier (Größe M)
4 EL heißes Wasser
150 g Zucker
1 Pck. Dr. Oetker Vanillin-Zucker
125 g Weizenmehl
50 g Speisestärke
2 gestr. TL Dr. Oetker Backin

Für die Füllung:
8 Blatt weiße Gelatine
400 ml ungesüßte Kokosmilch
150 ml Kokoslikör
75 g Zucker
Saft von 1 Zitrone
2 EL Kokoslikör
2 EL Erdbeerkonfitüre
500 g frische Erdbeeren
300 ml Schlagsahne
80 g Erdbeer-Joghurt-Schokoriegel

Zum Garnieren und Verzieren:
200 ml Schlagsahne
2 Erdbeer-Joghurt-Schokoriegel
50 g geröstete Kokos-Chips (Kokosspäne)

Zubereitungszeit: 80 Minuten, ohne Kühlzeit

1. Für den Teig Eier und Wasser mit Handrührgerät mit Rührbesen auf höchster Stufe in 1 Minute schaumig schlagen. Zucker und Vanillin-Zucker mischen, in 1 Minute einstreuen, dann noch 2 Minuten weiterschlagen.
2. Mehl mit Speisestärke und Backpulver mischen, die Hälfte davon auf die Eiercreme sieben und kurz auf niedrigster Stufe unterrühren. Restliches Mehlgemisch auf die gleiche Weise unterarbeiten. Den Teig in eine Springform (Ø 26 cm, Boden gefettet, mit Backpapier belegt) füllen und glatt streichen. Die Form auf dem Rost in den Backofen schieben.

Ober-/Unterhitze: etwa 180 °C (vorgeheizt)
Heißluft: etwa 160 °C (nicht vorgeheizt)
Gas: Stufe 2–3 (nicht vorgeheizt)
Backzeit: etwa 35 Minuten.

3. Den Boden aus der Form lösen, auf einen mit Backpapier belegten Kuchenrost stürzen und erkalten lassen. Anschließend mitgebackenes Backpapier abziehen und den Boden zweimal waagerecht durchschneiden.
4. Für die Füllung Gelatine nach Packungsanleitung in kaltem Wasser einweichen. Kokosmilch mit Likör, Zucker und Zitronensaft verrühren. Gelatine leicht ausdrücken und in einem kleinen Topf bei schwacher Hitze auflösen (nicht kochen). Gelatine zuerst mit 2-3 Esslöffeln von der Kokos-Likör-Mischung verrühren, dann die Mischung unter die restliche Kokos-Likör-Mischung rühren und kalt stellen.
5. Likör mit Konfitüre verrühren. Unteren Boden auf eine Tortenplatte legen und einen Tortenring darumstellen. Den Boden mit der Hälfte der Likör-Konfitüre-Mischung bestreichen. Erdbeeren waschen, abtropfen lassen und entstielen. Einige Erdbeeren zum Garnieren beiseite legen. Restliche Erdbeeren auf den bestrichenen Boden legen.
6. Sahne steif schlagen und unter die dicklich gewordene Kokos-Likör-Mischung heben. Zwei Drittel der Creme auf den Erdbeeren verstreichen. Den mittleren Boden mit der restlichen Likör-Konfitüre-Mischung bestreichen, auf die Creme legen und leicht andrücken.
7. Schokoriegel grob hacken und unter die restliche Creme rühren. Diese auf dem Biskuitboden verstreichen. Oberen Boden darauf legen und leicht andrücken. Die Torte mit Frischhaltefolie bedeckt 2 Stunden kalt stellen.
8. Zum Garnieren und Verzieren Tortenring lösen und entfernen. Sahne steif schlagen. Tortenrand und -oberfläche damit bestreichen. Beiseite gelegte Erdbeeren vierteln und dekorativ auf die Mitte der Tortenoberfläche legen. Schokoriegel in kleine Stücke schneiden und um die Erdbeeren streuen. Tortenrand mit den Kokos-Chips garnieren.

Stracciatella-Erdbeer-Torte

Stricknadel-Eierlikör-Torte

Stricknadel-Eierlikör-Torte

Für Gäste – beliebt

Insgesamt:
E: 89 g, F: 346 g, Kh: 532 g,
kJ: 24259, kcal: 5791

Für den Rührteig:
250 g Butter oder Margarine
250 g Zucker
1 Pck. Dr. Oetker Vanillin-Zucker
5 Tropfen Rum-Aroma
6 Eier (Größe M)
250 g Weizenmehl
2 gestr. TL Dr. Oetker Backin

Zum Tränken:
200 ml heiße Milch
3 EL Kakaogetränkepulver
5 EL Weinbrand oder Rum

Zum Bestreichen und Verzieren:
250 ml (¼ l) Schlagsahne
1 EL Zucker
1 Pck. Dr. Oetker Sahnesteif

Zum Beträufeln und Bestreuen:
5–6 EL Eierlikör
Dekor-Schokoblättchen

Zubereitungszeit: 40 Minuten

1. Für den Teig Butter oder Margarine mit Handrührgerät mit Rührbesen auf höchster Stufe geschmeidig rühren. Nach und nach Zucker, Vanillin-Zucker und Aroma unterrühren. So lange rühren, bis eine gebundene Masse entstanden ist. Eier nach und nach unterrühren (jedes Ei etwa ½ Minute). Mehl mit Backpulver mischen, sieben und in 2 Portionen auf mittlerer Stufe unterrühren.

2. Teig in eine Springform (Ø 26 cm, Boden gefettet) füllen, glatt streichen und die Form auf dem Rost in den Backofen schieben.
   Ober-/Unterhitze: etwa 180 °C (vorgeheizt)
   Heißluft: etwa 160 °C (nicht vorgeheizt)
   Gas: Stufe 2–3 (nicht vorgeheizt)
   Backzeit: etwa 50 Minuten.

3. Nach dem Backen den Boden aus der Form lösen und auf einem mit Backpapier belegten Kuchenrost erkalten lassen.

4. Zum Tränken Milch mit Kakao und Weinbrand oder Rum verrühren. In die Oberfläche des erkalteten Bodens mit Hilfe einer Stricknadel beliebig viele kleine Löcher bohren und den Boden mit Hilfe eines großen Pinsels oder eines Esslöffels mit der Kakao-Alkohol-Mischung tränken.

5. Zum Bestreichen Schlagsahne mit Zucker und Sahnesteif steif schlagen, 2 Esslöffel davon in einen Spritzbeutel mit kleiner Lochtülle füllen und mit der restlichen Sahne Rand und Oberfläche bestreichen. Den oberen Rand mit der Sahne aus dem Spritzbeutel verzieren. Die Tortenoberfläche mit Eierlikör beträufeln. Den Rand der Tortenoberfläche und den unteren Tortenrand mit Schokoblättchen bestreuen.

Struwwelpeter-Torte

Für Kinder

Insgesamt:
E: 62 g, F: 202 g, Kh: 399 g,
kJ: 15443, kcal: 3680

6 Schoko-Zwieback (etwa 100 g)
3 Erdbeer-Joghurt-Schokoriegel

Für den Teig:
75 g Weizenmehl
1 gestr. TL Dr. Oetker Backin
4 Eier (Größe M)
100 g Zucker
1 Pck. Dr. Oetker Vanillin-Zucker

Für die Füllung:
250 g frische Erdbeeren
250 ml (¼ l) Apfelsaft
1 Pck. Tortenguss, klar
1 TL Zucker

Für den Belag:
400 ml Schlagsahne
1 Pck. Quarkfein Erdbeer-Geschmack
(Dessertpulver)

4 Erdbeer-Joghurt-Schokoriegel
5–6 vorbereitete Erdbeeren

**Zubereitungszeit: 50 Minuten,
ohne Kühlzeit**

1. Zwieback in einen Gefrierbeutel geben und den Beutel fest verschließen. Zwieback mit einer Teigrolle fein zerbröseln. Schokoriegel fein hacken.

2. Für den Teig Mehl mit Backpulver mischen und in eine Rührschüssel sieben. Eier, Zucker und Vanillin-Zucker hinzufügen. Die Zutaten mit Handrührgerät mit Rührbesen zunächst kurz auf niedrigster, dann auf höchster Stufe in etwa 2 Minuten zu einem Teig verarbeiten. Zwiebackbrösel und Schokoriegelstückchen unterrühren. Den Teig in eine Springform (Ø 26 cm, Boden gefettet, mit Backpapier belegt) füllen und glatt streichen. Die Form auf dem Rost in den Backofen schieben.
**Ober-/Unterhitze: etwa 180 °C (vorgeheizt)
Heißluft: etwa 160 °C (vorgeheizt)
Gas: Stufe 2–3 (vorgeheizt)
Backzeit: etwa 20 Minuten.**

3. Den Boden aus der Form lösen, auf einen mit Backpapier belegten Kuchenrost stürzen und Boden erkalten lassen. Anschließend mitgebackenes Backpapier abziehen und den Boden einmal waagerecht durchschneiden. Unteren Boden auf eine Tortenplatte legen und einen Tortenring darumlegen.

4. Für die Füllung Erdbeeren waschen, abtropfen lassen, putzen und in kleine Stücke schneiden. Einen Guss aus Apfelsaft, Tortengusspulver und Zucker nach Packungsanleitung zubereiten und Erdbeerstücke unterheben. Die Masse auf dem unteren Boden verteilen. Den oberen Boden darauf legen. Torte etwa ½ Stunde kalt stellen.

5. Für den Belag Sahne steif schlagen, Dessertpulver unterrühren. Die Erdbeersahne auf den Tortenboden geben und glatt streichen. Torte etwa 1 Stunde kalt stellen. Dann Tortenring entfernen. Schokoriegel mit einem Sparschäler zu Röllchen schaben. Erdbeeren in Scheiben schneiden und auf den oberen Tortenrand legen. Tortenoberfläche mit den Schokoröllchen garnieren.

Sunshine-Torte

Schnell zubereitet

Insgesamt:
E: 50 g, F: 259 g, Kh: 375 g,
kJ: 17399, kcal: 4159

Für den All-in-Teig:
100 g Weizenmehl
2 gestr. TL Dr. Oetker Backin
100 g Zucker
1 Pck. Dr. Oetker Vanillin-Zucker
3 Eier (Größe M)
100 g Butter oder Margarine

Für den Belag:
1 Dose Pfirsichhälften
(Abtropfgewicht 500 g)
500 ml ($^1/_2$ l) Schlagsahne
1 Pck. Dr. Oetker Sahnesteif
1 Pck. Dr. Oetker Vanillin-Zucker

Für den Guss:
275 ml Pfirsich-Maracujasaft oder
Multivitaminsaft
1 Pck. Galetta Vanille-Geschmack
(Dessertpulver)
1 Pck. Saucenpulver Vanille-Geschmack,
ohne Kochen

**Zubereitungszeit: 20 Minuten,
ohne Kühlzeit**

1. Für den Teig Mehl und Backpulver mischen und in eine Rührschüssel sieben. Restliche Zutaten hinzufügen und mit Handrührgerät mit Rührbesen in etwa 1 Minute schaumig rühren. Den Teig in eine Springform (Ø 26 cm, Boden gefettet, mit Backpapier belegt) füllen und glatt streichen. Die Form auf dem Rost in den Backofen schieben.
   Ober-/Unterhitze: etwa 200 °C (vorgeheizt)
   Heißluft: etwa 180 °C (vorgeheizt)
   Gas: Stufe 3–4 (vorgeheizt)
   Backzeit: 15–20 Minuten.

2. Den Boden aus der Form lösen, auf einen mit Backpapier belegten Kuchenrost stürzen und erkalten lassen. Anschließend mitgebackenes Backpapier entfernen.

3. Für den Belag die Pfirsiche sehr gut abtropfen lassen und dann in kleine Stückchen schneiden. Sahne mit Sahnesteif und Vanillin-Zucker steif schlagen. Pfirsichstücke unterheben. Die Creme kuppelartig auf den Boden streichen und die Torte kalt stellen.

4. Für den Guss Saft mit Cremepulver und Saucenpulver nach Packungsanleitung, aber nur mit 275 ml Saft mit dem Schneebesen gut verrühren und 5 Minuten stehen lassen. Dann den Guss über die Sahnekuppel geben und nochmals 1 Stunde kalt stellen.

Tipp:
Sie können auch den Saft der abgetropften Pfirsiche nehmen, allerdings ist Pfirsich-Maracujasaft oder Multivitaminsaft kräftiger in der Farbe und aromatischer.
Nach Belieben den Tortenrand mit gebräunten Mandelblättchen garnieren.

Sunshine-Torte

Super-Dickmann's-Beerentorte

Für Kinder – einfach

Insgesamt:
E: 68 g, F: 181 g, Kh: 496 g,
kJ: 16994, kcal: 4006

Für die Füllung:
18 Super Dickmann's (große Schokoküsse)
500 g Vollmilchjoghurt
1 EL Zitronensaft
1 Pck. Dr. Oetker Vanillin-Zucker
2 EL Zucker
300 g gemischte Früchte, z. B. Erdbeeren, Heidelbeeren und Mandarinen (aus der Dose)
40 g Cornflakes

8 Blatt weiße Gelatine
200 ml Schlagsahne

1 Lage von 1 hellen Wiener Boden (Ø 26 cm)

Zum Verzieren:
125 ml (1/8 l) Schlagsahne

Zubereitungszeit: 30 Minuten, ohne Kühlzeit

1. Für die Füllung die Schokoküsse von den Waffelböden ablösen und in eine Rührschüssel geben. Joghurt, Zitronensaft, Vanillin-Zucker und Zucker hinzugeben und alles verrühren. Eine Schüssel (Ø 22 cm, mit möglichst rundem Boden, mit Frischhaltefolie ausgelegt) mit den Waffelböden auslegen (die Unterseite nach außen).
2. Erdbeeren waschen, abtropfen lassen, entstielen und evtl. klein schneiden. Heidelbeeren putzen, waschen und abtropfen lassen. Mandarinen in einem Sieb abtropfen lassen. Die vorbereiteten Früchte und die Cornflakes unter die Joghurtmasse rühren.
3. Gelatine nach Packungsanleitung einweichen, ausdrücken, auflösen und mit etwas von der Joghurtmasse verrühren, dann die Mischung unter die restliche Joghurtmasse rühren. Sahne steif schlagen und unterheben. Die Masse in die Schüssel füllen und 4-6 Stunden (am besten über Nacht) kalt stellen.
4. Vor dem Servieren den Biskuitboden auf eine Tortenplatte legen und den Schüsselinhalt darauf stürzen, so dass ein gleichmäßiger Rand entsteht. Die Folie entfernen.
5. Zum Verzieren Sahne steif schlagen, in einen Spritzbeutel mit Sterntülle füllen und den Biskuitbodenrand und nach Belieben die Torte damit verzieren.

Tipp:
Nach Belieben die Super-Dickmann's-Torte zusätzlich mit Früchten garnieren. Die übrigen Gebäcklagen einfrieren.

Surprise-Torte

Für Gäste

Insgesamt:
E: 74 g, F: 280 g, Kh: 467 g,
kJ: 21353, kcal: 5094

Zum Vorbereiten:
1 Glas Sauerkirschen
(Abtropfgewicht 350 g)
150 ml Kirschlikör (20 Vol.-%)

Für den Rührteig:
100 g weiche Butter oder Margarine
75 g Zucker, 2 Eier (Größe M)
50 g aufgelöste Zartbitterschokolade
80 g Weizenmehl
1 gestr. TL Dr. Oetker Backin
3 EL Kirschlikör (20 Vol.-%)

Für den Belag:
1 Pck. Tortenguss, rot
20 g Zucker
3 EL Kirschlikör (20 Vol.-%)
1 Pck. Mousse à la Vanille
200 ml Milch
100 ml Schlagsahne
200 g Doppelrahm-Frischkäse
2 EL Milch

Zum Garnieren:
150 ml Schlagsahne
100 g kandierte Ingwerstäbchen
mit Schokoladenüberzug

Zubereitungszeit: 60 Minuten, ohne Marinier- und Kühlzeit

1. Zum Vorbereiten Kirschen in einem Sieb abtropfen lassen, dabei den Saft auffangen und beiseite stellen. Kirschen mit Likör vermischen und eine Stunde marinieren.
2. Für den Teig Butter oder Margarine in eine Rührschüssel geben und mit Handrührgerät mit Rührbesen auf höchster Stufe geschmeidig rühren. Nach und nach Zucker unterrühren, bis eine gebundene Masse entstanden ist.
3. Eier nach und nach (jedes Ei etwa $1/2$ Minute) unterrühren. Schokolade unterrühren. Mehl mit Backpulver mischen, sieben und in 2 Portionen abwechselnd mit dem Likör unterrühren. Teig in eine Springform (Ø 26 cm, mit Backpapier belegt) geben und verstreichen. Die Form auf dem Rost in den Backofen schieben.
   Ober-/Unterhitze: etwa 180 °C (vorgeheizt)
   Heißluft: etwa 160 °C (vorgeheizt)
   Gas: Stufe 2–3 (vorgeheizt)
   Backzeit: etwa 25 Minuten.
4. Boden aus der Form lösen, auf einen mit Backpapier belegten Kuchenrost stürzen und erkalten lassen. Anschließend mitgebackenes Backpapier abziehen. Tortenring um den Boden stellen. Kirschen abtropfen lassen, die Marinierflüssigkeit auffangen und mit dem beiseite gestellten Kirschsaft auf 275 ml auffüllen.
5. Für den Belag einen Guss aus Tortengusspulver, Zucker und der abgemessenen Flüssigkeit nach Packungsanleitung zubereiten. 5 Esslöffel von dem Guss abnehmen, mit dem Likör verrühren und zugedeckt kalt stellen. Kirschen unter den restlichen Guss rühren, auf dem Tortenboden verteilen und kalt stellen.
6. Die Mousse nach Packungsanleitung, aber mit den hier angegebenen Mengen Milch und Sahne zubereiten. Frischkäse mit Milch verrühren, unter die Mousse heben und auf der Kirschfüllung verstreichen.
7. Mit einem Löffel leichte Vertiefungen in die Oberfläche eindrücken, in diese etwa zwei Drittel der kalt gestellten Likör-Guss-Mischung träufeln. Mit einem Esslöffelstiel den Guss durch die Creme ziehen, so dass „Schlieren" entstehen. Die Torte etwa 2 Stunden kalt stellen.
8. Zum Garnieren Tortenring lösen und entfernen. Sahne steif schlagen und in einen Spritzbeutel mit Lochtülle füllen. Dicke Tuffs auf die Tortenoberfläche setzen und die Ingwerstäbchen darauf legen. Restliche Likör-Guss-Mischung darauf träufeln.

Surprise-Torte

Tauftorte

Zum Verschenken

Insgesamt:
E: 120 g, F: 435 g, Kh: 492 g,
kJ: 27461, kcal: 6557

Für den Biskuitteig:
4 Eier (Größe M)
100 g Zucker
1 Pck. Dr. Oetker Vanillin-Zucker
100 g Weizenmehl
25 g Speisestärke
½ gestr. TL Dr. Oetker Backin
100 g gemahlene Haselnusskerne

Für die Füllung:
1 Pck. Dr. Oetker Pudding-Pulver Vanille-Geschmack
50 g Zucker
500 ml (½ l) Milch, 250 g weiche Butter
100 g gemahlene, geröstete Haselnusskerne
50 g gehackte, geröstete Haselnusskerne

einige Zuckerblumen
200 g Marzipan-Rohmasse
75 g gesiebter Puderzucker
Speisefarben

Zubereitungszeit: 60 Minuten, ohne Kühlzeit

Tauftorte

1. Für den Teig Eier mit Handrührgerät mit Rührbesen auf höchster Stufe in 1 Minute schaumig schlagen. Zucker und Vanillin-Zucker mischen, in 1 Minute einstreuen, dann noch 2 Minuten weiterschlagen.
2. Mehl mit Speisestärke und Backpulver mischen, auf die Eiercreme sieben und kurz auf niedrigster Stufe unterrühren. Haselnusskerne unterheben. Den Teig in eine Springform (Ø 26 cm, Boden gefettet, mit Backpapier belegt) füllen und glatt streichen. Die Form auf dem Rost in den Backofen schieben und sofort backen.

Ober-/Unterhitze: etwa 180 °C (vorgeheizt)
Heißluft: etwa 160 °C (vorgeheizt)
Gas: Stufe 2–3 (vorgeheizt)
Backzeit: 25–30 Minuten.

3. Den Boden aus der Form lösen, auf einen mit Backpapier belegten Kuchenrost stürzen und erkalten lassen. Dann das mitgebackene Backpapier abziehen und den Boden zweimal waagerecht durchschneiden.
4. Für die Füllung aus Pudding-Pulver, Zucker und Milch nach Packungsanleitung einen Pudding zubereiten, direkt mit Frischhaltefolie bedecken, damit sich keine Haut bildet, und erkalten lassen lassen.
5. Butter mit Handrührgerät mit Rührbesen geschmeidig rühren und den Pudding esslöffelweise unterrühren, dabei darauf achten, dass Butter und Pudding Zimmertemperatur haben, da die Creme sonst gerinnt. Unter die Hälfte der Creme die Haselnusskerne rühren. Den unteren Boden auf eine Tortenplatte legen und mit der Hälfte der Haselnusscreme bestreichen. Mit dem mittleren Boden bedecken, mit der restlichen Haselnusscreme bestreichen und mit dem oberen Boden bedecken.
6. Etwa 3 Esslöffel der Vanille-Buttercreme abnehmen und in einen Spritzbeutel mit kleiner Lochtülle füllen. Tortenrand und -oberfläche mit der restlichen Creme bestreichen. Mit der Creme aus dem Spritzbeutel kleine Tupfen auf die Tortenoberfläche und Striche an den Tortenrand spritzen. Die Tupfen mit Zuckerblumen garnieren. Torte kalt stellen.
7. Marzipan mit Puderzucker verkneten. Einen Teil mit Speisefarbe einfärben. Aus dem Marzipan Spielzeug, z. B. Teddybär, Schnuller und Rassel formen und auf die Torte legen.

Tipp:
Nach Belieben den unteren und mittleren Boden mit je 2 Esslöffeln Amaretto tränken (mit Hilfe eines Pinsels).
Die Basisversion der Torte eignet sich natürlich auch für andere Anlässe, z. B. mit einer aufgespritzten Zahl zum Geburtstag oder Jubiläum.

Tausendundeine-Nacht-Torte

Raffiniert – etwas aufwändiger

Insgesamt:
E: 81 g, F: 413 g, Kh: 495 g,
kJ: 25194, kcal: 6022

Für den All-in-Teig:
130 g Weizenmehl
3 gestr. TL Dr. Oetker Backin
20 g Kakaopulver
30 g Raspelschokolade
100 g Zucker
2 EL flüssiger Honig
3 Eier (Größe M)
130 g Butter oder Margarine

Zum Garnieren:
125 g Halbbitter-Kuvertüre
1 EL Speiseöl
50 g Johannisbeergelee
100 g Marzipan-Rohmasse

Für die Honigsahne:
3 Blatt weiße Gelatine
500 ml (1/2 l) Schlagsahne
50–75 g flüssiger Honig

Zum Bestreichen:
100 g Johannisbeergelee

Zum Verzieren:
100 ml Schlagsahne

Zubereitungszeit: 70 Minuten, ohne Kühlzeit

1. Für den Teig alle Zutaten in eine Schüssel geben und mit Handrührgerät mit Rührbesen in etwa 2 Minuten zu einem Teig verarbeiten. Teig in eine Springform (Ø 26 cm, Boden gefettet, mit Backpapier belegt) füllen, glatt streichen und die Form auf dem Rost in den Backofen schieben.

Ober-/Unterhitze: etwa 180 °C (vorgeheizt)
Heißluft: etwa 160 °C (vorgeheizt)
Gas: Stufe 2–3 (vorgeheizt)
Backzeit: etwa 30 Minuten.

2. Das Gebäck aus der Form lösen, auf einen mit Backpapier belegten Kuchenrost stürzen und erkalten lassen. Anschließend mitgebackenes Backpapier abziehen und den Boden einmal waagerecht so durchschneiden, dass der untere Boden etwas dicker ist.

3. Den Rand des oberen Bodens abschneiden, so dass eine Platte (Ø 18–20 cm) entsteht, und den Rand fein zerbröseln. Zum Garnieren Kuvertüre grob hacken und mit Öl in einem kleinen Topf im Wasserbad bei schwacher Hitze geschmeidig rühren. Die kleine Bodenplatte dünn mit Johannisbeergelee bestreichen. Marzipan in Größe der Platte ausrollen und auflegen.

4. Dann etwas von der Kuvertüre dick aufstreichen, etwas anziehen lassen, mit einem Tortenkamm in Wellen verzieren und vollständig fest werden lassen. Restliche Kuvertüre dünn auf Backpapier streichen und fest werden lassen. Den bestrichenen Boden mit einem angewärmten Messer vorsichtig in 12 Tortenstücke einteilen, aber nicht vollständig durchschneiden.

5. Für die Honigsahne Gelatine nach Packungsanleitung einweichen und in einem Topf bei schwacher Hitze auflösen (nicht kochen). Sahne fast steif schlagen, erst flüssige Gelatine, dann Honig unter Schlagen dazugeben und Sahne vollständig steif schlagen. Unteren Boden auf eine Tortenplatte legen, mit Gelee bestreichen, dann die Sahne konisch aufstreichen, so dass der obere Boden aufgelegt werden kann und leicht andrücken. Torte etwa 2 Stunden kalt stellen.

6. Die Gebäckbrösel an den Rand auf die Honigsahne streuen und leicht andrücken. Zum Verzieren Sahne steif schlagen, in einen Spritzbeutel mit großer Lochtülle füllen und je einen Tuff auf die angedeuteten Tortenstücke spritzen. Aus der Kuvertüre Halbmonde ausstechen und auf die Tuffs legen.

Tausendundeine-Nacht-Torte

Tequila-Sunrise-Torte

Raffiniert

Insgesamt:
E: 74 g, F: 277 g, Kh: 406 g,
kJ: 19844, kcal: 4742

Für den Boden:
125 g Orangen-Eierplätzchen (z. B. Azora)
50 g abgezogene, gemahlene Mandeln
125 g Butter

Für die Creme:
8 Blatt weiße Gelatine
500 g Orangenjoghurt
75 ml Tequila
125 g Zucker
400 ml Schlagsahne
$1/2$–1 Granatapfel

Für den Spiegel:
4 Blatt weiße Gelatine
100 ml Grenadinesirup
150 ml Orangensaft
1 EL Tequila

Zum Garnieren:
einige Orangenscheiben ohne Schale

Zubereitungszeit: 60 Minuten, ohne Kühlzeit

1. Für den Boden Orangenplätzchen in einen Gefrierbeutel geben, ihn verschließen und die Plätzchen mit einer Teigrolle fein zerdrücken. Die Brösel in eine Schüssel geben und Mandeln hinzufügen.

2. Butter zerlassen, zu den Plätzchen-Mandel-Bröseln geben und gut verrühren. Einen Springformrand (Ø 26 cm) auf eine mit Tortenspitze oder Backpapier belegte Tortenplatte stellen. Die Masse gleichmäßig darin verteilen und mit Hilfe eines Löffels gut zu einem Boden andrücken. Boden kalt stellen.

3. Für die Creme Gelatine nach Packungsanleitung einweichen. Joghurt mit Tequila und Zucker in einer Schüssel verrühren. Gelatine ausdrücken, in einem Topf bei schwacher Hitze auflösen (nicht kochen) und zunächst mit etwas von der Joghurtmasse verrühren, dann die Mischung unter die restliche Joghurtmasse rühren und kalt stellen.

4. Sobald die Masse beginnt dicklich zu werden, Sahne steif schlagen und unterheben. Granatapfel vierteln, Kerne vorsichtig herauslösen (Trennhäute entfernen), einige zum Garnieren beiseite stellen und die restlichen Kerne unter die Joghurtmasse heben. Die Creme auf den Boden streichen und die Torte etwa 2 Stunden kalt stellen.

5. Für den Spiegel Gelatine einweichen, Grenadinesirup mit Orangensaft und Tequila verrühren. Gelatine ausdrücken, auflösen, die Saftmischung unter Rühren langsam zur Gelatine geben und vorsichtig auf die Tortenoberfläche gießen. Die Torte nochmals etwa 1 Stunde kalt stellen, bis die Oberfläche fest ist.

6. Die Torte aus der Form lösen und mit den zurückgelegten Granatapfelkernen und Orangenscheiben garnieren.

Tipp:
Die Torte schmeckt frisch am besten. Anstelle des Joghurts können Sie auch Schmand verwenden, dann zusätzlich 1 Päckchen Finesse Orangenfrucht unterrühren. Für eine alkoholfreie Variante kann der Tequila einfach durch Orangensaft ersetzt werden.

Tequila-Sunrise-Torte

Terrassentorte mit Sekt

Etwas aufwändiger

Insgesamt:
E: 67 g, F: 328 g, Kh: 481 g,
kJ: 22272, kcal: 5315

Für den Biskuitteig:
3 Eier (Größe M), 3 EL Sekt
125 g Zucker
1 Pck. Dr. Oetker Vanillin-Zucker
125 g Weizenmehl, 25 g Speisestärke
2 gestr. TL Dr. Oetker Backin
50 g Kokosraspel

Für die karamellisierten Früchte:
1 Mango, 1 Papaya, 1 Kiwi
25 g Butter, 1 EL Zucker

Für die Füllung:
3 Blatt weiße Gelatine
400 ml Schlagsahne, 25 g Zucker
1 Pck. Paradiescreme Aprikosen-Geschmack (Dessertpulver)
200 ml trockener Sekt

Zum Bestreichen und Garnieren:
350 ml Schlagsahne
1 Pck. Dr. Oetker Sahnesteif
2 Pck. Dr. Oetker Vanillin-Zucker
1 Kiwi
Zucker zum Karamellisieren
Kokosraspel

Zubereitungszeit: 90 Minuten, ohne Kühlzeit

Terrassentorte mit Sekt

1. Für den Teig Eier und Sekt mit Handrührgerät mit Rührbesen auf höchster Stufe in 1 Minute schaumig schlagen. Zucker und Vanillin-Zucker mischen, in 1 Minute einstreuen und noch 2 Minuten weiterschlagen. Mehl mit Speisestärke und Backpulver mischen, auf die Eiercreme sieben und kurz auf niedrigster Stufe unterrühren. Kokosraspel unterrühren. Teig in eine Springform (Ø 26 cm, Boden gefettet, mit Backpapier belegt) füllen, glatt streichen und die Form auf dem Rost in den Backofen schieben.
   Ober-/Unterhitze: etwa 180 °C (vorgeheizt)
   Heißluft: etwa 160 °C (vorgeheizt)
   Gas: Stufe 2–3 (vorgeheizt)
   Backzeit: etwa 30 Minuten.

2. Boden aus der Form lösen, auf einen mit Backpapier belegten Kuchenrost stürzen und erkalten lassen. Anschließend mitgebackenes Backpapier abziehen und den Boden einmal waagerecht durchschneiden. Den unteren Boden auf eine Tortenplatte legen und den oberen Boden in dünne, etwa 3 cm breite Ringe schneiden (ergibt 3 Ringe und 1 Mittelstück).

3. Zum Karamellisieren Mangofruchtfleisch vom Stein schneiden, Mangostücke, Papaya und Kiwi schälen, bei der Papaya Kerne entfernen und jede Frucht in Würfel schneiden (einige Mango- und Papayaspalten zum Garnieren beiseite legen). Butter in einer Pfanne zerlassen, Zucker und Früchte darin leicht karamellisieren lassen und erkalten lassen.

4. Für die Füllung Gelatine nach Packungsanleitung einweichen. Sahne mit Zucker fast steif schlagen. Gelatine in einem kleinen Topf bei schwacher Hitze auflösen (nicht kochen), unterschlagen und die Sahne vollständig steif schlagen. Dessertpulver und Sekt mit Handrührgerät mit Rührbesen auf höchster Stufe etwa 2 Minuten verrühren und kurz unter die Sahne rühren. Erkaltete Früchte unterheben. Um den unteren Tortenboden einen Tortenring stellen und knapp die Hälfte der Creme auf dem Boden verstreichen. Den äußeren Rand auflegen und mit Creme ausfüllen. Den zweiten Ring auflegen und wieder mit Creme ausstreichen. Den dritten Ring auflegen, mit der restlichen Creme ausfüllen und das Mittelstück auflegen. Die Torte etwa 2 Stunden kalt stellen.

5. Tortenring lösen und entfernen. Sahne mit Sahnesteif und Vanillin-Zucker steif schlagen und die Torte und die Terrassen (evtl. mit einem Tafelmesser) damit bestreichen. Übrig gebliebene Früchte und die geschälte, in Scheiben oder halbe Scheiben geschnittene Kiwi mit karamellisiertem Zucker besprenkeln und abkühlen lassen. Die Torte vor dem Servieren mit den Früchten belegen und mit Kokosraspeln bestreuen.

Tiamo-Torte

Zubereitungszeit: 45 Minuten, ohne Kühlzeit

1. Für den Teig Eier und Wasser mit Handrührgerät mit Rührbesen auf höchster Stufe in 1 Minute schaumig schlagen. Zucker mit Vanillin-Zucker mischen, in 1 Minute einstreuen, dann noch 2 Minuten weiterschlagen.
2. Mehl mit Speisestärke, Backpulver und Kakaopulver mischen, auf die Eiercreme sieben und kurz auf niedrigster Stufe unterrühren. Den Teig in eine Springform (Ø 26 cm, Boden gefettet, mit Backpapier belegt) füllen und glatt streichen. Die Form auf dem Rost in den Backofen schieben.

   Ober-/Unterhitze: etwa 180 °C (vorgeheizt)
   Heißluft: etwa 160 °C (vorgeheizt)
   Gas: Stufe 2–3 (vorgeheizt)
   Backzeit: etwa 20 Minuten.
3. Den Boden aus der Form lösen, auf einen mit Backpapier belegten Kuchenrost stürzen und erkalten lassen. Anschließend mitgebackenes Backpapier abziehen und aus dem Boden mit Hilfe einer Herzschablone ein möglichst großes Herz ausschneiden. Gebäckreste zerbröseln. Das Biskuitherz einmal waagerecht durchschneiden und das untere Biskuitherz auf eine Tortenplatte legen.
4. Für die Creme Quark mit Likör verrühren. Mascarpone und Puderzucker mit Handrührgerät mit Rührbesen cremig aufschlagen. Quark-Likör-Masse unterrühren.
5. Zum Bestreichen Konfitüre mit Likör verrühren und das untere Biskuitherz damit bestreichen. Knapp die Hälfte der Creme darauf geben und glatt streichen. Zerbröselte Gebäckreste darauf streuen. Oberes Biskuitherz darauf legen und etwas andrücken. Das Herz mit der restlichen Creme wellenartig bestreichen und kalt stellen.
6. Nach Belieben die Herzoberfläche am Rand mit Granatapfelkernen und in der Mitte mit Marzipan- und Schokoladenherzen belegen.

Tiamo-Torte

Zum Verschenken

Insgesamt:
E: 91 g, F: 256 g, Kh: 361 g,
kJ: 18629, kcal: 4447

Für den Biskuitteig:
3 Eier (Größe M), 2 EL heißes Wasser
75 g Zucker
1 Pck. Dr. Oetker Vanillin-Zucker
75 g Weizenmehl
25 g Speisestärke
½ gestr. TL Dr. Oetker Backin
1 geh. EL Kakaopulver

Für die Creme:
250 g Magerquark
100 ml Marzipan-Sahne-Likör (15 Vol.-%)
500 g Mascarpone (ital. Frischkäse)
4 EL Puderzucker

Zum Bestreichen:
2 EL Kirschkonfitüre
2 EL Marzipan-Sahne-Likör (15 Vol.-%)

Nach Belieben zum Garnieren:
ausgelöste Kerne von ½ Granatapfel
einige Marzipan-Herzen mit Schokoladenüberzug
einige Schokoherzen

Tiramisu-Torte

Für Gäste

Insgesamt:
E: 100 g, F: 385 g, Kh: 279 g,
kJ: 21651, kcal: 5168

Für den Biskuitteig:
1 Ei (Größe M)
1 EL heißes Wasser, 50 g Zucker
1 Pck. Dr. Oetker Vanillin-Zucker
50 g Weizenmehl
$1/2$ gestr. TL Dr. Oetker Backin

Zum Tränken:
150 ml kalter Espresso
oder starker Kaffee
3 EL Amaretto (ital. Mandellikör)
100 g Löffelbiskuits

Für die Tiramisucreme:
8 Blatt weiße Gelatine
500 g Mascarpone (ital. Frischkäse)
250 g Magerquark
125 ml ($1/8$ l) Milch
50 g Zucker
2 EL Amaretto
400 ml Schlagsahne

Zum Bestäuben:
Kakaopulver

Zubereitungszeit: 50 Minuten, ohne Kühlzeit

1. Für den Teig Eier und Wasser mit Handrührgerät mit Rührbesen auf höchster Stufe in 1 Minute schaumig schlagen. Zucker und Vanillin-Zucker mischen, in 1 Minute einstreuen, dann noch 2 Minuten weiterschlagen.

2. Mehl mit Backpulver mischen, auf die Eiercreme sieben und kurz auf niedrigster Stufe unterrühren. Den Teig in eine Springform (Ø 26 cm, Boden gefettet, mit Backpapier belegt) geben und glatt streichen. Die Form auf dem Rost in den Backofen schieben.
Ober-/Unterhitze: etwa 180 °C (vorgeheizt)
Heißluft: etwa 160 °C (vorgeheizt)
Gas: Stufe 2–3 (vorgeheizt)
Backzeit: etwa 20 Minuten.

3. Den Boden aus der Form lösen, auf einen mit Backpapier belegten Kuchenrost stürzen und erkalten lassen. Anschließend mitgebackenes Backpapier abziehen.

4. Zum Tränken Espresso oder Kaffee mit Amaretto verrühren. Den Biskuitboden auf eine Tortenplatte legen und mit knapp einem Drittel der Kaffee-Likör-Flüssigkeit tränken.

5. Für die Creme Gelatine nach Packungsanleitung einweichen. Mascarpone mit Quark, Milch, Zucker, Amaretto und 2 Esslöffeln von der Kaffee-Likör-Flüssigkeit glatt rühren. Gelatine leicht ausdrücken und in einem kleinen Topf bei schwacher Hitze unter Rühren auflösen (nicht kochen). Gelatine mit 3 Esslöffeln der Mascarponemasse verrühren, dann die Mischung mit der restlichen Mascarponemasse verrühren und kalt stellen.

6. Sahne steif schlagen. Sobald die Masse beginnt dicklich zu werden, Sahne unterheben. Den getränkten Biskuitboden auf eine Tortenplatte legen und einen Tortenring darumstellen. Die Hälfte der Creme darauf geben und glatt streichen. Löffelbiskuits mit der Zuckerseite nach unten darauf legen und mit der restlichen Kaffee-Likör-Flüssigkeit tränken. Restliche Creme darauf verteilen. Torte 2–3 Stunden kalt stellen.

7. Vor dem Servieren Tortenring lösen und entfernen. Die Tortenoberfläche mit Kakao bestäuben.

Tiramisu-Torte

Tiramisu-Torte mit Erdbeeren

Fruchtig – beliebt

Insgesamt:
E: 94 g, F: 390 g, Kh: 377 g,
kJ: 23029, kcal: 5496

Für den Biskuitteig:
4 Eier (Größe M)
4 EL heißes Wasser
120 g Zucker
1 Pck. Dr. Oetker Vanillin-Zucker
2 gestr. TL lösliches Kaffeepulver
100 g Weizenmehl
25 g Speisestärke
1 gestr. TL Dr. Oetker Backin

Für die Füllung:
6 Blatt weiße Gelatine
4 Eigelb (Größe M)
80 g Zucker
500 g Mascarpone (ital. Frischkäse)
150 g Erdbeeren

Zum Beträufeln:
2–3 EL Amaretto

Zum Bestreichen und Verzieren:
400 ml Schlagsahne
2 Pck. Dr. Oetker Sahnesteif

Zum Bestäuben:
1–2 EL Kakaopulver

Zubereitungszeit: 60 Minuten, ohne Kühlzeit

1. Für den Teig Eier und Wasser mit Handrührgerät mit Rührbesen auf höchster Stufe in 1 Minute schaumig schlagen. Zucker und Vanillin-Zucker mischen, in 1 Minute einstreuen, dann noch 2 Minuten weiterschlagen. Kaffeepulver kurz unterrühren.
2. Mehl mit Speisestärke und Backpulver mischen, auf die Eiercreme sieben und kurz auf niedrigster Stufe unterrühren. Den Teig auf ein Backblech (30 x 40 cm, gefettet, mit Backpapier belegt) geben und verstreichen. Das Backblech in den Backofen schieben.

Ober-/Unterhitze: etwa 200 °C (vorgeheizt)
Heißluft: etwa 180 °C (vorgeheizt)
Gas: Stufe 3–4 (vorgeheizt)
Backzeit: etwa 12 Minuten.

3. Die Biskuitplatte nach dem Backen sofort vom Rand lösen, auf ein mit Zucker bestreutes Backpapier stürzen und mit dem Backpapier erkalten lassen. Anschließend Backpapier vorsichtig abziehen.
4. Für die Füllung Gelatine nach Packungsanleitung einweichen. Eigelb und Zucker in einer Schüssel im heißen Wasserbad mit Handrührgerät mit Rührbesen auf höchster Stufe etwa 5 Minuten schaumig schlagen. Schüssel aus dem Wasserbad nehmen. Gelatine leicht ausdrücken und unter Rühren in der heißen Eimasse auflösen. Mascarpone esslöffelweise unterrühren und die Masse kalt stellen.
5. Erdbeeren waschen, abtropfen lassen, putzen und fein würfeln. Sobald die Mascarponecreme beginnt dicklich zu werden, die Erdbeerwürfel unterheben. Biskuitplatte mit Amaretto beträufeln, Mascarponecreme darauf streichen und die Creme noch etwas anziehen lassen.
6. Anschließend die bestrichene Biskuitplatte der Länge nach in 6 Streifen (etwa 5 cm breit) schneiden. Einen Streifen zu einer Schnecke aufrollen und auf eine Tortenplatte stellen. Die restlichen Streifen darumlegen, dabei leicht andrücken. Die Torte etwa 3 Stunden kalt stellen.
7. Zum Bestreichen und Verzieren Sahne mit Sahnesteif steif schlagen. Ein Drittel der Sahne in einen Spritzbeutel mit Lochtülle füllen. Tortenrand und -oberfläche mit der restlichen Sahne bestreichen. Die Tortenoberfläche mit der Sahne aus dem Spritzbeutel verzieren. Die Torte kalt stellen und kurz vor dem Servieren mit Kakao bestäuben.

Tipp:
Statt mit Amaretto können Sie die Biskuitplatte auch mit Kaffee tränken.

Tiramisu-Torte mit Erdbeeren

Toffifee-Torte

Toffifee-Torte

Für Kinder

Insgesamt:
E: 72 g, F: 275 g, Kh: 318 g,
kJ: 17428, kcal: 4164

Für den Biskuitteig:
100 g Löffelbiskuits
100 g gemahlene Haselnusskerne
3 Eiweiß (Größe M)
150 g Zucker
3 Eigelb (Größe M)
25 g Weizenmehl
1 gestr. TL Dr. Oetker Backin

Für die Füllung:
5 Blatt weiße Gelatine
10 Toffifee
500 ml ($1/2$ l) Schlagsahne
1 Pck. Instant-Trinkschokolade (22 g)
oder 1 geh. EL Kakaogetränkepulver

Zum Bestreichen:
1 EL Zucker
2 EL Wasser
1 geh. EL Aprikosenkonfitüre

Zum Garnieren:
14 Toffifee

Zubereitungszeit: 50 Minuten

1. Für den Teig Löffelbiskuits in einen Gefrierbeutel geben, den Beutel verschließen und die Löffelbiskuits mit einer Teigrolle fein zerdrücken. Haselnusskerne in einer Pfanne ohne Fett leicht bräunen und auf einem Teller erkalten lassen.
2. Eiweiß mit der Hälfte des Zuckers steif schlagen. Eigelb mit dem restlichen Zucker mit Handrührgerät mit Rührbesen etwa 4 Minuten cremig schlagen. Das steif geschlagene Eiweiß darauf geben und unterheben.
3. Mehl mit Backpulver mischen, sieben, mit Löffelbiskuitbröseln und Haselnusskernen hinzufügen und vorsichtig unterheben. Den Teig in eine Springform (Ø 24–26 cm, Boden gefettet, mit Backpapier belegt) füllen. Die Form auf dem Rost in den Backofen schieben und sofort backen.

Ober-/Unterhitze: etwa 180 °C (vorgeheizt)
Heißluft: etwa 160 °C (vorgeheizt)
Gas: Stufe 2–3 (vorgeheizt)
Backzeit: 25–30 Minuten.

4. Den Boden aus der Form lösen, auf einen mit Backpapier belegten Kuchenrost stürzen und den Boden erkalten lassen. Anschließend das mitgebackene Backpapier abziehen und den Boden einmal waagerecht durchschneiden. Den unteren Boden auf eine Tortenplatte legen.
5. Für die Füllung Gelatine nach Packungsanleitung einweichen. Toffifee fein hacken. Gelatine leicht ausdrücken und in einem kleinen Topf bei schwacher Hitze auflösen (nicht kochen). Sahne fast steif schlagen, Gelatinelösung unter Schlagen hinzufügen und die Sahne vollkommen steif schlagen.
6. Unter die Hälfte der Sahne die gehackten Toffifee rühren, unter die andere Hälfte das Schokoladen- oder Kakaogetränkepulver. Die Schokoladensahne in einen Spritzbeutel mit Sterntülle füllen. Auf den unteren Boden mit der Schokoladensahne außen einen etwa 3 cm breiten Ring spritzen, die restliche Schokoladensahne zum Verzieren zurücklassen. Die Mitte des Bodens mit gut drei Vierteln der Toffifee-Sahne bestreichen, den oberen Boden darauf legen und gut andrücken.
7. Zum Bestreichen Zucker mit Wasser unter Rühren zum Kochen bringen, bis sich der Zucker gelöst hat. Aprikosenkonfitüre durch ein Sieb streichen und hinzugeben. So lange unter Rühren kochen lassen, bis die Masse anfängt dicklich zu werden. Den oberen Boden damit bestreichen.
8. In die Mitte der Tortenoberfläche einen Kreis aus der restlichen Toffifee-Sahne streichen. Die Torte mit der zurückgelassenen Schokoladensahne verzieren und mit Toffifee garnieren.

Torta della Nonna

Beliebt

Insgesamt:
E: 94 g, F: 244 g, Kh: 512 g,
kJ: 19363, kcal: 4625

Für den Knetteig:
275 g Weizenmehl
125 g Zucker
1 Pck. Dr. Oetker Vanillin-Zucker
1 Prise Salz
2 Eiweiß (Größe M)
175 g Butter oder Margarine

Für die Füllung:
30 g Weizenmehl
125 g Zucker
400 ml Milch
4 Eigelb (Größe M)
60 g gemahlene Pinienkerne

Zum Bestreichen:
1 verschlagenes Eiweiß

Zum Bestreuen:
40 g Pinienkerne
evtl. Puderzucker

Zubereitungszeit: 35 Minuten, ohne Kühlzeit

Torta della Nonna

1. Für den Teig Mehl in eine Rührschüssel sieben. Restliche Zutaten hinzufügen und mit Handrührgerät mit Knethaken zunächst kurz auf niedrigster, dann auf höchster Stufe gut durcharbeiten. Anschließend den Teig auf der leicht bemehlten Arbeitsfläche kurz verkneten. Den Teig in Frischhaltefolie gewickelt etwa 30 Minuten kalt stellen.

2. Für die Füllung Mehl mit Zucker und 3 Esslöffeln von der Milch verrühren. Restliche Milch in einem Topf zum Kochen bringen, von der Kochstelle nehmen, angerührte Mehlmasse einrühren und alles unter Rühren zum Kochen bringen. Topf wieder von der Kochstelle nehmen. Eigelb und Pinienkerne unterrühren und die Creme etwas erkalten lassen, dabei gelegentlich umrühren.

3. Gut die Hälfte des Teiges zu einer runden Platte (Ø etwa 30 cm) ausrollen und in eine Springform (Ø 26 cm, Boden gefettet) legen. Den Teig so andrücken, dass ein 2 cm hoher Rand entsteht. Die Creme auf den Teig geben und glatt streichen. Restlichen Teig zu einer runden Platte (Ø 26 cm) ausrollen und als Decke auf die Creme legen. Die Oberfläche mit Eiweiß bestreichen und mit Pinienkernen bestreuen. Die Form auf dem Rost in den Backofen schieben.

Ober-/Unterhitze: etwa 180 °C (vorgeheizt)
Heißluft: etwa 160 °C (nicht vorgeheizt)
Gas: Stufe 2–3 (nicht vorgeheizt)
Backzeit: 50–60 Minuten.

4. Den Boden aus der Form lösen, auf einem Kuchenrost erkalten lassen und nach Belieben kurz vor dem Servieren mit Puderzucker bestreuen.

Tipp:
Die Torte kann auch in einer Tarteform gebacken werden.

Torte zum Advent

Für Gäste

Insgesamt:
E: 48 g, F: 336 g, Kh: 352 g,
kJ: 20304, kcal: 4848

Für den Boden:
175 g Gewürzspekulatius
100 g nicht abgezogene, grob gemahlene Mandeln
125 g Butter

Für den Belag:
1 Glas Sauerkirschen
(Abtropfgewicht 370 g)
1 Glas Wild-Preiselbeer-Dessert
(Abtropfgewicht 175 g)
1 Pck. Tortenguss, rot
2 EL Zucker
125 ml ($^1/_8$ l) Sauerkirsch-Preiselbeer-Saft-Mischung
125 ml ($^1/_8$ l) Rotwein

Zum Verzieren und Garnieren:
400 ml ($^1/_2$ l) Schlagsahne
1 Pck. Dr. Oetker Sahnesteif
1 Pck. Dr. Oetker Vanillin-Zucker
16 Gewürzspekulatius

Zubereitungszeit: 50 Minuten, ohne Kühlzeit

1. Für den Boden einen Springformrand (Ø 26 cm) auf eine mit Tortenspitze oder Backpapier belegte Tortenplatte stellen. Spekulatius in einen Gefrierbeutel geben, den Beutel verschließen und die Spekulatius mit einer Teigrolle sehr fein zerbröseln. Spekulatiusbrösel und Mandeln in eine Rührschüssel geben.
2. Butter zerlassen, mit der Spekulatiusbrösel-Mandel-Mischung gut vermengen, in den Springformrand geben und mit Hilfe eines Esslöffels gleichmäßig zu einem Boden andrücken.
3. Für den Belag Kirschen und Preiselbeeren zusammen in einem Sieb gut abtropfen lassen, den Saft dabei auffangen und 125 ml ($^1/_8$ l) davon abmessen. Einen Guss aus Tortengusspulver, Zucker, Saft und Rotwein nach Packungsanleitung zubereiten. Sauerkirschen und Preiselbeeren hinzugeben, unterrühren und abkühlen lassen. Die Fruchtmasse auf den Spekulatius-Mandel-Boden geben und glatt streichen. Torte etwa 2 Stunden kalt stellen.
4. Zum Verzieren und Garnieren Springformrand lösen und entfernen. Sahne mit Sahnesteif und Vanillin-Zucker steif schlagen und in einen Spritzbeutel mit großer Sterntülle füllen. 16 Tortenstücke markieren, diese mit Sahne spiralförmig aussspritzen. An jede Sahnespirale einen Spekulatius fächerartig anlehnen. Torte etwa 1 Stunde kalt stellen.

Tipp:
Nach Belieben die Torte entweder nur mit Sauerkirschen oder nur mit Preiselbeeren (Abtropfgewicht je etwa 550 g) zubereiten. Zum Garnieren mit Schokolade überzogene Spekulatius verwenden.

Torte zum Advent

Torte zur Geburt

Zum Verschenken

Insgesamt:
E: 146 g, F: 371 g, Kh: 535 g,
kJ: 26151, kcal: 6250

Für den Teig:
1 Pck. (415 g) Backmischung
Käse-Sahne-Torte
100 g weiche Butter oder Margarine
3 Eier (Größe M)

Für den Belag:
250 g TK-Himbeeren
500 ml (1/2 l) Schlagsahne
1 Pck. Mischung für die Füllung
(ist in der Backmischung enthalten)
100 ml Wasser
500 g Magerquark

Zum Garnieren:
100 g Marzipan-Rohmasse
1 Pck. Dekorzucker (ist in der
Backmischung enthalten)
grüne, blaue und rote Speisefarbe
etwas Kakaopulver

Zum Verzieren:
150 g Vollmilch-Kuvertüre
3 EL Kokosraspel

**Zubereitungszeit: 40 Minuten,
ohne Kühl- und Auftauzeit**

1. Für den Teig Backmischung nach Packungsanleitung zubereiten, in eine Springform (Ø 26 cm, Boden gefettet, mit Backpapier belegt) füllen, glatt streichen und backen.
   Ober-/Unterhitze: etwa 180 °C (vorgeheizt)
   Heißluft: etwa 160 °C (vorgeheizt)
   Gas: Stufe 2-3 (vorgeheizt)
   Backzeit: 25-30 Minuten.
2. Boden aus der Form lösen, auf einen mit Backpapier belegten Kuchenrost stürzen und erkalten lassen. Dann mitgebackenes Backpapier abziehen und den Boden einmal waagerecht durchschneiden, dabei den oberen Boden dünner schneiden. Aus dem oberen Boden mit Plätzchenausstechern etwa 15 Blüten (Ø 4 cm) und 12 Blüten (Ø 2 cm) ausstechen. Unteren Boden auf eine Tortenplatte legen, einen Tortenring darumlegen und innen an den Rand die großen Blüten stellen.
3. Für den Belag aufgetaute Himbeeren durch ein Sieb streichen. Sahne steif schlagen. Mischung für die Füllung nach Packungsanleitung, aber mit 200 g Himbeerpüree und 100 ml Wasser mit dem Schneebesen verrühren. Quark unterrühren und zuletzt Sahne unterheben. Masse in den Ring füllen (dabei auf die die Blüten am Rand achten), glatt streichen und 2 Stunden kalt stellen.
4. Zum Garnieren Marzipan mit Dekorzucker verkneten und halbieren. Aus einer Hälfte Kopf und Körper des Storches und den Babykopf formen. Die andere Hälfte dritteln. Je ein Stück mit grüner und blauer Speisefarbe verkneten. Das grüne Marzipan ausrollen und Blüten ausstechen. Das blaue Marzipan dünn ausrollen und Tragetuch (Windel) daraus schneiden und formen.
5. Das letzte Drittel nochmals halbieren und eine Hälfte mit roter Speisefarbe verkneten. Daraus Storchenschnabel und Schnuller formen. Die andere Marzipanhälfte mit etwas Kakao verkneten und Storchenbeine formen.
6. Zum Verzieren Kuvertüre grob hacken und in einem Topf im Wasserbad bei schwacher Hitze geschmeidig rühren. Tortenring lösen, die Blüten am Rand mit Kuvertüre bestreichen und mit Kokosraspeln bestreuen. Restliche Kuvertüre in einen Gefrierbeutel oder ein Papiertütchen füllen, kleine Ecke abschneiden und Storch, Babykopf und kleine Blüten verzieren. Oberen Rand der Torte mit Kokosraspeln bestreuen und die Torte kalt stellen. Marzipanteile und Blüten kurz vor dem Servieren auf die Torte legen.

Torte zur Geburt

Tränchentorte

Beliebt

Insgesamt:
E: 118 g, F: 176 g, Kh: 574 g,
kJ: 18810, kcal: 4491

Für den Knetteig:
150 g Weizenmehl
1 gestr. TL Dr. Oetker Backin
75 g Zucker
1 Pck. Dr. Oetker Vanillin-Zucker
1 Ei (Größe M)
50 g Butter

Für den Belag:
1 Dose Mandarinen
(Abtropfgewicht 285 g)
500 g Magerquark
150 g Zucker
1 Pck. Dr. Oetker Vanillin-Zucker
3 Eigelb (Größe M)
1 Pck. Dr. Oetker Pudding-Pulver
Vanille-Geschmack
100 ml Speiseöl
3 TL Zitronensaft
250 ml (1/4 l) Milch

Für die Baisermasse:
3 Eiweiß (Größe M)
100 g feinkörniger Zucker

Zubereitungszeit: 50 Minuten

Tränchentorte

1. Für den Teig Mehl und Backpulver mischen und in eine Rührschüssel sieben. Zucker, Vanillin-Zucker, Ei und Butter hinzufügen. Die Zutaten mit Handrührgerät mit Knethaken zunächst kurz auf niedrigster, dann auf höchster Stufe gut durcharbeiten. Anschließend den Teig auf der leicht bemehlten Arbeitsfläche kurz verkneten.
2. Zwei Drittel des Teiges auf dem Boden einer Springform (Ø 26 cm, Boden gefettet) ausrollen und mehrmals mit einer Gabel einstechen. Den Springformrand um den Boden legen. Den Rest des Teiges zu einer Rolle formen, sie als Rand auf den Boden legen und so an die Form drücken, dass ein etwa 3 cm hoher Rand entsteht.
3. Für den Belag Mandarinen in einem Sieb gut abtropfen lassen. Quark mit Zucker, Vanillin-Zucker, Eigelb, Pudding-Pulver, Öl, Zitronensaft und Milch verrühren. Die abgetropften Mandarinen unter die Quarkmasse heben, in die Springform füllen und glatt streichen. Die Form auf dem Rost in den Backofen schieben.
Ober-/Unterhitze: etwa 180 °C (vorgeheizt)
Heißluft: etwa 160 °C (nicht vorgeheizt)
Gas: etwa Stufe 3 (nicht vorgeheizt)
Backzeit: etwa 60 Minuten.
4. Für die Baisermasse Eiweiß so steif schlagen, dass ein Messerschnitt sichtbar bleibt, Zucker unterschlagen. Die Torte nach Beendigung der Backzeit aus dem Backofen nehmen, die Baisermasse darauf streichen und **die Torte auf der oberen Einschubleiste noch etwa 10 Minuten bei der gleichen Backofeneinstellung backen**, bis die Baisermasse Farbe angenommen hat.
5. Die Torte aus der Form lösen und auf einem Kuchenrost erkalten lassen. Die Tränchen bilden sich erst, wenn die Torte richtig ausgekühlt ist.

Tipp:
Anstelle der Mandarinen Aprikosen verwenden. Dazu den Inhalt einer kleinen Dose in einem Sieb abtropfen lassen und klein schneiden.

Trüffeltorte

Trüffeltorte

Raffiniert

Insgesamt:
E: 118 g, F: 585 g, Kh: 546 g,
kJ: 34280, kcal: 8193

Zum Vorbereiten für die Trüffelsahne:
750 ml (¾ l) Schlagsahne
300 g Zartbitterschokolade

Zum Vorbereiten für den Teig:
150 g Halbbitter-Kuvertüre
150 g Butter
1 EL Instant-Espressopulver

Für den Schüttelteig:
200 g Weizenmehl
3 gestr. TL Dr. Backin
125 g Zucker
3 Eier (Größe M)
1 Pck. Dr. Oetker Finesse Bourbon-Vanille-Aroma

100 g ungesalzene, fein gehackte Erdnusskerne

Außerdem:
6 Blatt Gelatine
1 EL Kakaopulver
einige Mini-Trüffel

Zubereitungszeit: 40 Minuten, ohne Kühlzeit

1. Zum Vorbereiten für die Trüffelsahne Sahne in einem Topf gut erhitzen und von der Kochstelle nehmen. Schokolade in Stücke brechen und unter Rühren mit einem Schneebesen in der Sahne auflösen. Die Schokoladensahne in eine Rührschüssel geben, mit Frischhaltefolie zudecken und über Nacht kalt stellen.

2. Zum Vorbereiten für den Teig Kuvertüre in kleine Stücke hacken, zusammen mit Butter und Espresso-Pulver in einem kleinen Topf im Wasserbad bei schwacher Hitze geschmeidig rühren und etwas abkühlen lassen.

3. Für den Teig Mehl mit Backpulver mischen, in eine verschließbare Schüssel (etwa 3 l) sieben und mit Zucker vermengen. Ei, Aroma und die Schokoladenmasse hinzufügen. Schüssel mit dem Deckel fest verschließen.

4. Die Schüssel mehrmals (insgesamt 15–30 Sekunden) kräftig schütteln, so dass alle Zutaten gut vermischt sind. Erdnusskerne hinzugeben. Alles mit einem Schneebesen oder Rührlöffel nochmals sorgfältig durchrühren, damit trockene Zutaten vom Rand mit untergerührt werden.

5. Den Teig in eine Springform (Ø 28 cm, Boden gefettet) füllen und glatt streichen. Die Form auf dem Rost in den Backofen schieben.
   Ober-/Unterhitze: etwa 180 °C (vorgeheizt)
   Heißluft: etwa 160 °C (nicht vorgeheizt)
   Gas: Stufe 2–3 (nicht vorgeheizt)
   Backzeit: etwa 40 Minuten.

6. Den Kuchen aus der Form lösen und auf einem mit Backpapier belegten Kuchenrost erkalten lassen.

7. Gelatine nach Packungsanleitung einweichen, anschließend leicht ausdrücken und in einem kleinen Topf bei schwacher Hitze auflösen (nicht kochen). Einen Esslöffel Trüffelsahne unterrühren.

8. Restliche Trüffelsahne mit Handrührgerät mit Rührbesen fast steif schlagen. Gelatinemischung unter Rühren hinzufügen und die Trüffelsahne ganz steif schlagen. Trüffelsahne auf dem Gebäckboden verteilen und glatt streichen. Auf der Trüffelsahne mit einer Gabel oder einem Tortenkamm ein Gittermuster ziehen und die Torte 2–3 Stunden kalt stellen.

9. Die Torte vor dem Servieren mit Kakao bestäuben und mit den Mini-Trüffeln garnieren.

Tipp:
Besonders raffiniert schmeckt die Torte, wenn Sie ein Päckchen Finesse Jamaica-Rum-Aroma unter die aufgeschlagene Trüffelsahne rühren.

Tutti-Frutti-Torte

Für Kinder

Insgesamt:
E: 38 g, F: 185 g, Kh: 384 g,
kJ: 14813, kcal: 3536

Für den Boden:
200 g Kokoskekse
100 g Butter oder Margarine

Für die Füllung:
1 Banane
1 Orange
100 g Ananas aus der Dose
375 ml ($^3/_8$ l) Multivitaminsaft
1 Pck. Dr. Oetker Pudding-Pulver Vanille-Geschmack
20 g Zucker

Für den Joghurtbelag:
3 Blatt weiße Gelatine
250 g Ananas- oder Maracujajoghurt
200 ml Schlagsahne
1 Pck. Dr. Oetker Vanillin-Zucker

Zum Garnieren:
1 Banane
1 Karambole (Sternfrucht)
1 Orange
1 Kumquat (Miniorange)
100 g Ananas aus der Dose
1 Pck. Tortenguss, klar
200 ml Saft oder Wasser

Zubereitungszeit: 45 Minuten, ohne Kühlzeit

1. Für den Boden Kokoskekse in einen Gefrierbeutel geben, ihn verschließen, die Kekse mit einer Teigrolle fein zerdrücken und in eine Schüssel geben. Butter oder Margarine zerlassen, zu den Kokosbröseln geben und gut verrühren. Einen Springformrand (Ø 26 cm) auf eine mit Tortenspitze oder Backpapier belegte Tortenplatte stellen. Die Masse darin verteilen, gleichmäßig mit Hilfe eines Löffels zu einem Boden andrücken und kalt stellen.

2. Für die Füllung Obst schälen und fein würfeln. Aus Saft, Pudding-Pulver und Zucker einen Pudding kochen. Obstwürfel darunter heben und nochmals kurz aufkochen lassen. Pudding leicht abkühlen lassen, dann auf dem Boden verteilen und erkalten lassen.

3. Für den Joghurtbelag Gelatine nach Packungsanleitung einweichen, dann ausdrücken und auflösen. Joghurt in eine Schüssel füllen, zunächst mit etwas von der Gelatinelösung verrühren, dann die Mischung unter die restliche Joghurtmasse rühren und kalt stellen. Sahne mit Vanillin-Zucker steif schlagen und unterheben. Joghurtcreme auf dem erkalteten Pudding glatt streichen und die Torte 2-3 Stunden kalt stellen.

4. Zum Garnieren den Springformrand lösen und die Torte auf eine Tortenplatte setzen. Die Früchte schälen, Banane und Karambole in Scheiben schneiden, Orange filetieren, Kumquat in Scheiben schneiden und Ananas würfeln. Die Oberfläche üppig mit den Früchten belegen. Tortenguss nach Packungsanleitung zubereiten und mit Hilfe eines Pinsels die Früchte damit bestreichen.

Tipp:
Die Torte kann bereits am Vortag zubereitet werden.
Die Oberfläche kann zusätzlich auch mit Kokosgebäck garniert werden.
Außer den genannten Früchten können auch Mango, Melone usw. eingesetzt werden.

Tutti-Frutti-Torte

Valencia-Torte

Fruchtig

Insgesamt:
E: 80 g, F: 298 g, Kh: 301 g,
kJ: 18362, kcal: 4389

Für den Knetteig:
125 g Weizenmehl
1 EL Zucker
1 Pck. Dr. Oetker Vanillin-Zucker
½ Pck. Dr. Oetker Finesse Orangenfrucht
1 Eigelb (Größe M)
75 g Butter

Für das Mandelbaiser:
2 Eiweiß (Größe M)
75 g gesiebter Puderzucker
100 g nicht abgezogene, gemahlene Mandeln

Für die Füllung:
3 Blatt weiße Gelatine
2 Eier (Größe M), 1 Eigelb (Größe M)
50 g Zucker
100 ml Orangensaft
½ Pck. Dr. Oetker Finesse Orangenfrucht
40 g weiche Butter
200 ml Schlagsahne

Für Guss und Garnierung:
3 Blatt weiße Gelatine
200 ml Orangensaft
200 ml Schlagsahne
1 Pck. Dr. Oetker Sahnesteif
einige Orangenfilets

Zubereitungszeit: 60 Minuten, ohne Kühlzeit

1. Für den Teig Mehl in eine Rührschüssel sieben. Restliche Zutaten hinzufügen und mit Handrührgerät mit Knethaken zunächst kurz auf niedrigster, dann auf höchster Stufe gut durcharbeiten. Anschließend den Teig auf einer bemehlten Arbeitsfläche kurz verkneten. Teig auf einem Springformboden (Ø 22 cm, Boden gefettet) ausrollen und mit einer Gabel mehrmals einstechen. Den Springformrand darumlegen.

Ober-/Unterhitze: etwa 200 °C (vorgeheizt)
Heißluft: etwa 180 °C (vorgeheizt)
Gas: Stufe 3-4 (vorgeheizt)
Backzeit: 15–20 Minuten.

2. Springformrand entfernen, den Boden sofort vom Springformboden lösen, aber darauf auf einem Kuchenrost erkalten lassen. Dann den Boden auf eine Tortenplatte legen und einen Tortenring darumstellen.

3. Für das Mandelbaiser Eiweiß steif schlagen. Puderzucker nach und nach kurz unterschlagen. Mandeln vorsichtig unterheben. Die Baisermasse in eine Springform (Ø 22 cm, Boden gefettet, mit Backpapier belegt) füllen und glatt streichen.

Ober-/Unterhitze: etwa 140 °C (vorgeheizt)
Heißluft: etwa 120 °C (nicht vorgeheizt)
Gas: Stufe 1 (nicht vorgeheizt)
Backzeit: 50–60 Minuten.

4. Den Baiserboden vom Springformrand lösen, in der Form erkalten lassen und dann mit einem Messer vom Backpapier lösen.

5. Für die Füllung Gelatine nach Packungsanleitung einweichen. Eier mit Eigelb, Zucker, Orangensaft und Orangenfrucht unter Rühren erhitzen, bis die Masse dicklich wird. Die ausgedrückte Gelatine darin auflösen. Butter unterrühren und die Creme erkalten lassen. Sobald sie anfängt dicklich zu werden, Sahne steif schlagen und unterheben.

6. Zwei Drittel der Creme auf den Knetteigboden streichen. Baiserboden darauf legen und mit restlicher Creme bestreichen. Torte 2 Stunden kalt stellen.

7. Für den Guss Gelatine nach Packungsanleitung einweichen, dann ausdrücken, auflösen, mit Orangensaft verrühren und einige Minuten stehen lassen. Den Guss auf die Torte geben, Torte kalt stellen und fest werden lassen.

8. Sahne mit Sahnesteif steif schlagen. Tortenring lösen und entfernen, den Tortenrand mit zwei Dritteln der Sahne bestreichen. Torte mit der restlichen Sahne und mit Orangenfilets garnieren.

Valencia-Torte

Vanillecremetorte mit Obst

Vanillecremetorte mit Obst

Für Gäste – einfach

Insgesamt:
E: 60 g, F: 152 g, Kh: 451 g,
kJ: 14731, kcal: 3514

Für den Knetteig:
200 g Weizenmehl
1 Msp. Dr. Oetker Backin
75 g Zucker
1 Pck. Dr. Oetker Vanillin-Zucker
1/2 Pck. Dr. Oetker Finesse Orangenfrucht
1 Ei (Größe M)
100 g Butter oder Margarine

Für den Rand:
1 gestr. EL Weizenmehl

Für die Vanillecreme:
4 Blatt weiße Gelatine
1 Pck. Dr. Oetker Pudding-Pulver Vanille-Geschmack
80 g Zucker
375 ml (3/8 l) Milch
1 Becher (150 g) Crème fraîche
1/2 Pck. Dr. Oetker Finesse Orangenfrucht

Für den Belag:
750 g beliebiges vorbereitetes, evtl. gedünstetes Obst, z. B. Kirschen, Erdbeeren oder Stachelbeeren

Für den Guss:
1 Pck. Tortenguss, klar
25 g Zucker
250 ml (1/4 l) Wasser oder Saft

Zubereitungszeit: 60 Minuten, ohne Kühlzeit

1. Für den Teig Mehl und Backpulver mischen und in eine Rührschüssel sieben. Zucker, Vanillin-Zucker, Orangenfrucht, Ei und Butter oder Margarine hinzufügen. Die Zutaten mit Handrührgerät mit Knethaken zunächst kurz auf niedrigster, dann auf höchster Stufe gut durcharbeiten. Anschließend den Teig auf der leicht bemehlten Arbeitsfläche kurz verkneten. Sollte er kleben, ihn in Folie gewickelt 20–30 Minuten kalt stellen.

2. Zwei Drittel des Teiges auf dem Boden einer Springform (Ø 26 cm, Boden gefettet) ausrollen. Restlichen Teig mit Mehl verkneten und zu einer Rolle formen. Sie als Rand auf den Teigboden legen und so an die Form drücken, dass ein etwa 3 cm hoher Rand entsteht. Teigboden mehrmals mit einer Gabel einstechen. Die Form auf dem Rost in den Backofen schieben.
Ober-/Unterhitze: etwa 200 °C (vorgeheizt)
Heißluft: etwa 180 °C (vorgeheizt)
Gas: Stufe 3–4 (vorgeheizt)
Backzeit: etwa 15 Minuten.

3. Den Tortenboden aus der Form lösen und auf einem mit Backpapier belegten Kuchenrost erkalten lassen.

4. Für die Creme Gelatine nach Packungsanleitung einweichen. Einen Pudding aus Pudding-Pulver, Zucker und Milch nach Packungsanleitung, aber nur mit 375 ml (3/8 l) Milch zubereiten. Gelatine leicht ausdrücken und unter Rühren in dem heißen Pudding auflösen. Puddingmasse etwas abkühlen lassen. Crème fraîche und Orangenfrucht unterrühren. Die Creme abkühlen lassen, dabei ab und zu umrühren.

5. Die Vanillecreme auf den Tortenboden geben und glatt streichen. Vorbereitetes Obst, z. B. Kirschen, Erdbeeren oder Stachelbeeren darauf verteilen.

6. Für den Guss Tortengusspulver mit Zucker und Wasser oder Saft nach Packungsanleitung zubereiten und auf den Früchten verteilen. Torte etwa 2 Stunden kalt stellen.

Vanilletorte Olé

Schnell zubereitet

Insgesamt:
E: 98 g, F: 204 g, Kh: 657 g,
kJ: 21118, kcal: 5045

Für den Rührteig:
100 g Butter
100 g Marzipan-Rohmasse
5 Eigelb (Größe M)
150 g Zucker
1 Pck. Dr. Oetker Bourbon-Vanille-Zucker
5 Eiweiß (Größe M)
1 Prise Salz
100 g Weizenmehl, 100 g Speisestärke
1 gestr. TL Dr. Oetker Backin
50 g grob geraspelte Zartbitterschokolade
30 g abgezogene, gehackte Mandeln
30 g fein gewürfeltes Zitronat

Für den Guss:
3 EL Aprikosenkonfitüre
300 g Halbbitter-Kuvertüre

Zum Verzieren und Garnieren:
weiße Kuvertüre
Schokoladenornamente

Zubereitungszeit: 30 Minuten, ohn Kühlzeit

Vanilletorte Olé

1. Für den Teig Butter zerlassen und abkühlen lassen. Marzipan in kleine Stücke schneiden und mit Eigelb mit Handrührgerät mit Rührbesen auf höchster Stufe geschmeidig rühren. Nach und nach Zucker und Vanille-Zucker unterrühren. So lange rühren, bis sich der Zucker aufgelöst hat.
2. Eiweiß und Salz steif schlagen und unter die Marzipanmasse heben. Mehl mit Speisestärke und Backpulver mischen, sieben und auf niedrigster Stufe in 2 Portionen unterrühren.
3. Die Butter langsam hinzugeben und mit Schokolade, Mandeln und Zitronat unterrühren. Den Teig in eine gefettete, mit Mandeln ausgestreute Tarteform (Ø 26 cm, mit 3–4 cm hohem Rand) füllen und glatt streichen. Die Form auf dem Rost in den Backofen schieben.
Ober-/Unterhitze: etwa 180 °C (vorgeheizt)
Heißluft: etwa 160 °C (nicht vorgeheizt)
Gas: Stufe 2–3 (nicht vorgeheizt)
Backzeit: etwa 45 Minuten.
4. Das Gebäck etwa 10 Minuten in der Form stehen lassen, dann auf einen mit Backpapier belegten Kuchenrost stürzen und erkalten lassen.
5. Für den Guss Konfitüre unter Rühren erhitzen, die Torte wieder umdrehen, vollständig damit bestreichen und Konfitüre fest werden lassen. Kuvertüre grob zerkleinern, in einem kleinen Topf im Wasserbad bei schwacher Hitze geschmeidig rühren. Die Torte vollständig damit überziehen und den Guss fest werden lassen.
6. Die Torte mit aufgelöster weißer Kuvertüre und Schokoladenornamenten verzieren und garnieren.

Tipp:
Sie können die Vanilletorte auch in einer Springform backen.
Die Vanilletorte bleibt, gut in Alufolie verpackt, mehrere Tage frisch.

Versteckter Feigling

Für Gäste

Insgesamt:
E: 84 g, F: 219 g, Kh: 566 g,
kJ: 20312, kcal: 4852

Zum Vorbereiten:
2 Dosen Feigen, ganze Früchte, gezuckert
(Abtropfgewicht je 210 g)
150 ml Kleiner Feigling (Likör 20 Vol.-%)

Für den Rührteig:
125 g weiche Butter oder Margarine
100 g Zucker
1 Pck. Dr. Oetker Bourbon-Vanille-Zucker
1 Prise Salz
2 Eier (Größe M)
3 Eigelb (Größe M)
175 g Weizenmehl
2 gestr. TL Dr. Oetker Backin
100 g nicht abgezogene, gemahlene Mandeln
90 ml Marinierflüssigkeit

Für die Baisermasse:
3 Eiweiß (Größe M)
140 g Zucker
3 EL Marinierflüssigkeit

50 g gehobelte Mandeln

Zum Verzieren:
2 EL Aprikosenkonfitüre
1 EL Marinierflüssigkeit

Zubereitungszeit: 70 Minuten, ohne Marinierzeit

1. Zum Vorbereiten Feigen in einem Sieb gut abtropfen lassen, mit dem Likör vermischen und etwa 2 Stunden marinieren.
2. Für den Teig Butter oder Margarine mit Handrührgerät mit Rührbesen auf höchster Stufe geschmeidig rühren. Nach und nach Zucker, Vanille-Zucker und Salz unterrühren. So lange rühren, bis eine gebundene Masse entstanden ist.
3. Eier und Eigelb nach und nach unterrühren (jedes Ei etwa 1/2 Minute). Mehl mit Backpulver mischen, sieben und abwechselnd mit den Mandeln portionsweise auf mittlerer Stufe unterrühren. Feigen abtropfen lassen, die Marinierflüssigkeit auffangen. 90 ml davon abmessen und unter den Teig rühren.
4. Teig in eine Springform (Ø 26 cm, gefettet, mit Backpapier belegt) geben und glatt streichen. Marinierte Feigen darauf setzen und leicht eindrücken. Die Form auf dem Rost in den Backofen schieben.
   Ober-/Unterhitze: etwa 180 °C (vorgeheizt)
   Heißluft: etwa 160 °C (nicht vorgeheizt)
   Gas: Stufe 2–3 (nicht vorgeheizt)
   Backzeit: etwa 35 Minuten.
5. Für die Baisermasse Eiweiß und Zucker mit Handrührgerät mit Rührbesen auf höchster Stufe steif schlagen. Marinierflüssigkeit nach und nach hinzugeben und die Masse sehr steif schlagen.
6. Baisermasse in einen Spritzbeutel mit Lochtülle füllen. Torte aus dem Backofen nehmen. Baisermasse dicht an dicht in Tupfen auf die Tortenoberfläche setzen. Die Hälfte der Mandeln darauf streuen. Torte wieder in den Backofen schieben und **bei der gleichen Backofeneinstellung etwa weitere 20 Minuten backen**. Die Torte evtl. mit Backpapier zudecken, wenn Baiser und Mandeln zu dunkel werden.
7. Torte in der Form auf einen Kuchenrost stellen und darin erkalten lassen. Dann die Torte aus der Springform lösen. Restliche gehobelte Mandeln in einer Pfanne ohne Fett goldbraun rösten und auf einem Teller abkühlen lassen.
8. Zum Verzieren Aprikosenkonfitüre durch ein feines Sieb streichen, mit der Marinierflüssigkeit verrühren und den Tortenrand damit bestreichen. Den Rand mit den gerösteten Mandeln garnieren.

Versteckter Feigling

Waffelröllchen-Himbeer-Torte

Für Kinder

Insgesamt:
E: 57 g, F: 342 g, Kh: 532 g,
kJ: 23977, kcal: 5728

Für den Knetteig:
150 g Weizenmehl
50 g Zucker
1 Pck. Dr. Oetker Bourbon-Vanille-Zucker
100 g Butter oder Margarine

Für die Füllung:
500 ml (1/2 l) Fruchtmilch Himbeer-Geschmack (aus dem Kühlregal)
1 Beutel aus 1 Pck. Götterspeise Himbeer-Geschmack
50 g Zucker
250 g Mascarpone
200 ml Schlagsahne
250 g Schokoladen-Waffelröllchen

Für den Belag:
1 Beutel aus 1 Pck. Götterspeise Himbeer-Geschmack
25 g Zucker
250 g frische Himbeeren

Zum Verzieren und Garnieren:
nach Belieben etwas Schlagsahne
etwas Zitronenmelisse

Zubereitungszeit: 50 Minuten

1. Für den Teig Mehl in eine Rührschüssel sieben. Restliche Zutaten hinzufügen und mit Handrührgerät mit Knethaken zunächst kurz auf niedrigster, dann auf höchster Stufe gut durcharbeiten. Anschließend den Teig auf der leicht bemehlten Arbeitsfläche kurz verkneten. Teig auf dem Boden einer Springform (Ø 26 cm, Boden gefettet) ausrollen, Springformrand darumstellen, Teig mehrmals mit einer Gabel einstechen und die Form auf dem Rost in den Backofen schieben.

   Ober-/Unterhitze: etwa 200 °C (vorgeheizt)
   Heißluft: etwa 180 °C (vorgeheizt)
   Gas: Stufe 3–4 (vorgeheizt)
   Backzeit: etwa 15 Minuten.

2. Springformrand entfernen, den Boden sofort nach dem Backen vom Springformboden lösen, aber darauf auf einem Kuchenrost erkalten lassen.

3. Für die Füllung von der Himbeermilch 300 ml abnehmen, restliche 200 ml für den Belag beiseite stellen. Götterspeise mit etwas von der großen Menge der Himbeermilch nach Packungsanleitung anrühren, Zucker hinzufügen, unter Rühren erwärmen, bis alles gelöst ist und etwas abkühlen lassen. Mascarpone in eine Schüssel geben, mit der restlichen Himbeermilch für die Füllung glatt rühren und die Götterspeisemasse unterrühren. Sobald die Masse beginnt dicklich zu werden, Sahne steif schlagen und unterheben.

4. Tortenboden auf eine Tortenplatte legen, einen Tortenring darumstellen und die Waffelröllchen mit der Schokoladenseite nach oben rundherum an den Rand stellen. Himbeermasse vorsichtig einfüllen, so dass die Waffelröllchen stehen bleiben (evtl. vorher ein wenig Masse auf dem Boden verteilen, so dass die Waffelröllchen besser stehen bleiben). Die Torte etwa 2 Stunden kalt stellen.

5. Für den Belag Götterspeise mit restlicher Himbeermilch (200 ml) nach Packungsanleitung anrühren, Zucker hinzufügen und unter Rühren erwärmen, bis alles gelöst ist. Himbeeren verlesen, die Hälfte davon pürieren, evtl. passieren und unter die Götterspeisemasse rühren (restliche Himbeeren zum Garnieren beiseite stellen). Masse vorsichtig auf die Himbeermasse geben und nochmals etwa 1 Stunde kalt stellen.

6. Vor dem Servieren Tortenring lösen und entfernen. Die Torte mit geschlagener Sahne verzieren und mit den restlichen Himbeeren und Zitronenmelisse garnieren.

Tipp:
Sie können statt Himbeermilch auch Erdbeermilch verwenden.

Waffelröllchen-Himbeer-Torte

Waldfruchttorte

Erfrischend

Insgesamt:
E: 87 g, F: 209 g, Kh: 338 g,
kJ: 15256, kcal: 3647

Für den All-in-Teig:
100 g Weizenmehl
3 gestr. TL Dr. Oetker Backin
75 g Zucker
1 Pck. Dr. Oetker Vanillin-Zucker
3 Eier (Größe M)
2 EL Speiseöl, 1 EL Essig

Für die Füllung:
300 g gemischte Beerenfrüchte
1 Beutel aus 1 Pck. Götterspeise Himbeer-Geschmack
200 ml Kirschsaft
50 g Zucker
400 g Schmand oder Crème fraîche
200 ml Schlagsahne

Zum Garnieren:
1 Beutel aus 1 Pck. Götterspeise Himbeer-Geschmack
350 ml Kirschsaft
30 g Zucker

Zubereitungszeit: 50 Minuten, ohne Kühlzeit

Waldfruchttorte

1. Für den Teig Mehl mit Backpulver mischen und in eine Rührschüssel sieben. Restliche Zutaten hinzufügen und alles mit Handrührgerät mit Rührbesen auf höchster Stufe in etwa 2 Minuten zu einem Teig verarbeiten. Den Teig in eine Springform (Ø 26 cm, Boden gefettet) geben und glatt streichen. Die Form auf dem Rost in den Backofen schieben.
   Ober-/Unterhitze: etwa 180 °C (vorgeheizt)
   Heißluft: etwa 160 °C (vorgeheizt)
   Gas: Stufe 2–3 (vorgeheizt)
   Backzeit: etwa 20 Minuten.

2. Den Boden aus der Form lösen und auf einem mit Backpapier belegten Kuchenrost erkalten lassen. Anschließend den Boden auf eine Tortenplatte legen und einen Tortenring oder den gesäuberten Springformrand darumstellen.

3. Für die Füllung Beeren verlesen, einige Beeren zum Garnieren beiseite legen. Götterspeise mit Saft und Zucker nach Packungsanleitung, aber mit den hier angegebenen Mengen anrühren. Angerührte Götterspeise nach Packungsanleitung auflösen, Schmand oder Crème fraîche unterrühren und die Masse kalt stellen. Wenn die Masse beginnt dicklich zu werden, Sahne steif schlagen und unterheben, dann Beeren vorsichtig unterheben. Die Creme auf den Tortenboden in die Form geben, glatt streichen und etwa 2 Stunden kalt stellen.

4. Zum Garnieren in der Zwischenzeit Götterspeise mit Saft und Zucker wie in Punkt 3 anrühren und auflösen. Gut ein Drittel davon in eine flache Schale gießen und bis zum Servieren kalt stellen. Restliche Götterspeiseflüssigkeit abkühlen lassen, auf die Torte gießen und die Torte kalt stellen, bis der Guss fest geworden ist.

5. Vor dem Servieren Tortenring oder Springformrand lösen und entfernen. Götterspeise in der Schale in kleine Würfel schneiden und mit den beiseite gelegten Beeren auf der Tortenoberfläche verteilen.

Waldmeisterwürfel-Torte

Waldmeisterwürfel-Torte

Für Kinder

Insgesamt:
E: 102 g, F: 252 g, Kh: 409 g,
kJ: 18518, kcal: 4416

Zum Vorbereiten:
1 Beutel aus 1 Pck. Götterspeise
Waldmeister-Geschmack
250 ml (¼ l) kaltes Wasser
30 g Zucker

Für den All-in-Teig:
100 g Weizenmehl
25 g Speisestärke
3 gestr. TL Dr. Oetker Backin
125 g Zucker
1 Pck. Dr. Oetker Vanillin-Zucker
1 Prise Salz
3 Eier (Größe M)
125 g weiche Butter oder Margarine

Für den Belag:
400 ml Schlagsahne
1 Pck. Käse-Sahne-Tortencreme
(Tortencremepulver)
100 ml lauwarmes Wasser
250 g Magerquark, 150 g Naturjoghurt

**Zubereitungszeit: 40 Minuten,
ohne Kühlzeit**

1. Zum Vorbereiten Götterspeise in einen kleinen Topf geben und nach Packungsanleitung mit Wasser anrühren. Zucker zur Flüssigkeit geben und unter Rühren erhitzen (nicht kochen), bis alles aufgelöst ist. Die Flüssigkeit in einen kalt ausgespülten Suppenteller füllen und 2–3 Stunden kalt stellen, bis die Götterspeise schnittfest ist.

2. Für den Teig Mehl mit Speisestärke und Backpulver mischen und in eine Rührschüssel sieben. Zucker, Vanillin-Zucker, Salz, Eier und Butter oder Margarine hinzufügen. Die Zutaten mit Handrührgerät mit Rührbesen zunächst kurz auf niedrigster, dann auf höchster Stufe in 2 Minuten zu einem Teig verarbeiten. Den Teig in eine Springform (Ø 26 cm, Boden gefettet, mit Backpapier belegt) füllen und glatt streichen. Die Form auf dem Rost in den Backofen schieben.

Ober-/Unterhitze: etwa 180 °C (vorgeheizt)
Heißluft: etwa 160 °C (vorgeheizt)
Gas: Stufe 2–3 (vorgeheizt)
Backzeit: etwa 25 Minuten.

3. Den Gebäckboden 5 Minuten in der Form stehen lassen, dann aus der Form lösen, auf einen mit Backpapier belegten Kuchenrost stürzen und den Boden erkalten lassen. Anschließend mitgebackenes Backpapier abziehen und den Boden einmal waagerecht durchschneiden. Den unteren Boden auf eine Tortenplatte legen. Einen Tortenring oder den gesäuberten Springformrand darumstellen.

4. Für den Belag die erstarrte Götterspeise in dem Teller mit einem angefeuchteten Messer in 1 x 1 cm große Würfel schneiden. Sahne steif schlagen. Tortencreme mit Wasser, Quark und Joghurt in einer großen Schüssel nach Packungsanleitung zubereiten. Dann die steif geschlagene Sahne unterheben.

5. Die Hälfte der Creme auf den unteren Boden streichen. Die Hälfte der Götterspeisewürfel auf der Creme verteilen. Den oberen Gebäckboden darauf legen und etwas andrücken. Die restliche Creme darauf verteilen und mit Hilfe einer Gabel oder eines Tortenkamms verzieren. Die restlichen Götterspeisewürfel darauf geben. Die Torte etwa 3 Stunden kalt stellen.

6. Vor dem Servieren den Tortenring oder Springformrand mit einem Messer lösen und entfernen.

Tipp:
Die Götterspeise kann einen Tag vor dem Servieren zubereitet und kalt gestellt werden. Auch der Boden kann am Vortag gebacken werden.

Walnuss-Krokant-Torte

Beliebt

Insgesamt:
E: 96 g, F: 314 g, Kh: 494 g,
kJ: 22481, kcal: 5372

Für den Biskuitteig:
5 Eigelb (Größe M)
5 EL heißes Wasser
175 g Zucker
5 Eiweiß (Größe M)
1 Prise Salz
150 g Weizenmehl
2 gestr. TL Dr. Oetker Backin
100 g gehackte Walnusskerne

Für die Füllung:
8 Butter-Mandel-Karamell-Riegel, je 28 g
4 Blatt weiße Gelatine
400 ml Schlagsahne
2 EL Orangenmarmelade
4 EL fein gehackte Butter-Mandel-Karamell-Riegel

Zum Bestreichen, Verzieren und Garnieren:
200 ml Schlagsahne
1 Pck. Dr. Oetker Sahnesteif
2 Butter-Mandel-Karamell-Riegel
8 Walnusskernhälften

Zubereitungszeit: 60 Minuten, ohne Kühlzeit

1. Für den Teig Eigelb mit Wasser und Zucker mit Handrührgerät mit Rührbesen auf höchster Stufe weißschaumig schlagen. Eiweiß mit Salz sehr steif schlagen und unterheben.
2. Mehl mit Backpulver mischen, auf die Eiercreme sieben und kurz auf niedrigster Stufe unterrühren. Die Walnusskerne unterrühren. Den Teig in eine Springform (Ø 26 cm, Boden gefettet, mit Backpapier belegt) füllen und glatt streichen. Die Form auf dem Rost in den Backofen schieben und sofort backen.
   Ober-/Unterhitze: etwa 180 °C (vorgeheizt)
   Heißluft: etwa 160 °C (vorgeheizt)
   Gas: Stufe 2–3 (vorgeheizt)
   Backzeit: etwa 30 Minuten.
3. Den Boden aus der Form lösen, auf einen mit Backpapier belegten Kuchenrost stürzen und erkalten lassen. Anschließend mitgebackenes Backpapier abziehen und den Boden zweimal waagerecht durchschneiden.
4. Für die Füllung 4 der Karamellriegel grob, die anderen 4 Riegel fein hacken. Gelatine nach Packungsanleitung einweichen. Sahne fast steif schlagen. Gelatine ausdrücken, in einem kleinen Topf bei schwacher Hitze auflösen (nicht kochen), unter Rühren in die Sahne geben und und die Sahne vollkommen steif schlagen.
5. Die grob gehackten Riegel unter die Sahnemasse geben. Den unteren Biskuitboden mit der Hälfte der Sahnemasse bestreichen, den zweiten Boden darauf legen, mit der restlichen Sahnemasse bestreichen und den dritten Boden darauf legen. Orangenmarmelade durch ein Sieb streichen und auf den oberen Boden streichen. Den Boden mit den fein gehackten Riegeln bestreuen und mit einem Löffel etwas andrücken. Die Torte in 16 Stücke einteilen und etwa 1 Stunde kalt stellen.
6. Zum Bestreichen Sahne mit Sahnesteif steif schlagen. Den Rand der Torte mit etwas von der Sahne bestreichen, die restliche Sahne in einen Spritzbeutel füllen und die Tortenoberfläche damit verzieren. Die Torte mit geviertelten Karamellriegeln und Walnusskernhälften garnieren.

Tipp:
Nach Belieben die Walnusskernhälften zum Garnieren karamellisieren (Foto).

Walnuss-Krokant-Torte

Weihnachtsstern

Für Gäste

Insgesamt:
E: 128 g, F: 580 g, Kh: 700 g,
kJ: 35662, kcal: 8515

Zum Vorbereiten für die Füllung:
100 g Vollmilchschokolade
100 g Zartbitterschokolade
500 ml (1/2 l) Schlagsahne

Für den Rührteig:
250 g Butter oder Margarine
200 g Zucker
1 Pck. Dr. Oetker Vanillin-Zucker
5 Eier (Größe M)
250 g Weizenmehl, 10 g Kakaopulver
1 gestr. TL Dr. Oetker Backin
125 g abgezogene, gemahlene Mandeln
75 g gehackte Vollmilchschokolade

Außerdem für die Füllung:
4 EL Orangenmarmelade
1 Pck. Sahnesteif

Für die Sternenlollis:
100 g ungefüllte Fruchtbonbons
(z. B. Campino)

Zum Bestäuben:
1 EL Kakaopulver

Zubereitungszeit: 40 Minuten, ohne Kühlzeit

Weihnachtsstern

1. Zum Vorbereiten für die Füllung beide Schokoladensorten grob hacken. Sahne in einem Topf erhitzen, Schokoladen unter Rühren mit einem Schneebesen auflösen und rühren, bis eine geschmeidige Masse entstanden ist. Die Masse in eine Rührschüssel geben und etwa 6 Stunden kalt stellen (am besten über Nacht).
2. Für den Teig Butter oder Margarine mit Handrührgerät mit Rührbesen auf höchster Stufe geschmeidig rühren. Nach und nach Zucker und Vanillin-Zucker unterrühren. So lange rühren, bis eine gebundene Masse entstanden ist. Eier nach und nach unterrühren (jedes Ei etwa 1/2 Minute).
3. Mehl mit Kakao und Backpulver mischen, sieben und in 2 Portionen auf mittlerer Stufe unterrühren. Mandeln und Schokolade unterrühren. Den Teig in eine Sternbackform (Ø 28 cm, gefettet, gemehlt) füllen und glatt streichen. Die Form auf dem Rost in den Backofen schieben.
Ober-/Unterhitze: etwa 180 °C (vorgeheizt)
Heißluft: etwa 160 °C (nicht vorgeheizt)
Gas: Stufe 2–3 (nicht vorgeheizt)
Backzeit: etwa 60 Minuten
(evtl. nach 45 Minuten Backzeit mit Backpapier bedecken).
4. Kuchen 10 Minuten in der Form stehen lassen, dann auf einen mit Backpapier belegten Kuchenrost stürzen und erkalten lassen. Anschließend den Kuchen einmal waagerecht durchschneiden. Orangenmarmelade durch ein Sieb streichen und den unteren Boden damit bestreichen.
5. Die erkaltete Schoko-Sahne-Masse mit Sahnesteif mit Handrührgerät mit Rührbesen steif schlagen. Ein Drittel der Creme auf den unteren Boden streichen, oberen Boden auflegen und leicht andrücken. Den gesamten Stern mit der restlichen Creme bestreichen und etwa 2 Stunden kalt stellen.
6. Für die Sternenlollis in der Zwischenzeit die ausgewickelten Bonbons auf einem mit Backpapier belegten Backblech verteilen und bei etwa 200 °C (Ober-/Unterhitze) im vorgeheizten Backofen in etwa 5 Minuten zu einer zähflüssigen Platte schmelzen lassen. Masse etwa 1 Minute abkühlen lassen, dann mit gut geölten Ausstechförmchen in der noch weichen heißen Masse Sterne bis zum Backpapier durchdrücken und die Masse weitere 5–10 Minuten abkühlen lassen.
7. Dann die Sterne vom Backpapier lösen. Mit restlicher Bonbonmasse Holzspieße an die Lollis kleben. Den Stern vor dem Servieren mit Kakao bestäuben und mit den Lollis garnieren.

Weihnachtstorte

Beliebt

Insgesamt:
E: 119 g, F: 419 g, Kh: 460 g,
kJ: 26157, kcal: 6251

Für den Boden:
250 g Gewürzspekulatius
100 g Butter oder Margarine

Für die Creme:
8 Blatt weiße Gelatine
500 g Mascarpone (ital. Frischkäse)
500 g Magerquark
4 EL flüssiger Honig
1–2 EL gemahlener Zimt
150 g Zucker
250 ml (¼ l) Schlagsahne
1 EL Kakaopulver

Zubereitungszeit: 40 Minuten, ohne Kühlzeit

1. Für den Boden Spekulatius in einen Gefrierbeutel geben, den Beutel verschließen, die Spekulatius mit einer Teigrolle zu feinen Bröseln zerdrücken und in eine Schüssel geben.
2. Butter oder Margarine zerlassen, etwas abkühlen lassen, zu den Bröseln geben und gut verrühren. Einen Springformrand oder Tortenring (Ø 28 cm) auf eine mit Tortenspitze oder Backpapier belegte Tortenplatte stellen. Die Spekulatiusmasse darin gleichmäßig mit einem Löffelrücken zu einem Boden andrücken und kalt stellen.
3. Für die Creme Gelatine nach Packungsanleitung einweichen. Mascarpone mit Quark, Honig, Zimt und Zucker verrühren. Gelatine leicht ausdrücken, in einem kleinen Topf bei schwacher Hitze auflösen und mit etwas von der Mascarponemasse verrühren, dann die Mischung unter die restliche Mascarponemasse rühren.
4. Sahne steif schlagen und unterheben. Die Creme auf dem Boden verteilen und glatt streichen. Die Torte mindestens 3 Stunden kalt stellen.
5. Vor dem Servieren Springformrand oder Tortenring lösen und entfernen und die Torte mit Kakao bestäuben.

Tipp:
Sie können die Torte auch mit steif geschlagener Sahne verzieren, mit zerbröseltem Baiser bestreuen und erst dann mit Kakao bestäuben (Foto).

Weihnachtstorte

Weincreme-Lagentorte

Für Gäste – gut vorzubereiten

Insgesamt:
E: 99 g, F: 506 g, Kh: 700 g,
kJ: 33891, kcal: 8094

Für den Rührteig:
250 g Butter oder Margarine
250 g Zucker
1 Pck. Dr. Oetker Vanillin-Zucker
5 Eier (Größe M)
375 g Weizenmehl
1 Pck. Dr. Oetker Backin

Für die Weincreme:
1 Pck. Dr. Oetker Pudding-Pulver
Vanille-Geschmack
500 ml (1/2 l) Weißwein
2 Eigelb (Größe M)
100 g Zucker, 250 g Butter
2 Eiweiß (Größe M)

Für den Guss:
75 g Halbbitter-Kuvertüre

Zubereitungszeit: 60 Minuten, ohne Kühlzeit

1. Für den Teig Butter oder Margarine mit Handrührgerät mit Rührbesen auf höchster Stufe geschmeidig rühren. Nach und nach Zucker und Vanillin-Zucker unterrühren. So lange rühren, bis eine gebundene Masse entstanden ist. Eier nach und nach unterrühren (jedes Ei etwa 1/2 Minute). Mehl mit Backpulver mischen, sieben und in 2 Portionen kurz auf mittlerer Stufe unterrühren.

2. Aus dem Teig 7 Böden backen. Dafür jeweils gut 3 Esslöffel des Teiges auf den Boden einer Springform (Ø 26 cm, gefettet) streichen, dabei darauf achten, dass der Teig am Rand nicht zu dünn ist, damit er beim Backen nicht zu dunkel wird. Die Böden jeweils ohne Springformrand backen. Die Springformböden nacheinander auf dem Rost in den Backofen schieben.
Ober-/Unterhitze: etwa 200 °C (vorgeheizt)
Heißluft: etwa 180 °C (vorgeheizt)
Gas: Stufe 3–4 (vorgeheizt)
Backzeit: etwa 10 Minuten je Boden.

3. Die Gebäckböden sofort nach dem Backen von den Springformböden lösen, einzeln auf Backpapier legen und erkalten lassen.

4. Für die Weincreme Pudding-Pulver mit etwas Wein anrühren. Restlichen Wein mit Eigelb, Zucker und Butter unter ständigem Rühren in einem Topf zum Kochen bringen. Angerührtes Pudding-Pulver in den von der Kochstelle genommenen Wein rühren und unter Rühren nochmals kurz aufkochen lassen. Eiweiß steif schlagen und unter die noch heiße Weincreme rühren. Sechs Gebäckböden sofort mit der Weincreme bestreichen und zu einer Torte zusammensetzen. Den nicht bestrichenen Gebäckboden darauf legen.

5. Für den Guss Kuvertüre in kleine Stücke hacken und in einem kleinen Topf im Wasserbad bei schwacher Hitze geschmeidig rühren. Die Tortenoberfläche mit der Kuvertüre bestreichen. Die Torte kalt stellen und Kuvertüre fest werden lassen.

Tipp:
Die ganze Torte mit 150 g aufgelöster Kuvertüre überziehen, dann hält sie länger frisch und trocknet nicht aus.

Weincreme-Lagentorte

Weintrauben-Wickeltorte

Weintrauben-Wickeltorte

Raffiniert

Insgesamt:
E: 95 g, F: 335 g, Kh: 486 g,
kJ: 22385, kcal: 5345

Für den Knetteig:
150 g Weizenmehl
50 g Zucker, 1 EL kaltes Wasser
80 g Butter oder Margarine

Für den Biskuitteig:
3 Eier (Größe M), 100 g Zucker
1 Pck. Dr. Oetker Vanillin-Zucker
100 g Weizenmehl
1 gestr. TL Dr. Oetker Backin
100 g abgezogene, gehobelte Mandeln

Für die Füllung:
250 g kernlose grüne Weintrauben
6 Blatt weiße Gelatine
100 ml weißer Traubensaft, 25 g Zucker
1 Pck. Dr. Oetker Vanillin-Zucker
Saft von 1 Zitrone, 400 ml Schlagsahne

Zum Verzieren und Garnieren:
200 ml Schlagsahne, 125 g Weintrauben

Zubereitungszeit: 60 Minuten

1. Für den Knetteig Mehl in eine Rührschüssel sieben. Restliche Zutaten hinzufügen und mit Handrührgerät mit Knethaken kurz auf niedrigster, dann auf höchster Stufe gut durcharbeiten. Anschließend den Teig auf der leicht bemehlten Arbeitsfläche kurz verkneten. Sollte er kleben, ihn in Folie gewickelt eine Zeit lang kalt stellen.

2. Ein Drittel des Teiges dünn ausrollen, etwa 18 Blätter ausstechen oder ausschneiden und auf ein mit Backpapier belegtes Backblech legen. Übrigen Teig verkneten, auf einem Springformboden (Ø 26 cm, gefettet) ausrollen, mit einer Gabel einstechen und den Springformrand darumstellen. Blätter und Boden nacheinander (bei Heißluft zusammen) in den Backofen schieben.
   Ober-/Unterhitze: etwa 200 °C (vorgeheizt)
   Heißluft: etwa 180 °C (vorgeheizt)
   Gas: Stufe 3-4 (vorgeheizt)
   Backzeit: Blätter etwa 6 Minuten/ Boden etwa 12 Minuten.

3. Blätter mit Backpapier auf einem Kuchenrost erkalten lassen. Boden vom Springformboden lösen, aber darauf auf einem Kuchenrost erkalten lassen.

4. Für den Biskuitteig Eier mit Handrührgerät mit Rührbesen auf höchster Stufe in 1 Minute schaumig schlagen. Zucker mit Vanillin-Zucker mischen, in 1 Minute einstreuen, dann noch 2 Minuten weiterschlagen. Mehl mit Backpulver mischen, auf die Eiercreme sieben und kurz auf niedrigster Stufe unterrühren.

5. Den Teig auf einem Backblech (30 x 40 cm, gefettet, mit Backpapier belegt) verstreichen und die Mandeln auf den Teig streuen. Das Backblech in den Backofen schieben und bei gleicher Backofeneinstellung etwa 10 Minuten backen. Biskuitplatte sofort vom Rand lösen, auf ein mit Zucker bestreutes Stück Backpapier stürzen und erkalten lassen. Anschließend mitgebackenes Backpapier vorsichtig abziehen.

6. Für die Füllung Weintrauben waschen, gut abtropfen lassen, von den Stielen zupfen und längs halbieren. Gelatine nach Packungsanleitung einweichen. Traubensaft mit Zucker, Vanillin-Zucker und Zitronensaft verrühren. Gelatine leicht ausdrücken, in einem kleinen Topf bei schwacher Hitze auflösen (nicht kochen) und etwas von der Saftmischung verrühren, dann die Mischung unter die restliche Saftmischung rühren und kalt stellen.

7. Sahne steif schlagen. Wenn die Saft-Gelatine-Mischung beginnt dicklich zu werden, Sahne vorsichtig unterheben. Die Sahnecreme auf der gesamten Biskuitplatte verstreichen und die Platte von der kurzen Seite aus in 8 knapp 5 cm breite Streifen schneiden. Weintrauben auf der Creme verteilen und alles etwa 10 Minuten anziehen lassen.

8. Knetteigboden auf eine Tortenplatte legen. Den ersten Biskuitstreifen vorsichtig zur Schnecke aufrollen und senkrecht in die Mitte des Bodens stellen. Die übrigen Streifen dicht darumwickeln, einen Tortenring oder Springformrand darumstellen und die Torte 2-3 Stunden kalt stellen.

9. Vor dem Servieren Tortenring oder Springformrand lösen und entfernen, evtl. überstehenden Knetteigboden mit einem Messer rundherum abschneiden oder abhacken. Zum Verzieren und Garnieren Sahne steif schlagen, etwa 4 Esslöffel davon in einen Spritzbeutel mit kleiner Lochtülle füllen und übrige Sahne auf der Oberseite der Torte verstreichen. Torte mit Sahne aus dem Spritzbeutel verzieren und mit den Blätterplätzchen garnieren. Trauben waschen, gut abtropfen lassen, längs halbieren und auf die Torte legen.

Weißweintorte, getränkt

Weißweintorte, getränkt

Für Gäste

Insgesamt:
E: 82 g, F: 230 g, Kh: 456 g,
kJ: 18025, kcal: 4303

Für den Teig:
175 g Blockschokolade
5 Eiweiß (Größe M)
5 Eigelb (Größe M)
150 g Zucker
1 Pck. Dr. Oetker Vanillin-Zucker
125 g Weizenmehl
25 g Speisestärke
25 g Kakaopulver
2 gestr. TL Dr. Oetker Backin

Zum Tränken:
125 ml ($^1/_8$ l) Weißwein
Saft von 1 Orange
30 g Zucker

Zum Bestreichen und Bestreuen:
400 ml Schlagsahne
1 Pck. Dr. Oetker Sahnesteif
2 Pck. Dr. Oetker Vanillin-Zucker
25 g Blockschokolade

Zubereitungszeit: 35 Minuten

1. Für den Teig Schokolade fein hacken. 75 g davon in einem kleinen Topf im Wasserbad bei schwacher Hitze unter Rühren geschmeidig rühren und abkühlen lassen. Eiweiß so steif schlagen, dass ein Messerschnitt sichtbar bleibt, und beiseite stellen. Eigelb mit Zucker und Vanillin-Zucker mit Handrührgerät mit Rührbesen auf höchster Stufe cremig rühren und die flüssige Schokolade unterrühren.

2. Mehl mit Speisestärke, Kakaopulver und Backpulver mischen, sieben und unterrühren. Eischnee unterheben. Zuletzt die restliche gehackte Schokolade unterheben. Einen Backrahmen (25 x 25 cm) auf ein mit Backpapier belegtes Backblech stellen. Den Teig einfüllen, glatt streichen und das Backblech in den Backofen schieben.
   Ober-/Unterhitze: etwa 180 °C (vorgeheizt)
   Heißluft: etwa 160 °C (vorgeheizt)
   Gas: Stufe 2–3 (vorgeheizt)
   Backzeit: etwa 30 Minuten.

3. Den Boden auf dem Backblech mit dem Backrahmen auf einen Kuchenrost stellen. Zum Tränken Wein mit Orangensaft und Zucker verrühren und den noch heißen Boden damit tränken. Anschließend den Boden erkalten lassen.

4. Zum Bestreichen Backrahmen lösen und entfernen. Gebäck vom Backpapier lösen und auf eine Platte legen. Sahne mit Sahnesteif und Vanillin-Zucker steif schlagen und locker auf der Oberfläche des erkalteten Bodens verstreichen. Die Torte bis zum Servieren kalt stellen.

5. Vor dem Servieren Blockschokolade fein reiben und die Torte damit bestreuen.

Tipp:
Sie können die Torte auch in einer Springform (Ø 26 cm) zubereiten.
Fruchtiger wird die Weißweintorte, wenn Sie den Boden vor dem Aufstreichen der Sahne mit etwa 3 Esslöffeln Aprikosen- oder Preiselbeerkonfitüre bestreichen.
Statt Weißwein schmeckt zum Tränken auch Rotwein oder Sherry.

Werther's-Original-Torte

Für Gäste

Insgesamt:
E: 47 g, F: 249 g, Kh: 368 g,
kJ: 16380, kcal: 3903

Zum Vorbereiten:
250 g Werther's Original Sahnebonbons
600 ml Schlagsahne

Für den Brandteig:
125 ml (1/8 l) Wasser
25 g Butter oder Margarine
75 g Weizenmehl
25 g Speisestärke
2–3 Eier (Größe M)
1 Pck. Dr. Oetker Vanillin-Zucker
1 Msp. Dr. Oetker Backin

Für die Füllung:
4 Blatt weiße Gelatine

Zubereitungszeit: 60 Minuten, ohne Kühlzeit

1. Zum Vorbereiten Sahnebonbons mit einem scharfen Messer zerkleinern. Sahne in einem Topf aufkochen lassen und von der Kochstelle nehmen. Gut die Hälfte der Bonbonstücke darin unter Rühren auflösen, die andere Hälfte beiseite stellen. Die Sahne-Bonbon-Masse zugedeckt über Nacht kalt stellen.
2. Für den Teig Wasser mit Butter oder Margarine in einem Stieltopf zum Kochen bringen. Mehl mit Speisestärke mischen, sieben, auf einmal in die von der Kochstelle genommene Flüssigkeit schütten, zu einem glatten Kloß rühren und unter Rühren etwa 1 Minute erhitzen.
3. Den heißen Kloß in eine Rührschüssel geben. Nach und nach Eier und Vanillin-Zucker mit Handrührgerät mit Knethaken auf höchster Stufe unterarbeiten. Die Eiermenge hängt von der Teigbeschaffenheit ab – er muss stark glänzen und so von einem Löffel abreißen, dass lange Spitzen hängen bleiben. Backpulver in den erkalteten Teig arbeiten.
4. Mit Teelöffeln 8 kleine Teighäufchen mit Abstand auf ein Backblech (gefettet, mit Backpapier belegt) setzen. Restliche Teigmenge halbieren, jeweils in einer Springform (Ø 26 cm, Boden gefettet, mit Backpapier belegt) verteilen und glatt streichen. Das Backblech ohne Rost und die Formen auf dem Rost nacheinander in den Backofen schieben.
   Ober-/Unterhitze: etwa 200 °C (vorgeheizt)
   Heißluft: etwa 180 °C (vorgeheizt)
   Gas: Stufe 3–4 (vorgeheizt)
   Backzeit: etwa 25 Minuten je Form und Backblech.
5. Böden aus der Form lösen, Windbeutel vom Backblech nehmen und auf mit Backpapier belegten Kuchenrosten erkalten lassen.
6. Für die Füllung Gelatine nach Packungsanleitung einweichen. Die Sahne-Bonbon-Masse steif schlagen. Gelatine leicht ausdrücken und in einem kleinen Topf bei schwacher Hitze unter Rühren auflösen (nicht kochen). 2 Esslöffel von der Bonboncreme mit der Gelatinelösung verrühren, dann die Mischung unter die restliche Creme rühren. Etwa 3 Esslöffel der Creme in einen Spritzbeutel mit kleiner Sterntülle füllen. Die Windbeutel vorsichtig damit füllen, dazu die Tülle in das Gebäck drücken.
7. Die beiden Böden mit der restlichen Bonboncreme bestreichen und aufeinander setzen. Die Tortenoberfläche mit den Windbeuteln garnieren und die Torte 1–2 Stunden kalt stellen.
8. Kurz vor dem Servieren die beiseite gestellten Sahnebonbons in einem Topf unter Rühren langsam auflösen und mit Hilfe einer Gabel Karamellfäden über die Torte ziehen.

Tipp:
Die Torte schmeckt frisch am besten und lässt sich besonders gut mit einem elektrischen Messer schneiden.

Werther's Original-Torte

White-Russian-Torte

Für Gäste

Insgesamt:
E: 94 g, F: 453 g, Kh: 416 g,
kJ: 29042, kcal: 6945

Für den Biskuitteig:
3 Eier (Größe M)
3 EL heißes Wasser
150 g Zucker
1 Pck. Dr. Oetker Vanillin-Zucker
100 g Weizenmehl
2 EL Kakaopulver
1 gestr. TL Dr. Oetker Backin
100 g gemahlene Haselnusskerne

Für die Füllung:
8 Blatt weiße Gelatine
2 Becher (je 125 g) Crème double
75 g Zucker
500 ml (½ l) Schlagsahne
75 ml Wodka, 75 ml Kaffeelikör
2 gestr. EL Kakaopulver

Zum Bestreichen, Verzieren und Garnieren:
300 ml Schlagsahne
1 Pck. Dr. Oetker Vanillin-Zucker
etwas Kakaopulver
einige Schoko-Mokkabohnen
einige weiße Kuvertüreröllchen

Zubereitungszeit: 60 Minuten, ohne Kühlzeit

1. Für den Teig Eier und Wasser in eine Rührschüssel geben und mit Handrührgerät mit Rührbesen auf höchster Stufe in 1 Minute schaumig schlagen. Zucker und Vanillin-Zucker mischen, in 1 Minute einstreuen und noch 2 Minuten weiterschlagen.
2. Mehl mit Kakao und Backpulver mischen, auf die Eiercreme sieben und kurz auf niedrigster Stufe unterrühren. Zuletzt Haselnusskerne unterrühren.

Den Teig in eine Springform (Ø 26 cm, Boden gefettet, mit Backpapier belegt) füllen, glatt streichen und die Form auf dem Rost in den Backofen schieben.
Ober-/Unterhitze: etwa 180 °C (vorgeheizt)
Heißluft: etwa 160 °C (vorgeheizt)
Gas: Stufe 2–3 (vorgeheizt)
Backzeit: etwa 30 Minuten.

3. Den Boden aus der Form lösen, auf einen mit Backpapier belegten Kuchenrost stürzen und den Boden erkalten lassen. Anschließend mitgebackenes Backpapier abziehen und den Boden einmal waagerecht durchschneiden.
4. Für die Füllung Gelatine nach Packungsanleitung einweichen. Crème Double mit Zucker in einer Schüssel verrühren. Gelatine leicht ausdrücken, in einem kleinen Topf bei schwacher Hitze auflösen (nicht kochen), langsam unter die Crème-Double-Masse rühren und die Masse kalt stellen. Sahne steif schlagen und unterheben.
5. Unter eine Hälfte der Creme den Wodka, unter die andere Hälfte Kaffeelikör und Kakao rühren. Den unteren Boden auf eine Tortenplatte legen, die dunkle Creme aufstreichen, die helle Creme darauf verteilen und mit einer Gabel leicht durchziehen. Den oberen Boden auflegen und leicht andrücken. Die Torte kurz kalt stellen.
6. Zum Bestreichen und Verzieren Sahne mit Vanillin-Zucker steif schlagen und 3 Esslöffel davon in einen Spritzbeutel mit Sterntülle füllen. Mit der restlichen Sahne die Torte rundherum einstreichen. Die Torte mit Sahne aus dem Spritzbeutel verzieren und 2–3 Stunden kalt stellen. Vor dem Servieren den Tortenrand mit Kakao bestäuben und die Torte mit Mokkabohnen und Kuvertüreröllchen garnieren.

Tipp:
Die Torte kann am Vortag zubereitet werden. Sie schmeckt gut gekühlt am besten. Fruchtiger wird sie mit einer dünnen Schicht Preiselbeeren auf dem unteren Boden. Crème Double kann durch Quark oder Mascarpone ersetzt werden.
Für eine alkoholfreie Variante kann Wodka durch Milch und Kaffeelikör durch starken Kaffee ersetzt werden.

White-Russian-Torte

Wickeltorte

Raffiniert

Insgesamt:
E: 81 g, F: 375 g, Kh: 569 g,
kJ: 25906, kcal: 6192

Für den Knetteig:
125 g Weizenmehl
1 Msp. Dr. Oetker Backin
50 g Zucker
1 Pck. Dr. Oetker Vanillin-Zucker
100 g Butter

Zum Bestreichen:
280 g Himbeerkonfitüre

Für den Biskuitteig:
4 Eier (Größe M)
3-4 EL heißes Wasser
3 Tropfen Zitronen-Aroma
75 g Zucker
1 Pck. Dr. Oetker Vanillin-Zucker
75 g Weizenmehl
50 g Speisestärke
1 Msp. Dr. Oetker Backin

Für die Füllung:
800 ml Schlagsahne
3 Pck. Dr. Oetker Sahnesteif
3 Pck. Dr. Oetker Vanillin-Zucker

Außerdem:
Himbeeren, geröstete Mandelblättchen

Zubereitungszeit: 50 Minuten

Wickeltorte

1. Für den Knetteig Mehl und Backpulver mischen und in eine Rührschüssel sieben. Zucker, Vanillin-Zucker, Salz und Butter hinzufügen. Die Zutaten mit Handrührgerät mit Knethaken zunächst kurz auf niedrigster, dann auf höchster Stufe gut durcharbeiten.
2. Anschließend den Teig auf der leicht bemehlten Arbeitsfläche kurz verkneten. Sollte er kleben, ihn eine Zeit lang kalt stellen. Den Teig auf einem Springformboden (Ø 26 cm, gefettet) ausrollen und mehrmals mit einer Gabel einstechen. Den Springformrand darumlegen und die Form auf dem Rost in den Backofen schieben.

Ober-/Unterhitze: etwa 200 °C (vorgeheizt)
Heißluft: etwa 180 °C (vorgeheizt)
Gas: Stufe 3-4 (vorgeheizt)
Backzeit: etwa 10 Minuten.

3. Springformrand entfernen. Den Boden sofort vom Springformboden lösen, aber darauf auf einem Kuchenrost erkalten lassen. Konfitüre durch ein Sieb streichen, 2 Esslöffel davon abnehmen und den erkalteten Boden damit bestreichen.
4. Für den Biskuitteig Eier mit Wasser und Aroma mit Handrührgerät mit Rührbesen auf höchster Stufe in 1 Minute schaumig schlagen. Zucker mit Vanillin-Zucker mischen, in 1 Minute einstreuen, dann noch 2 Minuten weiterschlagen.
5. Mehl mit Speisestärke und Backpulver mischen, auf die Eiercreme sieben und kurz auf niedrigster Stufe unterrühren. Teig auf ein Backblech (30 x 40 cm, gefettet, mit Backpapier belegt) streichen und das Backblech in den Backofen schieben.

Die Platte bei gleicher Backofeneinstellung etwa 12 Minuten backen.

6. Die Biskuitplatte sofort mit einem Messer vom Rand lösen und auf ein mit Zucker bestreutes Stück Backpapier stürzen. Mitgebackenes Backpapier mit kaltem Wasser bestreichen und schnell abziehen. Die Platte mit Konfitüre bestreichen (etwas zum Verzieren zurücklassen).
7. Für die Füllung Sahne mit Sahnesteif und Vanillin-Zucker steif schlagen und zwei Drittel davon auf der Konfitüre verstreichen. Die Platte von der kurzen Seite aus in 7 Streifen von etwa 4 cm Breite schneiden. Den ersten Teigstreifen zu einer Schnecke aufrollen und in die Mitte des Knetteigbodens legen. Die übrigen Streifen quer in Hälften schneiden. Die Stücke darumlegen und leicht andrücken, so dass eine Torte entsteht.
8. Rand und Oberfläche mit der restlichen Sahne bestreichen und verzieren, mit Konfitüre besprenkeln und mit Himbeeren und Mandelblättchen garnieren. Die Torte bis zum Servieren kalt stellen.

Tipp:
Anstelle der Himbeeren Erdbeeren oder Brombeeren verwenden und die Konfitüre entsprechend der Fruchtart austauschen.

Wilhelm-Tell-Torte

Wilhelm-Tell-Torte

Beliebt – dauert etwas länger

Insgesamt:
E: 65 g, F: 301 g, Kh: 796 g,
kJ: 25947, kcal: 6189

Für den Rührteig:
175 g Butter oder Margarine
150 g Zucker
1 Pck. Dr. Oetker Vanillin-Zucker
3 Eier (Größe M)
150 g Weizenmehl, 25 g Speisestärke
$^1/_2$ gestr. TL Dr. Oetker Backin

Für die Füllung:
8 Blatt weiße Gelatine
1 l Apfelsaft
100 g Zucker
2 Pck. Dr. Oetker Pudding-Pulver
Vanille-Geschmack
2 Gläser (je 370 g) stückiges Apfelmus
(Apfelkompott)

Zum Verzieren und Garnieren:
400 ml Schlagsahne
30 g Zucker
2 Pck. Dr. Oetker Sahnesteif
50 g Haselnusskrokant
einige Mini-Äpfel (Kirschäpfel,
aus der Dose)

**Zubereitungszeit: 70 Minuten,
ohne Kühlzeit**

1. Für den Teig Butter oder Margarine mit Handrührgerät mit Rührbesen auf höchster Stufe geschmeidig rühren. Nach und nach Zucker und Vanillin-Zucker unterrühren. So lange rühren, bis eine gebundene Masse entstanden ist. Eier nach und nach unterrühren (jedes Ei etwa $^1/_2$ Minute). Mehl mit Speisestärke und Backpulver mischen, sieben und in 2 Portionen auf mittlerer Stufe unterrühren.

2. Aus dem Teig nacheinander 3 Böden backen. Dazu jeweils ein Drittel des Teiges auf einen Springformboden (Ø 26 cm, gefettet) streichen und den Springformrand darumlegen. Die Form auf dem Rost in den Backofen schieben.
Ober-/Unterhitze: etwa 180 °C (vorgeheizt)
Heißluft: etwa 160 °C (vorgeheizt)
Gas: Stufe 2–3 (vorgeheizt)
Backzeit: etwa 15 Minuten je Boden.

3. Die Böden nach dem Backen vom Springformrand und -boden lösen und auf einem Kuchenrost erkalten lassen.

4. Für die Füllung Gelatine nach Packungsanleitung einweichen. Aus Apfelsaft, Zucker und Pudding-Pulver nach Packungsanleitung einen Pudding zubereiten. Gelatine leicht ausdrücken und im heißen Pudding unter Rühren auflösen. Apfelmus unterrühren und die Füllung kalt stellen, bis sie beginnt dicklich zu werden.

5. Einen Boden auf eine Tortenplatte legen und einen Tortenring oder den gesäuberten Springformrand darumlegen. Die Hälfte der Puddingmasse auf dem Boden im Springformrand verstreichen. Den zweiten Boden auflegen und mit der restlichen Puddingmasse bestreichen. Den dritten Boden auflegen und leicht andrücken. Die Torte mindestens 3 Stunden (am besten über Nacht) kalt stellen.

6. Zum Verzieren und Garnieren Tortenring oder Springformrand lösen und entfernen. Sahne mit Zucker und Sahnesteif steif schlagen, den Rand der Torte dünn und die Oberfläche dicker damit bestreichen. Mit einem Löffelstiel Löcher in die Sahne drücken. Die Torte mit etwas Krokant bestreuen und einige Mini-Äpfel auf die Oberfläche legen.

Tipp:
Der Teig lässt sich besser auf dem Springformboden verteilen, wenn der Springformboden vor dem nächsten Bestreichen etwas abkühlt.
Sie können die Füllung auch mit 750 ml ($^3/_4$ l) Apfelsaft und 250 ml ($^1/_4$ l) Weißwein zubereiten.

Wolkentorte

Für Kinder

Insgesamt:
E: 75 g, F: 329 g, Kh: 358 g,
kJ: 19699, kcal: 4714

Für den Biskuitteig:
3 Eier (Größe M)
100 g Zucker
75 g Weizenmehl
1 Pck. Saucenpulver Vanille-Geschmack zum Kochen
½ gestr. TL Dr. Oetker Backin

Für die Füllung:
5 Blatt weiße Gelatine
2 Dosen Mandarinenfilets (Abtropfgewicht je 175 g)
600 g Crème fraîche oder Schmand
2 Pck. Dr. Oetker Vanillin-Zucker

Für den Belag:
4 Blatt weiße Gelatine
500 ml (½ l) Schlagsahne
25 g Puderzucker
50 g Getränkepulver Orangen-Geschmack

Zubereitungszeit: 45 Minuten, ohne Kühlzeit

1. Für den Teig Eier mit Handrührgerät mit Rührbesen auf höchster Stufe in 1 Minute schaumig schlagen. Zucker in 1 Minute einstreuen, dann noch 2 Minuten weiterschlagen.

2. Mehl mit Saucenpulver und Backpulver mischen, auf die Eiercreme sieben und kurz auf niedrigster Stufe unterrühren. Den Teig in eine Springform (Ø 26 cm, Boden gefettet, mit Backpapier belegt) füllen und glatt streichen. Die Form auf dem Rost in den Backofen schieben.
Ober-/Unterhitze: etwa 180 °C (vorgeheizt)
Heißluft: etwa 160 °C (vorgeheizt)
Gas: Stufe 2–3 (vorgeheizt)
Backzeit: 15–20 Minuten.

3. Den Boden aus der Form lösen, auf einen mit Backpapier belegten Kuchenrost stürzen und erkalten lassen. Anschließend mitgebackenes Backpapier abziehen. Den Boden auf eine Tortenplatte legen und einen Tortenring oder den gesäuberten Springformrand darumstellen.

4. Für die Füllung Gelatine nach Packungsanleitung einweichen. Mandarinen in einem Sieb abtropfen lassen. Crème fraîche oder Schmand mit Vanillin-Zucker verrühren. Gelatine leicht ausdrücken, in einem kleinen Topf bei schwacher Hitze auflösen (nicht kochen) und mit 2–3 Esslöffeln von der Crème-fraîche-Masse verrühren, dann die Mischung unter die restliche Masse rühren. Mandarinen unterheben und die Masse auf dem Tortenboden verstreichen. Die Torte etwa 1 Stunde kalt stellen.

5. Für den Belag Gelatine nach Packungsanleitung einweichen. Sahne fast steif schlagen, Gelatine leicht ausdrücken, in einem kleinen Topf bei schwacher Hitze unter Rühren auflösen (nicht kochen). Die Sahne weiterschlagen und die Gelatine langsam dazugießen. Puderzucker und Getränkepulver unterrühren und die Fruchtsahne mit einem Esslöffel wolkenartig auf der Füllung verteilen. Die Torte nochmals 1–2 Stunden kalt stellen. Anschließend Tortenring oder Springformrand lösen und entfernen.

Tipp:
Statt Getränkepulver Orange kann auch Getränkepulver Zitrone verwendet werden.

Wolkentorte

Zabaione-Torte

Für Gäste

Insgesamt:
E: 93 g, F: 250 g, Kh: 546 g,
kJ: 20643, kcal: 4927

Für den Biskuitteig (2 Böden):
4 Eier (Größe M)
100 g Zucker
2 Pck. Dr. Oetker Vanillin-Zucker
100 g Weizenmehl
60 g Speisestärke
2 gestr. TL Dr. Oetker Backin

Zum Bestreichen und Bestreuen:
250 g Vollmilchschokolade

Für die Zabaione-Füllung:
5 Blatt weiße Gelatine
1 frisches Ei (Größe M)
2 frische Eigelb (Größe M)
150 g Zucker
150 ml Marsalawein
400 ml Schlagsahne

Zubereitungszeit: 50 Minuten, ohne Kühlzeit

1. Für den Teig Eier mit Handrührgerät mit Rührbesen auf höchster Stufe in 1 Minute schaumig schlagen. Zucker und Vanillin-Zucker mischen, in 1 Minute einstreuen, dann noch 2 Minuten weiterschlagen.
2. Mehl mit Speisestärke und Backpulver mischen, die Hälfte davon auf die Eiercreme sieben und kurz auf niedrigster Stufe unterrühren. Restliches Mehlgemisch auf die gleiche Weise unterarbeiten. Den Teig in 2 Springformen (je Ø 26 cm, Boden gefettet, mit Backpapier belegt) füllen und glatt streichen. Die Formen nacheinander (bei Heißluft zusammen) auf dem Rost in den Backofen schieben.
Ober-/Unterhitze: etwa 180 °C (vorgeheizt)
Heißluft: etwa 160 °C (vorgeheizt)
Gas: Stufe 2–3 (vorgeheizt)
Backzeit: etwa 25 Minuten je Boden.
3. Die Böden aus den Formen lösen, auf je einen mit Backpapier belegten Kuchenrost stürzen und erkalten lassen. Anschließend mitgebackenes Backpapier abziehen.
4. Zum Bestreichen und Bestreuen 100 g von der Schokolade in Stücke brechen, in einem Topf im Wasserbad bei schwacher Hitze geschmeidig rühren. Die Böden damit bestreichen. Restliche Schokolade klein hacken (etwas zum Verzieren zurück lassen). Die Böden sofort damit bestreuen. Schokolade fest werden lassen. Einen Biskuitboden auf eine Tortenplatte legen, einen Tortenring oder den gesäuberten Springformrand darumstellen.
5. Für die Füllung Gelatine nach Packungsanleitung einweichen. Ei mit Eigelb, Zucker und Marsalawein in einer Rührschüssel im heißen Wasserbad mit Handrührgerät mit Rührbesen etwa 5 Minuten aufschlagen. Gelatine leicht ausdrücken und unter Rühren in der Weinmasse auflösen. Schüssel aus dem Wasserbad nehmen und die Masse unter Schlagen erkalten lassen.
6. Sahne steif schlagen. Wenn die Weinmasse beginnt dicklich zu werden, Sahne unterheben. Die Hälfte der Weincreme auf den unteren Boden streichen. Den oberen Boden darauf legen und leicht andrücken. Restliche Weincreme auf den oberen Boden geben, glatt streichen und mit der zurückgelassenen gehackten Schokolade bestreuen. Torte 2–3 Stunden kalt stellen.
7. Tortenring oder Springformrand vorsichtig mit Hilfe eines Messers lösen und entfernen und die Torte servieren.

Zabaione-Torte

Zarewitsch-Torte

Raffiniert

Insgesamt:
E: 78 g, F: 378 g, Kh: 298 g,
kJ: 22101, kcal: 5281

Für den Rührteig:
120 g Butter oder Margarine
150 g Zucker
1 Pck. Dr. Oetker Vanillin-Zucker
3 Eier (Größe M)
100 g Zartbitterschokolade
50 g Weizenmehl
1 gestr. TL Dr. Oetker Backin
130 g abgezogene, gemahlene Mandeln
1 EL kalter starker Kaffee

Zum Tränken:
125 ml (1/8 l) Weißwein, 3 EL brauner Rum

Für den Belag:
500 ml (1/2 l) Schlagsahne
2 Pck. Dr. Oetker Sahnesteif
1 EL Zucker
1 EL gesiebtes Kakaopulver
1 EL kalter starker Kaffee

1 TL Kakaopulver

Zubereitungszeit: 40 Minuten

1. Für den Teig Schokolade in Stücke brechen und in einem kleinen Topf im Wasserbad bei schwacher Hitze geschmeidig rühren. Butter oder Margarine in einer Rührschüssel mit Handrührgerät mit Rührbesen auf höchster Stufe geschmeidig rühren. Nach und nach Zucker und Vanillin-Zucker unterrühren. So lange rühren, bis eine gebundene Masse entstanden ist. Eier nach und nach unterrühren (jedes Ei etwa 1/2 Minute). Die Schokolade unter die Fett-Eier-Masse rühren.
2. Mehl mit Backpulver mischen, sieben und auf mittlerer Stufe unterrühren. Mandeln und Kaffee unterrühren. Den Teig in eine Springform (Ø 26 cm, Boden gefettet) füllen und glatt streichen. Die Form auf dem Rost in den Backofen schieben.
Ober-/Unterhitze: etwa 180 °C (vorgeheizt)
Heißluft: etwa 160 °C (nicht vorgeheizt)
Gas: Stufe 2–3 (nicht vorgeheizt)
Backzeit: etwa 35 Minuten.
3. Den Boden aus der Form lösen und auf einen mit Backpapier belegten Kuchenrost stürzen. Weißwein mit Rum mischen und den noch heißen Boden damit tränken. Den Boden dann erkalten lassen.
4. Für den Belag die Hälfte der Sahne mit 1 Päckchen Sahnesteif steif schlagen und auf den Boden streichen. Die restliche Sahne mit Zucker, restlichem Sahnesteif und Kakao steif schlagen, den Kaffee unterrühren und die Sahnemasse in einen Spritzbeutel mit großer Lochtülle füllen. Die Torte mit großen und kleinen Sahnetuffs verzieren. Vor dem Servieren die Torte mit Kakao bestäuben.

Zarewitsch-Torte

Zaubertorte

Zaubertorte

Für Gäste

Insgesamt:
E: 61 g, F: 268 g, Kh: 257 g,
kJ: 15742, kcal: 3762

Für den Biskuitteig:
2 Eier (Größe M)
2 EL heißes Wasser
75 g Zucker
1 Pck. Dr. Oetker Vanillin-Zucker
75 g Weizenmehl
$1/2$ gestr. TL Dr. Oetker Backin
50 g abgezogene, gemahlene, leicht geröstete Mandeln
50 g geriebene Zartbitterschokolade

Für die Füllung:
1 Pck. gemahlene Gelatine, weiß
4 EL kaltes Wasser
abgeriebene Schale von $1/2$ Bio-Orange (unbehandelt, ungewachst)
150 ml Orangensaft
25 g Zucker
50 g Zartbitterschokolade
500 ml ($1/2$ l) Schlagsahne

100 ml Schlagsahne
30 g geriebene Zartbitterschokolade

Zubereitungszeit: 40 Minuten, ohne Kühlzeit

1. Für den Biskuitteig Eier und Wasser mit Handrührgerät mit Rührbesen auf höchster Stufe in 1 Minute schaumig schlagen. Zucker mit Vanillin-Zucker mischen, in 1 Minute einstreuen, dann noch 2 Minuten weiterschlagen.
2. Mehl mit Backpulver mischen und auf die Eiercreme sieben. Mandeln und Schokolade auf das Mehl geben und alles kurz auf niedrigster Stufe unterrühren. Den Teig in eine Springform (Ø 22 cm, Boden gefettet, mit Backpapier belegt) füllen und glatt streichen. Die Form auf dem Rost in den Backofen schieben.
   Ober-/Unterhitze: etwa 180 °C (vorgeheizt)
   Heißluft: etwa 160 °C (vorgeheizt)
   Gas: Stufe 3–4 (vorgeheizt)
   Backzeit: etwa 25 Minuten.
3. Den Boden aus der Form lösen, auf einen mit Backpapier belegten Kuchenrost stürzen und erkalten lassen. Anschließend mitgebackenes Backpapier abziehen und den Boden einmal waagerecht durchschneiden. Den unteren Boden auf eine Tortenplatte legen und einen Tortenring oder den gesäuberten Springformrand darumlegen.
4. Für die Füllung Gelatine mit Wasser in einem kleinen Topf anrühren und 5 Minuten zum Quellen stehen lassen. Die Gelatine dann unter Rühren erwärmen, bis sie gelöst ist. Die Hälfte davon mit Orangenschale, Orangensaft und Zucker verrühren und kalt stellen.
5. Schokolade in einem Topf im Wasserbad bei schwacher Hitze geschmeidig rühren und abkühlen lassen. Sahne steif schlagen und etwa zwei Drittel der Orangensaft-Gelatine-Mischung unterrühren. Die Orangensahne (2–3 Esslöffel zum Verzieren zurücklassen) auf den Boden streichen.
6. Unter die restliche Sahne die abgekühlte Schokolade und die restliche Orangensaft-Gelatine-Mischung rühren. Die Schokoladensahne in einen Spritzbeutel mit Gebäckfülltülle geben und unregelmäßig tupfenweise in die Orangensahne spritzen.
7. Den oberen Boden darauf legen, leicht andrücken und mit der zurückgelassenen Orangensahne bestreichen und verzieren. Die Torte 2–3 Stunden kalt stellen.
8. Tortenring oder Springformrand vorsichtig lösen und entfernen. Sahne steif schlagen und den Rand der Torte damit verzieren. Die Torte mit der Schokolade bestreuen.

Zebra-Orangen-Torte

Fruchtig – gut vorzubereiten

Insgesamt:
E: 106 g, F: 461 g, Kh: 681 g,
kJ: 32237, kcal: 7704

Für den Rührteig:
300 g Butter oder Margarine
300 g Zucker
6 Eier (Größe M)
300 g Weizenmehl
2 gestr. TL Dr. Oetker Backin
1 gestr. EL Kakaopulver
1 EL Milch

Für die Füllung:
4 Blatt weiße Gelatine

1 Pck. Dr. Oetker Pudding-Pulver Vanille-Geschmack
300 ml Blutorangensaft
50 g Zucker
75 ml Cointreau (Orangenlikör)
500 ml ($^1/_2$ l) Schlagsahne

50 g Zartbitterschokolade

Zubereitungszeit: 40 Minuten

1. Für den Teig Butter oder Margarine mit Handrührgerät mit Rührbesen auf höchster Stufe geschmeidig rühren. Nach und nach Zucker unterrühren. So lange rühren, bis eine gebundene Masse entstanden ist. Eier nach und nach unterrühren (jedes Ei etwa $^1/_2$ Minute).
2. Mehl mit Backpulver mischen, sieben und in 2 Portionen auf mittlerer Stufe unterrühren. Unter die Hälfte des Teiges Kakao und Milch rühren. Den hellen Teig in eine Springform (Ø 22 cm, Boden gefettet) füllen und glatt streichen. Die Form auf dem Rost in den Backofen schieben.

Ober-/Unterhitze: etwa 180 °C (vorgeheizt)
Heißluft: etwa 160 °C (vorgeheizt)
Gas: Stufe 2–3 (vorgeheizt)
Backzeit: etwa 25 Minuten.

3. Boden auf einen mit Backpapier belegten Kuchenrost stürzen und erkalten lassen. In der Zwischenzeit Springform säubern, Boden fetten, den dunklen Teig einfüllen und **bei gleicher Backofeneinstellung etwa 25 Minuten backen**. Boden ebenfalls auf einen Kuchenrost stürzen und erkalten lassen.
4. Für die Füllung Gelatine nach Packungsanleitung einweichen. Pudding-Pulver nach Packungsanleitung, aber mit Saft statt Milch zubereiten. Ausgedrückte Gelatine im heißen Pudding unter Rühren auflösen. Während des Erkaltens Cointreau unterrühren und den Pudding gelegentlich umrühren. Sahne steif schlagen und zwei Drittel davon unter den erkalteten Pudding heben. Pudding und restliche Sahne kalt stellen.
5. Beide Böden einmal waagerecht durchschneiden. Einen dunklen Boden auf eine Tortenplatte legen und mit einem Drittel der Creme bestreichen, einen hellen Boden auflegen, mit der Hälfte der restlichen Creme bestreichen, wieder einen dunklen Boden auflegen und mit der restlichen Creme bestreichen. Letzten hellen Boden auflegen, die Torte mit der zurückgestellten Sahne bestreichen und mindestens 1 Stunde kalt stellen.
6. Zum Besprenkeln Schokolade in Stücke brechen, in einem Topf im Wasserbad bei schwacher Hitze geschmeidig rühren und die Oberfläche und den Rand der Torte damit besprenkeln.

Tipp:
Ersetzen Sie für Kinder den Orangenlikör durch Orangensaft.

Zebra-Orangen-Torte

Zitronen-Erfrischungstorte

Für Kinder

Insgesamt:
E: 74 g, F: 201 g, Kh: 324 g,
kJ: 14448, kcal: 3443

Für den Brandteig:
125 ml (1/8 l) Wasser
25 g Butter oder Margarine
75 g Weizenmehl, 15 g Speisestärke
1 Prise Salz, 2–3 Eier (Größe M)
1 Msp. Dr. Oetker Backin

Für den Belag:
10 Blatt weiße Gelatine
400 ml Schlagsahne
1 EL Zucker
1 Pck. Dr. Oetker Vanillin-Zucker
500 ml (1/2 l) Buttermilch
2 Pck. Paradiescreme Zitronen-Geschmack (Dessertpulver)
2 Pck. (je 75 g) Erfrischungsstäbchen

Zubereitungszeit: 50 Minuten, ohne Kühlzeit

1. Für den Teig Wasser mit Butter oder Margarine am besten in einem Stieltopf zum Kochen bringen. Mehl mit Speisestärke sieben, mit dem Salz auf einmal in die von der Kochstelle genommene Flüssigkeit schütten, zu einem glatten Kloß rühren und unter Rühren etwa 1 Minute erhitzen. Den heißen Kloß sofort in eine Schüssel geben.

2. Nach und nach Eier mit Handrührgerät mit Knethaken auf höchster Stufe unterarbeiten. Der Teig muss stark glänzen und so vom Löffel abreißen, dass lange Spitzen hängen bleiben. Backpulver in den erkalteten Teig arbeiten.

3. Die Hälfte des Teiges in einen Spritzbeutel mit kleiner Lochtülle füllen und erbsen- bis haselnussgroße Kügelchen mit etwas Abstand auf ein Backblech (gefettet, mit Backpapier belegt) spritzen.
Das Backblech in den Backofen schieben.
Ober-/Unterhitze: etwa 180 °C (vorgeheizt)
Heißluft: etwa 160 °C (vorgeheizt)
Gas: Stufe 2–3 (vorgeheizt)
Backzeit: etwa 15 Minuten.

4. Die Kügelchen mit dem Backpapier auf einen Kuchenrost ziehen und erkalten lassen. Die andere Hälfte des Teiges auf dem Boden einer Springform (Ø 26 cm, gefettet, mit Backpapier belegt) glatt verstreichen, dabei darauf achten, dass der Teig am Rand nicht zu dünn ist, und den Springformrand darumlegen. Die Springform auf dem Rost in den Backofen schieben und den Boden **bei gleicher Backofeneinstellung etwa 25 Minuten backen.**

5. Den Boden aus der Form lösen, mit dem Backpapier auf einen Kuchenrost ziehen und erkalten lassen. Anschließend den Boden auf eine Tortenplatte legen und den gesäuberten Springformrand darumstellen.

6. Für den Belag Gelatine nach Packungsanleitung einweichen. In der Zwischenzeit Sahne mit Zucker und Vanillin-Zucker in einer Rührschüssel steif schlagen und kalt stellen. Buttermilch in einen hohen Rührbecher geben, Dessertpulver hinzufügen und alles mit Handrührgerät mit Rührbesen kurz auf niedrigster, dann auf höchster Stufe etwa 3 Minuten aufschlagen. Etwa 12 Erfrischungsstäbchen zum Garnieren beiseite legen und die restlichen Stäbchen kurz unter die Dessertcreme rühren, so dass sie zerbrechen.

7. Gelatine in einem kleinen Topf bei schwacher Hitze unter Rühren auflösen (nicht kochen) und in einem dünnen Strahl unter Rühren mit Handrührgerät in die Sahne geben. Anschließend die Dessertcreme mit Hilfe eines Schneebesens unter die Sahne heben. Creme auf dem Boden verstreichen und die Torte mindestens 2 Stunden kalt stellen.

8. Kurz vor dem Servieren Springformrand vorsichtig lösen und entfernen. Die Brandteigkügelchen auf die Torte streuen und die Erfrischungsstäbchen dekorativ auf die Torte legen.

Tipp:
Bestäuben Sie die Torte kurz vor dem Servieren mit etwas Puderzucker.
Die Torte schmeckt frisch am besten und kann besonders gut mit einem elektrischen Messer geschnitten werden.

Zitronen-Erfrischungstorte

Zitronen-Fächer-Torte ❄

Fruchtig

Insgesamt:
E: 84 g, F: 356 g, Kh: 466 g,
kJ: 22540, kcal: 5387

Für den Knetteig:
250 g Weizenmehl
1 Msp. Dr. Oetker Backin
50 g Zucker
1 Pck. Dr. Oetker Bourbon-Vanille-Zucker
1 Becher (150 g) Crème fraîche
150 g Butter oder Margarine

Zum Bestreuen:
100 g abgezogene, gehackte Mandeln
50 g Zucker

Für die Füllung:
8 Blatt weiße Gelatine
500 ml (1/2 l) Zitronenbuttermilch
75 g Zucker, 400 ml Schlagsahne

Zum Bestäuben:
Puderzucker

Zitronen-Fächer-Torte

Zubereitungszeit: 60 Minuten, ohne Kühlzeit

1. Für den Teig Mehl mit Backpulver mischen und in eine Rührschüssel sieben. Restliche Zutaten hinzufügen und mit Handrührgerät mit Knethaken zunächst kurz auf niedrigster, dann auf höchster Stufe gut durcharbeiten. Anschließend den Teig auf der leicht bemehlten Arbeitsfläche kurz verkneten.

2. Den Teig vierteln und ein Viertel auf dem Boden einer Springform (Ø 26 cm, gefettet) ausrollen. Den Springformrand darumstellen. Den Boden mehrmals mit einer Gabel einstechen und mit einem Viertel von den Mandeln und dem Zucker bestreuen. Die Form auf dem Rost in den Backofen schieben.

Ober-/Unterhitze: etwa 200 °C (vorgeheizt)
Heißluft: etwa 180 °C (vorgeheizt)
Gas: Stufe 3–4 (vorgeheizt)
Backzeit: etwa 15 Minuten.

3. Springformrand lösen, Boden vom Springformboden lösen, aber darauf auf einem Kuchenrost erkalten lassen. Die anderen 3 Teigviertel ebenso ausrollen und backen. Den letzten Boden sofort nach dem Backen in 12 Tortenstücke schneiden.

4. Für die Füllung Gelatine nach Packungsanleitung einweichen. Buttermilch so lange mit dem Zucker verrühren, bis er gelöst ist. Gelatine leicht ausdrücken und in einem kleinen Topf bei schwacher Hitze unter Rühren auflösen (nicht kochen). Aufgelöste Gelatine mit etwas von der Buttermilch verrühren, dann die Mischung unter die restliche Buttermilch rühren. Die Flüssigkeit kurz kalt stellen.

5. Wenn die Buttermilch beginnt dicklich zu werden, Sahne steif schlagen und unterheben. Etwa 3 Esslöffel von der Creme abnehmen, in einen Spritzbeutel mit großer Sterntülle füllen und beiseite legen.

6. Einen Boden auf eine Tortenplatte legen und mit der Hälfte der restlichen Creme bestreichen. Zweiten Boden auflegen und mit der restlichen Creme bestreichen. Dritten Boden auflegen und leicht andrücken. Mit der Creme aus dem Spritzbeutel 12 dicke Tuffs auf die Oberfläche spritzen und die Torte bis zum Servieren kalt stellen.

7. Vor dem Servieren die Tortenstücke auf die Tortenoberfläche an die Tuffs legen und die Torte mit Puderzucker bestäuben.

Zitronen-Kuppeltorte

Raffiniert

Insgesamt:
E: 57 g, F: 179 g, Kh: 345 g,
kJ: 13461, kcal: 3230

Für den Biskuitteig:
2 Eier (Größe M)
2 EL heißes Wasser
80 g Zucker
1 Prise Salz
100 g Weizenmehl
1 gestr. TL Dr. Oetker Backin
1 gestr. TL gemahlener Zimt

Für den Belag:
10 Blatt weiße Gelatine
1 Bio-Zitrone (unbehandelt, ungewachst)
300 ml Zitronenlimonade
80 g Zucker
400 g Crème fraîche
2 Pck. Dr. Oetker Sahnesteif

Zum Verzieren und Garnieren:
125 ml (1/8 l) Schlagsahne
1 TL gesiebter Puderzucker
kandierte Zitronenscheiben
oder Geleefrüchte

Zubereitungszeit: 40 Minuten, ohne Kühlzeit

1. Für den Teig Eier und Wasser mit Handrührgerät mit Rührbesen auf höchster Stufe in 1 Minute schaumig schlagen. Zucker und Salz in 1 Minute einstreuen, dann noch 2 Minuten weiterschlagen. Mehl mit Backpulver und Zimt mischen, auf die Eiercreme sieben und kurz auf niedrigster Stufe unterrühren. Den Teig in eine Springform (Ø 26 cm, Boden gefettet, mit Backpapier belegt) geben und glatt streichen. Die Form auf dem Rost in den Backofen schieben.
   Ober-/Unterhitze: etwa 180 °C (vorgeheizt)
   Heißluft: etwa 160 °C (vorgeheizt)
   Gas: Stufe 2–3 (vorgeheizt)
   Backzeit: etwa 20 Minuten.

2. Den Boden aus der Form lösen, auf einen mit Backpapier belegten Kuchenrost stürzen und erkalten lassen. Anschließend mitgebackenes Backpapier abziehen.

3. Für den Belag Gelatine nach Packungsanleitung einweichen. Zitrone heiß abwaschen, abtrocknen, die Schale auf einer Haushaltsreibe fein reiben. Anschließend die Zitrone mit einem scharfen Messer so schälen, dass die weiße Haut mitentfernt wird. Fruchtfilets herausschneiden und quer in kleine Stücke schneiden.

4. Limonade mit Zucker leicht erwärmen. Gelatine leicht ausdrücken, zur Limonade geben, unter Rühren darin auflösen und Zitronenstückchen hinzufügen. Die Masse in eine Schüssel füllen und kalt stellen. Crème fraîche mit Sahnesteif mit Handrührgerät mit Rührbesen aufschlagen. Sobald die Limonadenmischung beginnt dicklich zu werden, Crème fraîche unterheben. Creme kalt stellen, bis sie streichfähig ist.

5. Den Biskuitboden auf eine Tortenplatte legen. Die Creme kuppelförmig darauf streichen. Torte etwa 2 Stunden kalt stellen.

6. Zum Verzieren und Garnieren Sahne mit Puderzucker steif schlagen und in einen Spritzbeutel mit großer Lochtülle füllen. Tupfen auf die Kuppel spritzen. Zitronenscheiben oder Geleefrüchte in Stücke schneiden und auf den Sahnetupfen verteilen.

Zitronen-Quark-Sahne-Torte ❄

Beliebt

Insgesamt:
E: 176 g, F: 368 g, Kh: 528 g,
kJ: 25760, kcal: 6144

Für den Rührteig:
150 g Butter oder Margarine
150 g Zucker
1 Pck. Dr. Oetker Vanillin-Zucker
1 Prise Salz
3 Eier (Größe M)
125 g Weizenmehl
25 g Speisestärke
1 gestr. TL Dr. Oetker Backin

Für die Füllung:
12 Blatt weiße Gelatine
500 ml (1/2 l) Schlagsahne
abgeriebene Schale von 1 Bio-Zitrone (unbehandelt, ungewachst)
oder 1 Pck. Dr. Oetker Finesse Geriebene Zitronenschale
100 ml Zitronensaft
150 g Zucker
1 Pck. Dr. Oetker Vanillin-Zucker
500 g Speisequark (Magerstufe)
500 g Speisequark (40 % Fett)

Zum Bestäuben:
20 g Puderzucker

Zubereitungszeit: etwa 30 Minuten, ohne Kühlzeit

1. Für den Teig Butter oder Margarine in einer Rührschüssel mit Handrührgerät mit Rührbesen geschmeidig rühren. Nach und nach Zucker, Vanillin-Zucker und Salz unter Rühren hinzufügen. So lange rühren, bis eine gebundene Masse entstanden ist.
2. Eier nach und nach auf höchster Stufe unterrühren (jedes Ei etwa 1/2 Minute). Mehl mit Speisestärke und Backpulver mischen, sieben und in 2 Portionen kurz auf mittlerer Stufe unterrühren. Den Teig in eine Springform (Ø 28 cm, Boden gefettet, mit Backpapier belegt) füllen, glatt streichen und die Form auf dem Rost in den Backofen schieben.
   Ober-/Unterhitze: etwa 180 °C (vorgeheizt)
   Heißluft: etwa 160 °C (vorgeheizt)
   Gas: Stufe 2-3 (vorgeheizt)
   Backzeit: etwa 25 Minuten.
3. Den Boden aus der Form lösen und auf einem mit Backpapier belegten Kuchenrost erkalten lassen. Anschließend mitgebackenes Backpapier entfernen und den Boden einmal waagerecht durchschneiden.
4. Für die Füllung Gelatine nach Packungsanleitung einweichen. Sahne steif schlagen. Zitronenschale mit Zitronensaft, Zucker, Vanillin-Zucker und Quark gut verrühren. Gelatine leicht ausdrücken, in einem kleinen Topf bei schwacher Hitze auflösen (nicht kochen) und zunächst mit etwas von der Quarkmasse verrühren, dann die Mischung unter die übrige Quarkmasse rühren.
5. Sahne sofort unter die Quarkmasse heben. Einen innen mit Backpapier belegten Springformrand oder einen Tortenring um den unteren Tortenboden stellen, die Quarksahne einfüllen und glatt streichen.
6. Den oberen Tortenboden in 16 Stücke schneiden, auf die Füllung legen und die Torte mindestens 3 Stunden kalt stellen. Vor dem Servieren den Springformrand oder Tortenring mit Hilfe eines Messers lösen und entfernen, Papierstreifen ebenfalls entfernen und die Torte mit Puderzucker bestäuben.

Tipp:
Die Torte wird fruchtiger, wenn Sie 1 Dose Mandarinen (Abtropfgewicht 175 g) in einem Sieb gut abtropfen lassen und dann mit einem Teigschaber unter die Quarksahne heben.

Abwandlung:
Für die Füllung einer Orangen-Quark-Sahne-Torte nehmen Sie anstatt 100 ml Zitronensaft 100 ml Orangensaft und 1 Esslöffel Zitronensaft und statt Zitronenschale verwenden Sie 1 Päckchen Finesse Orangenfrucht.

Zitronen-Quark-Sahne-Torte

Zuger Kirschtorte

Klassisch

Insgesamt:
E: 85 g, F: 334 g, Kh: 606 g,
kJ: 24833, kcal: 5927

Für den Biskuitteig:
1 Ei (Größe M)
3 Eigelb (Größe M)
3 EL heißes Wasser
100 g Zucker
1 Pck. Dr. Oetker Vanillin-Zucker
100 g Weizenmehl
25 g Speisestärke
1 gestr. TL Dr. Oetker Backin

Für die Baisermasse:
3 Eiweiß (Größe M)
150 g Zucker
1 Pck. Dr. Oetker Vanillin-Zucker
100 g abgezogene, gemahlene Mandeln

Für die Buttercreme:
1 Pck. Dr. Oetker Pudding-Pulver Vanille-Geschmack
100 g Zucker
500 ml (1/2 l) Milch
250 g weiche Butter

Zum Tränken:
6 EL Wasser
60 g Zucker
6 EL Kirschwasser

Außerdem:
50 g abgezogene, gehobelte Mandeln
25 g Puderzucker

Zubereitungszeit: 60 Minuten, ohne Kühl- und Trockenzeit

Zuger Kirschtorte

1. Für den Teig Ei mit Eigelb und Wasser in einer Rührschüssel mit Handrührgerät mit Rührbesen auf höchster Stufe in 1 Minute schaumig schlagen. Zucker mit Vanillin-Zucker mischen, in 1 Minute einstreuen und 2 Minuten weiterschlagen. Mehl mit Speisestärke und Backpulver mischen, sieben und kurz auf niedrigster Stufe unterrühren. Den Teig in eine Springform (Ø 28 cm, Boden gefettet, mit Backpapier belegt) geben, glatt streichen und die Form auf dem Rost in den Backofen schieben.
Ober-/Unterhitze: etwa 180 °C (vorgeheizt)
Heißluft: etwa 160 °C (vorgeheizt)
Gas: Stufe 3-4 (vorgeheizt)
Backzeit: 25–30 Minuten.

2. Boden aus der Form lösen, auf einen mit Backpapier belegten Kuchenrost stürzen und erkalten lassen. Dann mitgebackenes Backpapier abziehen.

3. Für die Baisermasse auf 2 Bögen Backpapier je 1 Kreis (Ø 26 cm) vorzeichnen. Eiweiß so steif schlagen, dass ein Messerschnitt sichtbar bleibt. Nach und nach Zucker und Vanillin-Zucker unterschlagen. Mandeln vorsichtig unterheben. Die Masse in einen Spritzbeutel mit kleiner Lochtülle füllen und 2 Böden aufspritzen. Dazu jeweils innen an dem aufgemalten Kreis einen Ring spritzen, dann die gesamte Fläche mit Baisermasse ausspritzen. Böden auf Backbleche ziehen, nacheinander (bei Heißluft zusammen) in den Backofen schieben und trocknen lassen.
Ober-/Unterhitze: etwa 100 °C (vorgeheizt)
Heißluft: etwa 100 °C (nicht vorgeheizt)
Trockenzeit: etwa 90 Minuten je Backblech.

4. Die Böden jeweils auf einen mit Backpapier belegten Kuchenrost stürzen, das mitgebackene Backpapier mit etwas Wasser bestreichen, abziehen und die Böden erkalten lassen.

5. Für die Buttercreme aus Pudding-Pulver, Zucker und Milch nach Packungsanleitung einen Pudding zubereiten. Pudding erkalten lassen (nicht kalt stellen), dabei gelegentlich durchrühren. Butter mit Handrührgerät mit Rührbesen geschmeidig rühren und den erkalteten Pudding esslöffelweise darunter rühren, dabei darauf achten, dass Butter und Pudding Zimmertemperatur haben, da die Buttercreme sonst gerinnt.

6. Zum Tränken des Biskuitbodens Wasser mit Zucker aufkochen und erkalten lassen, anschließend Kirschwasser hinzufügen. Für den Rand Mandeln in einer Pfanne ohne Fett leicht bräunen und auf einem Teller erkalten lassen.

7. Einen der Baiserböden mit einem Viertel der Buttercreme bestreichen, den Biskuitboden darauf legen und mit der Tränke beträufeln. Den Boden mit knapp der Hälfte der restlichen Buttercreme bestreichen, den zweiten Baiserboden auflegen und leicht andrücken. Rand und Oberfläche der Torte mit der übrigen Buttercreme bestreichen.

8. Den Rand mit den Mandeln bestreuen und mit der Teigkarte leicht andrücken. Ein Messer in heißes Wasser tauchen, damit ein Gittermuster auf der Torte ziehen. Die Torte bis zum Servieren kalt stellen und kurz vorher mit Puderzucker bestäuben.

Zweifarbige Käse-Sahne-Torte

Fruchtig

Insgesamt:
E: 168 g, F: 295 g, Kh: 499 g,
kJ: 22518, kcal: 5376

Für den All-in-Teig:
175 g Weizenmehl
3 gestr. TL Dr. Oetker Backin
175 g Butter oder Margarine
175 g Zucker
1 Pck. Dr. Oetker Vanillin-Zucker
3 Eier (Größe M)
2 EL Orangensaft oder Wasser

Für die Creme:
8 Blatt weiße Gelatine
750 g Magerquark
1 Pck. Dr. Oetker Finesse Geriebene Zitronenschale
75 g Zucker
1 Pck. Dr. Oetker Vanillin-Zucker
1 Dose Aprikosenhälften (Abtropfgewicht 240 g)
250 g Himbeeren
400 ml Schlagsahne

Zum Bestäuben:
Puderzucker

Zubereitungszeit: 60 Minuten

1. Für den Teig Mehl mit Backpulver mischen und in eine Rührschüssel sieben. Restliche Zutaten hinzufügen und alles mit Handrührgerät mit Rührbesen auf höchster Stufe in etwa 2 Minuten zu einem Teig verarbeiten. Teig in eine Springform (Ø 26 cm, Boden gefettet, mit Backpapier belegt) füllen und glatt streichen. Die Form auf dem Rost in den Backofen schieben.
   Ober-/Unterhitze: etwa 180 °C (vorgeheizt)
   Heißluft: etwa 160 °C (vorgeheizt)
   Gas: Stufe 2–3 (vorgeheizt)
   Backzeit: etwa 30 Minuten.

2. Den Boden aus der Form lösen, auf einen mit Backpapier belegten Kuchenrost stürzen und den Boden erkalten lassen. Anschließend mitgebackenes Backpapier abziehen und den Boden zweimal waagerecht durchschneiden.

3. Für die Creme Gelatine nach Packungsanleitung einweichen. Quark mit Zitronenschale, Zucker und Vanillin-Zucker verrühren. Gelatine leicht ausdrücken und in einem kleinen Topf bei schwacher Hitze unter Rühren auflösen (nicht kochen). Aufgelöste Gelatine mit etwas von der Quarkmasse verrühren, dann die Mischung unter die restliche Quarkmasse rühren.

4. Aprikosen in einem Sieb gut abtropfen lassen, Himbeeren verlesen und beide Früchte voneinander getrennt fein pürieren. Quarkmasse halbieren und unter jede Hälfte eine Sorte Fruchtpüree rühren. Sahne steif schlagen und eine Hälfte davon unter jede Quark-Frucht-Sorte heben.

5. Unteren Boden auf eine Tortenplatte legen und einen Tortenring oder den gesäuberten Springformrand darumstellen. Die Himbeer-Quark-Creme einfüllen, glatt streichen und den mittleren Boden auflegen. Die Aprikosen-Quark-Creme darauf geben, glatt streichen und den oberen Boden auflegen. Die Torte 2–3 Stunden kalt stellen.

6. Vor dem Servieren Tortenring oder Springformrand vorsichtig lösen und entfernen und die Torte mit Puderzucker bestäuben.

Tipp:
Bestäuben Sie die Torte mit Hilfe einer Schablone.
Um die Kerne zu entfernen, können Sie die Himbeeren auch durch ein Sieb passieren, dann jedoch 50 g mehr Himbeeren verwenden.

Zweifarbige Käse-Sahne-Torte

Zwei-Wochen-Cognactorte

Raffiniert – gut vorzubereiten

Insgesamt:
E: 113 g, F: 416 g, Kh: 656 g,
kJ: 30857, kcal: 7369

Für den Rührteig:
6 Eiweiß (Größe M)
250 g Butter oder Margarine
250 g Zucker
6 Eigelb (Größe M)
250 g Weizenmehl
2 gestr. TL Dr. Oetker Backin
50 g nicht abgezogene, gemahlene Mandeln
250 g Raspelschokolade

Zum Tränken:
250 ml ($^1/_4$ l) Cognac

Für den Guss:
200 g Zartbitterschokolade
2 TL Speiseöl

Zubereitungszeit: 40 Minuten

1. Für den Teig Eiweiß so steif schlagen, dass ein Messerschnitt sichtbar bleibt. Butter oder Margarine mit Handrührgerät mit Rührbesen auf höchster Stufe geschmeidig rühren. Nach und nach Zucker unterrühren. So lange rühren, bis eine gebundene Masse entstanden ist.

2. Eigelb nach und nach unterrühren. Mehl mit Backpulver mischen, sieben und in 2 Portionen abwechselnd mit den Mandeln auf mittlerer Stufe unterrühren. Raspelschokolade kurz unterrühren und zuletzt den Eischnee unterheben.

3. Den Teig in eine Springform (Ø 26 cm, Boden gefettet) geben, glatt streichen und die Form auf dem Rost in den Backofen schieben.
   Ober-/Unterhitze: etwa 180 °C (vorgeheizt)
   Heißluft: etwa 160 °C (nicht vorgeheizt)
   Gas: Stufe 2–3 (nicht vorgeheizt)
   Backzeit: etwa 75 Minuten.

4. Die Torte aus der Form lösen und auf einem mit Backpapier belegten Kuchenrost kurz etwas abkühlen lassen. Dann die noch warme Torte mit Hilfe eines Pinsels nach und nach mit dem Cognac tränken, ohne vorher Löcher in die Torte zu stechen. Die Torte völlig erkalten lassen.

5. Für den Guss Schokolade in Stücke brechen und mit dem Öl in einem Topf im Wasserbad bei schwacher Hitze geschmeidig rühren. Die Torte damit vollständig überziehen und den Guss fest werden lassen.

6. Anschließend die Torte gut in Alufolie verpacken und etwa 2 Wochen an einem kühlen, trockenen Ort lagern.

Tipp:
Bestäuben Sie die Torte vor dem Servieren dünn mit etwas Kakaopulver.

Zwei-Wochen-Cognactorte

Zwetschen-Mascarpone-Torte

Für Gäste

Insgesamt:
E: 78 g, F: 378 g, Kh: 502 g,
kJ: 25345, kcal: 6051

Für den Rührteig:
125 g Butter oder Margarine
125 g Zucker
1 Pck. Dr. Oetker Vanillin-Zucker
1 Prise Salz
3 Eier (Größe M)
125 g Weizenmehl
3 gestr. TL Dr. Oetker Backin
2–3 EL Pflaumenlikör (20 Vol.-%)
24 Haselnuss-Gebäck-Kugeln

Zum Beträufeln:
3 EL Pflaumenlikör

Für die Zwetschencreme:
500 g Zwetschen
75 g Zucker
2 Pck. Dr. Oetker Vanillin-Zucker
1 gestr. TL gemahlener Zimt
5 EL Pflaumenlikör
2 geh. TL Speisestärke, 3 EL kaltes Wasser
200 g Mascarpone (ital. Frischkäse)

Zum Verzieren und Garnieren:
200 g Mascarpone (ital. Frischkäse)
1 Pck. Dr. Oetker Sahnesteif
1 Pck. Dr. Oetker Vanillin-Zucker
2 EL Pflaumenlikör
etwa 15 Haselnuss-Gebäck-Kugeln

Zubereitungszeit: 50 Minuten, ohne Kühlzeit

Zwetschen-Mascarpone-Torte

1. Für den Teig Butter oder Margarine mit Handrührgerät mit Rührbesen auf höchster Stufe geschmeidig rühren. Nach und nach Zucker, Vanillin-Zucker und Salz unterrühren. So lange rühren, bis eine gebundene Masse entstanden ist. Eier nach und nach unterrühren (jedes Ei etwa 1/2 Minute).

2. Mehl mit Backpulver mischen, sieben und in 2 Portionen abwechselnd mit dem Likör auf mittlerer Stufe unterrühren. Den Teig in eine Springform (Ø 26 cm, Boden gefettet, mit Backpapier belegt) füllen und glatt streichen. Gebäckkugeln tief in den Teig drücken. Die Form auf dem Rost in den Backofen schieben.
Ober-/Unterhitze: etwa 180 °C (vorgeheizt)
Heißluft: etwa 160 °C (vorgeheizt)
Gas: Stufe 2–3 (vorgeheizt)
Backzeit: etwa 30 Minuten.

3. Den Gebäckboden aus der Form lösen, auf einen mit Backpapier belegten Kuchenrost stürzen und erkalten lassen. Anschließend mitgebackenes Backpapier abziehen. Boden auf eine Tortenplatte legen und mit Likör beträufeln. Einen Tortenring oder den gesäuberten Springformrand darumstellen.

4. Für die Zwetschencreme die Zwetschen waschen, trockentupfen, halbieren und entsteinen. Etwa 12 Zwetschenhälften zum Garnieren beiseite legen. Restliche Zwetschen pürieren, mit Zucker, Vanillin-Zucker, Zimt und Likör verrühren und in einen Kochtopf geben. Speisestärke mit Wasser verrühren. Zwetschenpüree unter Rühren aufkochen lassen. Die angerührte Speisestärke einrühren und unter Rühren etwa 1/2 Minute köcheln lassen. Das Püree kalt stellen.

5. Mascarpone mit Handrührgerät mit Rührbesen cremig aufschlagen und das Zwetschenpüree unterziehen. Die Zwetschencreme auf den Gebäckboden geben und glatt streichen. Die Torte etwa 1 Stunde kalt stellen.

6. Zum Verzieren und Garnieren Tortenring oder Springformrand lösen und entfernen. Mascarpone mit Sahnesteif und Vanillin-Zucker cremig aufschlagen. Likör unterrühren. Den Tortenrand mit der Hälfte der Mascarponecreme bestreichen und mit Hilfe eines Tortengarnierkammes verzieren. Restliche Mascarponecreme in einen Spritzbeutel mit Sterntülle geben und den Rand der Tortenoberfläche damit bespritzen. Die Torte mit den beiseite gelegten Zwetschenhälften und Gebäckkugeln garnieren.

Register

Fruchtige Torten

Ananas-Baiser-Torte 12
Ananascremetorte 13
Ananas-Kirsch-Torte 15
Ananas-Kokos-Torte 16
Apfel-Amaretto-Torte 18
Apfel-Brombeer-Torte 19
Apfel-Mohn-Torte 21
Apfel-Quark-Charlotte 22
Apfel-Wein-Torte 24
Aprikosen-Joghurt-Torte 25
Aprikosennektar-Torte 27
Aprikosentorte mit Schwips 28
Bananen-Makronen-Torte 36
Bananentorte „Florida" 37
Birnen-Karamell-Torte 44
Blätterteig-Aprikosen-Torte 45
Blätterteig-Schichttorte, zart 46
Brandteig-Obsttorte 50
Brombeer-Makronen-Torte 52
Brombeer-Mascarpone-Torte 53
Campari-Orange-Torte 57
Caribbean-Night-Torte 61
Cassis-Fruchtgrütze-Torte 63
Cocktailtorte 68
Dornfelder Kirschtorte 78
Erdbeer-Dickmilch-Torte 86
Erdbeer-Kokos-Torte 91
Erdbeer-Quarkcreme-Torte 92
Erdbeer-Sahne-Torte 95
Erdbeer-Sekt-Torte 97
Erdbeertorte mit Ricotta 99
Erdbeer-Weincreme-Torte 101
Exotik-Torte 107
Fruchtkuppel, geschichtet 122
Grapefruit-Ringel-Torte 138
Guaven-Joghurt-Torte 140
Happy-Banana-Torte 142
Himbeer-Grieß-Torte 154
Himbeer-Nektarinen-Torte 155
Himbeer-Wickeltorte im Schokomantel . 158
Honig-Kirsch-Torte 166
Joghurt-Obsttorte 173
Johannisbeer-Cassis-Torte 175
Johannisbeer-Joghurt-Torte 176
Johannisbeer-Zitronen-Torte 179
Karamell-Beerentorte 183
Karibischer Traum 186
Kirsch-Biskuit-Torte 192
Kirsch-Mascarpone-Torte 196
Kirsch-Pumpernickel-Torte 197
Kirsch-Schokoladen-Traum 198
Kürbis-Apfel-Torte 212
Limetten-Maracuja-Torte 217
Limetten-Wickeltorte 218
Mandarinen-Eistorte 228
Mardarinentorte 229
Maraschino-Torte 234
Mariandltorte 236
Melonen-Amaretto-Torte 247
Mirabellen-Mohn-Torte 259
Mohntorte mit Rhabarbercreme 264
Mokkabaisertorte mit Sauerkirschen . . . 265
Mokka-Pfirsich-Torte 267
Mulitvitamintorte 271
Nuss-Nougat-Torte mit Pfirsichen 279
Obsttraum mit Sekt 280
Orangenjoghurt-Torte 284
Pfirsich-Mascarpone-Torte 293
Pfirsich-Sekt-Torte 294
Pflaumen-Knusperstreusel-Torte 295
Pflaumen-Sanddorn-Torte 297
Quark-Aprikosen-Torte 312
Quark-Erdbeer-Torte mit Streuseln . . . 313
Quarktorte mit Himbeeren 317
Rhabarbertorte 320
Sommertorte mit Joghurt 370
Stachelbeer-Pudding-Schichttorte 374
Stachelbeertorte 375
Tiramisu-Torte mit Erdbeeren 390
Vanillecremetorte mit Obst 399
Waldfruchttorte 403
Weintrauben-Wickeltorte 409
Zitronen-Kuppeltorte 422
Zwetschen-Mascarpone-Torte 427

Motivtorten & Torten für Kinder

Ali-Baba-Torte 9
Apfel-Milchreis-Torte 20
Backgammontorte 32
Beeriger Maulwurfshügel 40
Bounty-Torte 49
Brausepulvertorte 51
Cinderella-Torte 65
Doppeldeckertorte mit Himbeeren 77
Erdbeer-Käfer-Torte 89
Erdbeer-Reis-Torte 94
Erfrischungsstäbchen-Torte 103
Fahrradtorte 108
Fanta-Limetten-Torte 109
Fanta-Torte 110
Flickentorte mit Marzipan 114
Fliegenpilztorte 115
Fruchtkleckstorte 121
Führerscheintorte 124
Gänsefüßchentorte 128
Geburtstagtorte 129
Geleeblüte 131
Geschenk-Torte 132
Gewittertorte 133
Götter-Ufo 136

Register

Harlekin-Torte 143	Blaue-Grütze-Torte 47	Spaghetti-Torte 371
Heinzelmännchen-Torte 149	Caribic-Torte 62	Stachelbeer-Käsetorte 373
Hochstapler-Torte 162	Choco-Crossies-Torte 64	Sunshine-Torte 381
Jelly-Himbeertorte 170	Coca-Cola-Torte 67	Torta della Nonna 392
Jogger-Torte 171	Dachziegeltorte 76	Vanilletorte Olé 400
Lila Schokoladentorte 216	Eiskaffee-Sahnetorte 81	Weißweintorte, getränkt 410
Lotto-Torte 221	Eistorte mit Zitroneneis 83	Zitronen-Quark-Sahne-Torte 423
Mensch-ärgere-dich-nicht-Torte 250	Erdbeer-Joghurtriegel-Torte 88	
Mini-Dickmann's-Galetta-Torte 256	Erdbeer-Schmand-Torte 96	
Murmeltorte 272	Feigen-Dickmilch-Torte 111	## Modetorten
Panama-Spezial 288	Feuerwehrtorte 113	
Petit-Four-Torte 291	Frau-Holle-Torte 117	After-Eight-Torte 7
Piepmatz 299	Heidelbeer-Buchweizen-Torte 146	Aida-Torte 8
Riesen-Torte 322	Himbeer-Dickmilch-Torte 153	Amicelli-Kirsch-Torte 11
Schmetterlingstorte 340	Himbeer-Schokoladen-Torte 156	Ananas-Frischkäse-Torte 14
Schneeweißchen-und-Rosenrot-Torte . 341	Honig-Nougat-Kuppel 167	Apfelschorle-Torte 23
Schneewittchen-Torte 342	Käse-Sahne-Torte 189	Aprikosen-Kokoskonfekt-Torte 26
Schokoplätzchentorte 350	Kirsch-Käsetorte 194	Aranca-Marmortorte 30
Seerosenteich 359	Knoppers-Torte 201	Baileys-Torte 33
Smarties-Frischkäse-Torte 366	Kokos-Preiselbeer-Torte 208	Ballermann-Torte 34
Sternentorte 376	Liebesapfeltorte 215	Batida-Kirsch-Torte 38
Sterntalertorte 377	Maibaumtorte 226	Cuba-Libre-Torte 75
Struwwelpeter-Torte 380	Margeritenblüte 235	Drei-Tage-Orangentorte 79
Tauftorte 384	Maulwurfshügel, fruchtig 243	Erdbeer-Erfrischungstorte 87
Toffifee-Torte 391	Maulwurfstorte 244	Gloria-Torte 135
Torte zur Geburt 394	Melone-Granatapfel-Torte 246	Grasshopper-Torte 139
Waffelröllchen-Himbeer-Torte 402	Melonentorte, bunt 249	Himmel-und-Hölle-Torte 159
Waldmeisterwürfeltorte 404	Miniwindbeutel-Torte 258	Himmlische Marslandung 160
Weihnachtsstern 406	Mohn-Kirsch-Torte 260	Kaffeecremetorte 180
Wolkentorte 407	Orangen-Blitztorte 281	Kaffee-Karamello-Torte 181
Zitronen-Erfrischungstorte 420	Pferdetorte 292	Kapuzinertorte 182
	Pikkolo-Torte 300	Kartoffel-Haselnuss-Torte 187
	Prasseltorte 306	Kirmeskuppel 191
## Schnelle Torten	Preiselbeer-Frischkäse-Torte 307	Kleiner-Feigling-Torte 200
	Ritter-Rum-Torte 324	Knusper-Minz-Kuppel 203
Banana-Split-Torte 35	Sanddorntorte 336	Kokomango-Torte 206
Bienenstichtorte, schnell 42	Schokoladentorte, fein 348	Küsschen-Torte 213
Birnen-Baiser-Torte 43	Sherry-Zimt-Torte 361	Latte-Macchiato-Torte 214

Mafioso-Torte 225
Mandarinentraum 230
Marillenknödeltorte 237
Mars-Birnen-Torte 238
Milky-Way-Torte 254
Mikado-Torte 253
Mimosentorte 255
Miniwindbeutel-Himbeertorte 257
Mokka-Eiskonfekt-Torte 266
Mozart-Torte 269
Multifruchttorte, geschichtet 270
Nonnentorte 274
Nougat-Kirsch-Torte 276
Nougattorte 277
Nuss-Caramello-Torte 278
Orangen-Brösel-Torte 282
Panna-Cotta-Torte 289
Pharisäer-Torte 298
Pina-Colada-Charlotte 301
Planter's-Punch-Torte 303
Pralinentorte 305
Pumpernickeltorte mit Mandarinen 310
Quark-Galetta-Torte 314
Raupentorte 319
Rosa-Birnen-Apfel-Torte 325
Rote-Grütze-Marmortorte 328
Rügener Welle 330
Schmand-Torte mit Mandarinen 339
Schoko-Baiser-Torte 344
Schokomousse-Preiselbeer-Torte 349
Schokowaffel-Charlotte 351
Schwarz-Weiß-Trüffeltorte 353
Schweizer Kartoffeltorte 356
Schwimmbadtorte 357
Seemannsgarntorte 358
Silvia-Torte 364
Sirup-Erdnuss-Torte 365
Snowball-Kuppel 367

Stachelbeer-Frischkäse-Torte 372
Stracciatella-Erdbeer-Torte 378
Stricknadel-Eierlikör-Torte 379
Surprise-Torte 383
Tausendundeine-Nacht-Torte 385
Tiamo-Torte 388
Tiramisu-Torte 389
Tränchentorte 395
Valencia-Torte 398
Versteckter Feigling 401
Werther's-Original-Torte 411
White-Russian-Torte 412
Wilhelm-Tell-Torte 414
Zabaione-Torte 416
Zebra-Orangen-Torte 419

Kalte Torten

Adventstorte 6
Amaretti-Eierpflaumen-Torte 10
Ananas-Müsli-Torte 17
Aprikosen-Zwieback-Torte 29
Azora-Johannisbeer-Torte 31
Clowntorte 66
Cornflakes-Beeren-Torte 71
Crème-fraîche-Torte 73
Creolen-Torte 74
Eierlikör-Trüffel-Torte 80
Erdbeer-Cappuccino-Torte 85
Erdbeer-Knuspertorte 90
Erdbeer-Quarktorte mit Honigpops 93
Erdbeer-Tiramisu-Torte 98
Espressso-Torte 105
Frischkäsetorte mit Kirschen 118
Frischkäse-Zitronen-Torte 119
Früchte-Joghurt-Torte 120
Frühlingstraum 123

Fürst-Pückler-Eistorte 126
Gelati-Torte 130
Grand-Marnier-Torte 137
Gute-Besserung-Torte 141
Heidelbeer-Ricotta-Torte 147
Heidelbeertorte mit Weincreme 148
Himbeer-Charlotte 152
Himbeer-Sommertorte 157
Hobbits-Milchreis-Torte 161
Höhlentorte 164
Joghurt-Knusper-Torte 172
Johannisbeer-Knusper-Torte 177
Johannisbeer-Schwips-Torte 178
Kardinalstorte 185
Käse-Beeren-Torte 188
Kirsch-Eistorte 193
Kirsch-Limetten-Torte 195
Kiwi-Eistorte 199
Knusper-Eistorte 202
Knusper-Schokobombe 204
Knuspertorte mit Brombeeren 205
Konfetti-Torte 210
Maracuja-Joghurt-Torte 233
Marshmallow-Erdbeer-Torte 239
Mascarponetorte mit Walnuss-
Crunch-Boden 242
Melonen-Mousse-Torte 248
Meringue-Eistorte mit Erdbeeren 251
Mousse-au-Cappuccino-Torte 268
Muttertagstorte 273
Orangenparfait-Torte 285
Orangen-Schichttorte 286
Paradiestorte 290
Pink-Grapefruit-Torte mit Amarettini . . . 302
Popcorn-Schoko-Torte 304
Quark-Kirsch-Torte 315
Rätseltorte 318
Ricottatorte mit Pfirsichen 321

Register

Rotwein-Heidelbeer-Torte 329
Silvestertorte 363
Super-Dickmann's-Beerentorte 382
Tequila-Sunrise-Torte 386
Torte zum Advent 393
Tutti-Frutti-Torte 397
Weihnachtstorte 407

Klassiker & festliche Torten

Baumkuchentorte mit Marzipan 39
Bellini-Knuspertorte 41
Blau-weiße Streifentorte 48
Buchweizentorte mit Karamell 54
Buttercreme-Wickeltorte 55
Caipirinha-Torte 56
Cappuccino-Paradies-Torte 58
Cappucino-Sahne-Torte 59
Cappuccino-Wickeltorte 60
Cognac-Cremetorte 69
Cognac-Karamelltorte 70
Corvey-Spezial-Torte 72
Eiskaffee-Sahnetorte 81
Eisschokoladentorte 82
Engadiner Nusstorte 84
Erdbeer-Überraschungstorte 100
Erdnuss-Schichttorte mit Preiselbeeren . 102
Erntedank-Torte 104
Espresso-Torte mit Baisersahne 106
Festtorte 112
Florentiner Nusstorte Spezial 116
Fürsten-Käsetorte 125
Fürst-Pückler-Torte, fruchtig 127
Gewürz-Mandel-Torte 134
Haselnuss-Sahne-Torte 144
Haselnuss-Schokoladen-Torte 145
Herrentorte, fruchtig 150

Herrentorte mit Eierlikör 151
Hochzeitstorte Schmetterlingsträume . . 163
Holländer Kirschtorte 165
Inka-Torte 168
Irish-Coffee-Torte 169
Joghurt-Weincreme-Torte 174
Karamellsplittertorte 184
Kastanien-Marzipancreme-Torte 190
Kokos-Nougat-Schichttorte 207
Konfekt-Hochzeitstorte 209
Kronentorte mit Mangocreme 211
Linzer Schichttorte 219
Linzer Torte 220
Lübecker Marzipantorte 222
Lüneburger Buchweizentorte 223
Macadamia-Nusstorte 224
Makronentorte 227
Mandel-Amaretto-Torte 231
Mandeltorte 232
Marzipancremetorte 240
Marzipan-Orangen-Canache-Torte. . . . 241
Mäuse-Hochzeitstorte 245
Mignon-Torte 252
Mohn-Marzipan-Torte 261
Mohn-Punschtorte 262
Mohn-Schichttorte mit Pflaumenmus . . 263
Nougatcremetorte 275
Orangen-Cointreau-Torte 283
Ostpreußische Silvestertorte 287
Pflaumen-Marzipan-Torte 296
Prinzregententorte, klassisch 308
Prinzregententorte, schnell 309
Punschtorte 311
Quark-Marzipan-Torte 316
Rieslingtorte 323
Rosentorte mit Vanillecreme 326
Rote-Grütze-Kuppeltorte 327
Rum-Flockentorte 331

Rum-Kuppeltorte 332
Rumtorte 333
Sachertorte 334
Sahne-Schichttorte 335
Sandtorte mit Mohncreme 337
Schlesische Mohntorte 338
Schoko-Amarettini-Torte 343
Schokocreme-Schichttorte 345
Schokoladencremetorte 346
Schokoladen-Kirschwasser-Torte 347
Schwarzwälder Kirschtorte 352
Schwarz-Weiß-Zitronentorte 354
Schwedenpunsch-Torte 355
Sekt-Sahne-Torte 360
Silberhochzeitstorte 362
Sommernachtstraum 368
Sommertorte mit Hippenblüten 369
Terrassentorte mit Sekt 387
Trüffeltorte 396
Walnuss-Krokant-Torte 405
Weincreme-Lagentorte 408
Wickeltorte 413
Zarewitsch-Torte 417
Zaubertorte 418
Zitronen-Fächer-Torte 421
Zuger Kirschtorte 424
Zweifarbige Käse-Sahne-Torte 425
Zwei-Wochen-Cognac-Torte 426

Umwelthinweis	Dieses Buch und der Einband wurden auf chlorfrei gebleichtem Papier gedruckt. Die Einschrumpffolie – zum Schutz vor Verschmutzung – ist aus umweltfreundlichem und recyclingfähigem PE-Material.
	Wenn Sie Anregungen, Vorschläge oder Fragen zu unseren Büchern haben, rufen Sie uns unter folgender Nummer an: 0521 155-2580 oder 520651 oder schreiben Sie uns: Dr. Oetker Verlag KG, Am Bach 11, 33602 Bielefeld. Oder besuchen Sie uns im Internet unter www.oetker.de.
Copyright	© 2006 by Dr. Oetker Verlag KG, Bielefeld
Redaktion	Sabine Puppe
Innenfotos	Thomas Diercks, Kai Boxhammer, Hamburg (S. 10, 11, 12, 15, 17, 22, 23, 25, 26, 28, 29, 30, 32, 34, 35, 40, 43, 47, 51, 52, 54, 56, 62, 68, 70, 76, 82, 83, 88, 89, 92, 95, 98, 99, 102, 104, 105, 106, 114, 116, 122, 123, 131, 132, 138, 140, 145, 148, 151, 152, 154, 155, 156, 166, 169, 170, 179, 186, 188, 190, 192, 195, 196, 197, 205, 208, 209, 212, 216, 217, 218, 219, 222, 224, 229, 232, 233, 237, 239, 241, 243, 249, 252, 258, 259, 260, 263, 264, 265, 267, 269, 271, 272, 274, 276, 286, 294, 300, 304, 306, 310, 324, 325, 333, 335, 337, 341, 344, 348, 349, 351, 353, 356, 361, 362, 364, 365, 368, 369, 371, 375, 377, 380, 381, 383, 387, 389, 390, 396, 397, 402, 404, 419, 422) Ulli Hartmann, Bielefeld (S. 13, 21, 39, 44, 46, 60, 69, 79, 84, 100, 121, 127, 133, 158, 161, 172, 184, 198, 203, 211, 227, 231, 240, 255, 261, 262, 266, 270, 275, 283, 289, 291, 295, 296, 322, 326, 328, 332, 343, 345, 346, 355, 366, 385, 392, 403, 410, 415, 421, 425, 426) Ulrich Kopp, Sindelfingen (S. 27, 37, 45, 86, 111, 112, 176, 280, 284, 297, 360) Kramp & Gölling, Hamburg, (S. 19, 20, 24, 33, 50, 55, 78, 91, 97, 101, 117, 120, 128, 129, 143, 146, 147, 159, 185, 210, 230, 235, 245, 246, 278, 279, 288, 293, 307, 318, 320, 330, 331, 334, 339, 357, 358, 398, 409, 411, 413) Bernd Lippert (S. 18, 66, 77, 93, 108, 124, 134, 141, 157, 167, 173, 207, 221, 312, 317, 319, 350, 359, 374, 376, 394, 408) Axel Struwe, Bielefeld (S. 9, 16, 36, 38, 41, 48, 53, 57, 58, 61, 75, 85, 87, 109, 125, 136, 139, 151. 162, 168, 171, 178, 183, 193, 201, 214, 228, 248, 256, 257, 298, 301, 302, 303, 314, 327, 354, 367, 370, 372, 373, 386, 412, 414, 420) Brigitte Wegner, Bielefeld (S. 6, 7, 8, 14, 31, 42, 49, 59, 63, 64, 65, 67, 71, 72, 80, 90, 94, 96, 103, 107, 110, 113, 115, 126, 130, 135, 137, 142, 144, 160, 163, 164, 165, 174, 175, 177, 181, 182, 187, 189, 191, 194, 200, 202, 204, 213, 215, 220, 223, 225, 226, 234, 238, 424, 244, 247, 250, 251, 253, 254, 268, 277, 281, 282, 285, 287, 290, 292, 305, 309, 311, 313, 316, 321, 323, 329, 338, 340, 342, 352, 363, 378, 382, 384, 388, 391, 393, 395, 400, 405, 406, 407, 416, 417, 418, 423, 424, 427)
Rezeptberatung	Mechthild Plogmaker, Dr. Oetker Versuchsküche
Nährwertberechnungen	Nutri Service, Hennef
Wir danken für die freundliche Unterstützung	Bahlsen, Hannover Waldemar Behn, Eckernförde Coca-Cola, Berlin Griesson - de Beukelaer, Polch Henkell & Söhnlein, Wiesbaden Peter Kölln, Elmshorn Masterfoods, Viersen Nestlé, Frankfurt a. M. Alfred Ritter, Waldenbuch August Storck, Berlin Alfred Vest, Hamburg
Grafisches Konzept **Titelgestaltung**	kontur:design, Bielefeld kontur:design, Bielefeld
Reproduktionen und Satz **Druck und Bindung**	Mohn media Mohndruck GmbH, Gütersloh Appl Druck, Wemding

Die Autoren haben dieses Buch nach bestem Wissen und Gewissen erarbeitet. Alle Rezepte, Tipps und Ratschläge sind mit Sorgfalt ausgewählt und geprüft. Eine Haftung des Verlages und seiner Beauftragten für alle erdenklichen Schäden an Personen, Sach- und Vermögensgegenständen ist ausgeschlossen.

Nachdruck und Vervielfältigung (z. B. durch Datenträger aller Art) sowie Verbreitung jeglicher Art, auch auszugsweise, ist nur mit ausdrücklicher Genehmigung und Quellenangabe gestattet.

ISBN-10: 3-7670-0569-7
ISBN-13: 978-3-7670-0569-3